当代世界德育名家译丛

杨晓慧　主编

Thomas Ehrlich
托马斯·欧利希
文集

不断发展变化中的
美国慈善事业

Charles T. Clotfelter
[美] **查尔斯·T. 克洛特费尔特**
Thomas Ehrlich
[美] **托马斯·欧利希** | 编

江 臣 常 青 | 译

生活·讀書·新知 三联书店

Simplified Chinese Copyright © 2024 by SDX Joint Publishing Company.
All Rights Reserved.
本作品简体中文版权由生活・读书・新知三联书店所有。
未经许可，不得翻印。

图书在版编目(CIP)数据

托马斯·欧利希文集／(美)托马斯·欧利希主编；王小林等译． —北京：生活·读书·新知三联书店，2024.7

ISBN 978 - 7 - 108 - 07520 - 8

Ⅰ.①托… Ⅱ.①托… ②王… Ⅲ.①社会科学—文集 Ⅳ.①C53

中国版本图书馆 CIP 数据核字(2022)第 182153 号

选题规划	成　华　王秦伟	
责任编辑	成　华　杨柳青　韩瑞华　徐旻玥　芶娇娇	
封面设计	有品堂_刘　俊	
出版发行	生活・讀書・新知 三联书店	
	(北京市东城区美术馆东街 22 号)	
邮　　编	100010	
印　　刷	上海雅昌艺术印刷有限公司	
版　　次	2024 年 7 月第 1 版	
	2024 年 7 月第 1 次印刷	
开　　本	880 毫米×1230 毫米　1/32　印张　143.625	
字　　数	3097 千字	
定　　价	1380.00 元(全 11 册)	

总　序

一

马克思说:"一个时代的迫切问题,有着和任何在内容上有根据的因而也是合理的问题共同的命运:主要的困难不是答案,而是问题。"比较思想政治教育的兴起既是世界多极化、经济全球化、社会信息化与文化多样化背景下的必然之举,也是学科发展到一定阶段进行观念反思与议题创新的应然选择。

历史从哪里开始,思想进程也应当从哪里开始。和平与发展是当今时代的主题,世界多极化不可逆转,经济全球化深入发展,综合国力竞争日趋激烈。实现中华民族伟大复兴是近代以来中华民族最伟大的梦想,随着中国特色社会主义逐渐迈入新时代,社会矛盾发生深刻变化,提出并推进人类命运共同体思想是在新时代的历史方位中实现中国梦的战略需要。通过挖掘和利用国际合作与交流工作的基础性、前瞻性和引领性的潜力和特点,努力加快宽领域、高层次国际合作与交流步伐。

思想政治教育理应与时代同行,与实践同行,思时代之所思、问时代之所问、急时代之所急,并在最新的实践命题中提取理论命题,在最新的社会实践中检验理论生命力。值此百年未有之大变局,思想政治教育需要从本学科视角出发审视时局并明确自身的使命担当。加强对学生思想政治教育的重视,是立足于新时代教育对学生德育教育的重视的教育内容,是学生成长和发展的重要基础。对于学校而言,思想政治教育的有效开展是促进学校教育改革的重要方式;对于国家及社会的发展而言,思想政治教育有利于保障人才培养的品德修养,是培养德才兼具型人才的重要教育内容;对于学生自身而言,思想政治教育是保障其符合新时代社会发展需求的重要方式,是促进其身心健康、持续发展的重要保障。

拥有宽广的国际视野,对思想政治教育研究者和工作者来说,是不可逆转的发展要求,也是比较思想政治教育在新的发展态势下找准生长点、走特色人才培养道路的必然选择。在对外人文交流中确立比较思想政治教育研究的角色既是实践经验的总结,也是发展模式的探索。开展国际间思想政治教育比较研究对于认识和把握人类社会发展规律具有重大意义,可以指导人们更好地进行社会实践活动;比较的目的在于辨别事物的异同关系,谋求背后的一般规律,以服务于社会现实需要;进行比较要以共同点为前提,立足各国事实情况,不能回避和掩饰问题的实质;在具体的比较过程中,既要以联系的眼光综合运用纵向比较与横向比较,又要以整体性思维处理好比较中的整体与部分、一般与特殊的关系。

二

思想政治教育学是一门研究思想政治教育现象、问题并揭示思想政治教育规律的科学。在这个"历史向世界历史转变"的时代,只有通过比较的研究方法对思想政治教育研究进行时间与空间双重维度的拓展,深入解析不同历史时间和空间地域下的思想政治教育实践的具体样态及其生成发展规律,才有可能深刻把握思想政治教育演变发展的一般规律,为思想政治教育创新发展提供理论基点,探寻现实进路。

党的十八大以来,思想政治教育理论研究与实践创新取得很大成绩。但随着国际形势深刻变化和国内经济社会发展,新情况新问题新挑战层出不穷。思想政治教育要跟上形势变化、更好发挥作用,必须强化人本意识、问题意识、实践意识,不断开拓创新。思想政治教育比较研究的价值追求不止在于寻找异同,更在于透过现象看到其背后蕴含的本质性规律,深入理解、借鉴和反思世界各国思想政治教育实践活动。思想政治教育的比较研究进行得越是深刻和精准,我们越能接近思想政治教育的本质规律。以深入开展思想政治教育比较研究为主要切入点,我们亟待提升以"比较思维"为核心的思想政治教育研究格局,超越单一视域的思维阈限,拓宽传统思想政治教育学的认识边界,进一步强化思想政治教育在理论上的学理性和在实践上的适用性。

思想政治教育学自1984年确立以来,其主干学科逐渐由"三足鼎立"(原理、历史、方法)的结构体系演变为"四维驱动"(原理、历史、方法、比较)的发展态势。为了使国际比较研究与其他基础理论研究形成正反馈机制,就必须更加全面、深刻、科学、高效地借鉴。基于此,根据学界业已形成的丰富成果与思想观点,从认识论与方法论的视角体察探究思想政治教育国际比较的借鉴问题就显得至关重要。只有积累了一定的国别研究成果和比较研究成果，才能进一步探讨借鉴问题。当比较思想政治教育学科发展到一定阶段后，只有探明借鉴问题，才能更好地展现出其对于促进思想政治教育学科议题创新与观念反思的重大价值。在对外人文交流中确立比较思想政治教育研究的角色既是实践经验的总结，也是发展模式的探索。

总之，无论是从时代背景、文化背景，还是学科背景出发，思想政治教育国际比较的借鉴问题研究都势在必行。

三

我国比较思想政治教育兴起于 20 世纪 80 年代中后期。经过多年的建设，比较思想政治教育的发展已经初具规模。2016年 5 月 17 日，习近平在哲学社会科学工作座谈会上指出："观察当代中国哲学社会科学，需要有一个宽广的视角，需要放到世界和我国发展大历史中去看。"2019 年 3 月 18 日，习近平在学校思想政治理论课教师座谈会上又强调，教师的视野要广，包括知识视野、国际视野、历史视野，要能够通过生动、深入、具体的纵横比较，把一些道理讲明白、讲清楚。拥有宽广的国际视野，对思想政治教育研究者和工作者来说，是不可逆转的发展要求，也是比较思想政治教育在新的发展态势下找准"生长点"、走特色人才培养之路的必然选择。比较思想政治教育学的研究成果丰硕，包括著作译介、事实描述、要素比较与因果分析，对于比较后借鉴的可能、立场、内容与方略等问题的研究则显得相形见绌。

新时代背景下，开展思想政治教育比较研究具有很强的指导意义，同时也极具挑战。首先，"比较"应当甚至必须作为一种科学的研究方法,应用于哲学社会科学和自然科学研究领域之中。其次,"比较"不仅是一种具体的研究方法,还具有重要的方法论意义。比较研究为人们分析不同历史时代和不同社会的意识形态及其教育提供了科学的认识工具。最后,"比较"更是一种思维方式,这种思维方式理应贯通于整个思想政治教育研究的过程之中。"比较"不单从方法工具层面,更是从思维方式层面赋予了思想政治教育比较研究重要的价值意蕴。

从思想政治教育的时代背景和学科立场出发,我们精选国外思想政治教育相关领域较具权威性、代表性、前沿性的力作,推出了具有较高研究价值与应用价值的系列翻译作品——《当代世界德育名家译丛》(以下简称"译丛")。该译丛是东北师范大学思想政治教育研究中心(以下简称"中心")推出的"比较思想政治教育研究"系列成果之一。我们秉承"以我为主、批判借鉴、交流对话"的基本原则,"聚全球英才、育创新团队、塑国际形象"的建设理念,对国外著名学者的研究成果进行了深度透视与全面把握,意在拓展原有论域,进一步深化学术研究、强化学科建设、服务国家需要。

译丛作品的原作者均在全球范围内享有学术盛誉,具有深厚的理论功底和丰富的实践经验,将这些国外德育名家的研究成果集中翻译并结集出版;高度体现了中心以全局性、世界性的眼光认识问题,致力于推动人文社会科学研究的范式创新与人文社会科学的繁荣发展。

译丛主要面向四大读者群:一是教育学、政治学、社会学、思想政治教育学等领域的科研工作者,二是教育主管部门决策者、高校辅导员、政府相关部门等行政人员,三是思想政治教育、道德教育、比较教育等相关专业的本科生与研究生,四是广大对相关主题感兴趣的学者、教师,以及社会各界人士。

译丛在翻译过程中特别注意原作者真实观点的阐释,同时立足于马克思主义根本立场、观点和方法,坚持中国特色社会主义道路的行动指南,对所选书目及其内容进行甄别。译丛在翻译过程中,由于需努力精准呈现原作者的思想,难免涉及国外的价值取向和意识形态,请所有读者在研习的过程中加以辨别,批判性地进行阅读和思考。

杨晓慧

2024年1月于长春

中文版前言

一

1979年1月1日,中美建立外交关系,这一天对两国来说都是一个重要的日子。当时我在吉米·卡特总统领导下的政府工作,负责直接与总统对接美国的双边和多边对外援助政策。担任这一职务时,我并没有涉足中美关系,但我确实亲身体会到了卡特总统是一位多么杰出的领袖,特别是他在外交领域的作为。

在任期间,我访问了非洲、亚洲、拉丁美洲和南美洲的许多发展中国家。在访问过程中,我看到中美两国为了改善贫困人民生活,特别是在农业、粮食、能源、卫生和人口等领域所做的诸多努力。

我记得曾经在其中几次访问中设想过,如果中美两国能够开展合作,对发展中国家的贫困人民会有多大帮助。多亏了邓小平先生和吉米·卡特总统的领导,两国才走向了合作之路,我衷心希望今后两国之间的关系能够更加牢固。

1985年,在中美两国建交六年后,我和妻子埃伦访问了中国,出席上海交通大学和宾夕法尼亚大学的一个联合项目的庆祝仪式。在那次访问中,我们看到了中国是一个多么了不起的国家，包括它的规模、人口、经济以及历经几千年历史的文化。

二

在我第一次访问中国之后的几年里，中国逐渐在世界舞台上占据一席之地。当我和女儿伊丽莎白再次访问中国时，看到了中国取得非凡进步的有力证据。这次我是应东北师范大学校长的邀请，前来与生活·读书·新知三联书店签订协议，出版我在过去几十年里撰写、合著或编著的 11 本书，所有这些书都将被翻译成中文。主导这件事的是博学而亲切的蒋菲教授，她是东北师范大学思想政治教育研究中心道德与公民教育比较研究室的主任。

这 11 本书，连同几十篇文章，承载了我一生在诸多领域的学术研究成果，也反映了我在四所高校担任行政人员和教师以及在美国政府担任四个职位的多年经验。

我一生中担任过 14 个不同的职位，我妻子开玩笑地说我工作永远做不长久。我的第一份工作是担任勒尼德·汉德法官的书记员，他后来被公认为是美国在世最伟大的法官。当时汉德法官已经八十七岁，和我写这篇序言时同龄。他是一位极富经验的法官，在法官的岗位上工作了五十年，同时也是我的良师。

在担任汉德法官的书记员后，我曾短暂地从事过法律工作，因为我认为在担任法律专业教师前，最好先了解一下律师的日常工作，这也是我自己一直想做的事。但在从事法律工作不到两年之后，我认识的一位前哈佛法学院的法学教授艾布拉姆·查耶斯邀请我加入约翰·F. 肯尼迪政府。查耶斯教授是当时的国务院法律顾问，是我的另一位优秀导师，我们后来共同编写了一本关于国际法的三卷本著作,主要是根据我们在肯尼迪政府和后来在林登·约翰逊政府的经历撰写的。

查耶斯教授回到哈佛大学后,我和副国务卿乔治·W. 鲍尔一起工作,他是我的另一位宝贵导师。像汉德法官和查耶斯教授一样,鲍尔先生向我传授了有关公共服务的宝贵经验,这些经验到现在仍使我受益匪浅,也引领我将公共服务视为一项崇高的使命。

幸运的是,斯坦福大学法学院邀请我做教师,讲授国际法,我不假思索地接受了,因为学校为我提供了我正想要的教学和写作的机会。五年后,我被选为学院院长。在任期间,我发现自己对一样事物十分享受,我称其为"制度架构"——有机会成为一个机构的领袖并使其发展壮大,且在机构中工作的人们可以得到所需的支持,以充分发挥其能力。

作为一名院长,我观察了美国各地法律服务的提供情况,发现在美国有相当一部分人在需要民事法律救助时孤立无援。杰拉尔德·福特任总统期间,美国正在组建一个新的政府实体——法律服务公司,我被选中担任这个机构的负责人。在这个职位上,我有机会学到了一门重要课程——领导力。与我做院长时一样,这份工作同时也让我了解到了美国贫困人口现状的严峻形势。为卡特总统工作的这几年,让我从全球视角进一步丰富了自己的经验,这有助于我理解发展中国家的严重贫困问题。

这些经历使我确信,我想为领导一所高校贡献力量。宾夕法尼亚大学给了我这个机会,校方选聘我为教务长,即首席学术官。这个职位让我了解到了一所优秀的大学是如何对教学、研究和服务提供支持的。在工作中,我也致力于培养学生具备公民参与所需的能力,这一承诺在我之后担任的职位上一直延续着。

在宾西法尼亚大学工作多年后,我开始意识到,如果有机会,我想领导一所著名的公立大学。当我被聘为印第安纳大学校长时,这个机会来了。印第安纳大学有8个校区,有超过10万名学生,其中位于印第安纳州布卢明顿的主校区有4.3万人。幸运的是,布卢明顿校区有一个规模巨大的亚洲研究项目,使我对中国及其邻国有了进一步了解。

在我担任印第安纳大学校长时,乔治·H. W. 布什总统选择我作为委员会成员加入一个临时的政府实体——国家和社区服务委员会,主要负责为美国所有年龄段的公民参与他们社区的公民工作提供支持。

后来我成为该委员会的主席,并帮助威廉·克林顿总统的政府制定法律。我在该委员会工作之余,又建立一个永久性的新政府组织——国家和社区服务公司。迄今为止,国家和社区服务公司最大的项目"美国志愿队",每年在全美21 000多个地点招募约75 000名男女公职人员参与公共服务。我在这个组织的委员会工作了八年,这份工作进一步加强了我鼓励每一个美国人参与公共服务的决心,无论是作为一份职业还是作为业余爱好。

我和妻子于1995年返回加州,我以杰出学者的身份在加州大学系统任教了五年,还帮助完善了该系统所有23个校区的社区服务学习项目。长期以来,我一直大力倡导将学术学习与社区服务联系起来的课程,如果能把这门课讲好,学术学习和社区服务都会得到加强。我在一个名为"校园契约"的全球性协会担任领导职务,并协助创立了另一个协会——美国民主项目。这两个项目都注重教育大学生积极参与公民活动,以改善其所处的社区。服务学习课程是这类教育的主要组成部分。

由安德鲁·卡内基创立的卡内基教学促进基金会于1997年迁入斯坦福大学校园,我以资深学者的身份加入了这一组织,并获得了与一群亲密的同事一起撰写学术书籍和文章所需的支持。

最后,在卡内基基金会度过了11年美好的时光后,在这个系列的第6本书出版时,我回到了斯坦福大学。这次是在教育研究生院任职,在这里我讲授高等教育领导与管理、高等教育中的教与学、慈善事业、美国民主等课程。我还为许多学生提供了咨询,包括一些中国学生。其中一个学生是我上一本书《公民工作,公民经验》的合著者,她的父母来自中国,但是她出生在美国。这本书在蒋菲教授的帮助下译成中文,并由该系列图书的出版社出版。

三

我坚信美国"公共参与奖学金"的重要性,这是一项学术工作,直接关系到未来公共政策和实践的形成,或对过去公共政策和实践的理解,包括教育学生具备在了解这些政策、参与这些实践中需要的知识、技能和素质。

我所有的书都在试图帮助美国政府决策者及其工作人员,或大学政策制定者及其教师和学生。这些书也反映了我在美国政府和三所不同大学——我先后成为院长、教务长、校长的大学里——收获的经验和见解。

这些书分为四大类。首先,有两本书是关于国际法的影响,其中包括我从美国国务院的职业生涯和斯坦福法学院的教学经历中获得的见解。第二,有两本书是关于法律教育的,借鉴了我在斯坦福法学院担任院长的经验。第三,有三本书是关于高等教育的,反映了我在大学教学和管理方面的职业生涯。第四,有两本书侧重于讲授道德、公民和政治责任,基于我自己在这个领域的教学、领导校园契约协会和美国民主项目,以及我任职国家和社区服务委员会委员和国家社区服务公司的经历。最后,有两本书是关于慈善和教育的,不仅反映了我的高等教育经历,而且也反映了我在美国两大慈善基金会董事会的工作,这两个基金会分别是公共福利基金会和理查德罗达·高德曼基金会。

四

我非常感谢东北师范大学和杨晓慧教授、高地教授、蒋菲教授,他们给了我很多殊荣。首先,他们邀请我去东北师范大学进行学术访问。第二,经由他们安排,我的著作得以被译成中文,我也非常感谢为此做出努力的生活·读书·新知三联书店王秦伟先生和成华女士,以及诸多译者,他们的辛苦工作保障了这项工作得以顺利进行。我希望这些做法有助于加强中美两国间的关系。我现在,以及会永远感受到,我与中国之间有一条特殊的纽带相连。

托马斯·欧利希,2021 年

目　录

序言　*1*

导言　*1*

第一章　20世纪90年代的非营利部门　*7*
第二章　不断发展的美国基金会　*51*
第三章　基金会与政府——一个冲突和共识的故事　*76*
第四章　经济与慈善事业　*105*
第五章　企业慈善事业走向成熟——其规模、重要性和未来　*137*
第六章　重塑慈善事业　*170*
第七章　在提供人类服务方面的非营利组织和公共政策　*194*
第八章　公众对非营利组织的信任与监管改革的必要性　*239*
第九章　不断变化的慈善环境中的问责——世纪末的受托人与自治　*274*

第十章　慈善捐赠的模式和目的　293

第十一章　社区、网络和慈善事业的未来　318

第十二章　本土和机构慈善事业在促进社会正义方面的作用　340

第十三章　慈善事业与美国拉丁裔社区案例　379

第十四章　明尼苏达州案例——公共精神制度化　404

第十五章　堪萨斯城案例　439

第十六章　贫困儿童：对慈善事业和公共政策作用的反思　483

第十七章　医疗保健变化中的特征　506

第十八章　对慈善事业未来的启示——地方基金会与城市学校改革　535

第十九章　慈善事业与美国高等教育　574

第二十章　环境慈善事业与公共政策　594

第二十一章　慈善事业与结果——追求问责的困境　622

第二十二章　慈善事业与文化——模式、背景及变化　639

第二十三章　岌岌可危的传统　666

第二十四章　我们必须建立的世界　693

附录　信任、服务和共同目标：不断发展变化中的美国慈善事业与非营利部门　717

索引　739

序　言

慈善事业与非营利部门在美国机构体系中占据的地位与在其他发达国家中的不同。在美国，这些机构承担着在其他国家中通常属于政府的职能，也因此被给予了绝无仅有的税收优惠，并且被认为是促进民主和寻求社会正义的核心。为了探究这些机构对我们集体生活的贡献，评估美国慈善事业与非营利部门工作环境的变化，并为基金会与非营利部门的内部治理和外部监管提出改革建议，哥伦比亚大学美国政策研究会（American Assembly）和印第安纳大学慈善研究中心（Indiana University Center on Philanthropy）共同主办了第九十三届美国政策研究会。会议于1998年4月23至26日在加利福尼亚州洛杉矶的盖蒂中心举行。本书中的各章初稿是作为会议材料由政策研究会委托撰写的。

第九十三届美国政策研究会既是一个基准，也是一个路标。本书记录了20世纪末我们的慈善事业与非营利部门所处的情况。这些内容不仅可以作为个人慈善家和慈善组织的指南，也对主办这些活动的政府具有指导意义。

在杜克大学公共政策研究、经济学与法学教授查尔斯·克洛特费尔特（Charles T. Clotfelter）和卡内基教学促进基金会高级学者、加利福尼亚州立大学杰出学者托马斯·欧利希（Thomas

Ehrlich)共同领导下，美国政策研究会和印第安纳大学慈善研究中心对不断发展变化中的慈善事业的未来进行了研究。我们还要特别提到印第安纳大学慈善研究中心的前执行主任沃伦·F. 伊尔希曼（Warren F. Ilchman）的重要组织作用。正是他的倡议使这个项目得以启动，并且该项目的指导委员会成员慷慨地给予了他们时间和建议。他们的名字列在附录中。

我们由衷感谢下列组织为本项目提供了资金支持：

纽约卡内基公司（Carnegie Corporation of New York）

罗伯特·斯特林·克拉克基金会（Robert Sterling Clark Foundation）

福特基金会（The Ford Foundation）

保罗·盖蒂信托基金（The J. Paul Getty Trust）

威廉·伦道夫·赫斯特基金会（William Randolph Hearst Foundation）

詹姆斯·欧文基金会（James Irvine Foundation）

尤因·马里恩·考夫曼基金会（Ewing Marion Kauffman Foundation）

凯洛格基金会（W. K. Kellogg Foundation）

礼来基金会（Lilly Endowment, Inc.）

约翰和凯瑟琳·麦克阿瑟基金会（John D. and Catherine T. MacArthur Foundation）

安德鲁·梅隆基金会（The Andrew W. Mellon Foundation）

大卫和露西尔·帕卡德基金会（The David and Lucile Packard Foundation）

洛克菲勒兄弟基金（Rockefeller Brothers Fund）

苏德纳基金会(Surdna Foundation, Inc.)

德士古基金会(Texaco Foundation)

罗伯特·伍德拉夫基金会(Robert W. Woodruff Foundation, Inc.)

这些组织以及美国政策研究会和印第安纳大学慈善研究中心对在这里公开讨论的话题不持任何立场。

尤金·R. 坦普尔(Eugene R. Tempel,
印第安纳大学慈善研究中心)

大卫·H. 莫蒂默(David H. Mortimer,
美国政策研究会)

导　　言

当我们被要求在这个项目中担任"乐队指挥"的角色时,我们也曾质疑是否真的需要再举行一次集会和再出一本书来探索慈善事业的未来。这篇导言简要地解释了我们决定继续向前推进的原因。基于这一判断,我们委托在慈善领域关键方面被确认为是最优秀的思想家们撰写了这 23 篇文章。在美国政策研究会和印第安纳大学慈善研究中心的赞助下,我们帮助洛杉矶的盖蒂中心组织了一个为期三天的会议,其主题是"不断发展变化中的美国慈善事业"。近百位领导者齐聚一堂,对上百种观点进行了三天的激烈讨论。随后产生的文章丰富了这些讨论。他们的工作成果反映在作为本书附录的会议报告中。

回顾过去,我们深信我们继续前进的决定是正确的。我们希望这个项目能像吸引我们一样去吸引其他人。当我们回顾上一次关于慈善事业的美国政策研究会时,我们找到的是 1972 年以"基金会的未来"为主题召开的会议(Heimann,1973)。当时美国基金会的总价值不到 500 亿美元。只有小部分基金会领导者和许多来自其他领域的人士参加了在盖蒂中心举行的会议。而如今,仅出席盖蒂会议的基金会就拥有超过 500 亿美元的资产。自

1972年以来的几十年里,慈善事业迅猛发展。到1995年,基金会的总资产已经增加到2 270亿美元(Renz, Mandler, and Tran, 1997:4)。1972年的慈善捐赠总额还不到250亿美元。四分之一个世纪后,它已经超过了1 500亿美元,按照通货膨胀调整后的美元计算增长了50%以上(*Giving USA 1997*:198-199)。更重要的是,未来十年中,前所未有的财富将转移到新的基金会。与此同时,随着政府作用的削弱,慈善事业将被敦促去承担在规模和范围上惊人的新重担。

当我们对这次会议和这本书进行最初的讨论时,我们得出的结论是,我们不应该将基金会与它们所支持的非营利部门分开来考虑。我们在本次会议和本书中重点关注的是为非营利部门提供支持的资助组织,既包括传统的基金会,也包括个人建立的新基金会。但我们认为,有必要把这个部门和这些组织作为一个整体来考虑。首先,大部分慈善事业是由非营利部门内部的实体组织起来的,如宗教团体和联合呼吁组织等。这些实体直接从个人那里寻求资金,而且个人慈善事业是整个慈善事业最大的组成部分。1996年,个人捐款总额约为1 200亿美元,是基金会捐款数额的10倍(*Giving USA 1997*:198)。其次,基金会如今面临着确定优先事项的巨大压力。如果不考虑非营利部门中将接受那笔资金的机构以及那些机构所支持的"事业",就不可能确定那些优先事项。

基于诸多考虑,我们着手设计一次会议和一本书来审议四组关键问题。首先,我们要问的是,在未来十年里,什么力量将决定慈善事业与非营利部门的状况和活动?这些力量将如何加强或削弱慈善事业与非营利部门?如何将应对这些力量的挑战转化为机遇？特别是，我们要考虑到各种各样的压力：联邦计划下放到州和地方一级、非营利组织和营利性组织之间的模糊界限、收入分配的变化、主要的新财富及其集中程度、对社区和公民社会重燃的兴趣、宗教和宗教机构的演变、全球化、税收和其他监管改革，以及政府退出各种政策领域与私有化和市场模式的兴起。大多数与会者都为这九种力量增加了至少第十种力量。

其次，我们转而考虑慈善事业与非营利部门在未来十年应集中关注哪些领域，思考该部门的机构是否比政府和市场更有能力处理好这些领域的问题，以及在哪些领域需要建立合作关系。我们特别关注下面八个领域：贫困和社会不公、教育质量和可及性、健康、家庭活力、加强公民社会、艺术对生活质量的贡献、地方和国家及跨国环境问题、获得新技术提供的机会。同样，几乎每个与会者都为这些领域增加了至少另一个值得特别关注的领域。

第三，鉴于我们对这些棘手问题的初步想法，我们开始思考是否需要对慈善事业或非营利部门的管理、监管或税收进行变革，以确保问责、效率和创新。我们特别强调如下这些问题：慈善事业与非营利部门如何才能更好地评估其活动的影响？自主理事会应该如何平衡监管与自治？国家、州和地方政府法规的哪些修订是可取和可行的？还有什么其他方法可以提高效率和鼓励创新？

最后，我们考虑了增强慈善事业与非营利部门影响力所需要采取的措施。除了需要解决严峻的国内和全球问题之外，我们还需要努力解决诸如加强与公众和营利部门的关系、教育与吸引下一代、慈善资源的急剧增长、宗教机构的持续重要性等问题，特别是需要强调美国慈善事业的基本价值观。

在委托撰写这些文章时,我们不能指望它们能够涵盖慈善事业与非营利部门的所有方面。我们从三篇概述性的文章开始,这些文章考虑了当今的非营利部门及其一些历史背景。然后我们转向一系列的分析,这些分析可以从各方面反映慈善事业与非营利部门面临的压力。随后的两篇文章深入研究了少数族裔人口,尤其是拉丁裔群体。这些文章为解决慈善事业与非营利部门目前面临的一些最为棘手的问题提供了深刻见解。接下来的六篇文章,考虑到目前围绕慈善事业与非营利部门不断变化的力量,着重讨论了具有特殊意义的政策领域:贫困儿童、医疗保健、中小学教育、高等教育、环境及艺术和文化领域。这组文章以探讨或评估结束,即我们是如何知道什么在慈善事业中是有效的以及我们对此了解多少。最后,我们以慈善学科创始人之一罗伯特·佩顿(Robert Payton)对"岌岌可危的传统"的反思,以及我们自己对"我们必须建立的世界"的看法作为本书的结尾部分。

当然,本书的每一位读者都可以决定,是否同意我们认为现在是重新评估慈善事业与非营利部门正确时机的判断,以及这些文章是否提出了正确的问题并给出了合理的答案。然而,在言归正传之前,我们要强调最后一点,这一点既显而易见,又常常被忽视。

本书和本次会议的一个前提是,慈善机构与非营利部门是达到目的的工具,而不是目的的本身。从阅读这些文章中可以明显看出,人们非常关心基金会和其他非营利机构的体系和绩效。有时候,我们很容易会以为我们在这个领域中所做的事情是如此重要,以至于它本身应该以某种方式得到支持。但这些机构只是工具,不能超越其服务的目的。

这些目的可以分为社会终极目标和机构目标。社会终极目标是社会基本共享信念的表达。在美国社会,言论自由、宗教自由、机会平等、享受自然美景和经济福利被广泛视为正当的社会目标。为了实现这些终极目标,美国人已经习惯于在一套特定的机构中工作。这些机构是通过社会、经济和法律力量的相互作用而建立起来或逐渐发展起来的。这些熟悉的机构中包括慈善和非营利机构——这是一个相当大的组织范围,包括资助这些组织的慈善基金会。因为这些机构仅仅是帮助实现最终目标的手段,所以没有理由因为它们本身而重视它们。透过复杂的历史脉络,我们的社会拥有了一套特定的机构体系,以及机构之间的职责划分。然而,只有当机构反映更广泛的社会目标时,机构本身才是最重要的。

然而,正如本书中的一些文章所充分说明的那样,人们确实对其中某些机构有着强烈的感情。事实上,当前有关慈善事业与非营利部门的许多争论都显示出对现有机构体系强烈的依附感。我们力主尽量减少这种争论,而将注意力集中在更广泛的社会目的问题上。正如罗伯特·贝拉(Robert Bellah)及其同事对我们社会所做的有力论述那样,机构在我们的生活中至关重要,但是"如果核心价值体系存在缺陷,那么它的许多机构安排也可能会有问题。因此机构变革必须涉及价值体系的变革"(Bellah et al.,1992:288)。

非营利部门和社会其他部门之间的隐性社会契约只是机构责任划分的一种表达,这已经成为美国解决社会问题的方式。如果社会契约能够有效服务于社会终极目标,那么它就是一个好契约。比如说,如果机构安排和责任的现有结构培育了"社会资本",进而又促进对最终目标的追求,那么这种安排就是值得称赞的。但如果社会资本被社会变革不断消耗,并且找不到其他更有效的方法来实现最终目标,那么考虑其他机构安排或新政策则是有意义的。

我们认为,本书中的文章强有力地证明,我们需要按照会议报告中建议的思路进行改革。我们不能确定所有的观察家都会同意这些观点,但我们相信接下来的内容是深思熟虑的、带有挑衅意味和具有挑战性的,是值得所有人认真思考的。

最后,我们要特别说几句感谢的话。我们感谢来到盖蒂中心参加会议并使我们的会议如此振奋人心的与会者;感谢会议的组织者和本书的赞助者:美国政策研究会和印第安纳大学慈善研究中心,及其杰出的领导者大卫·莫蒂默(David Mortimer)和沃伦·伊尔希曼;感谢盖蒂中心的巴里·穆尼茨(Barry Munitz)及其同事,他们为本次会议的成功做出了巨大贡献;最后,感谢书中文章的作者。我们对上述所有人都致以诚挚的谢意。

查尔斯·克洛特费尔特
托马斯·欧利希

参考文献

Bellah, Robert et al., *The Good Society*. New York: Vintage, 1992.
Giving USA. New York: AAFRC Trust for Philanthropy, 1997.
Heimann, Fritz, ed., *The Future of Foundations*. Englewood Cliffs: Prentice-Hall, 1973.
Renz, Loren, Crystal Mandler, and Trinh C. Tran, *Foundation Giving*. New York: Foundation Center, 1997.

第一章　20世纪90年代的非营利部门

尽管最近对非营利组织的研究有所增加，但基于对其概念理解的不准确，关于非营利组织在福利改革和权力下放方面的作用和能力的政策辩论仍在持续。非营利部门主要由小型组织组成，其特点是类型、作用、使命和财务能力具有多样性。大多数非营利组织不提供社会服务，但它们在国家公民生活中发挥重要的作用。资源大多集中于大型组织——主要是医院和高等教育机构。非营利组织分散在全国各地，且分布不均，从整体上看不是一个组织有序的"体系"。它们是公民社会中的个体组织，是可以让我们的民主社会有效运作的合作网络的重要组成部分。

在过去的十年中，非营利部门（也称为"公民社会"）成为全球政治领导者寻求有效且经济的解决方案以应对在日益民主化和财富创造过程中持续存在的棘手社会问题的希望之光。在亚洲、拉丁美洲和非洲的许多新兴民主化国家中，公民社会组织越来越多地被认为是公民参与、社区建设和经济发展的必要工具。美国已经成为一个强大的公民社会典范，一个存在于政府和企业之外的独立的公民活动领域。

"公民社会"一词被用于泛指在世界范围内涌现的正式和非正式的协会、组织和网络,并且它们与国家和商业部门相分离却又相互影响。这些组织可以产生"社会资本",即让社会正常运作的信任和合作准则(Coleman,1990;Putnam,1993)。

根据侧重的活动不同,美国的公民社会有许多名称:"志愿组织""慈善组织""公益组织"以及"非营利组织"等。公民社会的志愿组织愈发被视为一个成功民主国家的核心。投票选举和代议制政府是公民参与的必要形式,但仅凭这些并不总能维系民主。公民可以通过联合起来实现公共目的,向政府表达他们的关切,以监督商业、政府和非营利活动对公众的影响等方式参与民主治理。

志愿组织的存在取决于公民在公共领域结社、商议以及共同行动的自由。各类社团有助于创造社会资本,使政府更加积极地响应民意,并提出创新的替代方法,来解决社会问题和改善生活质量。

美国是一个由志愿者协会组成的国家,公民通过这些组织参与解决问题和治理。这一声誉吸引了许多国家的领导人来研究美国的非营利部门,进而寻求在自己的国家建立和加强公民社会组织的方法。然而,非营利组织在公民领域的重要作用,并不是当前美国民众关注的热点。美国的政治辞令主要集中在把非营利组织看作慈善关怀的提供者和实现"社会保障网络"的最终手段。

尽管非营利组织种类繁多,包括学校、教堂、医院、环保组织、青少年和娱乐团体、艺术博物馆、研究机构等,但福利服务方面仍然主导着美国的政治讨论。关于公民组织、社会组织、兄弟会、倡导团体、社区协会和慈善基金会等其他非营利组织的政治话语依然知之甚少。由于社会只关注社会服务的提供,而忽视了几乎其他的一切,这一公民参与和公民社会的无形核心正面临着通过不必要的限制性立法来压制其声音的危险,而且其财务状况也正处于被削弱的危险境地。

政治和经济背景

20世纪80年代初,在里根政府为逐步废除福利国家掀起的一场预算削减浪潮中,非营利组织被推到了美国公众的视野中。政府成为由铺张浪费的官僚实施低效甚至无效的社会计划的代名词。"慈善机构"被宣传为穷人和需要援助的儿童、老人以及残疾人的非政府救助者。非营利组织被视为政府计划的替代品:它们花费不多,其运作更贴近问题所在,招募志愿者或雇用非工会劳工,募集捐款,同时还具有灵活性,没有官僚作风。

私营部门倡议特别工作组(Task Force on Private Sector Initiatives)由里根总统设立,旨在发展、支持和促进私营部门的领导力,以期在政府大幅削减社区发展和社会服务计划的情况下满足公众的需求。然而,据该工作组一名成员所说,工作组成为私营部门能够且应该解决社会问题这一想法的营销工具。工作组有意避免深入探究非营利组织的作用和能力,以及削减预算对其服务公众的能力的影响(Lyman,1989)。

因此,政府政策的实施并没有考虑非营利组织的业务范围或规模,更不用说考虑这些组织的财务状况或资金来源了。人们普遍认为慈善部门完全靠志愿服务和捐赠支撑,而这种观点导致人们呼吁通过增加捐赠和志愿服务来弥补政府削减的开支。20世纪80年代早期,人们普遍不知道政府拨款和政府合同在非营利组织收入中占很大一部分,并且其比例在迅速增加;而慈善捐款只占很小一部分,并且其比例在不断减少。20世纪70年代中期在法勒委员会(Filer Commission)的赞助下进行了开创性的研究。这项研究记录了美国经济中非营利部门的规模和范围,并显示政府提供了几乎三分之一的非营利资金(Commission on Private Philanthropy and Public Needs,1975)。[1]

在这个独特的福利国家中,尽管现在对非营利组织与政府之间的长期财务和计划关系信息有了更好的记录,但认为独立的慈善社会保障网络可以弥补政府对社会服务支持不断减少的观念一直持续到20世纪90年代。非营利组织将逐渐减少对一个日益萎缩和权力不断下放的政府部门的依赖,而且将变得更加务实、精简、高效和卓有成效。

随着美国国内保守主义政治的兴起,欧洲福利国家的开支缩减,市场取代了国家成为进步和发展的主导范式。在美国,联邦税收被削减,降低了慈善捐赠的动机。所有非营利组织都推行了基于市场的战略:提高服务收费,关注最终效益,加强营销和沟通,改进筹款和电话推销,进行更多合资与合并,以及实施更完善的全面管理(Dees,1998;Skloot,1988;Drucker,1992;Oster,1995)。一些企业基金会和私人基金会同重点大学合作,支持创建管理培训计划,以帮助非营利组织在寻求加强和多样化其收入来源时变得更有成效和富有创业精神。

在很大程度上,非营利组织在20世纪90年代成功地维持了其财务增长。这主要是通过收取服务费和其他创收活动(包括商业和慈善活动)实现的。然而,联邦医疗保险计划和医疗补助计划费用(政府间接支付)推动了大部分服务收入的增长。私人捐款持续缓慢增长,但随着政府收入和收费收入增长加快,私人捐款占非营利组织收入的比例越来越小,从1977年的26%下降到1996年的近19%。[2]

由于收费活动不断增加,一些非营利部门的领导者开始担心慈善价值观正在被削弱,非营利组织变得日益"商业化"。一些小企业抱怨来自非营利组织的竞争,而另一些小企业则看到其中的潜在利润,并在儿童保育和娱乐等领域扩大了竞争业务(Hearings, House Committee on Small Business, 1996)。大公司收购了如医院和疗养院等与健康相关的非营利组织,而这引发了人们对在没有充分的公众监督或考虑后果的情况下收购公益性非营利组织的关切。虽然商业(和政府)组织长期以来一直存在于以非营利组织为主的领域,而且非营利部门在经济中所占的份额无疑会随着时间的推移而起伏变化,但当前趋势所产生的影响需要加以审视。

随着人们开始认为非营利组织不再那么"慈善",而是更像政府和企业,涉及联合之路(United Way)、圣约家园(Covenant House)和新时代慈善基金会(New Era Philanthropy)的高调丑闻玷污了慈善机构是解决贫困和社会分裂问题纯粹且有效办法的神话(Langer, 1990; NY Times, 1995; Walsh, 1995)。大致在同一时间,联合之路收到的捐赠减少,志愿服务水平开始下降,公众逐渐失去对非营利组织的信任。

宗教团体和宗教附属组织被一些保守派领导者推崇为穷人

的最有效、最高形式的慈善保障网络,因为它们使用基于价值观的方法和信仰来"改善"穷人的生活,从而消除了对福利的依赖（National Commission on Philanthropy and Civic Renewal, 1997）。由于大多数宗教组织依靠捐赠而不是寻求政府资助——除了像天主教慈善会（Catholic Charities）和犹太联合会理事会（Council of Jewish Federations）等几个最大的团体之外,它们并不会扩大福利国家或联邦的预算。1996年的福利改革法案,即《个人责任与工作机会协调法案》（*The Personal Responsibility and Work Opportunity Reconciliation Act*）中的"慈善选择"条款（第104条）,是为了帮助宗教组织争取政府资金而制定的。这一具有讽刺意味的转折似乎表明,人们已经认识到即使是基于信仰的扶贫活动也需要政府资助的重要性。

人们对宗教组织的活动有诸多假设,但对其服务的范围和有效性、受益者,以及它们扩大现有行动或承担新职责的能力和愿望知之甚少。最近的证据表明,在全国范围内,宗教团体已经将大量资源投入到社区服务中;而地方研究发现,大多数宗教组织的预算都很微薄,且主要用于社区的危机干预和紧急需要方面（Hodgkinson, 1993; Cnaan, 1997; Printz, 1997）。

在福利改革和权力下放之后,主张扩大非营利组织扶贫作用的人忽视了二十年来对非营利组织的财务约束和计划活动的研究。非营利组织在这个社会中发挥着多种作用,但直接扶贫并不是其主要作用,即使对于宗教组织也是如此。大多数非营利组织通过各种活动为自己的地方社区服务（Wolpert, 1993）。还有一些组织试图通过调查研究、倡导行动和公共教育来影响公众对穷人的态度。

由于直接为穷人提供帮助的慈善活动被宣传为慈善事业唯一有益的形式,促进社会正义、平等及提高生活质量的活动则失去了合法性。涉及艺术、文化、环境、领导力发展、研究、消费者保护和其他类型的倡导行动也属于非营利组织的活动范畴,却往往被那些拥护非营利组织扶贫作用的人贬低。甚至该部门的名称也被更改,非营利组织被笼统地称为"服务提供者",而不是社区组织、志愿协会或社会行动团体。

提倡政府增加扶贫计划支持的主张被视为扩大福利服务的自利行为而不被予以考虑。这一观点导致俄克拉何马州共和党众议员欧内斯特·J. 伊斯托克(Ernest J. Istook)及国会其他人试图限制接受联邦拨款或合同的非营利组织提出立法倡议,尽管当时已经有禁止将政府收入用于倡导活动的规定。众议员伊斯托克扬言(但未成功)要将此《伊斯托克修正案》(*Istook Amendment*)加入到1998年的拨款法案中,[3] 以限制非营利组织利用自己的资源发表政见、谏言国会和对政策产生影响的能力。而对于营利性政府承包商来说,它们比非营利组织享有更广泛的参与政治进程的机会,却不存在也不考虑对其施加这样的限制。

这种立法的影响将远远超出人类服务提供者的范围,并严重损害志愿组织的倡导和公民活动。这项法案一旦被颁布,可能会破坏非营利组织存在的根基——它们在表达公众需求和偏好方面的作用。减少对公共倡导的支持是对非营利部门最具潜在破坏性的威胁。它揭示出人们对非营利部门在美国社会中的复杂作用缺乏基本的理解或关注。

非营利部门的范围、特征和作用

我们现在比以往任何时候都更了解非营利组织。由法勒委员会发起,并由其他机构继续扩展的开创性研究阐明了非营利部门的历史、规模和增长。尽管拥有这些重要资料,但有关非营利组织的信息仍然是零散的,人们更多地关注其财务状况而非影响,并且偏重于那些向美国国税局(Internal Revenue Service)报告的大型组织。[4] 考虑到这些局限性,我们对非营利部门的发展和现状有什么样的了解,才能帮助我们评估其对不断变化的政治和经济格局的影响?

非营利部门的范围

在美国,主要机构中有很大一部分是非营利组织。51%的医院,58%的社会服务提供组织,46%的学院和大学,87%的图书馆和信息中心,86%的博物馆、植物园和动物园,都是非营利组织。

1996年,非营利部门由大约150万个组织构成,其中包括在美国国税局注册的所有免税组织和341 000个有资格获得免税捐款但不需要在政府注册的宗教团体。在120万个注册的非营利组织中,有654 000个组织被国税局认定为公共服务或"慈善"组织,根据501(c)(3)条款可以免税,并且有资格获得免税捐款。根据501(c)(4)条款免税的140 000个"社会福利"组织则通常被视为没有资格获得免税捐款的公共服务组织,它们可能会选择进行大量游说活动。这两类非营利组织,即宗教组织和社会福利组织,在弗吉尼亚·霍奇金森(Virginia Hodgkinson)和默里·韦茨曼(Murray Weitzman)编撰的《1996—1997年非营利组织年鉴》(*Nonprofit Almanac 1996—1997*)中被称为"独立部门"。虽然《非营利组织年鉴》是非营利组织最全面的数据来源,但《1997年各州非营利组织年鉴》(*State Nonprofit Almanac 1997*)更详尽地记录了大约160 000个递交国税局990表的501(c)(3)公共慈善机构的信息。这类非营利组织不包括无须向国税局备案的宗教团体,大约有50 000个私人基金会以及收入低于25 000美元的非营利组织(Stevenson,1997)。(见表1-1)

表1-1 1989年、1992年、1996年美国非营利实体的数量

	1989年		1992年		1996年		1989—1996年变化(%)
	数量/千家	百分比/%	数量/千家	百分比/%	数量/千家	百分比/%	
私人非营利组织总数	1 262	100.0	1 351	100.0	1 455	100.0	15.3
在美国国税局注册的免税组织	993	78.7	1 085	80.3	1 189	81.7	19.7
501(c)(3)慈善组织总数[a]	464	36.8	546	40.4	654	44.9	40.9
公共慈善组织总数	422	33.4	500	37.0	600	41.2	42.2
报送财务数据的组织	138	10.9	165	12.2	200	13.7	44.9
超出范围的组织	0.5	0.0	0.5	0.0	1	0.1	100.0
需申报的公共慈善组织	137	10.9	165	12.2	199	13.7	45.3
运营组织	124	9.8	148	11.0	178	12.2	43.5
支持组织	13	1.0	16	1.2	21	1.4	61.5
互惠组织	0.5	0.0	0.5	0.0	0.6	0.0	20.0
非申报组织[b]	284	22.5	335	24.8	400	27.5	40.8
私人基金会	42	3.3	46	3.4	54	3.7	28.6
501(c)(4)社会福利组织	141	11.2	143	10.6	140	9.6	-0.7

续表

	1989年		1992年		1996年		1989—1996年变化（%）
	数量/千家	百分比/%	数量/千家	百分比/%	数量/千家	百分比/%	
其他需申报的免税组织	388	30.7	396	29.3	395	27.1	1.8
不需要申报的宗教团体[c]	269	21.3	266	19.7	266	18.3	-1.1

资料来源：U.S. Internal Revenue Service Return Transaction File, 1997; Stevenson, David, Thomas H. Pollak, Linda M. Lampkin, et al., *State Nonprofit Almanac1997*; *Nonprofit Almanac 1996–1997* as updated by Independent Sector, 1998.

(a) 并非所有符合501(c)(3)条款的组织都包括在内，因为某些组织，包括教堂会众团体和教会集会或协会，不需要向国税局申请免税，除非它们希望获得法庭的裁决。

(b) 包括非申报组织和总收入低于25 000美元的组织。

(c) 根据独立部门《1996—1997年非营利组织年鉴》以及1998年更新年鉴的估计，宗教团体的数量在1992年和1996年均为341 000，1989年为344 000（数字由1987年和1992年的估计得出）。上述数字经过调整，排除了在国税局登记并计入501(c)(3)慈善组织总数的75 000个宗教团体。

注：1996年的数字为初步数据。

独立部门在美国经济中占很大比例，1996年的收入估计为6 214亿美元。1996年，该部门产生了约7%的国民收入，雇用了大约1 020万名工人和570万名全职志愿者（超过全美1.475亿工人的十分之一）。（见图1-1）

在过去二十年里，独立部门随着经济的发展而扩大。它占国民收入的百分比从1977年的4.9%上升到1996年的6.2%。[5] 近年来，独立部门的增长放缓，1987至1992年间，年均增长率为4.2%；但在1992至1996年间，年均增长率降至2.6%。实际上，在1992至1996年间，尽管志愿组织数量持续增长，但独立部门在国民收入中所占的份额有所下降。（见表1-2）

第一章　20世纪90年代的非营利部门

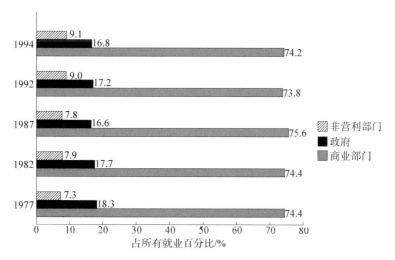

图 1-1a　1977 至 1994 年按部门划分的有偿就业

资料来源：Hodgkinson, Virginia A., Murray S. Weitzman et al., *Nonprofit Almanac 1996-1997*, p.140。

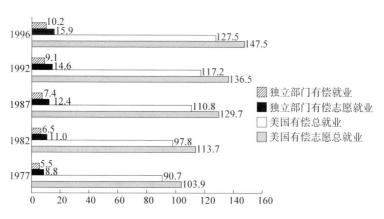

图 1-1b　独立部门*就业与美国总就业

资料来源：*Nonprofit Almanac 1996-1997*, as updated by Independent Sector, 1998。

* 仅包括 501(c)(3)公共慈善组织、501(c)(4)社会福利组织和宗教机构

表 1-2　1989、1996 年非营利组织*数量的增长情况表

种类	1989 年/个	1996 年/个	增长/个	增长百分比/%
艺术/文化	13 817	19 509	5 692	41.2
教育	16 939	28 235	11 296	66.7
环境和动物保护	3 305	5 799	2 494	75.5
医疗保健	23 039	28 234	5 195	22.5
人类服务	45 156	66 514	21 358	47.3
国际事务	1 196	1 816	620	51.8
公共/社会慈善活动	8 352	13 615	5 263	63.0
宗教相关事务	5 764	8 846	3 082	53.5
未知组织	6 119	5 036	-1 083	-17.7
总计	123 687	177 604	53 917	43.6

资料来源：U. S. Internal Revenue Service Exempt Organizations Form 990 Return Transaction Files, 1997, as adjusted by the National Center for Charitable Statistics.
* 非营利组织包括按照要求必须向国税局报告（递交 990 表）的公共慈善组织，不包括私人基金会、外国组织、政府相关组织以及没有状态标识的组织。不需要申报的组织包括宗教团体和总收入低于 25 000 美元的组织。
注：1996 年的数字为初步数据。

多样性

　　非营利部门的主要特点是其超过 100 万个组织的多样性。该部门的组织在规模、资源、范围和能力方面存在着巨大差异。非营利组织开展的活动种类几乎没有限制。它们因事业类型而异，如环境保护、健康教育、青少年娱乐等，也因其实现目标所使用的手段而不同。它们为盲人制作录音带这样的产品，创作艺术和文化作品，进行调查研究，从事教育和传授新知，支持或抗议政治行为和主张，提供精神指导，照顾穷人、病人和残疾人。它们可能为自己的成员促进公共福利。有些组织可能会凝聚人心，有些

可能会造成分裂,甚至是破坏性的。

组织的多样性体现在国家免税团体分类体系(National Taxonomy of Exempt Entities,NTEE)中。这是一个非营利组织的分类系统,它将非营利组织分为十大类、二十六个组别和六百多个小组。主要类别有艺术、文化和人文,教育,环境和动物保护,医疗保健,人类服务,国际和外交事务,公共、社会慈善活动,宗教相关事务,共同成员利益,未知组织(Stevenson,1997)。这些群体在组织数量和财政资源方面存在显著差异。(见图1-2)

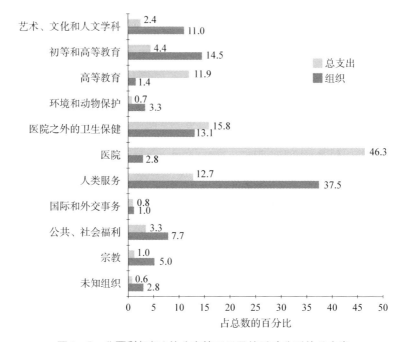

图1-2 非营利组织*的分布情况以及按活动分列的总支出

资料来源:U. S. Internal Revenue Service Return Transaction File, 1997, as adjusted by the National Center for Charitable Statistics.

* 只包括正在运营的公共慈善组织。

注:图中数字是初步数据。

一些观察家质疑这些多样化的非营利组织是否在任何有意义的层面上形成了一个独特的部门,除了它们通常被称为免税组织,以及在法律层面上禁止进行利润分配("非营利"一词的起源)这两个特征之外。这些组织必须具有广泛的公共目的,并开展"教育、宗教或科学"等活动(Hopkins,1992)。(见表1-3)

表1-3　1996年在美国国税局注册的免税组织

条款	描述	数量/个
501(c)(1)	依据国会法案组建的公司	20
501(c)(2)	纯粹控股公司	7 100
501(c)(3)	慈善和宗教组织*	654 186
501(c)(4)	社会福利组织	139 512
501(c)(5)	劳动、农业组织	64 955
501(c)(6)	商业联盟	77 274
501(c)(7)	社交和娱乐俱乐部	60 845
501(c)(8)	互助会	91 972
501(c)(9)	自愿员工受益人协会	14 486
501(c)(10)	家庭互助会	20 925
501(c)(11)	教师退休基金协会	13
501(c)(12)	慈善人寿保险协会	6 343
501(c)(13)	坟墓管理公司	9 562
501(c)(14)	州特许信用社	5 157
501(c)(15)	互助保险公司	1 212
501(c)(16)	资助农作物作业的公司	23
501(c)(17)	补充失业救济信托基金	565
501(c)(18)	员工年金信托基金	2
501(c)(19)	退伍军人组织	31 464
501(c)(20)	法律服务组织	131
501(c)(21)	黑肺病患者受益基金	25
501(c)(22)	多雇主退休金计划	0
501(c)(23)	1880年以前建立的老兵协会	2

续表

条款	描述	数量/个
501(c)(24)	《雇员退休收入保障法》第4 049条所述信托组织	1
501(c)(25)	退休金等控股公司	794
501(d)	宗教和使徒组织	113
501(e)	合作医院服务组织	54
501(f)	运营教育机构的合作服务组织	1
521	农场主合作社	1 773
总计		118 851

* 并非所有501(c)(3)组织都包括在内,因为某些组织,如宗教团体、综合附属机构、下属单位、教会集会或协会,以及总收入低于5 000美元的组织不需要申请免税,除非它们希望获得法庭的裁决。

资料来源:Internal Revenue Service, 1996 Annual Data Book, Publications 55B.

然而,非营利组织之所以成为一个独特的部门,是因为它们能够让人们在市场和国家之外为实现共同目的而联合起来,并且可以独立运作和实现自治。非营利组织也许被定位为公民社会组织更为恰当:它们是大大小小的志愿团体,作为一个整体深刻地影响着社区乃至整个社会的生活质量。

使命和起源

非营利组织的起源、使命和宗旨也各不相同。非营利组织的使命基于宗教价值观、政治信仰、个人兴趣、社区共识、社会运动等。个人、企业、政府和宗教团体都创建了各类非营利组织。从历史上看,宗教团体在美国非营利组织的创建过程中占据着最重要的地位,这些非营利组织为国内外的组织成员和穷人提供服务(O'Neill, 1989)。

女性建立了许多非营利组织。在社会还未广泛接受妇女走出家庭去工作时,许多女性已经在她们创建的各类协会中磨砺了自己的组织能力。其活动范围包括从政治倡议(反对奴隶制、争取妇女权利和投票权、支持童工法、争取和平)和直接社会福利(睦邻之家、医院、孤儿院、节育诊所),到教育(女子学校和大学)和其他健康、安全、艺术和文化活动(McCarthy,1993;Skocpol,1995)。妇女继续创办并参与各种类型的非营利组织,人数占非营利组织雇员的三分之二以上。[6]

新移民以及种族和族裔群体成员也成立了非营利组织,为其社区服务,并主张他们的权利和获得政治上的承认。这些群体的历史以及非洲裔美国人、拉丁裔美国人、美国原住民和亚裔美国人的参与范围直到最近才得到应有的关注(Carson,见本书)。

虽然非营利部门的多样性难以理解,但除非我们能够认真了解和处理该部门的许多方面,否则我们无法充分评估当前趋势对该领域产生的影响。由于缺乏关于众多小型、非正式公民社会组织的统一信息,我们倾向于关注那些有资格获得免税捐赠[501(c)(3)组织]、规模上足以向国税局递交年度报表(收入超过25 000美元)且必须这样做的人类服务组织。[7]

地区差异性

非营利组织和资源在全国范围内分布不均。其数量通常因人口水平而异,因此人口最多的州,如加利福尼亚州、得克萨斯州和纽约州也拥有最多的非营利组织。然而,在非营利组织的数量、类型、财务状况和增长率方面,各地区和各州之间仍然存在明显的差异。例如,东北部地区的艺术、文化和人文组织所占比例相对较高,中西部地区人类服务团体的数量更多,而西部地区则拥有更多的环境保护团体。非营利部门大约三分之一的财政资源都聚集在东北地区,那里大约有五分之一的人口,四分之一的非营利组织也位于这里(Stevenson,1997)。(见表1-4)

表1-4 1996年各地区非营利组织*的数量和总费用

地区	组织/个	百分比/%	费用/百万美元	百分比/%
东北部(a)	41 766	23.5	164 995	31.1
中西部(b)	42 801	24.1	13 085	24.6
南部(c)	52 982	29.8	140 734	26.5
西部(d)	39 900	22.5	93 698	17.6
美国领土	155	0.1	813	0.2
总计	177 604	100.0	531 025	100.0

资料来源:Urban Institute 1998, based on U.S. Internal Revenue Service Exempt Organizations Business Master File and Return Transaction File, 1997.
* 只包括运营的公共慈善组织。
(a) 包括康涅狄格州、缅因州、马萨诸塞州、新罕布什尔州、新泽西州、纽约州、宾夕法尼亚州、罗德岛州、佛蒙特州。
(b) 包括伊利诺伊州、印第安纳州、爱荷华州、堪萨斯州、密歇根州、明尼苏达州、密苏里州、内布拉斯加州、北达科他州、俄亥俄州、南达科他州、威斯康星州。
(c) 包括亚拉巴马州、阿肯色州、特拉华州、哥伦比亚特区、佛罗里达州、佐治亚州、肯塔基州、路易斯安那州、马里兰州、密西西比州、北卡罗来纳州、俄克拉何马州、南卡罗来纳州、田纳西州、得克萨斯州、弗吉尼亚州、西弗吉尼亚州。
(d) 包括阿拉斯加州、亚利桑那州、加利福尼亚州、科罗拉多州、夏威夷州、爱达荷州、蒙大拿州、内华达州、新墨西哥州、俄勒冈州、犹他州、华盛顿州、怀俄明州。
注:表中数字为初步数据。

非营利组织的分布密度在不同的州和地区也有差异。东北部各州的非营利组织密度最高(每10 000名居民有8个组织),而南部各州的密度最低(每10 000名居民只有约5个组织)。例如,佛蒙特州的非营利组织密度是密苏里州或俄亥俄州的两倍多。这些密度差异可能与地区的不同历史、文化和收入有关。还必须指出,大城市,特别是哥伦比亚特区和纽约市,是许多组织的全国总部,从而导致这些地区的非营利组织更加集中。

在人口快速增长的州,非营利组织往往以更快的速度增长。例如,从1989到1996年,内华达州的人口增长率约为5%(全国人口平均增长率刚刚超过1%),其非营利部门的增长率约为8%,而全国平均增长率约为6%。然而,这种非营利组织的高增长率也只是将内华达州非营利部门的密度提高至每万人约4个组织,仍远低于1996年全国平均每万人近7个组织的平均水平。因此,尽管内华达州非营利组织的创建率很高,但实际密度却落后于其他州,其人均非营利组织数量从各州排名的第48位降至第50位(Stevenson,1997)。

收入来源

非营利组织的收入来源复杂多样,包括通过拨款、合同、服务费、销售、捐赠、投资、特殊活动和商业企业收入筹集的私人或公共资金。在中型和大型组织中,非营利组织复杂的财务状况、多级报告和问责不仅枯燥乏味,而且费用高昂(Grønbjerg,1993)。

收入来源因子部门和组织规模而异。总体而言,在20世纪90年代,慈善捐赠的比例下降,政府收入直到最近才有所增长,服务收费成为收入的最大组成部分。服务收入的增长很大程度上可能与医疗保险和医疗补助支出的增长有关。1996年,政府提供了约32%的非营利组织收入,而慈善事业提供了19%。然而,对于社会服务组织来说,来自政府的收入已接近总体收入的一半。

然而，这些宽泛的概括掩盖了这样一个事实：尽管政府收入用于医疗保健服务和教育组织的比例有所增加，但用于社会和法律服务、艺术和文化组织的比例却下降了，特别是对公民、社会和兄弟会组织的政府资助下降比例最大。不幸的是，这种下降发生在那些最不可能找到其他方式取代政府资助的组织中。政府资助的比例显然根据组织类型的不同而有着巨大的差异，从对艺术类组织不到15%的资助，到对社会和法律服务组织超过一半的资助。（见表1－5）

非营利组织收到的慈善捐款从占医院收入的不足4%，到占艺术和文化组织收入的40%不等。1987至1996年间，艺术和文化组织设法提高了捐赠占其收入的比例，而社会和法律服务组织的捐赠占比在1987至1992年间出现了显著下降。然而，最近的数据表明，1992至1996年间其捐赠占比略有提升（Kaplan，1997年）。

资源集中

非营利部门主要由资源贫乏的小型实体组成。即使在那些达到向国税局报告的门槛的组织中，大多数组织的资金预算也不高，只使用志愿劳动，并在当地开展业务。资源和雇员高度集中在一些最大型的组织中，主要是医院和大学。其中一些是规模庞大、收入达数亿美元，拥有复杂的国内和国际组织结构和高水平筹资技术的组织。向国税局报告的非营利组织（不包括基金会）中，开支高于1 000万美元的只有不到4%，但这些组织的支出却超过全部支出的三分之二（见图1－3）。在私人基金会中也有类似的规模分布（*Foundation Giving*，1997）。

表1-5 1977至1992年非营利部门子部门*的财务状况：政府资金、私人捐赠和私营部门款项占总资金的百分比

子部门	1977 政府	1977 私营部门款项	1977 私人捐款	1977 其他(a)	1977 总计	1982 政府	1982 私营部门款项	1982 私人捐款	1982 其他(a)	1982 总计
医疗保健服务	32.4	49.1	7.8	10.7	100.0	34.8	49.1	5.9	10.2	100.0
教育/研究	18.2	52.9	8.8	20.1	100.0	17.0	53.0	8.4	21.6	100.0
宗教组织(b)	0.0	0.0	125.0	(25.0)	100.0	0.0	0.0	125.4	(25.4)	100.0
社会和法律服务	54.4	9.7	32.2	3.9	100.0	54.9	15.2	25.0	4.9	100.0
公民,社会和兄弟会组织	50.0	11.9	28.6	9.5	100.0	50.0	13.8	29.3	6.9	100.0
艺术和文化	11.8	29.4	41.2	17.6	100.0	16.7	29.2	39.6	14.5	100.0

子部门	1987 政府	1987 私营部门款项	1987 私人捐款	1987 其他(a)	1987 总计	1992 政府	1992 私营部门款项	1992 私人捐款	1992 其他(a)	1992 总计
医疗保健服务	36.2	51.8	5.4	6.6	100.0	40.7	48.3	3.6	7.4	100.0
教育/研究	18.3	55.3	13.0	13.4	100.0	20.0	57.0	12.7	10.3	100.0
宗教组织(b)	0.0	7.4	104.1	(11.5)	100.0	0.0	6.7	94.5	(1.2)	100.0
社会和法律服务	48.1	18.9	24.8	8.2	100.0	50.1	17.5	20.0	12.4	100.0
公民,社会和兄弟会组织	48.0	12.8	33.0	6.2	100.0	33.3	20.4	31.3	15.0	100.0
艺术和文化	15.0	30.0	40.0	15.0	100.0	14.6	24.4	40.2	20.8	100.0

资料来源：Hodgkinson, Virginia A., Murray S. Weitzman et al., *Nonprofit Almanac 1996—1997*, p.140。*仅包括501(c)(3)公共慈善组织,501(c)(4)社会福利组织和宗教机构。

(a)包括捐赠基金、投资收益和教会收入。

(b)宗教组织既接受捐赠,也向独立部门内其他组织提供捐赠。为了列报独立部门的净值估算,并估计宗教组织的神职人员活动,对表格中宗教组织的收入做出了调整,显示的是减去用于非神职人员活动的估计金额。因此,百分比相加不一定等于100。

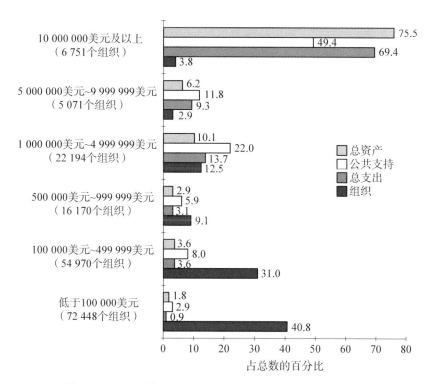

图1-3 1996年按总支出水平列出的非营利组织*的财务状况

资料来源：U. S. Internal Revenue Service Return Transaction File, 1997, as adjusted by the National Center for Charitable Statistics.

*只包括运营的公共慈善组织。

注：表中数字是初步数据。

对1989至1995年财务数据的初步分析表明，前1%的非营利慈善机构（不包括基金会）持有整个集团近五分之二的资产（Pollak and Pettit, 1998）。

非营利部门的全国统计数据表明，大型医疗保健服务机构和高等教育机构占据了主导地位。我们难以从这些数据中了解到大多数非营利组织的信息。与大众观点相反,社会服务机构并没有主导志愿部门。即使将宗教组织包括在内,志愿者服务时间也计算在内,提供社会服务的组织也只雇用了大约三分之一的非营利工作人员。志愿者为社会服务组织提供了近五分之二的劳动力。

多元化

非营利部门呈现出这样一种状况——它由不同的群体构成,这些群体不均匀地散布在各州,其任务和活动种类繁多。大多数非营利组织是以社区为基础的,并不知名,而且其实际数量可能被大大低估了。这不是一个统一的部门,除了医院和高等教育机构,没有一个总体结构将所有组织或那些特定子部门的组织联合起来。

全国成员组织和行业协会等协调组织很少提供连贯性。它们可以监督公共政策、提供服务,帮助推广管理和项目的创新,但很少控制或监督其成员的活动。州和地方的非营利协会,如联合之路和地区资助者协会(Regional Associatons of Grantmakers)的情况也是如此。对政府拨款和政府合同的监督监测一直是一些子部门的标准化要素,但对那些具有资金申请能力的大型机构的影响却微乎其微。

非营利部门因地区、历史以及地方政治和社会文化而异。在美国,一些地区的捐赠和志愿服务水平远远高于其他地区,这反映出多元的慈善文化和不同程度的公民行动。这些差异深刻地影响了组织的类型、规模和财务实力(Wolpert,1993)。

非营利组织的财务健康

从 1989 到 1995 年,非营利组织的收入和总资产增长超过了通货膨胀。开支的增长率与收入的增长率大致相同。扣除支出后的净收入增长率也高于通货膨胀率。与这一整体情况不同的是,初步分析表明,按通货膨胀调整后的美元计算,约五分之二的非营利组织收入出现了下降。虽然艺术和文化组织遭受了巨大的收入损失,但大学、医院和多功能人类服务组织的收入损失最小(Pollak and Pettit,1998)。

在另一个财务健康衡量指标中,大约五分之二的非营利组织的净资产小于或等于三个月的开支,而不到五分之一的非营利组织的净资产总额则超过两年的开支。值得注意的是,财务实力雄厚的组织的投资收益率要高于净资产水平较低的组织。事实上,强大组织的共同点似乎就在于投资收益——这种概括适用于艺术和文化组织以及多功能人类服务组织。投资资产提供了一个安全可靠的收入基础,有助于大型组织维持其财务健康状况。

这些初步的财务分析表明,在 1989 至 1995 年间,五分之二的公共慈善机构经营状况不佳,还有大致同样数量的慈善机构的经营利润也非常微薄。该部门在所有计划领域都存在着如此大比例的潜在脆弱性,这是一个值得关注和进一步深入分析的问题。因为,尽管这可能是表明部门营业额、创新和衰退的正常特征,但也可能暗示着一个比数字所展现的要小得多且更脆弱的部门。

收入、财富和慈善事业

过去20年的经济繁荣为高收入阶层带来了巨大的个人财富增长。美国亿万富翁的人数从1982年的13人增加到1997年的170人,他们的净资产达到了约2 200亿美元(Forbes, 1997)。此外,最富有的1%人口拥有这个国家超过三分之一的财富(Wolff, this volume)。遗憾的是,慈善捐赠并没有增加,而是稳定保持在一个相对较低的水平,占国内生产总值的2%和个人收入的1.8%(Kaplan, 1997)。美国最富有的人的捐赠实际上有所减少,因为20世纪80年代中期的税率下降,削弱了他们进行捐赠的动机。然而,新的基金会不断涌现,而且基金会和企业的慈善捐赠比个人捐赠更强劲地增长,反映了强大的金融市场。(见表1-6)

表1-6 1977—1997年按来源分列的慈善捐赠变化

单位:十亿美元

类型	年份						1977—1996年变化
	1977	1982	1989	1992	1996	1997	
个人	78.3	79.2	102.8	100.3	104.7	109.5	39.6%
基金会	5.3	5.3	8.5	9.9	12.3	13.4	152.8%
企业	4.1	5.2	7.1	6.8	7.8	8.2	100.0%
遗赠	5.6	8.7	9.0	9.3	11.7	12.6	125.0%
总计	93.3	98.4	127.4	126.3	136.5	143.5	53.8%

资料来源:AAFRC Trust for Philanthropy, *Giving USA 1998*。

这种蓬勃发展的经济有一个负面影响:财富和收入变得更加集中,而且经济不平等加剧。中低收入家庭的实际工资有所下降,这可能导致他们减少捐款和志愿服务。有调查数据可以证实上述观点。数据显示,那些表示非常担心钱的问题,而且今年剩下的钱比上一年少的受访者的捐赠和志愿服务有所下降(Hodgkinson,1996)。

私人基金会

1980至1995年间,成立了超过16 200个新基金会,占活跃的资助型基金会总数的40%以上。(除非另有说明,本节中的数字均来自 *Foundation Giving*,1997。)但在20世纪80年代中期的基金会创建热潮之后,新的私人基金会的成立速度大幅下降,这可能是由于较低的税率(以及相关的变化)实际上增加了捐款的成本,以及1987年的股市崩盘(见表1-7)。新的亿万富翁和百万富翁是否会把自己的财富留给基金会、建立分配财富的信托基金,直接捐赠给机构,或者干脆不捐赠,都还有待观察。乔治·索罗斯(George Soros)、沃尔特·安纳伯格(Walter Annenberg)和特德·特纳(Ted Turner)等众所周知的榜样力量或许有助于鼓励其他富人通过私人基金会回馈社会。

表1-7 1989—1995年基金会数量[*]

类型	年份			1989—1995年变化
	1989	1992	1995	
独立基金会	28 669个	31 604个	35 602个	24.2%
企业基金会	1 587个	1 897个	1 946个	22.6%
社区基金会	282个	353个	413个	46.5%
总计	30 538个	33 854个	37 961个	24.3%

资料来源:Renz, Loren, *Foundation Giving* (1997), p.25。
[*] 数字由基金会中心确认。

随着20世纪90年代中期股票价值的激增,私人和社区基金会的资产也上升到了新的高度,从而使这些机构的捐赠水平得到了提高。1996年,基金会捐赠总额超过120亿美元,约占1370亿美元,是个人、企业、基金会和遗赠总额的9%。基金会捐赠占总捐赠的百分比与前一年相比增加了1%(Kaplan,1997)。基金会拨款继续主要流向高等教育,但用于人类服务的比例较以往有所上升,在1991至1995年间,从14%上升到近17%。尽管面临着增加一般业务支持拨款比例的压力,基金会仍将大部分拨款用于具体计划。

1995年,基金会44%的拨款用于资助特别计划,21%用于资本融资,12%用于一般支持,8%用于资助研究。在大多数情况下,基金会使用他们的资源来开发新的项目而不是维持组织运营。

社区基金会

20世纪90年代,由个人团体为集中资源造福地方而创建的社区基金会的数量显著增长,从1989到1995年增加了70%(从282个增加到413个)。社区基金会的资助模式具有很强的地方性特点,它们很可能会资助那些解决犯罪、毒品和公立学校系统失灵等问题的倡议。印第安纳州的礼来基金会,以及密歇根州的查尔斯·斯图尔特·莫特基金会(Charles Stewart Mott Foundation)和凯洛格基金会等大型私人基金会,都帮助所在州建立和壮大了社区基金会。企业已经开始与社区基金会建立伙伴关系。美林公司(Merrill Lynch & Co.)最近与34个社区基金会结成联盟,以帮助宣传和推广通过社区基金会进行捐赠的好处(The

Conference Board,1996)。

企业捐赠

20 世纪 90 年代,企业捐赠也开始大幅增加。1997 年,来自企业基金会的捐赠和拨款估计达到 82 亿美元,比前一年增长 5.1%(通货膨胀调整后),自 1992 年以来增长了 20.6%(Kaplan,1997)。1995 至 1997 年初,股票价值飙升,公司利润也持续创下纪录。这表明许多公司具有重建过去十年中下降的企业基金会资产的能力。然而,随着企业转向战略性捐赠,对长期以来备受企业青睐的联合之路的企业捐赠逐渐减少(见表 1-8)。自 1992 年以来,对联合运动的捐款有所减少,占企业总捐款的比例从 1992 年的 13.2%下降到 1995 年的 10.3%(The Conference Board,1996)。

表 1-8　1989—1996 年对联合之路的捐赠

年份	捐赠/十亿美元	自上一年以来变化/%
1989	2.403 2	2.3
1990	2.379 5	-1.0
1991	2.327 5	-2.2
1992	2.166 8	-6.9
1993	2.108 7	-2.7
1994	2.076 9	-1.5
1995	2.065 6	-0.5
1996	2.070 1	0.2

资料来源:The United Way of America,1997。
注:经过通货膨胀调整后,消费者物价指数。

数据表明,20 世纪 90 年代企业对社区的参与有所增加。除 1992 年略有下降,企业对公民和社区团体的捐款(包括现金和非现金捐赠)稳步增加,对医疗保健和人类服务组织的捐赠也有了很大比例的增长(The Conference Board,1996)。

基金会财务状况良好。基金会对非营利部门的捐款,尽管数目巨大且不断增长,但只占该部门收入的一小部分。然而,这些资源可以在加强非营利部门的规划和能力建设方面发挥关键作用。

相对于政府和企业的非营利部门的作用

整个非营利部门的职责模糊不清,并且处于不断变化之中。企业和政府实体通常提供类似于非营利组织提供的服务。因此,非营利部门的边界是一些灰色地带,在这些灰色地带中,非营利、营利性和政府项目之间(例如在药物滥用预防计划、儿童保育中心和医院等方面)可能没有什么区别。

从历史上看,非营利组织开创了一些公共项目,当需求增长超出非营利组织的应对能力时,这些项目就成为政府的责任。这些项目包括初等教育、幼儿园、疾病控制等。[8]人们还因为企业或政府服务不充分而创建了非营利组织,因为现有的服务难以获得、成本高昂、过于简单、文化或宗教上不适当、无效或缺乏创新性。非营利组织还率先推出了健身中心等新服务,这些服务产生的需求和潜在收益也吸引了营利性机构。

因此,许多非营利领域都是与政府实体和企业共享的。然而,对这些可渗透边界的抵制似乎正在增强。其中一个例子是企业试图排挤非营利竞争对手,如健身俱乐部老板对基督教青年会(Young Men's Christian Association,简称 YMCA)提起的诉讼(Gillman,1987)。

当非营利组织可以利用某个项目的盈利来资助另一个项目的服务时,它们有时会创建营利性子公司。非营利组织也会在符合成本效益的情况下使用企业提供的服务。例如,许多高等院校与商业食品服务公司签订合同。

非营利组织的一个作用可能是确定社会服务需求,并创造满足这些需求的服务。20世纪80年代艾滋病蔓延期间,大量非营利组织的成立就说明了这一点(Chambré,1994)。如果对服务的需求有所增长(取决于规模和成本),政府和企业可能会因为非营利组织的倡导而参与进来。因此,一部分非营利部门可以被视为社会创新部门。由非营利部门发起的创新可以将慈善与其他收入相结合。政府和企业的参与与合作往往会惠及更多的受益者,因为非营利组织很少有足够的资源来发展和复制其成功的项目。随着企业家向市场寻求新的服务,美国经济从制造业向服务业的转型可能加速或加剧创新服务和新兴市场从非营利部门向营利性部门的转移。此外,当政府项目提供资金或财政激励时,这种转移可能会加速,比如在医疗保健领域就是如此。

一些有待解答的问题

理解非营利组织的多样性及其不同的起源和作用,有助于将当前的政治和经济趋势置于更清晰和更长远的视角下审视。这不是一个单一的部门,而是由许多元素组成的万花筒,它产生了一种吸引人的、不断变化的模式。理解该部门的多样性也有助于我们提出一些重要问题,例如:是否存在一些本质上是非营利的,以至于政府和企业一般不应从事的活动?做出这类决定的标准应该是什么?

非营利机构的多样性可以通过鼓励创新、节约成本或社区监督为社会带来一些益处。我们如何才能确定是非营利组织、营利性组织还是政府计划能为社会提供更好的服务？已经有比较研究开始试图解释这些差异，但很多调查尚未完成。事实上，对于每个子部门来说，答案可能都是不同的（Gray，1986；Weisbrod，1988；Gelles，1993）。

强劲的经济发展与不断扩大的收入差距、公民离散的迹象以及将社会和福利计划的责任下放到州一级，这些情况的结合使得忧心忡忡的非营利团体成立了多个委员会，[9]并且多次试图扩大慈善板块。促进新基金会成立、提高捐款水平、提升非营利组织知名度、弘扬志愿精神、鼓励和要求在高中开展志愿服务、加强高校的服务性学习等项目已全面推进。迄今为止，这些努力似乎并没有增加该部门的资源或影响。那么我们应该如何评估其后果？

到1997年，美国总就业人数达到了创纪录的水平，不断增加的税收收入缓解了联邦和各州的财政紧缩。政治领导人已经开始讨论增加政府开支。然而，这些增加是否会实现，并用于非营利组织（特别是那些在社区一级工作的非营利组织）关注的问题和活动，仍有待观察。对最近联邦预算数据的分析表明，政府在教育、培训、就业、社会服务和国际活动方面的开支正在持续下降（Abramson，Salamonand，and Steuerle，forthcoming）。

总结

现有的非营利组织数据可以让我们了解这些组织与经济的其他部分之间的相互关系。税收激励政策的变化似乎会影响慈善捐赠和基金会的成立。繁荣的市场和经济衰退影响着个人、基金会和企业的捐赠,并且似乎也影响了志愿服务。政府开支紧缩影响着非营利组织的收入以及对社会服务的需求。政府支出的增长(联邦医疗保险计划和医疗补助计划)增加了卫生部门的收入。

然而,这些力量对小型组织的影响尚不为人所知。以社区为基础的小型团体更多地依赖志愿劳动。它们在筹集资源方面付出了巨大的努力,而自愿捐助主义的衰落可能会严重阻碍它们的努力。[10]大多数这类组织都很脆弱,而且其中大多数组织的财务负面趋势是另一个令人担忧的原因。

政治、社会和财务趋势对慈善事业的影响

对志愿部门的描绘充其量只是一幅马赛克图案。不同的使命创造了一种满足重要社会需要的活动模式,但每个组织和每个子部门对其服务的公共目的都有自己的定义。这不仅仅是一个服务系统,也不能用来进行联合行动(除自然灾害或战争之外)。更恰当地说,该部门是公民社会部门,是一个不断起伏和变化的组织实体集合,从事着基本上未经协调的、由私人发起的活动,以实现多种公共目的。

过去十年的政治和经济力量不同程度地影响了非营利组织的增长率、实力和生存能力,这取决于这些组织的活动领域、收入来源和规模。财务指标显示,大多数类型的组织都保持着健康的增长率,但这种增长似乎跟不上经济的整体增长。尽管经济增长创造了巨大的个人财富,但慈善捐赠仍稳定在占个人收入的1.8%。与那些提倡降低税率的人的预测相反,财富的增加和税

负的减轻并没有提高慈善捐款水平。事实上，在1993至1996年间，进行慈善捐款的家庭的比例从73.4%降至68.5%。

志愿服务在1989至1993年间有所下降，这一趋势可能与中低收入人群的经济财富下降有关。然而，从1993到1995年，随着非营利部门志愿服务的小时数恢复到1989年的水平，这一下滑趋势发生了逆转。

非营利实体的数量不断增长的事实（虽然1992年之后的增长速度有所放缓）也可能表明一种积极的趋势。个人继续联合起来实施新的想法或开展新的活动。当人们搬到郊区或人口稀少的州时，他们就重新创建非营利组织。志愿组织的持续增长可能是公民社会健康发展的一个主要指标。人们觉得他们可以在一项共同的事业中有所作为。

然而，非营利组织的增长可能不是一个完全积极的指标。如此多新团体的出现也可能表明人们对现状感到失望，对政治制度无法解决他们的关切或为有需要的邻里提供帮助而感到沮丧。1992至1994年间，在十三个州中，紧急服务机构的增长率高于其核心服务机构的，这表明许多新组织的创建是为了满足人们对食物、衣物和住所的基本需要（DeVita and Twombly, 1997）。这些非营利组织的收入和开支的增长速度也高于核心服务机构的。如果这种趋势是典型的，正如天主教慈善会最近的一份报告所指出的那样，而且如果额外的收入无法满足不断增长的需要，那么在家庭到达危机关头之前，可用于支持家庭的资源就会越来越少，这对家庭及其社区来说可能是毁灭性的（Flynn, 1995）。

考虑到这些趋势，我们接下来要讨论影响非营利组织的主要力量，并对未来提出一些建议。

资源

尽管非营利部门整体持续增长,但从这些数据中会得出一个不可回避的结论,即许多非营利组织的规模很小,而且其中很多组织的财务状况不佳。

然而,慈善基金会的资产正以前所未有的速度增长。有组织的慈善事业可以帮助非营利组织了解哪里最需要资源,然后协调利用额外的财务、人力和政治资源来满足这些需要。志愿劳动对于人类服务和社区组织极为重要。慈善事业有助于动员更多的志愿者,特别是在退休人士、青年、低收入和少数族裔群体中。研究表明,如果想要年轻人在成年后参与捐赠和志愿服务,就必须让他们加入组织。为年轻人提供在各种组织中做志愿者以及接受带薪实习的机会有助于为他们今后参与行动铺平道路。确保非营利组织能够有效使用额外志愿者的系统也应该得到资助(Hodgkinson,1996)。

社区团体将从更多的储备、创收资产和稳定的资金流中受益,这将为持续的运营支持提供基础。人们应该探索和测试多种备选方案。志愿部门可能会从一个或多个用于技术援助、捐赠基金和过渡贷款的循环基金中受益。基金会可以联合创建一个非营利银行基金或其他类型的金融实体,为非营利组织提供服务。对于非营利组织来说,有一个公共、私人或公私结合的,相当于小企业管理局(Small Business Administration)的机构可能会大有益处。联邦政府也可以效仿英国和西班牙政府的做法,将销售慈善邮票或国家彩票的收入指定用于非营利组织,从而为加强志愿部门的财政发挥更积极的作用。

权力下放和福利改革

将联邦政府责任下放到州或地方一级是全球经济和政治大格局的一部分。由于大多数非营利组织都在地方一级运作,权力下放本身对许多类型的组织来说应该不是问题,并可能为非营利组织在规划和决策方面发挥更大作用带来机会。

由于许多决策权转移到五十个州的首府,非营利组织的倡导行动可能会变得更加困难和昂贵。一方面,习惯于国家一级影响政策的组织可能会发现有必要在州一级建立联盟和供资基础;另一方面,公民参与的新途径可能会向地方团体开放,而且如果社区组织在影响其福祉的决策中发挥更大作用(因为这些决策是由地方做出的),那么参与度差距就可能会缩小。不习惯进行倡导活动的组织可能不得不去了解公众的意见。福利改革已经产生了新的社区联盟,并使低收入人群参与政策过程(Reid, 1997)。

私人基金会也在福利改革中发挥了作用。它们可以资助社区倡导团体,帮助创建和维护政策监测计划。基金会还可以帮助加强那些必须为社会保障网络提供服务的组织,以及那些为从福利到工作计划提供培训和支持的组织,使穷人能够成功地获得并保住工作。基金会还可以资助对福利改革结果进行必要监测和评估的工作,以便出现消极结果时及时做出纠正,制定出可行方案时能够鼓励推广。最后,必须对组织实现这些新角色的能力进行更好的研究。

基金会可以在福利改革等领域影响社会变革,但不能通过单独行动来实现。慈善事业最强有力的作用可能是帮助改变辩论的条件,例如,为低收入人群在政策辩论中争取发言权的活动提供资助。

社会正义

在权力下放和福利改革背景下,实现社会正义的前景将受到相关研究的可获得性,以及是否能有效利用研究结果来影响政治进程。私人慈善事业的一个作用是,通过召集利益相关者,呼吁人们关注问题,以及促进那些解决社会正义问题的人发挥作用,来开展此类研究并协助其传播。例如,这些群体包括少数族裔和残疾人的代表,以及儿童权益的倡导者。

基金会还可以支持低收入社区的社区联盟。这些社区经常面临严重的资源匮乏问题:学校资金不足,社区安全受损,就业和儿童保育服务短缺,就业培训计划名额不足,家庭服务分散且往往难以获得,控制药物滥用计划通常要等待很久,收容所和食物银行经常满负荷运转等。为改善这些情况而成立的社区联盟很少获得有组织的慈善事业的资助。这些团体也不太可能在社区之外筹集捐款。贫困社区的问题需要整体解决方案,而不是短期的、零碎的干预。帮助社区建设规划和解决问题的能力是一项有希望的长期战略。

帮助低收入人群找到并保住工作是一种长期需要。承担社区机构全部工作人员的费用或许是一种策略,这样可以在巩固社区的同时,帮助提供工作岗位和培训志愿者掌握工作技能。如果低收入社区有一个员工配备齐全、提供全面服务的社区机构或协调机制来为社区提供各种服务和计划(可能包括青少年监督计划、育儿班、音乐、艺术、舞蹈、日托和老人护理、诊所、咨询、旧货商店、借阅服务、高中同等学力课程、扫盲和辅导服务、住房服务、危急贷款计划和小企业贷款计划等），人们不但可以获得服务，还可以创造就业机会。理想情况下，这类计划应该由社区管理，并由有偿工作者和志愿者担任工作人员。

"评估新联邦主义"（Assessing the New Federalism）项目是一项由基金会资助，由城市研究所（Urban Institute）进行的大型研究项目。该项目正在收集有关州一级的政策变迁及其对家庭和儿童影响的信息。它将成为监测权力下放和福利改革对弱势群体产生影响的主要资料。

公民离散

随着收入差距不断扩大以及低收入人群逐渐被隔离到贫困社区，可能会出现越来越大的公民参与差距。在宗教团体之外，与比较富裕的人相比，穷人参与社团和政治过程更为受限（Verba et al., 1995）。这种参与差距对民主社会构成了重大挑战，因为研究表明，参与度随着年龄、教育和收入的增加而增加（Guterbock and Fries, 1997; Hodgkinson, 1996; Pew Research Center for the People and the Press, 1997）。非营利组织面临的挑战是要让更广泛的人群参与其活动。当被问及这一问题时，少数族裔捐款和志愿服务的比例与其所占总人口的比例相当。认为某些群体不关心政治的错误观念，以及阶级和种族偏见，限制了社会各界对许多非营利组织的治理、人员配备和志愿服务模式的参与。宗教团体对低收入人群和非裔美国人而言可能是最便捷的参与途径。在这些背景下，不同收入和教育水平的人们可以学习参与技能，并有机会发展领导能力。

年轻人可能是维持公民社会最关键的人群。年轻人"传统上"是几乎不参与的,但如果他们接触到积极的榜样、信息、激励措施和工具,他们就会参与其中。让他们参与有意义的活动,指导他们,培养他们的技能、领导能力和公民认知水平是非营利组织以及各级政府的工作。忽视年轻人,特别是儿童,是为公民社会及其所依赖的民主政府的最终衰落种下苦果。

商业化

市场力量方兴未艾。非营利组织必须牢记市场的优势,这样才能更有效和高效地开展工作。但非营利组织也必须清楚它们的首要任务以及它们对社区和选民的责任。通过共同努力而非"最终效益"来建设充满关爱的社区,从而推动公民社会的发展。

商业进入非营利领域并不是什么新鲜事,也不一定是负面的。在一些非营利活动领域,商业规模和资本可能是有益的,但商业控制可能被认为是不适当的。在这种情况下,我们可能需要创建一种新的形式,善用社区对非营利组织的监督和营利性部门的商业头脑。医院和疗养院有可能会采取这种新的形式。仍然需要思考的问题是,这种形式可能会造成什么样的危害,以及谁的福利将受到威胁?如果潜在的危害很大,而且那些弱势群体的福利会受到威胁,或许就有理由限制营利性收购。

法律框架

目前规范非营利组织的法律框架可能过于复杂,但并不是难以执行的。与一个如此多样化的部门打交道,任何体系都应该特别重视灵活性。处于政府边界上的非营利组织表现出公共部门的特征,而处于企业边界上的非营利组织则表现出企业的特征。

我们不应该采取绝对主义的方法来看待这些可能一直在不断移动，像阿米巴虫一样不断变换形态，并且可以使有动机的组织朝着新的方向发展的边界。这些不断变化的边界对社会是有益的，因为它们是创新的源泉，也是解决问题的新机会。

美国的税收制度为公共倡议提供免税和鼓励。这是一种高效且适合社会的机制。我们也许能够设计出一些额外的激励措施，如采用税收抵免、所得税申报表扣除项目等方式。在其他国家，试图建立公民社会的人们认识到我们的税收优惠政策是一种有用的工具。

从消极的一面来看，在监管体系内部已经采取了行动，限制非营利组织的倡导活动。例如，试图将免税或政府合同置于这种限制之下对民主来说是灾难性的。就在世界各地的社团都在追随我们的步伐，开放民主话语时，美国的政治力量却试图限制那些需要帮助的人的组织参与政策制定过程。打击穷人的力量是如此之大，以至于他们影响立法的能力极为有限。如前所述，应该根据非营利组织的合法代表作用，仔细审查那些进一步限制非营利组织参与政策过程能力的行动，特别是考虑到商业企业可以几乎不受限制地进入立法和行政机构，不论它们与政府签订了什么合同。

最后说明

非营利组织不能在实行问责、运营规模或影响范围方面取代政府的地位。非营利组织在全国分布不均匀，拥有的慈善资源和从事的活动也各不相同。非营利组织对其社区来说是不可或缺的,但它们也主要对其理事会负责,而不是对选民负责。他们无法公正地管理或分配资源给公众。较大的人类服务组织——通常由政府直接或间接资助,确实为这个国家相当一部分正规社会服务提供了一个框架。然而,教会和宗教团体以及大多数得不到政府资金的小型实体是地方社区处理紧急事件和应对危机的重要资源。

要对当今社会问题提出创造性和现实的解决方案,我们需要对非营利组织的作用和能力有一个现实的认识。非营利组织对这个国家的生活质量的贡献是多种多样的,既有独立完成的,也有与政府和企业合作实现的。随着人们对权力下放和福利改革需求的增长,不论是通过公共政策还是私人努力来解决社会需求,都必须承认非营利组织的优势和局限性。尽管有这些需要注意的方面,仍有许多方法可以加强非营利组织及其参与社区和政治进程的能力。

伊丽莎白·T. 鲍里斯(Elizabeth T. Boris)

注释:

[1] 在过去十年里,研究人员(如弗吉尼亚·霍奇金森、莱斯特·萨拉蒙[Lester Salamon]和其他人)在评估美国和其他国家非营利部门的规模方面取得了很大进展。这是一项困难的工作,与对待企业的方式不同,政府并没有去收集和维护关于非营利组织的数据。1981年,一组研究人员成立了全国慈善统计中心(National Center for Charitable Statistics,简称 NCCS),以收集来自国税局申报表的信息,按目的对组织进行分类,并编制定期统计数据。多年来,NCCS 开发和完善了非营利组织的分类系统,并定期发布报告。在过去一年中,NCCS 对国税局的数据进行了第一个财政年度分析,揭示了 20 世纪 90 年代非营利组织的增长趋势。

［2］ 由独立部门出版的《1996—1997 年非营利组织年鉴》(*The Nonprofit Almanac 1996—1997*)是美国非营利部门最全面的数据来源。这些数据在 1998 年 5 月发布的《美国非营利部门简报》(*America's Nonprofit Sector, In Brief*)中得到了更新。除非另有说明,本文中的数据均来自这两份报告。

［3］ 1998 财政年度劳动力、医疗与人类服务、教育及相关机构拨款法案(FY 1998 Labor, Health and Human Services, Education and Related Agencies Appropriations Bill)。

［4］ 虽然非营利组织的数据在过去几年有了很大的改善,但美国国税局的数据集中仍缺少非营利组织的专门数据,特别是缺少关于小型社会服务和倡导组织的数据(Grønbjerg, 1994),很少有关于那些最小的、不需要向国税局登记或递交申报表的组织的信息。虽然估计的数字各不相同,但可能还有几百万个正式和非正式团体存在(Smith, 1994)。此外,我们缺少大多数没有配备人员的联盟的数据,以及没有达到申报门槛,或不了解申报要求,或选择不申报的公民和社区团体的数据。档案中还包含着已解散的组织,这可能是一个更大的问题。

［5］ 包括志愿者服务时间的赋值。

［6］ 例如,在过去 15 年中,已经设立了 60 多个妇女基金。

［7］ 宗教团体不需要向国税局递交申报表,因此大多数此类团体的信息无法获得。

［8］ 虽然这超出了本文的范畴,但考虑到过去公共教育大多是私立的情况(除非范围变得太广而无法进行专门的私人管理和筹资),还是富有启发意义的。

［9］ 例如:宾州全国社会、文化和社区委员会(Penn National Commission on Society, Culture and Community);由威廉·J. 贝内特(William J. Bennett)和参议员萨姆·纳恩(Sam Nunn)主持的全国公民复兴委员会(National Commission on Civic Renewal);由拉马尔·亚历山大(Lamar Alexander)主持的全国慈善事业与公民复兴委员会(National Commission on Philanthropy and Civic Renewal)。

［10］ 1996 年,9 300 万人(占美国人口的 48.8%)自愿为非营利组织提供相当于 920 万全职雇员的工时。这种非凡的时间奉献表明了这些组织参与其社区的重要性。

参考文献

"400 Richest People in America." *Forbes* Digital Tool (updated continuously). Online. Internet. 29 September 1997.

Abramson, Alan J., Salamon, Lester M., and Steuerle, C. Eugene. "The Nonprofit Sector and the Federal Budget: Recent History and Fu ture Directions." Forthcoming.

Boris, Elizabeth T. "Civil Society: The Foundation of Democratic Participation." Dissemination Paper #7. InterAmerican Development Bank, Washington, DC, 1997.

Chambré, Susan. "Voluntarism in the HIV Epidemic: Raising Resources for Community-Based Organizations in New York City and Sullivan County." NSRF Working Paper Series. Nonprofit Sector Research Fund, Washington, DC, 1994.

Cnaan, Ram. "Social and Community Involvement of Local Religious Congregations: Findings from a Six-City Study." Paper presented at the 1997 Annual ARNOVA Meeting, Indianapolis, IN, 1997.

COLENAN, JAMES S. *Foundations of Social Theory*. Cambridge, Ma: The Belkanp Press of Harvard University Press, 1990.

Conference Board. *Corporate Contributions in 1996*. New York: The Conference Board, Inc., 1997.

Cortes, Michael. "A Statistical Profile of Latino Nonprofit Organizations in the U. S." Paper presented at the 1997 Annual ARNOVA Meeting, Indianapolis, IN, 1997.

De Vita, Carol and Twombly, Eric. "Nonprofit Organizations in an Era of Welfare Reform." Paper presented at the 1997 Annual ARNOVA Meeting, Indianapolis, IN, 1997.

Dees, J. Gregory. "Enterprising Nonprofits." *Harvard Business Review*, January-February, 1998.

Drucker, Peter F. *Managing the Non-Profitt Organization: Practices and Principles*. New York: Harper Collins Publishers, 1992.

Flynn, Patrice. "Responding to Changing Times." Catholic Charities USA 1994 Annual Survey, Washington, DC, 1995.

Gelles, Erna. "Administrative Attitudes and Practices of For-Profit and Nonprofit Day Care Providers: A Social Judgment Analysis." Paper presented at the 1993 Annual ARNOVA Meeting, Toronto, Canada, 1993.

Gillman, Todd J. "Health Clubs Hit YMCAs' Tax Breaks." Washington Post, 30 June 1987, El.

Gray, Bradford H., ed. *For-profit Enterprise in Health Care*. Washington, DC: National Academy Press, 1986.

Grønbjerg, Kirsten A. "Using NTEE to Classify Non-Profit Organizations: An Assessment of Human Service and Regional Applications." *Voluntas*, 5 (3), 1994.

Guterbock, Thomas M., and Fries, John C. "Maintaining America's Social Fabric: The MRP Survey of Civic Involvement." Report prepared for American Association of Retired Persons, Washington, DC, 1997.

"He Cheated a Charity, Unchallenged," *New York Times*, 5 April 1995, A24.

Hodgkinson, Virginia. *Volunteering and Giving Among Teenagers 12 to 17 Years of Age*. Washington, DC: Independent Sector, 1996.

Hodgkinson, Virginia, and Weitzman, Murray, et al. *From Belief to Commitment: The Community Service Activities and Finances of Religious Congregations in the United States*. Washington, DC: Independent Sector, 1993.

Hodgkinson, Virginia, and Weitzman, Murray. *Giving and volunteering in the United States*. Washington, DC: Independent Sector, 1996.

Hodgkinson, Virginia, Weitzman, Murray, et al. *Nonprofit Almanac 1986 – 1987*. Washington, DC: Independent Sector, 1986.

Hodgkinson, Virginia A., Weitzman, Murray S., et al. *Nonprofit Almanac 1996 – 1997*. Washington, DC: Independent Sector, 1996.

Hopkins, Bruce R. *The Law of Tax-Exempt Organizations*. New York: John Wiley & Sons, Inc., 1992.

Kaplan, Ann E. *Giving USA 1997*. New York: AAFRC Trust for Philanthropy, 1997.

Langer, Gary. "Covenant House Reports Evidence on Ritter." Associated Press, 3 Aug. 1990.

Lyman, Richard W. "Reagan Among the Corinthians." *Perspectives Series*, Center for the Study of Philanthropy, City University of New York, 1989.

McCarthy, Kathleen. *Women's Culture: American Philanthropy and Art, 1830 – 1930*. Chicago: University of Chicago Press, 1993.

National Commission on Philanthropy and Civic Renewal. "Giving Better, Giving Smarter: Renewing Philanthropy in America." National Commission on Philanthropy and Civic Renewal, Washington, DC, 1997.

O'Neill, Michael. *The Third America: The Emergence of the Nonprofit Sector in the United States*. San Francisco: Jossey-Bass Publishers, 1989.

Oster, Sharon M. *Strategic Management for Nonprofit Organizations: Theory and Cases*. New York: Oxford University Press, 1995.

Pew Research Center for the People & the Press. "Trust and Civic Engagement in Metropolitan Philadelphia: A Case Study." Study report,

Philadelphia, PA, 1997.

Pollak, Thomas H. and Pettit, Kathryn L. S. "The Finances of Operating Public Charities, 1989 – 1995." National Center for Charitable Statistics, Washington, DC, forthcoming.

Printz, Tobi J. "Services and Capacity of Faith-Based Organizations in the Washington, DC Metropolitan Area." Paper presented at the 1997 Annual ARNOVA Meeting, Indianapolis, IN, 1997.

Reid, Elizabeth. "Participation of Low-Income People and Organizations in Welfare-to-Work Coalitions and Networks." Paper presented at the 1997 Annual ARNOVA Meeting, Indianapolis, IN, 1997.

Renz, Loren, et al. *Foundation Giving*. New York: Foundation Center, 1997.

Salamon, Lester M. "The Changing Partnership Between the Voluntary Sector and the Welfare State." *The Future of the Nonprofit Sector*. Ed. Virginia A. Hodgkinson and Richard Lyman. San Francisco: Jossey-Bass Publishers, 1989.

Salamon, Lester M. *America's Nonprofit Sector: A Primer*. New York: Foundation Center, 1992.

Skloot, Edward, ed. *The Nonprofit Entrepreneur: Creating Ventures to Earn Income*. New York: Foundation Center, 1988.

Skocpol, Theda. *Protecting Mothers and Soldiers: The Political Origins of Social Policy in the United States*. Cambridge, MA: Harvard University Press, 1995.

Smith, David H. "The Rest of the Nonprofit Sector I: The Nature of Grassroots Associations in America." Paper presented at the 1994 Annual ARNOVA Meeting, Berkeley, CA, 1994.

Stevenson, David R. *The National Taxonomy of Exempt Entities Manual*. Washington, DC and New York: National Center for Charitable Statistics and Foundation Center, 1997.

Stevenson, David R., et al. *State Nonprofit Almanac 1997*. Washington, DC: The Urban Institute Press, 1997.

Understanding Nonprofit Funding. San Francisco: Jossey-Bass Publishers, 1993.

United States House of Representatives, Committee on Small Business. Hearings on "Government-Supported Unfair Competition with Small Business," July 19, 1996.

Verba, Sidney, Schlozman, Kay Lehman, and Brady, Henry E. *Voice and*

Equality: Civic Voluntarism in American Politics. Cambridge, MA: Harvard University Press, 1995.

Walsh, Sharon. "Charity's Troubles Shake Up Nonprofits; New Era's Bankruptcy Filing May Threaten Some Creditors' Survival." *Washington Post*, 17 May 1995, F01.

Weisbrod, Burton A. *The Nonprofit Economy.* Cambridge, MA: Harvard University Press, 1988.

Wolpert, Julian. "Patterns of Generosity in America: Who's Holding the Safety Net?" Twentieth Century Fund Paper. Twentieth Century Fund, New York, 1993.

第二章　不断发展的美国基金会

现代美国基金会是一项制度上的发明,迄今只有不到100年的历史。在19世纪的最后十年里,一小部分在南北战争后接受过慈善教育,并因战后工业扩张而致富的个人,开始从根本上改变持有和分配慈善资源的机构。虽然这些富有的捐赠者和他们的顾问借鉴了古老的慈善传统和庄严的法律框架,但他们创建了一种新型的慈善基金会,这种机构形式在20世纪被其他富有的美国人一再复制。在20世纪的头几十年里,基金会的数量屈指可数,而随着新千年的到来,基金会的数量大幅增加,总数已经远远超过40 000个。基金会的规模、范围和宗旨各不相同,可以最简单地将其理解为金融资产由私人持有,由受托人或理事管理,为追求某种公共目的而建立的非政府、非营利机构。[1]尽管基金会的数量和资源总量与整个非营利部门以及慈善捐赠总量相比都很少,但它们仍是非营利部门的重要组成部分。

如果历史确实如梅特兰(Maitland)的名言所说,是一张"无缝的网",那么我们就必须从一块古老而富有质感的历史巨幕中寻找标志着基金会起源的第一缕线索。对于古埃及人、古希腊人和古罗马人来说,对用于宗教、教育和社会目的的捐赠并不陌生,其中包括像柏拉图学院和亚历山大图书馆等著名机构。中世纪时，捐赠被用于维持整个西欧的修道院、大学、医院和其他慈善机构。事实上，中世纪的方言，如古英语中的 *foundacioun* 和 *endowe(n)*，为我们描述慈善活动提供了关键词汇。

尽管古代和中世纪的捐赠机构因其狭义的运营方式与我们在20世纪所了解的基金会不同，但这些古老的机构形式最初便形成了一套法律体系和惯例，从而使现代基金会的出现成为可能。从古代开始，家族继承的传统习俗逐渐演变为允许人们向慈善机构捐赠财物和遗产。管理慈善实体机构的规范也逐渐出现，这在很大程度上要归功于中世纪奥古斯丁教派和本笃会的规则，这些规则为修道院、医院、救济院和其他宗教团体的日常生活赋予了秩序。这些规章制度为我们现代的受托人职责和企业治理结构指明了方向。在中世纪晚期，用于进行捐赠和保护捐赠者意图的工具——遗愿和遗嘱、衡平法院和信托机制——也采用了可识别的法律形式。此外，早已为习俗所认可的慈善目的，在17世纪早期伊丽莎白时代的法规中得到了正式定义。[2]

在北美大陆，许多这样的历史线索被编织进我们的社区和社团生活结构之中，帮助我们制定殖民时期教育儿童、帮助穷人、组织公共工程项目以及满足其他社会需求的方式。慈善遗赠和捐赠并不少见。费城商人、银行家斯蒂芬·吉拉德（Stephen Girard）在1831年将其700万美元遗产的大部分留给了费城，为贫穷的白人孤儿建立了一所学校，这成为19世纪早期美国最著名和最具法律影响力的遗产捐赠事件。他对这所学校有详细的指示，禁止任何教派的牧师和神职人员进入学校，以"保持孤儿温柔的心灵……免受冲突的教义和宗派争论所产生的激动情绪的影响"。

他的旁系继承人(他没有直系后代)对遗嘱提出了质疑,认为费城不能合法地接受该遗赠。他们还坚持认为,该信托的条款过于模糊,无法执行,而且排斥神职人员违背了他的慈善目的,违反了普通法。[3]在1844年的一项裁决中,最高法院对吉拉德遗嘱的一致支持预示着美国慈善事业将朝着新的方向发展。费城作为一个法人实体,其继承和管理财产的权利得到了确认,这为未来的捐赠者将财产转让给慈善法人以及这些法人实现捐赠者的愿望铺平了道路。

"吉拉德裁决"也是1819年最高法院一项裁决的扩展,其中达特茅斯学院的受托人试图保护其机构的私人性质,使其免受新罕布什尔州立法机构策划的重组计划的影响。达特茅斯裁决确认了捐赠者给学院受托人的捐赠的私人契约性质,从而保护了该法人免受公共当局的侵犯。随后的吉拉德案进一步阐明了信托、慈善法和衡平法管辖权的概念。允许吉拉德建立他的"异教徒慈善学校",就像约翰·昆西·亚当斯(John Quincy Adams)所描述的那样,说明最高法院承认慈善目的并非完全根植于基督教教义,也不一定是出于捐赠者的基督教精神。至此,一条通往现代基金会的合法途径已经打开——企业形式、私人性质,尽管这条道路并不是直接的、线性的和没有障碍的。

当代基金会的前身出现在美国内战后。几个著名的19世纪捐赠基金,特别是皮博迪教育基金(Peabody Education Fund)和斯赖特基金(Slater Fund),在南方开展了重要工作。前者由乔治·皮博迪(George Peabody)于1867年建立,旨在推动南方教育,并在内战结束后的几年里促进了地区和解。皮博迪最初捐赠的100万美元(后来增加到200万美元)主要用于南部城镇的公立学校,特别是通过资助教师培训的方式,以改善全州的教育系统。皮博迪教育基金会于1914年解散,其资产与1882年创立用于援助黑人教育的斯赖特基金合并。[4]这些基金为下一代更富有的慈善家的一些大规模慈善活动树立了榜样,特别是老约翰·D.洛克菲勒(John D. Rockefeller)和朱利叶斯·罗森沃尔德(Julius Rosenwald)所资助的改善南方教育和公共卫生的行动。

在为现代基金会奠定基础的过程中,更为重要的是在内战结束后的几十年里,人们对慈善工作的合理化、重组以及最终实现专业化的关注。工业化、城市扩张和移民催生了大量新的慈善机构,以解决孤儿、年轻职业女性、公共卫生、住房以及与人口密集且不断扩张的城市相关的众多弊病。对"慈善组织"和"科学慈善"的讨论导致人们试图对19世纪中期发展起来的慈善团体的行动进行协调。19世纪70至80年代,慈善组织社团在美国各个城市兴起,这标志着人们开始采取一种更专业的慈善活动方式,以及寻求基于科学和理性而非简单的利他主义情绪的解决社会与经济问题的方法。

慈善革命

可以毫不夸张地说,20世纪初期见证了一场慈善革命。老约翰·D.洛克菲勒和其他一些富有的捐赠者,其中最著名的是安德鲁·卡内基(Andrew Carnegie)和玛格丽特·奥利维亚·斯洛克姆·塞奇(Margaret Olivia Slocum Sage),率先创建了一种截然不同的慈善机构。与以往的捐赠基金相比,这些新基金会将具有更为普遍和广泛的目的。它们的管理方法是私人的,依赖由受托人或理事构成的自我延续的理事会,而它们的使命则是为公共利益服务。这些新基金会将利用信托持有的大量资产来创建和支持其他机构。自19世纪90年代以来,这些捐赠者及其顾问在专业化管理慈善事业方面进行了一些机构实验。他们建立了新的机构,包括许多卡内基研究机构和专门基金,以及洛克菲勒研究所、理事会和委员会。罗素·塞奇基金会(Russell Sage Foundation)的社会调查和改革计划于1907年形成,它是后续基金会运营的典范,也是现代政策智库的原型。当玛格丽特·塞奇和她的顾问宣布其雄心勃勃的基金会计划时,约翰·霍普金斯大学校长丹尼尔·科伊特·吉尔曼(Daniel Coit Gilman)立即意识到这项事业的重要意义。他断言道,玛格丽特·塞奇和其他主要慈善家正在创造一股"文明社会的新力量"。[5]那么这场"慈善革命"的新意是什么?

最明显的是,这场慈善革命在规模上有了新变化,捐赠金额以数千万美元计算,也就是说以当前的数亿美元来计算(1900年的1美元相当于20世纪90年代的15美元)。在美国内战后的半个世纪里,工业增长和新技术创造了大量可观的财富。根据粗略但可靠的估计,在1880年,百万富翁不足100人;而到了1916年,其人数已经超过了4万,其中一小部分人积累了超过1亿美元的财富。[6]1900年左右,卡内基拥有约3.5亿美元的资产;斯蒂芬·哈克尼斯(Stephen Harkness)用他的财富创立了英联邦基金(Commonwealth Fund),其财产超过1亿美元;1906年去世的罗素·塞奇给他的遗孀留下了至少6 500万美元。到了20世纪10年代初,最富有的人是约翰·D.洛克菲勒,他在1900年的资产约为2亿美元,而在标准石油(Standard Oil)托拉斯解体三年后的

1913年,他的财富超过了9亿美元。

对于像卡内基、洛克菲勒、塞奇和哈克尼斯这样有慈善意愿的人来说,如此大规模的财富需要一种更加系统和理性的慈善运作方式。事实上,洛克菲勒的顾问弗雷德里克·T.盖茨(Frederick T. Gates)经常提醒他注意家族财富带来的沉重负担。他曾在一次场合高喊道:"您的财富正在不断累积,像雪崩一样滚滚而来!您必须跟上它!您必须以比它增长更快的速度分发它!如果您不这样做,它将压垮您和您的孩子,还有您孩子的孩子!"[7]老约翰·D.洛克菲勒经常解释说,他被迫放弃了过去那种做零散慈善活动的习惯,取而代之的是一种新的大规模捐赠行为。新的慈善信托基金的规模带来了人们对组织和结构的痴迷。捐赠者及其顾问在努力改善他们所资助的机构运营的同时,还设法创造有效的资金分配方式。他们自然会把目光投向现代商业企业,从中寻求科学管理技术和企业治理结构。

公司结构使捐赠者可以将界定和重新界定慈善事业目标的责任授予其受托人及其继任者,以适应外部环境的变化。因此,现代基金会从一开始就被认为是一种具有可塑性且不断演变的工具,能够响应新的社会需求和顺应时代的变化。基金会创始章程的文字发人深省:罗素·塞奇基金会成立于1907年,旨在"改善美国的社会和生活条件";纽约卡内基公司成立于1911年,旨在"促进和传播知识与理解";洛克菲勒基金会(Rockefeller Foundation)成立于1913年,旨在"促进全世界人类的福祉";表述最为笼统的是哈克尼斯在1918年成立的英联邦基金,旨在"为人类福祉做点事情"。

随着城市和地区通过铁路和电报联系在一起,捐赠者及其顾问已经成熟起来。随着基础产品和消费品市场的扩大,他们的商业企业具有了国内甚至国际影响力。新成立的慈善基金会也广泛界定了其业务的地理范围,这一点不足为奇。虽然像罗素·塞奇基金会这样的机构可能会将一定比例的捐款用于它们发迹的城市,但多数大型慈善基金会寻求在全国范围内乃至国际上发挥作用。一些基金会将目标锁定在贫穷的、欠发达的美国南部地区。少数基金会则把目光投向了海外。卡内基在他的家乡苏格兰创建了各种基金,并设立了一项旨在探索国际和平条件的捐赠基金。洛克菲勒的健康倡议很快就从美国南部扩展至国际范围。

这些新机构还以另一种方式扩大了其工作范围,摆脱了严格的宗派宗教限制。虽然个人捐赠者的生活往往深受其宗教教养的影响,但最大的基金会并没有在单一的宗教派别框架内运作。即使是最虔诚的浸礼会教徒约翰·D.洛克菲勒,也会给长老会和其他新教团体,有时甚至会给天主教组织捐款,而有时浸礼会教徒会因为资助请求遭拒而发出强烈的抱怨。丹尼尔·科伊特·吉尔曼观察了几家新成立的慈善基金会的受托人,他们开阔的视野给他留下了深刻印象。他这样说道:"人们无法怀疑他们有个人、阶层、政治或教派的偏见。"

归根结底,这些新基金会最具创新性的方面在于,它们坚信,慈善事业不仅可以规模更大、结构更好、视野更广,而且还应该更科学。19世纪末的"科学"慈善事业关注的是组织和效率,而塞奇、洛克菲勒、卡内基和哈克尼斯等慈善家却渴望用科学的方法来理解和解决社会与经济问题。捐赠者似乎对19世纪一些伟大的科学进步产生强烈的兴趣,利用科学领域的进步为范例,特别是生物学和医学方面取得的成就,他们希望自己的慈善事业可以在其他许多领域取得成功。最初的基金会反映了这种强烈的乐观主义,并以一种接近宗教信仰的方式坚信在科学指导下取得进步。然而,我们不应忘记,新的慈善信托基金也引起了敌意。从一开始,它们就面临着怀疑主义和民粹主义的质疑和反对,这在沃尔什委员会(Walsh Commission)对劳资关系的调查,以及国会对洛克菲勒基金会争取联邦特许状的强烈反对中得到了最好的体现。

历史标记

尽管丹尼尔·科伊特·吉尔曼很早就对基金会提出了支持性见解,但对美国基金会的研究和分析一直进展缓慢,而且往往水平参差不齐。多年来,官方历史记载、回忆录和内幕报道经常遭到有争议的新闻报道和政府委员会的调查报告的反驳。直到20世纪50年代末,大量的学术研究才开始出现,而且直到基金会档案馆开始开放,特别是1974年洛克菲勒档案中心(Rockefeller Archive Center)的开放,学术文献的数量才开始显著增长。如今,基金会对某些特定领域的支持有了更详细、更慎重的说明,这些领域包括高等教育、医学、博物馆、国际研究以及各种公共政策问题等。个人基金会,特别是像卡内基公司和卡内基教学促进基金会这样的机构,有着杰出的历史。此外,还有一些现代慈善事业领导者的优秀传记。[8]

然而,这些书籍和文章并没有形成一个对现代基金会及其在20世纪演变历程的完整叙述,也没有将基金会置于不断变化的政治、社会和学术环境中来描述,更没有关于基金会战略在不同时期是如何变化的研究。[9]或许对于任何一位学者来说,试图研究基金会在20世纪美国生活中所扮演角色的历史,都还为时过早。尽管如此,做一个初步的历史研究,探索美国基金会的发展历程以及经历了哪些阶段似乎是有益的。

历史学家不可避免地要撕开历史这张无缝之网。在试图定义历史时期或时代的过程中,他们寻求有意义的时间单位来评估变化,并思考因果关系的一般模式。历史学家将如何开始标记过去一个世纪美国基金会活动的各个阶段?关于基金会作用的变迁,这些不同的阶段可能会告诉我们什么?我们可以用粗略的年代标记来定义美国基金会历史上的五个时期。

首先,我们可以看到一个原始基金会时代,大约始于1890年,结束于1910年。它的开端可以追溯到1889年安德鲁·卡内基发表其经久不衰的文章《财富》(*Wealth*),以及两年后约翰·D.洛克菲勒聘请弗雷德里克·T.盖茨担任他的全职慈善顾问的决定。随着1910年洛克菲勒基金会为争取联邦特许状采取最初的行动,以及1911年纽约卡内基公司成立,这个时代结束了,并且一个新的时代开始了。

第二个阶段是大约从1910年到20世纪30年代初。这段时间在基金会的演变过程中呈现出另一个时期的轮廓。20世纪初,随着大型一般目的基金会的成立,这一充满希望的时代开始了。包括英联邦基金和罗森沃尔德基金会在内的几个重要私人基金会的相继建立使该时期得以延续。这一时期还见证了由弗雷德里克·戈夫(Frederick Goff)在克利夫兰市的工作所引发的社区基金会运动的开端。这一阶段并没有因为1929年的经济大衰退而告终,而是随着20世纪30年代初期基金会资产逐渐流失,以及随之而来的对慈善成就的热情减退而结束。

第三阶段是从 20 世纪 30 年代初到 40 年代中期。在此时期,基金会的工作受到了远远超出其所能控制的力量的影响,即长达十年的经济危机和第二次世界大战。在某些情况下,基金会理事会削减了学术研究项目,停止创建新的机构,并在国家经济需要的时候回归到简单的慈善响应方式。在战争期间,他们设法运用早期获得的知识,并动员工作人员在国内和国际战线上协助政府机构。

第四阶段是从 20 世纪 40 年代后期到 1970 年。这是一个人们对基金会可能取得的成就重铸信心的时期。《福特基金会政策与计划研究报告》(*Report of the Study for the Ford Foundation on Policy and Program*)出版,该基金会引人注目地,有时甚至是引发激烈争论地登上国家和国际舞台,是这一时期开始的最佳标志。[10] 1969 年《税收改革法案》(*Tax Reform Act*)的通过及其对基金会实施的新监管制度则标志着该时期的结束。

第五个也是最近的一个阶段始于 20 世纪 70 年代初。它的终止日期(如果这一阶段真的已经结束了)仍然有待商榷。历史学家和非历史学家站在平等的立场上审视当今的事件,以洞察未来。这一最新时期的特征包括一系列因素:基金会计划的资源减少(这是 1973—1974 年的股票熊市和长达十年的通货膨胀产生的结果)以及人们对可测量的结果产生了更多关注;"伟大社会"(Great Society)计划之后人们对政府倡议失去了信心;愿意质疑公共部门活动和推动将资源与责任下放给各州及地方政府的保守派基金会的兴起;美国公共话语中的意识形态基调日益凸显;最近,出现了想要取消基金会和非营利组织的公共政策倡导作用合法性的企图。近年来也呈现出一些相反的趋势,包括过去十年金融市场的强劲表现、通货膨胀率急剧下降,以及国际环境有力地推动世界大部分地区走向民主体制、市场经济以及公民社会建设。我们能否确定一个始于 20 世纪 80 年代末或 90 年代初的新时代,仍有待观察。

尽管对上述历史阶段的划分可能是试探性的,但它可以作为一个粗略的框架,帮助我们理解美国基金会不断变化的作用。虽然一些时间的标记已经确定,但对于标记之间的部分又该做何说明呢?每个时期的基金会活动的基本特征是什么?在不同的时期,是什么推动了慈善战略和干预措施?在回答所有这些问题之前,必须做出一个重要的预先声明。从长达一个世纪的历史视角来看,我们不可避免地会更侧重这个国家最大和最古老的基金会的工作,因此也会更多关注以纽约为中心的基金会,特别是那些档案最容易获取,并且其官员谈到它们的计划就会滔滔不绝的基金会。长达一个世纪的视角也倾向于对慈善事业的区域差异不予考虑,特别是那些新兴的西海岸基金会。这些基金会的历史较短,许多计划仍在开展中。对大型基金会的关注也掩盖了这样一个现实,即绝大多数美国基金会规模都很小,工作人员很少或没有工作人员,并倾向于支持地方机构(只有大约 1 500 个基金会的拨款预算超过 100 万美元,其中预算超过 1 000 万美元的基金会不到 200 个)。

基金会不断演变的角色

基金会非常强大,同时又非常脆弱。即使在金融市场不景气时,基金会所拥有的财富也可以使其免受经济风暴带给其他许多非营利机构和商业企业的冲击。它们私人的、自我延续的理事会不需要公开投票,几乎不受制于市场管理规定,而且只接受最低限度的政府监管和审查。然而,它们也是脆弱的,因为它们必须在一个对集中的财富持怀疑态度,对闭门决策保持高度警惕,有时对专家和"行善者"不屑一顾的民主社会中赢得和保持机构的合法性。20世纪以来,随着政府部门和市场经济领域的变化,基金会不得不重新界定自己的角色。由于非营利部门的规模和情况发生变化(通常是基金会驱动过程的结果),基金会不得不寻求新的运作方式。美国基金会在其工作方法和策略上并不是保持一种静态的机构形式。更深刻地说,它必须找到新的理论依据来维持其在不同时代的公共合法性。[11]

学者们从不同的学科视角出发,为我们的社会对非营利部门的依赖(至少是隐性的依赖)提供了一些理论依据。他们的解释涵盖了各种经济和政治理论:提供公共产品、增强制度信任、提高机构效率和灵活性、维持多元化和多样性、推动社会变革和创新、提供社会资本和建设公民社会等等。随着非营利领域的学术研究不断累积以及基金会工作人员的专业水平不断提高,当项目官员思考他们的项目策略和他们所寻求的结果时,这些理论观点在一些基金会的办公室里产生了共鸣。但在一个世纪前,当捐赠者和顾问们最初开始考虑基金会时,他们的语言和视角却大不相同。接下来,本文将根据并不充足的档案资料,粗略地勾勒各个时代基金会内部人士对基金会作为我们国民生活中的一种慈善机构的看法。

令人惊讶的是,捐赠者、顾问和基金会官员经常在科学隐喻的驱动下思考他们的工作。到了19世纪末,当新的主要慈善活动开始时,生物医学科学提供了一个基于细菌理论的、具有说服力的概念。作为一种隐喻,细菌理论对世纪之交美国慈善事业的兴起,及其在19世纪90年代到20世纪20年代末的演变起到了很大的推动作用。该理论开始引导人们对社会现象调查,并帮助形成了支持社会调查和行动的机构。路易斯·巴斯德(Louis Pasteur)的疾病细菌理论在实践中的应用,即卫生消毒与防疫,改变了医学实践和医学研究的目的。细菌理论将特定疾病与单一致病菌联系起来。随着一些疾病逐渐被人所了解并得到治愈,细菌理论的知识魅力超越了科学,因为该理论表明,疾病、病因的确定及其最终的根除之间存在着直接联系。

19世纪后期,细菌理论不仅给关注社会的人带来了找到周围疾病具体根源的希望,还给予他们一种可以用于思考社会弊病及其可能的治疗方法的医学语言。细菌理论为人们提供了一种深刻的见解,给慈善家和社会改革家们带来了巨大的希望。他们认为,社会长期存在的问题不仅可以通过科学调查来理解,而且这些问题本身也可以被永久根除或预防。很多人掌握了这种新的生物医学语言。洛克菲勒的顾问、曾经的浸礼会牧师弗雷德里克·盖茨比大多数人都更自信、更热情地讲着这种语言。1897年夏天,盖茨大部分时间都沉浸在威廉·奥斯勒(William Osler)的《医学原理与实践》(*Principles and Practices of Medicine*)一书中。他后来把这次不同寻常的假期阅读选择描述为"那是一本引人入胜的书,一旦开始阅读,我发现这本书有神奇的吸引力,让我禁不住一页又一页地读下去"。[12] 盖茨很快敦促洛克菲勒效仿巴黎的巴斯德研究所(Pasteur Institutc)和柏林的科赫研究所(Koch

Institute），在美国建立一个研究机构，让医学研究人员可以全身心投入研究疾病的起因。洛克菲勒医学研究所（Rockefeller Institute for Medical Research，成立于1901年，今洛克菲勒大学）和根除钩虫病卫生委员会（Sanitary Commission for the Eradication of Hookworm，1909年）的故事如今众所周知。

盖茨经常谈到疾病与社会苦难之间的联系。[13]在医学研究所成立十周年的讲话中，他将这种联系表达得淋漓尽致："疾病是每一种可能想到的问题的根源，无论是身体的、经济的、心理的、道德的、社会的……疾病及其伴随而来的罪恶无疑是人类苦难的主要根源。"如果细菌是引发疾病的原因，那么它们也是困扰人类社会的所有弊病的来源。盖茨对这个国家的慈善机构持批判态度，因为它们没能找到产生疾苦的根本原因。他曾抱怨道："世界上大多数慈善机构都直接或间接地关心如何缓解或减轻主要由疾病引起的社会罪恶和苦难。尽管这些慈善机构的存在是必要和令人钦佩的，但不能使我们满意，因为它们没有触及罪恶的源头，或减少罪恶的数量……因为，不幸的是，迄今为止，疾病还没有得到明智、广泛和科学的研究，也没有足够的仪器和资源支持这些研究。我们对疾病的起因和发展过程知之甚少，对疾病的治疗方法更是几乎一无所知。"[14]洛克菲勒本人对盖茨的信念表示赞同，他认为慈善事业是寻找社会弊病根源的工具。"最好的慈善事业，"他写道，"总是在追寻终结性——寻找原因，试图从源头上治愈罪恶。"[15]

这种细菌隐喻影响了新基金会为自己所设立的任务，不仅是洛克菲勒慈善机构，还包括其他的大型新基金会。疾病为罗素·塞奇基金会的工作人员提供了一个看待他们计划的视角，无论是他们将结核病作为城市困境的根源,或是他们在调查青少年犯罪的原因,以及研究妇女生活状况的时候。根据工作人员玛丽·里士满(Mary Richmond)的研究所显示,其中近三分之二妇女的丈夫被结核病、肺炎、斑疹伤寒或疟疾夺走了性命。因此,一些基金会应对的是在过去几十年中已查明病因的特定疾病;一些基金会将资金直接用于医学研究和教育;一些基金会投入了大量资源,旨在使社会科学也变得像生物医学领域那样科学和有用;还有一些基金会创建了许多新的研究机构以及联系研究人员的组织。其结果是促进了从医学和公共卫生到经济学、社会学和政治学等各个领域的专门化和专业化发展。所有这一切——以预防计划中的直接干预为目的的大规模机构研究模式——早在1913年,当洛克菲勒的执行秘书杰罗姆·格林(Jerome Greene)谈及基金会作为一个组织应该像一所"人类需求大学"那样来运作,拥有与大学院系相类似的结构时,就已经有所预示。他还强调"科学研究对慈善事业始终具有重要性"。[16]

　　科学隐喻就像沉积地层一样,一层覆盖一层堆积而成。细菌隐喻逐渐让位于新的科学关注。第一次世界大战期间,在化学和物理方面取得的成功促使卡内基基金会、洛克菲勒基金会和塞奇基金会更加关注量化和统计技术。卡内基基金会投入大量资源建立国家经济研究局(National Bureau of Economic Research),而塞奇基金会则成为社会调查研究运动的中心。对数字和方法的强调使人们认识到社会科学的进步要比自然科学慢得多。到20世纪20年代末,一些基金会管理人员甚至开始怀疑他们是否有足够的知识在社会和经济领域采取相关的预防行动。正如英联邦基金总监巴里·C. 史密斯(Barry C. Smith)在1926年当基金会审查其项目计划时所说,该基金会不仅减少了对预防青少年犯罪的重视程度,而且还将"减少对任何事情的预防的重视"。[17]

经济大萧条的爆发进一步削弱了人们对社会科学研究的信心。1934 年,洛克菲勒基金会一个负责审查和评估基金会计划的委员会得出如下结论:"如果严格地定义,知识的进步太过有限、局限和客观了。"基金会主席雷蒙德·福斯迪克(Raymond Fosdick)开始主张一种机会主义政策,尤其是在人类需求最大的领域。实际上,到了 20 世纪 30 年代早期,一种新的隐喻开始充斥于基金会工作人员的语言中。人们探讨失灵的原因,试图在一个似乎突然失调的系统中寻求平衡。这个隐喻很可能来自物理学和相对较新的心理学学科。在 20 世纪 30 年代早期,这些调整与平衡的隐喻开始为基金会的工作方式定义一个新的时代。关于平衡和调整的语言变得越来越显而易见,特别是在洛克菲勒社会科学部门的经济稳定计划中得以体现。用基金会成员埃德蒙·E. 戴(Edmund E. Day)的话来说,商业周期的起伏是"潜在的力量,是导致我们身体上的痛苦、疾病、心理障碍、家庭解体、犯罪、政治动荡和社会不稳定的根源所在"。[18]

一个将平衡和调整视为自身任务的基金会必然在其计划上是灵活的和机会主义的。1934 年,洛克菲勒的评估委员会呼吁,"基金会事务应具有充分的适应性,无论是计划还是组织都要根据不断变化的条件进行调整……如果我们的工作要摆脱墨守成规,如果我们要避免挫折和停滞不前,我们的计划和方法必须保持弹性、新鲜,有活力和开放性"[19]。平衡和调整描述出许多基金会在经济危机和第二次世界大战期间的态度,尤其是当它们需要进行调整来适应不断缩减的资源、一系列新的政府紧急救助计划,以及联邦政府定义其角色的方式发生根本性变化的时候。

随着大型基金会在20世纪40年代后期重新评估了它们的计划,第二次世界大战之后的几年标志着另一个慈善时代的开始。福特基金会也很快加入了早期基金会的行列。自20世纪30年代以来,福特基金会一直是密歇根州一个面向当地的慈善机构,但它即将接收福特汽车公司的巨额股权转让。1948年,当罗文·盖瑟(Rowan Gaither)被请来探讨福特基金会将如何履行其促进人类福祉的一般使命时,福特基金会开始规划其战后的计划。在洛克菲勒基金会这边,1945年和1946年的计划评审也考察了战争的影响和慈善事业面临的新挑战:"真正重大的破坏发生在社会和知识组织中,以及人类的信仰和道德准则上。战前存在于各个领域的无数自我调节平衡点现在基本上都被封锁了。在广泛领域内规范人们关系的正式和非正式的道德准则已经失去了对行为的制裁权。"[20]洛克菲勒基金会理事会和工作人员得出的结论是,基金会应该开始关注人类行为的问题,以及如何使民主更有效和加深国际理解。

盖瑟委员会(Gaither Committee)给福特基金会的报告也调查了基本价值观、自由、权利和社会责任等问题。委员会以广泛的国际视角对民主原则进行了全面重申。福特基金会的国际计划致力于实现五个目标:通过国际法律和司法体系维护世界和平,确保更加忠于自由和民主原则,通过经济增长促进世界各地人民的福祉,扩大对教育的投入,增加我们对人类行为影响因素的认识。盖瑟委员会的结论是,"证据表明,当今最关键的问题是那些具有社会属性而非自然属性的问题,即那些在人与人的关系中而非人与自然的关系中产生的问题"[21]。

46　　　根据这些宏伟的目标宣言来描述基金会的活动是危险的。在战胜法西斯主义之后,随着冷战的格局开始显现,影响早期战后计划的思想更明确地意识到了政治价值观。与此同时,基金会的干预措施具有更广泛的系统性。如果需要创建新的组织,就会创建新组织;如果必须进行长期的专业培训和教育,基金会也不会回避这些任务。所有这些都建立在半个世纪以来积累的慈善经验和卓越的基金会员工日益专业化的基础之上。如果有人想用隐喻来描述二战后二十年左右的活动,那么他可以在工程学这个知识应用至上的学科中找到,而且可以说是在运筹学和系统分析中找到的。这是两个因战时需要应运而生的学科,在战后时期影响了政策智库和政府机构的运作方式。因此,基金会的作用往往是设计、建构和测试方案模型,然后这些模型被政府采纳。

　　随着1969年《税收改革法案》的通过,因1973至1974年金融市场崩溃而使资源日益减少,以及最重要的,人们对大规模政府干预的信心逐渐减弱,慈善事业的工程学时代宣告结束。我们离最近这个时代太近了,以至于无法给它命名,也无法为它画上句号。但我们可以列举出它的一些显著特征。首先,在19与20世纪之交,基金会慈善事业似乎是一种通过研究和评估政策改革来超越政治分歧的工具,而且对一些基金会来说,慈善事业已成为一种更为自觉的意识形态活动。鲜明的意识形态界限影响了我们对专业知识的定义和基金会界对大学研究的投入。至少在社会和经济领域,基金会已经从过去的知识建构方法中退出,转而寻求其他各种方法,通过基于权利的法律和政治战略、政治和经济赋权(从右翼和左翼)或多种形式的公共政策倡导来促进社会正义。

　　其次,我们对于基金会群体和非营利部门通常所做的事情有了更强的自我意识。它采取了专业协会的形式,如基金会和独立部门理事会(Council on Foundations and Independent Sector)。这是一个在过去十年中迅速发展起来的非营利研究团体,同时它还承受着来自内部和外部的双重压力,要求加强问责和取得可测量的、可评估的结果。虽然加强问责的压力可能会缩短我们的时间范围并削弱我们的想象力和愿景,但同时也有一股扩大的力量正在发挥作用。随着各国开放其市场和政治制度向民主迈出第一步,我们越来越意识到非营利部门在世界各地的作用。无论是在亚洲,还是在东欧或拉丁美洲,公民社会——这个在18世纪创造的描述性术语,直到近十年才得以恢复和被赋予新的内涵——的出现让我们对基金会在不同政治文化和社会背景下发挥的作用有了新的认识。[22] 人们主要通过两种角度来审视美国基金会的历史:慈善事业与政府(或公共政策制定)之间的关系,慈善事业与专业知识之间的关系。公民社会的概念拓宽了人们对基金会所在的公共领域的看法,迫使我们去探寻基金会与经济市场之间以及基金会与不那么正式的志愿部门之间的关系。对"公民社会"一词的日益依赖是否意味着基金会历史上一个新的发展阶段? 它是否可以接替细菌理论时代、平衡与调整时代、工程学时代和意识形态慈善时代? 公民社会的概念能否帮助我们在时间的长河中找到自己的定位? 是否存在一种充满活力的慈善理念,或者另一种新的、有说服力的隐喻,可以推动我们的工作? 带着这些问题,本文不可避免地转向了个人去寻求答案。这些问题的答案不是历史学家的研究领域,而是变成了困扰基金会工作人员的日常,他们为捐赠者提供专业咨询,并试图向新的受托人和工作人员解释基金会能做什么和不能做什么。

病毒时代的慈善事业

就在弗雷德里克·盖茨受聘来帮助约翰·D.洛克菲勒履行其慈善义务的整整一百年后,一位富有的捐赠者邀请我协助筹划他的基金会,这个基金会有朝一日将跻身于美国最大的五十个基金会之列。盖茨整个夏天都在阅读奥斯勒的医学著作,在那将近一个世纪之后,我一直在阅读有关医学和公共卫生的历史,其中艾滋病毒/艾滋病的流行是我最为关注的。1991年夏天,面对基金会的新职责,我开始推测盖茨及其同代人在见证他们那个时代非凡医学成就时所产生的乐观情绪,并将他们的希望与导致艾滋病的病毒产生的悲观情绪进行了对比。

事实上,20世纪80年代初艾滋病的出现使我们重新回到了一个关注传染病的时代。它引起了人们的恐惧,而抗生素和公共卫生措施曾经使我们安全地摆脱了那种恐惧。病毒现在可能是人类生存的主要威胁。正如乔舒亚·莱德伯格(Joshua Lederberg)提醒我们的那样,"我们无法保证,在病毒与人类物种的自然进化竞争中我们总是赢家"[23]。病毒带来的问题不同于第一代美国慈善事业中战胜的引起钩虫病的寄生虫、引起结核病的芽孢杆菌以及其他细菌的问题。艾滋病毒对免疫系统的攻击比细菌或寄生虫的攻击复杂得多,并且不能简化为单一的因果关系模型。由于病毒是生活在宿主细胞内的基因片段,并利用宿主的新陈代谢,它们被证明是更难对付的。此外,艾滋病毒的感染并不是在一个简单的时间框架内逐步发展的。事实上,它有很长的潜伏期,并且疾病的发展经历多个重叠阶段。单个病毒不会攻击和杀死单个细胞。相反,其损害具有系统性,细胞被各种现象杀死。临床潜伏期长,在此期间无明显临床症状,使该病更容易传播,并且掩盖了任何迫切需要的干预。即使最终成功消灭该病毒,也会使免疫系统受损,从而留下增强、恢复或替换免疫系统的艰难任务。

研究引起艾滋病的病毒就会看到对其进行研究和医疗干预的困难。我们也可以开始思考如何将病毒隐喻应用于我们构想当代慈善战略的方式。虽然盖茨认为疾病是所有社会弊病的根源,而细菌是唯一的直接因素,但病毒隐喻迫使我们以更复杂的方式思考因果关系和慈善干预的本质。

处于20世纪末的我们终于明白,许多事情可以改变人与微生物之间的平衡,尽管我们不能总是掌握每一个微妙的系统交互作用。正是大规模的人类行动——大肆砍伐雨林、船舶倾倒污水、第三世界城市贫民窟不断扩张——带来了人类与新病毒的首次接触。正是全球贸易和商业模式以及现代交通的快速发展,使世界其他地区与这些新病毒接触。我们现在必须开始寻找宿主和微生物之间保持平衡的条件,而不是把人类与细菌的关系看作人类将通过消灭细菌而获胜。我们必须探索是什么破坏了人类与微生物之间的平衡。

病毒隐喻要求我们思考慈善事业的作用,科学探究和知识组织的重要地位,以及具体的行动方案。首先,病毒隐喻提醒我们,还有许多科学研究工作需要完成,基金会不应该从资助有关知识建构的工作中退缩。新的智力需求是巨大的,部分原因是它们迫使我们从还原论的科学思维习惯转向了更开阔的思维方式。正如洛克菲勒大学的斯蒂芬·莫尔斯(Stephen Morse)所言:"新出现的疾病只是生态破坏产生的又一个后果。但是,解决这个问题可以为联合其他不同的利益,如环境、农业、经济和卫生,提供共同的基础,从而同时解决一系列其他问题。"[24]第二,病毒隐喻提醒我们要保持警惕性,即公共卫生部门的人在使用"监视"一词时的想法,这样我们就能够在平衡被破坏时保持警觉,并以适当的速度做出反应。因此,病毒时代需要能够迅速应用新知识的体制结构,即使在缺乏完整知识的情况下也能做出有效应对,并且在运作中没有那么官僚主义。第三,对艾滋病毒/艾滋病的反应已经表明,无论是在基金会之间,还是在非政府部门、政府和企业之间,都需要建立新的组织联系。无论是基金会亲和团体分享它们的国际倡议信息,还是非营利组织和商业企业合作进行研究和药物开发,应对病毒的复杂性要求我们创新组织结构和建立多重响应机制,就如同多种药物联合应用一样。

最后,病毒隐喻提醒我们,慈善事业必须在一个人们对根除病因或社会弊病根源的期望已经降低的时代中运作。这也许是基金会面临的最困难的问题。它与那种迫不及待的乐观精神(对快速和确定结果的渴望)相悖,而这种乐观精神在20世纪支撑了大部分的慈善事业。知识建构、监控、适应性、灵活性和耐心并不是我们从这个病毒时代获得的令人吃惊的新见解。然而,它们确实提醒我们,在历史变迁的过程中,目标和方法也具有最基本的连续性。如果我们能以尊重和足够谦卑的态度回顾过去,感到我们可以从慈善事业的前辈们那里学习,那么我们就可以开始把更明智和更强大的慈善遗产传递给那些追随我们脚步的人。

詹姆斯·艾伦·史密斯(James Allen Smith)

第二章 不断发展的美国基金会

注释：

[1] 基金会最简洁的定义之一是由埃默森·F.安德鲁斯（Emerson F. Andrews）在《慈善捐赠》一书中提出的（*Philanthropic Giving*, New York: Russell Sage Foundation, 1950, p. 43）。他将基金会定义为"一个拥有自有本金，由自己的受托人或理事管理，并为维持或援助社会、教育、慈善、宗教，或其他服务于公共福利的活动而设立的非政府、非营利组织"。

[2] 关于法律传统的简要历史概述，见玛丽昂·弗里蒙特-史密斯（Marion R. Fremont-Smith）《基金会与政府：州和联邦的法律与监管》的第一章（*Foundations and Government: State and Federal Law and Supervision*, New York: Russell Sage Foundation, 1965）。关于英国法律传统中遗愿和遗嘱的最早起源，见弗雷德里克·波拉克（Frederick Pollock）和弗雷德里克·威廉·梅特兰（Frederic William Maitland）《英国法律史》（第二版，第二卷）（*The History of English Law*, Cambridge: Cambridge University Press, 1968, vol. II, pp. 314-356）。关于美国法律传统，见霍华德·S.米勒（Howard S. Miller）《美国慈善事业的法律基础》（*The Legal Foundations of American Philanthropy*, Madison: State Historical Society of Wisconsin, 1961）。

[3] 关于吉拉德案，见罗伯特·A.弗格森（Robert A. Ferguson），《吉拉德遗嘱案：兄弟友爱之城的善举和遗产继承》，载于由杰克·萨尔茨曼（Jack Salzman）编辑的《慈善事业和美国社会》（New York: Center for American Culture Studies at Columbia University, 1987, pp. 1-6）。

[4] 关于皮博迪教育基金和斯莱特基金，见约翰·H.斯坦菲尔德（John H. Stanfield），《美国南方的慈善区域意识和制度建构：形成时期，1867—1920》，载于萨尔茨曼，同[3]，第119—138；又见罗伯特·H.布雷姆纳（Robert H. Bremner）《公众利益：内战时期的慈善事业和福利》（*The Public Good: Philanthropy and Welfare in the Civil War Era*, New York: Alfred A. Knopf, 1980, pp. 185-190）。

[5] Daniel C. Gilman, "Five Great Gifts", *Outlook Magazine* (August 1907), pp. 618-657.

[6] Merle Curti, Judith Green, Roderick Nash, "Anatomy of Giving: Millionaires in the Late 19th Century", *American Quarterly* 15(1963), pp. 416-435.

[7] Quoted in Raymond B. Fosdick, *The Story of the Rockefeller Foundation*,

New York: Harper and Brothers, 1952, p. 3.

[8] 下面两个重要的参考书目给予基金会文献最好的介绍:Joseph Kiger, *Historiographical Review of Foundation Literature: Motivations and Perceptions* (New York: The Foundation Center, 1987), and more current (and available online) but only for the early period, Thomas Kessner and Ariel Rosenblum, *Philanthropy in American History: The Elite Experience, 1890–1940* (New York: Center for the Study of Philanthropy, CUNY, 1998)。

[9] 沃尔德马·尼尔森(Waldemar A. Nielsen)在其 20 世纪基金研究《大型基金会》中试图弥补这一不足(*The Big Foundations*, New York: Columbia University Press, 1972)。

[10] *Report of the Study for the Ford Foundation on Policy and Program*, Detroit: Ford Foundation, 1949.

[11] 在为贝塔斯曼基金会准备的一篇文章中,肯尼思·普鲁伊特(Kenneth Prewitt)从一个世纪的视角探讨了基金会是如何制定和实施其使命的,《基金会的使命与时间安排:基金会的意愿、实践和社会变革》,载于《基金会手册:项目目标管理条例》(*Handbuch Stiftungen: Ziele-Projekte-Management-Rechtliche Gestaltung*, Weisbaden: Gabler, 1998, pp. 321–358)。

[12] Frederick T. Gates, *Chapters in My Life*, New York: The Free Press, 1977.

[13] 关于盖茨和其他与洛克菲勒医学研究有关的合作伙伴,见约翰·埃特林(John Ettling),《懒惰的起源:洛克菲勒慈善事业与新南方的公共卫生》(*The Germ of Laziness: Rockefeller Philanthropy and Public Health in the New South*, Cambridge: Harvard University Press, 1981)。

[14] Gates, *Chapters in My Life*, p. 186.

[15] John D. Rockefeller, *Random Reminiscences of Men and Events*, Tarrytown: Sleepy Hollow Press, 1984, p. 112.

[16] 杰罗姆·D. 格林(Jerome D. Greene)在 1934 年"审查、评估和计划"委员会的报告中被引用,洛克菲勒档案中心,D. R. 486。

[17] 英联邦基金档案存放在洛克菲勒档案中心。1963 年出版了该基金的简史,概述了该计划的发展演变,《英联邦基金:历史概要(1918—1962)》(*Commonwealth Fund: Historical Sketch, 1918–1962*, New York: Commonwealth Fund, 1963)。

[18] E. E. 戴(E. E. Day),"洛克菲勒基金会拟议社会科学计划,1933 年 3 月 13 日"(洛克菲勒基金会特别会议工作文件,1933 年 4 月 1

日),洛克菲勒档案中心,记录组3,系列910,档案盒2,文件夹13。
[19] 1934年"审查、评估和计划"三人委员会的报告存放在洛克菲勒档案中心,D. R. 486,第39页。
[20] 有关1945—1946年政策和计划审查的文件存放在洛克菲勒档案中心,记录组3,S900。
[21] 福特基金会政策和计划研究报告,第14页。
[22] 关于这个词的历史及其恢复,见亚当·B. 塞利格曼(Adam B. Seligman),《公民社会的理念》(*The Idea of Civil Society*, Princeton: Princeton University Press, 1992)。
[23] Joshua Lederberg, "Pandemic as a Natural Evolutionary Phenomenon," *Social Research*, volume 55(Autumn, 1988), p. 346.
[24] Stephen Morse, "Regulating Viral Traffic," *Issues in Science and Technology* (Fall, 1990, p. 84), quoted in Robin Marantz Henig, *A Dancing Matrix: Voyages along the Viral Frontier* (New York: Alfred A. Knopf, 1993, p. 188)。

第三章　基金会与政府
——一个冲突和共识的故事

基金会与联邦政府之间的关系可能是与美国慈善事业有关的历史问题中最复杂的一种。从玛丽昂·弗里蒙特-史密斯（Marion Fremont-Smith）所阐明的美国法律史的角度来看，在美国努力为慈善事业确立如同其在英国法律中的地位的过程中，这种关系得到了清晰的界定。在没有慈善法的情况下，在美国法律中，公司结构被用来创建永久性法人团体，而这些团体既不是慈善机构，也不是可以实现慈善目的的信托机构。[1]这些法人团体是为解决美国内战后工业财富持有者所面临的问题而做出临时调整的结果。这样的"调整"使得人们很难找到以慈善方式分配财富，而又不引起那些通过国会、总统和联邦司法机关被赋予制定公共政策宪法责任的人们担忧的方法。宪法隐含地强调各州和地方社区控制教育——慈善事业处理的最古老的政策问题——和社会福利的权力，这使得联邦政府的作用变得脆弱不堪。

慈善基金会既不是托克维尔所推崇的灵活的公民团体，也不是公共机构，但基金会的兴起实际上是对20世纪国家政策发展历史的追踪。科学技术所触及的每个领域几乎都受到了影响。如果不干扰美国各级政府的政策过程,基金会与政策制定的关系就不可能改变。国家管理参与者认为有必要向公众隐瞒这种关系,以免引发另一场民粹主义反应。本文将展示导致重新制定管理这种关系的法律的斗争,以及使得重新制定法律成为必要的持续的敌意。

依赖于公众的共识,联邦政府或国家对教育、公民权利和公共卫生等问题的关注,都经历过从似乎永久的、稳固的国家控制到随后产生反叛的时刻。这些反叛结束了戏剧性的改革运动,就好像它们是侵犯个人自治的错误一样。我们只需要看看奴隶制这一重大问题,就能了解这种情况。奴隶制曾引发了可怕的美国内战,却又在持续了一个世纪的种族主义中被忘却,再次成为有待解决的问题。许多这样的问题需要国家而非地方层面的管理,可能需要数十年的时间来实现,然后又被停止,就好像这是一个错误,甚至是对公民自治的威胁。这种不确定性标志着美国国家管理的脆弱性,及其与慈善基金会之间的关系:这是一种基本的复杂性,使得美国慈善事业的历史既令人兴奋又难以描述。

虽然最早的州宪法对慈善事业的监管和鼓励有所预见,但所有团体——最初都是通过教会或仅仅作为公民领导者的责任非正式地召集起来的组织——都被视为公益事业,并且它们对各州的价值通过捐赠者的财产免税而得到了认可。毕竟,如果该服务是公民所需要的,那么公民用自己的私人资金提供这项服务就具有了国家可以奖励的价值。除非有明确的财务责任要求,否则社团不需要向政府申请特许状。

以公司的形式创建基金会是一种务实的做法,这似乎解决了为一个可以永久存在,却不必明确其业务是什么的公司授予特许状所涉及的问题。放宽州政府批准特许公司的要求是为了让这些公司可以处于州检察长的监督之下,这是对此类公司的数量不断增加却无力进行监管的现实情况逐步做出的反应。尽管如此,当1907年玛格丽特·塞奇的律师向纽约州立法机构为她的基金会申请特许状时,为一家公司授予特许状而不需要对其进行定期检查的新自由仍然处于不稳定状态。

起初,富有的慈善家们在公共政策中的利益直接表现为行业反工会保护主义。全国各地的报纸通过报道1911年"勒德洛罢工事件"(Ludlow strike),对此进行了大肆渲染。在科罗拉多州洛克菲勒的一座煤矿里,为保护矿主利益而介入的军队意外杀害了妇女和儿童。我们很难将掠夺成性的、勒德洛的老洛克菲勒和他虔诚的小儿子既看作其经济利益的残酷管理者,又视他们为与疾病、无知和贫困做斗争的仁慈战士。[2]

由总统任命的劳资关系委员会(Commission on Industrial Relations,1913年)对洛克菲勒、卡内基和塞奇等人财富的慈善用途展开辩论。这场辩论因为人们对信托、关税、工会斗争以及"肮脏钱"产生的敌意而变得愈发激烈。尽管这些辩论最初是与洛克菲勒要求国会授予其新基金会特许状有关,但它们确立了基金会与联邦政府之间关系的政治特征。值得注意的是,最早的两个以"基金"形式出现的基金会是创建于1867年的皮博迪基金和创建于1882年的斯莱特基金。它们的现代特征在于,两个基金会的受托人都是从受欢迎的国家领导人中挑选出来的,包括内战时期的将军、美国前总统、法院系统的杰出法官等。其目的是将这些基金与公众声望而非个人财富联系起来。这一设计旨在避免引起批判,在当时也确实奏效了,但并没有减轻公众对未来行动的批评。然而,更为"现代"的做法很可能是将资金投入到广泛的教育领域,而不是用这些资金创办个别的学校。

为了实现从资助个别学校到普通教育的过渡,约翰·D. 洛克菲勒的第一笔巨额捐款赠给了斯佩尔曼学院(Spelman College,1884 年),之所以选择这所学校是为了纪念他妻子的娘家。接着是他重建芝加哥大学(1890 年)的捐款。再接下来是 1901 年建立洛克菲勒医学院(Rockefeller Medical Institute,今洛克菲勒大学)的捐款。这促使了 1903 年一般教育理事会(General Education Board)的成立,从而对教育领域中更大的问题有了更广泛的授权。在选择受托人方面也发生了类似的变化。到 20 世纪初,人们可以将大学校长列入基金会主席和一般顾问的候选人名单中(尽管不是受托人)。在已经转向慈善事业的商界中,他们仍然是重要人物。

安德鲁·卡内基和约翰·D. 洛克菲勒都有着更高的公共抱负。至少部分是跟随 1846 年国会建立史密森学会(Smithsonian Institution)的做法,卡内基希望他的全国研究机构,即 1901 年成立的卡内基研究所(Carnegie Institution),可以获得国会特许状,由当然受托人(包括像美国总统、最高法院首席大法官,以及其他这样的公共政要人物)来管理。

基金会由捐赠者选出的理事会控制,这些理事会被看作受托人而不是对商业企业负责的董事会。在 1913 年和 1917 年,当商业公司被要求缴纳联邦税,并且在那之后,所有公民需要根据个人收入缴纳个人所得税时,对州宪法中规定的慈善行为同样给予免税权益似乎是合适的。这样的规定很容易成为联邦税收立法的样板。我们没有当时对免税的适当性有任何争论的记录。1912年,当国会开始对此进行评判时,也是批准征收所得税的修正案成为法律的同一年,免税并不是问题所在。

当约翰·D.洛克菲勒在1908年为他的基金会争取国家特许状时,国会愤怒地做出了回应。洛克菲勒的标准石油公司作为一个托拉斯受到联邦政府的攻击,这一事件导致总统威廉·霍华德·塔夫脱(William Howard Taft)和他的司法部长加入民粹主义者和工党财富批评者的行列,拒绝了洛克菲勒基金会本应给予公众的馈赠。尽管洛克菲勒愿意赋予国会监督和否决基金会特定拨款,以及最终解散基金会的权力,国会的态度仍然十分坚决。自1903年洛克菲勒的一般教育理事会由国会特许成立以来,洛克菲勒和他的律师都没有预料到国会的愤怒会如此强烈。在与国会打交道的最初行动中,他们并没有遵循采用杰出公众人物的路线,因为认为这种做法已经过时了,而且无论如何都会被他们在国会中的影响力所压制。参议员纳尔逊·奥尔德里奇(Nelson Aldrich)是小约翰·D.洛克菲勒的岳父,他知道自己在众议院的影响力会有所帮助。[3] 基金会和国会被置于一个准碰撞的轨道上,彼此之间的冲突将会是反复出现的、不可避免的,而且最特别之处在于,这些冲突是不可预测的。

随后批准的《第十六修正案》(*16th Amendment*)使所得税合法化,从而使新政府对这些富有慈善家的关注从对其行业的管理扩大到对其财富的管理。1913年和1917年颁布的新所得税法最终确立了美国国家税务局(Internal Revenue Service)作为所有慈善行为和慈善事业的监督机构,尽管人们也必须对此做出谨慎的基本区分。对当时的第一代美国人来说,尽管所得税的整个想法

第三章　基金会与政府——一个冲突和共识的故事

似乎令人不快,但它对历史上前所未有的个人财富的影响却是微乎其微的。真正的问题,对遗产征税,以及对一代人的财产征税(这一代人通过不断变化的房地产价值获得了大量财富),源于国家对财富的控制。

一旦对巨额财富的恐惧成为中心议题,无论这种财富是否被用于公众利益,对它的批判都将变得普遍起来。因此,尽管基金会过去和现在都只是美国慈善事业的一小部分,但它们为联邦政府的辩论奠定了基础。这场斗争发掘出财富、私有财产所有权和那些在被移民潮和边境关闭所缩小的世界中为自己寻求机会的人之间关系的根源。

鉴于观察家无法预见不时出现的敌意,预测未来或寻找保护基金会免受批评的方法是愚蠢的,尽管这样的诱惑似乎是巨大的。人们必须指出公共资源和私人资源之间习惯性的制度关系,特别是在19世纪,才能看到深远的后果,从而管理美国历史的未来。在美国,很多治理方法都是在不断发展的过程中被创造出来的,而且就基金会而言,政治批评是由那些以丑闻形式爆发的事件所引发的。这场辩论是由国会中几乎没有基金会经验的男女议员进行的。大多数政策制定者把基金会看作控制富有的男人和女人留下的大量资产的慈善机构,而这些富人的事业很可能建立在不那么仁慈的行为上。尽管如此,当基金会为实现它们认为良好的目的而试图影响政策过程时,在其批评者看来,它们与那些试图从立法者和管理者那里获益的人似乎没有什么区别。

虽然基金会从慈善历史中发展而来,但其职能使它们产生的影响和后果与许多对发展机会和福利行使权力及责任的非宪法机构相似:大学、独立研究机构、医院、与传统穷人打交道的机构都是古老的社会支持网络的一部分。在失业成为贫困的根源之前（它无缘无故地造就了穷人），最初由教会和地方社区建立的机构目的是给各类需要帮助的人提供支持。

工业化和城市化改变了这一方向，即这种一对一的社会关怀，并导致人们开始关注商业周期，以及在新的和不同制度下运行的国家和世界经济。当我们努力改善国家教育、医疗保健和其他人类服务系统时，我们对公共管理和私人管理之间的关系感到紧张。除此之外，还有一个最具变革性和出乎意料的因素，那就是推动早期慈善事业发展的丧偶或孤儿家庭与福利时代的单亲家庭之间的区别。前者的需求状态显然被理解为是意外的，是父母死亡或商业周期对工人产生影响的结果。后者，即福利家庭，越来越多地被视为某些不负责任的男女所做选择的结果。这种区别断绝了对穷人的慈善关怀与公众对福利的定义之间本来可能存在的联系。查尔斯·默里（Charles Murray）接二连三地针对福利问题提出了批评，引发了公众和政治上的担忧，这种担忧与其说与福利的现实有关，不如说是与那些帮助制定"伟大社会"现代框架的人越来越无力就其工作的有效性达成共识有关。[4]

直到 20 世纪初，美国各级政府才开始审视它们对贫困人口的责任，而基金会早就承担了这项任务。它们试图区分为穷人提供直接支持的慈善行为和寻找造成贫困原因的慈善事业，以便建立机构，通过纠正产生这些需要的原因，来消除人们对慈善或福利的依赖。要问这些机构是否提供了足够的服务，是否有权获得免税和影响政治进程的权力，我们就不得不审视它们与我们的需要之间的关系，而不是去考虑它们作为公共机构或私人机构的地位。这其中涉及大量资金，而这些基金的管理者们，与教会机构中那些几百年来控制着这些基金、选择自愿贫穷的管理者不同，已经习惯了做善事却可能不受欢迎的生活方式。

公众批评的出现使滥用信任成为一个公共问题。基金会从国家获得的特许状赋予它们为我们的利益行事的权力。无论基金会是否给予民众和政府监管甚至惩处它们的权力，都远远超出了行善可以保护它们免受批评或惩罚的范畴。与教育和医疗保健领域的境况相仿，如今公共与私人之间的差异较基金会创建之初更为复杂。基金会是否理解这一点值得质疑。

就我们重新审视我们的民主政府观而言，所有致力于将新知应用于当代社会的机构，都要受到我们赖以生存的传统的周期性，有时甚至是令人恐惧的审视。那个世纪的政治辩论文献显示了反复出现的有力论据，表明基金会是一种应该继续存在下去的有益形式，而且它们可以破坏威胁到民主控制政策的权力来源，或者代表着没有得到适当利用或已变得腐败、必须予以纠正的机会。[5]

从一般角度来看，可以说，基金会对大学的特别支持，以及对那些影响国家政策制定的、来自自然科学和社会科学的思想的支持，已经对政策过程产生了影响，包括从培训进入公共管理各个领域的人员，到进行医学研究和在全国范围内提供的医疗保健服务。在其他发达工业社会中由政府资助形成的计划在美国则受到基金会和个人慈善捐赠者的资助影响，这些基金会和个人捐赠者为这个国家的大学、医院和研究机构建立起纽带。

基金会是创造和维持精英阶层的核心要素，这些精英管理着对一代又一代普通美国公民福祉至关重要的政府和非政府资源。因此，它们是非正式政府制度的一部分，这种制度存在于我们的宪法和社会管理习惯所建构的更为熟悉的框架内，评论家们倾向于把这些习惯称为"社会工程"。这一制度最早出现于19世纪下半叶，当时由政府资助的计划还寥寥无几。

在世纪之交产生的基金会界是建立在没有政府计划的假设之上的。当进步时代（Progressive Era）的改革者努力构建一个联邦机构来保护妇女劳动者、儿童健康和关于工人成立工会的辩论时，他们进行公开辩论所依赖的数据以及收集和分析这些数据的方法都来自私人资金来源。1907年成立的罗素·塞奇基金会，几乎到第二次世界大战之前，一直是这类信息收集领域的重要力量，并将社会工作作为一种现代职业建立起来。洛克菲勒基金会和洛克菲勒医学研究所为医学研究和医疗职业培训提供了主要资金。纽约卡内基公司是美国教育和种族关系领域主要思想背后的资金来源。

私人资助是美国公共领导人让自己和公众及时了解一些美国国会避之不及的问题的方式，如种族关系、计划生育和性病等。美国总统和最高法院法官依靠私人机构的研究资源，就刑事司法和劳资关系等问题提出意见和建议。律师和公民领袖向基金会创办者提供建议绝非偶然。例如，伊莱休·鲁特（Elihu Root）曾在总统内阁任职，并适时担任民选职务，还活跃在基金会和慈善界。因此，基金会和联邦政府的关系从一开始就是充满摩擦的；而从深层次看，双方都会因此变得更好。

随着关系的发展，政府和基金会之间形成了一种功能性的关系，带有几分真诚的敬意，有着定期的、双方却都急于隐藏的密切合作，还伴随着一定程度的敌意，但这种关系是由一种可能过于深奥而无法被任何一方所承认的效用所维系的。

第三章　基金会与政府——一个冲突和共识的故事

公共与私人之间的区别奠定了今天许多讨论的基础，但这是一个 20 世纪的观点，在第一次世界大战之前几乎没有任何意义。虽然我们经常提到托克维尔对美国的各种社团十分欣赏，但他并不认为这些社团是私人的，只是把它们视为有权为公众利益采取行动的非政府组织。译者有时会在翻译托克维尔关于社团的讨论中添加"私人"一词，来表明他们自身的观点，但这显然不是托克维尔本人的看法。长期以来，慈善基金会被那些对基金会一无所知的美国人视为私人机构。我们今天所理解的公共和私人之间的区别并不属于最初的捐赠者或为他们提供建议的律师的词汇的一部分。在他们之前的捐赠者已经习惯于去处理困扰公众接受财富用于公共目的的两大问题：一个问题是对企业垄断的恐惧，这种垄断似乎威胁着其他个人组建团体参与类似或甚至是对立的公共计划的权利；另一个问题是许多美国人认为，此类企业的目的应由公众自己通过国家立法机构来实现，而不是由私人个体按照个人的公共利益观行事。这两个问题都产生于 19 世纪末反托拉斯斗争之前，但为这些斗争提供了历史基础，使之充满活力，并使其意义不断复杂化。[6]

因此，基金会走向私有性的第一步是回应意料之外的批评，而不是制定行动计划。基金会仍将既是私人机构，又是公共政策的积极影响者。国会不为基金会设立特许，却在 1917 年之前通过税法对基金会进行监管，而这些税法在基金会产生之前并不存在。直到国会开始真正感受到基金会持续影响公共政策的力量的威胁，这个话题才成为公开辩论的一部分。

攻击的性质及其背后的原因随着时间的推移而改变，尽管攻击的范围总是相同的。据其批评者所说，基金会倾向于推动自由主义和激进的事业,反映的是葛兰西马克思主义者(Gramscian Marxist)对民意的影响,而民意是由被财富霸权收买的学者所塑造的。[7]

如果概述基金会与联邦政府之间冲突与合作的历史,那么人们所看到的是一种支持与敌对轻松并行的双轨制。支持性的"轨道"基于这样一种观点,即认为政治是一种精英行动,与出于利己目的的"政治"不同,并致力于通过富有、受过教育的公民的财政支持来实现国家的福祉。

正是威尔逊总统任命了第一个公共委员会,即1913年的劳资关系委员会,对当时新成立的基金会进行了攻击。和许多第一代捐赠者和管理者一样,威尔逊将基金会视为内战后拥有巨额财富的人想要用这些财富做些什么的更有效率和成效的方式。像卡内基和约翰·D.洛克菲勒这样的商人认为,将工业效率标准应用于他们不再可以接受的慈善形式是有用的,他们仍然将财富视为自己的,并接受这样一个事实,即其员工也会以同样的方式看待自己的职责。

作为普林斯顿大学的校长,威尔逊直接向捐赠者提出了资助请求。卡内基拒绝了威尔逊为获得资金改善大学生居住和社交生活所做的努力,而是坚持赠给普林斯顿一个湖。卡内基的英雄基金(Hero Fund)是他致力于领导的方式,而且它根本不涉及教育。基金会想要永远存在下去,以及大型基金会将由工作人员来管理的事实,意味着基金会将逐渐从捐赠者控制转向由受托人和独立工作人员控制。自我延续的受托人制度是建立在公民领袖阶层能够保持自身完整性的假设之上的。实际上,直到第二次世界大战之后,情况才是这样的,而且后来人们看到旧模式也会时

第三章　基金会与政府——一个冲突和共识的故事

不时地出现。麦克乔治·邦迪（McGeorge Bundy）的职业道路很经典：从哈佛学会（当时他在写亨利·史汀生［Henry Stimson］的回忆录），到学院院长（尽管是格罗顿学校和耶鲁大学的教育产品），再到肯尼迪和约翰逊任总统期间的国家安全顾问，之后成为福特基金会的主席，最后以担任纽约大学的教授，以及在退休期间就职于卡内基公司结束其职业生涯。学术界、政府和基金会就像等边三角形的三个顶点。虽然没有固定的运动模式或方向，但这三点总是可能以某种形式存在。

我们必须提出的历史问题是，为什么从1908年到现在总是断断续续地出现政治敌意？尽管预测未来并不是一种历史功能，但人们仍然可以问，敌意是否可能继续下去？因此，洛克菲勒争取国会特许状的斗争具有双重历史意义。首先，国会对基金会的敌意从一开始就存在；其次，似乎显而易见的是，卡内基和洛克菲勒理解的公共与私人之间的关系与我们今天的理解截然不同。顺便说一句，如果洛克菲勒赢得了特许状，而且从那时起基金会从国会获得了具有类似条款的特许状，那么今天就不会有第三部门，而且除了愚蠢的幻想家，没有人会谈论独立部门。这是一个很好的例子，说明我们接受的是历史进程实践的逻辑结果，而这些实践实际上是当时没有人能预料到的偶然因素的产物。

坦率地说，基金会的私有性是历史的偶然事件，是反垄断运动及其政治开拓者借助一些富有的美国人利用其财富使联邦政府对人类需求做出积极反应的行动所产生的结果。当时发生的事情是对意料之外的批评做出的务实反应，而不是扎克维尔早期关于社团的观察结果得到证实的证据。那么，即使在今天，鉴于国会强制要求基金会独立，我们应该关注的问题是基金会的公共责任。

自19世纪80年代以来,有责任心的社会政策理论家一直呼吁工业世界的管理者关注工人的需要及其生产系统对现代生活的影响。欧洲国家正在采取措施解决这些问题。可以肯定的是,只有当他们惧怕对工人状况给予同样关注的社会主义领导人发起革命时,他们的道德感才得以凸显。

美国的情况由于两个因素而变得复杂:首先,联邦政府没有全国性的劳工和产业政策,也不打算制定任何政策;其次,也是密切相关的一点,"最近处于叛乱中"的南部各州的情况限制了联邦政府和州政府愿意或能够为贫穷的白人或黑人所做的事情。如果联邦政府有可能采取行动,就会消除传统上享有选举权的公民控制地方的意识。北方慈善家以教育为中心,因为教育被认为是导致南方贫困人口境遇的主要薄弱环节。基金会正在进入那些在现有人类服务方面被确认存在真空的领域,但是在这些领域,人们难以达成全国性的共识,从而使联邦政府能够接管甚至补充这些服务。南方人对基金会的进入仍保持摇摆不定的态度,但只要这些行动使他们能够创造出一种新的、后奴隶制的种族隔离,他们就会妥协。虽然基金会因为资助南方种族主义而受到谴责,但他们确实在进退两难的处境中站住了脚,并在未来的60年里坚持了下来。那些将在20世纪余下时间里影响南方政治的妥协需要把社会政策留给整个国家的州和地方社区。

最初是私人捐赠者,然后到了大萧条时期,是联邦政府,它们都向南方注入了大量资金,希望能帮助那些有需要的人;但不确定的是,他们的意图是否能被分配联邦资源的地方政客实现。他们并没有不谋而合,至少在短期内没有。南方的现代化意味着对

第三章 基金会与政府——一个冲突和共识的故事

非裔美国人有所亏欠。

研究人员已经从基金会档案中发现,北方慈善家持有许多与南方传统一致的种族观点。我们今天并不同情的北方人之间也存在着分歧,但他们在南方不愿改善黑人生活条件方面发挥了重要作用。更重要的是,基金会的行为可以概括为,通过避免触碰会引爆反对派的绊线,北方捐赠者找到了可以绕过缺乏共识的方法。只有那些记得基金会在 20 世纪 60 年代推动选民登记运动中所起作用的人才知道,这些绊线有多危险,其引发的"爆炸"会有多大的破坏性和毁灭性。

即使在 20 世纪 20 年代,对计划生育、母婴医疗服务和女性政治权力的支持也都是由新兴的强大组织来调解的。这些组织交织在一起,形成了一张需要支持的反对之网。女选民联盟(League of Women Voters)、计划生育协会(Planned Parenthood)、日益壮大的美国医学协会(American Medical Association),以及最初由罗素·塞奇夫人(Mrs. Russell Sage)于 20 年前发起的在公立学校进行性教育的地下运动,共同达成了小型的停战协定,承认了避免那些没有人能赢的斗争的诀窍。

早在塔夫脱政府时期,国会就曾阻止总统利用外部资金来影响政策制定,并在立法中增加条款,禁止募集此类资金。就像国会为阻止总统权力扩张而采取的许多准宪法行动一样,它从未提交法院进行裁决,而总统也对此置之不理。这正是依赖于这样一个事实:只要不影响他们的切身利益,就不会有那么多政客去关注这个问题。赫伯特·胡佛(Herbert Hoover)成为募集此类资金的一把好手,甚至在新闻发布会上对此大加赞赏。罗斯福决定将商人变为有用的敌人,让其他人为自己募集资金,然后小心翼翼地设置隐藏的帘布来掩盖他使用基金会资金的秘密。

自 1900 年以来,慈善事业的作用已经制度化,它不仅与公民的需要有关,而且与我们所处的政治文化有关。我们可能需要的是一种理解这种关系的方式,以及在 19 世纪引导这种关系的制度。

20 世纪 50 年代之前,国会关注的焦点是通过资助个人竞选活动产生的影响力威胁。这种担忧最初体现在 1935 年《税收法案》中,而这所谓的"向富人征收重税"法案,实际上使基金会的创建变得更加容易,而且对那些想要保护他们的遗产免受征税的人有更大的用处。国会依旧不愿授予基金会特许状,但这项法案使捐赠者在世时创建一个基金会,并在去世时指定一部分遗产给基金会成为可能。

20 世纪 50 年代的国会调查,如 1952 年的考克斯(Cox)调查和两年后的里斯(Reece)调查将注意力集中在对基金会界的两种截然不同的批评上。第一种可能是所有美国政治的特征,即基金会容易招致那些准备利用这一机会扣押财富,在应缴税款上欺骗政府的腐败行为。在考克斯调查中,民粹主义批评的基调是一种有趣的现代版本的批评,是对最初用于创建基金会的财富所持观点的一部分。在里斯听证会上被提出的第二种批评是麦卡锡时代(McCarthy Era)的缩影。它使基金会因为支持所谓的左翼事业而受到攻击,并反映出了其与美国政治传统背道而驰的意识形态立场。

当我们进入冷战时期,并且基金会开始资助中央情报局在东欧的计划以及和平队(Peace Corps)参与的东非教育交流活动时,基金会资助的活动开始引起我们的阴谋意识。国会不允许前往

第三章 基金会与政府——一个冲突和共识的故事

东欧游学,更不用说资助了,而且美国在那里的驻军被认为是至关重要的。直到事后,当参加会议和交流的美国人发现他们无意间成为同谋时,其中一些人才恼怒了。基金会与联邦政府合作是一种实用主义的做法,在幕后、在公众视野之外运作的效果最佳。它从一开始就存在,但不是任何一方的首选。使故事变得有趣的是,连续几次的国会调查所引发的公众愤怒提供了唯一可见的背景,使该做法登上了报纸,并为那一小部分还算关注此事的公众界定了基金会的作用。[8]在基金会开始支持南方选民登记运动之后,国会外的批评人士,如亚拉巴马州州长乔治·华莱士(George Wallace)等人迫切要求保护和报复。当国会似乎要通过对基金会四十年寿命的限制时,基金会动用其法律力量,开始了一场引人注目的游说运动,并最终取消了这一条款。这是一场史无前例的运动。由此产生的1969年《税收法案》本可能会糟糕得多。

围绕1969年《税收法案》引发的事件让许多参与辩论的国会议员们感到担忧,甚至连基金会的批评者也开始认真思考他们所认为的由政治热度带来的不公平。该法案对基金会的年度开支,以及应向联邦政府提交的报告做出规定,其中一些要求最终被认为是不必要的惩罚,而且对基金会来说代价高昂。有些规定要求必须扩大员工规模,以提供年度"支出"计划。计划相关投资的批准使基金会可以为城市重建提供贷款,而正常的银行业不会考虑这一点,这是一个有益的新事物,持续推动着城市的改善。无论如何,到1983年,兰格尔(Rangle)和众议院监督委员会的方式方法委员会(Committee on Oversight of the House of Representatives' Committee on Ways and Means)对此做出了更正。

法勒委员会(Filer Commission)建议在行政部门设立一个办

事处,专门负责基金会对政策的影响,这等于把基金会视为准政府机构,而不是让它们处于国税局的控制之下。行政部门的一个职位将承认基金会对政府决策的作用,并且给予它们官方的政府地位。似乎没有人知道这就是洛克菲勒和卡内基最初想要的结果,但是没关系。基金会界的权贵们认为,虚假的独立也会使他们所珍视的化为乌有,并损害企业基金会的未来可能性,而且他们认为将来诞生的企业基金会数量有限,但事实证明他们的想法是不正确的。在那个阶段,国税局被基金会看作温和的监管者,愿意坚持简单的事实陈述,甚至感谢基金会帮助其制定机构规章制度,虽然国税局认为这些机构对实现其使命并不重要。

法勒委员会的建议可能是理性对待基金会,即把基金会当作政策机构而非美国慈善传统的继承者的最后努力。这是向前迈出的重要一步,但在里根总统任期结束后,这成为一次显著的倒退。1980年之后的慈善事业,包括自"顶上空缺"和"万千光点"这类倡议以来的几十年,实际上是将慈善事业回归到了前基金会时代。尽管任何此类意图从来都是不明确的,但基金会界最终没能承认这项任务是不可能完成的,即用私人慈善事业取代政府支持的福利,并没有成为明确表达的反对意见的一部分。在经历了最初的冲击波之后,由于没有对问题进行持续的考察,这使得对不可接受的替代方案的讨论变得不可能。

自1994年以来,国会的反对意见被分化为一些具体问题。在一些情况下,倡导团体和《伊斯托克修正案》(*Istook Amendment*)的问题是基金会资助政治辩论这一旧时政治关切的不同形式。实际上,将倡导与行业游说放在同一阵营,或者表明了对其反对程度之深,或者是对倡导团体在向有需要的人提供有组织的支持时所做工作的肤浅理解。弘扬志愿服务的白宫计划退化为公共关系运动,将自愿慈善行为与这类行为一直以来所反映的基本公共政策参与相分离。与此同时,基金会的行动小心翼翼,就像震后重返住所的居民一样,唯恐这些建筑物随时可能会因一脚踩错或失去平衡而坍塌。当前形势所固有的矛盾在于,人们无法调和对参与自愿行动和为需要帮助的人提供支持的呼吁与对慈善事业蕴藏着一场似乎无人理解的革命种子的恐惧。

基金会之间的关系、美国的慈善义化以及国会政治在制定有关国家公民状况的政策方面的作用,在人类发展的每个阶段,即所说的从摇篮到坟墓,都涉及微妙的平衡。在这些问题上,在我们处理这些问题的方法上,以及在我们似乎没有能力制订出可接受的指导方针,让我们的管理者和那些想把他们的财富用于公益的人拥有共同的立场方面,似乎确实存在着一种连贯性。几个非常笼统的观点或许能帮助我们理解自 19 世纪以来的发展情况,并指出未来最有可能出现的发展趋势。

我们可能会发现政府和基金会世界中的一些固定习惯,这些习惯并不像我们曾以为的那样变化无常。考虑到美国政治领导人对公众意愿的敏感以及公众对自身需求的转变,美国政府可能是现代世界最不稳定的政府。公众也是一个不断变化的群体,当人们接纳新群体,为曾经因自制被限制的旧群体赋权,以及因为对特定事件产生的愤怒而采取行动的时候,如最高法院的法官遴选、一份不打算让新闻界听到的政府官员声明,或者一个新领导者的出现(该领导者毫无建树,仅有的能力是用巧言令色来掩饰其焦虑不安),任何此类事件在临近选举时发生,都可能会对世界产生重大影响。尽管新闻媒体努力将这些事件解释为某种整体逻辑的一部分,但它们只不过是在事后,我们努力理顺混乱局面的结果。

在最好的情况下,基金会界是一个计划和项目的世界,它不受日程表的影响,能更好地反映长期需求。这些需求是由想法来定义的,特别是那些会产生行动,并且其行动的有效性可以被观察和判断的想法。尽管基金会与科学研究之间有着长期的联系,但基金会支持的研究大多局限于实用性。多年来,功利主义观点已经扩展到艺术和科学领域,而且,最重要的是,已经延伸至对公众需求的回应,只要它们符合基金会现有的结构即可。这种对公众利益的回应不是最近才有的,而是由1907年罗素·塞奇基金会的创始人和1915年洛克菲勒家族提出的。在过去的20年里,它一直被圣保罗的布什基金会(Bush Foundation)所采用。当时引入这种观点的原因与20世纪70年代时不同。早期的公共利益设计是基于这样的信念,即缺少公众支持的基金会计划将会失败,而后来的信念则是基金会有责任为人类服务;但这两种公众观点之间的区别比乍看之下更难以界定。毕竟,获得公众支持是一种责任形式,而且倾听公众表达需求是一种高度选择性的行动,这可以从伸出手中的一个塑料杯开始,然后向自选小组领导的公开会议迈进。基金会仍然可以选择需要解决的问题。这种选择的自由是基金会与政府的本质区别。

问题在于,这种选择需要有能力区分各种想法,并知道什么时候需要新的想法。创建第一批基金会的那一代人有两个非常突出的优点。第一,他们知道,想法只不过是他们必须在别人头脑中找到的工具。他们以一种强烈的功能意识对待这些想法,而不是出于敬畏之心。他们为这些想法买单,并希望按照他们的选择来使用这些想法。聚集能够为他们提供这些服务的流动人群比钻探石油和炼钢更容易和便宜。第二，他们完全相信自己的判断力。行善的过程与赚钱的过程不同。它不是一个可计算的结果，具有无限的灵活性。因此，它是一个过程，而不是目的，与利润无关，与《圣经》要求的最古老的慈善行为相一致。

人们必须认真地对待约翰·D.洛克菲勒的观点，即捐钱比赚钱难得多。这需要一种截然不同的判断力和极大的耐心，他的儿子对此常常感到非常困难。具有讽刺意味的是，人们认为他的儿子是一个比他父亲虔诚得多的人。然而他父亲的信仰，与卡内基的完全不同，在本质上并不是制度性的或常规化的。它有一种坚定的信心，那就是既要精明能干，又要简单朴实，而不是知识渊博。所有第一批工业慈善家都非常清楚地认识到一个要点：慈善事业不是商业活动，商业也不是慈善事业。从商业行为转向慈善行为带来的影响极为复杂，两者之间的区别也同样复杂。与我们仅从事一个领域的任何人相比，他们能够更好地理解这种区别。

人们必须扩大1969年的氛围，将彼得森委员会和法勒委员会都包括在过去几年对基金会界自身的讨论中。在行政部门设立一个专门负责基金会和非营利组织的办公室的想法，本可以让两者在政策制定方面的准政府性质得到认可，而不是把它们置于国税局的控制之下，并定期与国会特设委员会进行斗争。尽可能简明扼要地说，约翰·洛克菲勒三世，作为此类讨论的重要人物，认为有可能建立一个独立的慈善界，利用国家最优秀的人才来制定新的路线。他认为这样的慈善界与商业或慈善活动都不同。从他对慈善事业必须发展的知识和组织结构的认识中，我们还有很多东西要去学习。

今天人们对测量和评估的重视以及对管理控制日益增长的兴趣,与捐赠者从一开始所支持的慈善事业大不相同。它又回到了老一代捐赠者所知道的产业方法论上,而这必然与他们正在努力实现现代化的工作背道而驰。它还不断向政治利益靠拢,而曾经他们把自己看作政治利益的抗衡力量。如果在我们对过去的看法中有任何给出预言的根据,那么可以肯定的是,它将触发之前危及系统的引线。当我们回顾1969年《税收法案》和基金会勉力完成的游说活动时,让人担忧的似乎是那高昂的成本。在我们动荡的政治世界中,有时候就是这样,其中一部分成本可能来自政治领导人,他们现在比从前更在行,因此能够建立起比1969年更具破坏力的新联盟。

自1969年以来,尤其是自里根政府成立以来,对慈善事业的呼吁,特别是对基金会"顶上空缺"的呼吁,围绕基金会与政府之间的关系展开。如同友好的幽灵卡斯珀(Casper the Friendly Ghost,即《鬼马小精灵》中的人物)一般,它显然渴望富有爱心和善于交际,但对似乎是自己发出的警报感到惊讶。只有警报具有明显的选择性和时效性。1981年10月5日,里根总统与威廉·维里蒂(William Verity),俄亥俄州米德尔敦阿姆科公司的董事会主席、最近当选的美国商会主席,任命了一个"总统私营部门倡议特别工作组"(President's Task Force on Private Sector Initiatives)。在任商会主席期间,维里蒂负责领导一个计划,旨在刺激商人敦促地方代表的选举,并审查联邦开支。在委员会宣布成立一个月后发行的《基金会新闻》(Foundation News)中汇集了一系列充满不同意见的评论,几乎无法掩饰过去十年社会计划支持者的愤怒

第三章 基金会与政府——一个冲突和共识的故事

与绝望。那些肯定自己已经意识到总统的要求不可能实现的人所做的谨慎承诺似乎是空洞的。正如《华盛顿邮报》(*Washington Post*)和《得梅因纪事报》(*Des Maines Register*)的前记者尼克·科茨(Nick Kotz)所说,"公众普遍不知道,1981年联邦政府对社会服务和社区发展的资助削减了400亿美元,这一数额超过该领域基金会年度支出和企业捐赠总额的20倍"[9]。

但那是15年前的事了,1994年的选举只不过是日历上的一个日期而已。一位共和党人当选总统,开始了我们现在所知道的经过十五年的努力最终取得的成就,而在一位民主党总统的领导下:结束了我们所知道的福利,改革医疗保险,以及更广泛地讲,终结了"伟大社会"的过度行为。"权力下放"如今已成为可接受的新兴术语,其未来是不可否认的事实。可以肯定的是,这适用于联邦计划,而不是慈善事业,但如果它们之间的界限如我所说的那样在历史上是一致的,那么正在出现、将要出现或最可能出现的问题将会变成基金会不得不面对的另一个问题。为什么呢?因为基金会,无论喜欢与否,为美国决策者制定的社会支持计划承受了批评的重担。如果什么都不做,它们会受到批评;而且无论做什么,它们都会受到批评。这有助于公众了解它们被迫参与的历史变革。

一个世纪以来,基金会界的领导者有可能发挥这一作用,但这从来不是一件容易的事情。因为基金会从来没有像我们有些人希望的那样勇敢,也不像我们有些人担心的那样懦弱。正如对它们起源的描述所表明的那样,它们深陷于我们特有的治理形式中,而不可能成为两者之一。当它们的历史迫使它们在自我克制和主动出击之间做出选择时,它们冒着失败的风险,看不到这种选择实际上是根本不可能的。这是一种很奇怪、很不令人满意的角色,但它可能更接近于我们动荡的美国文化现实,不是我们能够用任何接近历史的,更不用说科学的方式去清晰理解的东西。正是因为如此,约翰·洛克菲勒未能获得特许状是基金会历史上最伟大的时刻之一,它带来了意想不到的重要影响:它决定了关于慈善事业和公共政策的辩论的性质,这些辩论引发了长达一个世纪的争论。

当历史学家罗伯特·布雷姆纳的《美国慈善事业》于1960年问世时,它实际上确立了美国基金会自20世纪初成立以来的运作模式。基金会和地方社区会尝试一些有前景的社会计划,并观察其效用和创新性。那些能够证明自身合理的计划将被地方政府和州政府采纳,最终再被联邦政府采纳。然后,基金会和慈善捐赠者根据地方需求将资源转移到新项目上,并且这一过程将继续进行下去。因此,进步模式是进步主义、科学和科学复制的梦想,以及深植于进步改革乐观精神的逻辑产物。"伟大社会"在各个方面都是这一合作形象最好的体现。[10]

有两个问题一直被人们提出。就像美国长期实行进步主义改革的所有衍生物一样,这种制度在不同程度上,既是非政治的,又是反政治的。那些为了自己的州和社区寻求政治分肥机会的地方政治领导者发现,自己面临的改革反对与杰克逊时代用就业换取支持的互惠互利一样由来已久,而且与一代又一代持续变换名称的自然资源保护运动一样,或许在不经意的行动中就挫败了它每一次遇到的敌人。第二个相关的反对来自美国政治的野心——建立政治生涯所需的资金,以及在一届又一届选举中延续政治生涯的需要。当男人们以及现在的女人们看到他(她)们最初当选时许下的改革承诺与维持家庭、教育下一代,以及确保退休和老年人保障的妥协之间的矛盾时,这种需要也随之增长。建立在科学设计和智力需求基础上的改革模式在人人都意识到的"浅滩"上搁浅了,而且没有人想要改变,因为担心新的模式会在没有实现其承诺的目标的情况下将他们排除在外。才智只是政治体的一部分。维持这个政治体还需要满足其他需要,但并不是所有这些需要在头条新闻中看起来都是好的。

从1981年开始的革命已经持续了多年,现在它通过强调公共部门和私营部门之间的区别,并预先假定当时被认为是公共部门的大部分领域可以被私营部门接管,来主导我们对这三个部门的作用的理解。这已成为辩论的主要方向。无论是谈到"权力下放"还是"私有化",人们都用一种不同于二十年前,并且与整个世纪的基金会历史大相径庭的话语来谈论。首先,人们当然可以指出三部门的区分可能存在人为性,但是人们也无法避免拟议的解散和重组所带来的后果,这种解散和重组是在人们引入似乎没人愿意承认的某种程度的变革时出现的。很难否认,长久以来,基金会在为政府提供方向、人员以及检验变革结果的方法方面具有难以置信的有效性。对于由基金会支持的、现在人们熟知的非营利组织来说,情况也是如此。与此同时,私营企业以企业慈善捐赠的形式来满足慈善需求,却始终难以达到其支持者的期望。企业界也缺乏一种适合慈善计划的智力结构。在这个世界中,利润不仅是一种衡量标准,还是一种生活方式。当卡内基和洛克菲勒家族的几代人在选择将慈善事业与企业利益分开时,他们都承认这一点。最初将他们卷入国会斗争的表面上的冷酷无情是对将私营企业与公共利益分开的必要性的默认。

意识形态的进入破坏了在保守主义和自由主义思想加入争论之前存在的辩论。它用僵化的敌对行动取代了值得尊敬的复杂性,从而破坏了一场丰富多彩的辩论,就好像右派和左派一直是主导争端的现实。政府能够或应该解决的是一个已经持续了两个多世纪的美国困境。正如一些历史学家一再试图指出的那样,与其说它与思想有关,不如说它总是与实际情况有关。这些现实完全取决于是否能获得机会。所有三个部门都为这些机会做出了适当的贡献,在似乎有需要的时候,它们便会彼此接管和相互帮助。19世纪以来,基金会在这一过程中发挥了特殊且持续的作用。由于意识到新的公民阶层在寻求机会方面存在缺漏,基金会帮助政府进入需求最大而政治反对声音最弱的领域。错误的解读引发了斗争,使系统一度处于平衡状态,这有时会威胁到系统的未来。美国的政治冲突使用的语言大多是生死攸关的。

权力下放和"与美国的契约"(Contract with America)满足了与布雷姆纳的慈善社会改革模式有着奇怪关系的需要。如果社会科学未能在对抗贫困、疾病和错误教育的斗争中取得胜利,那么人们还能指望什么呢?在其他科学领域,尤其是医学领域,失败意味着还需要更多新的研究,以及对失败和成功的研究,从而呼吁研究界重整旗鼓。但对于社会改革和基于社会改革的研究来说似乎并非如此。作为一种新模式,"与美国的契约"要求摒弃过去,重视自我满足和改革的结束。唯一可能发生变化的似乎是那些承诺不会造成伤害的人,医学界的这一神圣誓言本身就受到那些寻求人口控制(这是慈善事业支持的最古老的关注系统之一)和死亡管理的人们的攻击,鉴于延长生命的权力本身已经成为一个重大的社会问题。

第三章 基金会与政府——一个冲突和共识的故事

新的捐赠者已经在暗示将会有所改变。与一个世纪前的那代人不同,许多人在他们被要求为之做出贡献的体系中接受了教育,他们不会无视那些他们认为是体系缺陷的问题。和第一代人一样,他们希望能够控制他们财富的用途,但他们是否有信心,相信未来的领导人会遵循他们的意愿?自我延续的理事会不再是一个一望无际的镜子大厅,这些镜子反映出共同的信念,并证明价值与行为的共同标准。他们承认未来的领导者必须应对的未来是不可知的,这是一种高贵的品质,但他们不太可能看到在我们看来已经成为常态的变化的速度和势头。对他们而言,永久性是一种不同的时间衡量标准。《圣经》只是一本通用的经文,但是人们对它的解读可能存在很大分歧。

新一代商界领袖已经开始指出与1969年计划相关投资(Program Related Investments)有着有趣关系的方向。商业类比再一次被提出,以定义基金会在帮助受赠人更有效实现其目标方面重塑的角色。哈佛大学豪泽非营利组织中心(Hauser Center for Nonprofit Organizations)的克里斯蒂娜·莱茨(Christine Letts)和她的同事在一篇题为《道德资本:基金会可以从风险投资家那里学到什么》的文章中提出,基金会和受赠者之间应建立更密切的关系,这与风险投资家创办新企业并引导企业实现生产独立性所采取的步骤相一致。这些步骤需要参与管理,并在理事会任职,以及在员工利用资金的过程中对其发展方式进行关键性的投入。[11]尽管关于控制和惩罚失败的问题处于不伤及要害的争论边缘,但是这种想法足以引起非营利组织和基金会界中一些有识之士的批判。布鲁斯·西弗斯(Bruce Sievers)是旧金山一个主要基金会的总裁。他看到了进行一场很可能被视为是反对基金会慈善事业最古老宣言的革命所涉及的困难：找到有头脑的人，并给予他们自由，让他们的工作不受干扰。这显然是从洛克菲勒慈善事业中演变而来的经典立场，也隐含于麦克乔治·邦迪（McGeorge Bundy）和他那一代人在福特基金会所采取的方法中。[12]在非营利组织管理者敦促捐赠者去寻求和鼓励受赠人富有创意的独立方面，巴勃罗·艾森伯格（Pablo Eisenberg）堪称是这个国家的领导者。他看到这种美德可能会给像他这样的人的世界里投下阴影。[13]

这场辩论引发的历史共鸣可能比它产生的恐惧要丰富和深刻得多。莱茨及其同事可能会为已经发生的和那些在未来可能更为重要的变化带来逻辑和秩序感。在过去的20年里，基金会界本身也有过类似的运动，尽管这场辩论就像莱茨所辩论的一样，集中发生在理事会和律师事务所里，以及这些年来一直监督基金会及其管理变革的那些人的午餐桌上。批评家眼中的"微观管理"已经存在于基金会官员中，他们认为有必要对如何使用他们提供的拨款加以指导。1969年之后，基金会需要将自身活动更详细地报告给联邦政府，或者至少需要准备好应对政府的质疑，这满足了一种内部需要，即更加密切地关注基金会所负责的资金的用途。这种关注，反过来又遇上了各地的法院案件，特别是在医学研究领域，这些案件要求基金会对二战后进行的，多年后可能对受试者造成潜在危害的实验负责。那是令人振奋和充满希望的年代，比知情同意的年代早得多，比方说，当时还不清楚控制措施到底在哪里。如果要医生和医院对此负责，捐赠者是否也应该承担责任？

正如今天流行的法律用语所说的那样，这些都是潜在的"令人毛骨悚然"的问题。它们更深入探讨的是责任问题,是远非善意所能掩盖的问题。如果这些问题指出有新的需要去区分(约翰·洛克菲勒三世一心想这样做),那么那些独立的框架是否还会成立?基金会和捐赠者能够拒绝介入这种环境吗?

未来20年对于利用和重塑体系至关重要。如果注定要在那个时期发生的财富转移意味着加入该体系或建立自己的新体系,那么理解我们在19世纪所建立的体系的优点和缺点将是有益的。至少就目前而言,公共与私人世界存在明显的脱节,并且在慈善基金会的历史上第一次对领导力和智能管理的探寻似乎处于危机状态。杰拉尔德·弗洛因德(Gerald Freund)的《自恋与慈善事业》(*Narcissism and Philanthropy*)再次提出了领导力问题,上一代慈善管理者一直在追寻他们那个时代的答案。弗洛因德代表着建立了这个行业旧世界的老一辈慈善家。[14]罗伯特·格林利夫(Robert Greenleaf)于1996年出版的两本文集让我们在同一条道路上欣赏了不同的风景。[15]格林利夫是一位商人受托人,他坚信没有谁将可以处于这一领域的中心地位。他对宗教的强调,以及他对宗教与慈善事业之间必然存在相似性的认识似乎过时了,直到我们审视慈善事业的历史渊源。[16]培训领导者的指南已经伴随我们几千年了,但只有那些年长的人才认识到,有必要了解所有领导者都应该具备的品质,而且这种品质很大程度上与道德无关,而是与权力有关。许多人认为政治也是如此,这可能会让我们回到最基本的问题上来。

巴里·D.卡尔(Barry D. Karl)

爱丽丝·W.卡尔(Alice W. Karl)

注释：

[1] Marion R. Fremont-Smith, *Foundations and Government: State and Federal Law and Supervision*. New York: Russell Sage Foundation, 1965.

[2] Graham Adams, Jr. , *Age of Industrial Violence, 1910－1915: The Activities and Findings of the Commission on Industrial Rela-tions*(1966).

[3] Raymond B. Fosdick, *The Story of the Rockefeller Foundation*. New Brunswick, NJ: Transaction, 1989.

[4] Charles A. Murray, *Losing Ground: American Social Policy 1950－1980*. New York: Basic Books, 1984.

[5] Peter Dobkin Hall, "Cultures of Trusteeship in the United States." In *Inventing the Nonprofit Sector*. Baltimore, MD: The Johns Hopkins University Press, 1992,135－205.

[6] Alexis de Tocqueville, "On the Use Which Americans Make of Associations in Civil Life." In *Democracy in America*, ed. J. P. Mayer, trans. George Lawrence. New York: Doubleday Anchor, 1969.

[7] Barry D. Karl and Stanley N. Katz, "Foundations and Ruling Class Elites," *Daedalus*, Winter 1987.

[8] Christopher Lasch, "The Cultural Cold War." In the *Agony of the American Left*, ed. Christopher Lasch. New York: Alfred A. Knopf, 1968,63－114.

[9] Nick Kotz, *Foundation News*, November-December 1981, p. 13.

[10] Robert H. Bremner, *American Philanthropy*. Chicago: University of Chicago Press, 1960.

[11] Christine W. Letts, William Ryran, and Allen Grossman, "Virtuous Capital: What Foundations Can Learn from Venture Capitalists." *Harvard Business Review*, March-April 1997,2－7.

[12] Bruce Sievers, "If Pigs Had Wings." *Foundation News and Commentary*, November-December 1997,44－46.

[13] Pablo Eisenberg, "Venture-Capital Philanthropy: Good and Bad." *The Chronicle of Philanthropy*, August 21,1997,35.

[14] Gerald Freund, *Narcissism and Philanthropy*. New York: Viking, 1996.

[15] Robert K. Greenleaf, *On Becoming a Servant Leader*, ed. Don M. Frick and Larry C. Spears. San Francisco: Jossey-Bass, 1996.

[16] Robert K. Greenleaf, *Seeker and Servant, Reflections on Religious Leadership*, ed. Anne T. Fraker and Larry C. Spears. San Francisco: Jossey-Bass, 1996.

第四章　经济与慈善事业

近年来,慈善捐赠在美国不断增长。1995 年(我的时间序列中的最后一年),无论是总收入、人均收入还是占收入的比例,都达到了历史最高水平。在本章中,我将探讨一些可能有助于改善慈善事业的因素。

人们可以想到三种影响慈善事业的因素。首先是民众手中可支配资源的水平。这可以被看作"慈善捐款的供给"。资源不仅反映了经济每年产生的收入流,还反映了民众的财富水平。因此,我们预计随着社会收入不断增加,财富不断累积,慈善捐赠量也会随之增加。然而,我们可能预计的收入或财富增长与慈善捐赠变化之间的比例关系不只如此。如果富裕家庭不仅在绝对数量上付出了更多金钱,而且捐赠占收入或财富的比例比贫困家庭更高,那么情况才会如此。

第二个因素是"捐赠的成本或价格"。众所周知,对于在个人所得税申报表上列出扣除额的家庭来说,捐赠一美元的净成本是 1 减去其边际税率。[1]因此,我们可以预计,随着税率的上升,慈善捐赠也可能同样增加。支持这一观点的文献很多(Clotfelter, 1985; Joulfaian, 1991; Auten, Cilke, and Randolph, 1992; Auten,

Clotfelter, and Schmalbeck, 1997)。

前两个因素在大多数捐赠统计分析中是相当标准的,并且分别被称为"收入效应"和"价格效应"(Clotfelter, 1997)。第三个不太标准的因素可能与民众感知的需求有关,这可以被认为是"对慈善捐赠的需求"。正如下文我们将看到的,大部分慈善捐赠流向宗教组织,另外一大部分则流向教育机构和艺术文化机构。这类捐赠不太可能受到经济趋势的影响。此外,正如奥登达尔(Odendahl, 1990)指出的,富有的慈善家特别愿意向这类机构捐款,因为这有助于满足他们自身的需要(例如为一家歌剧团捐款)。

然而,面向人类服务的捐赠确实可能会受到经济趋势的影响。特别是,总体贫困率上升可能会促使高收入家庭为社会目的捐赠更多金钱。相应地,政府机构对穷人的支持减少也可能导致更多的慈善事业涌现。因此,我们可以预计,当受抚养子女家庭援助计划(Aid to Families with Dependent Children,简称 AFDC)或其他形式的公共援助减少时,慈善捐赠也将增加,后一种效应在文献中也被称为"挤出效应"。迄今为止确有证据表明这种效应存在,但幅度相对较小(Kingma, 1989; Brown and Lankford, 1992)。

供求效应表明,当存在大量富裕家庭和大量贫困人口时,慈善事业将快速发展。这可能意味着,随着整体经济不平等程度的提高,慈善捐赠将会增加。我们将探讨慈善捐赠与收入和财富不平等趋势之间的关系。

战后收入、财富、贫困和不平等的趋势

在探讨慈善捐赠趋势之前,先回顾一下二战结束以来美国在

收入、贫困和不平等方面发生的变化是有帮助的。当然,这本身就很重要。这也很重要,因为慈善捐赠很可能是出于帮助穷人的愿望,而且不断增加的收入和财富是慈善捐赠的来源。因此,这些时间趋势与评估捐赠动机,或许还与慈善事业的道德内涵密切相关。

在过去的25年里,美国的平均生活水平、贫困和收入不平等状况发生了一些令人不安的变化。如图4-1所示,在1973至1989年间,家庭收入中位数(即普通家庭的收入,将家庭收入从低到高排序后找出居于中间位置的数值)实际增长了8.1%,但随后在1989至1996年间下降了2.3%,净收益仅为5.6%。[2]相比之下,在1947至1973年间,家庭收入中位数增加了一倍多。人均可支配收入(个人收入减去纳税额)从1947年到1973年翻了一番,但在接下来的23年中仅增加了39%。同样,家庭平均财富自早期激增了41%之后,在随后的几年里仅增长了5.8%。

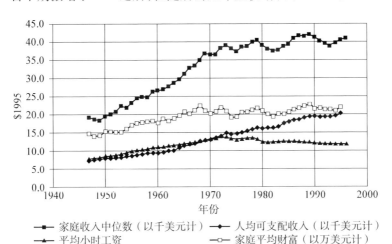

图4-1　收入、薪资和财富比例关系(1947—1996)

这种转变的主要原因是自1973年以来人们的实际工资(经过通货膨胀调整后的平均工资和薪金)一直在下降。在1973至1996年间,实际工资下降了13%。这与之前的1947至1973年形成了鲜明对比,当时实际工资增长了75%。事实上,1995年,实际工资为每小时11.69美元,与1964年的水平相当(按实际价值计算)。

另一个令人不安的变化是在贫困方面。1959至1973年间,美国在消除贫困方面取得了巨大进步,总体贫困率下降了一半以上,从22.4%降至11.1%(见图4-2)。此后,贫困率总体呈上升趋势,1993年攀升至15.1%,随后略有下降,1995年降至13.8%,与1967年基本持平。判断低收入家庭生活状况的另一个指标是最底层五分之一(20%)家庭的收入占总收入的比例。起初,其占比呈下降趋势,从1947年的5.0%下降到1961年的4.7%,但后

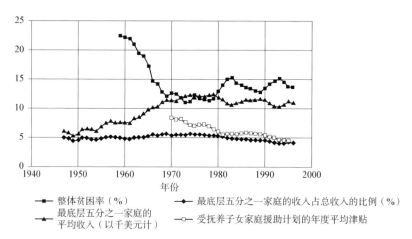

图4-2 贫困率、底层五分之一家庭所占比例和平均收入,以及受抚养子女家庭援助计划的津贴

来随着时间的推移逐渐上升,在1974年达到5.7%,之后急剧下降,在1995年降至4.4%。

一个相关的统计数字是最贫困的20%家庭的平均收入(按1995年美元计算),它反映了该群体的绝对福祉水平(收入占比反映的是相对福祉水平)。他们的平均收入在1947至1974年间翻了一番多,从6000美元增加到12300美元,但随后下降了9%,到1996年为11100美元。这一系列数据与最底层五分之一家庭的收入占比(其下降的幅度更大)之间的不同之处在于,1974年之后,总人口的平均收入在上涨。

贫困的另一个指标是家庭平均每月收到的"受抚养子女家庭援助计划"津贴。补助计划或通常所说的福利只能覆盖一小部分贫困人口,约占历史上总人口的5%,或约占贫困人口的三分之一。[3]然而,它是一个很好的指标,表明了我们社会中最贫困人口的可用资源水平。随着时间的推移,AFDC提供的平均津贴大幅下降,从1970年(该系列数据第一次出现的时间)的每月699美元(按1995年美元计算)下降到1995年的每月376美元。

在过去的25年左右的时间里,美国的收入不平等现象发生了令人不快的转变。图4-3显示了衡量美国经济不平等的不同指数。第一个系列是家庭收入基尼系数。基尼系数的范围在0到1之间,低值表示不平等程度较小,高值表示不平等程度较大。在1947至1968年间,该指数整体呈下降趋势,于1968年达到最低值0.348。从那时起,它一直呈现出上升趋势,起初逐渐上升,然后在20世纪80至90年代急剧上升,最终在1996年达到峰值0.425。

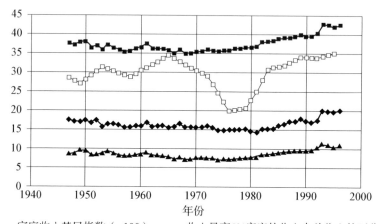

图 4-3 1947—1996 年收入和财富不平等趋势

第二个指数,即收入最高 5% 家庭的收入占总收入的比例,也具有类似的时间趋势。它逐渐下降,从 1947 年的 17.5% 降至 1974 年的 14.8%,此后开始上升,特别是在 20 世纪 90 年代,在 1996 年达到最高值 20.3%。第三个指数是最富有 20% 家庭的平均收入与最底层 20% 家庭的平均收入的比率。它衡量的是这两个群体之间的收入差距。在 1947 至 1974 年间,这个指数呈下降趋势,从 8.6 降至 7.1,然后呈稳步上升趋势,在 1996 年达到 11.1。第四个指标是财富不平等,用最富有的 1% 家庭拥有的个人财富总额占总财富的比例来衡量。它显示出一种不同的模式,总体趋势是从 1947 年的 28.4% 下降到 1976 年的 19.9%,然后急剧上升,在 1993 年达到 35.3%。

为了完善背景信息,我还展示了边际税率的趋势,因为它会影响到捐赠的价格(见图4-4)。第一个系列是最高边际税率(最富有纳税人所面临的边际税率)。早在1944年,最高边际税率为94%! 第二次世界大战结束后,最高边际税率降至86.5%(1946年),但在朝鲜战争期间又重新攀升至92%(1953年)。即使在1960年,它仍然保持在91%。随着国会实施各种税收立法,最高边际税率随着时间的推移普遍下降。1966年首次降至70%,1969年因资助越南战争升至77%,1975年再次降至70%,然后1983年降至50%(里根的第一个主要税收法案),1986年又降至28%(通过著名的1986年《税收改革法案》),之后便一直呈上升趋势,到1991年(布什总统时期)达到31%,在1993年(克林顿总统时期)达到39.6%。

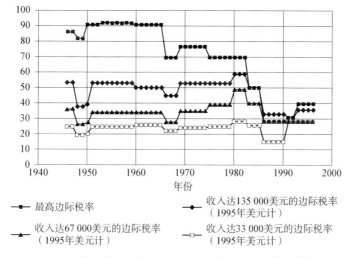

图4-4 特定收入水平下的边际税率(按1995年美元计算)

第二个系列显示了收入达 135 000 美元（按 1995 年美元计算）的申报人所面临的边际税率。这一收入水平通常包括收入最高的 5% 家庭。这一系列与第一系列的发展轨迹相同：1966 年下降，1975 年上升，1983 年和 1986 年下降，然后在 1991 年和 1993 年再次上升。

最后两个系列分别显示收入达 67 000 美元和 33 000 美元的边际税率（均按 1995 年美元计算）。这两个系列的时间模式与前两个系列有很大不同。收入达 67 000 美元（包括前 40% 的家庭）的边际税率在 1946 年相对较低，为 36%，总体呈上升趋势，在 1980 年达到 49%，然后在 1986 年下降至 28%，此后一直保持在这一水平。收入达 33 000 美元（包括前 70% 的家庭）的边际税率在 1946 年也相对较低，为 25%，但实际上随着时间的推移有所上涨，1991 年达到 28%，此后一直保持在这一水平。

总的来说，战后时期的减税措施对富人，尤其是那些超级富豪来说，要慷慨得多。自 1946 年以来，最高边际税率下降了一半以上（54%），收入达 135 000 美元的边际税率下降了 32%，收入达 67 000 美元的边际税率下降了 35%，而收入达 33 000 美元的边际税率仅下降了 13%。

简而言之，在过去 25 年左右的时间里，薪资和收入停滞不前，贫困和不平等加剧。相比之下，战后初期，工资和家庭收入迅速增长，贫困率急剧下降，不平等程度有所缓和。个人所得税税率普遍下降，但对富人的降幅远超对中产阶级的降幅。

1955 至 1995 年间的捐赠趋势

我从《美国统计摘要》(*Statistical Abstract of the United States*)

中提取了不同年份的慈善捐款数据。这些数据跨越 40 年,从 1955 年到 1995 年,并且随着时间的推移看起来相当一致。这里的结果更新了詹克斯(Jencks,1987)的研究结果。主要的变化是用于划分不同用途捐赠的分类体系。这些年来,类别的数量越来越多,特别是在 1965 至 1970 年间增加了很多。然而,自 1955 年以来,用于划分资金来源的分类体系一直保持不变。[4]

如表 4–1 所示,按 1995 年美元计算,在 1955 至 1975 年之间,慈善捐款总额大约翻了一番,然后在 1975 至 1995 年间又翻了一番。然而,这种增长趋势并非完全一致。1955 至 1965 年间,慈善捐赠大幅增加,捐赠总额以每年 5.2% 的速度增长。在接下来的 10 年中,即 1965 至 1975 年间,捐款总额的年增长率大幅下降,降幅超过了一半,达到 2.5%。从那时起,慈善事业的增长率稳步上升,1975 至 1985 年间达到每年增长 3.1%,1985 至 1995 年间达到每年增长 3.3%。

捐赠增长的原因之一是人口不断增长。表 4–1 第二栏,即人均捐款额(按 1995 年美元计算),显示了一组更引人深思的统计数据。从 1955 到 1995 年,人均捐款额从 213 美元增加到 547 美元,增长了近 2.5 倍。然而,在这里,增长也远非一致。实际上,其模式与慈善捐赠总额的模式几乎相同。在最初的 20 年里,年增长率急剧下降,从 1955 至 1965 年间的 3.6% 下降到 1965 至 1975 年间的 1.5%;之后在 1975 至 1985 年间逐渐上升到 2.1%,然后在 1985 至 1995 年间上升到 2.3%。

捐款总额随时间增长的另一个原因是经济总产出不断增长。国内生产总值(GDP)是核算国民总产出的概念,最恰当地反映了这一点。慈善捐款总额占 GDP 的比例稳步上升,从 1955 年的

1.5%上升到1970年的1.9%,1975年降至1.6%,然后在1995年再次稳步上升至2.0%。

表4-1 慈善捐款的增长情况(1955—1995)[a]

年份	捐款总额/十亿美元(1995年美元计)	人均捐款额(1995年美元计)[b]	捐款总额占比		
			国内生产总值[b]	个人可支配收入[b]	家庭财富[c]
1955	35.3	212.5	1.5	2.2	0.4
1960	45.9	254.0	1.7	2.5	0.5
1965	59.1	304.0	1.7	2.5	0.5
1970	75.4	367.8	1.9	2.6	0.6
1975	76.2	352.8	1.6	2.3	0.6
1980	89.9	394.7	1.7	2.5	0.5
1985	103.7	434.8	1.8	2.4	0.6
1990	130.2	521.2	1.9	2.7	0.7
1995	143.9	547.1	2.0	2.7	0.7
年增长率百分比					
1955—1965		5.2		3.6	
1965—1975		2.5		1.5	
1975—1985		3.1		2.1	
1985—1995		3.3		2.3	
1955—1995		3.5		2.4	

(a)慈善捐赠的数据来源:美国人口普查局,历年《美国统计摘要》。
(b)人口、国内生产总值、个人可支配收入的数据来源:经济顾问理事会,《总统经济报告》,1997年。
(c)净资产数据是针对家庭和非营利部门的,养老金储备不包括在净资产的定义中。财富数据来源:华盛顿联邦储备委员会,《资金流量》,网络。

可以用于比较慈善捐款增长的一个更好的衡量标准是个人可支配收入,因为,正如我们将在下面看到的,大多数慈善捐赠都来自个人。个人可支配收入是指个人总收入(包括工资和薪金、自营收入、利息、股息、租金和转让收入)减去所得税和工薪税(主要是社会保障税)后的余额。顾名思义,这可能是衡量家庭直接控制的资源的最佳指标。如表4-1所示,1955年至1970年期间,捐款总额占个人可支配收入的比例从2.2%增加到2.6%,在1975年下降至2.3%,然后在1995年稳步上升至2.7%。

慈善捐款的另一个来源是财富。财富是一种存量概念,是指所有可出售资产的现值减去债务的现值。总资产可以被定义为以下各项总和:(1)自有住房;(2)家庭拥有的其他不动产;(3)现金和活期存款;(4)定期存款和储蓄存款、存单和货币市场账户;(5)政府债券、公司债券、外国债券和其他金融证券;(6)人寿保险计划的退保积存金;(7)养老金计划的退保积存金,包括个人退休账户(IRAs)、基奥计划(Keogh)和401(k)计划等;(8)公司股票和共同基金;(9)非法人企业的净权益;(10)信托基金权益;(11)汽车和电视等耐用消费品的价值。总负债包括以下各项总和:(1)抵押贷款债务;(2)包括汽车贷款在内的消费债务;(3)其他债务。[5]慈善捐赠占财富的比例与占GDP或收入的比例的时间趋势大不相同。随着时间的推移,捐款占净资产的百分比稳步上升,从1955年的0.4%上升到1995年的0.7%。

表4-2记录了慈善捐款的来源和分配情况。平均而言,在1955至1995年间,80%的捐款都来自(在世的)个人;另有7%来自慈善遗赠,占总捐赠的87%。基金会占慈善捐款的8%,企业占5%。

随着时间的推移,出现了一些有趣的变化。个人慈善捐款总额的比例从1955年的82%下降至1970年的75%,但随后在1995

年上升至81%。相比之下,慈善遗产的比例从1955年的4%猛增至1970年的11%,然后在1995年急剧下降至7%。基金会的模式也与之类似,其捐款总额的比例在1955至1970年间从7.3%增加到9.9%,然后在1995年下降到7.2%,几乎与1955年的比例相同。企业在捐款总额中所占比例从1955年的6.7%下降到1970年的4.2%,然后在1995年适度上升到5.1%。

在过去40年中,平均而言,几乎一半的慈善捐款都流入了宗教组织(见表4-2"慈善捐赠去向")。另外11%~13%的捐款用于卫生、教育和公众服务。对艺术与文化机构的资助占7%,其他领域占10%。

随着时间的推移,出现了一些相当戏剧性的变化。宗教组织作为慈善捐赠接受者的重要性逐渐下降,从1955年占资金总额的50%下降到1995年的44%。1955至1965年间,卫生组织在捐款总额中所占的比例几乎翻了一番,从9%增加到17%,然后在1995年下降到9%,几乎与1955年相同。同样,用于教育的资金总额比例从1955年的11%增加到1965年的17%,于1995年又回落到12%。对艺术与文化的资金比例也呈现出类似的趋势,从1955年的7%上升到1975年的10%,然后在1995年下降到7%。

最不稳定的是公众服务系列。它占资金总额的比例大幅下降,从1955年的23%降到1965年的7%,在1985年上升到12%,然后在1995年下降到8%。在这段时间里,作为慈善捐赠的接受者,最大的受益者是杂项类别,包括公共和社会福利、野生动物和环境保护、国际比赛和未分类捐款。其所占比例从1965年的6%上升到1995年的近20%。[6]

表 4-2 私人慈善资金的来源和去向占比情况

慈善捐赠来源[a]（百分比分布）

年份	个人	基金会	企业	慈善遗赠
1955	82.2	7.3	6.7	3.8
1960	80.2	8.0	5.4	6.4
1965	76.0	9.2	6.4	8.4
1970	75.0	9.9	4.2	10.9
1975	79.9	7.4	4.5	8.2
1980	83.7	5.8	4.5	6.0
1985	80.2	6.7	6.6	6.6
1990	81.5	6.4	5.3	6.8
1995	80.8	7.2	5.1	6.9
平均值[d]	79.9	7.5	5.4	7.1

慈善捐赠去向[b]（百分比分布）

年份	宗教	卫生	教育	公众服务	艺术与文化	其他
1955	50.0	9.0	11.0	23.0	7.0[c]	
1960	51.0	12.0	16.0	15.0	6.0[c]	
1965	49.0	17.0	17.0	7.0	4.0	6.0
1970	43.2	16.1	16.1	7.3	6.3	10.9
1975	43.5	14.9	13.4	9.3	10.4	8.6
1980	45.7	10.9	10.3	10.1	6.6	16.5
1985	52.2	10.5	11.2	11.6	7.0	7.5
1990	44.6	8.9	11.1	10.6	7.1	17.8
1995	44.1	8.8	12.4	8.1	6.9	19.6
平均值[d]	47.0	12.0	13.2	11.3	6.8	9.7

（a）资料来源：美国人口普查局，历年《美国统计摘要》。
（b）包括公共和社会福利、野生动物和环境保护、国际事务和未分类捐款。
（c）包含 1955 年和 1960 年"其他"。
（d）算术平均数。

谁在 1995 年捐赠了？

接下来我调查了 1995 年的慈善捐赠模式。调查结果是根据联邦储备委员会(Federal Reserve Board)1995 年的消费者财务状况调查(Survey of Consumer Finances,简称 SCF)得出的。这里的研究结果应该有助于弄清楚导致平均捐赠倾向随时间变化的因素。

如表 4-3 所示,1995 年,近 30%的美国家庭的慈善捐款达到 500 美元或以上。受赠者平均捐款为 2 939 美元。SCF 报告显示,1995 年的慈善捐赠总额为 858 亿美元。相比之下,《1997 年美国统计摘要》(Statistical Abstract of the United States: 1997)中仅个人捐款高达 1 162 亿美元,相差了 26%。根据 SCF 报告,1995 年,捐赠占个人收入的 2.0%,占个人财富的 0.4%,略低于表 4-1 中占个人可支配收入(2.7%)和净资产(0.7%)的比例。然而,总的来说,SCF 报告提供的数据至少与《1997 年美国统计摘要》中的数据大致在同一范围内。[7] 此外,SCF 的估计值与霍奇金森(Hodgkinson, et al.)等人的估计值相当(1996, Appendix D)。霍奇金森等人的调查发现,1996 年有 68.5%的家庭进行了慈善捐赠,而 SCF 显示的数据为 29.5%。几乎可以肯定的是,这种差异是由于 SCF 没有涵盖 500 美元以下的捐款。此外,霍奇金森等人还计算出 1996 年的平均捐款额为 696 美元。相比之下,1995 年 SCF 报告的数字是 867 美元。这一差距并不大,而且很可能是因为 SCF 对非常富裕家庭的过度抽样造成的。

接下来,我将考虑慈善捐赠是如何随房主(户主)年龄的变化而变化的。如表4-3的A组数据所示,这存在着一种非常显著的关系。进行慈善捐赠的家庭比例随着年龄的增长而增加,从最年轻家庭的6%上升到45—49岁年龄组家庭的40%,然后随着年龄的增长呈下降趋势,在80岁及以上家庭中达到23%。总之,1995年,32%的老年家庭(65岁及以上)进行了捐赠,而非老年家庭的比例为29%。

就捐款金额而言,情况显然略有不同。仅限于受赠者,平均捐款额随着年龄的增长而增加,从最年轻家庭的1 300美元增加到65—69岁年龄组家庭最高的7 500美元,然后随着年龄的增长逐渐下降,80岁及以上家庭的捐款降至4 500美元。就1996年捐赠家庭的比例及其平均捐款额而言,霍奇金森等人报告了非常相似的模式。克洛特费尔特(Clotfelter, 1985)和伦道夫(Randolph, 1995)也发现,在控制收入和价格效应后,慈善捐赠会随年龄增长而增加,并且"年龄弹性"也会随着年龄增长而增加,至少到70岁之前都是如此。

表4-3 1995年慈善捐赠模式[a]

	进行慈善捐赠家庭的百分比[b]	平均捐款/美元(仅限于受赠者)	平均捐款占收入的百分比	平均捐款占财富的百分比
A. 房主年龄				
25岁以下	5.5	1 350	0.4	1.2
25—29岁	15.0	1 206	0.6	0.6
30—34岁	22.5	1 632	1.0	0.8
35—39岁	26.2	1 835	1.1	0.6
40—44岁	36.0	1 883	1.4	0.4
45—49岁	40.2	1 996	1.3	0.3
50—54岁	35.6	3 356	1.8	0.3

续表

	进行慈善捐赠家庭的百分比[b]	平均捐款/美元(仅限于受赠者)	平均捐款占收入的百分比	平均捐款占财富的百分比
55—59岁	37.8	2 740	1.7	0.3
60—64岁	32.7	3 697	2.8	0.4
65—69岁	34.9	7 541	6.1	0.7
70—74岁	38.6	4 722	6.2	0.5
75—79岁	30.8	2 733	3.2	0.3
80岁及以上	22.7	4 488	4.1	0.4
65岁以下	28.7	2 255	1.4	0.4
65岁及以上	32.4	5 102	5.2	0.5
B. 家庭收入和年龄段(按1995年美元计算)[c]				
10 000美元以下	5.5	856	1.0	0.1
10 000~14 999	11.2	860	0.8	0.2
15 000~24 999	19.9	1 316	1.4	0.3
25 000~49 999	32.1	1 496	1.3	0.5
50 000~74 999	42.8	1 877	1.3	0.4
75 000~99 999美元	61.7	2 491	1.8	0.4
100 000美元或以上	71.0	10 047	3.3	0.5
(1) 65岁以下	28.7	2 255	1.4	0.4
10 000美元以下	3.4	816	0.7	0.1
10 000~14 999	6.5	833	0.4	0.2
15 000~24 999	14.8	1 126	0.9	0.3
25 000~49 999	28.6	1 339	1.1	0.5
50 000~74 999	41.2	1 692	1.2	0.4
75 000~99 999美元	61.9	2 331	1.7	0.5
100 000美元或以上	70.0	5 590	1.8	0.3
(2) 65岁或以上	32.4	5 102	5.2	0.5
10 000美元以下	9.2	881	1.3	0.1
10 000~14 999	18.9	875	1.3	0.2
15 000~24 999	32.2	1 525	2.6	0.4
25 000~49 999	52.0	1 984	3.0	0.4
50 000~74 999	59.0	3 226	3.2	0.3

续表

	进行慈善捐赠家庭的百分比[b]	平均捐款/美元(仅限于受赠者)	平均捐款占收入的百分比	平均捐款占财富的百分比
75 000~99 999 美元	60.0	3 997	2.8	0.2
100 000 美元或以上	77.5	35 195	10.2	0.8
C. 财富阶层（按 1995 年美元计算）				
10 000 美元以下	9.8	1 305	0.6	1.1
10 000~24 999	18.6	1 313	0.9	1.4
25 000~49 999	30.6	1 324	1.1	1.1
50 000~74 999	28.0	1 076	0.8	0.5
75 000~99 999	30.6	1 647	1.3	0.6
100 000 199 999	38.2	1 815	1.6	0.5
200 000~499 999 美元	55.5	2 223	2.0	0.4
500 000 美元或以上	74.4	9 113	4.1	0.3
D. 种族/族裔团体				
非西班牙裔白人	32.0	3 203	2.2	0.4
非西班牙裔黑人	19.4	1 451	1.2	0.7
西班牙裔	15.7	1 599	0.8	0.5
其他[d]	31.9	1 584	1.1	0.2
E. 婚姻状况				
已婚[e]	36.2	3 243	2.0	0.4
离婚、分居或丧偶的男性	24.4	2 241	1.6	0.3
离婚、分居或丧偶的女性	21.2	2 423	2.6	0.5
从未结婚的男性	11.9	1 999	0.9	0.2
从未结婚的女性	19.3	1 447	1.5	0.7
F. 房主受教育程度				
0—11 岁	12.5	1 425	0.9	0.2
高中	22.3	2 044	1.3	0.4
大学未毕业	30.0	2 167	1.6	0.4
大学毕业	13.2	2 810	2.0	0.4
读过研究生	59.8	5 432	3.5	0.6

续表

	进行慈善捐赠家庭的百分比[b]	平均捐款/美元(仅限于受赠者)	平均捐款占收入的百分比	平均捐款占财富的百分比
G. 户主健康状况				
健康状况非常好	36.2	4 091	2.5	0.5
健康状况良好	30.6	2 314	1.7	0.4
健康状况一般	21.1	2 332	1.7	0.3
健康状况不佳	14.1	1 658	1.3	0.3
H. 是否继承过遗产				
是	43.3	4 529	3.4	0.5
否	25.8	2 226	1.4	0.4

（a）自己根据1995年消费者财务状况调查报告得出的计算结果。
（b）仅包括超过500美元的金钱或财产捐赠。
（c）年龄段由户主的年龄决定。
（d）包括美国原住民、亚裔和其他种族。
（e）包括和伴侣一起生活。

老年家庭捐款更多的部分原因是他们的收入更高。然而，如表4-3第三栏所示，即使考虑到收入，慷慨程度也往往随着年龄的增长而上升。实际上，捐赠占家庭收入的比例随着年龄的增长而增加，从最年轻家庭的0.4%上升到70至74岁年龄组的6.2%，然后下降到4.1%。1995年，老年家庭的捐赠金额占其收入的5.2%，而非老年家庭仅占1.4%。与之相反的是，当我们从家庭财富的角度来看慈善捐赠时，并没有出现按年龄组显示的明确模式。平均而言，老年家庭（捐出了其财富的0.5%）只比非老年人家庭（捐出了其净资产的0.4%）略为慷慨。

家庭收入水平对捐赠模式的影响十分显著。捐款家庭的比例和平均捐款金额都随家庭收入的增加急剧上涨。此外，捐款占家庭收入的比例随着家庭收入水平的提高而增加，特别对于收入在 75 000 美元至 100 000 美元之间的家庭和收入超过 100 000 美元的家庭来说尤其如此。此外，与低收入家庭相比，高收入家庭捐赠其财富的比例更高，但差距并没有那么大。最慷慨的家庭似乎是年收入为 10 万美元或以上的老年家庭。其中超过四分之三的家庭在 1995 年进行了捐款，平均捐赠金额为 35 000 美元，占其收入的 10%以上，几乎占其财富的 1%。这些结果大体上与克洛特费尔特的调查结果一致（Clotfelter，1997：13），他指出大多数先前关于这一主题的研究发现，慈善捐赠的收入弹性在 0.4 到 0.8 之间。

这些结果与《1997 年美国统计摘要》和克洛特费尔特 1997 年报告的结果也有所不同，后者显示捐赠占收入的比例呈现出一种 U 形模式，在最低收入阶层和广大中等收入阶层之间急剧下降，然后在收入最高阶层，这一比例再次上升。我确实发现，捐款占收入的比例在最高收入范围内呈上升趋势；同时我也确实发现，在 65 岁以下家庭中，这一比例在最低收入和第二低收入范围内有所下降，但对于 65 岁及以上的家庭则不然。部分结果上的差异是由于消费者财务状况调查中没有涵盖 500 美元以下的捐款。

当我们根据家庭财富水平对其进行分类时，类似的模式也很明显（C 组）。进行慈善捐赠的家庭所占比例随着家庭财富的增加而迅速攀升，捐款数额也不断增加。此外，捐款占其收入的比例也随着家庭财富水平的提高而增加，特别是对于净资产达 50 万美元及以上的最富裕阶层尤其如此。然而，有趣的是，捐款占总财富的比例却随着家庭财富的累积而下降。特德·特纳（Ted Turner）是个例外！

还有一些有趣的种族差异（D组）。1995年，约有三分之一的非西班牙裔白人家庭和其他种族家庭（主要是亚洲人）捐出了500美元或者更多，而非西班牙裔黑人家庭占19%，西班牙裔家庭占16%。非西班牙裔白人家庭（仅限于受赠者）的平均捐款是其他种族或族裔的两倍。非西班牙裔白人家庭的捐款占其收入的比例也最高，几乎是其他群体的两倍。但有趣的是，非西班牙裔黑人家庭和西班牙裔家庭的捐款占其财富的比例高于非西班牙裔白人家庭。

已婚夫妇比单身人士更倾向于捐赠（终生未婚的男性捐款额度最低）。克洛特费尔特也发现了类似的结果（1997:18）。然而，相对于收入而言，最慷慨的群体是离婚、分居或丧偶的女性；相对于财富而言，最慷慨的群体是从未结婚的女性。受教育程度越高的家庭也会捐赠更多（F组）。进行捐赠家庭的比例、捐款金额、捐款占收入的比例以及捐款占财富的比例都随着房主的受教育程度升高而增加，而且在读过研究生的人群中尤其高。无论是从捐赠者的比例还是捐赠占收入和财富的比例来说，身体更健康的人捐赠更多。

获得遗产的家庭更有可能做出慈善捐赠（继承遗产的家庭占43%，没有继承遗产的家庭占26%）。此外，遗产继承者的平均捐赠金额更高，高达4500美元，而非遗产继承者只有2200美元（仅限于受赠人）。1995年，遗产继承者的捐款总额占其收入的3.4%，占其总财富的0.5%，而非遗产继承者的这一比例分别为1.4%和0.4%。

这些结果确实证明了富裕家庭捐赠的绝对值和占收入的比例都更大。1995年，收入在10万美元及以上家庭（占所有家庭的6%)的捐款占当年捐款总额的52%,净资产为50万美元及以上家庭(占所有家庭的7%)的捐款占捐款总额的53%。相比之下,克洛特费尔特(1997:10)根据1992年美国国税局的统计数据得出了一个稍小的集中率,即最富有的3.9%的纳税人的捐款占全部捐款的22.9%。

慈善事业也随着教育水平的提高而上升。1995年,大学毕业生(包括读过研究生的人)占所有家庭的26%,但其捐款占捐款总额的62%。此外,那些获得遗产的家庭似乎要比那些没有获得遗产的家庭更有可能进行捐赠。作为一个群体,遗产继承者占所有家庭的21%,但其捐赠占所有慈善捐赠的48%。因此,我们可以预计,随着收入不平等的加剧,总收入更多地流向最富有的家庭,平均捐款预计也会增加。此外,随着教育水平的提高和继承遗产的家庭的比例上升,平均捐赠倾向也应该会随之增加。

回归分析

在转向更为正式的、被称为多元回归的统计分析之前,先看看慈善捐赠的趋势与供给、需求以及价格因素之间的简单相关性,可能有助于解释捐赠随时间推移所产生的变化。应该回顾的是,捐款占个人可支配收入的比例在1960至1970年间上升(从2.46%升至2.64%),在接下来的五年里下降,然后再次上升,于1989年达到峰值2.75%,但随后在1995年降至2.70%。相比之下,慈善捐赠占财富的比例在1960到1995年间呈普遍上升趋势,从0.50%上升至0.66%。

表4-4中A组所示的第一组数据表明了民众手中可支配资

源的数量,并反映了慈善捐款的可用供给量(另见图4-5)。家庭收入中位数、人均可支配收入、家庭平均财富与捐款占个人收入的比例之间均为正相关,相关系数介于0.27至0.56之间。这组因素与捐赠占个人财富的比例之间也呈正相关,而且其相关系数更高,从0.61到0.89不等。然而,慈善捐赠与平均工资之间的相关性很小。

下一组数据包含了对收入分配底层人群的福祉进行衡量的不同标准,这些指标可能反映了感知到的穷人的需求(见B组)。首先是整体贫困率。令人惊讶的是,慈善活动和贫困率实际上是负相关的(贫困率与捐赠占个人可支配收入的比例之间的相关系数为-0.05,并且贫困率与捐赠占个人财富的比例之间的相关系数为-0.47),这表明随着贫困加剧,捐赠会减少。另一方面,第二个系列显示出最底层20%家庭的总收入占比与慈善活动呈显著的负相关(相关系数分别为-0.48和-0.58),这表明随着穷人的相对财富减少,慈善捐款会增加。此外,AFDC津贴与慈善捐赠也呈负相关(相关系数分别为-0.33和-0.62),这表明随着政府对贫困人口的资助减少,慈善捐赠会增加。

正如前文所述,如果在既有大量富裕家庭,又有大量贫困人口的情况下,慈善事业处于高水平,那么慈善捐赠可能与总体不平等程度有关。如C组数据所示,各种衡量不平等的指标都与慈善捐赠占个人可支配收入的比例呈较强的正相关,相关系数在0.46到0.64之间,表明随着收入差距拉大,捐款也会增加。不平等与捐赠占个人财富的比例也都是正相关关系,且相关性更强。

一个相关的指数是标准普尔500指数(Standard and Poor 500 stock index),紧缩至1995年美元价格,它反映了实际股价随时间推移发生的变化。由于非常富有的人持有公司股票的比例过高（1995年,最富有的10%家庭拥有约90%的股票）,富人的财富极易受到股票价格变动的影响。这一系列也与捐赠占可支配收入的比例呈正相关(0.63)。

最后一组数据(D组)显示了边际税率与捐赠之间的相关性。如前文中所指出的,税率的变化会影响慈善捐赠的成本,因为捐赠1美元的净成本是1减去其边际税率。然而,这四个系列的边际税率与慈善捐赠都呈负相关(与捐赠占个人可支配收入的比例的相关系数在-0.41至-0.68之间),而非正相关。

表4-4　1960—1995年慈善捐赠与收入、贫困、财富趋势以及与税率变化之间的相关性[a]

贫困、收入、财富或税收变量	捐款总额占百分比	
	个人可支配收入[b]	家庭净资产[c]
A. 资源的可用性		
家庭收入中位数[1995年美元][d]	0.27	0.80
平均小时工资[1995年美元][e]	-0.22	0.10
人均可支配收入[1995年美元][b]	0.36	0.89
家庭平均财富[1995年美元][c]	0.56	0.61
B. 贫困		
整体贫困率[d]	-0.05	-0.47
最底层五分之一家庭收入占比[d]	-0.48	-0.58
最底层五分之一家庭平均收入[1995年美元][d]	-0.02	0.45
AFDC家庭平均每月津贴[1995年美元][f]	-0.33	-0.62
C. 不平等		
家庭收入基尼系数[d]	0.46	0.76
收入最高5%家庭的收入占比[d]	0.59	0.65

续表

贫困、收入、财富或税收变量	捐款总额占百分比	
	个人可支配收入(b)	家庭净资产(c)
收入最高与最低的五分之一家庭的平均收入比率(d)	0.51	0.68
收入最高1%家庭的财富占比(g)	0.64	0.33
标准普尔500指数紧缩至1995年美元(b)	0.63	0.37
D. 个人所得税税率		
最高边际税率(h)	-0.54	-0.88
收入达135 000美元的边际税率[1995年美元](h)	-0.68	-0.71
收入达67 000美元的边际税率[1995年美元](h)	-0.61	-0.41
收入达33 000美元的边际税率[1995年美元](h)	-0.41	-0.27

(a) 慈善捐赠的数据来源：美国人口普查局，历年《美国统计摘要》。
(b) 数据来源：经济顾问理事会，《总统经济报告》，1997年。
(c) 数据来源：华盛顿联邦储备委员会，《资金流量》，网络。
(d) 美国人口普查局，当前人口调查，网络。
(e) 全部，私营部门。数据来源：经济顾问理事会，《总统经济报告》，1997年。
(f) 此系列仅包括1970—1995年的数据。数据来源：美国参议院，1994年；经济顾问理事会，《总统经济报告》，1997年。
(g) 数据来源：伍尔夫（Wolff, 1996）。根据1995年消费者财务状况调查的数据。
(h) 数据来源：1913—1985年：佩奇曼（Pechman, 1983）；1986—1995年：联邦所得税申请表，1040表格。显示的是有两个孩子的已婚夫妇共同申报的税率。

回归结果：我们现在来到分析的最后一部分，即多元回归分析。顾名思义，这是一种统计技术，用于辨别各种因素对目标变量（所谓的因变量）趋势的独立贡献。稍后我们看到的结果有时与表4-4中所示的相关系数非常不同，因为相关系数不能控制其他变量对因变量的影响。

我使用了两个不同的因变量。第一个是慈善捐款总额占个人可支配收入总额的比例,第二个是慈善捐款总额占个人财富总额的比例。解释变量或自变量是上文讨论过的变量。

表4-5显示了第一个因变量的回归结果。一般来说,在尝试了不同的自变量组合后,我展示的是具有最多显著变量的回归分析。[8]结果有些令人惊讶。在衡量民众可支配资源水平的四个指标中,迄今为止最重要的是家庭平均财富持有量。该变量在5%的水平上通常是显著的。家庭收入中位数有时是显著的,但只在10%的水平上。人均可支配收入和平均实际工资在任何情况下都不显著。

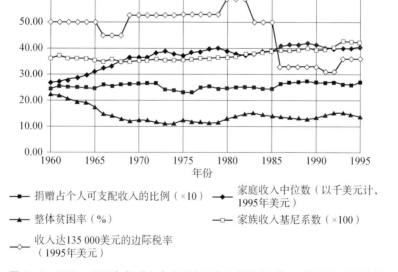

图4-5 1960—1995年捐赠占个人可支配收入的比例、收入、贫困和不平等的趋势

表 4-5 1960—1995 年捐赠占个人可支配收入的比例与平均生活状况、贫困和不平等指标的回归分析[a]

自变量	(1)	(2)	(3)	(4)	(5)	(6)
Constant	2.45**	1.69**	2.00**	1.99**	1.36**	1.33**
	(6.83)	(6.22)	(11.45)	(4.65)	(4.34)	(3.81)
MEDFAMINC	0.024#	0.010#				
	(1.93)	(1.74)				
PDIPERCAP			0.008			
			(0.99)			
MEANWLTH				0.045*	0.039*	0.035#
				(2.29)	(2.55)	(1.82)
INCQUINT	−0.072#			−0.033		0.007
	(1.75)			(1.23)		(0.26)
WLTHTOP		0.016**	0.015**		0.013**	0.014**
		(3.72)	(3.07)		(3.62)	(2.78)
No. of Obs.	35	35	35	35	35	35
R^2	0.575	0.643	0.623	0.583	0.661	0.662
Adj. R^2	0.534	0.609	0.586	0.542	0.629	0.617
Std. Err.	0.076	0.070	0.072	0.076	0.068	0.069
Durb-Watson	1.69	1.65	1.66	1.84	1.77	1.76
Est. Tech.	AR(1)	AR(1)	AR(1)	AR(1)	AR(1)	AR(1)
$\&_1$	0.63**	0.48**	0.51**	0.56**	0.37*	0.38*

(a) t 比率(绝对值)显示在相关系数下方的括号中。数据来源见表 4-4 下方注释。
MEDFAMI：家庭收入中位数，按 1995 年美元计算。
PDIPERCAP：人均可支配收入，按 1995 年美元计算。
MEANWLTH：家庭平均净资产，按 1995 年美元计算。
INCQUINT：底层五分之一家庭的平均收入，按 1995 年美元计算。
WLTHTOP：前 1% 家庭财富占比。
AR(1)：一阶自回归过程：$u_t = \ddot{e}_t + \&_1 u_{t-1}$，$u_t$ 是原方程的误差项，$\ddot{e}_t$ 是一个独立同分布的随机项。
#：在 10% 水平上显著(双尾检验)。
*：在 5% 水平上显著(双尾检验)。
**：在 1% 水平上显著(双尾检验)。

反映美国社会贫困程度和这个国家最贫困家庭贫困程度的变量一般不具有统计学意义。整体贫困率、最底层五分之一家庭的收入占比以及 AFDC 平均津贴在任何情况下均不显著。按1995 年美元计算,最底层五分之一家庭的平均收入(INCQUINT5)在有些情况下是显著的,并具有适当的负相关迹象(这表明随着最贫穷的 20%家庭的实际收入下降,慈善捐款会增加),但最多只在 10%水平上显著。

作为影响慈善捐赠水平的解释变量,不平等指标一般不显著。衡量家庭收入差距的基尼系数、最富有 5%家庭的总收入占比、收入最高五分之一和最底层五分之一家庭平均收入的比率以及标准普尔 500 指数都是如此,虽然这些变量都与捐赠占个人可支配收入的比例有很强的正相关关系。一个明显的例外是最富有的 1%家庭的财富占比(WLTHTOP1),它具有正向的且高度显著的系数(几乎所有方面都在 1%水平上显著)。实际上,它可能是整个模型中最为显著的变量。

四个税收变量,即最高边际税率和收入达 135 000 美元、67 000 美元和 33 000 美元(按 1995 年美元计算)的边际税率的系数,几乎在所有情况下都不显著,但通常保持负值。该模型的拟合优度是合理的,在大多数情况下统计量 R^2 的值在 0.58 和 0.66 之间变化。

表 4-6 显示了第二个因变量,即捐赠占个人财富比例的回归结果。这种形式产生了许多更为显著的系数。家庭收入中位数和人均收入现在看起来是慈善捐款占财富比例的显著决定因素。这两个指标都在 1%水平上具有显著意义。[9]在各种贫困指标中,唯一具有统计意义的指标是 INCQUINT5,即最底层五分之一家庭的平均收入(按 1995 年美元计算)。在表 4-6 所示该指标的第一个数据中,变量在 1%水平上显著,而且符合预测的负系

数。然而,与第一个因变量一样,整体贫困率、最底层五分之一家庭的收入占比和AFDC实际津贴都不显著。

表4-6 1960—1995年捐赠占个人财富的比例和对人类服务的捐赠占收入和财富的比例,以及平均生活状况、贫困和不平等指标的回归分析[a]

自变量	因变量					
	DON/WLTH	DON/WLTH	DON/WLTH	DON/WLTH	DON/WLTH	DON/WLTH
Constant	0.32** (5.53)	0.69** (1.17)	0.15# (1.94)	0.32** (8.40)	-0.47# (2.03)	-0.14* (2.70)
MEDFAMINC	0.016** (6.75)	0.010** (7.97)	0.013** (5.80)		0.023* (2.37)	0.005* (2.51)
PPDIPERCAP				0.013** (7.71)		
INCQUINT5	-0.029 (3.62)		-0.013 (1.43)			
WLTHTOP1		0.0047** (4.73)	0.0034* (2.61)	0.0025* (2.378)		
POVRATE					0.036** (2.84)	0.007* (2.67)
INCGINI					-1.76 (1.57)	-0.30 (1.23)
No. of Obs.	35	35	35	35	35	35
R^2	0.813	0.838	0.847	0.847	0.284	0.317
Adj. R^2	0.796	0.822	0.827	0.832	0.217	0.252
Std. Err.	0.022	0.020	0.020	0.020	0.058	0.013
Durb-Watson	1.91	1.87	1.88	1.94	1.63	1.74
Est. Tech. & $_1$	AR(1) 0.34#	AR(1) 0.29	AR(1) 0.19	AR(1) 0.35#	OLS	OLS

(a) t比率(相关系数与标准差之比)(绝对值)显示在相关系数下方的括号中。数据来源见表4-4下方注释,关键变量见表4-5。
DON/WLTH:慈善捐赠占个人财富的比例。HSERV/PDI:对人类服务的慈善捐赠占个人可支配收入的比例。HSERV/WLT:对人类服务的慈善捐赠占个人财富的比例。POVRATE:整体贫困率。INCGINI:家庭收入基尼系数。
#:在10%水平上显著(双尾检验)。*:在5%水平上显著(双尾检验)。**:在1%水平上显著(双尾检验)。

大多数衡量不平等的指标现在都是显著性的,其中包括收入的基尼系数、收入最高5%家庭的收入占比,收入最高五分之一和最底层五分之一家庭的平均收入的比率,以及最富有的1%家庭的财富占比。其中最富有的1%家庭的财富占比最为显著。同样值得注意的是,当这个变量包含在INCQUINT5(最底层五分之一家庭的实际收入)中时,后者就不再具有统计显著性。

这些回归的拟合优度由统计量R^2得出,其值在0.81到0.85之间变化,远高于捐赠占个人可支配收入比例回归的相应系数值。这些结果表明,慈善捐赠与家庭财富的关系要比其与家庭收入的关系更加稳定和可预测。

如表4-6的最后两列所示,我将为"人类服务"提供的慈善捐款分离出来。这两个回归分析的结果表明,这部分慈善捐赠很容易受整体贫困率的影响,随着贫困程度加剧而增加,反之亦然。此外,此类捐赠似乎更多地依赖于家庭收入而非家庭财富(平均财富变量在这些回归中都不显著),而且似乎也不受整体收入不平等的影响。然而,即使是这种形式的捐赠,似乎也不受AFDC津贴水平变化的影响(变量AFDCBEN不显著)。

本章的主要结论如下:第一,平均财富比平均收入更能预测慈善捐赠。这表明,比起家庭收入变化,慈善捐赠与家庭财富变化的关系更为紧密。

第二,也是相当令人惊讶的是(如果不是说令人不安的话),慈善捐赠与我国最贫困家庭的贫困程度或生活水平的变化无关。几乎没有迹象表明,随着穷人的财富下降,富人会变得更加慷慨,以及慈善捐赠会随之增加。但是,专门针对人类服务的捐款例外,它与国家总体贫困程度有显著的相关性。然而,即使是这种类型的捐赠,也没有找到挤出效应假说的证据。

第三,经济不平等的变化并不能解释慈善捐赠占个人收入比例的变化,唯一值得注意的是最富有1%家庭的财富占比的变化。它们确实解释了相对于个人财富的捐款变化,但最强烈的影响来自最富有的1%家庭的财富占比。这与第一个结论一致,因为约一半的慈善捐款都来自非常富有的人(至少根据消费者财务状况调查报告数据显示),而且随着他们的财富不断累积,他们的捐款数量也随之增加。

第四,至少根据这些回归结果来看,没有新的证据可以表明,在控制了其他因素后,慈善捐赠水平会受到边际税率变化的影响。这一结果似乎与以往关于这个主题的研究背道而驰。例如,克洛特费尔特(1997:13)指出,大多数研究发现慈善捐赠的价格弹性在-0.5到-1.75之间。然而,应该指出的是,我使用的是一个非常粗略的价格指标,即边际税率与慈善捐赠总体水平之间的相关性。更好的方法是利用个人纳税人的微观数据或面板数据来更准确地衡量每个人或家庭所面临的捐赠价格。使用这种方法的研究几乎都发现了显著的价格效应,因为影响价格的最大变量不是时间,而是特定时期的纳税人。

总之,慈善捐款似乎主要是由供给驱动,而不是由需求驱动。此外,慈善捐赠似乎更多地依赖于家庭财富,而不是家庭可支配收入。为人类服务提供的慈善捐赠是主要的例外,它确实对美国贫困发生率的变化做出了积极的反应。

感谢查尔斯·克洛特费尔特对本文的早期草稿提出了非常有益的意见和建议。

爱德华·沃尔夫(Edward Wolff)

注释：

[1] 对于高收入家庭来说，情况并非如此。这些家庭因为其收入水平而面临总扣除额的限制，或者可以根据其所得税申报表缴纳替代性最低税。

[2] 除非另有说明，所有数据均按 1995 年美元计算。实际上，使用家庭(household)收入中位数而不是家庭成员(family)收入中位数更为可取。遗憾的是，美国人口普查局从 1967 年才开始对家庭收入进行官方统计，但从 1947 年开始就有了关于家庭成员收入的数据。

[3] 这些数字的来源：美国众议院(1994 年)。

[4] 《统计摘要》中数据的潜在来源是《美国慈善捐赠》报告，这是文献中慈善捐赠数据较为常见的来源。

[5] 我在这个财富系列中使用了联邦储备委员会资金流量数据。从技术上讲，这部分包括家庭和非营利机构。此外，我已将养老金储备排除在财富定义之外，因为它们不受家庭(或非营利机构)的直接控制。

[6] 应当再次指出，随着时间的推移，慈善基金分配出现明显变化的部分原因可能是慈善捐赠分类体系发生了变化。

[7] 《消费者财务状况调查》的估计值较低的部分原因是，调查中只报告了 500 美元或以上的捐款。这一限制将排除大量捐款较少的家庭。

[8] 几乎所有的回归最初都存在严重的自相关问题。我采用了标准误差校正技术，即引入一个自回归调整项。

[9] 由于统计上的原因，自变量 MEANWLTH（平均家庭财富）通常具有负系数。其原因在于，因变量实际上是平均慈善捐款与平均财富的比率，这会在回归中错误地产生平均财富的负系数。

参考文献

AAFRC Trust for Philanthropy. *Giving USA*. New York：AAFRC Trust for Philanthropy, 1993and 1995.

Auten, G. E., Cilke, J. M., and Randolph, W. C. "The Effects of Tax Reforms on Charitable Contributions." *National Tax Journal*, September, 1992,45,267–290.

Auten, G. E., Clotfelter, C. T., and Schmalbeck, R. L. "Taxes and Philanthropyamong the Wealthy." Paper presented at the Conference, "Does Atlas Shrug? The Economic Consequences of Taxing the Rich,"

University of Michigan Business school, Ann Arbor, MI, October 24 - 25,1997.

Brown, E. , and Lankford, H. "Gifts of Money and Gifts of Time. " *Journal of Public Economics*, April, 1992,47,321 - 329.

Clotfelter, C. T. , *Federal Tax Policy and Charitable Giving*. Chicago: University of Chicago Press, 1985.

"The Economics of Giving," Duke University, mimeo, March 1997.

Hodgkinson, V. A, et al. *Giving and Volunteering in the United States*. Washington, DC: Independent Sector, 1996.

Jencks, C. , "Who Gives to What?" In W. W. Powell, ed. , *The Nonprofit Sector: AResearch Handbook*. New Haven, CT: Yale University Press, 1987,321 - 339.

Joulfaian, D. " Charitable Bequests and Estate Taxes. " *National Tax Journal*, June, 1991,44,169 - 180.

Kingma, B. R. "An Accurate Measurement of the Crowd-Out Effect, IncomeEffect, and Price Effect for Charitable Contribution. " *Journal of Political Economy*, August, 1991,97(5),460 - 470.

Odendahl, T. *Charity Begins at Home: Generosity and Self-interest among the Philanthropic Elite*. New York: Basic Books, 1990.

Pechman, J. A. *Federal Tax Policy*, Fourth edition. Washington, DC: Brookings Institution, 1983.

Randolph, W. C. " Dynamic Income, Progressive Taxes, and the Time of Charitable Contributions. " *Journal of Political Economy*, August 1995,103 (5),709 - 738.

U. S. House of Representatives, Committee on Ways and Means. *Overview of Entitlement Programs: 1994 Green Book*. Washington, DC: U. S. Government Printing Office, July 15,1994.

Wolf, E. N. *TOP HEAVY: A Study of Increasing Inequality of Wealth in America*. Updated and expanded edition. New York: Free Press, 1996.

第五章　企业慈善事业走向成熟
——其规模、重要性和未来

1997年,美国的企业向这个国家的非营利组织捐赠了85亿美元现金。这一总金额反映了连续两年,即1994至1995年和1995至1996年,企业捐款增长了大约7.5%,是通货膨胀率的2.5倍多。如果只考虑慈善预算中的现金,85亿美元仅比全国所有私人基金会捐赠的118.3亿美元少30%。[1]

如果把企业向非营利组织捐赠的其他资源的现金价值累计起来,那么除了美国个人捐赠的时间和财富之外,美国企业对第三部门的贡献可能比任何其他单一来源都要多,其中包括:来自销售和营销预算的现金,免费使用企业设施,捐赠剩余财产,高管贷款和其他形式的员工志愿服务,产品、服务和设备的捐赠,广告和承销支持。这些补充性支持来源有三个共同特征:只有企业才能提供这些援助;它们产生的影响巨大,而且增长迅速;没有人真正知道它们的现金等值是多少,及其增长速度有多快。

是什么造就了如此庞大的企业捐赠量?有什么能够证实这样一种说法,即企业捐赠在这个国家的慈善捐赠中所占的比例将继续为企业高管在慈善领域赢得一席之地?

界定术语

企业慈善事业的优势在于其处在商业利益和社会需求的交叉点。一个公司，就像一个国家或个人一样，是由其利益驱动的。而这些利益又由以下因素决定：其业务内容、客户和竞争对手的性质和规模、政府对其经营活动的监管或监督程度，以及其主要业务所在地员工的明确需求。

企业存在的理由是赚取利润，不断增加其股东所持股份的价值。从理论上讲，一个营利性组织的所有活动，无论是在短期还是长期内，都应该直接或间接地促进这一目标的实现。虽然一家公司的慈善事业偶尔会使企业赢得或失去一个客户，但这种情况很少见。更多时候，慈善事业会对那些可以积极影响企业能力和建立自己资产的一般因素进行资助。

例如，员工对企业价值观的自豪感与他们是否以及如何从事慈善活动紧密相关。这种自豪感灌输的是忠诚。

捐赠活动被视为一种对公司品牌形象的投资，决定了其品牌能够唤起诸如信任、关怀、可靠性、公平性和多样性等品质的程度。

企业在其经营所在城市、州和国家的良好声誉在某种程度上取决于其慈善业绩。国家给予那些不仅致力于创造利润，而且对员工、客户和社区做出承诺的企业更广阔的发挥空间。企业捐赠是其履行更广泛社会责任的一种形式。

在第三部门培养重要的关系有助于推进实现这样的目标，例如有利于影响政府官员、招聘优秀学生和职业中期人员，以及充分利用国家智库和大学中最优秀、最聪明人才的思想。通过走进慈善家打开的大门,所有这些和其他许多联系都得到了促进。

　　了解渗透在国家社会行动中的思想(消费者、环境、公民权利、女权主义者、劳动力和自由贸易)可以帮助企业把握市场机遇和避免潜在的危险。企业管理者作为非营利组织理事会成员和志愿者承担起重要的公民角色,并应对非营利组织领导力挑战的机会,对于培养未来的高级管理人员是非常宝贵的。通过这些方式和其他各种手段,商业公司与非营利机构建立起重要的互利关系。

　　对非营利组织来说,其中一些优势与以企业拨款的形式对它们进行现金资助有关。但是,企业和非营利机构之间的关系是复杂和多方面的。将它们描述成仅仅是捐赠者和受赠者之间的关系是不切实际的。如果将企业称为"资助者",那么就会弱化企业在与非营利组织以及在更广泛的社会关系中的作用。如果将非营利组织称为"受赠者",会削弱其作为资金筹集者的身份认同感,将其地位降低为常年的恳求者。这样做会让人们对它们的真实身份产生误解。

企业与大学

　　企业与大学之间有诸多联系。许多公司将大学视为知识的主要来源,可以提升企业自身的研发能力。企业将大学视为每年招聘员工的重要来源。它们依靠大学为员工、退休人员和股东生活和工作的社区的生活品质做出贡献。企业认识到它们的员工都是毕业生,他们往往对其母校表现出强烈的忠诚。而且,重要的是,他们知道,大学的管理层、教师、学生和校友都是其产品和服务的重要客户。所有这些企业与大学之间的互动和相互尊重的表现形式在美国企业中普遍存在。

当然,大学是一类特殊的客户。其独特性的一个方面在于其具有接受免税捐赠的资格。企业非常清楚大学的这种能力,而大学在各种可能的场合也会提醒它们。

1996年,美国的企业为高等教育捐赠了约27亿美元的现金。这一数字相当于营利性企业向慈善事业捐赠的现金总额(85亿美元)的31%,占当年高校筹集到的142.5亿美元的18.9%。① 这可不是一笔小钱。这样的捐款对从中受益的学校来说十分重要。但它们与大学和企业之间的很多其他互动共存,并且在很大程度上是这种互动的副产品。

每年都会有数以万计的学生被大学录取,他们的学杂费由雇用他们的公司部分或全额补贴。大学为学生在商业公司做兼职和全职工作提供了便利,教师们也可以从企业的暑期实习或学术休假中受益。企业从大学购买服务,包括研发以及各种形式的委托研究。企业服务为作为客户的大学及其支持者,通常以折扣价格提供商品和服务。而且,大学是企业高管释放公民能量的渠道,从志愿者到课程开发顾问,以及从访问学者委员会成员到受托人,他们为服务大学担任着各种领导角色。

所有这些其他形式的互动推动了企业与大学之间的慈善关系。这种关系并不能独立于任何一方存在。实际上,在没有这么多互惠互利的情况下,人们不可能理解到企业对大学资助的性质和规模。慈善事业是企业和大学之间进行积极交流的结果,这些交流至少与它们的理由一样多,也一样频繁。正是因为慈善事业

---

① 原书数据疑有误。——译者注

依赖于一个商业互动和关系的网络,也正是因为它处于企业利益和非营利组织需求的交叉点上,所以企业慈善事业相对来说既安全又稳定。

企业作为艺术赞助人

现在我们来看看艺术领域。不断增长的机构数量、受众规模、就业率、年度支出、经济影响和旅游业的蓬勃发展极大地激发了企业对该领域的兴趣。企业被围绕艺术而形成的、令人印象深刻且敏感的市场所吸引。它们乐于接受一切,从传递一般品牌信息到卖点广告。它们是公民自豪感的重要体现,可以更好地帮助企业树立良好的企业形象。它们是企业员工及其家属花费时间和财富的主要渠道。它们提供了许多建设性参与的机会,使捐赠企业和艺术组织合作方都能发挥各自特有的优势。

从企业的角度来看,艺术场馆是招待客户和与社区"有影响力的人"保持联系的绝佳场所。艺术活动很容易让员工参与进来并从中受益。通过让捐赠企业的员工及其退休人员享受公司的配捐计划、使用订票特权或折扣,或在工作场所观看美术展或表演艺术,企业在慈善事业中取得的成就与对其主要支持者的直接影响之间的联系得以突显。

如果企业能够从慈善和营销与艺术的联合中获得如此多优势,那么反过来肯定也是如此。

没有其他合作伙伴能像美国企业一样,在如此多方面为一个艺术组织尽心尽力地做这么多事情。除了自身的现金资助之外,一家公司还可以引领其他姊妹公司、基金会、供应商和志同道合的合作伙伴加入所支持的事业中来。邀请同事观看表演、参加开幕式及会议都是了解某个艺术受赠人的有益做法。一家公司可以积极地响应参加晚会、晚宴、周年庆典、体育赛事、戏剧派对和其他筹款活动的邀请,还可以提供实物捐赠,如产品和服务、设施场所的使用、技术援助和高管贷款等。

企业可以根据自己员工对艺术组织的现金捐款进行配捐,并向他们介绍艺术节目。它可以购买艺术活动的门票,并在艺术场馆举行公司会议。它可以在广播电视、报纸杂志、广告牌和公共汽车上宣传与艺术组织或艺术活动的联系,从而促进公司和文化合作伙伴的真诚合作。它还可以指定一个特定场所作为市场营销活动的受益方,无论是公益营销或是其他的。

还有哪个单一资助来源可以做到这么多呢?

更重要的是,一家大公司的支持对其他捐赠者有重要影响。它带有一种重要的认可,表明对质量、效率和有效性的测试都顺利地通过了。在向任何受赠人提供实质性帮助之前,所有受人尊敬的公司都应该进行这样的尽职调查。

鉴于这种相互吸引力,企业对艺术领域的私人资助显著增长也就不足为奇了。

据估计,1964年,只有5%或更少的企业捐款被用于艺术领域,总额为1 600万美元至2 100万美元。到1977年,企业在艺术方面的捐款增长了五倍,达到1亿美元,占企业捐赠的6.5%。1995年,商业艺术委员会(Business Committee for the Arts,简称BCA)的一项研究表明,1994年,公司已经向艺术领域提供了8.75亿美元现金支持,占其总捐赠的12%。这项研究还发现,约有35%的美国企业向艺术组织提供捐款。它还指出8.75亿美元比两年前,即与1993年的5.18亿美元相比增长了68.9%。①

对于美国公司提供的实物资助的现金价值,没有可靠的数据来源。据BCA保守估计,这部分捐赠占现金总额的20%。[3]因此,在全国范围内,企业为艺术提供的总额增加了1.75亿美元(即8.75亿美元的20%)。这一总数超过了10亿美元,而且可能已经超过了政府的所有资助。这是美国公司作为艺术赞助人的相对短暂历史中的一个重要里程碑。

企业的自利与慈善:相伴而行

企业与健康、社会服务、环境保护及其他领域的慈善关系可以进行比较研究。它们在程度上不同,但种类相同。与其说是从企业社会责任这样的宏伟声明中汲取营养和持久力,不如说是来自对企业目标和非营利需求的精心结合。

这些评论并不是要否认一家公司与第三部门之间的部分关系是由慈善冲动所驱使的。每天早上上班时,员工可能会将贵重物品留在家中,但他们把自己的价值观带到了工作岗位上。其中最重要的就是帮助他人,使他们生活和工作的社区变得丰富多彩。但是,乐善好施的意图在现实世界中逐渐被消耗殆尽。

对于公司而言,非营利组织代表着市场、员工来源、研究和专业知识库、意见领袖的聚集地,以及赢得客户、招聘高管和收集情报的专业知识。所有这些都是社区善意的潜在来源。

忽视与第三部门互动所带来的商业利益在概念上是有缺陷

---

① 原书数据疑有误。——译者注

的，实际上也是致命的。很少会有纯粹的利他主义行为。个人捐赠者可能会寻求为机构、事业和公众做善事。但他们为什么这么做呢？是因为这种行为会为他们赢得社会地位，为他们创造商业机会，减轻他们的负罪感，满足他们实现永垂不朽的冲动吗？或者是与之相关联的关注度与他们的捐赠动机有关？当然，基金会高管和非营利组织理事会成员，或者至少是我有幸知道的那些人，他们本身并不缺乏他们希望促进的机构、个人和专业利益。

这类动机一般不会降低捐赠的价值。简而言之，复杂的慈善捐赠动机并不仅限于企业。如果假设他们追求的是"纯粹的"慈善事业原型，就是否认现实。捐赠者不仅仅是理想主义者，他们还是实用主义者，股东们别无他法。

据一些观察人士所说，曾经有一段企业慈善事业的"黄金时代"，当时的一些首席执行官，如通用电气公司（Central Electric）的雷吉·琼斯（Reg Jones）、杜邦公司（Du Pont）的欧文·夏皮罗（Irving Shapiro）、大通曼哈顿银行（Chase Manhattan Bank）的大卫·洛克菲勒（David Rockefeller），都慷慨激昂地阐述了企业履行社会责任的理由。现在，据称，一些有价值的东西已经丢失了。如今慈善事业被视为"另一种商业工具"，至少与公司的销售和营销部门一样，是公司的公共事务和公共关系部门。

这样的争论是毫无价值的。可口可乐前董事长罗伯托·古伊泽塔（Roberto Gouizetta）、李维斯的罗伯特·哈斯（Robert Haas）以及国际商业机器公司的路易斯·格斯特纳（Louis Gerstner）像他们的前辈们一样，都为企业慈善事业书写了一份感人至深和有说服力的辩护状。也没有证据来表明，企业慈善业绩的整体质量有所下降。相反，许多评论家都认为过去 20 年是企业慈善事业不断专业化,并走向成熟的时期。事实上,它成熟的一个标志就是企业捐赠资源的增长模式。企业对非营利组织的现金捐款和相关的实物捐赠迅速增长。这些数字完全掩盖了卡桑德拉式的担忧。

企业慈善事业:坚实的增长迹象

事实上,企业慈善事业规模的增长和对非营利组织其他形式的支持具有非常光明的前景。从历史上看,其他条件相同的情况下,捐赠水平与企业收益增长呈正相关。自第一届克林顿政府开始以来,企业收益一直以平均两位数的速度增长。

进入经济增长的第七个年头,美国商业状况的其他重要指标都呈健康发展态势。国内生产总值(GDP)增长率在3%至4%之间。失业率低至4.5%。通胀率低至约2%,还有低利率和高就业增长。从1992年到1997年,美国创造了1400万个新就业岗位。工人生产力相对大幅提高。联邦和州预算保持平衡或有盈余。商业投资增加。消费者信心空前高涨。

除此之外,普通股也有了不同寻常的升值。实际上,美国股市的所有指数连续三年的年复合增长率都超过了20%。道琼斯指数从克林顿第一个任期开始时的3 200点上升至1997年的8 300点。在企业已经建立起基于资产的基金会的情况下,纯粹基于这些破纪录的收益增长,捐赠支出也应该大幅增加。

很难想象会有一个更好的外部环境来促进整个慈善事业的蓬勃发展,尤其是对企业捐赠来说。

不仅事实是乐观的,而且那些最终批准企业捐赠预算的高管的看法也是非常有利的。随着美国的经济竞争力在各领域显著提高——从农业到制药领域,从飞机到汽车制造,从计算机到生物技术,从电信到交通运输——美国商业的情绪是积极和自信的。企业高管有充分的理由对自己的个人财务前景和公司前景感到高兴。

资助者与请求资助者

企业捐赠管理者和募捐者的日益专业化也使人们对企业捐赠的未来增长充满信心。

慈善从业者的生产力和创造力对于业内人士如何看待该领域是不可或缺的。在加强精心挑选的非营利机构和事业的同时,加大公司的营销、销售、研发、招聘、教育和培训、客户和员工满意度、管理人员发展和政府关系等活动投入,就是增加对慈善事业的支持。如果做得好,慈善事业的艺术和技巧就可以在商业利益和社会需求交汇处得以体现。更多地发现和利用这些交叉点,企业慈善事业蓬勃发展的可能性就越大,尽管也存在孤立的持不同意见者。

企业慈善事业乐观发展的第二个来源在于那些能够有效寻求支持的专业人士和志愿者。在决定如何进行慈善事业和类似公益营销这样的活动时,需求方发挥着重要作用。募捐的频率、智慧和说服力越高,企业高管就越有可能认识到整体的慈善需求。有很多方式可以敲开一家公司的大门。消息灵通的募捐者越是不断地去寻求企业资助,企业的大门就越有可能向他们敞开,随时提供有用的资源。

对于大多数企业的掌权者来说,慈善事业就是慈善事业所做的,而不是它所宣称的。对于企业高管来说,资助者的角色常常被描绘在朋友、商业伙伴、家人、同事和客户的具体例子中。它们展现的是一种社会需求,将企业责任视为机遇,并建议将慈善事业作为解决问题的途径。这样的案例不断增加,随之出现的各类活动所呈现的多样性和活力令人印象深刻。同伴的影响力是巨大的。

随着募捐者的智谋、技术全面性和专业水平的提升,人们越来越认识到非营利机构健康发展的重要性。正是出于这样的认识,企业对第三部门的捐赠不断增长,对慈善事业作用的信念也得以明确化。

当我们从1998年第一季度的角度来展望未来,一系列相关因素表明慈善事业可能出现创纪录的增长,这似乎是极好的。不仅有相对强大和充满活力的供应来源,还有积极进取和足智多谋的需求引擎。这种强大的结合如果能够长期持续下去,很可能会有助于美国慈善事业的全面复兴。如果是这样的话,企业将发挥强有力的支持作用。

四个主题将成为企业参与未来美国慈善事业的特征,值得我们对此加以解释:中小企业可能成为企业捐赠的引擎;在海外开展业务的美国公司将利用慈善事业作为其国际扩张的工具和树立良好企业公民身份的象征;技术进步对企业慈善事业的意愿和运作产生的有益影响;员工作为催化剂和不可或缺的利益相关者在履行企业社会责任方面的优势。

企业慈善事业的驱动力:中小型企业

越来越多的证据表明,营利性部门中慈善事业增长最快的是中小型企业。直到最近人们才察觉到这种新生的趋势。企业捐赠数据的主要来源,如教育财政援助委员会(Council on Financial Aid to Education)、美国经济咨商局(The Conference Board)、美国基金会理事会(Council on Foundations),一直以来只关注拥有500名以上员工和年收入在1亿美元以上的公司。尽管员工少于500人的公司占美国所有带薪就业人数的53%,我们对其慈善习惯的了解远远少于我们对《财富》500强公司慈善习惯的了解;但现在的研究表明,小型企业在企业捐赠中发挥的作用已经变得十分重要。有三项研究指出,它们在未来几年里将占据中心地位。我们对该领域的无知正开始消散。

一项新的调查专门研究了印第安纳州和俄勒冈州的中小型企业捐赠习惯。[4]调查发现,员工人数少于500人、年收入不足1000万美元的公司,人均捐赠额及其占净收入的比例至少与大公司相当。当考虑到小企业在批发贸易、零售贸易和建筑等行业已经占据主导地位,而且是目前美国商业公司中增长最快的部分时,此类资金的重要性就会被放大。

我们不仅了解了小型企业的慈善事业规模,还了解了其组成和特征。与现金相比,规模较小的公司捐赠设备和服务的比例高于大型企业;员工自愿将时间用于慈善活动的比例也更高。在提供大笔捐款的中小型企业中,只有五分之一的企业将其捐款列入正式的捐赠预算。大多数中小型企业将捐款视为其经营费用或产品销售成本的一部分。

是什么因素促使中小企业进行捐赠呢?"影响小型企业捐赠的最主要因素是企业所有者的个人价值观、企业的经营状况、社会责任、公共关系以及提出资助请求的组织的质量。"[5]在人数不足100人的微型公司中,出资决定很可能是由其所有者做出的。

在拥有 101 至 500 人的中型企业中,这类决策会委托给一名经理。在拥有超过 500 名员工的企业里,决策权可能会落在一群管理人员身上。

由此可见,我们对小型企业的业主经理了解得越多,就能更好地为这些企业慈善事业的新兴领导者展望未来。

让我们打开《邻家的百万富翁:美国富翁的惊人秘密》(*The Millionaire Next Door:The Surprising Secrets of America's Wealthy*)。[6] 这本畅销书的作者托马斯·斯坦利(Thomas J. Stanley)和威廉·丹科(William D. Danko)在其中揭示的一个秘密是,美国现在拥有超过 350 万个百万富翁。累计至 1996 年,在美国的 22 万亿美元的个人财富中,他们占了 50% 以上。虽然只有 20% 的美国人是个体经营者,但 80% 的百万富翁都可以被这样形容:大多数人要么是律师、医生、会计师之类的专业人士,要么是小企业主;绝大多数人是第一代百万富翁,即使从父母或其他亲属那里继承了任何资金,金额也极少。

正是由于新兴的专业人士和小企业主百万富翁阶层以及那些即将加入这个行列的人们的决定,慈善捐款才日益增多。正是因为他们的存在,人们对未来增长寄予厚望。因为他们积累的财富简直是让人震惊和前所未有的。这样的富裕使人们比美国历史上任何时候都承受得起为慈善事业慷慨解囊。这个由身家百万的专业人士、企业家和小企业主组成的庞大群体可能会以比一般人口增长快五至七倍的速度扩张。这对于募捐者来说是梦想成真的好时机。

此外,斯坦利和丹科发现,邻家百万富翁成功的要素之一是对储蓄和投资格外关注。他(她)将年收入的 15% 到 20% 作为储蓄,大约是美国人平均储蓄率的四到五倍。他(她)还将家庭财富的 20% 至 40% 用于投资普通股。这些是富人和渴望变富的人们的习惯。这些做法起作用了。这没有比 1991 到 1997 年更有说服力的结果了。

第三个证据表明,小型企业作为具有社区意识、活跃和自豪的慈善家的潜力来自商业艺术委员会(Business Committee for the Arts)。其《BCA 报告:1995 年全国商业对艺术支持的调查》[7](*BCA Report:1995 National Survey of Business Support to the Arts*)包含了一些显著的发现,说明近来商业对艺术的支持强劲,其中小型公司一路领先:

> 1994 年,年收入 100 万美元及以上的企业为艺术界捐赠了 8.75 亿美元,创历史新高。近一半受访企业资助过艺术事业,平均将其慈善预算的 19% 用于艺术领域。1994 年艺术捐款总额的近四分之三来自年收入在 100 万美元至 5 000 万美元之间的公司。
>
> 1991 年,年收入超过 100 万美元的企业为艺术界捐赠了 5.18 亿美元。1991 年,38% 的受访企业为艺术事业提供过支持,平均将其 11% 的慈善预算用于艺术领域。
>
> 1994 年对艺术领域的捐款金额的中位数是 2 000 美元,而 1991 年则是 1 000 美元。[8]

这些数字比经济咨商局捐赠委员会(Contributions Council of the Conference Board)和《美国慈善捐赠》(*Giving USA*)所报告的数字要大。原因很清楚。这些数据来源仅向大公司询问它们对艺术领域的慈善资助,并从该样本中得出结果。因此,他们错过了一个高速增长的慈善经历。美国快速发展的小型企业是其主要标志。

关于美国的小型企业,无论是从其现有的慈善事业,还是从其潜力来看,都还有很多需要去了解。然而,我们最近的发现足以鼓励非营利组织更高效、有效和更积极地向这部分商业团体寻求支持。小型企业也一定会以资助者的身份在逐渐展开的商业戏剧中写下新的剧目。

许多小型企业的捐赠都是基于义务的。许多小企业主将他们的业务设在自己的家乡或附近。作为有着良好声誉的社区成员,他们可以充分意识到客户的需求和愿望,这些客户通常也是朋友、供应商和同事。

当地的男女童子军、棒球队和足球队、社区中心和艺术团体的募捐请求难以被拒之门外。忠诚的客户为他们发自内心的原因和关切寻求支持时,很难对他们的要求置之不理或漠不关心。联合之路运动、城镇社会服务组织和社区流动供膳车(Meals-on-Wheels)活动都是从同侪的募捐、榜样和压力中获得动力。随着时间的推移,慈善捐款逐渐被视为是小企业主被期望去做的事。

然而,当中小型企业从把慈善捐赠看作应尽的社会责任转变为将其视为商业机会时,真正激动人心的时刻开始了。当慈善事业被视为既是一种开明的利己主义形式,又是一种利他主义冲动的表达方式时,其创造力和慷慨程度就会蓬勃发展。影响对非营利机构和事业的支持,以便激励员工,提升品牌形象,吸引客户和获得良好意愿,这种能力并不局限于大企业。

国际慈善事业：美国输出的黄金时代

企业慈善事业中增长最快的部分是国际捐赠。与美国对教育、医疗、社会服务和艺术等传统支持领域相比，尽管国际捐赠的资助起点非常低，但在过去的 7 年中，美国公司的海外捐赠总额每年都以大约 15% 的速度增加。美国经济咨商局报告称，1988 年大型企业的境外捐款总额仅为 1.97 亿美元。到 1995 年，这一数字大约翻了一番，达到 4 亿美元。[9]考虑到这些年来，企业向慈善机构提供的现金捐款总体上基本持平，这一繁荣现象令人印象深刻，尤其是因为它将对海外非营利组织的财政支持，如广告、营销、销售和公共关系，以及设备和人员等实物捐赠，排除在企业开支预算外。这些领域的现有数据是零碎且不可靠的，特别是因为许多公司将国际捐款直接捐给总部设在美国的非营利组织，而这些组织则将这些捐款计入美国国内捐赠。

一些重要的事件正在发生。就像在娱乐界他们可能会问的那样，海外捐赠是否会长期受到关注？它会不断壮大和持久吗？什么样的商业动力推动国际慈善事业？什么样的政府政策和成就支撑着支持国际捐赠的商业增长？国外发生了什么变化，使慈善事业在几乎所有地方都得到了更好的理解和欢迎？

近几十年来，美国商业最引人注目的转变之一就是所谓的全球化。自 20 世纪 60 年代以来，美国公司的海外国际交易占国内生产总值的比例大约增加了两倍，从 1964 年的 6% 上升到 1996 年的 17%。美国海外贸易加强的另一个迹象是美国投资的扩张。美国拥有的外国资产增长了三倍，从 1982 年的不到 1 万亿美元增长到 1993 年底的约 3 万亿美元。[10]这种爆炸式增长表明，越来

第五章　企业慈善事业走向成熟——其规模、重要性和未来

越多的美国公司正沿着一个国际商业连续体前行,以成熟的国内业务为终点,打造一个以美国为中心,拥有一些海外业务和投资,实现跨国经营和真正全球化的商业模式。

这种现象的一个原因和后果都是运输和通信成本的大幅降低,以及关税和其他国际商品贸易壁垒的实质性消除。加速这些市场开放和出口扩张的趋势是克林顿总统外交政策的一个重要主题。它反映了美国商业议程上的最优先事项。事实上,美国政策近期取得的成就表明,未来几年美国的海外商业活动将更加频繁。

在克林顿总统的第一个任期内,被称为国际贸易三位一体的战略被迅速执行。[11]美国进行了谈判,并由参议院批准了一项实施新一轮大幅度削减货物关税的全球公约,即建立一个拥有争端解决权的世界贸易组织,并承诺就减少服务贸易壁垒展开前所未有的认真谈判。这一全球范围的协议得到了两个主要的区域贸易联盟的补充,即北美自由贸易协定(North American Free Trade Agreement,简称NAFTA,得到参议院批准的正式条约)和亚太经济合作组织(Asia Pacific Economic Cooperation,简称APEC)协议。美国是这两个联盟的领导成员。NAFTA和APEC成员都致力于扩大和深化其成员国之间的贸易往来。

所有这些活动都与美国企业极为注重扩大海外市场、提高全球竞争地位密切相关。许多美国最成功公司的大部分收入都来自美国境外,这并非偶然。1997年《财富》杂志中最受推崇的20家公司中,有16家公司要么是从美国以外的国家获得其总收入的40%以上,要么是正在向这一目标靠拢。如:可口可乐、默克、微软、强生、英特尔、辉瑞、宝洁、3M、惠普、康宁、李维斯、迪士尼、

麦当劳、通用电气和波音等公司。

由于企业慈善事业与商业利益密切相关,人们预计企业捐款将越来越多地参与推动国际商务。事实上,这种推动力正在发挥作用。它的发展势头迅猛,并将在未来 10 年里成为美国企业慈善事业的中流砥柱。

通常情况下,慈善事业参与外交事务始于企业与美国非营利组织的联系,这些组织聘请了国际政治学和经济学专家,以及对企业希望去开展业务的国家有研究的专家。致力于更好地了解外国的美国非营利智库的数量和影响力的增长在很大程度上要归功于企业的参与和财政支持。随着出口配额、外汇汇率、单边经济制裁、关贸总协定、世贸组织、北美自由贸易协定和亚太经合组织等术语进入越来越多企业高管的工作词汇,他们聚集在一起讨论这些也就不足为奇了。

像伯克利经济圆桌会议(Berkeley Economic Roundtable)、外交关系委员会(Council on Foreign Relations)、美国企业研究所(American Enterprise Institute)、战略与国际研究中心(Center for Strategic and International Studies)、布鲁金斯学会(Brookings Institution)、国际经济研究所(Institute for International Economics)、日本协会(Japan Society)和亚洲协会(Asia Society)等机构,吸引了研究全球贸易促进因素和抑制因素的众多专家。除了这些以及其他许多独立的公共政策组织外,企业发现与基于大学的研究机构建立联系是有益的,这些机构致力于研究行业、国家和国际利益问题。这些非营利组织不仅提供了一个向当地该领域权威人士学习的圣地,而且为美国有影响力的专家及其外国同行建立联系提供了场所。此外,他们召集的特别工作组、委托进行的研究和提出的政策建议在很大程度上影响着华盛顿和海外资本的意见气候。

探索海外市场进入的企业对非营利组织表示出早期兴趣的第二个领域是外国的公共政策组织和美国非营利组织的海外分支机构。阿斯彭驻柏林研究所（Aspen Berlin）、阿斯彭驻东京研究所（Aspen Tokyo）、阿斯彭驻意大利研究所（Aspen Italia）、世界经济论坛（World Economic Forum），及现在著名的达沃斯全球年会、三边委员会（Trilateral Commission）、英国皇家国际事务研究所（The Royal Institute of International Affairs）和彼尔德伯格（Bildersberg）俱乐部等组织机构都吸引着高级管理人员的参与。与在美国一样，企业慈善事业有助于打开通向这些机构的大门，并为它们提供一部分资金来普遍开展业务或进行基于双方共同利益的计划和项目。

美国企业早期参与国际慈善活动的第三个领域是在它们打算建立业务的世界各地积极响应人道主义援助的呼吁。提供现金、食品、医疗用品、药品和设备，来帮助地震、龙卷风、饥荒和飓风等自然灾害的受害者，以及内战、种族对抗和社会动荡等人为灾难的伤亡者，这些对于美国企业来说并不少见。1995年和1996年，古巴、日本、波斯尼亚和卢旺达是全球人道主义援助的主要场所。

在特定国家有业务或意向的企业可能会选择协助那些提供紧急救援服务的美国非营利组织。这些组织通常被称为NGOs（非政府组织），例如，国际救助贫困组织（CARE）、国际红十字会（International Red Cross）、国际救援委员会（International Rescue Committee）、联合国儿童基金会美国办事处（U.S Committee for

UNICEF)和天主教救济会(Catholic Relief Services)等机构,都是受益者。其他企业选择直接支持在受灾国组织起来的非政府组织。还有一些人将资金转给联合国儿童基金会(UNICEF)或联合国开发计划署(United Nations Development Program)等多边机构。

与不久之前相比,美国非政府组织对联邦政府资助的依赖程度正在大幅降低,这是志愿慈善兴趣日益增强的一个迹象。1995年底,联邦审计总署(General Accounting Office)报告说,1982年,国际人道主义非政府组织42%的预算来自美国政府,而10年后,只有13%的资金来自联邦政府。[12]这些非政府组织成功地获得了外国政府和包括企业在内的私人慈善事业的资助,使它们的支持来源不断扩大和更加多样化。

随着企业不断在海外扩展其业务,这些企业捐赠活动的基本表现经常会扩大。随着就业率的增长,办公场所的租赁和工厂的建设,以及保留外国公司来提供商品和服务,企业的运营给公共设施带来了负担。人们开始要求公司为员工子女的学校扩建或课程丰富做出贡献,协助位于员工生活和工作地点附近的医疗保健组织,以及资助庆祝当地节日和支持主要的文化活动。很少有美国公司不愿履行这种最低限度的社区义务。

与小型企业一样,慈善活动能最长久地持续在于企业认识到了机遇,而不仅仅是作为一个优秀企业公民的责任。拥有大量海外业务的公司不仅需要采购商品和服务,还需要引进人才。精明的企业会问,慈善事业能为它们与外国大学,从而与其最优秀、最聪明的毕业生以及实验室和研究所的研究产品建立联系提供什么样的贡献。那些希望获得或保持其在海外市场的重要地位和知名度的企业需要与商业、政府、媒体等关键影响者建立联系。

对本土非营利机构的慈善支持如何促进对它们的了解和吸引它们的注意力？那些寻求被接纳为本土经济力量而不是以美国为中心的业务分支机构的企业，在其开展业务的国家中，具有被视为信誉良好的公民的优势。充分认识到社会需求，通过文化上适当的方式和手段，与其他人一起来帮助满足这些需求，可以为自身提供竞争优势。

几十年来，一些美国公司已经意识到了这些义务和益处。在拉丁美洲，大通银行（Chase Bank）因其推广天才视觉艺术家而享有盛誉。IBM 在日本和德国等国连续运营 80 周年，因其对社会的贡献以及商业领导力而备受推崇。花旗银行承销纽约爱尔乐团在欧洲、亚洲和拉丁美洲的巡回演出，彰显其利用艺术回馈海外客户和有影响力人士的潜力。美国运通公司（American Express）斥资 500 万美元发起了"拯救历史遗迹运动"（Save the Monuments Campaign），旨在帮助推动恢复和修复位于七大洲的 100 个长期被忽略的地标性建筑，这是一项令人印象深刻的慈善事业。

那么，新情况是什么？现在又有什么不同？

对海外商业利益的积极追求继续使美国公司渴望发展国际慈善事业。但全球范围第三部门的快速增长使这种捐赠成为可能，并日益受到追捧。研究海外非营利组织规模和范围的主要学者莱斯特·萨拉蒙（Lester Salamon）将其近期的崛起描述为一场革命：

> 从北美、欧洲和亚洲的发达国家到非洲、拉丁美洲和苏联集团的发展中国家，人们正在组建各种协会、基金会和类

似的机构来提供人类服务,促进基层经济发展,防止环境退化,保护公民权利,并追求上千个以前不被关注或留给国家去实现的目标。

这种现象的范围和规模是巨大的。实际上,我们正处于一场全球性的"联合革命"之中,这场革命对20世纪后半叶的影响可能与民族国家的崛起对19世纪后半叶的影响一样重要。其结果是出现了一个全球性的第三部门:一大批自治的私人组织,它们并不致力于向股东或理事分配利润,而是在国家正规机构之外追求公共目的。[14]

尽管在发展中国家和发达国家每周都会出现新的非营利组织,但重要的是要认识到,它们是现有机构的补充。许多美国人对它们的数量感到惊讶。以西欧为例。虽然在美国,第三部门就业占全国就业总数的6.8%,但是法国(4.2%)、英国(4%)、德国(3.7%)和意大利(1.8%)的可比数据也并非微不足道。衡量非营利组织经济作用的另一个指标是其支出占GDP的比例。在这方面,美国也以6.3%的比例领先。但令许多人惊讶的是,英国在该方面的占比为4.8%,德国为3.6%,法国为3.3%,意大利为2%,这些国家都将第三部门组织视为各自经济体的重要组成部分。[15]所有这些数字都不包括有组织的宗教和与之相关的慈善机构。它们的加入将显著提高第三部门的影响力。

我对国际慈善事业的未来发展和成熟保持乐观态度,这基于我对现有非营利组织的规模量级以及迅猛增长的新群体的认识。随着人们普遍认识到,政府单独行动去解决问题的能力受到严重限制,他们的集体影响力正在显现。公共资源是有限的。纳税人对新税收的抵触情绪很高。志愿协会正在形成或加强,来作为自我改善、自我表达和自助的手段。它们利用了新的社会能源和主动性,是对行使国家权力的重要补充。

企业将关注这样一个重大的社会变革。其中最精明的企业会想清楚如何在所谓的"非国家行动者"中定位自己。今天的非政府组织向第三世界国家提供的发展援助超过了整个联合国系统,这一点很难不引起人们的赞赏。当延长中国最惠国贸易地位的时候,企业不由得注意到,像人权观察(Human Rights Watch)和大赦国际(Amnesty International)这类组织的意见得到了尊重和听取。在北美自由贸易协定(NAFTA)谈判中,布什政府发现自己不得不对一个非政府组织联盟做出回应,该联盟关注污染、健康、安全、移民和童工等问题。最终,劳工和环境问题也被纳入该协议中。

非营利组织在国外的数量激增,这使得它们的存在程度有了显著的不同。同样,它们对提供服务和公共政策决策的集体影响使它们产生了不同的影响力。杰西卡·马修斯(Jessica Matthews)阐述了下面这个案例:

> 在加速变革时期,非政府组织比政府能更迅速地应对新的需求和机遇。在国际上,无论是在最贫穷还是在最富裕的国家,非政府组织如果获得足够的资金,就可以在许多提供公共服务方面胜过政府。这些组织的增长,连同公民社会其他要素的增长,可以加强许多仍然脆弱的民主国家的结构。他们比政府更善于处理那些缓慢增长并通过累积效应对个人产生影响的社会问题,如环境恶化、剥夺人权、人口增长、

贫穷和发展任务等"软"威胁,这些威胁可能已经在冲突中造成了比传统侵略行为更多的死亡。[15]

这种定量与定性影响以及服务交付能力与政府影响力的结合,是一种改变思想和调动资源的发展方向。完全有理由看好海外商业慈善事业普通股的行情。因此,留意在1995年美国慈善事业用于国际事务的20亿美元中,企业所占的份额继续增长。越来越多的企业将加入海外捐赠的先驱者行列。否则这不仅是冷酷无情的,还会剥夺它们重要的商业资产。

技术方兴未艾:慈善事业转型

众多未知的领域等待着非营利组织的冒险家和探险家,特别是慈善家们。技术进步对请求捐赠、资助,以及最为重要的,对非营利组织的意愿和运作预示着什么?当然,这一重要且牵动人心的问题在每一个具有前瞻性的第三部门组织的议程中都是头等大事。

像电子邮件、语音邮件、传真、压缩(数字)光盘、移动电话、传呼机、录像机、有线(和交互式)电视和计算机软件等技术创新对慈善事业,尤其是对企业慈善事业的影响是什么?接入互联网、浏览网页、从多个数据库中获取信息,以及在网络空间邂逅思想和人们将如何影响第三部门的组成机构?使用多媒体设备将如何促进学习和工作的处理?如何利用互动的沟通方式来表达观点和回应提示,从而有助于改善慈善事业的新环境?

从商业角度来看,对于万维网是否会成为一种广告媒介、订阅媒介、交易媒介,或者是包含这些商业安排的某种混合体,目前还不是很清楚。如果买卖双方通过电子媒介形成的关系模糊不清,那么捐赠者和受赠者、非营利组织及其客户将如何受到新兴技术令人敬畏的能力的影响也同样是难以理解的。几乎没有一个大规模的教育、卫生、社会服务或艺术机构,或是重要的基金会不处于思考这个问题的困境中。

我们可以感觉到重大的变化已悄然而至。语音信箱在商业领域随处可见。在家庭和工作中使用电话答录机、有线电视、电脑、传真机、录像机、寻呼机和无线电话的市场渗透程度极高。我们中有很多人每周至少几天都在进行远程办公,如果不是全职工作的话。互联网接入用户和免费电话号码数据库的呼叫都在迅猛增长。公司、私人基金会和非营利组织的网页迅速扩散。当第三部门的专业人士在喝酒时互相询问上周他们网页的点击量有多少时,有些事情正在悄然发生。

但我们也推测,这些只是早期适应技术所提供的可能性的例证。与那些即将到来的情况相比,它们是最基本和最初级的。技术变革空前的速度和全面性对非营利组织产生了深远的影响。有些影响是可以想象的,而大多数影响都是未知的。

时代华纳、迪士尼和微软等公司以美国家庭为主题在互动媒体上进行的试点试验极具启发性。这些试验表明,美国人渴望使用这些强大的新通信手段来了解自己所生活的城镇和社区正在发生的事情,并与他们周围有影响力的人保持联系。如果互联网和其他多媒体通信渠道被用来获取当地学校、教堂、社区中心、童子军或剧院的新闻,至少和了解国家大事或者国际事态发展一样,那么非营利组织对社会凝聚力的有益贡献在未来可能会比现在更为深远。

这些新的数字化语音、视频和数据包将以何种方式影响我们管理非营利组织，通过它们的帮助提供服务，接触那些有需要或者感兴趣的人，以及鼓励人们的参与，甚至是激发慷慨的行为，这些构成了一个几乎是有待开发的处女地。对勇敢的开拓者、大胆的设计者和深思的实践者的需求量将会很大。

充满可能性的问题接踵而至：

- 与现在主要使用印刷材料的情况相比，互联网是否会以更方便、及时、低成本的方式让所有参与者平等、及时地获取捐赠者信息，从而促进赠款申请者之间的公平竞争？
- 通过提供一个在任何地点、任何时间都方便操作的在线交流渠道，互联网是否会显著增加捐赠者之间、受赠者之间以及捐赠者和受赠者之间的互动？
- 互联网是否会鼓励慈善机构员工与非营利组织高管之间的对话学习？例如，在发布最终形式之前，捐赠者是否可以向非营利组织的目标受众发布草案以征求意见和批评？例如，捐赠者是否可以为不同受赠人群体创建聊天室来探索问题或利用机会？既然转变是公平的，那么非营利组织群体是否可以利用互联网向一个或多个捐赠者传递信息，以集体的声音来解决共同关心的慈善问题？
- 互联网的多媒体功能将在多大程度上被利用，以双向或多向音频和视频来补充电子邮件和语音通信，从而当现场、面对面交流无法实现或成本太高时可以使用电子会议？
- 互联网将如何有助于提高基金会处理业务的效率和效益？它能减少多少差旅？它能在多大程度上实现通过电子广播公告而不是通过一对一的通信、电话或会议来处理许多人共同关心的问题？利用技术来削减开支、增加价值和加快决策速度，还有什么其他方法可以重新设计劳动和纸张密集型的慈善事业过程？

在过去的每个月里，软件和通信技术的能力都有惊人的进步。电视、电话和计算机的功能正在不断扩展。应用程序也在迅速增多。硬件、传输和交易成本极速下降。越来越多的证据表明，高科技的使用极大地提高了美国在制造厂、批发和零售分销，以及保险、旅游、经纪、银行等行业的生产率。我们刚刚开始看到，一些医院提供医疗保健服务和高等院校教育学生的方式发生了重大变化。

但是，对于大多数基金会和非营利组织来说，技术革命尚未开始改变商业运作方式，更不用说改变商业构想了。不过，那个时刻就快要到了。

对于那些依靠自身创造性和创新造就了这些能力的企业来说，它们最好将其一部分慈善注意力转向第三部门可能对这些能力的运用。一些企业这样做了，它们需要更多的伙伴。帮助非营利组织实现充分利用技术的巨大潜力是许多开明企业应有的使命。提高非营利组织的组织效能，以更快、更可靠、更低的成本接触到自己的员工、客户、消费者和志愿者。在目标受众面前突出它们的社会议程。通过这种支持性的承诺，企业有能力毫无疑问地证明，其捐赠是可以取得预期结果的。

以员工为中心的慈善事业

传统观念认为，现代技术在美国工作场所和家庭中的传播可以为员工赋权，使权力能够在整个公司广泛传播。获取信息从未像现在这样简单快捷。更接近客户或生产流程的经理可以当场做出明智和及时的决策。上层领导者和底层工人之间等级制度跨度过大所产生的上令下达的延迟和失真现在被认为是令人憎恶的。现代企业的定位更多是水平的，而非垂直的。其行动更多地取决于谁知道什么，而不是谁认识谁，或者某人恰好坐在组织的谈判桌前。

正是这些有助于将工作场所更多地转向精英管理制度的软件和硬件能力，有望改变员工与企业慈善事业的关系。测试一部分员工对潜在慈善活动价值的看法是简单、快速和便宜的。电子邮件和电话会议简化了征求员工对于社区关系项目的意见的过程。

召集员工焦点小组来讨论配捐规则的预期变化所带来的影响，就像针对这个主题建立一个聊天室或将传真与电话会议相结合一样简单。反过来说，向员工提供志愿服务机会的信息或发布社区突发性需求的援助请求，只需要通过音频广播或互联网信息公告就可以实现。

企业慈善家拥有的丰富沟通选择不仅会改变员工获得信息和参与活动的方式和频率，它还将改变许多公司现有的政策。有一个案例可能有助于生动地展现这种预测。

1997年，在大多数企业里，"联合之路"继续垄断着慈善工资扣款计划。这项非凡的创意鼓励员工每年对其慈善捐款水平只做出一次决定。之后，每笔薪水的一部分会被自动扣除并以电汇的方式转移到"联合之路"。在很大程度上，该组织以慈善的号召力为没有选择的员工所熟悉，并为他们提供方便的捐赠方式，这一强大优势解释了"联合之路"如何成为每年35亿美元的筹资巨头。

第五章 企业慈善事业走向成熟——其规模、重要性和未来

下一个 10 年,联合之路垄断工资扣除计划的特权,以及在引人注目的员工工作场所筹款的主导地位将终结。不可抗拒的压力将会出现,使其他可选择的慈善团体,如联合艺术促进会、环境保护联盟和对特定疾病的呼吁等,都有机会引起员工的注意,并请求以它们的名义使用慈善工资扣除。正如配捐资格的规则已经大大放宽,使高等院校和各类慈善组织都能够参与进来。开放性和选择性也将成为非营利组织多样性的特征,它们既可以接触到员工,也可以使用工资扣除计划。

那些在任何一天都可以通过一个电话改变自己 401(K)储蓄计划的投资方式,或者通过点击电脑鼠标一年几次改变医疗保险内容的员工将发现,慈善家长制的做法是令人费解并且让人难以忍受的。这种做法的时日无多了。选择在召唤。

技术使任何收入阶层的员工在决定如何捐赠资金和自愿奉献时间时,能更好地了解可选择项。它使负责慈善职能的人更清晰地了解员工的偏好,并以前所未有的方式提高员工的意识和知识。与此同时,美国经济造就了数十万名高管和小企业主,他们自己也有能力成为重要的个人慈善家。创纪录的企业收益、活跃和持续上涨的美国股市,以及有利于私人财富创造的递延薪酬计划和预留股票期权,在未来十年里,将共同促成数万亿美元在几代人之间的转移。

对非营利组织来说,企业作为资助者的重要性可能不如企业作为一个可识别的网络那么重要,通过这个网络,非营利组织可以联系到富有的、有望是乐善好施的商业人士。那些将企业视为一种媒介,以此接触到大量且越来越多的富人和纯粹的机构支持来源的非营利组织将享有可持续的筹资优势。渴望将企业对公

益事业的有利影响最大化的企业慈善家不仅将高管视为机构的盟友和合作伙伴,而且将其视为潜在的大型捐赠者,能够凭借自身的巨大资源慷慨解囊。

直截了当地说,微软、伯克希尔-哈撒韦(Berkshire-Hathaway)、时代华纳和耐克等公司的慈善捐款记录对第三部门的组织来说很可能不如它们各自董事长和高管比尔·盖茨、沃伦·巴菲特、特德·特纳和菲尔·奈特(Phil Knight)的捐款重要。他们是美国一个相对较新但发展迅速的俱乐部的 75 名成员之一,而且这个俱乐部的成员全部是亿万富翁。这个不断壮大的团体和大约 25 万名美国百万富翁所产生的慈善影响力远远超过那些创造他们财富的公司。能够影响这些美国人捐赠的规模和方向的企业内部人士将提供非常有价值的服务。

在过去的 15 年里,令人震惊的、前所未有的私人财富积累有望开启美国慈善史上的新纪元。当代几乎没有能与安德鲁·卡内基、约翰·D. 洛克菲勒和朱利叶斯·罗森沃尔德相提并论的慈善家。谁将加入乔治·索罗斯和沃尔特·安纳伯格(Walter Annenberg)的行列成为新的慷慨巨人?每年有能力捐出 1 000 万美元或更多的美国人的数量确实令人惊叹。

在任何一年中,企业慈善事业从未超过现金慈善捐款总额的 7%,而个人捐款从未低于 84%。向企业慈善家和寻求资金的非营利组织阐明一个重大挑战的方法是提出这样一个问题:我们如何利用适度增长的 7% 的资源来大幅增加个人捐款额?以这种方式描述问题提供了另一个强有力的理由,将员工,尤其是富有的高管,置于企业慈善事业的中心。因为正是他们比任何其他力量更能决定捐赠的增长速度是与美国良好的经济形势一致,还是进入一个自满放纵的时代。

未来,对企业慈善家的评判不仅取决于企业的慈善业绩,还要看员工在时间和财富上的贡献是如何得到鼓励、促进、认可和奖励的。未来,非营利组织不仅要根据目标企业选择捐赠的内容,而且要根据其慷慨解囊的员工数量来评估组织的企业筹资情况。数百万美国人迅速增长的财富和经济宽裕提醒我们,就慈善事业而言,个人是主角,企业是配角。

创造一种关怀的企业文化将有助于全面促进慈善捐赠活动。员工们将为这样一个事实感到自豪:花费了他们大量时间和精力的企业代表的是超越自身利益的追求。企业将在其捐赠中反映出员工的公益倾向。

无论是从捐赠者、志愿者还是客户的角度来看,员工都将成为重塑新千年企业慈善事业角色的主导力量。

上述四种新生趋势是由企业慈善事业作为一个充满活力和不断成长的事业所推动的。这是一项几乎不局限于大型企业或受美国边界限制的努力。这是一个通过部署价格合理的通信和信息处理创新技术很快就会被改造的行业。这是一项站在员工肩上的事业:他们把自己关于奉献和志愿服务的价值观带到工作场所。他们有义务和决心去证明,企业的成功与履行社会责任一点也不矛盾,恰恰相反,它们是彼此促进的。

企业慈善事业及其相关活动的无限潜力被编入这一美国信条中,即自由人民可以组织起来集体解决问题。这种团结的 个不可或缺的表达方式就是民主自治。社会契约的另一种重要和预先存在的形式表现为自愿组织的公益活动。当员工每天早上

121 上班的时候,他们相信留住自己的公司没有理由不帮助推进美国民主和丰富美国多元化的第三部门。归根结底,健康的政体和有活力的社会秩序为个人成就和商业成功奠定了基础。为实现这些结果所做的贡献既是仁慈的,也是自私的。它是一种乐观、积极进取态度的产物。它也是关注个人企业的结果。

雷诺·利维(Reynold Levy)

注释:
[1] Ann E. Kaplan, *Giving USA: The Annual Report on Philanthropy for the Year 1996*. New York: AAFRC Trust for Philanthropy, 1997, pp. 16–20, 38–40.
[2] Ibid., pp. 44–46, 113–122.
[3] Business Committee for the Arts Report, "The 1995 National Survey of Business Support for the Arts," New York: BCA, 1995.
[4] Dwight F. Burlingame and Patricia A. Frishkoff, "How Does Firm Size Affect Corporate Philanthropy?" In Dwight F. Burlingame and Dennis R. Young, *Corporate Philanthropy At The Crossroads*. Bloomington and Indianapolis: Indiana University Press, 1996, pp. 86–101.
[5] Ibid., p. 93.
[6] Thomas J. Stanley and William D. Danko, *The Millionaire Next Door: The Suprising Secrets of America's Wealthy*. Atlanta, GA: Longstreet Press, 1996.
[7] BCA Report. "The 1995 National Survey of Business Support for the Arts." New York: BCA, 1996, p. 2.
[8] Ibid., p. 3.
[9] Linda B. Gornitsky, "Benchmarking Corporate International Contributions: A Research Report." New York: The Conference Board, Report Number 1103–96–RR. 1996.
[10] C. Fred Bergsten, *Whither APEC? The Progress to Date and Agenda for the Future*. Washington, DC: The Institute for International Economics, 1997.
[11] C. Fred Bergsten, *America in the World Economy: A Strategy for the*

1990s. Washington, DC: The Institute for International Economics, 1988.
[12] Shepard Forman, "Paying for Essentials: Resources for Humanitarian Assistance." Background paper presented at a conference held on September 11 and 12,1997, in Pocantico, New York by the Center on International Cooperation, New York University.
[13] Lester M. Salamon, "The Global Associational Revolution: The Rise of the Third Sector on the World Scene," *Occasional Paper*. No. 15. Baltimore: Johns Hopkins University Institute for Policy Studies, April 1993.
[14] Lester M. Salamon and Helmut K Anheier, *The Emerging Nonprofit Sector: An Overview*. Manchester and New York: Manchester University Press, 1996.
[15] Jessica T. Matthews, "Powershift," *Foreign Affairs*, January-February 1997, Volume 76, Number 1, p. 63.

第六章　重塑慈善事业

从大多数标准来看,美国的慈善界似乎做得很好,而且越来越好。[1]尽管如此,几乎不管从哪个角度来看,其领导者都宣称,即使不是处于严重的困境之中,它至少也面临着巨大的挑战。这一悖论的根源主要在于,随着20世纪即将结束,政府(和商业,虽然不是本文的重点)正在重塑自身的角色和目的。然而,这一20世纪的典型产物——面向全国的大型慈善机构——仍然不确定自己在美国生活中的地位。

从外部迹象来看,这个国家慈善部门的运行状况似乎很强劲。个人慈善捐赠持续增加,与国家经济增长保持同步。基金会比以往任何时候都多,也更富有。有些基金会有太多的钱要花,以至于它们很难深思熟虑地去花钱。通过投资公司管理的基金等新的捐赠方式正在出现并蓬勃发展。尽管以税前净收入衡量,企业捐款预算不再像过去那么慷慨,但美国企业正在更广泛地依赖其他渠道来帮助其支持的事业,包括允许员工带薪休假做志愿者。

美国的慈善机构数量一直在增加。1996年,美国国税局认定超过625 000个组织为"501(c)(3)"团体,有权享有免税和免税捐赠。还有大约 50 万个组织属于其他免税类别，并且可能还有更多组织，包括宗教团体、全国慈善机构的地方分支机构、自助团体和非正式协会等，甚至没有出现在统计数据中。虽然这些组织大多规模很小，但规模较大的组织确实已经变得相当大，无论是从成员、收入还是资产方面来衡量。

代际的财富转移即将来临，即"婴儿潮"一代人将从他们的父母那里继承财富，一些分析师预估这些财富高达数万亿美元。再加上像微软和惠普等高科技公司创造的巨大新财富，这一切很可能会在 21 世纪为慈善事业的繁荣提供巨大动力。媒体越来越关注富人和名人的捐赠习惯，这无疑将有助于维持这种局面。

然而，不必花太多时间阅读或聆听那些看似博学的专家，人们就能对慈善界的状况有一个截然不同的了解。尽管对是否存在真正的危机可能存在意见分歧，但最近一位学者写道，"似乎很明显，一个潜在的历史性挑战即将到来"（Salamon，1997：4）。从另一个角度来看，由前田纳西州州长拉马尔·亚历山大（Lamar Alexander）担任主席的知名公民委员会得出的结论是，"如果美国慈善事业要引领我们进入一个重建破碎社区和帮助其居民的新时代，就迫切需要改革和复兴"（National Commission on Philanthropy and Civic Renewal，1997：5）。最近还成立了其他几个研究小组和项目（包括美国政策研究会的），以解决可能困扰慈善事业的问题。

三年前，在一篇从一本相对无名的学术期刊突然出现在《华盛顿邮报》（*The Washington Post*）"风格"栏目的文章中，哈佛大学政治学家罗伯特·帕特南（Robert Putnam）认为，美国人较少参加公民组织和社会俱乐部(Putnam,1995)。尽管有相反的证据(Ladd,1996)出现,这一论点仍然流行起来,这有助于推动1997年4月在费城举办的一次广为宣传的国家领导人峰会,促进志愿服务和企业捐赠的增加。通过美国服务队(AmeriCorps)和其他计划,克林顿政府将弘扬公民精神,特别是在年轻人中,提上了重要议程。国会共和党主要领导人不甘示弱,提出了自己的建议,鼓励更多地利用慈善机构,包括宗教机构,来解决国家的社会问题(Coats and Kasich,n.d.)。

当然,可以想象的是,慈善界可能会繁荣,但它也需要帮助。就像盲人摸象一样,那些关注美国慈善事业广阔领域的人,很容易从其中一部分就得出不完整或以偏概全的结论。尽管慈善捐款总体上可能在上升,但捐赠者的慷慨程度(例如,以捐赠占收入的百分比来衡量)在过去20年里没有太大变化。[2] 即便现在许多医院和教育机构看起来很富有,但是人类服务机构或艺术公司仍然常常难以维持生计。尽管将近一半的人口(而且年轻人的比例比成年人的还大)声称每年都投入大量志愿服务时间来帮助他们的社区,但似乎还有很多事情没有完成,以至于公民参与的程度似乎并不高。

事实上,至少在一定程度上,当前人们对慈善界现状的担忧反映出人们对它的期望越来越高。当然,与历史上相比较而言,正如亚历克西斯·德·托克维尔在宣称美国人组建"协会"的习惯是"所有其他形式知识之母"(de Tocqueville,1988:518)时所认识到的那样,美国一直十分重视志愿和慈善组织在为公众服务方面发挥的重要作用。但是政府,特别是联邦政府在20世纪30年代越来越关注,并且在60年代加速参与到帮助穷人、照顾病人、为饥饿者提供食物等问题中,这些问题在传统上一直是慈善团体的主要关注事项。事实上,公共部门如此广泛地扩大其行动,以至于25年前,当慈善界的领导人考虑其状况时,他们主要关注的是,如果当时的趋势继续下去,他们是否还会有很多事情要做。[3]

今天,形势似乎发生了巨大变化。即使是作为传统盟友的自由派政客们现在也声称希望缩减公共部门的规模,或者对公共部门进行改革,让政府来掌舵而不是划桨(Osborn and Gaebler, 1993:25 - 48)。同样,自罗纳德·里根当选总统以来,保守派不仅要求削减公共开支,还呼吁这个国家的志愿团体在美国生活中承担更多的责任。如今,慈善界的领导者非但不担心被边缘化,反而担心他们可能会被期望去做的太多。

与此同时,商业界也发出了新的挑战,特别是在医疗保健和教育领域。营利性公司越来越成功地在曾经是非营利组织的专属领域中开展活动。此外,在寻求新的收入来源时,许多传统慈善机构不得不采取提高收费和创造其他类型的市场驱动收入的办法。结果,商业和慈善事业之间的界限越来越模糊,有时甚至完全消失,就像非营利组织转变成营利性公司一样。这种日益趋同对于长期享有特殊地位的慈善机构来说意味着什么?更重要的是,对于它们的实际运作方,仍然没有定论,这令许多人感到不安(Lenkowsky, 1997)。

因此,慈善界面临的危机与其说是规模和范围,不如说是一种身份认同的问题。[4]如果美国走上了一条脱离20世纪大部分时间里都坚持的积极国家政府的道路,那么非营利组织(其中许多已经越来越依赖于公共部门)该怎么办?如果美国产业界正在

125 发现通过慈善来实现经营造益的新方法,那么美国的慈善机构该如何应对?如果政治和商业的价值观都不能主导慈善界的活动,那么应该由哪些价值观来主导呢?

回答这些问题,对于一个通常以它不是什么或它介于什么之间来界定的社会部门来说,并不是容易的事情。尽管如此,如果慈善界想更好地利用它所拥有的(和可能获得的)资源,那么更清楚地了解它是什么,以及它在哪里最适合美国生活,可能会有所帮助。

慈善事业与国家

1909年,一位名叫赫伯特·克罗利(Herbert Croly)(他那个时代最杰出的文学家)的编辑出版了一本书,名叫《美国生活的希望》(*The Promise of American Life*)。他在书中指出,"美国梦"仍然活在他的同胞心中,包括那些新来到美国海岸的人们。然而,正在削弱的是实现这一目标的能力。美国的国土占据北美大陆,经济产业化,人口异质化和城市化。然而,它的公共哲学,即关于如何实现"希望"的思想,大多仍然是其诞生时的沿海、小工匠和农民社会的哲学(在很大程度上,其慈善组织也是如此)。克罗利呼吁全国采取一种新的哲学,即接受一个更积极的国家政府,并努力建立一个国家共同体,以便在20世纪完全不同的世界中实现"美国的希望"(Croly, 1965)。

《美国生活的希望》出现在第一个现代慈善基金会成立的同时,这肯定不是巧合。事实上,正如卡尔和卡茨所写,这些早期资助者的努力可以被看作在国家政府权力薄弱时期试图解决国家范围内的问题的方法（Karl and Katz，1981:238）。此外，他们最喜欢的工具，即运用专业知识，完全符合克罗利和其他"进步人士"的想法，他们不信任当时的政治阶层。

然而，不久之后，美国各级政府的规模和范围开始扩大，给慈善界带来了机遇和挑战。通过致力于解决它们所关心的问题，基金会和慈善机构赢得了潜在的、富有和强大的盟友。但与此同时，在确认和服务于公众利益方面，它们也遇到了潜在的、影响深远和霸道的竞争对手。

整个20世纪70年代，慈善界在很大程度上成功地适应了政府职能的大幅扩张。通过与资源丰富但被认为是缺乏创意的公共部门合作，慈善界得以实施那些仅靠自身资源无法维持的社会改革计划。实际上，在一段时间内，衡量有效基金会或慈善机构的标准之一是看它所资助和精心培育的示范项目能否成为一个新的联邦倡议典范。许多项目都成功做到了。

一种新的思考这个国家的志愿与慈善团体作用的方式也开始出现。非营利部门不仅协助政府制定计划，还参与政府计划的实施，从而使这些计划更加灵活和有效。正如私人慈善事业和公共需求委员会（Commission on Private Philanthropy and Public Needs），即法勒委员会所言：

> 理想情况下，该部门不应与政府竞争，而应与之互补，并帮助它人性化……也不应该因为制度惯性或自我保护的原因，阻碍政府适当扩张到那些由十规模或公平的需要，私营部门根本无法满足集体需求的领域。换言之，该部门不应与政府发生冲突，而应在政府之外和作为政府的补充。

(Commission on Philanthropy and Public Needs:48)

政治学家莱斯特·M. 萨拉蒙（Lester M. Salamon）后来将这些安排称为第三方政府。[5]

无论它们被称为什么，它们都给相关各方带来了巨大的回报。有如此多受人尊敬的非营利组织的参与，扩大了公共计划的支持基础，并使它们的扩张在一个对国家政府的适当作用仍持矛盾态度的国家中变得更容易被接受。慈善界的专业人士可以与政府部门的同行互换，从而产生了一种新的职位描述，即出入两个部门的人。公共拨款和合同增加了这个国家慈善机构的资金。事实上，其中一些机构把它们的存在归结于需要为新的政府项目寻找运营伙伴。

诚然，民粹主义者对建立在私人财富基础上的组织的影响力仍保持怀疑。在慈善界内部，偶尔也会出现对丧失自治或创新机会的担忧。这个国家大部分的慈善机构几乎没有在第三方政府中发挥任何作用，主要是因为它们的宗教信仰。同样，大多数小型基金会，甚至是少数大型基金会，都将精力集中在距离家乡较近的小型事业上，而不是将其资源用于国家（或国际）规模的社会改革运动。

尽管如此，正如罗伯特·H. 布雷姆纳所观察到的那样，在20世纪60年代，慈善事业和政府之间的相互作用变得比新政以来任何时期都更强烈（Bremner, 1988）。尽管这种伙伴关系在美国历史上曾多次出现，但从未达到过像从伟大社会时期产生的那种自我意识的范围或程度。对于慈善界中规模大且具有影响力的组织来说，始终代表公众（或至少是特定群体，如穷人和少数族裔)去推动那些重塑国家社会、政治或经济结构的大胆举措,成为它们使命的核心。作为支持它们的工具,鼓励公民积极参与倡导行动越来越受到欢迎。

新公共哲学

接着是罗纳德·里根政府时期。从20世纪80年代开始,政府本身,尤其是联邦政府,似乎开始改弦易辙。由于在解决诸如学校改革和福利依赖等问题方面缺乏明显进展而感到沮丧,以及受到选民不愿意为社会政策的新实验买单的刺激,公职人员开始质疑与慈善界建立的伙伴关系的性质。他们不再认为政府资源丰富但思想贫乏,而是开始想象恰恰相反的情况。他们没有将慈善界视为发展和实施社会进步新思想的重要场所,而是将其视为潜在的资金和志愿者来源,以执行公共官僚机构内部制定的计划。[6]

白宫官员建议,私人慈善事业应该为解决公共需求承担更多责任。[7]为什么不呢?如果政府和慈善事业在纳税人愿意买单的时候可以成为合作伙伴,那么当纳税人不愿意买单的时候,为什么就不能承担更多呢?事实上,整个慈善界都强烈反对这一建议,他们认为自身的资源根本不足以取代政府开支的削减。但是这一论点(以及支持该论点的大量研究)[8]含蓄地承认了一个原则,即慈善资金可以与公共资金互换,只是慈善资金的数量不够而已。

此外,里根政府提议减少非营利组织的政治宣传。这也源于过去几十年里政府和慈善事业之间复杂的关系。早在克罗利时代,利用联邦资金游说公共部门的行为就已经被禁止了。随着政府广泛扩大对慈善团体的支持,包括越来越多的组织认为宣传对其使命至关重要,这项规定执行起来变得愈发困难。里根政府试图颁布新规定,以确保只有私人渠道获得的资金才能用于政治活动,从而引发了一场强烈的抗议活动,而这只是强调了政府行为对慈善界的重要性(Salamon,1984)。

公共哲学的转变究竟给美国的非营利组织留下了怎样的影响,这是一个复杂的问题。萨拉蒙及其同事认为,削减联邦预算对非营利组织的收入产生了重大影响。尽管如此,在布什政府末期,非营利组织的收入增长速度超过了美国整体经济,其中40%的增长来自政府支持(包括州和地方政府)(Salamon,1997)。不可否认的是,联邦政府的资助重点已经发生了变化,对慈善界的某些部分(如从事艺术、社区发展或国际援助的团体)产生了不利影响,同时也帮助了其他领域(特别是高等教育和医疗保健)。但是,这些转变是否反映了合理的计划考虑,还是不加区分地进行预算紧缩,仍有待商榷。[9]

在非营利组织"感兴趣"的领域缩小其获得政府资助的资格(如萨拉蒙所说),可能会增加对慈善事业支持的需求,尽管联邦福利减少的中高收入人群的要求不一定是慈善机构应该负责的。[10]无论如何,尽管克林顿总统宣布"大政府时代"已经结束,并选举产生了三届共和党代表大会,但与之前的十年相比,20世纪90年代可能会成为联邦政府支持非营利组织的更好时期(Abramson and Salamon,1997)。

同样,尽管保守派立法者做出了努力,但对慈善团体的倡导活动并未实施新的重大限制。据报道,为了回应人们对违反竞选资金规定的担忧,美国国税局正在密切关注非营利组织的活动,但是否出台新立法仍不确定。具有讽刺意味的是,迄今为止,在有关慈善机构参与政治活动的辩论中,最引人注目的受害者是众议院议长纽特·金里奇(Newt Gingrich),他因利用501(c)(3)团体进行名义上的党派活动之前没有咨询他的律师而支付了相当一大笔罚款。[11]

尽管经常有人担心公众的支持会扭曲和损害慈善机构,但国会和其他地方的保守派人士并没有不愿意提出会增加政府与非营利组织及其支持者之间纠葛的议案。一个受欢迎的想法,即公共资助的教育"代金券",如果得以实施,将大幅增加联邦、州和地方政府对非营利中小学的资助力度。另一种方法则是寻求建立新的所得税激励措施,以促使捐赠者增加对官方指定为惠及穷人的慈善机构捐款。在1996年颁布的福利改革法案(包括慈善选择条款)的帮助下,如威斯康星州的汤米·汤普森(Tommy Thompson)和密歇根的约翰·恩格勒(John Engler)等共和党州长,以及印第安纳波利斯的斯蒂芬·戈德史密斯(Stephen Goldsmith)等市长,都试图寻求非营利组织(包括宗教组织)的帮助,以减少接受公共援助的人数。即使没有热情的支持者,共和党人也会默许克林顿政府对慈善界提出的重大举措:通过一系列计划,招募和支付"志愿者"在美国各地的社区慈善机构从事全职工作。[12]

慈善事业和权力下放

虽然今天更可能被称为"私有化"而不是"第三方政府",但慈善事业与公共部门之间的联系依然广泛存在。然而,由于联邦预算的问题以及公众对华盛顿的信心降低,美国政府看起来不再是曾经那个卓越的合作伙伴。即使在国家参与仍然很重要的方面,对权力下放的支持正在将政策创新的大部分主动权转移至州和地方层面。[13]在克罗利的引领下,美国人在20世纪的大部分时间里都在寻求从国家层面解决问题的方法,而他们现在似乎更倾向于在地方社区和机构中寻找答案。

对于慈善界的领导者来说,这可能是一个重大挑战。许多基金会和其他非营利组织甚至在没有政治支持的情况下,就已经朝着一个积极的国家政府迈出了第一步,而它们现在可能会发现自己面对的是一个截然不同的环境。与华盛顿的伙伴关系发展如此迅速的原因之一在于,双方的大多数参与者可能都接受过类似的学校教育、关注类似的报纸和期刊、对感知到的问题做出类似的反应,并且还共享着其他更多的东西。简而言之,它们是民族共同体的一部分,可能时不时会在优先事项和方法上产生分歧,但总体上持有类似的观点。

在州议会大厦或市政厅,情况可能并非如此。权力下放不仅仅是财务或行政上的改变,这可以通过培训计划和类似的举措来解决,从而建立一个共同的运作框架。它也可能是一种政治上的转变,对那些更具国际化视角的人来说,地方层面的目标和价值观对政策的影响可能是错误的、灾难性的、令人厌恶的,甚至更糟。在州首府、市政厅或社区中心,关于如何对待福利接受者、如何教育儿童或如何惩罚罪犯的观点往往与在纽约的会议室、华盛顿的酒店或洛杉矶的博物馆中讨论的不同。想要在未来取得成功,慈善界的大部分人将需要弄清楚,在海图较少的水域行驶应该怎么做。

有些团体已经踩到了雷区。例如,在努力推进卫生政策中的"州倡议"时,罗伯特·伍德·约翰逊基金会的行动在几个州遭到了强烈抵制,最终以失败收场。尽管得到一些主要官员的批准,但其他官员以及家长和相关利益团体都提出了抗议,认为那些旨在改善青少年医疗保健或控制医疗费用的基金会项目有悖于当地价值观。经历过这些冲突的两位观察者写道:

> 基金会和那些评估其工作的人应该认识到,讨论、更好的人员配置、技术援助和知识传播目前为止只能收拾卫生政治的残局。可以说,正是由于民主社会决策的性质,有些冲突是复杂的政策问题所固有的。(Stevens and Brown,1997:93)

对于慈善界来说,这不是一个新问题。[14]但它很可能成为一个更常见的问题。

全国慈善事业与公民复兴委员会(National Commission on Philanthropy and Civic Renewal)在其《更好地捐赠,更明智地捐赠》(*Giving Better, Giving Smarter*)的报告中向资助者提供建议,帮助他们避免这些陷阱。委员会认为,资助者需要将更多资源投入到解决"具体问题"上,而不是用于测试社会变革的"宏大理论"。他们必须花更多的时间来了解他们的支持对象,而不是去研究和"彼此交谈"。他们需要更加习惯于与基于信仰的慈善机构和其他体现强烈道德信念的团体合作,这些团体在远离华盛顿的地方可能更普遍、更具有影响力。而且,如果它们真的希望"为穷人开辟自力更生的道路",那么资助者将不得不更加努力地寻找在他们看来比政府更具"企业家精神",并且更愿意采用"务实的评估"来衡量工作有效性的合作伙伴(National Commission on Philanthropy and Civic Renewal:19－20,113－118)。

这些建议无疑把委员会的偏好与它对基层成功慈善事业的要求的评估相结合。即便如此,它们还是秉承了美国慈善事业中一个古老而光荣的传统,以斯蒂芬·吉拉德的慈善工作与本杰明·拉什(Benjamin Rush)在费城联邦党时期的慈善工作所形成的对比为例。正如布雷姆纳所指出的:

> 吉拉德回应的是具体需要,而不是一般事业。与拉什及其之前和之后的其他人道主义改革者不同,吉拉德认为没有义务去试图解决或预防社会失序问题,或试图通过经济利益以外的任何手段重塑社会。然而,在某种厌世哲学的范围内,吉拉德能够在紧急情况下为公众服务并做出私人善举。(Bremner:39)[15]

当今慈善界面临的关键问题是,在经历 20 世纪美国生活的集权力量影响之后,慈善事业是否能够——而且应该——回归其早期的角色和宗旨。

权力下放的困境

事实上,许多组织——包括相对现代的发明,即社区基金会——认为它们一直是在这种模式下运作的。即使是在慈善事业形成的年代,一些最著名的活动,如建立图书馆、改善南方黑人的教育以及根除寄生虫病,都是由远离华盛顿(更不用说,有人可能会补充说,远离他们自己住的地方)的捐赠者进行的。在试图影响联邦政府优先事项的同时,全国范围的慈善机构和志愿团体通常在地方也保持活跃的存在。事实上,"第三方政府"对国家决策者的吸引力之一就在于,它似乎为他们提供了完善的地方路径,以实施和调整他们的社会变革计划。

然而,在全国范围内进行思考,在地方层面采取行动,并不一定等同于对紧迫的社区问题做出反应。后者可能需要开展计划,以创造更多的好学校,或让更多弱势儿童能够进入现有的学校,而不是试图支持最新的教育改革理论。它可能涉及投入各种资源来照顾病人或帮助有患病风险的人避免生病,而不是去尝试新的医疗服务模式。与其设计巧妙的策略来改变那些可能造成贫困的社会或经济因素,不如把重点放在帮助穷人找到和保住工作、提供住所或家庭支持上。从底层看到的情况往往不同,而且总是比从上层看到的要少。为了在权力下放的时代取得工作成效,慈善界可能不得不更多地依靠显微镜而不是望远镜来观察需要做什么。[16]

对许多人来说,这种降低视野的做法,即使算不上浪费稀缺的慈善资源,也显然透露着胆怯。它表明,地方问题可以从国家问题中分离出来。地方解决方案可以在不进行更多系统性变革的情况下取得成功。它还严重依赖于社区满足自身需求的意愿和能力。大部分的慈善能量都被吸引到了全国性的慈善机构,正是因为基层倡议似乎(至少在那些试图推动这些倡议的人看来)不足以完成任务,或者是陷入了地方惰性或反对的泥潭。即使在今天,需要帮助的地区可能仍然缺乏慈善资源,而那些享有丰富慈善资源的地区则可能把资源用在似乎是为谋取私利或远离身边更紧迫的问题上。[17]根据萨拉蒙和其他人的观点,"第三方政府"正是为了应对这些"志愿失灵"而发展起来的(Salamon, 1995:44-48)。

然而,慈善界利用资源应对持续存在和根深蒂固的地方性问题,从本质上看,其挑战性(或合理性)并不比试图从国家层面解决这些问题小。在每一种情况下,测试的应该是完成了什么,而不是尝试做了什么。关注基于社区的解决方案与承认更广泛因素(例如,国家的经济增长率)的潜在作用也并不是不相容的。它只是接受了这样一个限制,即慈善和志愿团体可能对其中一个问题,而不是另一个问题的影响更大。虽然不可避免地依赖于人们自愿提供帮助的意愿,但慈善事业关注的问题可以,而且确实会改变。除了公共政策可能提供的任何新激励措施(例如对帮助穷人的团体给予税收抵免),更加重视地方慈善机构,并让其承受更多重担,可能也会引起各种不同类型的慈善响应。

诚然,有些地区的慈善资源比其他地区的多。此外,正如萨拉蒙在20世纪80年代的研究所显示的那样,在非营利部门建设的不好或未得到良好支持的社区,政府的援助在弥补资源短缺方面非常重要。尽管如此,由于在广泛依赖慈善事业的城市,公共社会福利基金也更多,所以政府支出在慈善资源充裕地区和贫困地区之间的再分配影响不可能很大(Salamon, 1995:76-79)。无论如何,权力下放并不一定意味着联邦财政援助将不再可用,而只意味着华盛顿可能会在提供援助时附加更少的条件。

例如,因为选择了计算整体拨款的基准,1996年的福利改革,即《个人责任和工作机会协调法案》(Personal Responsibility and Work Opportunity Reconciliation Act),最初为大多数州提供的联邦资金超过了它所取代的公共援助和社会服务计划提供的资金。不过,这些资金是否会用于慈善资源匮乏的地区,现在更加密切地反映了州和地方的政治考虑,而不是国家层面的政治考虑。

私人捐赠者也可以直接向那些可能缺乏其他慈善资源的地区捐款。这正是安德鲁·卡内基和朱利叶斯·罗森沃尔德等早期慈善家所做的,以确保他们的努力可以给予地方支持。[18]今天,这种"收入共享"最著名的例子可能是礼来基金会的"社区基金会倡议"。通过该倡议,这个美国最富有的基金会为印第安纳州各地的地方资助者提供了相当可观的资金。尽管礼来基金会偶尔也会因过多关注家乡而受到批评,但其计划可能会成为一种模式,特别适合试图利用国家发展可能不如提高社区能力更有成效的时候。[19]

尽管如此,慈善界试图解决的许多问题的后果都超出了州或地方的界限。教育就是一个典型的例子:它主要是社区关注的问题(和责任),但对国家的经济、治理能力和文化具有深远的影响。同样,尽管可能影响程度较低,但社会福利和医疗服务领域亦是如此。社区如何有效地解决这些问题不仅对它们自己很重要,而且对其远近的邻居也很重要。如果说对一个更积极的国家政府的支持在一定程度上反映了对这些"溢出"效应的认识,那么日益增长的权力下放趋势并不会使它们消失。

即便如此,面向基层的慈善行动绝不会与实现国家利益相抵触。这在很大程度上取决于他们努力实现的目标。例如,如果地方学校改革组织能够确保学生达到"世界一流"水平,那么国家的生产力就会提高,文盲率就会降低。如果社区诊所努力减少未接种疫苗或早产儿童的数量,那么全国人口的健康状况将得到改善,带给全国卫生保健系统的负担也会减轻。如果基层团体试图将福利接受者安排在稳定的工作岗位上,那么国家的贫困率就会降低,公共援助的开支也会减少。简言之,并不一定需要使用国家手段才能实现国家目标。[20]

慈善事业能否重塑自我?

答案是肯定的,然而,它确实需要对该做什么有一个适当和有效的愿景。在这方面,慈善和志愿组织通常被认为比政府资助的计划更有优势,因为它们可以更加灵活,代表可能不被广泛认同的价值观,纳入宗教教育和公共部门必须回避的其他方法,而且更有可能被它们的目标服务对象或支持者问责。然而,如果这些优势导致慈善组织过于通融,追求无关紧要(或更糟)的事业,采用限制性和无效的方法,并引起对冒犯重要资助者的过度担忧,这些优势也可能成为负累。此外,非营利部门是否比政府拥有更多的专业知识来解决棘手的社区问题仍然是个未知数。[21]因此,如果要对慈善界的未来抱有更高的期望,人们可能会想知道它究竟能够做出怎样的回应。

令人担忧的原因之一是,这个国家的慈善组织和志愿组织越来越依赖于服务费和其他商业收入,以及营利性企业(包括许多最初是非营利性质的企业)在曾经主要是慈善界感兴趣的领域的影响力越来越大。[22]这导致一些人担心"市场"价值观可能会取代慈善价值观,导致这些组织根据其"价值"而不是是否"值得"来判断自己的活动。政府官员也开始更积极地质疑免税的适当性,及其政府对那些看起来和运作起来更像企业而非慈善机构的团体[23]其他形式的偏袒。相反,另一些人则认为适度的"企业家精神"可能对许多非营利组织是有益的,使它们能够更有效地完成他们的慈善使命(Emerson and Twersky, 1996)。有些人甚至鼓励资助者不仅要把自己视为"风险投资家",而且还要像他们那样行事(Letts, Ryan and Grossman, 1997)。

要评估商业革命给慈善界带来的影响,还有许多工作要做。但与此同时,记住亚当·斯密的这句名言:"我们期待的晚餐并非来自屠夫、酿酒者或面包师的仁慈,而是出于他们对自身利益的关心。"这不是一个坏主意(Smith, 1937:14)。即使不像利他主义那样高尚,利润动机也绝不会与为他人行善相抵触。

一个更令人担忧的问题是"第三方政府"的遗留问题。当前人们对权力下放的热情,部分原因在于人们认为,如果政府的优先事项与基层现实联系得更紧密,它们就会有所不同(甚至更好)。这一论断是否属实还有待观察,而且不仅仅是在公共部门。多年来,慈善界一直将自己视为联邦政府的合作伙伴,那么大部分人更认同联邦政府的目标,而不是社区的目标,也就不足为奇了(只要两者可能有所不同)。促进与联邦政府机构(以及全国性的慈善机构)关系的政治、专业和文化价值观和世界观也不会因为社会变革倡议变得更加"地方化"而消失。

对于一些人来说,这是"权力下放"乌云中的一线曙光。这表明,如果慈善界将注意力转移到基层,除了运作范围之外,并没有太大的不同。但对于另一些人而言,它意味着一种新形式的"志愿失灵"：这个国家的慈善机构无法追求创新或多样化的行动方案，因为它们的想法是一样的。虽然，正如这一战略的倡导者所说（Olasky，1996；Woodson，Sr.，1998），一旦"第三方政府"的大厦被拆除，新的、更有效的慈善机构或自愿团体就可能会出现，但慈善界的许多人在未来可能仍会追求与近期相似的愿景，无论好坏。

然而，在一个权力下放的时代，他们至少要为这种选择承担更大的责任。因为它与公共部门迅速发展的联盟所带来的更不幸的后果是，慈善界越来越严重地依赖政府。它的活动受到更严格的管制，其收入和支出受到公共资金的条款和可用性的影响，其任务和方法的选择受到法律和政治要求的限制。"志愿失灵"成为政府干预的理由，而不是为了纠正和改进慈善团体的工作，也不是为了鼓励公民更积极地参与进来。

如果它只是以依赖州和地方政府来取代联邦政府，那么权力下放将不会改变这种模式。但是，如果权力下放将人们的兴趣和注意力重新集中在社区组织和公民团体实际完成（或未能实现）的事情上，那么它将为此创造条件。对于一个已经习惯于与各级政府分担和分散责任的慈善界来说，这是否会受到欢迎则是另一回事。

这点很清楚。在经历了通过国家手段追求国家目标的近一个世纪之后，慈善界和公共政策一样，面临着重塑自身，使其与地方社区的价值观和问题更加紧密相关的挑战。毫无疑问，这种变革不会一帆风顺。然而，衡量其结果的真正标准不在于它对第三方政府的财务和关系的影响，而在于它对这个国家的慈善和志愿团体成功决定它们应该做什么以及应该怎么做所产生的影响。

莱斯利·伦科夫斯基（Leslie Lenkowsky）

注释：

[1] 在本文中，我将广泛使用"慈善事业"或"慈善界"来指捐赠者（如基金会）和从事慈善活动的组织。当有必要时，我会区分这两个群体。

[2] 根据《美国慈善捐赠》（*Giving USA*）年度报告，1995年美国人将收入的1.86%捐给慈善机构，与1973年的比例相同。在1973—1995年间，这一数字高达2%、低至1.74%（AAFRC Trust for Philanthropy，1996）。

[3] "私人捐赠水平的下降，非营利活动成本的增加，以及对作为公民基本权利的医疗、教育和福利服务的期望不断增加，导致政府在许多曾经由私人慈善事业主导的领域成为计划和收入的主要提供者。政府在这些领域日益增长的作用，对私人非营利组织和机构的自治和基本运作提出了根本性的问题。"（Commission on Private Philanthropy and Public Needs，1975，p.16）

[4] 早期的例子，见Hall，1992，pp.13–83；Karl and Katz，1981，pp 236–270。

[5] 这一概念最早出现在他的文章《反思公共管理：第三方政府和不断变化的政府行动形式》中，发表在《公共政策》（*Public Policy*）1981年夏季刊上。该文章作为萨拉蒙专著的第一章于1995年再次出版。

[6] 诚然，一些保守的慈善组织，包括一些私人基金会和智囊团，在制定和推动里根政府的议程方面发挥了关键作用。但总的来说，他们的国内政策建议号召减少联邦资金，并增加对州和地方政府以及当地非营利组织、家庭和个人努力的依赖。例如，见Meyer，1982。

[7] 这是里根政府1981年任命的"私营部门倡议特别工作组"（Task Force on Private Sector Initiatives）的职责。

[8] 在莱斯特·萨拉蒙的指导下，城市研究所（Urban Institute）资助了"非营利部门项目"（The Nonprofit Sector Project）。该项目发布了一系列关于非营利组织与政府之间财务关系性质变化的报告，其范围涉及全国以及全国各地选定的地点。

[9] 例如，最大的变化之一是以1982年的《职业培训伙伴关系法案》（JTPA）取代了《综合性就业和培训法》（CETA）。尽管这意味着非营利组织的联邦资金大幅削减，但CETA被广泛认为是一个无效的计划。

[10] 在解释联邦开支变化对非营利组织的影响时，关于这一问题和其

他问题的进一步讨论,见 Lenkowsky,1996。

[11] 同样,由共和党政治领袖杰克·坎普(Jack Kemp)于 1995 年成立的一个研究"统一税"可行性的组织也被美国国税局拒绝免税。见《杰克·坎普的税务研究组织就免税地位败诉》("Jack Kemp's Tax-Study Group Loses Court Decision Over Tax-Free Status"),载于《华尔街日报》,1998 年 2 月 13 日,第 B7 页。

[12] 这项行动的一个主要组成部分,即万千光点基金会(Points of Light Foundation),实际上是布什政府的产物。

[13] 1996 年的福利改革就是最明显的例子。尽管华盛顿将继续支付很大一部分费用,但州政府现在对其公共援助计划的控制比以前大得多。

[14] 一个经常被引用来说明慈善事业引发争议的例子是,20 世纪 60 年代末,福特基金会致力于促进纽约市学校的"社区控制"。黑人民族主义者很快与教师发生冲突,引发了一场引起全国关注的争端。尽管对于福特基金会来说,这是一个地方性的项目,但批评人士指责该项目在没有充分考虑社区民族动态的情况下,试图将一种社会变革理论强加给社区。

[15] 另见《麦格菲读本》(*McGuffey's Reader*,1844 年)中范特姆先生(Mr. Fantom)和古德曼先生(Mr. Goodman)之间关于"真"和"假"慈善事业的争论,转载于 O'Connell,pp. 59 - 61。

[16] "望远镜里的慈善事业"是查尔斯·狄更斯(Charles Dickens)在《荒凉山庄》(*Bleak House*),以及乔治·艾略特(George Eliot)在《米德尔马契》(*Middlemarch*)中对维多利亚时代某些捐赠者的描述,他们的慈善事业只关注远方而非身边的人。

[17] 不匹配不一定只是地理位置上的。富有的捐赠者可能对那些为低收入人群服务的慈善机构提供的帮助微乎其微。见 Odendahl,1990。

[18] 在提供建造图书馆的资金之前,卡内基要求社区同意维护这些图书馆。罗森沃尔德坚持要求当地支持他帮助建立的学校,即使是在贫困的南部农村地区,在那里资助更可能采取"实物"或志愿者服务的形式,而不是现金。特别是在考虑低收入地区时,慈善资源不应仅仅等同于金钱。

[19] 礼来基金会还支持印第安纳州内外的全国性项目。然而,它专注于资助社区倡议,这使它有别于大多数其他捐赠机构。密尔沃基的林德和哈里·布拉德利基金会(Lynde and Harry Bradley Foundation)赞助了全国慈善事业与公民复兴委员会,同样也在其全国拨款组合中增加了一项向美国各地选定的基层组织提供不受

限制资助的计划。
[20] 制定标准历来是全国性志愿团体的一项重要活动。在一个权力下放的时代,这种情况可能会更是如此,尽管产生争议的可能性也会增加,因为全国性团体对什么是可取的看法与地方团体不同。
[21] 我所说的"专门知识"仅仅是指了解什么是必要的,例如,减少少女怀孕或提高弱势背景儿童的阅读成绩。虽然慈善界可能并没有比政府机构对此有更确切的认识,但其更强大的实验和评估能力应该能够使其找到答案(尽管追求有效性可能不是许多慈善机构和志愿团体唯一甚至最重要的动机)。
[22] 根据《1996—1997 年非营利组织年鉴》(*Nonprofit Almanac 1996—1997*,Hodgkinson and Weitzman,1996),"私营部门支付"占1992年非营利收入的39.1%,是"私人捐款"的两倍多。在《守住中心》(*Holding the Center*)一书中,萨拉蒙(Salamon,1997,p. 28)估计,1982 至 1992 年间,非营利收入增长的50%以上来自上涨的费用和收费,特别是教育和医疗保健费用的增加。当然,这些数字不包括营利性医院、学校、儿童保育机构和其他在通常与慈善活动有关的领域开展业务的公司的收入。
[23] 例如,见《华盛顿市诉评估委员会上诉案和华盛顿与杰斐逊学院》(*City of Washington v. Board of Assessment Appeals and Washington and Jefferson College*),西宾夕法尼亚最高法院意见书,1997 年 11 月 20 日,支持大学免税。

参考文献

AAFRC Trust for Philanthropy. *Giving USA 1996*. New York, 1997.

Abramson, Alan J., and Salamon, Lester M. "The Nonprofit Sector and the Federal Budget: Update as of September, 1997." Report for Independent Sector, Washington, D. C., 1997.

Bremner, Robert H. *American Philanthropy*. 2nd edition. Chicago: University of Chicago Press, 1988.

Coats, U. S. Senator Dan, and Kasich, U. S. Congressman John. "The Project for American Renewal." Unpublished paper, Washington, DC, n. d.

Commission on Private Philanthropy and Public Needs. *Giving in America Toward a Stronger Voluntary Sector*. Washington, DC: 1975.

Croly, Herbert. *The Promise of American Life*. Belknap Press Ed. Cambridge, MA: Harvard University Press, 1965.

Emerson, Jed, and Twersky, Fay, eds. *The New Social Entrepreneurs: The*

Success, Challenge and Lessons of Non-Profit Enterprise Creation. San Francisco: The Roberts Foundation, 1996.

Hall, Peter Dobkin. *Inventing the Nonprofit Sector and Other Essays on Philanthropy, Voluntarism and Nonprofit Organizations*. Baltimore, MD: Johns Hopkins University Press, 1992.

Hodgkinson, Virginia A., and Weitzman, Murray. *Nonprofit Almanac: Dimensions of the Independent Sector 1996 – 1997*. Washington, DC: Independent Sector. 1996.

"Jack Kemp's Tax-Study Group Loses Court Decision Over Tax-Free Status." The Wall Street Journal, February 13, 1998, p. B7.

Karl, Barry D., and Katz, Stanley N. "The American Private Philanthropic Foundation and the Public Sphere, 1890 – 1930." *Minerva*, 1981, 19(2), 236 – 270.

Ladd, Everett C. "The Data Just Don't Show Erosion of America's 'Social Capital'," *The Public Perspective: A Roper Center Review of Public Opinion and Polling*, 1996, 7(4), 1 – 6.

Lenkowsky, Leslie. The "Contract with America": An Opportunity for Philanthropy. Essays on Philanthropy No 22. Indianapolis: Indiana University Center on Philanthropy, 1996.

Lenkowsky, Leslie. "Big Charities Must Help Fill City Coffers." *Chronicle of Philanthropy*, December 11, 1997, p. 51.

Letts, Christine W., Ryan, William, and Grossman, Allen. "Virtuous Capital: What Foundations Can Learn from Venture Capitalists." *Harvard Business Review*, 1997 (March-April), Reprint 97207.

Meyer, Jack A., ed. *Meeting Human Needs: Toward a New Public Philosophy*. Washington, DC: American Enterprise Institute, 1982.

National Commission on Philanthropy and Civic Renewal. *Giving Better, Giving Smarter: Renewing Philanthropy in America*. Washington, DC: 1997.

O'Connell, Brian, ed. *America's Voluntary Sector*. New York: The Foundation Center, 1983.

Odendahl, Teresa. *Charity Begins at Home: Generosity and Self-Interest among the Philanthropic Elite*. New York: Basic Books, 1990.

Olasky, Marvin. *Renewing American Compassion*. New York: The Free Press, 1996.

Osborne, David, and Gaebler, Ted. *Reinventing Government: How the Entrepreneurial Spirit is Transforming the Public Sector*. New York: Plume

(New American Library), 1993.
Putnam, Robert D. "Bowling Alone: America's Declining Social Capital," *Journal of Democracy*, 1995,6(1),65 - 78.
Salamon, Lester M. "Nonprofit Organizations: The Lost Opportunity." In John L. Palmer and Isabel V. Sawhill, eds., *The Reagan Record*. Cambridge, MA: Ballinger, 1984.
Salamon, Lester M. *Partners in Public Service: Government-Nonprofit Relations in the Modem Welfare State*. Baltimore, MD and London: Johns Hopkins University Press, 1995.
Salamon, Lester M. *Holding the Center: America's Nonprofit Sector at a Crossroads*. New York: Nathan Cummings Foundation, 1997.
Smith, Adam. *The Wealth of Nations*. Modern Library ed. New York: Random House. 1937.
Stevens, Beth A., and Brown, Lawrence D. "Expertise Meets Politics: Efforts to Work with States." In Stephen L. Isaacs and James R. Knickman, eds., *To Improve Health and Health Care 1997: The Robert Wood Johnson Foundation Anthology*. San Francisco: Jossey-Bass, 1997.
Tocqueville, Alexis de. *Democracy in America*. J. P Mayer, ed. George Lawrence, trans. New York: Harper Perennial, 1988.
Woodson Sr., Robert L. *The Triumphs of Joseph*. New York: The Free Press, 1998.

第七章　在提供人类服务方面的非营利组织和公共政策

在美国历史上,定期发生的一系列事件和事态发展将人们的注意力集中在我们解决人类服务需求的机构能力上,以及非营利部门和公共部门(单独或共同)在满足这些需求方面能够且应该发挥的作用上。现在就是这样一个时刻。在本文中,我们考察了一系列重大的公共政策发展和非营利部门自身的结构变化。我们认为这些变化正在从根本上改变非营利人类服务机构的公共政策角色。我们还远不能乐观地认为,其结果将产生一个更加协调和有效的人类服务体系。

诚然,在美国历史上,非营利人类服务机构一直面临着重大的公共政策挑战,而且经历了重大的重组。然而,与过去相比,当前非营利人类服务机构面临的政策问题似乎范围更广,规模也更大。正如我们所展示的那样,福利改革、管理式医疗模式的延伸、政府服务的私有化、绩效评估的推动、对非营利组织倡导行动的限制、对非营利组织的免税地位的挑战以及教会与国家之间不断变化的关系,都突出了对非营利机构在提供人类服务中的作用的持续辩论。

也正如我们所展示的那样,非营利人类服务机构面临的这些政策挑战发生在机构慈善事业和非营利部门自身重组的背景下。对于许多地方社区机构来说,联合之路长期以来一直是私人捐款的主要来源,其使命的定位与实施现在正经历着一次重大转变。企业捐赠计划越来越注重战略性,对基金会资金的竞争也加大了。此外,非营利人类服务机构面临着如何在市场中定位的新问题。营利性公司不仅进入了以前由非营利组织主导的服务领域,而且非营利机构本身也变得更具创业性或以利润为导向,这体现在它们与企业结盟、参与公益营销以及创建营利性子公司中。

非营利人类服务机构重组的结果不仅对机构本身,而且对整个美国社会政策都产生了深远影响。非营利人类服务机构在公共政策领域中的恰当位置,是当前关于联邦社会政策方向的辩论焦点。保守派认为,联邦政府应该减少对社会计划的支持,并且非营利人类服务机构应该依靠社区支持和私人捐赠,而不是公共资金。[1]自由派,包括许多非营利人类服务机构(如美国天主教慈善机构)则反驳说,如果要向需要帮助的人提供充足的社会服务,政府的支持必不可少。更广泛地说,这场辩论反映了关于是否有可能明确区分公共和私营部门,以及志愿部门在没有政府支持的情况下解决社会问题的能力的争议(Smith,1997)。

本文深入探讨了有关国家和非营利部门的适当界限的争论。为此,我们首先对非营利人类服务部门本身进行简要介绍,以强调概括这些机构的难度。然后,我们提出一个理论框架,来了解公共政策与非营利人类服务机构互动的机制和结构,即政府直接拨款和合同、政府资助的费用、税收抵免和扣除、免税债券和政府规章。在此过程中,我们描述了这些结构中最近的公共政策变化。

然后,我们将注意力直接转向影响非营利人类服务部门作用和能力的一系列广泛问题,例如,权力下放和管理式医疗的兴起、慈善事业的新方向、非营利创业、政治倡导以及宗教机构的新角色等。最后,我们将讨论公民社会中的非营利人类服务机构,并就如何看待非营利人类服务机构在公共政策中的不断演进和变化提出了建议。

了解非营利人类服务部门

鉴于非营利人类服务部门在政策辩论中的重要作用及其在提供人类服务方面与政府的广泛互动,很难对该部门的范围和结构进行充分描述。对于应该包括进来的活动,既没有明确的定义,也没有关于参与这些活动的组织的全面和最新数据,以至于难以对它们进行适当的分类。

界定要包括的活动范围涉及决定是否只关注传统社会服务(如咨询、儿童福利、监护),还是也包括那些密切相关的领域。鉴于社会问题的复杂性,例如,健康、社会福利和地方社区的就业机会之间的相互作用,我们选择了一个相当宽泛的定义。我们把传统社会服务、犯罪和法律相关服务、就业和工作相关服务、食品和农业、住房和住所、公共安全、娱乐和体育以及青少年发展都囊括进来。我们也关注公民权利和社区改善,以及一些与健康有关的活动,特别是心理健康和药物滥用。

然而,现有的分类系统难以记录所涉及活动的范围。标准产业分类体系(Standard Industrial Classification,简称 SIC)及其替代者,即北美产业分类体系(North American Industrial Classification System,简称 NAICS),旨在对经济活动进行分类,将广泛的非营利性服务归并在一起。专门为非营利部门开发的系统,虽然更具包容性,分类更细化,但与 SIC 或 NAICS 不太一致,过时了(如美国国税局使用的活动代码),或者过于复杂,不适用于大多数免税组织(如国家免税实体分类法)。[2]

在确定提供相关服务的组织及其运营赞助者(如营利性组织、政府机构或非营利组织)方面也存在一些根本性的问题。没有这类信息,几乎不可能确定非营利人类服务部门的财务范围,或其提供的服务份额。现有数据有两个来源:美国国税局免税组织名单(每五年进行一次)和服务业普查(Census of Service Industries,每年更新一次)。两者都有各自的问题。

美国国税局的免税组织名单是不完整的,因为教堂(全国大约有 35 万个)和规模非常小的组织是不需要在美国国税局登记的。尽管有些组织的确注册了,但很多(也许是大多数)教会附属组织、志愿者驱动的实体和自助团体没有注册(Smith, D. H., 1997; Grønbjerg, 1991)。在美国国税局注册的大约三分之二的慈善组织缺少财务信息,[3]这使得从这个数据库中估计该部门的规模变得更加危险。

服务业普查不包括宗教组织和没有雇员的组织。它只对拥有大量免税组织的领域进行审查,并将其中一些领域(如高等教育)界定为超出范围。因此,1992 年的经济普查仅确认了 208 911 个免税机构,而国税局同期则列出了超过 100 万个免税实体。此外,普查使用的是 SIC 分类系统,因此只跟踪传统的社会服务,而不是我们所关注的更广泛的范围。

将宗教组织、规模较小的非营利组织和志愿者组织从这两个主要数据库中排除（事实上或明确的）具有重大影响。虽然这些组织对非营利人类服务部门的正式经济贡献可能很小，但它们在所涉及的组织中占很大的比例。而且，由于它们比大型组织更依赖志愿者和积极参与志愿者活动，它们的社会影响可能会远远超过其经济影响。最后，许多教会提供了广泛的人类服务（Hodgkinson and Weitz-man，1993）。

简而言之，国家对非营利人类服务部门的范围和规模的估计充满了不确定性。即便如此，近年来非营利部门似乎有了显著增长，而且人类服务领域的表现也比整个部门要好。最近一期《1996—1997年非营利组织年鉴》（*The Nonprofit Almanac, 1996—1997*）估计，非营利部门就业总人数从1977年的550万人增加到1992年的970万人，增至1.8倍（Independent Sector，1996：145）。然而，最符合我们对人类服务定义的"社会和法律服务"的非营利就业人数增至2.2倍，从1979年的71.5万人增加到1992年的158.5万人，占非营利部门就业总人数的比例从13%增加到16.3%。

在诸如提供家庭护理服务（增至2.5倍）、个人和家庭服务或其他未归类的社会服务（增至2.4倍），以及职业培训和相关服务（增至2.3倍）领域的就业增长尤其值得注意。相比之下，法律服务的非营利就业人数仅增至1.7倍，儿童日托服务也只增至1.5倍。鉴于联邦政府大幅削减法律服务计划的开支，此类服务相对较低的增长率或许是在意料之中。考虑到对儿童日托服务的强烈需求，此类服务的增长趋势更令人惊讶。然而，营利性日托服务，包括许多特许经营义务，近年来激增，这无疑吸纳了相当大

第七章　在提供人类服务方面的非营利组织和公共政策

的,也许还在不断增长的需求份额。

类似的发展可以解释为什么非营利医疗服务的就业增长率低于社会和法律服务的增长率,在1977至1992年间从250万人增加到440万人,或者说增至1.8倍。当然,医疗服务领域仍然是最大的非营利就业部门,占非营利部门总就业人数的45%以上。

这些就业趋势与独立部门(1996:190—191)对非营利组织可用资金总额的估计大致相符,从1977年的2 550亿美元增加到1992年的5 080亿美元(按1992年美元计算),约增至两倍。社会和法律服务的资金总额的增长率略高,从1977年的230亿美元增加至1992年的560亿美元,或者说增至2.4倍。

关于这些数据,我们想强调另外两点。首先,地方社区可能会严重偏离这些全国总体模式,尽管时间和抽样标准的差异使得社区之间的比较或对任何一个社区进行趋势分析几乎不可能。我们只知道两项研究(Salamon, 1987: 106 – 107; Stevenson, Pollak, and Lampkin, 1997: 11)系统地研究了不同社区的非营利组织的范围和财务结构。两者都发现了显著的地区差异,但已发表的研究结果并没有将人类服务分离出来。事实上,芝加哥大都市区拥有该州大约一半的非营利人类服务组织,但占该州人口的三分之二。

其次,总体趋势可能会掩盖各个组织之间的大量差异。这些趋势主要反映了占收入和支出大部分的大型机构的经验,而不是小型人类服务机构更典型的经验。事实上,我们对组织层面上正在发生的情况知之甚少,比如有多少人类服务机构做得好,有多少正在恶化,也不了解它们所面临问题的严重程度与发展前景。

事实上，对具体机构的纵向分析表明，各机构的收入来源逐年显著变化，总收入也发生了重大变化（Grønbjerg，1993；Smith and Lipsky，1993）。

同样，横向分析显示了组织战略和资源的巨大差异（Grønbjerg and Nagle，1994）。大多数人类服务组织主要根据年龄或居住地，而非收入或种族和族裔来提供一系列服务。一些组织属于资助联合会，还有少数组织有宗教信仰。大多数组织都相当年轻，特别是日托机构，而寄宿机构则比较老。它们的平均收入相当高，但大多数机构规模较小，而且不同类型的组织在规模上存在很大差异。政府资金占总收入的一半以上，其次是捐款，然后是收费、会费和服务费。大约有相同比例的组织主要依靠政府资金、捐赠、收费和服务费，但组织对这些主要资金来源的依赖程度各不相同。政府资金对大型组织尤为重要。

关于这些模式如何随时间而变化，我们没有直接的可比信息。然而，对于芝加哥联合之路的成员机构来说，一些趋势是显而易见的。[4]虽然不能代表一般的人类服务部门，但由于这些机构往往比一般的人类服务机构更大，在组织上也更复杂，这些趋势还是很明显的。

在1989至1994年间，140个联合之路成员机构的总收入增长了72%，达到8.9亿美元。政府资金增加了一倍多（增长了120%），到1994年占总收入的58%，高于1989年的45%。收费收入增长了67%，保持了其占总收入的份额（15%）。在同一时期，捐款（不包括联合之路支持）增长了可观的41%，但由于低于总体增长率，这些来源占总收入的比例从17%降至14%。投资和其他收入增长乏力，在5年内仅增长2%，并且从占总收入的14%

降至9%。联合之路的资金总体下降了8%,到1994年仅占总收入的5%,比五年前的近10%有所下降。

如果其他人类服务机构也是如此,那么这些调查结果表明,非营利组织在20世纪80年代和90年代成功地获得了新的政府资金。当然,个别机构可能经历过困难、关闭或缩减个别计划,而且有些客户可能比以前更难获得服务。但是,许多非营利组织大幅增加了预算,特别是那些规模更大、更具政治影响力、更精明,与政府资助者关系良好的机构。同样,联合之路为人类服务机构提供的资金份额也在下降。

总的来说,非营利人类服务部门是国家和地方两级的主要经济力量。然而,对这个部门进行归类并不容易,而且组织和地方社区的多样性使人们很难获得超越国家层面的总体数据。不幸的是,即使是这些数据也存在差距和不一致之处。

理解非营利人类服务机构及其与公共政策关系的理论框架

总的来说,非营利部门、社会政策和非营利人类服务机构的学者可以分为两个基本阵营:一派是基于公民对通过非营利形式提供的某些公共服务的偏好或需求的需求侧阐释;另一派是强调公共政策重要性的供给侧阐释,即强调公共资源的供给,以及通过公共政策在公民中产生相应的激励措施。

需求侧一派以韦斯布罗德(Weisbrod,1975;1989)为代表,他认为非营利机构是为了应对政府服务的不足而建立的,这使得少数人的需求未得到满足。许多非营利人类服务机构关注影响一小部分人口的问题似乎符合这种解释。汉斯曼（Hansmann, 1980）认为，非营利组织的出现是对合同失败的回应：由于无法判断接受捐赠的机构的质量，捐赠者可能更倾向于选择非营利组织，这可以保证他们的捐款不会被用于私人利益。最近，汉斯曼（Hansmann, 1996）扩展了这一论点，以强调在这些条件下，非营利组织如何解决与承包和所有权相关的问题。萨拉蒙（Salamon, 1987）指出，非营利组织往往无法充分满足社会需求，因此政府最终提供资金来克服慈善失败。所有这些解释都倾向于把非营利机构看作由私人需求和公共政策的结果驱动的，反映了大型（或有影响力的）团体所代表的特定私人利益。

在本章中，我们提出了另一种观点，它更偏向于供给侧的阐释，即公共政策对个人选择非营利组织形式来提供人类服务的偏好产生了重要的，有时是意想不到的影响。政策也影响了非营利组织采取不同的面向私人的倡议的动机。由于政策是不断变化和演进的，非营利人类服务机构的形式、作用和特征也会随着时间的推移而变化（Dobbin and Boychuk, 1996; Smith, 1997; Smith and Lipsky, 1993; James, 1987）。

理解政府与非营利组织的关系

政府对非营利活动的资助是政策制定者和学者们进行大讨论的一个来源。实际上，这个主题经常是影响非营利部门的更大政策辩论的一部分，包括福利改革、权力下放以及政府对非营利组织的倡导和游说政策。在大多数情况下，这些讨论的焦点是政府对非营利机构的直接资助。然而，除了直接拨款和合同之外，政府还以许多不同的方式为非营利机构提供资源，例如，收费和第三方支付、税收抵免和扣除、免税债券以及出台鼓励提供非营利服务的法规。此外,随着直接资助和合同变得越来越稀缺、竞争越来越激烈,这些其他形式的政府资金(以及来自营利性企业的私人资金来源)对许多非营利机构的非营利收入日益重要。换言之,非营利人类服务机构的组织形式正变得越来越复杂,即使政策制定者谈论的是一个依赖于社区捐赠和善意的理想化的非营利机构。

下文详细介绍了这些对非营利人类服务机构极为重要的收入来源:直接拨款和合同、收费和第三方支付、税收抵免和扣除、免税债券和法规。在以下各节中,重点是非营利人类服务机构的收入结构变化以及这些变化对非营利机构及其在服务提供中的作用的影响。

直接拨款和合同

如前所述,政府对非营利社会和卫生机构的资助可以追溯到殖民时代。战后时期,非营利机构的直接公共资金结构发生了重大变化。在 20 世纪 50 年代,许多不同类型的机构获得了公共补贴和补助金。通常情况下,这些补贴是以相对最低的责任要求提供的。非营利机构被认为会明智地使用这笔钱,并且以客户的最大利益为出发点。州和地方政府——这一时期社会服务的主要资助者——规模也相当小,资金不足,几乎没有能力监督接受资助的非营利机构。

从 20 世纪 60 年代开始,受联邦资金大幅增加的刺激,公共资金开始增长。随着时间的推移,联邦、州和地方政府发现,由非营利机构提供的服务活动的比例越来越大。在一些州,如马萨诸塞州和伊利诺伊州，整个州的部门都将其服务外包给非营利机构。最初，许多新的联邦和州政府拨款缺乏严格的指导方针和规定。然而，随着时间的推移，各种联邦、州和地方机构发现他们现在掌管了一个非常庞大的服务系统，尽管它是一个由非营利机构提供的服务系统。为了使这一系统合理化(Brown，1983)并确保政府机构对公共资金的支出保持问责，对政府合同的监管变得更加严格，有时甚至明确规定了该机构服务的客户名称(Smith and Lipsky，1993；Grønbjerg，1993)。

从20世纪60年代至70年代，联邦政府对非营利机构的资助大幅增加，这从数字上看更加直观。用于各种社会福利服务的联邦开支，如职业康复、儿童福利、咨询和儿童保育，从1960年的4.16亿美元增加到1980年的87亿美元(按名义美元计算)(Bixby，1996：70)。这些钱中的大部分是直接通过联邦政府拨款或通过获得联邦拨款的州和地方政府流向非营利机构的。由于联邦政府对此类社会福利活动的支持不断增加，用于这些社会福利服务的联邦开支占政府总支出的百分比从1960年的36.6%增加到1980年的64.6%(Bixby，1996：74)。州政府在社会服务方面的开支也大幅增加(尽管不如联邦开支那么显著)，一部分原因是接受联邦资金要求州政府承担相应的配套资金。1960至1980年间，州和地方社会福利服务开支从7.22亿美元增加到48亿美元(Bixby，1996：71)。

简而言之，非营利人类服务机构越来越依赖联邦政府的收入，并辅以州政府和地方政府的支持。非营利人类服务的范围显著扩大，其增长主要来自联邦政府的资助。因此，服务的相对成本从个人客户、消费者以及私人捐赠者转移到联邦政府。像联合之路这样的私人慈善事业,在非营利人类服务机构总预算中所占的比例急剧下降。

与20世纪60年代和70年代相比,20世纪80年代和90年代的联邦开支更难描述。联邦政府在一些社会服务计划上的开支已经下降。例如,上述同一系列社会福利服务的联邦开支仅从1980年的87亿美元增加到1993年的108亿美元,人均支出从99.92美元下降到87.04美元(按1993年美元计算)(Bixby,1996:73)。这种下降在特定计划中也很明显。用于非营利人类服务机构根据合同为弱势群体提供就业培训服务的联邦开支从1975年的31亿美元下降到1996年的8.62亿美元(按1990年不变美元计算)(House Ways and Means Committee, 1996:932)。社会服务整体拨款(Social Services Block Grant,简称SSBG)的第20条是各种非营利人类服务机构的重要资金来源,其价值从1977年的68亿美元下降到1996年的28亿美元(House Ways and Means Committee, 1996:680)。

尽管里根和布什政府在20世纪80年代改变了联邦政策,但自1980年以来,许多其他的联邦计划都有所增加。虽然社会服务整体补助金有所下降,但联邦儿童福利支出通过其他计划得以增加。根据《社会保障法》(*Social Security Act*)第ⅣB条和第ⅣE条,联邦政府在寄养、领养和儿童福利方面的开支从1985年的7.88亿美元增加到1996年的43亿美元(按名义美元计算)(House Ways and Means Committee, 1996:695)。这些联邦资金并非完全由非营利机构使用。但许多州根据ⅣB和ⅣE条款使用这笔资金,来支持与其合同代理机构的寄养和儿童福利活动。"先行教育计划"(Head Start)是一项面向穷人的学前教育计划,主要由非营利人类服务机构提供。联邦政府对这项计划的资助从1980年的8.18亿美元增加到1995年的35亿美元。1995年,入学儿童人数创下750 696名的历史最高水平(House Ways and Means Committee,1996:935)。[5]自布什政府上任以来,用于毒品和酒精服务的联邦药物管制资金一直在增加。仅在教育部,为《安全和无毒品学校法案》(Safe and Drug Free Schools Act)提供的资金(地方非营利服务提供者和社区合作伙伴的重要收入来源),就计划从1996财年的4.66亿美元增加到1998财年的6.2亿美元(Executive Office of the President,1997b:331)。

联邦医疗保健计划在此期间大幅增加,部分原因是几个关键计划的结构鼓励各州为联邦预算下降的计划(如SSBG)再筹资金,以获得联邦卫生计划项下的资金。例如,政府用于联邦医疗补助计划(Medicaid),即联邦/州残疾人和穷人的医疗保健计划的支出总额从1980年的250亿美元增加到1995年的560亿美元(House Ways and Means Committee,1996:896)。各州有动机将符合条件的计划(如心理健康和一些儿童福利计划)的成本由上限的州或联邦政府拨款转移到联邦医疗补助计划(这是一个联邦匹配率为50%的敞口项目)。这使得许多非营利人类服务机构能够避免削减开支,尽管由于联邦医疗补助计划的规定,这通常意味着昂贵的合规成本。许多为精神病患者和发育障碍者提供家庭护理的服务机构也常常应州和地方政府官员的要求利用这种再筹资方式。

这种转变对非营利组织也具有重大意义,因为通过医疗补助计划进行再筹资通常意味着非营利机构的收入来源变得更加不确定。例如,人类服务领域的合同通常为机构提供在一段时间内

（通常为一年）从某一来源获得的收入的预期估计。相比之下，收费收入更多地取决于个人客户和/或专业人士对于应提供服务的数量和质量做出的不可预测的决定（Grønbjerg，1993）。

针对老年人的联邦医疗保险计划（Medicare）的支出也大幅上升，从 1980 年的 340 亿美元增加到 1993 年的 1 480 亿美元（Bixby，1996:70）。这些钱大部分用于医院等医疗机构。在大型医疗保险计划中，一些介于医疗保健服务和社会服务之间的具体计划增长得更快。1980 年，医疗保险报销并不包含"临终关怀"；1994 年该项支出则达到 13 亿美元，其中相当一部分用于非营利临终关怀计划，而且大部分计划是独立的（House Ways and Means Committee，1996:181）。联邦医疗保险计划资助的家庭医疗保健，最初是一个规模相对较小的计划，从 1980 年的 16 亿美元增加到 1995 年的 160 亿美元（House Ways and Means Committee，1996:177）。虽然许多家庭医疗保健服务供应商是医院的附属机构，但许多非营利人类服务机构也开发了家庭医疗保健方案，特别是艾滋病服务提供者和大型的多计划人类服务机构。

政府与非营利服务机构签订合同的范围在全国各地差异很大，这反映出了不同的政治和历史环境。中西部和东北部的州更多地倾向于签订合同，部分原因是在 20 世纪 60 年代和 70 年代联邦资金到位时，这些州有许多非营利机构存在。此外，其中许多州的行政人员和民选官员都渴望利用专门用于地方非营利计划的联邦资金。中西部和东北部在地方慈善事业支持社区组织方面也具有更为悠久的传统，因此许多非营利机构可以通过签订合同将公共资金和私人资金结合起来，以扩大其服务范围（尤其是因为一些联邦计划需要配套资金）。南部和西部的州更倾向于有选择性地签订合同,并且直到最近才更加依赖公共部门提供的服务。在这些州中,民选官员对私有化和重塑政府的热情极大地扩大了合同范围,甚至包括长期被认为属于公共部门领域的服务,如儿童保护。

费用

虽然直接签合同和拨款是政府对非营利机构最常见的资助形式,但收费和其他不太直接的资助方式也在非营利组织收入的比例中上升。收费实际上是从个人和组织收取的各种收入来源的统称:无家可归者收容所居民的租金支付,联邦医疗补助计划和私人医疗保险计划的报销,个人咨询费用的支付,项目客户销售物品所得钱款,技术援助计划的收入等。

在非营利机构的财务报表和纳税申报表(990表)中,收费通常与政府直接拨款和合同分开,这意味着收费不是政府收入。但实际上,许多非营利机构的收费收入严重依赖政府资金。有些费用是由政府直接支付,如医疗补助计划对心理健康或医疗保健服务的报销,残疾穷人的补充保障收入(Supplemental Security Income,简称SSI),或向低收入住房组织提供的住房补贴。这三个例子也是值得注意的,因为它们是在20世纪80年代和90年代持续增长的计划。联邦医疗补助计划的急剧增加已经引起人们的注意。公众不太了解的是SSI的持续增长,它是许多非营利家庭护理计划的重要收入来源。领取SSI保障金的人数从1980年的410万人增加到1995年的650万人,年度支付总额从1980年的152亿美元(按1995年美元计算)上升到1995年的270亿美元(House Ways and Means Committee,1996:260 - 261)。[6]许多针对精神病患者和潜在残障人士的非营利家庭护理计划都依赖SSI来支付客户的租金和其他费用。

其他费用由政府补贴。例如，为低收入客户提供服务的日托计划有资格获得特殊代金券计划，使这些客户能够负担得起儿童保育费用。其中许多日托计划还获得直接拨款，这使它们能够降低向符合条件客户提供服务的成本，从而使更多人参与计划。这些补贴不仅可以增加非营利组织的收费收入，还可以刺激对非营利计划和服务的需求，使之达到比原来更高的水平。政府机构也可以同意使用非营利培训项目的服务。非营利机构以收费的形式获得收入，但实际上，这是政府资助非营利机构提供有价值的公共服务的另一种方式。当然，许多非营利组织的部分收费收入也是私人的，因为它是由个人或私人组织直接支付的。[7]

虽然收费收入是许多非营利机构日益增长的收入来源，但它也是一个越来越不确定，有时甚至是脆弱的收入来源，特别是考虑到政府资金的竞争激烈、在某些领域的政府资金减少、管理式医疗服务扩大，以及在新的福利改革法下设计政府计划时。例如，心理健康保健机构的大部分收入可能依赖于国家的医疗补助计划。然而，新的管理式医疗可能会减少这一数额，并使剩余的医疗补助计划资金更加难以预测。

税收抵免和扣除

税收抵免和扣除作为政府资助非营利活动的一种形式，与费用和直接资助相比，往往很少受到政策制定者和学术界的关注。与费用一样，税收抵免和扣除正在成为非营利组织直接或间接的重要收入来源。以税收抵免资助非营利组织的两个值得注意的例子是儿童保育和抚养子女税收抵免以及低收入住房税收抵免。儿童保育税收抵免有助于抵消儿童保育和受抚养人照护(如家庭保健服务)的成本,使非营利(和营利性)服务更加经济实惠。这也强调了非营利人类服务机构收费收入复杂的公共/私人特征。如果家长向非营利人类服务机构支付学费,然后申请儿童保育税收抵免,那么学费真的是私人性质的吗?

低收入住房的税收抵免表明了关于权力下放以及联邦政府在支持非营利人类服务机构方面的作用同样复杂的情况。联邦住房和城市发展部(Housing and Urban Development,简称HUD)对新建低收入住房单元的支持在过去20年中急剧下降。[8]然而,在住房和城市发展部直接资助下降的同时,1986年《税收改革法案》创制的低收入住房税收抵免(Low-Income Housing Tax Credit,简称LIHTC)明显上涨。低收入住房税收抵免的预算授权从1987年(实施LIHTC的第一年)的3.1亿美元(House Ways and Means Committee,1996:821)增加到1996年的26亿美元(Budget of U. S. Government, FY 1998,1997a:294)。

这些税收抵免允许私人投资者通过建造低收入住房获得税收抵免,从而减少其应纳税额。这项税收抵免计划刺激了非营利社区发展和住房组织的建立,以建设低收入人群负担得起的住房。许多非营利住房开发组织也提供一系列的社会服务。此外,其中许多组织都参与了住房和城市发展部资助的企业区(Enterprise Zone,简称EZ)计划。该计划提供直接拨款、贷款和税收抵免的组合方案,以振兴陷入困境的城市地区。

税收扣除也有助于通过降低私人捐赠的成本来资助非营利组织的活动(Clotfelter,1985)。由于税收改革降低了边际税率,它们对个人的值可能低于二十年前。诸如单一税这样的待决税收提案可能会进一步降低慈善税收扣除额,并且潜在地削弱人们捐赠的积极性,对非营利部门产生严重的影响(Clotfelter and Schmalbeck,1996)。

免税债券

几十年来,医院和大学等大型非营利机构一直在利用免税债券。这些债券可以帮助非营利组织为诸如建造新建筑或旧建筑翻新等资本改良成本提供资金。新出现的情况是,小型非营利组织,如住房开发组织、儿童福利机构和心理健康中心等,开始越来越多地使用免税债券。

在某种程度上,这种新的参与是联邦政策变化的连锁反应。在社会政策的许多领域里,联邦开支的减少以及随之而来的对剩余公共(和私人)资金的竞争加剧,促使非营利机构寻求新的收入来源为其运营提供资金。在这种环境下,免税债券是一种很有吸引力的选择,特别是考虑到非营利机构可以获得难以从私人捐赠者那里寻得的大量资金。此外,债券的债务可以在很多年内偿还。许多非营利住房组织还将税收抵免和债券筹资相结合,以制定一套建造和运营低收入住房的综合方案(Affordable Housing Finance,1997:6-9;Thompson,1996)。

为满足这些需求,成立了专门的非营利机构,这推动了小型非营利组织进入免税债券市场。例如,伊利诺伊州设施基金(Illinois Facilities Fund)本身是一个慈善免税机构,它就一系列与设施相关的问题向许多非营利组织提供技术咨询,包括发行免税债券。该基金还曾探索发行可供非营利人类服务机构团体使用的集合免税债券。

法规

非营利机构利用政府收入的能力受到现行法规的影响。许多政府机构在外包公共服务时优先考虑非营利机构。例如,在20世纪70年代和80年代,马萨诸塞州通过政府合同,建立了一个由私人社会服务机构组成的复杂网络。州政府官员非常不愿意与私人的、营利性组织签订合同,因此这类组织基本上会被排除在合同市场之外。同样,伊利诺伊州儿童和家庭服务部通常会与其服务提供者(所有非营利机构)续签儿童福利服务合同,而无须重新招标。

许多政府计划还包括对非营利机构和营利性机构的附加条款。例如,在国税局的法规中,低收入住房税收抵免计划为非营利住房开发商提供预留。许多州也有各自针对非营利组织的条款。与此相关的是,罗德岛最近通过一项立法,为营利性公司收购非营利医院设置了高门槛。

这些法规明显不同于直接资助,但它们对整个政府资助状况非常重要。它们为提供服务的非营利组织打造出一个角色,并确保特定类别的非营利机构能够获得政府资助。

一种更加复杂的关系

自1945年以来,非营利机构经历了一系列的转型。在20世纪50年代,非营利人类服务机构是整个人类服务系统的残留部分,主要通过私人捐款在紧急援助、儿童福利和咨询等领域提供服务。这种情况随着20世纪60年代和70年代"伟大社会"和

"向贫困宣战"(War on Poverty)时期的到来而发生了变化。其结果是非营利人类服务机构的网络极大地扩展,并且严重依赖政府资金。包括联合之路在内的私人捐赠对非营利机构收入的相对贡献急剧下降,即使实际涉及的美元有绝对增长。

20世纪80年代和90年代是在非营利组织收入和非营利人类服务机构与公共政策关系方面出现重要的,有时是微妙变化的时期。虽然一些非营利机构在财务上遭受了损失,但许多非营利机构通过利用新的政府收入来源(包括医疗补助计划、新政府合同、税收抵免和免税债券资金)实现了大幅增长。获得这些收入可能面临着激烈竞争,因此非营利机构也加强了它们的筹款计划,许多甚至是中等规模的机构都在进行募款运动。此外,来自营利性和创业性企业的收费收入有所上升,尽管在不同程度上取决于机构和服务类别。非营利人类服务机构拥有更多样化的资金基础,尽管政府通过各种渠道提供的资金仍然是非营利组织收入的重要组成部分。许多人类服务机构仍然主要依赖政府资金。[9]

公共政策本身仍然是影响非营利组织收入和服务组合的关键决定因素。其中一个最显著的例子是,即使面对国会的强烈反对,低收入住房税收抵免计划仍创造了整个非营利住房开发商行业,并吸引了大量的投资银行家和大公司支持这一计划的持续存在和发展(Shashaty,1997:4)。

非营利人类服务部门的重组

政府对非营利组织收入支持的变化,包括其日益复杂的情况，促使非营利人类服务机构的形式和特征及其在提供公共服务中的作用发生了重大转变。这反过来又对私人慈善界产生了连锁反应。正如本节所述，其结果是产生一个更加多样化，但非营利性不那么明显的人类服务部门。

权力下放与管理式医疗的兴起

如前所述，鉴于不断增加的联邦医疗保健支出以及新的拨款和税收抵免计划的建立，20世纪80年代的权力下放政策对非营利机构产生了明显的混合影响。尽管如此，考虑到有待国会审议的联邦政策和立法的最新变化，未来几年可能会是另一番景象。此外，管理式医疗已经从医疗保健领域拓展至社会服务领域，对非营利人类服务机构可能具有潜在的深远影响。

1996年8月通过的福利改革将管理和发展福利计划的责任下放给各州。现在，各州在使用联邦福利基金方面具有很大的灵活性；各州甚至可以将以前指定用于收入维持计划的资金用于儿童保育和就业培训等社会服务。国会即将通过的立法将把联邦住房计划和医疗补助计划的责任下放给各州，尽管这项立法是否能够通过还是未知数。

虽然各州在计划设计和资金分配方面具有更大的灵活性，但它们也受制于国会制定的非常具体的计划目标，再次强调了权力下放——仔细探察的话——可能不像人们想象的那样权力下放。这些联邦法规对非营利机构尤为重要，因为各州将依靠非营利机构提供满足这些目标的服务。在某些领域，如从福利到工作和时间限制，新的福利改革立法意味着联邦政府对福利服务的控制比以前更强。

尽管福利改革非常复杂,但根据立法的初步实施经验,可以得出一些看法。规模较大的综合服务机构很可能会调整其服务,以适应州政府在分配福利相关资金时使用的新标准。就如何在一系列计划活动中分配各种资金来源方面,这些机构往往具有相当大的灵活性和自由裁量权,拥有有影响力的理事会成员,并与政治行动者联系密切。事实上,许多人可以直接接触到政治说客。相比较而言,规模较小、服务更集中的机构面临着相当大的风险,它们往往资本不足、政治影响力薄弱。如果政府取消对它们的拨款,它们可能会陷入严重的财务危机,因为它们没有资源或能力改变它们的服务组合。这些小规模机构的流失可能会对地方服务产生负面影响,因为这些小型机构通常为特定社区或客户群提供利基服务。因此,如果将这些服务纳入更大的人类服务机构的运营中,那么这些服务可能会发生重大转变。

各机构还需要更加注重结果。为了努力实现联邦目标,各州要求提供福利服务的非营利机构达到特定的绩效标准,否则它们就会失去资助(或根本得不到报酬)。实施绩效标准往往会使这些机构的财务紧缩,因为基于结果(而不是年度合同)的资金往往会限制非营利组织交叉补贴其业务的能力(James,1983)。通过年度合同,非营利组织就可以将各种费用(如行政管理)纳入预算支持,而这些费用很难在基于绩效的合同中获得足够的资金支持,因为这些合同只向机构支付某些活动(如工作培训和安置)的费用。[10]

对社会服务实行管理式医疗模式使非营利机构的财务进一步紧缩。直到前不久,政府还都是直接和非营利人类服务机构签订合同,以提供一项确定的服务,如心理健康咨询或家庭寄养。

在20世纪60年代和70年代广泛签订合同的初期,大多数合同都需要政府与非营利机构之间建立直接联系。例如,联邦政府会直接与当地社区心理健康中心签订合同,为当地居民提供心理健康服务。同样,州社会服务部也将直接与当地的非营利儿童福利机构签订合同。

这种政府与非营利机构的关系往往是一种常态,直到20世纪80年代末,管理式医疗的浪潮席卷了州和地方政府的人类服务部门。管理式人类服务模式有意识地借鉴了医疗保健领域的模式,其中医疗保健组织和其他形式的管理式医疗已经占据了美国医疗保险业务越来越大的份额。尽管存在差异,但管理式医疗的基本原则是鼓励医生和医院等服务提供者通过按人头付费的方式来节约开支。因此,一个医疗保健组织将由雇主支付费用,为一定数量的个人提供服务。医疗保健组织有动机尽量将成本保持在报销水平以下,因为如果成本超过收入,他们将不会获得额外的资金。这种管理式医疗安排与以往的费用报销形式形成了对比。费用报销形式是向服务提供者支付既往产生的费用,并且任何合理的费用都是按照商定的价格表报销的。

直到最近,非营利人类服务机构也还是遵循费用报销的原则。管理式医疗的吸引力在于它限制了州政府的报销,并将管理非营利合同机构的风险转移给第三方承包商。因此,管理式医疗使政府与非营利机构之间的关系变得更复杂和间接。例如,在新泽西和马萨诸塞等州,负责儿童福利服务的州部门已经将其与私营机构签订的直接合同替换为与第三方机构签订一个按人头付费的大型合同,以管理该州的寄养及相关服务。该第三方机构然后与私人机构分包提供服务。管理式医疗在心理健康服务和包括州医疗补助计划在内的各种医疗保健计划中也相当普遍。

从非营利机构的角度来看,管理式医疗增加了客户和收入的不确定性,因为该机构没有固定的年度客户数量,而这在传统的政府与非营利组织的直接合同中通常是可以得到保证的。它还模糊了责任的界限,因为新的第三方机构可能会对负责确保提供优质服务和负责合理使用公共资金的适当机构造成混乱和混淆。管理式医疗还把服务提供结果的风险从州政府机构(在一定程度上从私人机构)转移到第三方管理式医疗组织。但通常情况下,这些管理式医疗组织不太愿意接受外部审查,尤其是客户和消费者的审查。

慈善事业的新方向[11]

福利改革、权力下放和管理式医疗引发了对公共资金的激烈竞争和不确定性,而私人慈善事业内部正在发生的变化进一步加剧了这种趋势。

正如本节所述,非营利人类服务机构的重要资助者,包括联合之路和私人基金会等,正在改变它们的资助方式,对非营利人类服务机构产生了深远的影响。

多种因素导致了私人慈善事业的这些变化。人口特征、社会和经济趋势使得许多地方的社区状况严重恶化,特别是在大都市地区的内城区。政治权力结构重大且持久的变化增加了其复杂性。机构慈善事业也有了重要的发展,比如联合之路组织、基金会或企业捐赠计划。然而,除了美国联合之路的阿拉莫尼(Aramony)丑闻之外,这些发展都没能像公共政策那样引起人们的关注。我们回顾了一些与人类服务部门相关的更为重要的趋势。

联合之路的发展

联合之路的资金在许多社区已经停滞不前,未能跟上人类服务机构其他资金来源的增长。这只在一定程度上反映了20世纪90年代初阿拉莫尼丑闻的影响,因为这种全国范围的趋势比这一丑闻事件早了好几年(Bothwell,1993)。更为重要的是联合之路系统资源库的结构变化。

1987年的《联合联邦运动法》(Combined Federal Campaign Law)以及人们对指定捐赠的日益接受,将联合之路的募集资金转移到不属于联合之路分配系统的机构或活动中。即使是在这类指定捐赠仍然很少的情况下,许多联合之路组织决定将指定捐赠与成员分配分开考虑。例如,看作"最后一笔"而不是"第一笔"被记入联合之路分配系统的资金,这改变了联合之路及其成员机构之间的关系。

企业和经济结构的变化也很重要。从制造业转向服务业的经济结构调整,意味着拥有成熟的联合之路活动和高薪工人的企业数量减少,而那些几乎没有联合之路参与传统,拥有大量非工会、低薪工人的企业数量不断增加。企业裁员意味着可以募集捐款的员工以及可以请求捐款的高管都减少了。小公司和自营职业的增长使这个问题进一步恶化,因为联合之路难以从这类公司、自营职业者或退休工人那里获得捐赠。企业收购和跨国公司对地方的投入减少进一步削弱了联合之路维持企业支持的能力(Kanter,1995)。此外,企业倾向于将慈善事业视为营销机会,这往往使它们难以适应与联合之路志愿者设定优先事项并相应分配资金相一致的社区基金模式。

这些因素有助于解释为什么许多联合之路组织的活动停滞不前,甚至走向衰落。在芝加哥地区,其活动收入下降了13%,从1992年的1.05亿美元高位下降到1996年的9150万美元。在克利夫兰,1990到1997年期间,总认捐额下降了19%。区域冲突加剧了这些趋势,因为相对于中心城区,郊区人口和经济实力的增长已经在联合之路系统内有所显露,有时城市和郊区分配系统之间的组织分裂使得这些趋势更加明显。

虽然许多联合之路的运动似乎正在收复一些失地,但这些结构性趋势对联合之路保持其作为规模最大和最制度化的人类服务部门慈善支持来源的能力具有重要意义。目前尚不清楚这些趋势如何影响联合之路在确定和解决社区需求方面发挥领导作用的能力(Gronbjerg, et al., 1996)。对慈善资助者的采访表明,每个人都知道联合之路是一个组织。事实上,当基金会和公共机构官员被问及一系列关于地方慈善资助者名单的问题时,联合之路是被提及的前三名慈善资助者之一(但从不是第一名)。然而,很少有慈善资助者,或甚至更少有公共资助者对联合之路所面临的问题和变革有任何深入的了解。

企业慈善事业的发展

威胁联合之路成功的因素同样影响了企业对非营利人类服务机构的直接捐赠。如上所述,日益激烈的国际竞争和企业收购促使企业将其慈善活动视为与营销、促销或公共关系密切相关的活动。这意味着要小心地将企业慈善事业定位于商业活动。通常,这也意味着倾向于寻找有声望和知名度的受赠组织,如主要的艺术和文化组织或高等教育机构。

从全国范围来看,1975年到1980年代初,企业捐款在人均基础上(按不变美元计算)翻了一番(Gronbjerg,1993:76-77),但自那以后就趋于稳定。然而,在此期间,企业对健康和人类服务的支持一直保持平稳,这反映出企业支持从这些服务领域的相对转移。

私人基金会的发展

家族基金会和独立基金会都与企业有着密切的联系。大多数基金会都有公司或企业代表担任其理事会成员,拥有的资产和收益来源于企业收益,并且由财富来源于商业活动的个人创办。近年来股票价格的快速上涨使许多基金会的资产大幅增加。由于基金会每年必须支付其至少5%的资产,基金会的拨款水平也相应地提高了。

随着企业高管薪酬的增长以及企业并购的增加,拥有大量资产的个人数量也在不断上涨。据估计,在未来20年左右,将有超过10万亿美元的资产等待着代际转移(Avery,1994)。事实上,大公司高管们进行数千万美元的慈善捐赠正变得愈加频繁,像乔治·索罗斯和特德·特纳最近的巨额捐款就是这样的例证。

社区和公共基金会的发展

近年来,社区基金会的数量不断扩大(Foundation Center,1997)。引发这种增长的一个主要因素可能是上述个人财富的增加。当净资产达到超过遗产税免税额的水平,设立慈善信托基金就成为一种有吸引力的税收替代方案。通过为许多小型信托基金提供专业管理,社区基金会可以容纳那些不足以确保成立独立基金会的资产持有量。它们还解决了如何为那些有财产但没有继承人或有不可靠继承人的人管理慈善信托的问题。此外,一些主要基金会,例如,凯洛格基金会、福特基金会、礼来基金会等,也促进了小型社区的社区基金会的发展。其他大型基金会则试图鼓励社区基金会扩大对特定活动的关注,例如莉拉·华莱士-读者文摘基金(Lila Wallace-Reader's Digest Fund)发起的文化参与活动。

虽然这些模式表明,近年来企业资助和基金会支持可能有所扩大,但这并不是完全正确的。为人类服务提供的慈善资金,特别是来自企业捐赠计划的资金,似乎受到了企业努力将其慈善捐款与营销和利润紧密联系起来的威胁。这些发展可能会推动非营利人类服务机构进行创业活动。

至于慈善资助者本身,对芝加哥地区50名此类资助者进行的分层抽样访谈表明,很少有人采取明确规划的方法来应对不断变化的人类服务环境的影响。相反,给我们留下的印象是,相当一部分慈善资助者在某种程度上是孤立的,并受到其使命和控制其主要资金来源的其他因素的严重制约。他们很少有时间或机会超越这些界限。他们对服务机构告知的社区需求做出反应,意识到大众媒体强调的广泛政策问题,并了解地方社区少数大型慈善资助者的情况。这些特点似乎集中体现在小型资助者中,特别是家族基金会和企业基金会。

当然,也有与之相反的例子,即慈善资助者做出持续的、系统的努力来审视环境,并高度重视公共政策的发展和社区的需要。著名的例子包括福特基金会、安妮·凯西基金会(Annie E. Casey Foundation)、罗伯特·伍德·约翰逊基金会(Robert Wood Johnson

Foundation)和麦克阿瑟基金会(MacArthur Foundation)。这些基金会和其他更关注地方的基金会积极参与与其重点领域相关的各种外部规划工作,并与公共机构和其他慈善资助者在这些领域展开合作。但它们的数量很少,而且主要(尽管不是完全地)是那些提供大量赠款的基金会。

介于这两个极端之间的是相当数量的慈善资助者,它们或多或少都在积极努力地了解重要的事态发展,特别是在公共政策方面,并与其他慈善资助者建立联系。它们在很大程度上依赖于资助者的区域协会,例如芝加哥捐赠者论坛(Donors Forum of Chicago),来提供这些信息资源。其中一些资助者还参与联合之路的需求评估或优先赠款活动。然而,几乎没有直接证据表明这些资助者参与慈善部门以外的联系网络,或利用这些网络积极塑造自己的环境,或根据公共政策的发展或其他环境趋势调整其活动。相反,它们只是在边缘上进行调整。

这些方法和发展是在社会保障网络进行重大改革,削减人类服务开支,以及对那些依赖人类服务的人持有更强烈消极态度的背景下产生的。虽然人们越来越认识到(尽管还远未达到普遍的程度),慈善事业不具备弥补公共政策大规模变化的财力,但财政方面的限制可能并不是最重要的因素。慈善界似乎没有解决这些问题的机构与能力。面对着在地方一级确定优先事项方面发挥更大的领导作用的压力,相信联合之路可以承担起这个角色,但由于缺乏资源和政治意愿而受到限制。这种责任将不可避免地引起争议和冲突,至少在一些社区团体和服务提供者之间是这样的。联合之路的分会并不是一个轻易与政治冲突对抗的组织,正如关于联合之路在一些社区资助计划生育和童子军的广为人知的争议所表明的那样。

企业家精神和经营项目

对公共基金和私人慈善事业的竞争日益激烈,这促使非营利机构利用营利性企业和创业活动来获取收入。这一趋势反过来又改变了非营利组织的形式,模糊了非营利组织和营利性组织之间的界限。

这些新的经营项目可能包括一系列令人眼花缭乱的倡议和计划,包括公益营销、慈善信用卡、非营利机构与营利性公司之间的合同,创建营利性子公司甚至是独立的营利性公司,以开拓新的市场。

这些例子几乎和非营利人类服务机构本身一样多样化。西北太平洋地区的一家艾滋病服务机构与一家大型全国性企业达成了一项公益营销协议,将某一特定产品的收益交给该机构。该机构成立了一个营利性子公司来处理这项新协议所带来的大量资金。在另一个例子中,西雅图的一家人类服务机构避开政府资助,通过与波音公司(Boeing)和星巴克(Starbucks)等当地大雇主签订合同,为机构客户提供培训服务。一家为当地非营利机构服务的非营利建筑公司与一家营利性公司合并,创建了一家营利性子公司。北卡罗来纳州达勒姆市的一家非营利房地产开发商与一家营利性开发商建立了正式合作关系,于是两家公司可以分享从低收入住房计划中获得的收入。

营利性企业和合伙企业对非营利人类服务机构的重要性迅速增加,这些只是众多例子中的几个。虽然这一新发现的角色表明了公共资金和私人慈善事业的变化,但它也证明了社会政策正在发生哲学转向。基于对福利国家和社会政策的某些假设,非营利人类服务机构在 20 世纪 60 年代和 70 年代得以扩张甚至繁荣:(1)政府应确保需要帮助的人得到适当的服务;(2)优质服务是指由合格的工作人员提供专业服务;(3)由政府资助的非营利机构是向有需要的人提供服务的最佳策略。许多与这些计划相关的政府和非营利部门人士认为,非营利人类服务机构应该完全依赖政府资金;私人慈善行为是有失体面的,代表着政府对为有需要的人提供服务的义务的逃避。许多社会福利倡导者对营利性或创业企业持怀疑或嘲笑的态度,因为政府提供了足够的资金,它们被认为是没有必要存在的。这是一种更接近欧洲主流观念的哲学,即政府直接或通过志愿服务机构提供广泛和多样化的个人社会服务(Smith and Lipsky,1993;Kahn,1972)。

20 世纪 80 年代和 90 年代,这些假设遭到了反对。许多非营利组织不喜欢政府的法规,特别是对客户资格和适当服务模式的规定。例如,德兰西街(Delancey Street)是一个总部设在旧金山、广受欢迎的药物治疗计划。它拒绝接受政府资金,因为他们希望保留对其业务的控制权。他们的康复计划包括客户直接参与计划的管理,并通过出售诸如景观美化、家具搬运和餐饮等服务为计划筹集资金。他们几乎完全避开了更主流的人类服务计划的专业人士。最近,许多倡导"自助"理念的"从福利到工作计划"也采用了类似的服务模式。这些安排方式的激增暗含着对 20 世纪 70 年代专业的、应享权利服务模式的否定:戒毒康复服务对象在当地的一家企业工作,而不是去找专业的社会工作者。

促使非营利人类服务机构更多地参与创业企业的另一个因素是来自营利性服务机构的竞争日益激烈,以及营利性公司对人类服务的兴趣日益增加。营利性机构在人类服务的某些特定领域已经存在了数十年,例如为情绪失常的儿童提供住院治疗和咨询的计划。通常,这些计划会接收非营利计划无法充分容纳的客户。缺乏更广泛存在的营利性机构的原因似乎与服务成本有关。营利性组织不能利用私人捐赠者来补贴服务,因此非营利组织在定价方面具有相当大的优势。许多捐赠者和客户无疑也更倾向于非营利组织,因为存在着对营利性组织的信任和合约失灵的问题(Hausmann,1980)。

政府资金的增加刺激了营利性公司进入传统上由非营利组织主导的服务类别(Schlesinger, Marmor, and Smithey, 1987)。缺少私人捐款并不是扩大服务的主要障碍,因为营利性机构现在可以向政府收取服务费用。然而,即使在政府增加了对非营利机构的资助之后,由于政府官员不愿与营利性公司签订合同,提供营利性服务仍然进展缓慢。

近年来,在私有化、效率和重塑政府等理念的推动下,政府官员更愿意与营利性服务机构签订合同,这在非营利组织和营利性组织之间产生了更多的竞争,尤其是在就业培训、心理健康计划和家庭护理等服务领域。另一个值得注意的发展是,具有社会责任感的营利性企业实际上正在支持,甚至提供传统上由非营利机构提供的社会服务。著名的冰激凌公司本和杰瑞(Ben and Jerry's)也许就是最好的例子。它们不仅向各种社会服务机构捐款,而且还在它们的一些商店里为福利接受者提供就业培训,甚至因为这些行动而获得了公共资金。这种企业家精神鼓励了其他营利性企业,也为非营利组织提供了一种从事营利性活动的模式。

简言之，非营利人类服务机构越来越多地参与营利性经营项目，这意味着传统上把非营利机构作为人类服务主要提供者的做法正变得越来越没有益处。仅仅通过观察一个非营利组织，越来越难以辨别它的服务组合中有多少是非营利性活动，有多少是营利性活动。营利性组织和非营利组织之间的行业差异不再像过去那样重要了。这意味着，尽管私人慈善事业关注其在支持人类服务方面的作用，但实际上它对非营利人类服务机构总收入的贡献可能会进一步下降。这也可能意味着越来越多的人类服务将经受某种形式的市场测试，而那些没有足够收入来源的计划可能会比过去更快地被放弃或缩减。

政治倡导

对于作为政治行动者的非营利人类服务机构来说，公共政策的变化和整体政治氛围使得现在成为一个不确定的时期。非营利组织在进行倡导和代表公民向政府表达不满和观点方面发挥着关键作用，这是美国文化的一部分(de Tocqueville, 1955 ed.)。在社会政策方面，这在美国历史上的各个时期都是如此，尤其是在诸如进步时代(Skocpol, 1992; Sklar, 1992)这样的改革时期更是如此。然而，在战后初期，志愿协会对人类服务的倡导相对有限，特别是在州和地方一级。

这种相对的不参与状况在20世纪60年代和70年代发生了显著变化。联邦资金推动了非营利人类服务机构的扩张。许多志愿协会支持扩大公共社会服务资金，但这些新资金及其伴随而来的政策和法规使非营利服务机构对制定和影响公共政策产生了浓厚的兴趣。由于政府的广泛资助，非营利机构现在与政府官员有着直接和持续的关系。随着时间的推移,非营利机构越来越多地参与政治倡导活动,并成立了新的全州或区域协会,以维护其集体利益。在某些情况下,这些新协会的创建是由政府官员促成的,他们将全州的协会视为潜在的盟友(Smith and Lipsky,1993)。

非营利人类服务机构倡导的有效性既难以检验,也存在争议。许多人反对扩大公共部门对社会服务领域的资助,把非营利组织的倡导看作联邦政府社会性支出增长的一个关键原因。许多非营利机构也喜欢把自己描绘成具有政治影响力的组织。但是,更仔细地研究许多政策问题,就会发现一个更为复杂的故事。例如,美国的许多非营利人类服务机构强烈反对福利改革,但改革法案还是通过了。在州和地方一级,尽管非营利组织积极游说,但资金还是被削减了。这并不是说非营利社团组织及其盟友没有政治影响力,而是说它们的影响力可能被夸大了,其他团体和政治力量在某一特定的社会服务问题上可能更为重要。此外,非营利服务提供者往往选择将他们的倡导和游说重点放在更神秘的规章制度领域,这可能涉及与政府管理人员的直接谈判。非营利人类服务机构在资金水平方面的影响力可能较弱,但在制定与服务提供相关的管制性政策方面却非常强大。

尽管存在这种不确定的政治影响,联邦一级的许多政策制定者已经将非营利机构的倡导作用视为一个主要问题,以及对其免税地位的潜在滥用。众议员欧内斯特·伊斯托克(Ernest Istook)在 1995 年提出了所谓的《伊斯托克修止案》(Let America Speak Coalition, 1995)。这项立法提案如果通过,将有效地禁止接受联邦资金的非营利机构参与大多数形式的政治倡导和游说活动。

甚至非营利机构就福利改革或儿童保育等问题开展的教育活动也会被视为不当活动。[12]这项修正案未能获得足够的支持，但是伊斯托克和他的盟友们不断推出该修正案的不同版本。这个问题不太可能很快消失。

由于《伊斯托克修正案》引发的争议，许多非营利组织对与政治倡导有任何关系的活动都变得更加小心。自我审查可能正在一些非营利组织中发生，它们因为担心被指控从事非法政治活动（尽管可能性很小）而不愿在某些问题上发表意见。然而，一个更为深刻的问题是，围绕《伊斯托克修正案》的争论耗费了许多全国性非营利组织（包括独立部门）的时间和精力，从而分散了人们对非营利组织倡导中更基本问题的关注：代表性和资源的不平等。许多非营利人类服务机构，特别是较小的社区服务组织，很少直接进行倡导活动。它们缺乏资源，并且许多组织担心，如果它们大肆宣传，就会惹怒政府官员，以较低的合同奖励、繁重的法规，甚至是拒签合同的方式来报复它们。代表性的问题并不是非营利人类服务机构所独有的。在政治参与和代表性方面日益严重的不平等是一种全国性的现象（Verba，Schlozman and Brady，1995；1997）。尽管如此，考虑到非营利人类服务机构代表的是弱势的、政治上没有权力的群体，它们背负着特殊的倡导重担。在未来几年，非营利人类服务机构将迎接挑战，以设计出成功的倡导策略，满足政策制定者和公众对于非营利机构在政治进程中处于适当位置的期望。

宗教机构的新角色

由于宗教在美国政治议程上日益突出，前面讨论的许多非营利人类服务发展有可能变得更加复杂。有几个密切相关的问题。首先,虽然不一定是新宗教政治的直接后果,但人们越来越关注宗教与人类服务之间的联系。我们现在基本确信,绝大多数宗教团体(大概90%)都从事人类服务活动,特别是青少年计划。有相同比例的宗教团体从事与健康相关的计划或活动,尤其是在探视和为卧病在家的人提供支持方面。

在从事人类服务活动的教会团体中,有近四分之三参与、支持或与其他组织的计划有关联;近一半不仅在自己的教会中,而且与其他组织合作运作项目(Hodgkinson and Weitzman, 1993:2)。这些数字表明,宗教团体在提供和支持人类服务方面确实令人印象深刻,尽管宗教团体对人类服务的参与往往集中在那些宗教被认为具有特殊优势的人类服务领域子集中,特别是在儿童福利和物质帮助方面(Smith and Sosin, 1998)。

我们对单独成立的非营利人类服务组织的宗教联系也有了一些初步的了解。对伊利诺伊州非营利人类服务组织的一项调查显示,大约五分之一的被调查组织有一些正式的宗教信仰(Grønbjerg and Nelson, 1998)。这些组织从宗教团体获得资金,隶属于宗教团体、修道会或教派组织,或由其经营或管理等。由于可用于生成调查的邮寄名单的来源有限,调查结果很可能低估了人类服务组织拥有正式宗教信仰的程度。

与较大的宗教机构和其他无宗教信仰的小型机构相比,小型[13]宗教非营利组织在财务上更为脆弱,主要体现在年度盈余和资产性支出水平较低(Grønbjerg and Nelson, 1998)。财政脆弱性如同幽灵一般延伸至宗教团体本身,并成为礼来基金会发起的一项重大倡议的推动力,即审查美国宗教的财务状况。这些行动的结果表明,尽管存在教会财务危机的看法,但我们有充分的理由认为,这种"危机"是相对于不久前美国宗教的异常繁荣时期而言的。

政治方面的发展使得宗教团体广泛参与人类服务的重要性日益凸显。宗教右派,特别是基督教联盟和所谓的道德多数派,与共和党的重要部门合作,已经为扩大宗教和宗教组织在美国社会中的作用采取了直接和持久的行动。

在人类服务领域,这是对与生殖行为(例如节育、堕胎)有关的服务合法性的长期激烈争论的延伸。然而,在过去几年中,这些行动已经进入了与更广泛的人类服务更直接相关的领域。现在就有一个正在进行的议程,以使归附宗教信仰的团体可以获得人类服务和教育领域的政府补贴、拨款和合同。这显然与过去保持政教分离的做法相背离。

其中一些行动已经取得了成功。1996 年通过的《福利改革立法案》中所谓的"慈善选择"(Charitable Choice)条款允许作为宗教团体广泛运作的组织获得联邦资金,管理社会服务和公共卫生福利。参议员约翰·阿什克罗夫特(John Ashcroft)和其他人已经在《美国社区复兴法案》(American Community Renewal Act)、《药物滥用和心理健康再授权法案》(Substance Abuse and Mental Health Reauthorization Act)和《美国老年人法案》(Older Americans Act)中引入了类似的条款。据报道,阿什克罗夫特参议员计划在国会的每一项公共卫生和社会服务法案中都纳入这项提案。

如果这样持续下去,这些政治事态发展可能会对人类服务提供系统产生重大影响。它们可能会对该部门的就业条件、获得服务的机会以及问责和监督提出挑战。具体而言,根据目前的规定,"慈善选择"条款允许接受政府资助、作为服务提供者的宗教机构根据其宗教进行招聘。在获得服务方面,似乎没有要求告知计划受益人,如果他们愿意,他们可以向另一个提供者寻求服务,尽管如果受益人反对宗教组织提供服务,国家必须有替代的服务提供者。如果宗教组织不将政府资金与自己的资金分开,那么政府监督机构在多大程度上能够审计项目支出也存在一些争论。

最有可能的是,有资格获得公共资金的服务提供者的范围扩大,这将为非营利人类服务提供者带来更大的竞争,尤其是对于已经获得此类资金的大部分非宗教机构而言。此外,国家与宗教界限的模糊也可能会影响到人类服务领域的慈善资助者,特别是联合之路和企业资助者。它们要么依赖公众对其活动的广泛支持(对于联合之路而言),要么寻求利用其慈善活动来激发公众的善心(对于企业慈善事业而言)。

联合之路在一些社区(主要是大都市地区)因为其对童子军组织和其他不希望雇用男女同性恋者的宗教组织的支持,已经面临困难。传统上,通过强调为人类服务提供资金,并与资助宗教活动尽量保持距离,大多数联合之路组织都试图避免在宗教派别中做出选择(并与一部分或另一部分捐赠者对立)。事实上,许多组织以公共部门的行动为榜样,认为公共政策反映了社区的共识。因此,如今弥漫在华盛顿政治格局中的矛盾和分裂的宗教价值观,对于联合之路而言,也是一样有问题的。同样,企业慈善事业也可能会受到影响。

显然,由于私有化和权力下放、慈善资金竞争加剧、社会对教会和人类服务机构作用的新期望,以及教会、营利性企业和服务机构进入以前由非营利组织主导的服务市场,非营利人类服务机构正在发生重大变化。目前尚不清楚的是,这些变化将给美国社会政策和非营利人类服务机构带来什么样的影响。

从历史上看,美国社会政策学者认为,与欧洲国家相比,美国是一个落后的国家(Wilensky, l957; Flora and Heidenheimer, 1982),因为美国社会服务的有限性,以及私人慈善事业的重要作用(相对于国家资金和服务津贴而言)。埃斯平-安德森(Esping-Anderson, 1990: 26 – 29)反对这种两极模式,认为根据国家在经济中缓冲货币和头寸影响的程度和方式,发达工业国家可以分为三个基本类别。在他提出的方案中,美国代表着自由福利国家,由职业道德规范所主导,这些规范被融入按收入调查结果支付的补助和适度的社会保险计划中。在这种模式下,国家以各种方式鼓励市场——只保证最低限度的生活保障,并补贴私人福利系统。其结果是,社会只为个人提供有限的保护,使其免受诸如失业和老龄等现代生活风险的影响。

过去 25 年来,非营利人类服务的发展及其与公共政策的关系表明,美国的情况确实更为复杂,并不是对美国和欧洲福利国家进行标准比较就可以清晰呈现的。政府对非营利机构的支持在 20 世纪 60 年代和 70 年代有所扩大,部分原因是美国许多政策制定者和学者支持欧洲社会民主国家的愿景。乍看起来,20 世纪 80 年代似乎是对这一愿景的退却。考虑到联邦政府对某些计划的资助减少,在某种程度上情况也确实如此。然而,许多联邦计划的扩张、利用医疗保健资金为人类服务再融资,以及私营部门在支持人类服务方面愈发重要的作用,都表明美国应该以提供人类服务的方式区别于其他发达工业国家(Rein, 1995; Esping-Anderson, 1990)。这并不是说其他国家没有通过公共资金提供更慷慨的计划。例如，瑞典、法国和许多其他国家都有对儿童保育、学前教育和其他计划提供更广泛的直接公共资助。

在美国，国家补贴私人福利系统，而且非营利人类服务机构与公共部门密切合作，提供一系列服务。尽管政策制定者试图削减计划，但机构的数量仍在以缓慢的速度增长。这些组织依赖于各种直接的公共拨款和合同，但也越来越多地依赖于一系列间接的公共补贴、非人类服务拨款，以及从营利性和创业企业赚取的收入。因此，根据直接公共支出来比较各国的传统方法变得越来越不合适。非营利人类服务机构变得越来越复杂，组织界限也越来越不清晰：尽管交付工具可能是非营利的，但资金来源日益多样化。事实上，考虑到营利性子公司的激增以及与营利性实体的合作关系，即使涉及非营利组织，交付工具也可能不再是非营利的。公共部门和非营利机构之间的密切联系使这种关系更加模糊，难以描述。例如，一些非营利组织既有501(c)(3)的地位，又被列为公共开发机构。

非营利人类服务机构现在正处于美国社会政策的交叉路口。我们对政府的怀疑和厌恶导致我们转向非营利组织，然而美国的政治制度确实允许政策制定者采取公共行动来支持需要帮助的人——资金是公共的，但交付机制是非营利的。我们试图通过私有化、权力下放和监管立法来减少对非营利组织的公共支持，但即使有些计划被削减，新的计划又在创建。从最近刚刚过去的经历来看，目前大规模限制对非营利组织的公共支持很可能不会成功。美国的政治制度似乎在联邦、州和地方各级为采用公共和私人支持的新方法提供了太多的机会。从这个意义上说，非营利人类服务机构既体现又说明了美国社会政策的诸多矛盾和困惑。

克丽丝滕·克朗勃捷(Kirsten A. Grønbjerg)
史蒂文·拉特格布·史密斯(Steven Rathgeb Smith)

注释：
[1] 最近,布拉德利委员会(Bradley Commission)的报告提出了这一论点(National Commission on Philanthropy and Civic Renewal, 1997)。
[2] 到目前为止,NTEE 分类系统仅适用于根据美国国税局第 501(c)(3)条登记为公共慈善机构并递交纳税申报表的组织的 36%。这就排除了根据国税局其他法规注册的不需要递交纳税申报表的慈善组织和免税组织,这些组织或超过在国税局注册的免税组织的 80%。
[3] 表面上看,"非申报者"要么收入太少(如低于 25 000 美元),无法满足申报要求,要么是作为上级组织的一部分进行申报。然而,这可能并不适用于所有非申报者(Grønbjerg, 1994)。
[4] 本总结基于克朗勃捷等人 1996 年的研究(Grønbjerg, et al., 1996)。
[5] 在 20 世纪 60 年代末,先行教育计划的参与人数达到了早期高峰,然后进入了一个长时间的下降期,直到 80 年代参与人数和资金才再次上升。
[6] 补充保障收入与通货膨胀挂钩,这是导致福利补助金增加的一个重要因素。补充保障收入计划为盲人、无社会保障资格的贫穷老人和残疾人提供服务。几乎所有福利接受者的增长都来自残疾人。
[7] 即使是所谓的私人资金也经常与政府的支持相结合,因此,有时不可能将公共和私人资金的组合分开,无论是针对个人还是私人组织。
[8] 例如,住房和城市发展部资助的住房数量从 1977 年的 247 667 套减少到 1996 年的 17 731 套(House Ways and Means Committee, 1996,919)。住房和城市发展部新的预算授权从 1977 年的 280 亿美元下降到 1996 年的 140 亿美元(或按 1996 年美元计算,从 713 亿美元下降到 140 亿美元)(House Ways and Means Committee, 1996,921)。许多非营利机构,特别是为精神病患者和发育障碍者提供服务的机构,利用了一些住房和城市发展部的新建设资金。

[9] 收入趋势的总体数据与这一观点一致。现有数据表明,政府通过拨款和合同提供的资金或多或少跟上了社会和法律服务领域总体收入的增长。这些来源所占的份额略有下降,从 1977 年的 54%下降到 1992 年的 50%(Independent Sector, 1996: 193 - 194)。然而,捐赠和费用的相对重要性已经改变,费用占收入的比例从 10%上升至 18%,捐赠从 32%下降到 20%。正如我们所注意到的,有些费用反映的是政府的拨款,而不是私人来源,因此拨款和合同收入的数字低估了社会和法律服务机构对政府资金的持续依赖。捐赠收入的趋势与 1996 年美国筹款顾问协会(American Association of Fund-Raising Counsel) 报告的数据一致。1996 年的《美国慈善捐赠》报告显示,用于人类服务的私人捐赠比例从 20 世纪 60 年代的 14%下降到 20 世纪 90 年代初的 9%。没有按子部门进行更精细划分的数据。

[10] 诚然,机构可以尝试根据绩效合同就与行政相关的费用开列账单,但这难度更大。

[11] 本节内容主要基于克朗勃捷等人(Grønbjerg, et al., 1996),以及克朗勃捷和琼斯(Grønbjerg and Jones, 1997)的研究。

[12] 大多数非营利人类服务机构都是 501(c)(3)组织。因此,它们只能将总预算的 25%用于政治倡导。政治倡导被定义为更直接的游说形式,如聘请说客,而不是就福利改革等紧急公共问题致函立法者。

[13] 此处定义为年支出少于 50 万美元或全职员工少于 20 名的组织。

参考文献

Affordable Housing Finance. 1997: "Many State Agencies Prepare to Wrap Up Tax Credit, Tax-Exempt Bond Rounds," *Affordable Housing Finance*, 5,3 (May-June): 6 - 9.

American Association of Fund-Raising Counsel. 1996: *Giving USA 1996*. New York: American Association of Fund-Raising Counsel.

Avery, R. B. 1994: "The Pending Intergenerational Transfer." *Philanthropy* (Winter).

Bixby, A. K. 1996: "Public Social Welfare Expenditures, Fiscal Year 1993," *Social Security Bulletin*, 59,3 (Fall): 67 - 75.

Bothwell, R. 1993: "Federated Giving: Recent History, Current Issues." National Committee for Responsive Philanthropy: Washington, DC.

Brown, L. D. 1983: *New Policies, New Politics*. Washington, DC: Brookings.

Clotfelter, C. T. 1985: *Federal Tax Policy and Charitable Giving*. Chicago:

University of Chicago Press.

Clotfelter, C. T. and R. L. Schmalbeck. 1996: "The Impact of Fundamental Tax Reform on Nonprofit Organizations," in *Economic Effects of Fundamental Tax Reform*, ed. H. J. Aaron and W. G. Gale. Washington, DC: Brookings. pp. 211 – 246.

Dobbin, F. and T. Boychuk. 1996: "Public Policy and the Rise of Private Pensions: The US Experience since 1930," in *The Privatization of Social Policy*? ed. Michael Shalev. London: Macmillan. pp. 104 – 135.

Esping-Anderson, G. 1990: *Three Worlds of Welfare Capitalism*. Princeton, NJ: Princeton University Press.

Executive Office of the President. 1997a: *Budget of U. S. Government, FY 1998*. Washington, DC: Government Printing Office.

Executive Office of the President. 1997b: *Budget of U. S. Government, FY 1998: Analytical Perspectives*. Washington, DC: Government Printing Office.

Flora, P. and A. J. Heidenheimer. eds. 1981: *The Development of Welfare States in Europe and America*. New Brunswick, NJ: Transaction Books.

Foundation Center. 1997: *Foundation Giving, 1997 Edition*. New York: The Foundation Center.

Grønbjerg, K. A. 1993: *Understanding Nonprofit Funding: Managing Revenues in Social Service and Community Development Organizations*. San Francisco: Jossey-Bass.

Grønbjerg, K. A. and E. Jones. 1997: "Philanthropic Human Service Funders in a Changing Environment," Paper presented at the ARNOVA meetings, Indianapolis. (December).

Grønbjerg, K. A. and A. Nagle. 1994: "Structure and Adequacy of Human Service Facilities: Challenges for Nonprofit Managers," *Nonprofit Management and Leadership*, 5 (No. 2): 117 – 140.

Grønbjerg, K. A. and S. Nelson. 1998: "Mapping Small Religious Nonprofit Organizations: An Illinois Profile," *Nonprofit and Voluntary Sector Quarterly*, 27, 1 (March): 13 – 31.

Hansmann, H. 1980: "The Role of the Nonprofit Enterprise," *Yale Law Review*, 89 (April): 835 – 899.

Hansmann, H. 1996: *The Ownership of Enterprise*. Cambridge, MA: Harvard University Press.

Hodgkinson, V. and M. Weitzman. eds. 1993: *From Belief to Commitment: The Community Service Activities and Finances of Religious Congregations in*

the United States. Findings from a National Survey, 1993 Edition. Washington, DC: Independent Sector.
House of Representatives, Ways and Means Committee. 1996: *The Green Book*. Washington, DC: Government Printing Office.
Independent Sector. 1996: *The Nonprofit Almanac*. Washington, DC: Independent Sector.
James, E. 1983: "How Nonprofits Grow: A Model," *Journal of Policy Analysis and Management*, 2,3 (Fall): 350 – 366.
James, E. 1987: "The Nonprofit Sector in Comparative Perspective," in *The Nonprofit Sector: A Research Handbook*, ed. W. W. Powell. New Haven: Yale University Press. pp. 397 – 415.
Kahn, A. J. 1972: "Public Social Services: The Next Phase-Policy and Delivery Strategies," *Public Welfare* (Winter): 15 – 24.
Kanter, R. M. 1995: "World Class Companies and World Class Communities: A Contradiction, Tension, or a Partnership?" Paper presented at the American Sociological Association, Annual Meeting, Washington, DC.
Lipsky, M. and S. R. Smith. 1989 – 90: "Government, Nonprofit Agencies and the Welfare State," *Political Science Quarterly*, 104, 4 (Winter): 625 –648.
National Commission on Philanthropy and Civic Renewal. 1997: *Giving Better, Giving Smarter: Renewing Philanthropy in America*. Washington, DC: The National Commission on Philanthropy and Civic Renewal.
Rein, M. 1996: "Is America Exceptional? The Role of Occupational Welfare in the United States and the European Community," in *Privatization of Social Policy?* ed. M. Shalev. London: Macmillan. pp. 28 – 43.
Salamon, L. M. and A. J. Abramson. 1984: "The Nonprofit Sector," *The Reagan Experiment*, ed. J. L. Palmer and I. V. Sawhill. Washington, DC: The Urban Institute. pp. 219 – 243.
——1987: "Partners in Public Service: The Scope and Theory of Government-Nonprofit Relations," *The Nonprofit Sector: A Research Handbook*, ed. W. W. Powell. New Haven: Yale University Press. pp. 99 –117.
Schlesinger, M., T. R. Marmor, and R. Smithey. 1987: "Nonprofit and For-Profit Medical Care: Shifting Roles and Implications for Health Policy," *Journal of Health Politics, Policy and Law*, 12,3 (Fall): 427 – 457.
Shashaty, A. R. 1997: "Archer vs. Clinton: The Rematch," *Affordable*

Housing Finance, 5,3 (May/June): 4.

Sklar, K. K. 1992: "Explaining the Power of Women's Political Culture in the Creation of the American Welfare State, 1890 – 1930," in *Gender and the Origins of Welfare States in Western Europe and North America*, ed. Seth Koven and S. Michel. New York: Routledge.

Skocpol, T. 1992: *Protecting Soldiers and M others: The Political Origins of Social Policy in the United States*. Cambridge, MA: Harvard University Press.

Smith, D. H. 1997: "The Rest of the Nonprofit Sector: Grassroots Associations as the Dark Matter Ignored in Prevailing 'Flat Earth' Maps of the Sector," *Nonprofit Voluntary Sector Quarterly*, 26,2 (June): 114 – 131.

Smith, S. R. 1997: "Civic Infrastructure in America: The Interrelationship Between Government and Voluntary Associations," paper commissioned for the National Commission on Civic Renewal. College Park, MD: University of Maryland.

Smith, S. R. and M. Lipsky. 1993: *Nonprofits for Hire: The Welfare State in the Age of Contracting*. Cambridge, MA: Harvard University Press.

Smith, S. R. and M. R. Sosin. 1998: "Are Faith-Based Agencies Really Different?" unpublished paper.

Stevenson, D., et al., 1997: *The State Nonprofit Almanac*. Washington, DC: The Urban Institute Press.

Thompson, A. 1997: "Developers Enjoy Strong Markets, As Agency Targets Rehab, Unserved Areas," *Affordable Housing Finance*, 5,3 (May/June): 50 – 53.

de Tocqueville, A. 1955 ed.: *Democracy in America*. New York: New American Library.

Verba, S., K. L. Schlozman, and H. E. Brady. 1995: *Voice and Equality: Civic Voluntarism in American Politics*. Cambridge, MA: Harvard University Press.

Weisbrod, B. A. 1989: *The Nonprofit Economy*. Cambridge, MA: Harvard University Press.

Weisbrod, B. A. 1975: "Toward a Theory of the Voluntary Non-Profit Sector in a Three-Sector Economy," in *Altruism, Morality and Economic Theory*, ed. E. Phelps. New York: Russell Sage Foundation.

Wilensky, H. L. and C. N. Lebeaux. 1957: *Industrial Society and Social Welfare*. New York: The Free Press.

第八章　公众对非营利组织的信任与监管改革的必要性[1]

无数大大小小的、正式和非正式的、富有和贫穷的、新或旧的非营利组织都有一个共同的特点：它们致力于比自己更大的，事实上是自己之外的利益。正是这一特点将它们定义为一个部门。通过捐赠、赞助或政府颁布的税收优惠，这个部门所有的组织都或多或少地依赖于公众的支持。公众的持续支持是出于对非营利部门诚信的持续信任。这种信任可能会因为财政不负责任、管理不善、浪费和部门内的欺诈行为以及非营利组织最近持有的资产的大幅增加而逐渐被削弱。州政府和联邦政府目前的问责执行部署完全不足以发现、阻止和惩罚极少数组织的非法行为，如果处理不当，可能会损害人们对非营利组织的公益意愿。为了监督和维护合法的非营利部门，本文提出了三种相互补充、循序渐进的战略：(1)非营利部门内部战略；(2)非营利部门/政府联合战略；(3)建立一个新的联邦机构。

各类非营利组织构成了一个部门

所有希望了解美国或世界其他国家民主制度的力量和活力的人都要始终牢记,各种各样的非营利组织——宗教、社会福利、各级私立教育、私营医疗组织,代表公共政策各个领域的种类繁多的倡导团体,以及一些艺术机构、智囊团和各种类型的基金会——尽管各有不同,但它们构成了一个不同于政府和营利部门的部门。所有这些组织的共同点是明确承诺为公共利益服务,如同透过多面棱镜看到的那样,很多自由的思想聚集在一起深思讨论。纯粹致力于为公众谋福利使它们与营利性的私营部门区别开来,而完全依靠自愿行动则使它们从根本上区别于公共部门(只有公共部门才有权力强迫合作与服从)。许多非营利组织得到了各级政府的大力支持,但这并没有奇迹般地将它们转变为公共部门组织。还有许多非营利组织越来越依赖赚取的收入,但这也没能使它们转变为营利性实体。它们经常与政府和营利性企业建立合资企业或伙伴关系,这既不会损害它们的私人性质,也不会损害它们的公共服务性质。其中一些组织主要是为创建和维持它们的人的社区而存在的,但这并没有降低它们的公共服务性质。美国人民自由联合起来,共同建立起不计其数的小型志愿团体,来满足他们的需求,并且在更大的国家范围内为他们的利益服务。这正是一些开国元勋所称的"共和国"的意义所在。它们的私有性仍是不可侵犯的,并且事实上,正是公共服务民营化构成了它们的独特性,使其一直具有吸引力,而且往往是实现那些政府或营利性企业单独或共同都无法达到的目的所必需的。

第八章 公众对非营利组织的信任与监管改革的必要性

尽管利他和互利的非营利企业有着各种各样的织线、颜色、质地和拉伸强度,但它们的私有性将它们编织进同一块织物中。

然而,在那些从事,或对非营利世界一系列特定领域感兴趣或有关联的人中,很少有人总是记得自己不仅是环境、社会福利、教育、卫生、艺术、公共政策或其他分部门的参与者,同时也是非营利世界的公民。我们也不记得,我们共同享有的权利——私下处理公共或者共同利益问题的权利,以及我们共同享有的特权——在公共资金的支持下采取私人行动的特权,由于非营利部门任何一个子部门的人的真实或被认为的不当行为,很快会受到质疑。毫不夸张地说,我们最好紧密团结在一起,否则我们一定会被逐一击败。

比以往任何时候都更为重要的是,我们每个人都必须更广泛地界定我们所效忠的事业,不能仅仅局限于那些吸引我们的特殊领域,而是要将它们扩展到把整个非营利世界包含进来,这个世界包括所有的非营利组织,无论它们的使命是什么。毕竟,正是这个更大的非营利世界的概念给予这个多元化的部门合法地位,使我们民主社会中个人和群体的事业和利益得到保护、重视和享受税收优惠。虽然该行业的生存不能只依靠其税收优惠地位,但无可辩驳的是,给予该部门的税收特权极大地促进了其财务健康和活力。因此,我们不要忘记,正是作为一个整体的非营利事业的概念,以及这种事业对社会有益的信念,使构成该部门的非营利组织得以持续繁荣。因此,对任何一个分部门的政治或政府威胁都是对整个部门的威胁。无论政府做出何种保证或承诺,其对任何一个分部门税收减免地位的制约都迟早会波及其他分部门。如果对税收制度进行彻底改革,这些变化可能会对所有形式的非营利机构产生同样的影响。

我们每个人都应该投身于自己所在的组织和分部门,这种美德是不言而喻的。然而,我们却很少有人会忠于整个非营利世界。我认为,我们都需要养成一种习惯,时刻牢记部分和整体的关系,并尽最大努力促使我们的成员和支持者认识到,他们个人的慈善行为不仅加强了我们的特定组织,而且加强了整个非营利部门。在我看来,整个行业的持续活力是关键,这有助于美国社会对利益的自由表达。随着整个部门的繁荣,那些我们特别关注的部分也将蓬勃发展。我们应该让我们的同事明白,我们筹集资金不仅是为了那些体现我们所热切关注的特殊利益的机构或事业,而且是为了我们成为更大的事业的一部分。我们这样做加强了一个综合性部门的重要组成部分,这个部门定义了美国社会的与众不同或独一无二。

作为整个非营利部门的一员,为自己感到自豪应该不难。仅凭其规模就足以让那些没有把该部门看作一个部门的人感到惊讶。根据最新的估计,非营利部门至少占美国国内生产总值的7%,可能更多,并占我们劳动力的10%。此外,在过去20年的大部分时间里,非营利部门一直是三个部门中增长速度最快的部门。[2]美国独立部门出版的著作《对独立部门的描绘》[3](*A Portrait of the Independent Sector*)中曾提到,除宗教机构以外,目前存在的非营利组织中有60%建立于1971年之后。此外,从1980到1990年,非营利部门对就业增长的贡献率为12.7%,比其目前的劳动力占比高出约25%。[4]

在过去的30年中,美国人的慈善捐赠,这当然只是整个部门的部分收入,现在大约占到了整个部门收入的19%,其占国内生产总值的比例从 1977 年 1.7% 的低点到 1965 年 2.3% 的高点不等,并且在过去的 8 年里稳定保持在 2%。[5]这人约是排在下一位的国家(英国)慈善捐赠占国内生产总值比例的三倍。当然,美国人担负得起更多的捐赠,而且也应该如此,但不可否认的是,作为一个国家,美国人现在是世界上最慷慨的人。没有理由像最近一些人所做的那样,贬低美国人目前的慷慨程度,以敦促他们更加慷慨。我们面临的巨大挑战之一是让我们的美国同胞们相信,比现在更多的捐赠会带来更大的成就感。

总体而言,整个非营利部门目前的预算约为 7 000 亿美元。这还不包括志愿者服务时间的价值,这约等于 1 亿美国人每周志愿服务 4 小时,也就是每年 200 亿小时。如果将这些时间按照适当价值估算,那么整个部门的预算将超过 9 000 亿美元。[6]将这些数字与整个联邦预算相比,不包括国防和国债权益,整个联邦预算也才只有区区 2 770 亿美元![7]

非营利部门的大公无私和公共产品性质

但是,还有一个特点比单纯的规模更能让人因为身为整个非营利部门的一员而感到自豪。我们这个部门的核心宗旨不是为自己服务,而是致力于满足他人的需要和创造公共产品。如果说利润是我们的姊妹部门,即营利部门的底线,那么"非营利组织"几乎就如它们的名字所坚持的那样,它们所赚取的任何利润都不能算作经营者的个人经济收益。没有人"拥有"它们,组织的管理者是为实现他人利益的受托人。在西方法律传统中,长期以来，受托人无论是在实质上还是表面上都被要求遵守最高、最严格的管理标准。即使今天非营利组织理事的注意义务标准不叫作"信托标准"，在现行的"商业判断"标准中仍存在大量该标准的内容。[8]对于那些对这个部门的本质感到困惑、非要将它分类的人，我们的答案就在这里：这个行业不仅仅是"非营利"的，还是为了人类行为中最值得称赞的品质——为了实现他人利益而非自身利益的自愿捐赠。在《一报还一报》(Measure for Measure)中，莎士比亚借文森迪奥公爵之口最好地阐释了这种品质：

> 上天生人，犹如我们点燃火炬，
> 　　火光不是为了照亮火炬本身；
> 我们的美德如果不能推及他人，
> 　　那么要这些美德，又有何用？[9]

　　顺便一提，美国商务部在其国民经济核算中把非营利部门视为"消费"而不是"生产"[10]部门，这一事实令人忍俊不禁。这种反常的想法显然错误地理解了亚当·斯密《国富论》(*The Wealth of Nations*)中的观点。我敢肯定，托克维尔的观点要更准确一些，他坚持认为"民主社会的财富很可能是通过私人公民履行职能的质量来衡量的"。托克维尔所说的财富在美国社会引人注目地显现出来，不仅体现在公认的慈善社会服务子部门，也同样显著地体现在占非营利部门收入80%的私立教育和医疗机构中。

　　美国人将非营利部门看作一种组织模式的想法极具影响力。它向公众承诺了极大的自由，使人们可以自愿结社，来实现我们自己选择的具有社会价值的目标。与许多社会相比，我们拥有更多的自由这样做,我们运用它的时间也更为久远,而在那些社会中,大多数社会目标都需要通过国家本身正式和严格的机制来实现。

政府监管非营利部门的必要性

非营利部门生产公共、准公共产品和服务,它是生产私人和准私人产品与服务的营利部门的社会对应物。无论是非营利部门还是营利性部门,其显著特点是自愿行动,个人和团体的主动性、灵活性、自主性和没有官僚作风,其所有活动都要遵守政府确立的基本原则。从非营利和营利性部门来看,我们最好将公共部门视为裁判员和警官。它的特点是拥有强制性权力,如果使用得当,这种权力可以促进而不是限制自由;但是,当这种权力被莎士比亚所说的"政府部门的傲慢"所玷污或腐化时,它往往会肆无忌惮地凌驾于自由之上。与当今流行的一些看法相反,政府并不是一种邪恶,甚至是一种必要之恶。它的基本原则是为秩序自由确定绝对必要的边界。就连诺贝尔奖获得者米尔顿·弗里德曼(Milton Friedman)也承认政府是不可或缺的"裁判员"。[11]没有它们,我们所有人享有的自由将会被少数人破坏,这些人只遵从他们个人的意志而不遵从任何约束。正如国家法律与慈善中心(National Center for Law and Philanthropy)主任哈维·戴尔(Harvey Dale)指出的那样,"格雷欣监管法则"(Gresham's Law of Regulation)预言,如果没有政府的监督和执法来禁止欺诈、自我交易以及其他损害我们所有人的不良行为,好人会遵守规则,坏人则会肆无忌惮地藐视规则;而且如果有足够多的坏人逍遥法外,那么私人行动的领域将会受到严重破坏。因此,营利性和非营利部门需要政府在某种程度上进行监管和执法,这仅仅是为了确保每个人拥有最大限度的自由去参与竞争和合作,以充分实现他们对公共利益的看法,保护他们免受那些不顾公共利益、只顾自我扩张的个人行动的影响。马里恩·弗里蒙特-史密斯(Marion Fremont-Smith)简洁地阐述了监管的目的:"这是为了向公众保证,政府可以通过一种机制强制人们遵守一套公认的标准。这套标准被整个社会认同,被监管的实体也应该遵守。我们对慈善机构管理者制定的一套标准旨在确保这些管理者忠于他们所管理的组织的宗旨,不会利用慈善基金为自己谋利……"[12]

那么,往好里说,当政府恰到好处地行使权力时,它将增加非营利部门通过私人公民与他人合作采取行动来实现其自愿性的自由。往坏里说,政府可能会取代私人倡议,成为一种强制力的来源;如果政府希望,它可以通过减少税收优惠等方式来削弱私人倡议的吸引力,并不断威胁着要扼杀自由联盟的发展,从对其一点点控制到完全取缔。这种对非营利部门的伤害不会无缘无故地发生,而且,我要补充的是,似乎没有什么比涉嫌违法、欺诈、金融诈骗、个人或组织上的不当行为更有可能增加公共部门对非营利和营利性部门自由的侵入。

非营利不当行为对整个部门构成威胁

因此,对非营利部门来说,最大的威胁是对公众信任的背叛,使公众对其丧失信心。事实上,几乎所有了解非营利领域的观察人士都认为,绝大多数非营利组织都是正直经营的,即使不是最有效率和成效的。然而,当一系列非营利部门不光彩的违法行为出现时,这种令人钦佩的背景并不能为该部门提供多少保护。此外,可以肯定的是,任何此类事件都必然会被大肆曝光,因为这是新闻自由的责任和荣耀,其在民主社会中的主要职能就是通过为公众提供必要的信息,使社会机构保持诚信,从而对现有问题进行必要的纠正。

然而,与此同时,我必须说,如果这是新闻界的荣耀(确实如此),那么它一再出现的耻辱是,新闻界几乎总是无视其同样重要的职责,即把它报道的"坏"新闻置于构成背景的"好"新闻中。情况也几乎总是如此,要报道的好新闻远比坏新闻多,而搜集好新闻远比报道那些似乎是自己冒出来的坏新闻困难得多。其结果是,新闻界几乎总是呈现出一幅严重失焦的画面,给公众带来了不必要的恐慌。更糟糕的是,这经常会削弱公众对采取有效行动可能性的信心。这种不平衡的结果将制造一种歇斯底里的氛围,有时甚至会导致不分良莠一起抛弃,从而丢掉了最宝贵的东西。

这是目前非营利部门面临的最大威胁。一个潜在的巨大问题可能是由一小部分非营利组织的欺诈或违法行为,或是在声誉良好的组织中从事不道德行为的个人造成的。仅仅是列出最近犯下的错误就应该让我们所有人感到痛苦,但在这里这样做很重要,希望能够提醒我们他们形成了一个多么庞大和可见的群体,即使他们只是构成整个部门的最微小的一部分:吉姆(Jim)和塔米·巴克(Tammy Bakker)被定罪;[13]美国联合之路的威廉·阿拉莫尼(William Aramony)被定罪;[14]新时代慈善事业基金会的约翰·贝内特(John Bennett)被定罪;[15]圣约之家的布鲁斯·里特（Bruce Ritter）被迫辞职；[16]彼得·迪亚曼多普洛斯（Peter Diamandopoulos）被迫辞去阿德尔菲大学校长职务；[17]关于天主教遗产受托人之间不当交易的指控；[18]关于自由论坛基金会（Freedom Forum Foundation）官员不当行为的指控；[19]关于政客不当利用非营利组织实现党派政治目的的指控；[20]越来越多的证据表明，以慈善机构名义筹集的资金被营利性筹资公司保留；[21]共同基金（Common Fund）投资失败据称是由于理事会对其投资监管不力造成的；[22]斯坦福大学的间接成本争议；[23]关于非营利组织游说的辩论，[24]以及关于一个附属营利性组织向明尼苏达州公共广播电台官员支付可疑款项的指控。[25]

这些以及其他一些声名狼藉的事件，要求我们每个人采取有力的预防措施来保护整个行业不被其玷污。但是不要忘记，除了新时代基金之外，这些事件的罪魁祸首是负责管理它们的理事会。一个与之直接相关、更为广泛的问题是，还有更多的组织草率敷衍地、漫不经心地运作着，虽然，至少到目前为止，它们还没有出现上述提及的严重不当行为。用威廉·鲍恩（William Bowen）在其新书中的一句话来说就是，有太多的非营利组织的理事会由不尽职的理事组成。[26]一段时间以来，对非营利组织高管过高的薪酬和津贴的批评也一直暗流涌动，这种批评在阿拉莫尼事件后浮出水面，但主要集中在地方联合之路的负责人身上，以及上述类似阿德尔菲大学的事件中。非营利组织此类不负责任的行为对整个部门造成的损害可能远远大于蓄意欺诈的少数不法行为。我们最应该担心的是早期的"联合之路"问题。

由于股票市场的持续暴涨，在捐赠基金领域，一个同样具有爆炸性的潜在问题最近浮出水面。基金会、大学和其他类型的捐

第八章　公众对非营利组织的信任与监管改革的必要性

赠基金以天文数字增长似乎可能加剧公众对非营利部门的不信任，尤其是基金会资产的年增长率比强制性5%的支付率高出四或五倍。从某一时刻起，越来越多的批评者开始要求提高支付率或对捐赠基金的规模进行限制。这种资产增长和支出之间的差距当然不是任何形式的管理不善，但如果没有认识到它设下的定时炸弹，并制定合理的应对策略，那将是管理上的失误。

非营利部门的活力取决于它的自由，这在一定程度上取决于公共部门持续的支持和友好的监督——政治和政府机构。这种活力很快就能被由政治敌对、反对、报复和侵入引发的公共部门行动所削弱，就像1969年那样。

此外，公共部门对非营利部门的支持在很大程度上取决于非营利部门在公众中的声誉。总的来说，多年来，除了偶尔受到公共当局的强力干扰外，非营利部门还是得到了公共部门的大力支持。[27]当公众或政府介入时，它之所以这么做，是因为政客们已经感觉到了公众对非营利部门的不信任，这种失望是由非营利部门那些不光彩的事件所引发的。最近的一个最重要的例子是国会议员莱特·帕特曼(Wright Patman)在20世纪60年代精心策划的一系列众议院听证会，该事件的结果是推出了严格但并非完全不受欢迎的1969年《税收改革法案》，并第一次对基金会征收了资产税。在过去的一年里，经常有报道称可能会就非营利部门召开新的国会听证会，但是到目前为止，这些听证会都被独立部门、基金会理事会和该部门其他机构迅速协调的行动所阻止。此外，该部门的联盟组织已经带头呼吁进行必要的监管。它们在起草和实现1996年颁布的《中间制裁法》方面发挥了重要作用。该法除了保持国税局原有的撤销免税地位的权力外，还赋予其急需的强制执行的权力。然而，如果非营利部门的不当行为继续发生，那么即使有非营利部门领导层的坚定努力，也不太可能避免国会或其他听证会对非营利部门的问责。

非营利部门的不当行为是对公众信任的背叛

此类事件违背了公众的情感，因为他们理所当然地认为非营利部门的神圣性是固有的。该部门的指导思想应该是利他主义，是自愿为他人做慈善。公众期待，也有权希望非营利部门行为端正，摒弃个人需要，遵守规则，做正确的事情。在这方面，非营利部门与政治和营利性部门不同。与马克·吐温一样，公众愤世嫉俗地认为除了政客，美国没有明显的犯罪集团。（马克·吐温实际上说的是"国会"，但是我觉得他也会赞成我把这个范围扩大。）门肯（Mencken）比马克·吐温说得更好，他曾经告诫过人们，"如果说经验能教会我们任何东西，它会告诉我们这一点：在民主制度下，一个好的政客如同一个诚实的窃贼一样，都是难以想象的"。长期以来，也许是一直以来，公众怀疑那些谋求公职的人更多的是为了谋取私利，而不是为公众服务。因此，他们对政客们的不当行为并不感到惊讶。

美国人对那些把手伸向钱柜而被抓的营利性部门高管也不感到惊讶。他们知道贪婪是利润背后的合理驱动力。正如亚当·斯密所说："我们期待的晚餐并非来自屠夫、酿酒者或面包师的仁慈，而是出于他们对自身利益的关心。"[28] 公众理解并可以接受，在牟利者中，贪婪和自私自利有时会不可避免地突破合法性的界限。可一旦自私的贪婪侵入造福他人的利他主义领域，即非营利部门时，公众感到十分惊讶和震惊。他们感觉被深深地背叛了。如果能够教导公众如何区分真正合法的非营利组织和那些唯利是图、利用非营利的形式和旗号为自身谋利的不法分子，那么大部分的危险（但不是全部的危险）都能消除。

鉴于当今公众对几乎各种社会机构和精英的普遍幻灭，如果非营利部门能够逃脱公众的冷嘲热讽，那将是令人惊讶的。事实上，最近的民意调查表明了公众支持度的下降和对更多政府监管的渴望。可以预见，随之而来的将是日益高涨的政治和新闻批评，尤其是对大学、医院和宗教机构的批评。但是让非营利部门名誉扫地的批评不止如此。事实上，最近出版的书籍对女童子军（Girl Scouts）、美国癌症协会（American Cancer Society）和美国红十字会等广受赞誉和得到广泛支持的组织提出了批评[29]——我认为这是不正确和不合理的。想必妈妈、苹果派和美国国旗将会是下一批遭到抨击的对象吧。

非营利组织不遵守法律和财务要求的普遍问题与政府监管不到位

然而，在那些公然违约事件的冰山一角背后，还有其他证据表明没有人在意非营利部门。根据1988年美国联邦政府审计总署（GAO）开展的一项调查，在递交990表的组织中，48%至少缺少一份规定的明细表。其他研究显示，即使提交了所有的明细表，也没有提供足够的所需数据。也许这种情况近年来有所改善。根据美国国税局1996年对我所做调查的答复，在1994年被要求递交990表的380 094个组织中，有368 633个组织递交了申报表，并且美国国税局只要求 23 824 个，也就是约 8%的组织提供 990 表的附加信息。

也就是说，990 表本身并不能清楚地说明所需的准确信息。因此，美国国税局不得不要求 8%的组织提供更多的信息，这也就不足为奇了。此外，990 表上提供的大部分信息对那些需要更多细节的人（不论是问责执行者还是寻求资助者）来说并不是特别有用。不管怎样，政府的监督机构（各州的总检察长和联邦国税局）都人手严重不足，因此无法提供充分的监管。例如，美国国税局有限的人手每年只能审计所有提交的 990 表的 1%。因为在过去的 20 年里，美国国税局的雇员计划和免税组织部门（EP/EO）的人员配置几乎保持不变，尽管在这期间该部门需要承担的责任越来越多。[30]根据美国国税局负责雇员计划和免税组织的前助理专员詹姆斯·J. 麦戈文（James J. McGovern）和美国国税局免税组织领域资深官员菲尔·布兰德（Phil Brand）最近的一篇文章，雇员计划和免税组织部的人员配置从 1975 年的 2 075 人仅增加到 1997 年的 2 100 人；而在这 22 年期间，根据独立部门统计的数据显示，美国国税局认证的免税组织数量从 70 万增加到 110 万，几乎翻了一番。这篇文章报道称，1994 年众议院筹款委员会（House Ways and Means）的监督小组委员会"发现国税局没有足够的资源来充分监管公共慈善机构，并建议增加国税局免税组织审核及合规活动的人员配置和资金水平"。[31]作者接着指出，"雇员计划和免税组织部门是美国国税局唯一一个被裁员的技术部门，其员工已收到了裁员通知"[32]。

麦戈文和布兰德所调查的后果更具破坏性：

另一个风险领域是对国家免税组织的指导。自《雇员退休收入保障法案》(ERISA)颁布实施以来,产生了大量的联邦税收立法。在过去的23年中,《国内税收法典》(Internal Revenue Code)已经被205部公法修订。大量的主要税收立法几乎使税收管理系统瘫痪。国家免税组织也出现了相应的指导危机。在过去的23年中,颁布了433项免税组织税收裁决。这些裁决中有406条(占94%)是在1974至1983年间颁布的,其余27项裁决(占6%)是在过去的14年内颁布的。还有两项税收裁决是在过去5年里颁布的。1997年财政部/国税局工作计划书中只列出了7个免税组织项。其中三项是作为未完成的项目从1996年的计划书中延续下来的。[33]

这种情况被认为是如此危急,以至于美国银行家协会(ABA)税务科免税组织委员会在1994年提请众议院筹款监督委员会要注意以下事项:

十多年来,几乎没有发布过可供纳税人参考的建议(如法规、税收裁决等)。在许多关键问题上,要不就是没有建议,要不就是建议相互冲突。例如多少无关收入对于维持免税地位是"数量不大的",或者如何分配用于免税和应税目的的资产。在其他领域,涉及一个问题(如医院重组与合资企业)有数十项,甚至数百项税收裁决,而国税局和财政部都没有给出先例判决建议。[34]

各州执行问责的能力如果确实算好的话,也不会好多少。根据全美检察官协会(National Association of Attorneys General)的统计,在整个美国,只有大约 80 名州雇用的律师定期负责慈善机构事务,其中三分之一的律师分布在纽约州和加利福尼亚州之间。[35-36]根据菲什曼(Fishman)和施瓦茨(Schwarz)的说法,"大多数州检察长办公室甚至连一名负责监督慈善组织的全职律师都没有"。[37]然而,必须指出的是,这 80 人中并不包括 17 个州的机构工作人员(有些工作人员是律师),在这些州中,监管权属于检察长以外的政府官员。如果非营利部门的问责要有足够的力度来遏制不当行为,并让公众对非营利部门的廉洁放心,那么没有人相信目前在州和联邦两级执行非营利部门问责的人员数量可以启动需要做的工作。

即使当局政府有足够的工作人员来监督非营利组织,该部门本身也是个人和社会活动的场所,宪法保障的言论、结社和宗教自由极大地渗透其中。虽然一些政府监督对界定合法性的界限是至关重要的,而且似乎很清楚,这种边界设定,如果从狭义上来定义,实际上是扩大了而不是限制了绝大多数人的自由,但我们也不应该不假思索地、自然而然地求助于政府对非营利活动进行必要的监管,除非这是绝对必要的。超出必要的范围,政府对志愿活动的监管越多,行使《第一修正案》(First Amendment)权利的难度就可能越大。此外,当我们面对非营利部门实际的或推定的违法行为时,我们的第一反应是求助于政府为我们清理门户,这表明了我们部门的个人不安全感。

我很不情愿地得出这样的结论,虽然非营利部门确实需要加倍努力来进行自我监管,但政府问责执行机制同样也需要重组。

但首先让我们考虑一下非政府的问责执行者。

肩负问责执行使命的非政府组织

在志愿监察组织中,既有明确关注问责的机构,如全国慈善信息局(National Charities Information Bureau)、商业促进局理事会的慈善咨询服务部(Philanthropic Advisory Service)、美国慈善协会(American Institute of Philanthropy)、全国慈善响应委员会(National Committee for Responsive Philanthropy)等,还有一些关注特定问题的组织,如乳腺癌和肺癌活动家、儿童倡导者和社会服务批评者组织。

其他组织也通过寻求加强非营利组织理事会和工作人员的职能来关注问责,如全国非营利理事会中心(National Center for Nonprofit Boards)、理事会协会(Association of Governing Boards)、独立部门(Independent Sector)和基金会理事会(Council on Foundations)等。此外,全国各州、市迅速发展的非营利组织中心在协助非营利组织遵守法律和财务要求、加强管理和强化理事会方面,发挥着越来越有效的作用。

除了已经存在多年的监察组织外,一些新的实体也建立起来,目的就是让公众可以获得更多关于非营利组织的信息。慈善研究公司(Philanthropic Research, Inc.)的指南星(Guidestar)网页[38]和光盘有望成为向公众和新闻界通报非营利组织运作情况的更有效手段。这种方式比提交给国税局的990表更方便用户。基于990表信息和慈善研究公司从各个组织征集到的附加信息,指南星的报告更为全面,不仅提供了详细的信息,还回答了大多数潜在捐助者关于他们考虑支持的组织的问题。

还有其他的监督帮助来源。新闻界是另一种监督问责机制,在其悠久的揭发丑闻传统中,非营利部门大多数的欺诈行为都是新闻界揭发的。作为指控不当行为的初审法庭,新闻界在任何情况下都特别热衷于揭露伪善,并很可能是最为有效的监督者。不幸的是,新闻界对非营利部门"丑闻"的狂热追查,有时会导致记者误会本无可指摘的个人和机构,从而对该部门本身造成严重不公。高卢(Gaul)和博罗夫斯基(Borowski)在为《费城问询报》(*Philadelphia Inquirer*)[39]撰写的一系列文章以及随后出版的一本书[40]中对非营利部门提出的许多指控都是站不住脚的。[41]这些指控引发了宾夕法尼亚州政府对非营利组织采取的许多敌对行动,直到四年后的现在,情况似乎才有所缓和。

问题不仅仅在于新闻界一意孤行的狂热。事实上,当媒体将注意力集中在它认为是非营利部门的不当行为上时,它几乎总是没有把发现的问题放在它所属的更大的背景中去探讨(正如我上文所指出的),从而在公众心目中造成了一种严重的、具有潜在危害性的失衡。最近的一个例子是《纽约时报》头版的一篇题为《慈善机构利用营利性单位避免披露财务状况》[42]的文章。撇开文章标题完全是对公众的误导不谈,慈善机构利用营利性子公司的原因是为免税实体创造收入,并使其更好地遵守非本行业收入税的规定。一些慈善机构没有披露那些同时在非营利组织和营利性组织任职的首席执行官或其他高级管理人员的薪酬只是个别现象,而且我认为这是不可原谅的。目前,我国法律对信息披露的要求还不十分明确,应当对其做出相应修改。[43]然而,这篇文章却没有指出,许多慈善机构,也可能是大多数慈善机构都会

第八章 公众对非营利组织的信任与监管改革的必要性

定期披露此类情况所涉及的薪酬,并由此推断出,出现问题的是这种方式本身,而不是没有披露。事实上,这种营利性子公司的非营利运营方式是非营利部门近期最有希望推广的发展之一。它应该受到欢迎,而不是被含蓄地谴责;同时它也应该受到不断监督,以避免出现不当行为。

当然,虽然我们通常不会这么想,但一个不负责任的记者的热情会像政府本身一样有效地阻碍《第一修正案》权利的行使。此外,如果主要依靠新闻界为我们清理门户,就等于是马出畜棚,为时已晚。

所有的非政府问责执行组织都有一个重要而有用的目的,应该因为它们对非营利部门的监督而受到赞许。然而,它们并不能替代组织内部,特别是理事会为自我监管做出的努力。每一个组织、每一个理事会都必须对自身进行强有力的持续审查。

迫切需要具有全国范围和充分监督权力的新问责实施策略

影响美国非营利部门的主要问题是没有负责机构。没有任何实体或实体集团有能力和权力来监测、监督,以及在必要时捍卫该部门。有人说这也是一件好事,如果真有某个机构来负责的话,那么可能会造成很大的伤害。这就是反对任何强有力的政府监管的理由。我基本上赞同这种观点。我也认为如果东西没有坏,就不用去修理它。

然而,我现在认为非营利部门的问责执行机制实际上已经出现了问题。为了整个部门的长远利益着想,我们不能继续依赖于人手不足、权力有限的国税局和人员配备不足且通常对此不太感兴趣的州检察长办公室。无论如何，它们对一个每天频繁跨越州和国家界限的部门难以监管，也不能继续依赖于范围和视野都有限的志愿监督机构、新的信息提供组织以及极具调查性和煽动性的新闻界。

当免税组织无法从国税局得到及时的建议时，没有谁可以对此负责。当有关免税组织涉嫌违法的谣言流传数月，却没有一个或多个有足够权力的机构主动进行调查时，没有谁可以对此负责。当对非营利部门的批评开始产生立法行动的威胁，却没有任何官方或准官方组织为该部门辩护时，没有谁可以对此负责。此外，当负责收集和公开该部门运作情况的数据，并负责向国会提交报告和提出改进该部门运作的立法行动建议的现有政府机构由于缺乏时间、人员和资金而未能履行上述职责时，没有谁可以对此负责。

事实是，目前没有任何公共的、私人的或是联合的实体有权在全国范围内制定和监督合规标准。然而，如果公众要继续感到有理由信任非营利组织，那么这些标准的存在以及实际上和公认地遵守这些标准是至关重要的。公众的信任是税收优惠待遇不可或缺的基础，这是公众给予非营利部门的巨大优势。如果政府允许非营利部门继续发挥其现在的中心作用，那么信任的基础必须由充分的问责执行机制来支撑。

监督和捍卫非营利部门的三个连续互补的策略

在考虑问责执行的任务时，必须牢记两个截然不同的问题：

一个是由不道德的个人或团体造成的,其意图是在虚假的非营利面具的掩护下欺骗公众;另一个是由于真正的非营利组织不明智、不当或粗心的(但并非违法的)行为模式造成的。前一个问题不可能仅靠非营利部门来妥善处理,尽管,如以下策略所示,非营利部门的积极举措可以显著提高公共部门履行其职责的能力。后一个问题只属于非营利部门,因为任何超出法律要求的、政府干预非营利慈善组织运作的行为都可能会削弱该部门的自由运作。

一个非营利部门的策略

如果非营利部门的联盟组织愿意建立一个联合的非政府问责执行组织,拥有勇敢、精力充沛、技术娴熟的领导层,并下定决心公开和铲除渎职者,那将是每个人的首选策略。也许可以说服独立部门、基金会理事会、全国慈善信息局、全国非营利理事会中心和其他类似的组织建立一个人员充足、由基金会支持的财团,担负起对不法分子和真正的非营利机构进行监督的使命。当然,一些具有国税局或州检察长工作经验的专业人员可以抓住这个机会,建立一个资金充足的组织来捍卫非营利部门的正直性,并且该组织在该部门权威、知名机构的支持下运作。一个替代或补充由基金会资助的问责执行组织的方案是,正如布莱恩·麦康奈尔(Brian McConnell)几年前提出的那样,一个由非营利部门的组织根据其资产或预算规模自行征收资金的组织,以换取财团授予的某种"官方"的诚信认证。如果能够获得由基金会提供的初始资金,用于建立这样一个非营利部门的问责执行实体,也许该领域组织的广泛自愿捐款将使该实体最终实现自给自足。

这样的组织将负责主动调查有关欺诈或渎职的谣言,而且,如果发现有必要采取政府官方行动,将根据渎职行为的性质敦促州或联邦当局采取此类行动。一旦这些指控得到全面调查,该组织也可能选择公开这些指控。在履行这些职能时,该实体将以与职业道德执行机构(如国家律师协会)相同的精神行事。

除调查渎职案件外,该实体还应当主动制定适用于超出法律要求的各类非营利组织的运作标准。事实上,它还应该负责在必要时建议对各州以及联邦法律做出适当的修改。

一个非营利部门与政府联合的策略

作为非营利部门策略的替代或与之相结合的方案,可以采取一个非营利部门与政府联合的策略。州慈善机构执法官员组织,即全国州级政府慈善监管官员协会(National Association of State Charities Officials)做了出色的工作,但其工作重心是改进现有的执行机制,如统一各州和联邦政府的报告要求,而不是调查举报的渎职案件。或许基金会应该向全国首席检察官协会或全国州级政府慈善监管官员协会(NAAG/NASCO)提供资金,建立一个全国范围的免税组织滥用职权的信息交流中心,调查此类滥用事件,并与适当的州和联邦当局合作,在必要时启动法律程序。

一个新的监管和保护非营利部门的联邦机构

第三种策略就是建立一个新的联邦机构,这也是最后一个手段。只有在明确前两种策略无论怎样都无法奏效的情况下,我们才能采取这一策略。如果要采取第三种策略,就一定要努力确保其权力范围集中,其章程仅限于非营利组织运作的规则,禁止其干扰非营利组织计划的实质或内容,并且当《第一修正案》的利益受到威胁时,其所有的行动都要接受法院的严格审查。

显然,人们首先会仔细考虑加强国税局免税组织办公室,而且无论我们考虑哪种策略,这都是应该做的。美国国税局目前主要负责证明免税地位,但是它并没有,而且可以肯定地说从来都没有足够的人员来监督其颁布的法规的遵守情况。事实上,如上所述,它甚至不能确保自己所要求的主要报告表格,即 990 和 990PF 表能否被准确地填写和提交,而且它只能设法审计已提交的 990 表中的一小部分(1%)。[44]即使国会在 1996 年立法通过了新的中间制裁措施,人手严重不足的国税局也只能对通过媒体或其他途径引起其注意的严重违规行为做出回应。国会最近也多次尝试向国税局免税组织办公室拨付额外资金,但由于财政部认为向国税局的某个指定部门拨款不恰当,这些努力均未成功。

虽然国内税收法典强调了免税组织办公室的独立完整性,但就充足的人员配置而言,它可能永远是厨房里的灰姑娘。国税局的主要职能是最大限度地增加个人和公司交给政府的税收,因此这也就不足为奇,国税局会认定,与那些从中收税的实体相比,较少关注免税组织(根据其定义,不纳税的组织)对自己比较有利。这并不一定意味着国税局对那些无须纳税的组织的看法一定会有些不情愿。我非常敬佩卡内基公司的前任总裁艾伦·皮弗(Alan Pifer),但我不太同意他二十多年前提出的一个观点,即国税局的监管"以消极而非积极的态度对待慈善事业……"[45]考虑到人员不足的程度,这些年来美国国税局的工作做得很出色。面对频繁的巨大政治压力,它一次又一次地证明它能够保持其独立性和客观性。

美国慈善机构监管委员会

不时会有人提议建立一个新的联邦实体,以监督非营利部门。提交给法勒委员会的两份重要研究报告敦促建立这样一个实体,尽管在两份报告中该实体拟议的范围及其在政府中的位置有所不同。[46]我相信现在是时候认真考虑建立这样一个实体了。

如果我们从零开始,我会赞成建立一个独立的机构——也许叫作美国慈善机构监管委员会(U. S. Charities Regulatory Commission)——由总统任命专员并经过参议院批准,授权该机构对非营利组织进行全方位的监管,首先就是授予免税地位的权力。该机构的主要职责是密切关注非营利组织的程序性而非实质性的运作情况,以便向公众保证免税不会被用作欺诈或非法目的的挡箭牌。它将有权调查被指控的不法行为,有权发出传票,并可自行酌情提起民事或刑事诉讼。它将负责监督州际慈善募捐,并制定必要的指导方针和披露要求,以确保慈善募捐不被用于欺诈目的。[47]它将负责监测整个非营利部门的运作情况,收集有关该部门的数据和建立数据库,委托对该部门各个方面进行研究,定期向国会报告该部门的运作情况,颁布条例以指导该部门遵守适用的法律,并提出可能被认为是可取的立法修改建议。换言之,它的功能将非常类似于美国证券交易委员会(SEC)和美国联邦贸易委员会(FTC)这两个最相似的联邦机构今天所做的事情。

可惜我们并不是从头开始。因此,我的结论是,最好还是保留国税局作为最初证明免税以及接收 990 和 990PF 表格的主要机构。我得出这个结论有以下几个原因:首先,美国国税局免税

第八章 公众对非营利组织的信任与监管改革的必要性

组织办公室与税收有着内在的、千丝万缕的联系,因为"E"代表免税。其次,确定捐款的税收减免也不能与国税局分开,因为这类决定不可避免地与纳税申报处理有关。第三,由于同样的原因,关于非本行业所得税负债的决定也离不开国税局。最后,失去国税局九十年来有关各种免税组织税务事项的法律裁决记录并不是一个好策略。

这些因素使我相信,一个新的美国慈善机构监管委员会应该有权做上面列举的所有事情,这其中当然包括与国税局免税组织办公室和联邦贸易委员会密切合作。如果它是一个完全独立的机构,那将是最好的,因为只专注于非营利部门,更有可能成功地给予该部门应有的关注。然而,独立的机构意味着,与其他政府机构相比,它的规模较小,也意味着更加脆弱。我宁愿去冒这种脆弱性的风险,但有人可能会据理力争,认为独立性不如拥有一个被赋予必要权力的实体重要,即使该实体被放在另一个更大的实体内。

过去曾有人建议,将该实体安置在财政部是有意义的,因为这样将促进其与国税局更加密切的合作。[48]不过,我认为,将新的委员会设在别处可能会更好。将该实体安置在证券交易委员会似乎也是不错的选择,因为在证券业的活动方面,该委员会已经完成了许多相同的信息收集和公布任务,以及发挥了调查和启动司法程序的职能,这些似乎是非营利部门所需要的;而且长期以来,该委员会因其专业、客观和无党派的运作方式而广受赞誉。美国证券交易委员会在公开披露其负责监管的实体的信息方面是所有政府机构中做得最好的,而且在这方面所展示的经验对于非营利组织执行同样的任务非常有帮助。[49]联邦贸易委员会也是一种选择,因为它已经对涉嫌欺诈的慈善募捐行为采取了行动。

比起这样一个实体应该设在哪里,我更关心的是如何将其作为最后手段的一部分加以建立。如果它拥有足够的独立行动能力,或者完全独立,或者置于一个可以加强其自治的支持性环境中,它将极大地补充目前由国税局免税组织办公室履行的监督和监管职能。它将为可能产生的总统年度非营利部门报告(类似于总统年度经济报告)提供信息参考来源。它将发挥重要的领导作用,以满足建立非营利部门可靠信息数据库的迫切需要,这最好由非政府研究人员和组织来做。该实体将主动对非营利部门的特定问题领域进行报告,或应国会的要求,如1965年财政部关于当时焦点问题所做的报告,或自行决定。它将资源用于欺诈检测和预防。它将有权调查和提起民事和刑事诉讼,并予以处罚。它将为欺诈识别和防范累积经验和技巧。它将在全国范围内监督慈善募捐行为,并调查不当行为的方式。为实现其有效性,必须保证其无党派性和客观性,而且必须有足够的资金来完成其使命。

同样重要的是,要作为一项政策来规定,任何新的监管机构都有权服从州问责执行当局,它们在非营利部门遵守法律法规方面以有效行动赢得了声誉。

非营利部门对于美国社会的健康运行至关重要,但当无良之人为了他们的个人利益破坏非营利形式,使整个部门名誉受损时,它仍然容易受到攻击,并且没有官方的捍卫者。美国的非营利部门为全世界所羡慕,我们应该像关注其他经济部门那样关注它的正常运作。非营利部门应该是,并且应该被看作诚实守信的,这一点与在证券和营销业中一样重要。鉴于慈善事业在各个方面的神圣性,非营利部门的诚实守信也许更为重要。

乔尔·L. 弗莱什曼(Joel L. Fleishman)

注释:
[1] 衷心感谢哈维·戴尔、鲍勃·博伊斯彻、佐伊·贝尔德、理查德·布卢门撒尔和汤姆·特罗耶(Harvey Dale, Bob Boisture, Zoe Baird, Richard Blumenthal, and Tom Troyer)愿意阅读和评论本章的草稿。他们中的每个人都很有帮助。任何仍然存在的错误或判断不足,完全是由于作者的粗心或固执造成的。我还要感谢以"慈善事业的未来"为主题的美国政策研究会的与会者向我提出的许多建设性意见,这些意见将在原文与已出版章节之间的差异中得以体现。最后,请允许我感谢我的研究助理大卫·詹姆斯(David James)、助理苏珊·卡明斯基(Susan Kaminsky)以及我的编辑兼同事查尔斯·克洛特费尔特(Charles Clotfelter),感谢他们持续不断的帮助,使这些想法得以很好地呈现。

读者应该注意到,我使用"非营利"(not-for-profit)组织或部门一词与本书其他作者使用的"非营利"(nonprofit)一词的含义相同。此外,本章特别关注的是非营利慈善组织和部门,但为了节省空间和出于写作文字的简练,我选择省略"慈善"一词,而不是无休止地重复。

[2] 根据霍奇金森、韦茨曼等人(Hodgkinson, Weitzman, et al., 1996, pp. 140‐141)的研究,1994年(初步数字),美国有偿非农业就业总人数为1.14亿,其中1 030万或9.1%在非营利部门。1977至1994年,所有部门的年化就业增长率为1.9%,商业部门(仅限于服务业)为3.0%,非营利部门为3.3%。从1992到1996年,商业部门的就业增长似乎略高于非营利部门。根据《独立部门状况:概述和要点》(*The State of the Independent Sector: Overview and Highlights*),《非营利组织年鉴》的中期更新(Independent Sector, 1998),"商业部门国民收入占比的年变化率为3.5%(包括志愿者服务时间),如果不包括志愿者服务时间,则为3.6%。对于独立部门,其国民收入占比的年均增长率为2.6%(包括志愿者服务时间),在不包括志愿者服务时间时,其年均增长率为3.2%。相比之

下,在 1987 至 1992 年间,物质收入中独立部门的占比以平均每年 4.2%的速度增长(包括志愿者服务时间),不包括志愿者服务时间时,其增长率为 6%"。

[3] Hodgkinson, Weitzman, et al. (1993), p. 14.
[4] Salamon and Anheier (1994), p. 37.
[5] Caplan, ed. (1997), p. 28.
[6] 根据霍奇金森和韦茨曼的研究(Hodgkinson and Weitzman, 1996, p. 30),有 9 300 万美国人参与志愿服务,每年贡献的志愿者服务时间超过 200 亿小时。按每小时 12.84 美元(平均每小时非农工资,为估算附加福利而上涨了 12%)来计算这些时间的价值,估计相当于 2 000 亿美元的捐款;即使按最低工资(目前为每小时 5.15 美元)计算,志愿者服务时间的价值仍将超过 1 030 亿美元。
[7] 见美国管理和预算办公室(Office of Management and Budget, 1998, table 2-2, p. 12)提供的联邦预算数字。在 1997 财年,非国防可支配开支达 2 770 亿美元,占 1.6 万亿预算总额的 17%。
[8] See Fishman and Schwarz, pp. 160-200.
[9] 第一幕,第一场。
[10] 根据鲁德尼(Rudney, 1987, p. 63):政府中阻碍数据收集的一个严重制约因素是,作为生产企业的非营利组织在美国官方国民经济核算中是不被认可的。国民经济核算旨在提供一个现实的经济模型。然而,非营利组织和家庭一样,被列为国家产出的消费者,而不是国家产出的贡献者。这种不切实际的处理方式往往限制了政府机构对非营利组织的数据收集。
[11] 弗里德曼(Friedman, 1962, p. 25):"那么,这些就是政府在自由社会中的基本作用:提供一种手段,使我们能够修改规则,调解我们之间在规则含义上的分歧,并强制那些不守规则的少数人遵从规则。"
[12] Fremont-Smith (1995).
[13] James (1991); Harris (1989); Klott (1987).
[14]《美国诉阿拉莫尼案》,1996 年;Hall (1995); Arenson (1995); Glaser (1994)。
[15] Carnes (1997); Stecklow (1996); Stecklow (1995).
[16] Farber (1990); Washington Post (1990); Blumenthal (1990).
[17] Lambert (1997); Lambert (1996a); Lambert (1996b).
[18] Cannon (1997); Purdum (1997).
[19] Bailey (1995); Washington Post (1993); Farhi (1993).
[20] Abramson and Wayne (1997); Wayne (1997); Babcock (1997).

[21] Weiss(1997); United Cancer Council(1997); Carton(1987).
[22] Mathews(1995b); Mathews(1995a).
[23] Wagner(1992); Workman(1992).
[24] Seelye(1997); Marcus(1996); Murawski and Stehle(1995); Gaul and Borowski(1993b).
[25] Abelson(1998b, c).
[26] Bowen(1994).
[27] 根据霍奇金森和韦茨曼的研究(Hodgkinson and Weitzman, 1996, pp. 71–85),57%和55%的美国人对高等教育机构和宗教组织有着"很大"或"相当大"的信心,相比之下,对小企业的比例是56%、对军队的比例是54%、对大公司的比例是24%、对联邦政府的比例是23%、对国会的比例是16%。"近八成的受访者……表示他们'强烈同意'或'同意'现在对慈善机构的需要比五年前更强烈。超过七成的受访者同意慈善组织在改善社区居住环境方面发挥重要作用……六成的受访者认为慈善机构在就重要问题发表意见方面发挥着重要作用。"同上,第76页。
[28] Smith, 1776.
[29] Bennett and DiLorenzo(1994); Hawks(1997).
[30] McGovern and Brand, 1997. 另见美国协会高级主管学会(American Society of Association Executives, 1993)的报告:从1980到1992年间,美国国税局批准了超过353 000个新的非营利组织,平均每年29 000个。在这些数字不断增长的同时,国税局免税组织部门的工作人员从509名减至495名。这个比率现在是每2 240个非营利组织对应1个国税局雇员。1988年,国税局审查了不到12 000个免税组织,比八年前减少了50%。如今,美国国税局仅对每年递交990表的约45万个非营利组织中的1%进行了审查。
[31] McGovern and Brand(1997), point 20.
[32] Id., point 21.
[33] Id., points 22 and 23.
[34] Id., point 24.
[35] Billitteri(1998), p. 34.
[36] 《慈善纪事报》(Chronicle of Philanthropy)的文章列出了各州的数字。
[37] Fishman and Schwarz(1995), p. 247.
[38] 发现于http://www.guidestar.org/。
[39] Gaul and Borowski(1993a).
[40] Gaul and Borowski(1993b).

[41] Independent Sector (1993).
[42] Abelson (1998a).
[43] 立法者的意图似乎是要求非营利组织在 990 表中申报"该组织的官员、理事、受托人或主要雇员从相关组织获得超过 10 000 美元的补偿金……以及申报机构向该个人提供的此类补偿总计超过 10 万美元"的任何情况。参见国税局《990 表的具体说明》(*Specific Instructions for Form* 990),第 75 行:来自相关机构的补偿金。
[44] American Society of Association Executives (1993).
[45] Asher (1977), p. 76.
[46] See Ginsburg, et al. (1975), Yarmolinsky and Fremont-Smith (1976a), and the related paper by the same authors, Yarmolinsky and Fremont-Smith (1976b).
[47] 我知道有一系列案例,包括绍姆堡诉公民改善环境案,444 U. S. 620,100 S. Ct. 826(1980);马里兰州务卿诉约瑟夫·H. 芒森公司,467 U. S. 947;104 S. Ct. 2839(1984);赖利诉全国盲人联合会,487 US. 781,108 S. Ct. 2667(1988),这使得从宪法上很难规范慈善募捐。
[48] Ginsburg, et al.
[49] 我要感谢哥伦比亚大学法学院的哈维·戈尔德施密特(Harvey Goldschmidt)教授,他提出美国证券交易委员会(SEC)可能是该实体最好的归宿。值得注意的是,在提交给法勒委员会的研究报告中,至少有一份报告主张建立一个以证券交易委员会为模式的新机构。见 Ginsburg, et al., 1975, p. 2641。此外,读者还应该看看雷吉娜·E. 赫茨林格(Regina E. Herzlinger)教授在 1996 年 3 月出版的《哈佛商业评论》(*Harvard Business Review*)上发表的一篇题为《能否恢复公众对非营利组织和政府的信任?》("Can Public Trust in Nonprofits and Governments Be Restored?")的优秀文章。在那篇文章中,赫茨林格教授提出了一个她称之为"DADS"的解决问责执行问题的方法,该缩写的首字母分别代表披露、分析、传播和制裁。她认为证券交易委员会对营利性部门履行此类职能的能力很可能成为一些适当机构加强非营利部门问责的典范。

参考文献

Abelson, Reed. 1998c. "Issues of Self-Interest; Suddenly, Nonprofit Work Gets Profitable," *New York Times*, March 29, 1998, sec 4, p. 3.

Abelson, Reed. 1998b. "At Minnesota Public Radio, a Deal Way Above Average," *New York Times*, March 27, 1998,, D3.

Abelson, Reed. 1998a. "Charities Use For-Profit Units to Avoid Disclosing Finances," *New York Times*, February 9,1998, A1, A12.

Abramson, Jill, and Leslie Wayne. 1997. "Both Parties Were Assisted by Nonprofit Groups in 1996," *New York Times*, October 24,1997, Al, A28.

American Society of Association Executives. 1993. "Hire More Employees, Association Executives Tell IRS." *Tax Notes Today*, Doc 93 – 12163, November 26,1993; available in LEXIS, FEDTAX; TNT library.

Arenson, Karen W. 1995. "Former United Way Chief Guilty in Theft of More Than MYM600,000," *New York Times*, April 4,1995, Al.

Asher, Thomas R., et. al. 1977. "Private Philanthropy: Vital and Innovative or Passive and Irrelevant: The Donee Group Report and Recommendations" (Donee Group Report). *Research Papers Sponsored By The Commission on Private Philanthropy and Public Needs* (Filer Commission), Volume 1: History, Trends, and Current Magnitudes. Washington: Department of the Treasury, 1977, pp. 49 – 85.

Babcock, Charles R. 1997. "Gingrich Courts Support: Use of Tax-Exempt Groups Integral to Political Strategy." *Washington Post*, January 7,1997, Al, A6.

Bailey, Anne Lowrey. 1995. "Settlement at the Freedom Forum." *Chronicle of Philanthropy*, January 12,1995.

Bennett, James T., and Thomas J. DiLorenzo. 1994. *Unhealthy Charities: Hazardous to Your Health and Wealth*. New York: Basic Books, pp. 269.

Billitteri, Thomas J. 1998. "Rethinking Who Can Sue a Charity: Hospital Conversions Spur Push to Expand Rights to General Public." *Chronicle of Philanthropy*, March 12,1998, pp. 1,34.

Blasko, Mary Grace, Curt S. Crossley, and David Lloyd. 1993. "Standing to Sue inthe Charitable Sector." *University of San Francisco Law Review* 28 (Fall 1993), pp. 37 – 84.

Blumenthal, Ralph. 1990. "Ritter Inquiry Cites Reports From the 70's." *New York Times*, August 4,1990, sec. 1, p. 25.

Bograd, Harriet. 1994. *The Role of State Attorneys General in Relation to Troubled Nonprofits*. Yale University Program on Non-Profit Organizations, Working Paper No. 206. New Haven: Yale University, 51 pp.

Bowen, William G. 1994. *Inside the Boardroom: Governance by Directors and Trustees*. New York: John Wiley & Sons, Inc. ,184 pp.

Bureau of Economic Analysis. 1997. "Updated Summary NIPA Methodologies." *Survey of Current Business*, September 1997, pp. 12 – 33.

Cannon, Lou. 1997. "Corruption Charges Catch Beloved Hawaii Charity in Furious Undertow." *Washington Post*, December 23, 1997, at A3.

Caplan, Ann E., ed. 1997. *Giving USA 1997: The Annual Report on Philanthropy for the Year 1996*. New York: American Association for Fund-Raising Counsel Trust for Philanthropy, 219 pp.

Carton, Barbara. 1987. "Low Charity Return Is Alleged; Alexandria Fund Raiser Cites Campaign 'Start-Up' Expenses." *Washington Post*, April 18, 1987, A4.

Chisolm, Laura B. 1996. "Accountability of Nonprofit Organizations and Those Who Control Them: The Legal Framework." *Nonprofit Management and Leadership* 7, no. 2 (Winter 1996).

Edie, John A. 1987. "Congress and Private Foundations: An Historical Analysis." Washington: Council on Foundations, Occasional Paper No. 4, September 1987. 35 pp.

Farber, M. A. 1990. "Founder of Covenant House Steps Aside in Church Inquiry." *New York Times*, February 7, 1990, Al.

Farhi, Paul. 1993. "New York Probes Neuharth-Led Foundation; Freedom Forum of Arlington Investigated for Financial Irregularities." *Washington Post*, March 18, 1993, Al.

Fishman, James J., and Stephen Schwarz. 1995. *Nonprofit Organizations. Cases and Materials*. Westbury, New York: The Foundation Press. 1042 pp.

Fishman, James J. 1985. "The Development of Nonprofit Corporation Law and an Agenda for Reform." *Emory Law Journal* 34, pp. 617–683.

Fremont-Smith, Marion. 1995. "Government Regulation of Philanthropy." Discussion draft in author's possession. 30 pp.

Fremont-Smith, Marion. 1989. "Trends in Accountability and Regulation of Nonprofits." In *The Future of the Nonprofit Sector*, Virginia A. Hodgkinson, et al., eds. San Francisco: Jossey-Bass, pp. 75–78.

Friedman, Milton. 1962. *Capitalism & Freedom*. Chicago: Univ. of Chicago Press, 202 pp.

Gaul, Gilbert M., and Neill A. Borowski. 1993b. *Free Ride: The Tax-exempt Economy*. Kansas City: Andrews and McMeel, 197 pp.

Gaul, Gilbert M., and Neill A. Borowski. 1993a. "Warehouses of Wealth: The Tax-free Economy" (seven-part series). *Philadelphia Inquirer*, April 18–24, 1993.

Ginsburg, David, Lee R. Marks and Ronald Wertheim, "Federal Oversight of

Private Philanthropy" (1975), *Research Papers Sponsored By The Commission on Private Philanthropy and Public Needs* (Filer Commission), Volume V: Regulation. Washington: Department of the Treasury, 1977, pp. 2575 - 2696.

Glaser, John S. 1994. *The United Way Scandal: An Insider's Account of What Went Wrong and Why*. New York: John Wiley & Sons Inc. , 1274 pp.

Hall, Charles W. 1995. "Ex-United Way Chief Sentenced to 7 Years; Prosecutors Praise 'Tough' Penalty in Aramony's Looting of Charity." Washington Post, June 23,1995, Al.

Hansmann, Henry B. 1981. "Reforming Nonprofit Corporation Law." *University of Pennsylvania Law Review* 129, no. 3 (January 1981), pp. 497 - 623.

Harris, Art. 1989. "Jim Bakker Gets 45-Year Sentence; Televangelist Fined $ 500,000; Eligible for Parole in 10 Years." *Washington Post*, October 25,1989, p. Al.

Hawks, John. 1997. *For a Good Cause?: How Charitable Institutions Become Powerful Economic Bullies*. Birch Lane Press, 240 pp.

Hodgkinson, Virginia A. , Murray S. Weitzman, et al. 1996. *Nonprofit Almanac 1996 - 1997: Dimensions of the Independent Sector*. San Francisco: Jossey-Bass Publishers, 326 pp.

Hodgkinson, Virginia A. , Murray S. Weitzman, et al. 1993. *A Portrait of the Independent Sector: The Activities and Finances of Charitable Organizations*. Washington: Independent Sector, 97 pp.

Hodgkinson, Virginia A. , and Murray S. Weitzman. 1996. *Giving and Volunteering in the United States: Findings from a National Survey*. Washington: Independent Sector, 212 pp.

Independent Sector. 1993. *Responding to Recent Media Criticism-A Brief Guide*. Washington: Independent Sector, 4 pp.

James, George. 1991. "Bakke's 45-Year Prison Term Set Aside." *New York Times*, February 13,1991, B6.

Karst, Kenneth L. 1960. "The Efficiency of the Charitable Dollar: An Unfulfilled State Responsibility." *Harvard Law Review* 73, no. 3 (January 1960), pp. 433 - 483.

Klott, Gary. 1987. "PTL's Ledgers: Missing Records and Rising Debt." *New York Times*, June 6,1987, Sec. 1, p. 8.

Lambert, Bruce. 1997. "New York Regents Oust 18 Trustees from Adelphi U." *New York Times*, February 11,1997, Al.

Lambert, Bruce. 1996b. "Adelphi President Describes Buying Art on Expense-Paid Trips," *New York Times*, August 1,1996, B4.

Lambert, Bruce. 1996a. "Head of Adelphi Testifies About Escalating Income." *New York Times*, July 31,1996, B4.

Marcus, Ruth. 1996. "FEC Details Case Against Christian Coalition." *Washington Post*, August 1,1996, A10.

Mathews, Jay. 1995b. "Investment Firm for Universities to Close; $138 Million in Losses by Rogue Trader Cited; Common Fund Still Seeking Damages." *Washington Post*, September 8,1995, B1.

Mathews, Jay. 1995a. "Trader Hid His Mistake From Supervisors for Three Years: Common Fund Says Failure to Hedge Investments Turned Small Embarrassment Into $128 Million Loss." *Washington Post*, July 4, 1995, E1.

McGovern, James J., and Phil Brand. 1997. "EP/EO — 'One of the Most Innovative and Efficient Functions Within the IRS.'" *Tax Notes Today*, August 25,1997, Vol. 97, pp. 164-197. Available in LEXIS, FEDTAX; TNT library.

Murawski, John, and Vince Stehle. 1995. "House Panel Approves Bill to Tighten Limits on Lobbying and Litigation by Charities." *Chronicle of Philanthropy*, August 10,1995, pp. 35-36.

Office of Management and Budget. 1998. *Citizen's Guide to the Federal Budget: Budget of the United States Government Fiscal Year 1999*. Washington DC. 41 pp.

Purdum, Todd. 1997. "Hawaiians Angrily Turn on a Fabled Empire." *New York Times*, October 14,1997, A1.

Rudney, Gabriel. 1987. "The Scope and Dimensions of Nonprofit Activity," pp. 55-64 in Walter W. Powell, ed., *The Nonprofit Sector: A Research Handbook*. New Haven: Yale University Press, 464 pp.

Salamon, Lester M., And Helmut K. Anheier. 1994. *The Emerging Sector: An Overview*. Baltimore: The Johns Hopkins University Institute for Policy Studies. 140 pp.

Seelye, Katharine Q. 1997. "House Rules May Rein In Liberal Advocacy Groups." *New York Times*, January 16,1997, B8.

Smith, Adam. 1776. *The Wealth of Nations*.

United Cancer Council, Inc. v. Commissioner of Internal Revenue. 1997. U. S. Tax Court, December 2,1997. 109 T. C. No. 17.

Wagner, John. 1992. "Stanford Chief Leaves Mixed Legacy After Research

第八章 公众对非营利组织的信任与监管改革的必要性

Funds Dispute." *Washington Post*, September 4,1992, A23.
Washington Post (staff). 1990. "Nun Is Named Successor to Ritter As President of Covenant House." July 12,1990, A4.
Washington Post (staff). 1993. "3 Trustees Quit Freedom Forum Board." April 29,1993, B14.
Wayne, Leslie. 1997. Wayne, "Watchdog Group Is Under Scrutiny for Role in Teamster Race." New York Times, September 22, A18.
Weiss, Rick. 1997. " Questions on Expenses Dog AIDS Bike-Trip Organizer," Washington Post, June 9,1997, A6.
Workman, Bill. 1992. "GAO Spreads Overcharge Blame: It Says Auditors Missed $400 Million in Universities' Padded Research." *San Francisco Chronicle*, August 28,1992, A7.
Yarmolinsky, Adam, and Marion R. Fremont-Smith. 1977b. " Judicial Remedies and Related Topics." *Research Papers Sponsored By The Commission on Private Philanthropy and Public Needs* (Filer Commission), Volume V: Regulation. Washington: Department of the Treasury, 1977, pp. 2697 – 2704.
Yarmolinsky, Adam, and Marion R. Fremont-Smith. 1977a. "Preserving the Private Voluntary Sector: A Proposal for a Public Advisory Commission on Philanthropy" (1976). *Research Papers Sponsored By The Commission on Private Philanthropy and Public Needs* (Filer Commission), Volume V: Regulation. Washington: Department of the Treasury, 1977, pp. 2857 – 2868.

第九章　不断变化的慈善环境中的问责
　　——世纪末的受托人与自治

　　关于非营利组织治理的讨论经常被赋予情感和虔诚。这种虔诚来自这样一种假设：慈善组织正在做"上帝的工作"，其工作体现了捐赠者与受赠者对它们的信任，其管理层是那些献身于使命而对世俗利益毫不关心的人。这种情感来自人们普遍持有的一种信念，通常引用托克维尔的话来说，即美国民主的力量源于通过邻里结成的自愿协会进行自治的传统。虽然虔诚和情感都有一定的道理，但在实践中也有许多与这些理想不同的地方，而且许多趋势正在出现，使实现这些理想变得更加困难。

　　本文的主题是问责。"问责"通常意味着满足那些有权开展工作的人的期望。因此，问责或治理在政治理论中是一个非常重要的课题。谁可以授权他人行事？谁有权力可以认定该任务已经完成？谁来决定？谁来管理？因此，问责不是关于情感与虔诚，而是关于限制和谁来设定限制的主题。

　　我们认为，非营利组织很少受到外部政府机构的监管。[1]一旦为了税收目的而确立了使命，并且对治理和财政资源使用的广泛理解被接受，那么非营利组织便会受到其理事会和更广泛的非

第九章　不断变化的慈善环境中的问责——世纪末的受托人与自治

营利意见共同体的监管。诚然,在某些活动领域(如卫生和教育领域)内的非营利组织,确实与从事这些领域的营利性部门和政府部门一样,也受到类似的公共法规的约束,而且作为有组织的实体,尽管它们必须遵守某些全行业的安全与雇佣惯例,但在其他方面,它们可以按照其工作人员和理事会的意愿自由地执行任务。没有联邦贸易委员会,没有证券交易委员会,也没有反垄断审查可以对非营利组织的工作进行审查。除了自我交易之外,没有任何机构质疑机构合并或转为营利性。是否发行慈善卡或为商业产品背书可能是媒体关注的问题,但除了确定其收入是否应纳税外,没有任何公共机构(地方、州或国家)认为这是它们有权提出质疑的。

与政府和营利性部门不同,非营利部门没有选民或股东。尽管有些成员和捐赠者可能扮演着类似的角色,但随着一些非营利组织越来越依赖于赚取的收入,大量捐赠者逐渐退居为独立评判员,而"客户"则距离遥远又没有权力。由于州政府和市政府取代联邦政府成为一些非营利组织的资金来源,来自政府机构的监督也逐渐减弱。理事会成员(自愿的、兼职的,主要是自选的)成为美国非营利组织确保其忠于使命和业绩的主要机制。作为解决国家问题的一种途径,致力于慈善事业的公民共同体仍然是唯一可以提出诉求的地方。

对非营利组织的限制这一问题具有相当重要的意义。这些组织被给予免税的特权,而且对其中许多组织来说,它们的捐赠者也被给予税收减免,这是其他组织无法享有的特殊待遇。1996年,有1510亿美元的私人捐款用于促进非营利组织的工作。这些组织还掌握着可观的资源:1996年,它们的收入为4500亿美元,资产为6 500亿美元(Hodgkinson,1996)。非营利组织的工作影响到整个社区的健康、教育和福祉。它们的倡导有助于形成政治议程,监督我们政治官员的表现。最后,它们对"行善"的呼吁使公民想起了他们的共同义务,以及社区的存在是为了合作,也是为了竞争的事实。

虽然政府在确保非营利组织的问责方面做得很少,但理事会治理的"体系"是广泛存在的。问责最明显的方面体现在一种长期以来的期望,即非营利组织的行动将由基本上是自我任命的理事会来授权和审查。事实上,今天这一体系如此广泛,估计有一千万美国人在这些职位上任职,他们决定领导层,监测绩效,并被期望获得实现组织使命所需的资源。担任此类职务的人比在地方、州和联邦政府层面担任此类职务的人多,因此,在这个国家中,公民社会各方面的经验比政治为公民提供的经验要多。[2]

发展受托人治理体系

然而,这种由自治的、主要是自选产生的受托人理事会构成的现行治理体系并不是预先注定的。的确,它的起源可以追溯到英国的普通法(Common Law);而且,除了宗教团体的教区委员会,哈佛拥有这个大陆上第一个理事会。通过自选受托人进行治理的方式是普遍存在的、古老的和世界性的。事实上,几乎每个伟大的传统中,都有以这种方式管理慈善信托的例子。

但是在美国成立初期,这种方式的存在却饱受争议。虽然教区委员会制度使"受托人"对于宗教团体及其教育机构也很普遍,但人们对自愿协会以及从事我们现在称之为慈善事业的慈善

第九章 不断变化的慈善环境中的问责——世纪末的受托人与自治

信托却持有相当大的反对意见。围绕1776年和1789年革命所产生的观点认为,这种活动只有在取得国家专门机构的地位,并且能够按照自己的意愿运作时,才能存在。托马斯·杰斐逊(Thomas Jefferson)及杰斐逊派尤其不愿意看到慈善组织脱离政治进程,并渴望永存(Hall,1997)。

最终,相反的观点赢得了胜利。1819年的"达特茅斯学院案"阻止了当时由杰斐逊追随者控制的新罕布什尔州想要改变达特茅斯学院理事会的意图,从而确立了理事会是自治的、由组织章程决定的,而且没有理由不得进行干涉的原则。1828年的"麦克莱恩案"(McLean Case)确立了受托人的"谨慎人"标准,从而结束了受托人对其管理资源所负责任的模糊性。最后,"麦吉尔和吉拉德案"(McGill and Girard Cases,1833年和1854年)解决了慈善组织是否可以持有和接受财产的问题。

当然,在法律上的解决并不意味着政治上的接受。然而,到了19世纪末,在一位学者称之为积极推动新英格兰式的公民个人主义的努力中,我们非营利部门目前的结构已经在运作了。它是信托法、企业注册新规则和实践的混合体(Hall,1997)。《第一修正案》规定的个人"集会权"已转变为集体的"结社权"。非营利组织,无论是慈善组织还是其他类型成员,都可以持有财产,由社区或其成员组成的理事会监督。理事会成员通常是通过任命,或偶尔通过选举产生,而且这些理事会应避免自我交易。理事会有决策和批准的责任,要确保组织履行其使命,并依法行事。慈善事业在实践中得以确定,并最终在税法中被制度化。个人慈善事业是收入的主要来源。费用可以被收取,但要避免直接销售产品以及出现"商业"行为。国家对非营利组织的援助是可以接受的,但不是主导性的。随着一些变化的出现,比如理事会的组成越来越能反映整个社会,以及通过示范法典使受托人的责任更加统一,在这一时期形成的东西是大多数人认为至今仍然存在的东西。

对受托人的期望是什么

在这种制度下,人们对受托人或者理事的期望是什么?[3]在信托的一般概念下,非营利组织的理事会负有若干义务。这一概念或观念是一项基本原则,认为理事会成员应无私行事,并尽其所能为其机构的最大利益着想。在信托概念下,理事会成员应履行三项义务,分别是注意义务、忠诚义务和服从义务。

注意义务是履行理事职责的行为准则。非营利理事会成员必须以一定程度的"谨慎"和技能诚信履职。一个人通过对组织感兴趣,并在理事做出决定时真诚行事来履行注意义务。注意义务不在于决定的正确性,而在于理事会成员执行决定的方式。

忠诚义务说明理事有责任以不损害所服务组织的方式行事。此项义务还禁止理事会成员从非营利组织中谋取个人利益或本应属于非营利组织的利益。它的前提是客观地对待决定,避免任何有可能损害这种客观性的利益冲突。

服从义务是非营利理事会成员不太认可的一项义务。它要求理事会成员贯彻公司章程和其他法律文件中规定的组织宗旨。例如,如果一名理事参与批准了超出税法限制的游说和政治活动经费支出,那么该理事的行为将违反这项义务(Fishman, 1995; Axelrod, 1994; Oleck, 1994; and Middleton, 1987)。

第九章　不断变化的慈善环境中的问责——世纪末的受托人与自治

政府对非营利部门的监管

这就是现有模型对理事会成员行为的期望。可能会有人想知道这些行为是如何被强制执行的。从表面上看,各州是监管的焦点,除一个州外,其他州的总检察长是负责人,州法院系统是解决问题的中心(Fremont-Smith,1994)。尽管有一些案件已经阐释了这些职能,并通过罢免理事甚至是取消组织的免税地位而对理事会采取了一些行动,但这些案例数量极少,且时间相隔甚远。最近,将非营利组织转化为营利性组织的问题引起了人们的关注,比如明尼苏达州公共广播电台的案例(Stehle,1998),但在少数几个总检察长活跃的州里,关注度最高的是涉及电视福音布道者或已故女继承人和艺术家的重要案例。成功的起诉屈指可数。那些记录在案的案件,如西布利医院(Sibley Hospital)和阿德尔菲大学(Adelphi University)的案例,以及与波士顿大学的庭外和解,可能会树立一些先例。但它们都是针对具体案件的,对于州监管体系的运行情况、何时以及是否有效几乎没有任何指导作用。[4]

各州和城市的其他活动也试图将定义什么是"非营利"作为改变一个组织税务状况,或对非营利组织的业务活动实施社区标准的前奏。这些行动的未来是有问题的。市政当局在很大程度上也没有成功地运用他们的监管权力来减少非营利组织不利于地方的活动。尽管没有直接针对受托人的管理,但各州市试图通过规定筹款地点、方法和支出水平来规范筹款活动。这些做法都违反了宪法《第一修正案》,与最高法院相悖;而且目前对募捐者登记和披露的各种要求常常会免除宗教、卫生和教育机构的责任,因此许多组织干脆拒绝遵守。换句话说,在监督非营利组织对其使命负责这一方面,各州和市政府做得很少。

如果各州和市政府在监管方面做得很少,那么联邦政府层面是否也是这样呢?问题的焦点就在于国税局。尽管美国以外研究慈善事业的学生通常难以理解税法是监管这个国家非营利组织的主要手段,但事实就是如此。自从1917年实行税收减免政策以来,联邦税收制度一直是非营利部门的主要定义者。它定义了一个非营利组织可以从事的商业活动的范围以及税收成本。税法影响了非营利组织在政治上可以做的事情。在1969年的税法中,它限制了母公司对基金会的控制,并规定了最低支付率。它还界定了企业可以做的慈善活动类型。新近颁布的《纳税人权利法案》(*Taxpayers Bill of Rights*)确定了为非营利组织官员设定薪酬的适当方式以及自我交易的构成。该法案还要求向公众公开组织的财务报表。允许对个人而不是对组织单独进行处罚,可能会减少自我交易。此外,它授权的中间制裁准许强制执行,而不至于最终取消一个组织的非营利地位(Peregrine, 1996)。

虽然税法和税收立法无疑有助于影响非营利部门的行为,但并不是国税局的积极执法发挥了作用。事实上,审计工作一直相对较少,而且预计未来会更少。新立法的执行几乎是没完没了的。再加上现行税收制度和国税局在政治上的不确定性,想要看到联邦一级的"公共监管"出现增长似乎是不太可能的。

简而言之,尽管法律是为公共问责和制裁而存在的,但它在任何层面都没有什么力度。尽管正在对如何减少倡导和其他活动展开讨论,但法院记录表明,这方面的大多数行动都不会成功。

第九章 不断变化的慈善环境中的问责——世纪末的受托人与自治

为何监管如此少

把对非营利部门的监管与对政府和营利性部门的监管进行比较具有指导意义。对于美国各级政府来说,都存在着高度制度化的不信任。通过宪法和惯例,处于立法和行政决策层的个人受到任期的限制,不得不参与定期选举或受到其他政府部门的批准。有公开辩论,甚至试图通过修改宪法来限制任期数。当国家起诉个人时,政府是如此不被信任,以至于需要陪审团的一致同意,并花费大量精力去寻找公正的陪审团成员。通过税收获得的公共资源被合法地用于这些事项。此外,公民对监督政府官员的需求如此强烈,以至于他们以个人身份花费大量金钱购买报纸和新闻杂志,让记者准备提供这类情报,并通过广告间接确保电视新闻的报道。公众也愿意支持大学进行政府以及改善公共管理的研究。

营利性部门的情况也类似。公众对企业是如此不信任,以至于政府有权从公共收入中支出大笔资金,以确保产品安全、投资保护、竞争以及广告真实性等。上市公司的董事会成员的资格是明确规定的,并要求提供招股说明书和年度报告。此外,各类公众对监视商业活动如此感兴趣,以至于产生了一个迅速发展的私营部门信息产业,提供来自贝茨(Bests)、彭博(Bloomberg)或者标准普尔(Standard and Poors)等公司的一般数据和评估数据,以及由许多商业期刊提供的更具解释性的新闻报道。通过捐赠和其他方式,进一步鼓励大学开设经济学与管理学课程,以确保为下一代做好准备。

相比之下，目前还没有采取行动利用公共资源来监管非营利部门。国税局对非营利组织进行审计的资金源于对私人基金会征收专门的消费税。根据作者的经验，那些负责监管非营利部门的州政府办公室是所有政府机构中最缺乏工作人员和办公场所，以及计算机化程度最低的机构之一。鲜有记者专门报道这一主题。关于这一主题的全国性期刊的数量也很少。相当于非营利界的标准普尔公司，即全国慈善信息局（National Charities Information Bureau）、商业改善局（Better Business Bureau）的慈善咨询服务处和美国慈善协会（American Institute of Philanthropy），主要靠拨款和捐赠存在。最后，直到最近，这些机构才为慈善事业提供指导，或为非营利部门的服务提供人员。

为什么会这样，特别是考虑到非营利部门的规模和重要性？这可以有多种解释。首先，非营利部门代表着"信任"部门，因此被认为不需要过多关注。事实上，过去10年里出现的少数案例——圣约之家（Covenant House）、电视福音布道者、新时代基金会（New Era Foundation）、阿德尔菲和波士顿大学以及美国联合之路——表明，这种信任可能是有道理的。[5]而非营利部门的"信任"地位可能主要受到不断变化的慈善环境的威胁。第二，可以说，非营利部门通常不被视为一个部门，因此公众和立法者可能很难理解为什么要"监管它"。第三，非营利部门非常分散，而且其中很多组织规模非常小，因此很难进行监管，监管的回报也相对微薄。最后，人们可能会怀疑，非营利部门代表的是富人和宗教人士的利益，而且很难相信它的许多活动都是为穷人和弱势群体服务的。约束富人和宗教人士的利益是糟糕的政治主张，而穷人和弱势群体在政治上没有话语权。

第九章 不断变化的慈善环境中的问责——世纪末的受托人与自治

不论是哪种解释,慈善事业几乎没有受到任何级别政府的监管问责关注。对一位分析家来说,这种忽视是整个部门创造力与创新的源泉(Gaul, 1993)。对另一位分析家来说,这是主要立法关注的序幕——在其他人从外部决定应该如何进行监管之前,慈善界的内部人士应该对此给予关注(Dale, 1994)。

自治的范围

理事会成员根据他们对自己的期望进行自我监管的现行制度被各种声称为整个部门服务的非营利组织所强化。评论界的声音多种多样,几乎没有统一的观点。可能有人会认为,美国非营利界的主要监管机构是律师和会计师标准制定者,因为律师和会计师影响着非营利组织领导者所认为的正确行为,以及他们必须在财务报表上做出什么。美国律师协会(American Bar Association)商法科的示范法典可能没有说服政府,但说服了律师,让他们知道该对非营利组织客户说些什么。财务会计准则委员会(Financial Accounting Standards Board)和美国注册会计师协会(American Institute of Certified Public Accountants)也是如此。这些组织的成员认为是可接受的财务报表决定了非营利组织理事会每年向公众公布的内容。

除此之外,还有一些早期确定的标准的直接监管机构,如全国慈善信息局、慈善咨询服务部和美国慈善协会。它们可能依赖于非市场支持,而且它们具有重复性,其范围和读者数量有限,但是它们对是否符合标准的判断也是公众认知的一部分。同样,资本研究中心(Capital Research Center)和全国慈善响应委员会

(National Committee for Responsive Philanthropy)的判断更具意识形态性。第三,该部门有明确的标准制定者,即基金会理事会(Council on Foundations)、基金会中心(Foundation Center)、独立部门(Independent Sector)、全国非营利理事会委员会(National Council of Nonprofit Boards)、理事会协会(Association of Governing Boards)、全国非营利协会委员会(National Committee on Nonprofit Associations)以及慈善圆桌会议(Philanthropy Roundtable)。这些组织都致力于团结志同道合的人,并鼓励改进。最后,还有一些组织努力改善慈善事业服务人员的表现,即美国筹款顾问协会(American Association of Fund Raising Counsel)、全国筹款经理协会(National Society for Fund Raising Executives)、医疗慈善协会(Association of Healthcare Philanthropy)、教育发展与支持理事会(Council for the Advancement and Support of Education)和全国计划捐赠委员会(National Committee for Planned Giving)。这些组织以及其他组织——大多数是在近20年间建立起来的——的存在是为了让那些在非营利组织工作并对其负责的人有更好的理解。这些组织拥有道德规范,但几乎没有执行这些道德规范的意愿,因此它们试图通过影响各个非营利组织的行为来维系该部门的运转。[6]再加上全国新闻界对这一主题的兴趣与日俱增,还有一本行业专刊(已出版70多本刊物)。可以说,非营利组织的问责并不缺少发言人、分析家、评论家或拥护者。

体系面临的当代挑战

在组织中致力于标准和提升非营利部门绩效的个人团体的

第九章 不断变化的慈善环境中的问责——世纪末的受托人与自治

支持下,自治的非营利组织各找到各自适当的位置,这作为一种愿景,甚至一种工作方式,似乎很具有吸引力。但是,一些正在积聚的关键力量将会影响到这一愿景。这个从 19 世纪出现,而且在此期间几乎没有修改过的体系,并没有为这些力量做好充分的准备。理事会能否在没有国家视角的情况下应对这些挑战对慈善事业的影响?我们认为不能。

这些力量不仅仅涉及这些自愿理事会现在或在其授权下做出的决策的规模和复杂性。一些理事会——自愿、自选或者兼职的——监督着年度预算达数百万或数十亿美元的组织的活动,并就支出和准入做出决定,这些决定所涉及的经费和范围可与政府相匹敌。如果认为它们的理事会成员已经准备好做出这样的决定,那就有些太狂妄自大了。

但我们要面对的是其他挑战。在这些挑战中,存在着对理事会能力可反驳的推定。第一个挑战是经济性的。它有很多方面,最好用"模糊了营利部门和非营利部门之间的界限"来概括。其中一个显而易见的事实是,营利性公司进入了 19 世纪以来一直属于非营利部门的领域,并正在证明它们是盈利的。在医疗保健、寄养与老年看护以及就业培训等许多领域,营利性公司已经证明了盈利是可能的,并鼓励非营利组织转变为营利性组织或者建立营利性子公司。接下来还会有更多这种情况出现。[7]

这种模糊界限的第二个方面来自当前非营利组织对资金的激烈竞争,以及企业慈善事业中公益营销的兴起。通过为产品背书和慈善博彩业,这种竞争降低了筹款标准。当知名大学发行慈善卡、教育电台重点介绍"保险费"、国家慈善机构推出彩票时,应该看到,非营利部门在接受市场价值方面已经走了很长一段路。在这一过程中,管理大师们敦促非营利组织的领导者要像商人一样行事,并且把市场模式看作良好行为的写照。他们看重的是客户而不是捐赠者或受益人,是产品而不是服务!

可以说,对顾客的积极反应可能是提高非营利组织绩效的最佳途径。另一方面,当一家非营利医院转变为营利性医院,一个非营利组织创建了一家营利性子公司,一个非营利组织开始代言产品并发行彩票时,是什么处于危险之中?正是信任的基石遭到了侵蚀。如果组织的动机从"因为这是正确和必要的"转变为"因为这影响到了组织的盈利或亏损",那么非营利部门的主要资产和存在的理由,即对客观性的信任,就不复存在了。捐赠者和受益者也就都不再确定,不再信任了。那些说出为了实现我们的使命任何赚钱的方式都是可以接受的受托人,可能是在说非营利部门的墓志铭。

这是一个典型的两难困境。对个人有利的事却是对整体的损害。在"无私的利益"这一问题上不含糊是慈善动机的主要来源。它使人们对医生的诊断、接受捐赠的人的正直以及为贫困者服务的人的使命充满信心。在为特定组织的短期利益服务的同时,将整个行业置于危险境地,这是经济环境的转变给非营利组织带来的诱惑。

第二股巨大的力量是政治力量。在过去的75年里,通过一系列政策和法令,非营利部门被孤立于政治之外。我们即将扭转这一状况。首先,政府已经从曾经是其特权的领域撤退。那么谁来填补这个空白?在缺乏自愿的政治进程的情况下,谁来帮助形成公开辩论?第二,不同信仰的非营利组织已经作为公共政策制定的倡导者、批评者和参与者进入了政治进程。曾经明确的界限现在变得模糊不清。与"利润"问题一样,政治偏好问题也是少数人的利益可能会危及多数人的经营空间的问题。

已经开始影响非营利部门的第三股力量是非营利组织的数量可能会出现变化。有太多领域需要支持,太多基础设施减少了服务,而对绩效的压力却太小。要对法律负责,对捐赠者的意愿负责,甚至要对受益者的期望负责。但是,在非营利环境中,没有什么能促使理事会在完成使命的同时追求更高的绩效。没有行业基准,只有那些热衷于市场的个人的劝诫,要让非营利部门看起来像私营部门。用"永远失败的组织"的概念来形容许多非营利组织是恰当的——也是可接受的——它们在一次次危机中蹒跚而行,从来没有达到过最佳状态。

我们所知道的和可能采取的措施

对理事会的研究已有四十多年的历史。然而,大多数研究主要是对理事会的服务和控制职能感兴趣。很多文献都是关于在特定的情况下什么是最有效的,或者应该做些什么。与理事会的组成相关的主要变量包括理事会的规模、性别和职业。普费弗(Pfeffer, 1973)和普罗文(Provan, 1980)发现,理事会规模的扩大和理事会的组成与募集资金的数额有关。西利西亚诺(Siliciano, 1990,1993)发现,参与战略规划活动的理事会在募集资金和生产力指标方面的表现更好。理事会的规模没有显著影响。性别的研究结果支持米德尔顿(Middleton, 1987)和扎尔德(Zald, 1969)早期的观点和发现,即女性获得经济资源的机会较少。然而,理事会中女性人数的增加提高了社会绩效的有效性。

在对加拿大非营利组织的研究中,布拉德肖、穆雷和沃尔平(Bradshaw, Murray and Wolpin, 1992)发现,高度重视战略规划是感知理事会有效性的一个最重要的过程特征。其他重要的变量包括良好的会议管理、共同愿景、参与日常运营以及避免理事会与员工之间的冲突。理事会的规模和委员会的数量都不是显著的变量。在格雷(Gray, 1996)报告的一项研究中,研究人员发现,有效的理事会定期评估自身的表现。格林(Green, 1995)发现,与执行主任以外的员工有联系的理事会比那些没有联系的理事会更有效。他还发现,理事会评估不仅提高了有效性,还可以定期审查关键的财务控制机制。

赫尔曼和海莫维奇(Herman and Heimovics, 1990)发现,成功的高管增进了理事会关系中的互动。首席执行官对理事会有效性的判断与遵循理事会建议的实践有一定关系(Herman, et al., 1997)。在理事会有效性的研究中,还有很多实证研究需要做。赫尔曼(Herman, 1990)主张对构成要素和客户满意度、结果指标以及声誉指标进行测量。这些因素都不能直接说明外部(政府)监督的作用。

在前面提到的所有三个例子中——模拟利润、重新定义政治责任和建立绩效与生存能力的基准,那些看似是个别理事会应该努力解决的问题,实际上是需要普遍指导的问题。在每种情况下,都应该有一个由该领域领导层组成的全国委员会,准备探讨理事会及其组织的选择,并具体说明如果接受了某些选择,对整个领域的影响是什么。除其他问题外,这三个挑战应该成为为非营利部门服务的协会议程的一部分——出现在它们的年度会议、特别研讨会以及时事通讯中。关注慈善事业的媒体应该对这几个挑战进行系统的讨论。各委员会的结论应该得到基金会的资助和致力于加强理事会及其决策能力的组织的支持。

19世纪末出现的慈善治理模式将被用来应对20世纪末带来的挑战。然而,除了这一体系,我们别无选择。指望政府的指导和执行是徒劳的。只有通过强化知情理事会,得到非营利部门意见团体的支持,并获得基金会的协助,美国的信任范围才能得以维护。

沃伦·F. 伊尔希曼(Warren F. Ilchman)
德怀特·F. 伯林盖姆(Dwight F. Burlingame)

注释:

[1] 我们的主张是在承认影响非营利组织的大量法律的情况下提出的。参见 Bruce R. Hopkins, *The Law of Tax-exempt Organizations*, 7th ed. Wiley, 1998; and Howard L. Oleck and Martha E. Stewart, *Nonprofit Corporations, Organizations, and Associations*, 6th ed. Prentice Hall, 1994。

[2] 我们估计,在政府中有130万人拥有"受托人"身份,在非营利部门则有960万人。这是根据1997年《美国统计摘要》(*U. S. Statistical Abstract*)和《1992—1993年非营利组织年鉴》(*Nonprofit Almanac, 1992—1993*)进行的估算。

[3] 尽管"理事"和"受托人"这两个术语经常互换使用,但信托基金受托人和非营利公司理事的法律标准各不相同(Fishman, 1995)。在本文中,作者关注的是非营利组织的理事。与商业公司的主要区别在于不分配约束(Hansmann, 1981)。与慈善受托人相比,非营利公司理事的注意标准较低。各州对非营利组织采取了不同的处理方法,但越来越多的州遵循美国律师协会于1987年批准的《非营利公司示范法(修订案)》(RMNCA)(Fishman, p. 66)。

[4] 关于另一种观点,见 H. Bogard, "The Role of State Attorneys General in Relation to Troubled Nonprofits." PONPO Working Paper #206, New Haven: Program on Non-Profit Organizations, Yale University,

1994。

[5] 关于另一种看法，见 G. M. Gaul and N. A. Borowski, *Free Ride: The Tax-Exempt Economy*. Kansas City: Andrews and McMeel, 1993。

[6] INDEPENDENT SECTOR, *Ethics and the Nation's Voluntary and Philanthropic Community: Obedience to the Unenforceable*, Washington, 1991.

[7] 关于为商业化发展做准备而重新规划该部门的早期努力，见 H. Hansman, "Reforming Nonprofit Corporation Law." *University of Pennsylvania Law Review*, 1981, 129: 497-623。关于当前的观点，见 E. Brody, "Agents without Principals: The Economic Convergence of the Nonprofit and For-Profit Organizational Forms." *New York Law School Law Review*, 1996, 40, 457-536。

参考文献

Axelrod, N. R., "Board Leadership and Board Development." In R. D. Herman and Associates, *The Jossey-Bass Handbook of Nonprofit Leadership and Management*. San Francisco: Jossey-Bass Publishers, 1994.

Bradshaw, P., Murray, V., and Wolpin, J., "Do nonprofit boards make a difference? An exploration of the relationships among board structure, process, and effectiveness." *Nonprofit and Voluntary Sector Quarterly*. Fall 1992, 21(3): 227-249.

Bradshaw, P., Murray, V., and Wolpin, J., "Women on boards of nonprofits: what difference do they make?" *Nonprofit Managnement and Leadership*. Spring 1996, 6(3): 241-254.

Dale, Harvey. Norman A. Sugarman Memorial Lecture, Mandel Center for Nonprofit Organizations, Case Western Reserve University, 1994.

Fishman, J. J., and Schwartz, S., *Nonprofit Organizations: Cases and Materials*. Westbury: The Foundation Press, 1995.

Fremont-Smith, M. R. "Government Regulation of the Independent Sector." Working Paper, Research Symposium Honoring Brian O'Connell, Washington, 1994.

Gray, S. T., "Board self-assessment," *Association Management*, January 1996, 48(1): 156-157.

Green, J. C., "The effectiveness of boards of directors of nonprofit organizations serving developmentally disabled adults." Doctoral dissertation, The Clarement Graduate School, 1995.

Hall, P. D., "Remedying the Incompleteness of Democracy: An Overview of

Board Governance in America." Unpublished manuscript, Yale University, 1997.

Herman, R. D., and Tulipana, F. P., "Board staff relations and perceived effectiveness in nonprofit organizations," *Journal of Voluntary Action Research*, October-December 1985,14(4): 48 – 59.

Herman, R. D., Renz, D. O., and Heimovics, R. D., "Board practices and board effectiveness in local nonprofit organizations," *Nonprofit Management and Leadership*, Summer, 1997,7(4),373 – 385.

Herman, R. D., "Methodological issues in studying the effectiveness of nongovernmental and nonprofit organizations," *Nonprofit and Voluntary Sector Quarterly*, Fall 1990,19(3): 293 – 306.

Herman, R. D., and Heimovics, R. D., "The effective nonprofit executive: Leader of the board," *Nonprofit Management and Leadership*, Winter 1990,1(2): 167 – 180.

Hodgkinson, Virginia, et al., *Nonprofit Almanac: Dimensions of the Independent Sector. 1996 – 1997*, San Francisco: Jossey-Bass, 1996.

Middleton, M., "Nonprofit Boards of Directors: Beyond the Governance Function." In W. W. Powell, ed., *The Nonprofit Sector: A Research Handbook*. New Haven: Yale University Press, 1987,141 – 153.

Oleck, H. L, *Nonprofit Corporations, Organizations, and Associations*. 6th ed. Englewood Cliffs: Prentice Hall, 1994.

Peregrine, M. W., Nilles, K. M., and Palmer, M. V., "Complying with the New Intermediate Sanctions Law," *The Exempt Organization Tax Review*, 14 (August), 1996,245 – 253.

Pfeffer, J., "Size, composition and function of hospital boards of directors: A study of organization environment linkage," *Administrative Science Quarterly*, 1973,18: 349 – 363.

Provan, K. G., "Board power and organizational effectiveness among human service agencies," *Academy of Management Journal*, 1980,23(2): 221 – 236.

Siliciano, J., "The board's role in the strategic management of nonprofit organizations: A survey of eastern U. S. and Canadian YMCA organizations." Doctoral dissertation, University of Massachusetts, 1990.

Siliciano, J., and Floyd, S., *Nonprofit boards, strategic management and organizational performance: An empirical study of YMCA organizations*, PONPO Working Paper no. 182. Yale University, February 1993.

Siliciano, J. I., "The relationship between formal planning and performance in nonprofit organizations," *Nonprofit Management and Leadership*. Summer 1997,7(4): 387-403.

Stehle, V., "Sale of Catalogue Business Nets Profits for Minnesota Public Radio- and Top Officials," *The Chronicle of Philanthropy*, April 9,1998, p. 38.

Zald, M. N., "The power and function of boards of directors: A theoretical synthesis," *American Journal of Sociology*, 1969,75: 97.

第十章　慈善捐赠的模式和目的

美国一个著名的慈善委员会最近得出结论："个人捐赠是随意的、误导的和浪费的。"(National Commission on Philanthropy and Civic Renewal, 1997:6)早些时候,我们发现我们不再对自己的慈善习惯感到满意和有把握。18世纪90年代,对理性慈善事业的威胁来自人们对教育和宗教的普遍失望(这两个机构被广泛视为可以有效地促进慈善行为),可能只有三分之一的人口定期去教堂(Hall, 1995)。即使是在殖民地时期,像科顿·马瑟(Cotton Mather)这样著名的发言人也害怕不理智的善举,他在1698年呼吁波士顿人民:"与其敦促你们增加慈善行为,我宁愿奉劝大家……你们最好不要盲目地滥用你们的慈善行为(Bremner, 1988)。"

20世纪末,美国人的慷慨是否能够被引导,以及它将以何种程度发展才能满足我们不断变化的社会、经济和政治形势,这个问题具有一定的紧迫性。政府为穷人建立的社会保障网络正在逐渐被取消。政府对时而颓废的艺术作品和时而神秘的科学"纯研究"的支持正在受到审查,以着眼于控制联邦预算。我们对托克维尔式紧密结合的美国小镇的幻想与大城市和郊区的现实相对抗,在那里人们的信任下降,"主流"教会的成员数量不断减少。个人慈善事业能把我们从20世纪的末日景象中拯救出来么?

在本文中,我回顾了20世纪90年代美国慈善事业的模式和目的,以了解慈善事业的发展方向,因为我们进入了一个对联邦资助范围的期望降低的时代。本文从慈善捐赠、志愿劳动和遗赠这几个方面对个人慈善事业进行了研究。对于其中每一个方面,我们首先要研究的问题是,谁捐赠了、捐赠了多少以及受益者是谁。然后,我们将讨论捐赠的一些重要决定因素,以及它们对今后数十年个人慈善事业发展的预示。

20世纪90年代的慈善捐赠、志愿劳动和遗赠

1996年,据估计,在世的个人向非营利事业捐赠了1 199亿美元,另外还有105亿美元以遗赠的形式捐给了非营利团体(*Giving USA*,1997)。按照现行补偿率计算,捐赠给非营利组织或其他组织的志愿者时间的价值估计为2 016亿美元,另外还有价值约590亿美元未经任何组织调解直接用于为他人服务的时间(Hodgkinson and Weitzman,1996)。通过对比可以了解这些金额代表了多少资金,我们注意到,在1996年,这些赠予足以为社会保障提供资金,远远超过联邦政府用于收入保障计划的2 260亿美元(*Economic Report of the President*,1997)。

没有可以用于衡量个人慈善事业三个组成部分中的任何一个的完美数据集。个人捐赠的最佳信息来源之一是由盖洛普组织(Gallup Organization)为独立部门(Independent Sector)进行的两

年一次的调查。由于调查规模有限,仅包括不到 3 000 户家庭,独立部门给出的数据可能不会涉及非常富有的人给予的不常见的巨额捐赠。由于富人特别倾向于向那些设立捐赠基金和开展资本运动的机构捐赠增值资产,某些捐赠类别(如健康、教育和艺术)可能在不是针对富人的调查中代表性不足。独立部门对个人捐赠的总估计值要比《美国慈善捐赠》(*Giving USA*)年度报告以及其他来源得出的数据要低(Schervish and Havens,1997a)。这些数据也许最好被视为可以更好地了解中低收入家庭(收入低于10 万美元)的捐赠模式。

独立部门关于志愿者的数据仍然是全国范围内最好的志愿服务调查数据。遗赠数据主要来自国税局,主要代表了在扣税之前足以征收遗产税的遗产总额。

据估计,1995 年美国家庭对慈善事业的平均捐款额从 700 美元到 1 100 美元不等。独立部门 1996 年的调查结果显示,1995 年家庭平均向慈善机构捐赠 696 美元。舍维什和黑文斯(Schervish and Havens,1997a)对这一估计进行了改进,并将它与其他调查中得出的数值进行了比较。只关注那些自称是户主的受访者数据(他们可能更了解家庭的捐赠),家庭平均捐赠的估值可以提升到 749 美元。这仍然低于他们从芝加哥大学全国民意研究公司(National Opinion Research Corporation)进行的两项调查得出的估计值。1995 年的消费者财务状况调查(Survey of Consumer Finances)忽略了每年捐款少于 500 美元的家庭,它得出了高得多的 972 美元的平均捐款额。1996 年的综合社会调查(General Social Survey)只关注户主,得出的平均捐赠额约为 1 099 美元,这与《美国慈善捐赠》年度报告所暗示的平均 1 167 美元相差无几

(Schervish；Havens，1997a)。

《美国慈善捐赠》年度报告对个人捐赠的估计意味着这些家庭在1995年捐赠了个人收入的1.9%(Giving USA:64)。在过去的25年中,捐赠占个人收入的比例相当稳定,从1.8%到2.0%不等。这种稳定性可能代表着抵消的力量,而不是捐赠和收入之间不变的关系。例如,虽然20世纪80年代的税法变革使捐赠成本大大提高,但在这十年中股市财富和受教育程度也大幅增加(Clotfelter,1990；Brown,1997b)。

在独立部门的个人捐赠数据中,最大的份额(59.9%)流向了宗教组织。其次是流向了人类服务(9.8%),紧随其后的是教育事业(9.3%)和医疗(8.3%)。这四个类别加起来占个人捐赠额的八分之七。调查涉及的其他类别包括青少年发展(4.2%),艺术、文化和人文事业(2.9%),国际事务(2.4%),公共/社会福利(1.9%),环境(1.7%),私人和社区基金会(1.6%),成人娱乐(1.6%)和其他类别(0.4%)。(Hodgkinson and Weitzman,1996)

不同家庭的慈善捐赠水平差异很大。1995年,独立部门调查样本中约三分之一的家庭没有捐赠(31.5%)。还有15%家庭的捐款数额不到100美元。另一方面,15%的家庭捐赠了1 000美元或更多。收入较高的家庭更有可能捐款,平均捐款额也更多。收入在2万美元以下的家庭约有一半没有捐款,而收入在10万美元以上的家庭九成都会捐款。在这个最高收入群体中,平均捐款额为3 379美元(Hodgkinson and Weitzman,1996:1-49)。

奥滕、克洛特费尔特和施马尔贝克(Auten, Clotfelter and Schmalbeck,1997)指出,在高收入阶层中,捐赠已经成为越来越普遍的趋势。通过分析1995年的税收数据,他们发现慈善捐款的分项回报率随着收入的增加而稳步上升。收入在 2.5 万美元至 5 万美元之间的家庭中,87% 的家庭有捐赠行为;收入在 10 万美元至 20 万美元之间的家庭中,这一比例上升至 95%。对于收入至少为 250 万美元的家庭,这一比例高达 97.8%。

考察不同收入群体平均捐赠水平的一种方法是调查捐赠占家庭收入的比例。如上所述,美国人总体上将个人收入的 1.9% 捐给慈善事业。就捐献占收入的比例而言,不同收入群体的捐赠水平大致相同,其中收入最高的家庭的捐赠水平要略高于其他家庭(Schervish and Havens, 1995; Auten et al., 1997)。

志愿服务虽然不像慈善捐赠那样普遍,但在美国也是一种比较盛行的慈善形式。据独立部门估计,在 1996 年 5 月的调查之前的 12 个月里,9 300 万美国成年人(占成年人口的 49%)做过志愿工作。在这些志愿服务人群中,每人每周志愿服务的平均时间为 4.2 小时,全经济范围内的年度志愿者服务时间约为 203 亿小时。

了解 200 亿小时是多少时间的一种方法是把这些时间换算成全职工人的等效时间。按照一周工作 40 小时,一年工作 50 周来计算,一位全职工人每年工作 2 000 小时。因此,200 亿小时相当于 1 000 万名全职工人一年的劳动力。另一种让人们了解 200 亿小时所代表的时间的方法是将工时换算成美元。独立部门采用平均工资率,并对附加福利进行调整后,将志愿者劳动的价值定为 2 015 亿美元。这个数字可以被认为是非营利组织和其他使用志愿者的组织为了获得捐赠给它们的劳动力而必须支付的费用。还有另外一种衡量的方法,考虑到志愿劳动在其最常被雇佣的经济部门的可能生产率,以及志愿服务为客户产生的价值,203

亿小时的志愿服务给客户带来了1 130亿至1 610亿美元的收益。根据他们所付出时间的价值,志愿者本身也从参与志愿服务中获得了类似的收益(Brown,1997a)。

志愿服务的普及率随着收入与教育程度的提高而增加,并且在35—54岁这个年龄组达到峰值。相比之下,女性、兼职工作的人、已婚或有宗教信仰的人通常更有可能成为志愿者(Hodgkinson and Weitzman,1996)。

1996年独立部门的数据和1996年的综合社会调查显示,大约四分之一的成年人至少参与了一项与宗教有关的志愿活动。这两项调查还一致发现,约17%的成年人为教育事业提供志愿服务,约15%的人志愿服务于青少年发展事业。独立部门的数据显示,13%的受访者在人类服务领域做志愿者,而综合社会调查数据显示约10%的受访者在人类服务领域做志愿者。在医疗领域也是如此,独立部门调查数据为13%,综合社会调查数据为10%。调查中最大的差异存在于非正式志愿服务。独立部门的此类数据不仅包括不经过任何组织调解的志愿服务,还包括临时(而不是长期致力于该领域)为组织提供的志愿服务。这也许可以解释为什么20%的独立部门受访者报告了非正式的志愿服务,而综合社会调查中的这一比例要低得多,只有7%。在这两项调查中,涉及至少10%的受访者的最后一个捐赠类别是与工作相关的志愿服务,其中综合社会调查的数据为12%,而独立部门的数据中只有8%。

除了慈善捐赠与志愿服务之外,个人慈善事业的第三种形式是遗赠。与在世的个人的慈善捐赠相比,通过慈善遗赠捐赠的金额很小。1996年,慈善遗赠总额估计约为105亿美元,排在企业

(85 亿美元)和基金会(118 亿美元)之间。这三者中最大的捐款数额也仅是在世的个人的慈善捐款的十分之一。

遗产税申报表是遗赠数据的主要来源。对于价值至少 60 万美元的遗产,应提交遗产税申报表。1995 年,在美国约 2 286 000 死亡人数中,只有 69 766 人提交了遗产税申报表,占死亡人口总数的 3%(Auten, et al., 1997)。这 3% 死亡人口的遗赠金额占 1995 年 9.8 万亿遗赠总额的 93% 以上。这些数据只反映了一小部分人口的遗赠行为,但他们却占了遗赠总额很大的一部分。

除了财富之外,预测慈善遗赠行为的另一个重要人口统计学变量是婚姻状况。单身女性,其次是单身男性,最有可能做慈善遗赠。在已婚人士中,夫妻双方都去世后更可能进行慈善遗赠。已婚男性的遗产税申报表中仅 8.9% 有慈善遗赠,而丧偶男性和其他未婚男性的比例为 27.1%。在提交遗产税申报表的女性死者中,7.6% 的已婚女性申报表中有慈善遗赠,远低于未婚女性的 28.4%。

遗赠倾向的性别差异几乎完全是由于死亡时的婚姻状况差异造成的。在 1995 年的遗产税申报者中,64% 的男性死者在死亡时是已婚状况,相比之下,只有 25% 的女性死者在死亡时是已婚状况。

1995 年,19% 的遗产税申报表显示出有慈善遗赠。美国国税局在其遗产研究中,根据受赠者的类型将慈善遗赠分为六类:宗教;社会福利;私人基金会;教育、科学和医疗;艺术和人文学科;其他(Eller, 1997)。在资产净值达到 1 000 万美元的遗赠中,接受慈善遗赠最多的受赠者类别是教育、医疗和科学用途。在资产净值超过 1 000 万美元的遗赠中,私人基金会从遗赠中获得的资金比其他任何类别都要多。总的来说,从遗产税申报表中确定的92亿美元的慈善遗赠中,36.4%捐给了私人基金会,26.9%捐给了教育、科学和医疗事业。宗教事业是接受遗赠笔数最多的类别,但其金额只占遗赠总额的10%。只有3%捐给了艺术和人文学科,而只有1.4%捐给了社会福利事业,甚至还不到捐给艺术和人文学科的一半。"其他"类别占1995年慈善遗赠的21.4%(Auten, et al., 1997)。

纵观个人慈善事业的三种途径,我们能否得出一个关于谁给谁捐赠了多少的"统一理论"?这其中确实有一些规律。首先,在所有收入水平上,捐赠的慷慨程度都有很大差异;第二,宗教事业的受益者比其他类别的都多。这对于慈善捐赠、志愿服务和慈善遗赠都是如此。因为宗教在捐赠中所占的份额会随着收入的增加而减少,它在志愿者服务时间中所占的份额比在慈善捐赠中的多,而在慈善捐赠中所占的份额比在慈善遗赠中的多。

虽然个人慈善事业有一些共同的主题,但大多数关于慈善事业决定因素的研究都是针对慈善捐款、志愿服务和遗赠这三个方面的。本文接下来的三个部分将依次回顾对这三种个人慈善形式的决定因素的研究。

慈善捐款的决定因素

慈善捐赠的经济决定因素被经济学家列入研究议程至少已有20年。用于慈善捐赠经济研究的数据包括家庭调查数据和联邦所得税申报表数据。调查数据最突出的局限性是过于依赖对准确信息的记忆。调查中可能会忽略一些如工资率这样的重要经济变量,而其他变量,如收入,只能作为给定时间间隔内的变量来报告。与税收数据相比,调查数据的优势在于其潜在的、丰富的人口统计数据,如年龄和受教育程度。

税收数据包含一些人口统计信息,比如婚姻状况、纳税人的受抚养人数量以及纳税人或其配偶是否超过 65 岁。通过税收数据,经济学家可以区分工资和其他收入来源,但这些数据不包括工资率。利用税收数据来研究慈善捐赠的最大缺点是,只能反映出那些分项申报者的慈善捐赠情况。因为大部分慈善捐赠都是分项申报的,所以税收数据可能会告诉我们有关捐赠的大量信息,但这些数据不会告诉我们太多关于典型的低收入家庭的慈善行为,因为这些家庭通常不会提交逐项纳税申报表。

在探讨经济学家最喜欢的解释变量,即收入和税后捐赠成本之前,值得注意的是,教育一直是慈善捐赠的重要决定因素。除了对家庭收入的影响外,教育对一个人对慈善事业的贡献有独立的积极影响。在 20 世纪 80 年代,至少完成高中学业的人口比例从 66.5% 上升到 77.6%,完成大学学业的人口比例从 16.2% 上升到 21.3%(Brown,1997b)。在我们研究未来几十年可能影响捐赠的变量时,美国公民受教育程度不断提高使我们有理由预期捐赠将继续增加。

我们知道慈善捐赠会随着收入的增加而增加。鉴于在不同时间以及不同的收入群体中,捐赠出去的那部分收入都显示出这种一致性,人们不禁会认为捐赠与收入是大致成比例的。无论如何,也许美国人总会拿出收入的 2% 去做慈善。这种认为捐赠与收入水平成比例的观点已经在实证检验中被否定,进而支持的是包含捐赠的税务处理信息的更复杂模型(Clotfelter,1990)。

1986年《税收改革法案》为我们提供了一个戏剧性的例子,说明了可减免税款的捐赠的时机对税率等级的变化有多么敏感。众所周知,1986年《税收改革法案》规定,将在1987年降低边际税率,这将减少大多数分项申报者的捐赠税收优惠。1986年,分项扣除总额为545亿美元。1987年,这一数字为493亿美元(Clotfelter,1990)。虽然1987年股市的下跌也可能影响到当年的捐赠情况,但两年之间出现了10%的差距,这很大程度上可能是因为1986年的税收优势促进了捐赠。

经济学家在试图量化收入水平对捐赠水平的影响时所面临的最大挑战之一是,经济理论告诉我们要通过"永久性"收入,即稳定的长期实际收入,来预测支出。这是因为经济学家们注意到,人们会通过存钱、取钱(或借贷)以使他们的消费逐年平稳。暂时性的高收入不会增加额外的捐赠。同样,暂时性的收入下降也不会减少太多的捐赠。这就意味着,依赖年度数据(其中一些富人和穷人只是暂时性的)将导致经济学家难以预测长期收入变化对捐赠水平的影响。

最近,研究人员已经可以利用面板数据来追踪记录不同时间内特定个人的行为。这样就可以计算永久性收入,而且收入和税率的临时变动所造成的影响可以从长期影响中分离出来。从长期影响来看,现在有理由相信,收入的变化可能与捐赠水平成正比。纳税人也会对捐赠的税收价格的长期变化做出反应,但其影响远未达到成比例。最近的研究表明,10%的捐赠税收价格变化只会导致5%的捐赠水平变化(Randolph 1995;Barrett,McGuirk,and Steinberg,1995)。

捐赠者捐款对税率的敏感度在高收入家庭中最为明显。这可能是因为他们更倾向于咨询税务顾问，又或者因为他们的捐赠和纳税水平更高，所以他们更清楚自己的纳税等级。克洛特费尔特（Clotfelter, 1990）指出，随着1986年《税收改革法案》的出台，大幅降低边际税率的举措导致了收入最高的五分之一家庭的捐赠再分配，减税政策生效后，税率下降最多的人的捐赠所占份额减少了。因为这些收入最高的美国人在慈善捐款中所占的份额如此之大——1994年，收入最高的1%家庭的捐款占全部捐款的16%——基于整个入息组别的捐赠的税收敏感性指标可能会低估高收入阶层的税收敏感性。

经济学以外的社会科学家研究了其他可能影响捐赠水平的社会趋势，包括人们对公民参与和关心他人的观念。政治学家罗伯特·帕特南的文章引发了广泛的争论，其文章记录了美国人参与保龄球联盟和图书俱乐部等团体的意愿有所下降（Robert Putnam, 1995a, 1995b）。他的论点是，非阶层性团体的成员资格使公民互相信任，从而使他们具有公民意识。尽管他所关注的是支持民主制度的政治行为，如投票，但社会参与和公民参与之间的联系表明，与个人领域之外的其他人积极交往可能会引发更多形式的参与行为，这其中就包括慈善捐赠。据1996年独立部门的调查数据显示，76%的团体成员进行了慈善捐赠，相比之下，没有参加团体的人只有37%进行了慈善捐赠。那些同时属于一个宗教组织和至少一个非宗教组织的受访者更有可能捐款：其中整整90%的受访者表示在过去的一年里进行了慈善捐赠（Hodgkinson and Weitzman, 1996）。

志愿服务的决定因素

关于志愿服务的决定因素,我们所知道的很多都来自对独立部门进行的两年一次的调查。与慈善捐赠一样,那些积极参与社区活动的人从事的志愿工作也最多。参加教会或其他组织的人平均每周志愿工作2.3小时。在没有参加任何团体的人中,平均每周志愿工作的时间仅为0.6小时。宗教团体成员与非宗教团体成员之间有一个有趣的差异:在那些不属于宗教团体但属于其他团体的受访者中,有65%的人参加了志愿活动;在那些属于宗教团体但不属于其他组织的受访者中,有38%的人是志愿者。虽然宗教团体成员中志愿者的比例远低于非宗教组织成员志愿者的比例,但是没有参加任何组织的受访者中志愿者的比例的两倍:在不属于任何组织的受访者中,志愿者比例只有19%。

一般来说,志愿服务的倾向会随着社会地位的提高而增加。在大学毕业生、已婚人士、高收入家庭人士、有工作的人以及有自己住房的人中,志愿服务的比例较高。关于社会地位与志愿服务之间的联系,有这样一种解释,即地位带来了社交网络,这个关系网络带来了被要求提供志愿服务的更大可能性。在独立部门的数据中发现了这样一个一致的模式,即被要求做志愿者的人比其他人更有可能成为志愿者,而且几乎可以肯定的是,作为团体的一员更有可能被要求做志愿者。1996年的数据显示,在43%被要求做志愿者的人中,有85%的人都这样做了;在54%没有被要求的人中,只有21%的人做了志愿者。

这种模式可能表明,寻找志愿者的人非常清楚该向谁请求。

第十章　慈善捐赠的模式和目的

只有9%的非志愿者表示自己没有参与志愿服务是因为没有人问过他们。关于社会地位与志愿服务之间联系的第二种假设是，可能与社会地位相关的赋权感是让人们觉得他们的志愿服务是值得的一个因素。霍奇金森(Hodgkinson，1995)利用独立部门的调查数据得出，在强烈认同他们有能力改善他人福利的13%的成年人中，有八成是志愿者。在不认为自己能改善他人福利的21%的成年人中，只有30%的人做过志愿者。虽然不是那么明显，但是这种模式在青少年中也是显而易见的。在15%强烈认为自己能改善他人福利的人中，有四分之三的人是志愿者；相比之下，在18%不认同的人中，只有十分之四的人是志愿者。效能感似乎是能让人们成为志愿者的一个重要因素。

　　社区服务要求的影响具有特别的政策意义。研究表明，那些从青少年时期就开始参加志愿活动的人长大后也会比其他人更有可能成为志愿者。当然，这种关联性有一部分是出于自我选择，因为有志愿服务倾向的人在很小的时候就开始这样做了。但这种关联性在一定程度上可能反映了志愿者早期经历所带来的形成性影响。在一项调查青少年志愿者的研究中，受访者被问及就他们自己的情况而言志愿服务的几个潜在益处有多重要。在给出的18个选项中，最常被选为重要的3个选项分别为，"我学会了尊重他人""我从帮助他人中获得满足感"和"我学会了乐于助人和友善待人"。这三个选项被几乎一半的样本评为"非常重要的益处"(分别为48.3%、46.0%和44.5%)。获得满足感并不能说明志愿者的经历是否会导致个人改变，使他们在未来参与志愿服务，因为这些年轻志愿者可能只是意识到他们喜欢志愿服务。但另外两个选项涉及学习，而且从中汲取的经验教训无疑会促使他们未来从事志愿工作。

学校是让年轻人成为志愿者的重要机构。在上述调查中，78%的青少年志愿者都是通过学校找到了至少一项志愿活动。随着越来越多的学校实施社区服务要求，青少年的志愿服务水平也将自然提升。我们有理由预计，那些年轻时有社区服务经验的人在成年后会更有可能成为志愿者。

经济学家们探讨了慈善捐赠的税收减免待遇是否会影响到志愿劳动的供给。如果人们把捐赠时间和捐赠金钱看作实现类似目标的可互换方式，那么影响慈善捐赠的税收政策也会影响到志愿服务。例如，如果边际税率上升，捐款方面的税收优惠加大，人们可能会选择多花些钱、少花些时间来实现他们的慈善目标。但到目前为止，研究似乎表明捐赠时间与金钱是并行不悖的（Menchik and Weisbrod, 1987; Brown and Lankford, 1992; Andreoni, Gale and Scholz, 1995）。这两种参与慈善事业的形式是完全互补的，而不是相互替代的。当与捐赠相关的税收减免增加时，志愿活动和慈善捐赠都会随之增加。人们对这种关系的重要性还没有太多共识，但通过税法来刺激捐款的努力不会有损志愿服务，这对政策制定者来说就是一个有益的经验。

遗赠行为的决定因素

我们从遗产税数据中可以了解到，如果死者还有在世的配偶，那么慈善遗赠的可能性会降低。因为遗产税不可减免，遗产税数据中不包括留给子女的遗产。但是我们可以有把握地假设，在世子女的存在为死者的遗产处置创造了一种可能的选择。在涵盖 20 世纪 30 年代出生的个人的健康和退休调查中，38% 的人表示他们"可能"或"肯定"会将"可观的遗产"留给他们的继承人（Health and Retirement Survey，1995）。在遗产分配方面，非营利组织要与死者的配偶及其子女展开竞争。

正如收入是影响年度慈善捐赠的一个重要因素一样，死亡时的财富也是决定慈善遗赠可能性和数量的另一个重要因素。在考虑一个典型的拥有可遗赠财富的家庭时，有必要知道死亡时的财富水平取决于一个人到退休时积累了多少财富，及其在退休期间有多少财富支出。

调查发现，家庭储蓄背后最重要的动机是预防对现金的不时之需（Reynolds，1997）。在老年人眼中，预存财富可以用来应对一些不确定开销，如超长寿命或者昂贵的医疗费用。近年来，希望通过投保预防此类风险的人的金融选择范围不断扩大。财富年金化的机会增加，从而对冲长寿带来的花销。还有许多"医疗缺口"补充保险计划来报销那些联邦医疗保险计划不包括的医疗费用。举例来说，人们不必为了预防巨额医疗费用而存一大笔钱，他们只需要存足够的钱来支付保险费和共担费用。"意外遗赠"（为从未发生的意外事件而存钱）的规模随着金融市场的日益成熟而下降。

预防性财富持有水平的下降对遗赠的影响很大。从 1960 到 1990 年，老年男性以年金形式持有的资产比例增加了一倍，老年女性则增加至四倍。考虑到 1960 年以来增加的年金化机会，奥尔巴克（Auerbach，1995）估计今天的总遗赠额要比没有转向年金化时低 40%。（也有证据表明，持有财富可防止潜在继承人的疏于照顾[Bernheim, Shliefer and Summers, 1985]。保险市场在这一领域几乎没有什么进展,而且在某种程度上,财富持有担负着对冲开支和防止疏忽的双重责任,不太可能完全年金化。)

有证据表明,遗产税税率既影响慈善遗赠的规模,也影响慈善遗赠所针对的各种事业。朱尔法安(Joulfaian,1991)发现,通过降低留下可减免的慈善遗赠的税后成本,更高的遗产税税率显著增加了遗赠的规模。他还发现,较高的边际税率导致捐赠者将遗赠留给活动领域更广泛的组织,而不是将更多的钱留给主要的慈善受益人。

据估计,在1990至2040年这50年间,将有异常大量的金钱(大约10.4万亿美元)通过遗赠传下去(Avery and Rendall,1993)。以已提交纳税申报表的遗产总额为比较点,这些预测表明,相对于近些年,在21世纪的第一个十年,通过遗产带来的收入将是现在的两倍左右,在第二个十年将变成三倍左右。研究者们自然会问,如此巨额的财富转移是否会给慈善组织带来意外之财。

任何对即将到来的大量遗赠可能产生的影响的探索都将是推测性的。尽管如此,仍有大量的资金处于危险之中,并且值得我们系统考虑的是,这10.4万亿美元的估计值是如何达到的,以及我们对未来死者有什么样的了解可能会揭示他们进行慈善遗赠的倾向。

10.4万亿美元的估计值覆盖了1990年到2040年的半个世纪。我们没有什么理由去考虑过去那部分时间,因此我关注的是未来的遗赠情况。因为预测的时间越远就越不可靠,所以我只考虑到2020年之前的遗赠情况。不确定性的两个主要来源是通货膨胀和金融市场的表现。以资本收益形式表示的预期收益率的可靠性也受到了质疑(Reynolds,1997)。即使是预期收益率的微小误差,从长远来看,也会在预测财富的过程中产生巨大的误差。通胀率和实际收益率的不确定性使得对未来25年的预测具有高度的推测性。

把我们的注意力限制在从现在到2020年这段时间内,前面估计的10.4万亿美元会被削减到大约6万亿美元(Avery,1994)。然而,这低估了向非营利组织转移利益的资源规模。艾弗里(Avery)和伦德尔(Rendall)完全忽略了一个可能会给慈善事业留下大笔资金的潜在死者群体。他们的研究重点是未来财富继承者的行为,而不是老一辈人会给慈善机构留下多少遗产。因为他们对将从父母那里继承大量遗产的"婴儿潮"一代人的命运感兴趣,所以艾弗里和伦德尔在他们的样本中排除了所有无子女的夫妇和个人。这6万亿美元只是让非营利组织与潜在继承人对立起来的那部分遗产。无子女的夫妇和个人的预期遗产也需要加在这个数字上,以达到我们预期在未来20年可以看到的资金转移规模。

艾弗里和伦德尔没有报告他们不予考虑的那部分样本,因为其中包括无子女的夫妇和个人。然而,另一项关于老年人遗赠行为的主要研究报告了无子女样本的比例。赫德(Hurd,1987)使用了来自纵向退休历史调查(Longitudinal Retirement History Survey)的数据,并且排除了那些没有达到可遗赠财产水平的个人和夫妇,这非常符合我们的研究目的。在他剩下的样本中,有在世子女的个人占所有人的70%,有在世子女的夫妇占所有夫妇的85%。总的来说,子女在世的夫妇与个人占样本数的76%。如果没有子女的家庭和有子女的家庭拥有相似的财富水平,那么忽视无子女家庭的遗赠就会低估近三分之一的遗赠金额。

值得注意的是,赫德数据中的家庭户主都出生于1906年至1911年之间;由于大萧条时期的生育率较低,这一群体中无子女率占到了24%,这可能高估了之后人们的无子女率,尤其是那些在婴儿潮时期生孩子的人。尽管如此,6万亿美元可能还是排除了15%到20%的拥有可遗赠财产的人,而这些人在权衡他们的遗产选择时并没有考虑将遗产遗赠给他们的孩子。有人可能会担心,因为没有孩子,这些家庭可能会挥霍他们的财富。但赫德却发现,那些有子女的父母"选择的消费率与那些财产水平相似但没有孩子的人的消费率没有区别"(Hurd,1987:307)。如果算上那些无子女家庭的财富,估计的转移金额可能会再增加1万亿美元。

这告诉了我们什么?根据艾弗里和伦德尔的预测,将我们的注意力限制在从现在到2020年的这段时间内,并对其调查样本中被排除的家庭进行调整,7万亿美元似乎是对未来20年通过遗产转移的资源量的合理大致估计。平均而言,这大约是近年来遗产税申报表上报告的遗产总额的三倍。在考虑这些财产中有多少可能流向非营利组织时,需要考虑到以下几个方面:

(1)当前的遗赠水平。1992年,慈善捐赠的扣除额占提交遗产税申报表的遗产总额的8%。如果这一比例在遗产总额流量增至三倍时得以维持,那么将目前的慈善遗赠增加两倍,每年将带来210亿美元(按1992年的美元计算)的额外慈善遗赠。

(2)当前的遗赠占慈善捐款的比例。因为通过遗赠形式捐给非营利组织的资金约占非营利组织捐款的7%,所以遗赠额增至三倍将使捐款总额增加约14%。

(3) 少数人持股的企业。墨菲和舍维什（Murphy and Schervish, 1995）指出，最富有的 1% 的美国人中有 42% 是小型企业的所有者。根据 1995 年提交的遗产税申报表显示，大约 10% 的总资产分布在农场资产、少数人持股、有限合伙制和其他非公司企业类别中（Eller, 1997）。企业很可能会被整体遗赠，或在纳税义务允许的情况下整体遗赠。将大部分资产组合捆绑在农场或企业中的个人不太可能像持有流动性更强的财富的富人那样慷慨地进行慈善遗赠。按美元计算，7 万亿美元转移资金中大约有 10% 可能争取不到。

(4) 相互竞争的遗赠选择。在将为 7 万亿美元的转移做出贡献的几代人中，包括婴儿潮的几代人。这一群体所体现的高结婚率和生育率表明许多遗产将留给配偶和子女。这些婴儿潮的父母对遗产的争夺表明，在其他条件相同的情况下，7 万亿美元中的一小部分可能会流入慈善组织。

平均来说，富人的寿命比穷人长，并且在未来二十年的财富转移中，在婴儿潮的父母之前的几代人仍将占据重要地位。从 1995 年公布的遗产税申报数据来看，80 岁或以上死者的遗产几乎占到总遗产价值的一半（48%）（Eller, 1997）。到 2000 年，80 岁及以上人口将包含 1920 年以前出生的几代人。这一群体包括 20 世纪 30 年代经济大萧条时期出生的那几代人的父母。这对关注 7 万亿美元转移的非营利组织的倡导者来说是一个好消息：在 2000—2020 年的早期，超过平均水平的可遗赠财富可能掌握在子女较少的几代人手中。

(5) 参与群体和"长久致力于公民慈善参与的一代人"。调查数据中显现的一个决定因素是，被要求捐赠的人最有可能捐赠。进一步的研究表明，并非所有形式的捐赠请求都具有同等的说服力。舍维什和黑文斯（Schervish and Havens，1997）发现，通过电话和挨家挨户地请求与较低的捐赠占收入的比例相关。与此相反，被朋友、商业伙伴或者神职人员请求则与较高的捐赠占收入的比例相关。这些结果表明，人们的社会和公民参与网络越广泛，可能募集到捐款的联系人就越多。

帕特南（Putnam，1995）记录了1930年之前出生的几代美国人中异常高的公民参与程度。与其他年代出生的人群相比，出生于1925年至1930年之间的人更容易信任他人，更有可能加入团体，进行投票和阅读报纸。出生于1925年之前的群体也有很高的公民参与度；而从1930年开始，至少在接下来40年里出生的人群的公民参与度一直在下降。因为1930年以前出生的几代人更有可能参与团体和公民生活，这种积极的"公民参与效应"对他们遗赠给慈善事业的财产比例的影响将比后几代人更高。

同样，这对于7万亿美元转移期的早期来说是个好消息。即使到2010年之前，80岁及以上的群体也还是在1930年之前出生的。在20年的转移期的前半期，大部分财富可能掌握在"高度参与公民慈善事业的一代人"手中，这些人比其他人更有可能参与和致力于非营利组织关注的生活的各个方面。

（6）受教育程度。由于有关慈善遗赠的信息来自税收数据，而这些数据并不包含死者受教育程度的信息，因此人们对教育与遗赠行为之间的关系知之甚少。然而，很明显，年度捐赠与教育呈正相关，与教育对增加收入的影响无关。如果捐赠和教育之间的这种积极关系适用于遗赠，那么一代又一代人教育程度的稳步攀升表明，未来几十年用于慈善事业的遗赠财富比例应该更大。

第十章　慈善捐赠的模式和目的

权力下放时代的慈善事业

美国的慈善事业并非以穷人的需要为中心。慈善捐赠和志愿者服务以宗教为主要焦点，而且只有百分之一的遗赠直接用于人类服务。当政府从津贴制的观念中退出时，我们能寄希望于慈善事业提供更多的资源来接济穷人吗？

对人类服务的支持比数据分类方案所显示的更为广泛。大约有10%的宗教捐赠用于支持人类服务。将此添加到捐赠与志愿服务数据中的人类服务类别下，得出大约有16%的慈善捐赠用于人类服务。[1]如果一半被归类为"非正式"的志愿工作可以被认定为与人类服务相关，那么就有约16%的志愿者服务时间也用于人类服务。尽管只有1%的慈善遗赠用于社会福利事业，但19%的慈善遗赠流向了私人基金会，而这些私人基金会又将其开支的15%用于人类服务，相当于通过遗赠产生了约4%的有效支持率。此外，一些被归类为与健康相关的捐赠和志愿服务也可能为低收入人群提供服务。因此，尽管人类服务在个人慈善事业的三大分支中并不占主导地位，但它仍吸引了大约六分之一通过慈善捐赠和志愿服务提供的支持。这是一个坚实的支持基础。

如果低收入家庭的状况恶化，宗教团体显然是可以为人类服务调动更多资源的机构。基金会也能很好地应对日益增长的需求。如果在未来几十年里通过遗赠转移的财富不断增加，基金会将可以选择将这些遗赠中的一部分用于社会福利，而不用削减对其他领域的支持。

在缺少非凡的机构倡议的情况下，私人慈善事业不太可能接近于取代从联邦收入支持计划中撤出的资金。对个人慈善事业介入以抵消公共资金削减的比率进行的经济研究通常发现,每减少一美元的资金,捐款仅增加了几美分,估计最高也只有大约30%的替代率(Steinberg, 1995)。

从托克维尔对英国糟糕法律的反思到全国慈善事业与公民复兴委员会在20世纪90年代对美国的评论,人们发现,私人慈善事业与穷人建立的关系明显不同于政府。不管好与不好,私人慈善机构可以区分值得或不值得的情况,并且可以把宗教和其他道德立场纳入援助项目。随着低收入群体在政治上的成熟度和权力不断增长,很可能会逐渐形成一些低成本、志愿者密集型的基层议程为他们服务,这些议程对资金的依赖程度远远低于过去用于满足其社区需求的政府项目。这意味着,我们不应指望慈善事业能够在政府撤出时接替其位置,代替政府维持社会保障网络。慈善事业有它自己的作用,而且它们可能是由不同的资金和地方倡议组合驱动的。与现在正在撤退的联邦计划相比,慈善事业对实现无缝社会保障网络不怎么感兴趣。

大多数美国人都积极从事慈善事业,自愿将自己的时间和/或金钱捐给慈善组织。宗教是大多数人慈善事业的核心领域,但它并不左右富人的捐赠,富人更喜欢以医疗和教育为中心的捐赠机会。对穷人的慈善援助是其中的一部分,但这并不是富人或非富人的主要关注点,也不是慈善捐赠或志愿服务或遗赠的关注焦点。

今天的美国老年人作为一个群体,积累的财富比他们可能消费的要多出数万亿美元。未来20年将是许多老年人及其受益者可以利用资源来响应慈善事业的时候。

个人慈善事业是否会对政府支出模式的变化做出有力回应,

可能取决于属于本研究范围之外的机构的行为。经济学家的大量研究发现,当对其不加干涉时,个人只会做出适度的反应以抵消政府支出水平的变化。鉴于目前个人捐赠的模式和目的,我们似乎有理由推测,如果可以对所显示的需求做出机构回应,那么以人类服务和社会福利为目的的慈善事业很有可能大幅增加。有能力号召增加个人慈善事业并将其转化为面向穷人的慈善行动的机构包括宗教组织(可以动员其会众)和基金会(其中许多基金会在有需要的领域可以发挥代替资金的作用)。

联邦政府也是一个机构,其政策影响着个人慈善事业。大多数金融慈善事业来自高收入家庭,他们的捐赠对税收政策特别敏感。人们发现,慈善捐赠和遗赠分别对所得税税率和遗产税税率做出反应。更高的边际税率将可减免税款的捐赠成本转移给政府,而且捐赠者会对这些激励措施做出回应。虽然很少有人会仅仅是为了降低捐赠价格而认真地建议提高税率,但税法为影响富人的捐赠行为提供了机会。例如,一项旨在刺激富人向非营利组织捐赠的税收改革,将是对可以减免税款的捐赠占年度收入的比例放宽限制。同样,改变设立私人基金会的税收规则,可能会使把钱遗赠给现有的非营利组织变得相对有吸引力。

不管慈善机构如何吸引个人慷慨解囊,都没有理由认为非营利部门会接手政府退出的领域。地方设计的计划将依据当地的需要和资源以及志愿者而定。如果以历史为鉴,许多由个人慈善事业支持的援助项目将包含大量的道德规范和对受益人行为的期望。

埃莉诺·布朗(Eleanor Brown)

注释:

[1] 来自《美国慈善捐赠》年度报告的数据得出了一个大约13%的较小估计值,因为该数据中低收入和中等收入家庭所占比例较小,而且与富裕家庭相比,这些家庭对人类服务和宗教更感兴趣。

参考文献

Andreoni, J., Cale, W., and Scholz, "Charitable Contributions of Time and Money," manuscript, 1995.

Auerbach, A. "The Annuitization of Americans Resources: A Cohort Analysis," National Bureau of Economic Research, Working paper no. 5089, 1995.

Auten, G., Clotfelter, C., and Schmalbeck, R. "Taxes and Philanthropy among the Wealthy," manuscript, 1997.

Auten, G., Rudney, G. "The Variability of Individual Charitable Giving in theUS," Voluntas 1990, 1 (2), 80 – 97.

Avery, R. "The Pending Intergenerational Transfer," *Philanthropy*, Winter 1994, pp. 5, 28, 29.

Avery, R., and Rendall, M. "Estimating the Size and Distribution of Baby Boomers Prospective Inheritances," *Proceedings of the Social Statistics Section*, American Statistical Association, 1993, pp. 11 – 19.

Barrett, K., McCuirk, A., and Steinberg, R. "Further Evidence on the Dynamic Impact of Taxes on Charitable Giving," manuscript, 1995.

Bernheim, B. D., Shleifer, A., and Summers, L. "The Strategic Bequest Motive," *Journal of Political Economy*, December 1985, 1045 – 1076.

Bremner, R. *American Philanthropy*, 2nd edition. Chicago: University of Chicago Press, 1988.

Brown, E. "Assessing the Value of Volunteer Activity," manuscript, 1997a.

"Taxes and Charitable Giving: Is There a New Conventional Wisdom?" 1996 *Proceedings of the 89th Annual Conference of the National Tax Association*, 1997b, 153 – 159.

and Lankford, H. "Gifts of Money and Gits of Time: Estimating the Effect of Tax Prices and Available Time," *Journal of Public Economics*, April 1992, 321 – 341.

Clotfelter, C. "The Impact of Tax Reform on Charitable Giving: A 1989 Perspective," in Joel Slemrod, ed., *Do Taxes Matter? The Impact of the Tax Reform Act of 1986*. Cambridge: MIT Press, 1990, 203 – 235.

Eller, M. "Federal Taxation of Wealth Transfers, 1992 – 1995," *Statistics of Income Bulletin*, Winter 1996 – 97, pp. 8 – 23.

第十章 慈善捐赠的模式和目的

General Social Surveys, 1972 – 1996: Cumulative Codebook. Chicago: National Opinion Research Center, 1996.

Giving USA 1997. New York: AAFRC Trust for Philanthropy, 1997.

Hall, P. D. "A History of Leadership Education in the United States," P. Schervish, V. Hodgkinson, M. Gates, and Associates, eds., *Care and Community in Modern Society*. San Francisco: Jossey-Bass, 1995, 193 – 225.

Health and Retirement Survey, wave I, 1995. Website www.umich.edu/~hrswww.

Hodgkinson, V. "Key Factors Influencing Caring, Involvement, and Community," in P. Schervish, V. Hodgkinson, M. Gates, and Associates, eds., *Care and Community in Modern Society*. San Francisco: Jossey-Bass, 1995, 21 – 50.

Hodgkinson, V., and Weitzman, M. *Giving and Volunteering in the United States*. Washington, DC: Independent Sector, 1996.

Hurd, M. "Savings of the Elderly and Desired Bequests," *American Economic Review*, June 1987, 298 – 312.

Joulfaian, D. 1991. "Charitable Bequests and Estate Taxes," *National Tax Journal*, June 1991, 169 – 180.

Menchik, P., and Weisbrod, B. "Volunteer Labor Supply," *Journal of Public Economics*, 1987, 32, 159 – 183.

Murphy, T., and Schervish, P. "The Dynamics of Wealth Transfer: Behavioral Implications of Tax Policy for the $10 Trillion Transfer," manuscript, 1995.

Randolph, W. "Dynamic Income, Progressive Taxes, and the Timing on Charitable Contributions," *Journal of Political Economy*, August 1995, 709 – 738.

Reynolds, A. "Will Future Bequests Ensure Ample Funds for Private Charities?" in J. Barry and B. Manno, eds, *Giving Better, Giving Smarter: Working Papers of the National Commission on Philanthropy and Civic Renewal*. Washington: National Commission on Philanthropy and Civic Renewal, 1997, 73 – 83.

Schervish, P., and Havens, J. "Embarking on a Republic of Benevolence," manuscript dated October 24, 1997a.

"Social Participation and Charitable Giving: a Multivariate Analysis," forthcoming in *Voluntas*, September 1997b.

Steinberg, R. "What the Numbers Say," *Advancing Philanthropy*, Summer 1995, 26 – 31.

第十一章　社区、网络和慈善事业的未来

为什么要分析社区、网络及慈善事业的未来呢？毫无疑问，社区需要加强。慈善事业和志愿服务每年提供1 500亿美元的捐款以及数百万小时的志愿劳动，当然对社区及其网络做出了贡献，而且将来可能会做得更好。那么，为什么这些不言而喻的道理会背负如此多的包袱，并处于学术界、智库机构以及大众媒体极具争议性辩论的风口浪尖？

本文只能对这些问题、它们的含义以及倡导者的论点做一般性讨论，但仍有许多问题有待解决。对社区的缺陷诊断触及深刻的意识形态和价值观，所建议的解决方案具有很强的资源分配后果，也拥有坚定的支持者和倡导者。我在这里关注的是，在慈善事业的帮助下，美国社区如何能够处理好自己的问题。幸运的是，大部分讨论可以围绕如下几个主题进行：可以在社区一级解决的社会问题；现有的社区社会资本和基础设施资源维持社会保障网络以及丰富生活的多样性和质量的能力；这些资源在社区之间和社区内的悬殊程度；调动资源的能力和将资源用于高度优先目的的共识；由于联邦政府削减开支和权力下放带给地方社区的额外责任。

第十一章 社区、网络和慈善事业的未来

社区和慈善事业背景

让我们看看这些术语以及对其目前的看法。"社区"背景在这里指的是地方社会结构和社会网络,但也可以指从邻里到大都市地区的一个连续统一体中的各层级。社区意味着地方主义、居住地的邻里、隶属团体、党派关系、族群以及"养育孩子的村庄"。用贝克尔(Becker)、科尔曼(Coleman)和帕特南(Putnam)的话来说,有生命力的社区拥有社会资本、社会基础设施、深度关联的社会网络以及公民参与。[1] 它们通过自身和社会环境中其他人的福利,将社会收益的附带利益让渡给居民。低于某一阈值水平的社会资本和网络结构缺陷,可能会伴随着对个人和家庭的负面溢出效应,产生包括依赖文化、犯罪和其他形式的社会病理现象。

社区作为一种资源

因为美国的自治传统以及最近全国支持地方控制的反政府转变,社区背景具有重要意义。地方主义意味着把社区作为我们国家公民社会的一个单位,期望其承担促进参与和解决社会问题的责任。地方主义的极端倡导者更喜欢一个由不同的支持社区组成的地方社会,以及一个由许多这样的社区组成的国家,而不是一个国家社区。[2]

在把社区(或邻里)视为独立的单位和解决社会问题的灵丹妙药之前,出现了一些棘手的问题。对于这些问题,我们还没有足够的答案,甚至没有良好的数据。社区衰退是不可逆转的吗,即社会资本的社区资源一旦丧失就不可替代吗?加强社区意味

着什么？对强弱社区的评估应该完全基于社会病理水平,还是一些积极的指标提供了理想社区的线索？强大社区的成员如何帮助自己社区和其他社区的弱势成员？我们如何评估网络、参与程度和公民参与对社区生活及其居民的影响？那么,个人自力更生、家庭和政府的作用是什么？慈善事业在促进个人和社区福祉方面的理想作用是什么？

社区社会资本的慈善投资

慈善事业的措辞和衡量指标同样不确切。慈善事业通常指通过对社会基础设施的投资(即支持教育、文化、卫生和人类服务机构及其计划)来帮助人类。另一方面,慈善事业更明确地说是再分配,指直接(或通过中介机构)向需要帮助的人提供捐赠或志愿服务。慷慨是一个更广泛、更具有包容性的术语,指的是致力于改善包括自己在内的所有社会成员的生活质量和多样性。

据推测,作为政府和私营部门的合作伙伴,慈善事业和志愿服务可以帮助注入社会资本、提供基础设施和无偿劳动,以帮助维持社区活力或弥补赤字(Salamon, 1995)。通过建立信任和互惠合作精神,慈善援助有助于降低社区的"交易成本"。这些期望似乎是合理的,甚至可能对许多类型的社区都有效。但是,为什么慈善事业应该优先考虑社区,而不是普遍存在的国家问题呢？为什么社区应该被视为可以治愈通常更普遍和全国性的缺陷？一次援助一个社区,国家会变得强大吗？自下而上的方法比自上而下的方法好吗？抚养一个孩子难道不也需要举全国之力吗？那么,是个人和家庭通过他们的慷慨来加强社区,还是反过来,或者这种机制是双向的？

第十一章　社区、网络和慈善事业的未来

地方社区还是全国社区

试想一下,如果慷慨更多的是针对全国而不是地方一级,那么它是否能够在加强全国的同时也能加强其社区和家庭？如果有一个一体化的国家,无论需要发生在何处,都共同分担责任,会不会更好？保守派人士认为,这种做法已经被尝试过,但发现结果并不能令人满意(National Commission, 1997)。他们指出,联邦政府津贴制不能建立自给自足或自力更生,从而产生了破坏性的影响。

是否可以仅通过自愿协会、私营部门和地方一级的政府就能有效地执行社会正义议程？如果博伊西、洛杉矶或纽约施食处的食物用尽,但仍有数百人在挨饿,那么谁该对此负责——国家还是地方社区？如果奥马哈缺少一个精英生活便利设施,比如一个自己的芭蕾舞团,如果可能的话,应该如何提供呢？慷慨是否应该把重点放在我们国家社会的结构性问题上,并且把建构社会保障网络和提供基本服务的责任交给政府？或者,慈善事业是否应该将注意力集中在当地的慈善活动和公民福利设施上,并且将自己从广泛的社会变革问题中脱离出来？慈善事业仅仅是一种"可有可无"的补充,只会加强某些社区的福祉,还是应该鼓励它发挥更大的作用？

慈善事业作为开明的利己主义

争议就在于此。从传统上看,慷慨有着高度地方化的结构,主要致力于教堂和其他非营利服务组织,以供捐赠者及其家庭和邻里使用。通过税收减免,慈善捐赠的首选目标实际上成为公共部门支持的补贴渠道。慈善事业和志愿服务能否超越纯粹的地方性行动？虽然一小部分已经这样做了，但绝大多数的拨款、捐款和志愿者活动都发生在人们居住的社区，在那里捐赠者及其家人可以直接或间接地从服务中受益，同时还可以获得税收减免（Wolpert，1993）。

如果捐赠者在他们自己的附近地区消耗了他们的慷慨福利，那么为什么我们的社区仍然需要加强？慷慨是否不足、针对性不强，或遭到政府排挤？如何增加捐款和志愿者服务时间，并让其得到更好的分配？是否应该增加它们，以及纳税成本是多少？如果目标和影响更遥远且不明显，如果受益者不那么像我们，如果资金的使用方式不尽如人意，是否可以筹集到那么多的资金？如果捐款必须完全用于真正的慈善目的，对捐款的税收减免还会存在吗？

这些问题是潜藏在慷慨对我们社区的潜在贡献的简单道理之下的冰山。长期以来，这些问题一直在学术期刊中引起争议，因为它们涉及基本的理论问题。但在重新强调自力更生、家庭价值观和地方主义的推动下，过去几年来，这些争论也以简单化、一厢情愿和被曲解的方式进入了国会、智囊团和大众媒体的视野。

偏好、缺陷和解决办法

在关于社区和慈善事业的争论的背后，是一些关于个人福利的基本观念，这些观念反映了美国人对社区生活的偏好，以及通过慈善事业和国家或地方级政府来表达公民责任的方式（Wolpert，1996）。当对一个由社区组成的国家进行集体考察时，

第十一章 社区、网络和慈善事业的未来

这些个人福利偏好存在一些根本性的缺陷,忽视了其他社会责任。针对这些缺陷提出的解决办法在从保守派到改革派的政治连续体中各不相同,但实际上都缺乏严格的论证和评估。下面即将要展示的证据表明,慈善事业的社区角色几乎不可能发生实质性变化。

社区偏好与缺陷

235

美国人对社区的个人看法包括以下偏好:
- 居住在有相似人群和生活设施品味的社区,以及居民可以自力更生,但偶尔需要帮助来应对危机的社区;
- 捐赠者控制慈善捐款和选择目标群体;
- 慈善部门拥有不受政府控制的自主权,而且慈善家对公共政策问题的干预最少;
- 从一种自治的角度看待政府,将缴纳的税款与所需要和获得的服务等同起来。

这些理想社区的原则有一些缺陷,包括:
- 居住在社会同质化的社区中,使富人和穷人、能够提供帮助的人和需要帮助的人分开;
- 对地方社会资本的依赖没有将需要外界援助的解决办法考虑在内;
- 捐赠者捐款和志愿服务的最终目标是为个人打算的,没能充分提供真正的慈善援助;
- 捐款可能足以支持用户所需的服务和便利设施,但没有帮助到穷人;
- 与富裕社区相比,贫困社区更易受到联邦政府削减开支和

权力下放的影响；
- 当需要长期援助时所产生的捐赠者疲劳；
- 社区社会和经济差距不断扩大；
- 慈善事业领导者往往对社会变革的倡导活动和游说过于"谨慎"。

保守派与改革派的解决方法

保守派的解决方法倾向于：
- 加强社区建设，帮助社区实现自理。
- 慈善机构更多关注慈善活动，少关心社会变革。
- 社区志愿者给予"严厉的爱"，通常采用基于信仰的方法，为真正贫困的人提供援助，以促进他们自力更生。
- 消除或削减助长依赖性的政府和慈善活动。
- 其他基于以下观点的行动：地方比联邦政府更了解需要的是什么，几乎所有社会问题都可以在社区一级得到最好的解决，地方资源足以提供所需的援助和服务，地方公民自豪感和市场机制是确保优质社区生活质量的可靠力量。

改革派的解决方法倾向于：
- 加强社区的社会融合。
- 依靠更高级别的政府确保社会保障网络和由累进所得税支持的基本服务。
- 以专业和世俗（非宗教的）的方式提供服务。
- 慈善事业发挥独立但初级的合伙人作用，通过倡导和资助示范项目来促进社会变革；慈善事业的另一个补充作用是维护社会变革的独立声音，帮助丰富生活质量。

这一高度概括的偏好、缺陷和倡导者提出的解决办法清单,说明了制约慈善事业当前理想作用和未来角色的挑战和局限性。慈善事业既不能实现保守派的议程,成为社会复兴的主要推动者,也无法满足进步人士想要慈善机构领导人勇敢地倡导私营和公共部门进行结构性改革的愿望。慈善事业很可能会继续它现在所做的事情,也就是说,做各种改善社区福祉的有益工作,但并不能解决根本问题。

慈善事业对社区生活的贡献

慈善事业潜在贡献的一些具体方面证明了其突出的社区作用和税收特权地位:

• 与州政府和联邦政府通过所得税和遗产税征收并根据公共部门议程分配的资金相比,捐赠的资金对社区生活的贡献更具前景;

• 慈善部门的自治和财政资源使其能够在可能违背私营部门和政府部门议程的公民问题上拥有独立和有影响力的发言权;

• 接受捐款的对象是教会、大学和博物馆等机构,这些机构可以帮助我们成为更好的人,更具有同情心、教养和文化修养;

• 捐赠是一种投资,可以在创建更好的社区和更好的社会方面产生倍增效应;

• 知识渊博和独立的捐赠者的捐款目标可能是预防性的,如防止社区崩溃的社会保险,如果在早期阶段被忽视,那将是有害的。

非营利服务的社区补充

正如人们所料,拥有充足的慈善事业和志愿服务的地方,比缺少这些的地方更有可能取得更多的成就。在设备更好的博物馆、私立学校、更活跃的教堂、公共广播电台、家庭服务中心、医院、诊所以及其他至少部分由捐款和志愿者支持的非营利组织中,人们参与的具体证据是显而易见的。不那么明显的工作成果是强大的志愿者网络以及这种参与给社区带来的积极影响。更完善的非营利服务通常意味着更大的社区福利。

非营利组织几乎遍布美国每一种类型的社区。这些组织在当地的存在意味着社区居民能够获得和使用它们提供的服务。非营利组织可以减轻地方政府的财政负担。它们招募和动员居民共同努力,培训和增强地方领导者的能力,为地方经济做出贡献,支付租金、工资和工资税,雇用妇女和少数族裔成员,而且它们的设施常常会提升周边物业价值和促进旅游业的发展。另一方面,非营利组织可能会将其捐赠收入主要用于管理成本和工资,获取能够更好地用于直接免税转账的政府资金,而且在提供服务时忽视客户满意度。理事会的参与以及保持社区警惕是必要的,以确保资金的合理使用,计划目标明确,以及服务的有效性。

关于社区和慷慨的证据

慷慨和大量的非营利组织是强大社区及其网络的原因还是征候?如果它们是相辅相成的,那么当社区不能充分发挥作用时,哪一个才是最好的干预手段?是利用捐款和志愿者来帮助建立社区网络和组织的方法好,还是利用社区现有的社会资本(无论多么匮乏)来鼓励更多的互助和志愿服务的方法好?答案取决于社区的资源、能力、捐赠和志愿服务的意愿,以及政府为当地居民提供的资金和服务。如果社区显示出强大的网络和高度参与的证据,但是缺乏资源来做更多的工作,那么所需的解决方法可能会与需求巨大、社区凝聚力基本缺失的情况大不相同。

主张慈善事业和志愿服务发挥更突出的地方作用的倡导者认为,对脆弱社区的关键性援助可以挽救,甚至可能加强地方教堂和其他自助组织的活动,这些组织是社区社会结构的主要组成部分(National Commission,1997;Schambra,1997)。对提供日托、青少年指导、辅导、工作安置、就业培训、药物咨询和娱乐服务的支持可能会提高当地的福利水平,同时有助于建立地方网络,使社区用自己的资源维持这些项目。这一直是慈善事业的传统作用——为什么它没有取得更好的成功?

社区差异

对于自由主义者和保守主义者来说,慈善事业最严峻的挑战来自美国社区之间的需求分布不均。有证据显示,至少自1970年以来,美国居民按收入划分居住区的趋势越来越严重,而混合收入社区及其人口数量大幅下降。[3]最贫困的社区正变得越来越贫困。城市边界通常也加强了这种分离,这有助于限制集中贫困对较富裕的邻近社区的外部影响。然而,即使是那些拥有低收入、中等收入和高收入混合居民的大城市,也往往在平行社区中存在事实上的隔离。

慷慨的模式

美国人的慷慨能够解决社区间社会和经济差异带来的挑战吗？1990年对美国最大的八十五个大都市地区进行的一项捐赠率研究（Wlolpert，1993）表明，在其他条件相同的情况下，符合以下条件的社区的捐款更多：

- 更加富裕；
- 地方需求或社会病理较少；
- 少数族裔在当地贫困人口中的代表性较低；
- 收入不平等程度较小；
- 将更大比例的捐款用于教堂和市政设施；
- 拥有更高水平的州和地方政府的社会保障网络支持。

慈善事业的分配效应

这些研究结果的意义在于，如果我们的捐赠和公共部门服务的福利大部分被当地所消耗，那么：

- 地方政府或慈善机构几乎没有为真正的慈善事业提供资助；
- 除非向捐赠者提供额外的奖励和优惠，否则无法提高捐赠水平；
- 贫困社区的地方社会资本和基础设施资源通常不足以满足教堂、私立学校、社会服务、医院以及艺术和文化设施的需求；
- 提供社会服务、咨询、职业培训和社区发展的非营利组织的主要收入来源必须来自联邦和州政府（就像现在一样）；
- 那些缺乏资源且地方政府没有能力提供援助的社区最需

要捐款,而对于那些地方政府和市场能够且确实经常为许多现在通过捐款加强的服务提供替代品的社区,捐款却是最充足的(即空间失配问题);

- 真正慈善活动的潜在受益者是遥远的,而且可能是无形的;
- 在"有盈余"的社区中,慈善捐赠者需要将其捐赠"输出"到自己的社区之外,并且志愿者将不得不往返于赤字的社区;
- 如果只为真正的慈善目的保留特权,那么慈善捐赠的税收减免可能根本就不存在(也就是说,一些非公益的资金流也是减税转账政策的重要组成部分)。

捐赠的自由

捐赠的权利也意味着"捐赠的自由"和选择捐助对象的机会。这反过来就意味着,即使在有需要的情况下,也有"不捐赠"的权利,或者当资金的使用方式不被认同时,捐赠者有权撤回支持。捐赠者拥有的选择使慈善事业和志愿服务成为一个漏洞百出的再分配机制。贝克尔从家庭善举到社区慷慨的类比延伸在这种情况下的适用性有限(Becker,1974)。与那些需要援助的人相比,潜在的捐赠者往往是不同家庭和社区的成员。与家庭单位的合同义务是由法律规定的不同,对社区内部的关系以及对其他社区的义务并没有规定,只有通过善意来约束其成员。很难证明慈善事业和志愿服务可以比累进税制更有效、更公平地促进再分配。事实上,19世纪慈善事业的匮乏和"分配不当"刺激了自由主义者对强制性公共物品供给的支持(Katz,1989)。

慈善事业和志愿服务的不对称性

捐赠者和志愿者希望他们不仅是捐款者,还是推动慈善事业的原因。然而,大量关于市中心贫民区和农村社区的研究表明,需求往往是如此巨大,以至于仅靠捐赠者或志愿者本身无法提出解决方案。人们需要的是持续性的援助,而不是象征性的捐赠或善举。此外,捐赠者和受赠者之间关系的不对称性往往印证了捐赠者和志愿者的优越地位、道德立场和正直。这其中的危险在于,捐赠者和志愿者有可能以居高临下的方式利用慈善事业和志愿服务,把自身的价值观和道德规范强加于他人。捐赠者不太可能允许受赠者具体说明其所需援助的规模和形式。这是专业护理人员的传统中介作用,他们帮助确定哪些干预形式是最有用的。

富裕和中等收入社区慷慨解囊的动机是追求"开明的利己主义"。在社会同质化的社区中,社区更像是家庭的延伸。用贝克尔的话来说,捐赠者用个人收入和志愿者服务时间来换取社会收入。如果美国人越来越多地按照社区和管辖区将自己隔离开来,那么对地方慈善机构的需要就会变得不必要,但在提高生活质量和多样性方面仍有很大的空间。由于捐赠更多地取决于收入和财富而不是需要,因此很方便找到使用捐款和志愿劳动的机会。富裕的社区可能会受益于社区建设,并且可以很容易地利用通过捐赠提供的额外便利设施。无论是向一个已经得到充分资助的地方艺术文化中心,还是向救世军(Salvation Army)或天主教慈善组织进行捐赠(这些机构赞助邻近社区的无家可归者收容所和免费食品发放处),都享有同样的税收减免待遇。

第十一章 社区、网络和慈善事业的未来

据推测，最近保守派对社区建设的大部分注意力并没有放在富裕甚至中产阶级社区和郊区工人阶级社区的差距上，而是针对那些贫困集中、问题严重的内城区社区，这些社区特别容易受到社会保障网络削减的影响。在这方面，保守派和自由派的辩论最为激烈，而且在未来一两年内，当领取福利资格的时限和进一步减少食品券援助的效果全面显现时，这种辩论可能会变得更加激烈。

捐款水平及其目标必然使慈善事业在缓解对食物和住所的迫切需求方面只是一个次要的合伙人（Ostrander, 1989）。在所有有需要的社区重建不合标准的住房、创造就业机会、提供工作介绍和日托服务所需的财政和技术支持超出了全国或地方慈善事业和志愿者的预期。在慈善活动较为活跃的社区，捐赠和志愿者可以支持一些示范项目，这需要大量的公共部门资金为有前景的、被证实有效的服务提供跟进支持。除非突然出现科林·鲍威尔（Colin Powell）"美国的承诺"（America's Promise）中的奇迹，以及类似的活动来吸引导师和其他志愿者帮助贫困社区，否则贫困社区的居民必须主要依靠自己不充足的社会资本或公共部门计划来实现变革。

基于信仰的行动

根植于信仰和其他形式的社会承诺的志愿行动的潜力是什么？据一些倡导者说，有很多人注意到，在许多低收入社区中，存在着持续且强大的教会从属关系。除了美国的承诺，我们现在还有圣地伙伴（Partners for Sacred Places）、基督教社区发展协会（Christian Community Development Association）、全国慈善事业与公

民复兴委员会（National Committee on Philanthropy and Civic Renewal）、全国社区企业中心（National Center for Neighborhood Enterprise）、公民社会项目（Civil Society Project）、信仰与家庭（Faith and Families），以及有效同情中心（Center for Effective Compassion）。然而，其中许多团体主要由保守派基金会资助，这些基金会也支持扩大收入差距和减少联邦政府用于贫困项目支出的财政政策。

基于信仰的团体在他们的声明中仅提供了一些关于少数社区成功故事的轶事和没有事实证明的描述。例如，全国慈善事业与公民复兴委员会的报告列举了一些"非传统的（与政府计划相比）且有效的"社区计划。这些描述没有承认失败，没有承诺提供大量的财政支持，也没有设计出足以解决集中贫困最严重影响的可操作性计划方案，即需要更多和更好的工作、更现实的社会保障网络支持以及更多的社区发展投资。例如，1995年初，密西西比州州长福迪斯（Fordice）发起了"对家庭的信仰"（Faith in Families）计划，旨在号召宗教团体帮助人们从接受福利走向工作岗位。教堂会众要选出符合条件的家庭，为他们提供咨询、儿童保育、交通工具，以及工作面试技巧方面的帮助。据报道，在该计划实施的头两年，有82名妇女找到了工作，77名妇女脱离福利救济名单，但密西西比州有38 000个依靠福利救济的家庭（Castelli，1997）。人们很难忽视非营利组织领导人的批评，他们认为像"对家庭的信仰"这样的计划不是出于人道主义的考虑，其真正的动机是减少福利开支。即使是善意的行动，最多也只能取得有限的成功，而且该计划的种种努力更有可能偏离财政保守派的真正议程，这将破坏实现国家社区的愿景（Harvey，1997；Kaminer，

1997；Castelli，1997）。非营利组织的发言人认为，对我们社会中最弱势群体的谨慎和关切意味着，不应仅仅基于那些倡导者的含糊承诺就逐渐取消社会保障网络。如果这些倡导者的行动失败，他们也不会承担帮助恢复联邦津贴制的责任。

与保守派团体的过度活跃形成鲜明对比的是，自由主义者除了试图对抗废除福利国家情况的一些最严厉的措施外，没有明显的全国或地方议程。几十年前，自由派团体将社会保障网络的责任交给了联邦和州政府，它们主要利用慈善事业来提高自己社区生活的多样性和质量。也没有什么能与20世纪60年代民权运动和反贫困运动招募的志愿者大军相提并论。

费城中心城市和郊区的非营利组织：一个小插曲

费城，美国第六大的大都市区，在最近全国范围的就业热潮中受益甚微。在过去的十年里，其中心城市已经失去了100 000个工作岗位，福利负担在全国排名第四。当福利改革的最后期限临近时，仍有超过25 000名福利领取者没有工作。许多中心城市社区在所有社会和经济指标上都很糟糕，而且经济投资仍在继续减少。转移支付以及食品券的削减将对社区的经济产生进一步的倍增效应。

慈善事业能做些什么来应对这些挑战？费城大都市区有超过5 000个艺术、教育、卫生和人类服务类的非营利组织（不包括教堂），其中75%以上的总部设在中心城市。低收入中心城市居民区的非营利组织主要是社会、卫生和就业培训服务的提供者，几乎所有的收入都来自政府的拨款和转手补助，很少有来自慈善捐赠的收入，即使提供者与教会有关联。来自联邦政府的收入被大幅削减,这部分收入可能会也可能不会由州和市政府的拨款来弥补。费城富裕的郊区社区的非营利组织收到了一些捐赠,但主要是由志愿者和用户使用费支持的。很少有费城郊区居民通勤到中心城市去做志愿者。

慷慨和吝啬的三个方面

慈善事业、调解组织和志愿服务并不是维持公民社会的唯一途径。更重要的影响产生于私营部门和政府活动。此外,潜在慈善捐赠者和志愿者的价值观、偏好和网络并没有根据他们参与的部门而进行不同的划分。他们是居住在社区、参与私人市场和政府的同一个人。从纯粹的利他主义到完全的利己行为的动机存在于所有这些领域中,而且一个部门的趋势也会反映在其他部门的变化中。美国社区的慈善事业在很大程度上与国家社会、私营部门以及地方政府的议程并行。

企业慈善事业的作用

慈善事业无法消除或弥补企业裁员或关闭工厂对社区产生的影响,也无法弥补为了防止企业放弃劳动力市场脆弱的社区而向企业提供的过度慷慨的财产税优惠。企业慈善事业的规模通常不大,也不会因撤资和搬迁决定而对社区造成损害。

私人市场能为加强社区福利做些什么?企业可以雇用和培训残疾或工作技能较弱的社区居民,支付宜居的工资并提供足够的员工福利,协助对受工厂和单位关闭影响的工人进行再培训,缴纳至少与所获服务相当的地方税,积极倡导改善公立学校和社区大学,并将企业慈善事业应用于社区关注的优先事项上。

地方政府的作用

社区的慷慨程度也通过其地方政府,以及居民愿意为增强和再分配公共服务所支付的税款反映出来。这种公众意识的表达与慈善选择之间的区别是什么？证据表明,这无关紧要,因为无论哪种情况下,居民都通过政府或非营利机构支付所需要和使用的服务和便利设施。慈善形式意味着交叉补贴,以使不幸的人能够享受有益的服务。然而,地方财产税也是如此,即缴纳相同税率的人不一定能同等地使用公立学校、图书馆和垃圾处理服务。那么,主要的区别在于,通过不捐赠,或通过选择居住在一个税收等同于个人对服务的偏好的地方,从而在居住的社区中选择退出交叉补贴,有机会可以免费享受多种非营利服务。

地方政府能做些什么来表达他们的慷慨？它们可以更具包容性,提供负担得起的混合收入住房,促进对公共教育资助的均等化,等等。这些努力对加强家庭和社区所产生的长期影响可能比慈善捐赠大得多。慈善事业不能消除或弥补收入差异和种族隔离带来的危害。私营部门和政府对低收入社区的投资减少以及向上流动人口的外迁,往往会削弱社区网络,减少地方捐赠者的资源,并使地方非营利机构疲于应对贫困的客户（Wilson, 1996）。

慈善事业面临的挑战

关于捐赠模式的长期证据似乎表明,除非有影响慈善扣除额的新联邦税收立法,否则志愿者人数、捐赠水平及其目标不太可能发生重大变化。慈善团体很大程度上不倾向于改变其目前的优先事项,去承担政府退出关键社会保障网络支持所遗留的角色。许多社区领导者都直言不讳地表示,慈善事业在维护社会保障网络方面承担更大责任的潜力有限,而且有必要摒弃慈善捐赠和志愿者能够或应该取代公共支持计划的观念。

慈善事业还能做些什么来提高它对社区生活的贡献呢?一些慈善机构已经通过在其分配委员会和资助计划中增加包容性,实行了各种形式的机会均等和平权行动政策。许多慈善组织积极倡导和游说联邦政府保护我们社会中最弱势的群体。

大型全国性基金会可以继续监测权力下放在全国的影响以及各州和地方对整体拨款的分配情况,并帮助确定受削减影响最严重的社区。它们可以在以下方面增加对创新项目的启动支持:公共教育、就业培训、向医疗服务不足的人群提供外展服务、空气和水质保护以及社区动员。当有证据表明联邦政府的权力分散和权力下放尝试存在缺陷时,它们可以加强其倡导和游说作用。

比较保守的基金会应该争取机会,动员基于信仰的地方组织,在种族和族裔社区内部和社区之间提供富有同情心的直接服务,招募志愿者和导师来帮助愿意接受服务的家庭、儿童和青少年,严格评估其计划对社区的影响,同时尝试将其援助贫困人口的服务议程与其税收减免的财政议程分开。真诚的捐赠者和志愿者为严重贫困家庭提供直接服务的经验可以提供更好的线索,说明他们能做什么,不能做什么。

除了大型的全国性基金会所做的努力之外,地方和社区基金会可以更多地了解当地社区的需求,听取当地公民领袖关于如何加强社区福祉的意见,并将更多的拨款分配给其中的贫困社区。

一些地方慈善机构已经在响应社区对食物和住所的迫切需求,并重新分配了其资助计划。有见识和影响力的地方慈善机构和非营利组织的领导人或许可以促成与政府官员和商业团体的伙伴关系,以扩大自己有限的行动,并在地方解决方案明显不足时游说州和联邦政府提供更多援助。

几乎可以肯定的是,慈善事业在社区中的未来作用与目前的模式相比变化不大。捐款和志愿服务可能已经达到了上限,它们跨越社区,个要求以税收优惠或捐赠者自己可以使用的福利形式作为回报,是真正的馈赠。慈善事业在中高收入群体中的作用是确定的,不用担心。城乡最低收入社区的巨大需求超出了捐赠者和志愿者的能力。目前由全国和地方基金会资助的社区发展示范项目几乎没有自我维持、吸引政府资金或在全国范围内推广的机会。鼓励基于信仰的团体尝试零星的、无法提供全面解决方案的行动方面,也在浪费着宝贵的时间。

既然联邦政府为建立一个更公平的国家社会所做的努力前景黯淡,聚焦于加强社区及其网络可能是唯一的选择。在此期间,慈善事业和慈善活动未来的突出作用主要是继续发挥其传统作用,提高社区生活的多样性和质量,就需要公众关注的问题发表独立意见,以及帮助缓解脆弱社区中最紧迫的问题。

朱利安·沃尔珀特(Julian Wolpert)

注释:
[1] 有关这些概念的扩展讨论,参见 Becker(1974),Coleman(1990),Putnam(1993)。
[2] 参见 Schambra(1997) and National Commission on Philanthropy and

Civic Renewal (1997)。

[3] 有关这些趋势及其影响,参见 Abramson (1995), Frey (1995), Frey and Fielding (1995), Jarkowsky (1997), Case and Katz (1991)。

参考文献

Abramson, Alan, et al. "The Changing Geography of Metropolitan Opportunity: The Segregation of the Poor in U. S. Metropolitan Areas, 1970 to 1990." *Housing Policy Debate*, 1995,6(1), pp. 45 − 72.

Becker, Gary S. "A Theory of Social Interactions." *Journal of Political Economy*, 1974, vol. 82, no. 6, pp. 1063 − 1083.

Case, Anne C. and Lawrence F. Katz. "The Company You Keep: The Effects of Family and Neighborhood on Disadvantaged Youths." Cambridge, MA: National Bureau of Economic Research, 1991.

Castelli, Jim. "Faith-Based Social Services: A Blessing, Not a Miracle." Progressive Policy Institute, Policy Report No. 27, Washington, DC, 1997.

Coleman, James S. *Foundations of Social Theory*. Cambridge: Harvard University Press 1990.

Frey, William H. "The New Geography of Population Shifts: Trends Toward Balkanization." In Reynolds Farley, ed. *State of the Union-America in the 1990s*. New York: Russell Sage, 1995.

Frey, William H. and Elaine L. Fielding. "Changing Urban Populations: Regional Restructuring, Racial Polarization, and Poverty Concentration." *Cityscape* 1995,1(2), pp. 1 − 66.

Harvey, Thomas. "Government Promotion of Faith-Based Solutions to Social Problems: Partisan or Prophetic?" The Aspen Institute Nonprofit Research Fund, Washington, DC, 1997.

Hochman, H. M. and J. D. Rodgers. "Utility Interdependence and Income Transfers through Charity." In Kenneth E. Boulding et al., eds., *Transfers in an Urbanized Economy*. Belmont, CA: Wadsworth, 1973.

Jarkowsky, Paul A. *Poverty and Place: Ghettos, Barrios, and the American City*. New York: Russell Sage, 1997.

Kaminer, Wendy. "Unholy Alliance." *American Prospect*. Nov. -Dec., 1997.

Kasarda, John D. "Inner-City Concentrated Poverty and Neighborhood Distress: 1970 to 1990." *Housing Policy Debate*, 1993,4(3), pp. 253 −302.

Katz, Michael. *The Undeserving Poor: From the War on Poverty to the War on welfare*. New York: Pantheon Books, 1989.

Kramnick, Isaac and R. Laurence Moore. "Can the Churches Save the Cities?" *The American Prospect*, Nov.-Dec., 1997.

Massey, D. S. and N. A. Denton. *American Apartheid: Segregation and the Making of the Underclass*. Cambridge: Harvard University Press, 1993.

National Commission on Philanthropy and Civic Renewal. *Giving Better, Giving Smarter*. Washington, DC, 1997.

Ostrander, Susan. "The Problem of Poverty and Why Philanthropy Neglects It." In Virginia A. Hodgkinson and Richard W. Lyman, eds. *The Future of the Nonprofit Sector*. San Francisco: Jossey-Bass, 1989.

Putnam, Robert D. "The Prosperous Community: Social Capital and Public Life." *The American Prospect*, 1993, no. 31.

Salamon, Lester M. *Partners in Public Service: Government-Nonprofit Relations in the Modern Welfare State*. Baltimore: Johns Hopkins University Press, 1995.

Schambra, William A. "Local Groups Are the Key to America's Civic Renewal." *The Brookings Review*, 1997, Fall 1997, pp. 20–22.

Smith, Steven Rathgeb and Michael Lipsky. *Nonprofits for Hire: The Welfare State in the Age of Contracting*. Cambridge, MA: Harvard University Press, 1993.

Wilson, Julius. *The Truly Disadvantaged*. Chicago: University of Chicago Press, 1987.

Wilson, Julius. *When Work Disappears: The World of the New Urban Poor*. Cambridge: Harvard University Press, 1996.

Wolpert, Julian. "Social Income and the Voluntary Sector." *Papers*, 1977. Regional Science Association, vol. 39, pp. 217–229.

Wolpert, Julian. *Patterns of Generosity in America: Who's Holding The Safety Net?* New York: Twentieth Century Fund, 1993.

Wolpert, Julian. *What Charity Can and Cannot Do*. New York: Twentieth Century Fund, 1996.

第十二章　本土和机构慈善事业在促进社会正义方面的作用

建立一个所有公民都能得到平等对待,并根据他们的技能和才能获得平等机会的国家,一直是美国尚未实现的梦想。尽管《宪法》着重提及平等,并增加了若干修正案,以确保所有公民享有平等的机会和参与,但在就业、住房和工资等领域,基于种族和性别的巨大差距仍然存在。一个不幸的现实是,这种情况往往落在那些承受着社会冷漠和合法化不公,并且通常缺少资源来满足其人类基本需要的群体身上,因此他们也成为社会正义的催化剂。慈善事业在促进社会正义方面发挥着复杂的作用。由于我们的社会及其制度面对着新旧形式的社会不公现象,当务之急是更好地理解特定文化群体的本土慈善和基金会的机构慈善在促进社会公正方面的作用。社会正义在这里包括提供基本的人类服务和促进人类平等的社会正义倡导行动。

人们普遍认为,基金会是用于测试新的、通常有争议想法的风险资本的主要来源。如果这些想法被证明是成功的,就可以被政府、企业或非营利部门采纳,以取代或扩大现有的做法。正如罗伯特·布雷姆纳在他的经典著作《美国慈善事业》中所指出的

第十二章 本土和机构慈善事业在促进社会正义方面的作用

那样:

> 我们都应感谢慈善事业的改革者,他们呼吁人们关注并积极倡导减少社会对弱势群体造成的野蛮行径。在某种程度上,我们都是慈善事业的受益者,每当我们去教堂、上大学、参观博物馆或音乐厅,或者从图书馆借书、去医院看病或在公园消遣时光……我们继续依靠慈善事业来支持科学研究、社会关系领域的实验,以及在各学科领域的知识传播。[1]

虽然有许多例子表明基金会为支持医院、图书馆、教育、艺术和文化以及科学研究的发展提供了创新领导力,但它们在倡导社会正义方面没有表现出同样的风险承受能力。[2]这并不是说基金会对社会平等问题漠不关心,而是在决定为某项社会正义行动提供支持之前,特别是在涉及社会倡导时,它们会对主流舆论更加敏感。衡量基金会对社会正义事业支持的一个标准是看用于援助种族和族裔群体的具体需要或用于社会正义倡导的资金数额。

基金会只将其拨款总额的一小部分用于帮助有色人种的计划或与社会正义相关的倡导活动。有一点需要事先声明,下面的统计数据不包括基金会以弱势群体为目标的支持计划,这些计划可能会大力支持某一特定的种族或族裔。根据基金会中心的数据,1995年各基金会总共提供了123亿美元的赠款。1996年对大型基金会赠款的审查表明,所有非白人种族/少数族裔群体共获得6.744亿美元(9.3%),移民和难民获得4 870万美元(0.7%),妇女和女孩获得4.17亿美元(5.7%),公民权利和社会行动事业得到8 160万美元(1.1%)。[3]虽然这些统计数据可能低估了基金会对上述群体和事业的总体支持水平,但它们确实揭示出种族和族裔群体的利益并不在大多数基金会高度优先考虑的范畴内。尽管基金会的捐款总额不少,但与个人捐款相比却相形见绌。《美国慈善捐赠》(*Giving USA*)年度报告估计,在 1995 年的 1 438 亿美元捐款中,88%(1 260 亿美元)直接来自个人捐款。相比之下,基金会的捐款估计为 7%(100 亿美元)。[4]

  本章的目的是研究特定文化群体的本土慈善事业与基金会的机构慈善事业之间的相互作用,以推动和维持社会正义活动。"特定文化群体"一词是指具有不可改变的共同特征的群体,如种族、族裔、语言、性别,以及由于这些特征而具有共享历史的群体。本土慈善事业展现了特定文化群体集中其财政和志愿服务资源以解决群体关切而做出的集体努力。机构慈善事业是指由富有的慈善家创立的基金会。随着不同特定文化群体的个体成员富裕起来,他们也建立了基金会。然而,与其他基金会不同的是,由那些经历过社会不公的特定文化群体中的个人创立的基金会似乎更愿意支持社会正义问题。

  从这一分析中得出的论点是,在社会正义领域,特定文化群体的本土慈善事业和机构慈善事业展开了一场拉锯战,以影响彼此的优先资助事项以及公众的态度。看起来似乎是,当特定文化群体获得足够的公众支持后,由基金会资助这些群体发起的社会正义行动,最有可能取得社会正义方面的进展。换句话说,只有当特定文化群体追求其社会正义议程的时间足够长,公开程度足够高,使其为广大公众所接受时,基金会似乎才愿意支持这些群体的活动。

  本文分为七个部分,讲述了特定文化群体——美国原住民、

第十二章 本土和机构慈善事业在促进社会正义方面的作用

早期移民、非裔美国人、拉丁裔美国人、亚裔美国人和妇女是如何利用本土慈善事业，与基金会的机构慈善事业相结合，但有时也与之相对立，来支持社会正义活动的。文章最后关于这一分析对支持当前和未来社会正义行动的影响提出了几点意见。显现出的一致情况是，每个特定文化群体都依赖其本土慈善事业，首先是提供基本的人类服务，即食物、衣物和住所，然后向其社区所面临的更大的系统性社会不公发起挑战，这些社会不公在一定程度上造成了向群体成员提供基本必需品的需要。在严重的社会不平等情况下，通过提供基本必需品来维持生存的行为，特别是在早期，可以被看作一种倡导社会正义的行为。值得注意的是，几乎每个团体最早的努力都始于依靠某种形式的互助或循环信贷组织来支持这些双重的社会正义活动。

一些团体已经经历了社会正义优先事项演变的完整周期，在此过程中它们通过影响公众舆论和获得基金会支持实现了初步的目标。这就使得该团体能够重新定位其部分本土慈善事业的方向，去支持下一阶段的社会正义活动。例如，美国社会和非裔美国人群体从隔离但平等的信念转变为隔离且永远不可能平等的信念。这种社会观念的转变影响到本土和机构慈善事业的优先事项。一些特定文化群体，尽管在美国有着丰富的历史，但尚未看到他们的社会正义议程内容被更广泛的社会或基金会所接受。似乎也很清楚的是，非裔美国人的本土慈善事业有时会成为其他特定文化群体本土慈善事业的重要典范。

值得注意的是，这种分析有几个重要的限制条件。每一个被描述的群体在美国都有着悠久而独特的历史，这对于理解他们的本土慈善事业的特点和重点是不可或缺的。另一个问题是，在每个特定文化大类中,如亚裔美国人,都存在着拥有不同观点和信仰的主要子群体,例如,日本人、中国人、越南人等,同时每个子群体内也存在许多不同的观点和想法。遗憾的是,这些历史无法在本文中得到充分的研究。另一个要考虑的问题是,美国有超过38 000个基金会。这些机构的优先事项各不相同,在社会正义问题上,基金会行动和无行动的重要例子很可能被忽略了。因此,所有关于特定文化群体内部或基金会之间的共同观点的概括都会受到挑战。还有一个令人关切的问题是,总体上缺乏对各种文化群体的慈善传统的研究,也没有关于基金会如何以及为什么选择与特定文化群体或社会正义问题有关的特定优先事项的案例研究。在审视特定文化群体的本土慈善事业和机构慈善事业如何随着时间的推移帮助影响社会正义问题的时候,应牢记这些局限性。

美国原住民慈善事业

早在美国出现之前,美洲原住民的慈善事业就已经开始了。慷慨地帮助他人一直是美国原住民文化的一个重要特征,并通过全国性的感恩节融入了美国的传统。也许在美国原住民社区中,对本土慈善事业最不幸的误解之一是,"印第安捐赠者"一词最初的含义已经被曲解,从集中体现一个人愿意将其所有财产捐出来(许多部落称之为"冬节赠礼节"[potlatch]),因为捐赠的财物如此之多以至于人们退回了物品,变成了代表一个人送出东西只是为了要回东西。[5]欧洲人抵达新大陆后,美洲原住民的生活发生了不可逆转的变化,各种原住民族和部落十分担忧其人民的命

第十二章 本土和机构慈善事业在促进社会正义方面的作用

运。美洲原住民与欧洲各国以及后来与各州之间签订的早期条约,都包含为美洲原住民提供资金的条款。达特茅斯、哈佛和耶鲁等学校的早期捐赠者提供慈善捐款的条件是部分捐款将用于为美洲原住民提供教育。[6]这些承诺从未得到兑现。这就是美国原住民在与美国政府以及企业和非营利机构的关系中所遭遇的失信模式。

美国政府和个人慈善家的早期目标是,在印第安人慈善事业学者所谓的"传教士时代",通过基督教教育来"教化"美国原住民。美国国会于1819年设立了文明基金,以支持教会团体使美国原住民成为"好基督徒"。到了19世纪末,对印第安人感兴趣的美国慈善家开始挑选年轻人,让他们离开保留地到东部去接受教育。通常情况下,被选中的年轻人是那些让慈善家们感到舒服的人,以及那些他们认为最不愿意保留原有传统习俗的人。在今天看来,把年轻人从他们的部落带到东部像卡莱尔印第安学校(Carlisle Indian School)这样的寄宿学校的做法似乎是可怕和误导的;但在当时的背景下,这被视为一个将美国原住民过渡到占据主导地位的欧美文化的合乎情理的途径。[7]值得注意的是,加拿大政府也采取过类似的做法,让儿童与家人分离去上寄宿学校。最近政府向其原住民正式道歉,并设立了2.45亿美元的"和解基金"。[8]

显然,这个国家第一个"泛印第安"运动,成立于1911年的美国印第安人协会(Society of American Indians),包括许多早先被从保留地迁出去寄宿学校接受教育的年轻人。该协会积极努力实施印第安人事务局(Bureau of Indian Affairs)1928年发表的"梅里亚姆报告"(Meriam Report)中的许多建议,呼吁对美国原住民学校和医院进行彻底改革。该协会的工作重点是帮助其他原住民融入大社会并获得更广泛的接受,这与那些年轻时曾与许多协会成员成为朋友的赞助人的信念一致。[9]

20世纪40年代,人们成立了两个小组来解决美国原住民的土地分配问题。美国原住民全国代表大会(National Congress of Native Americans)主要由美国原住民创立,目的是倡导公平分配印第安人的土地,并确定艾森豪威尔(Eisenhower)的终止政策对美国原住民部落的影响。终止政策是指国会立法"终止"了几个部落的合法存在,主要是在西北部。部落的土地以极低的价格大部分出售给木材业。所得利润在部落成员之间分配,然后这个部落就被视为"终止了"。[10]美国印第安人事务协会(Association of American Indian Affairs)主要由非印第安人的捐赠者建立,该协会的工作重点也是土地分配以及美国对印第安人的政策。[11]

20世纪60年代的民权运动有助于激发新一轮由美国原住民本土慈善事业支持的社会正义行动。1961年,共和国基金(Fund for the Republic)在芝加哥大学主办了一次由500多名美国原住民参加的会议,以产生一份"印第安人目的宣言"。在这次会议上,成立了全国印第安青年理事会(National Indian Youth Council)。该理事会成为美国原住民权利运动最激进的呼声之一。1968年,作为一个民权组织,美国印第安人运动(American Indian Movement,简称AIM)成立,并就警察对美国原住民的暴行做出反应。这些团体最初呼吁人们对美国原住民权利的普遍关注,后来演变成呼吁公众更多地承认部落的权利和主权。[12]

到1965年,福特基金会和其他机构一起,通过资助印第安人领导的学校运动,积极支持印第安人保留地的示范项目。一些基金会开始接受原住民发出的项目请求,这些项目的关键特征包括社区参与、部落责任以及尊重原住民语言和文化。[13]回顾150年前,公认的社会观点曾是同化和消除原住民文化。在本土慈善事业的支持下,美国原住民组织的倡导行动为改变人们对原住民文化的重要性和价值的看法做出了重大贡献。

到了20世纪70年代,福特基金会、罗伯特·伍德·约翰逊基金会(Robert Wood Johnson Foundation)等几个慈善机构会经常支持原住民事业,例如福特基金会支持的美国原住民权利基金(Native American Rights Fund,简称NARF)和(美国)大西洋里奇菲尔德公司(Atlantic Richfield Company,简称ARCO)支持的能源资源部落委员会(Council for Energy Resource Tribes)。在这段时间里,基金会似乎从支持保留地特定群体的示范项目上逐渐转移。到了20世纪80年代,基金会开始减少对印第安人领导的机构的资助,这或许是因为人们担心诸如AIM等团体的战斗精神日益高涨,以及基金会赠款优先事项的变化。[14]

1988年,部落大学的校长们成立了美国印第安大学基金(American Indian College Fund,类似于1944年成立的联合黑人大学基金[United Negro College Fund]),以帮助部落大学在筹款方面形成统一战线,并促进部落大学的公共教育。[15]社区支持的团体,如老鹰员工基金合作组织(Eagle Staff Fund Collaborative)、布朗灯塔项目(Brown Beacon Project)、密歇根美国原住民基金会(Michigan Native American Foundation)和库克湾地区公司(Cook Inlet Region Inc.),都成立于19世纪90年代。这些组织致力于满足部落的需求,促进教育、职业发展和对部落遗产的认识,同时弥合部落与其相邻的非印第安人社区之间在理解上的差距。老鹰员工基金合作组织还致力于改善基金会界与美国原住民之间的关系。美国原住民权利基金会还发起另一个项目,旨在建立一个捐赠基金,以支持全国各地的美国印第安人事业。

赌场博彩业产生的收入代表着美国本土慈善事业另一个有前景的发展方向。例如,1993年,马萨诸塞州的马山塔克特佩科特人部落(Mashantucket Pequot Tribe)向国立美国印第安人博物馆(National Museum of the American Indian)捐款1000万美元。[16]还应指出的是,印第安人经营的赌场通常拥有自主权,没有法律或道德上的强制命令要求其将任何收入用作慈善事业。[17]不管这些方向的未来潜力如何,基金会对原住民项目和组织的支持仍然十分有限。1996年,美国大型基金会对美国原住民项目的资助仅占全部赠款的0.9%(6500万美元)。[18]

早期欧洲移民慈善事业

在19世纪和20世纪初,欧洲移民涌入美国。1830至1850年间,爱尔兰移民大量涌入。1890至1930年间,南欧和东欧的移民通过埃利斯岛等著名的门户进入美国。这些移民中的大多数人不会说英语,而且许多人信奉天主教和犹太教。这两个显著的特点使得他们很难在美国这个讲英语且以新教为主的国家中实现他们在美国生活的转变。新移民组建了各种各样的互助协会、兄弟组织和循环信贷团体,不仅提供了财政和法律保障,而且为他们独特的文化和宗教提供了保护和养分。

1836年,爱尔兰裔美国人建立了美国古爱尔兰修道会(Ancient Order of Hibernians of America),旨在成为一个支持文化事业的兄弟会组织,并为其成员家属提供死亡抚恤金。该组织蓬勃发展,至今仍然存在,提供奖学金和从事其他慈善工作。[19] 1843年,生活在纽约的犹太人成立了第一个圣约之子会(B'nai B'rith)。该组织最初致力于帮助新的犹太移民找到工作,继而开始与日益严重的对犹太人的歧视做斗争。该组织现在被称为圣约之子反诽谤联盟(B'nai B'rith Anti-Defamation League),是今天在美国活动的最大的犹太组织之一。[20]

在下一波移民潮中,来自波兰、斯洛伐克、捷克、罗马尼亚、匈牙利、意大利和西西里岛的移民都成立了互助和慈善协会,以确保每个群体在美国的社会经济生存和发展。1870至1890年间,有超过49个捷克互助会在芝加哥成立,有超过35家被称为Societa di Mutuo Soccorso的意大利互助会在克利夫兰成立。[21]此外,还有一些致力于帮助移民的组织,不论其原国籍是什么。例如,伊利诺伊州的移民保护联盟(Immigrants Protective League)成立于1908年,旨在防止美国雇主恣意地对待移民。[22]

代表移民利益的组织继续在全国各地不断涌现。美国波兰人联盟(Alliance of Poles in America,1895)、特兰西瓦尼亚撒克逊人联盟(Alliance of Transylvanian Saxons,1902)、银行家互助会(Banker's Mutual Life,1892,原斯堪的纳维亚裔美国人兄弟会)、得克萨斯天主教妇女共济会(Catholic Women's Fraternal of Texas,1894,原得克萨斯捷克天主教妇女联合会)、美国丹麦人兄弟会(Danish Brotherhood of America,1881)、加州葡萄牙人联盟(Portuguese Union of California,1880)、塞尔维亚裔全国联盟(Serb National Federation,1901)、挪威之子(Sons of Norway,1895)以及美国意大利之子会(L'Ordine Figli D'Italia in America,1905),上述

所有组织今天仍然存在。虽然这些组织的起步相当不起眼，可如今它们已经成为社区的主要慈善捐赠者，有些组织甚至跻身于美国最大的保险供应商之列。[23]

非裔美国人慈善事业

有组织的黑人慈善事业始于18世纪初的第一批黑人教会、互助会和兄弟会组织。黑人教会在筹集和分配资金以提供人类服务和支持社会倡导行动方面扮演着重要角色。[24]随后，致力于开展诸如废除奴隶制、促进公民权利和教育等社会正义事业的全国性组织、慈善机构和基金会不断成立。黑人慈善事业的历史十分重要，因为强有力的证据表明，该群体成功的本土慈善事业已被其他群体采纳和改造，以追求自己的社会正义事业。

第一批黑人自助组织的成立是为了满足北方城市中自由的非裔美国人的基本需求，这些人无法从国家或主流非营利组织获得社会福利援助。在这个时候，非裔美国人最关心的问题是证明他们应该得到来自更大社会的平等待遇。因此，他们支持的计划最大程度降低了其他非裔美国人"不可接受的"行为被用作进一步削弱其在社会中的权利和地位的理由的可能性。

第一个已知的非裔美国人互助组织是成立于1780年的罗德岛纽波特非洲联盟协会（African Union Society of Newport）。该组织致力于维护自由黑人的正直，记录他们的出生、死亡和婚姻状况，并为各行业的年轻黑人安排学徒工作。[25]另一个早期的互助组织，第459号非洲分会（African Lodge No. 459，后来的王子霍尔共济会），于1787年在波士顿成立，是第一个黑人共济会。该组

第十二章 本土和机构慈善事业在促进社会正义方面的作用

织为会员提供保护,防止其因拖欠债务而再次受到奴役,同时也帮助穷人。同样在1787年,费城自由非洲人协会(Free African Society of Philadelphia)帮助解放黑人和支持宗教机构。与其他几个非裔美国人组织一样,该协会甚至向更大的社区提供援助。1793年,在瘟疫爆发期间,自由非洲人协会为整个费城提供了大量的医疗护理及安葬服务。

19世纪上半叶,非洲裔美国人最关心的问题是奴隶制的合法化。互助组织和教会的大部分筹款和志愿工作集中在帮助奴隶通过地下铁路组织(Underground Railroad)逃跑。从1800年到美国内战期间,非裔美国人依靠本土慈善机构建立了大量的互助组织和兄弟会来支持反奴隶制的行动,并为非裔美国人提供无法从政府或现有白人慈善组织获得的社会服务。当时得到机构慈善事业支持的一个例子是塔潘家族对美国殖民协会(American Colonization Society)的支持。该协会于1817年成立,旨在将非裔美国人送回非洲。[26]该活动是由少数非裔美国人倡导的,这在一定程度上导致大量非裔美国人在19世纪40年代移民到了利比里亚。

像国际十二骑士团(International Order of Twelve Knights)、塔博尔之女(Daughters of Tabor)、纽约协会(New York Society,1810)、布鲁克林联合会(Union Society of Brooklyn,1920)以及非裔美国女性情报协会(African American Female Intelligence Society,1832)等组织对美国北方非裔美国人社区的健康发展至关重要。[27]在南方,尽管1835年之后各州开始取缔黑人兄弟会和互助组织,黑人慈善组织还是设法继续并维持他们的慈善工作和解放奴隶的活动。[28]华盛顿特区的决议受益协会(Resolution Beneficial Society,1818)、基督教仁爱会(Christian Benevolent

Society, 1939)以及南卡罗来纳州的查尔斯顿团结友好协会（Unity and Friendship Society of Charleston）无视取缔组织存在的禁令以支持其社区。[29]虽然互助会和兄弟会组织的工作一般不会被视为对北方社会秩序的威胁，但南方白人将这些团体视为地下铁路组织强有力的支持网络，并坚决反对他们的"特殊制度"，即奴隶制。

几乎每一个社区的非裔美国人都开展了大量活动，利用本土慈善事业支持其组织的社会正义活动。1835年，巴尔的摩有40个黑人互助组织，费城有80个。到了1848年，接近一半的费城成年非裔美国人都加入了某种形式的互助会。[30]内战结束后，美国政府制定了援助新解放奴隶的计划。1865年，自由民、难民及被弃土地局（即自由民局）（Bureau of Freedmen, Refugees, and Abandoned Lands）成立。在近百个独立的志愿者自由民援助协会的帮助下，自由民局致力于为前奴隶和贫穷的白人提供援助。在其成立的7年中，自由民局修建了4 000所学校和40家医院，并分发免费食品。从本质上讲，以前由非裔美国人小型社团从事的领域，现在被公众认为是美国政府的恰当工作。

在黑人得到解放的同时，许多美国白人借助工业革命的巨大机遇创造了大量财富，而且他们的财富还在不断增加。当东方之星（Eastern Stars）、森林人（Foresters）、露丝之家（Household of Ruth）、伊希斯之女（Daughters of Isis）以及世界麋鹿保护会（Protective Order of Elks of the World，一个向非裔美国人提供奖学金的兄弟会）等非裔美国人共济会不断涌现时，新近富裕起来的机构慈善家及其基金会开始和公众一样，对非裔美国人（特别是在南方）的基础教育和职业教育产生兴趣。1867年，皮博迪基金

第十二章 本土和机构慈善事业在促进社会正义方面的作用

(Peabody Fund)成立，旨在推动普及教育，以此作为南方各州的前奴隶和贫困白人融合的一种方式。该基金会一直致力于这些工作，直到 1910 年并入斯莱特基金(Slater Fund)。斯莱特基金成立于 1882 年，其使命也是普及教育。它资助的黑人大学包括布克·T.华盛顿(Booker T. Washington)的塔斯基吉研究所(Tuskegee Institute)和弗吉尼亚州的汉普顿学院(Hampton Institute)。1937 年，斯莱特基金与吉恩斯基金(Jeanes Fund)和弗吉尼亚·伦道夫基金(Virginia Randolph Fund)合并，成立了南方教育基金(Southern Education Fund)，该基金至今仍然存在。

1902 年，约翰·D.洛克菲勒创建了一般教育理事会(General Education Board)。该委员会在 20 世纪早期至中期参与了黑人教育各个方面的工作。[31]实际上，在 1902 至 1960 年间，该委员会共拨款 6 250 万美元用于支持黑人教育事业。1911 年，菲尔普斯-斯托克斯基金(Phelps-Stokes Fund)成立，负责管理卡罗琳·菲尔普斯·斯托克斯的遗赠，以增加非裔美国人、美国原住民及贫穷白人的教育机会。20 世纪 40 年代，该基金会将重点转向通过合作大学发展计划(Cooperative College Development Program)来支持历史上的黑人大学。该计划向黑人大学拨款 600 多万美元，并于 1944 年帮助建立了联合黑人大学基金。[32]

1917 年，朱利叶斯·罗森沃尔德创立了罗森沃尔德基金(Rosenwald Fund)。该基金非常愿意支持社会正义事业，尤其是与非裔美国人有关的社会正义事业。[33]该基金在美国南部 15 个州建立了 5 357 所公立学校。这些学校利用了来自基金会和本土慈善事业的资金，并且由当地非裔美国人社区的体力劳动者所建造。罗森瓦尔德基金为非裔美国人学校的教师、黑人医院以及改善黑人与白人关系的行动提供研究资金。不过,与大多数基金会不同的是,罗森瓦尔德基金并没有把资金仅仅集中在培训非裔美国人从事农业和贸易的技能上。罗森瓦尔德奖学金颁给了文理类高等教育。大多数基金会都不愿挑战南方的观念,即非裔美国人的学术教育要么毫无意义,要么会对现状构成危险。援引一般教育理事会的一位受托人在1899年所说的话:"黑人的教育不应脱离他的环境。工业劳动才是他的救赎……除了极少数情况外,我强烈反对所谓的黑人高等教育。"[34]

即使是罗森瓦尔德基金也没有准备好去挑战的一个障碍是黑人和白人分开接受教育。大多数基金会基本上都接受了南方的《吉姆·克劳法》(Jim Crow Laws),只是试图加强黑人教育机构建设,而不是鼓励融合教育。到了20世纪30年代,各基金会开始将工作重心转向学术教育,并资助了几项关于非裔美国人所面临的不利社会经济条件和法律障碍的综合研究。其中最著名的研究是1944年冈纳·缪尔达尔(Gunnar Myrdal)撰写的《美国的困境》(An American Dilemma),该研究得到了纽约卡内基公司的支持。[35]该报告得出的结论认为,美国的困境是所宣称的人人平等和社会正义的信念与阻碍非裔美国人充分参与美国社会的法律障碍之间的矛盾。[36]

基金会继续支持确保非裔美国人成为道德高尚和正直公民的努力。资金流入黑人童子军(Negro Boy Scouts)、全国黑人商业联盟(National Negro Business League)和全国城市联盟(National Urban League)。由于担心种族关系缺乏进展可能会促使非裔美国人信奉共产主义,因此对改善种族关系的行动给予了更大的支持。例如,罗森瓦尔德基金于1919年成立了种族间合作委员会

第十二章 本土和机构慈善事业在促进社会正义方面的作用

（Commission on Interracial Cooperation），并对美国种族关系委员会（American Council on Race Relations）给予支持。[37]

20世纪50年代和60年代，非裔美国人掀起了新一轮的激进主义浪潮。非裔美国人的新呼声是争取公民权利，结束机构慈善家未能解决的隔离但平等的政策。非营利民权组织，如全国有色人种协进会（NAACP）、全国有色人种协进会法律辩护和教育基金、种族平等大会（Congress of Racial Equality，简称CORE）和南方基督教领袖会议（Southern Christian Leadership Conference，简称SCLC）等迅速崛起。它们主要依靠本土慈善事业，对南方的《吉姆·克劳法》和北方事实上的种族隔离发起了挑战。非裔美国人法律团体的成功促使拉丁裔和亚裔群体创建了类似的团体，例如，墨西哥裔美国人法律辩护基金（Mexican American Legal Defense Fund）、亚裔美国人法律辩护和教育基金（Asian American Legal Defense and Education Fund）。更为重要的是，这些针对《吉姆·克劳法》的社会正义倡导行动的成功，为所有种族和族裔群体及妇女提供了更大程度的法定平等机会和待遇。[38]

一些基金会确实支持了这些行动。其中最主要的支持来自洛克菲勒基金会和福特基金会。它们推出了机会均等计划，着重支持融合教育。福特基金会还响应了民权组织的号召，努力改善城市贫民的社会经济和政治状况，在这个群体中，非裔美国人所占比例过高。[39] 1960至1970年间，福特基金会为其"大城市学校改进项目"（Great Cities School Improvement Project）和"灰色地带项目"（Gray Areas Project）提供了超过2500万美元资金。这两个项目的重点都是在教育、卫生、住房和福利方面帮助贫困儿童和城市居民。[40]

20世纪70年代,新形式的慈善组织应运而生。非裔美国人继续拥有一系列强大的社会服务组织,但政府和基金会的巨大作用使一些人怀疑这些组织如何独立地代表非裔美国人的利益。1972年,在康明斯发动机基金会(Cummins Engine Foundation)的大力支持下,全国黑人联合基金(National Black United Fund,简称NBUF)成立。[41]全国黑人联合基金的使命是建立一种筹资机制,使其能够主要从非裔美国人那里筹集资金,并将这些资金分发给黑人组织。经过一系列最终涉及美国最高法院的诉讼战后,全国黑人联合基金赢得了进入联邦政府工作场所慈善工资扣除活动的权利,后来又获得了进入许多私人雇主慈善工资扣除活动的权利。[42]全国黑人联合基金的努力最终将成为包括妇女、拉丁裔、环境保护和艺术等各类团体开发替代基金以支持其事业的典范。

随着社会经济地位的提高,非裔美国人开始支持反映他们利益的事业。杰基·罗宾逊基金会(Jackie Robinson Foundation)、[43]雷金纳德·刘易斯(Reginald Lewis)对霍华德大学和哈佛大学,以及比尔·科斯比(Bill Cosby)对斯佩尔曼学院(Spelman College)所做的重大贡献,是越来越多的黑人慈善家将他们在科技、娱乐和其他行业积累的财富进行分配的最初迹象。[44]尽管非裔美国人的本土慈善事业在继续发展,除了少数几个重要的例外,基金会为非裔美国人计划仅提供了不算太高的支持,在1996年占2.4%(1.775亿美元)。[45]

拉丁裔美国人慈善事业

要了解拉丁裔美国人群体的本土慈善事业,必须承认这一术语所包含的许多不同的人和传统。在美国,拉丁裔或西班牙裔是可能会说西班牙语,来自墨西哥、波多黎各、古巴、中美洲和南美洲的人。此外,还有一些只存在于美国的独特的拉丁裔亚群,如得克萨斯州的特哈诺人(Tejano)和新墨西哥州的马尼托人(Manito)。[46] 更复杂的是,拉丁裔人可能是欧洲人或非洲人的后裔。随着时间的推移,美国的拉丁裔至少保持了三个强大的慈善传统:支持大家庭网络、参与天主教会、利用互助会提供基本社会服务和社会正义活动。[47]

规模最大的一次拉丁裔移民发生在1848年美墨战争之后。大约有100万墨西哥人,占墨西哥总人口的十分之一,发现原来属于墨西哥的土地现在变成了美国的一部分。[48] 被剥夺了财产的墨西哥裔美国人在整个西南部成立了最初的互助组织,如1875年在洛杉矶成立的西班牙裔美国人互助会(La Sociedad Hispano Americano de Benfecio Mutua)和1894年在图森成立的西班牙裔美国人联盟(La Alianza Hispano-Americana)。西班牙裔美国人互助会主要致力于组织墨西哥国庆节的纪念活动,而西班牙裔美国人联盟则向西南地区的10 000名成员提供疾病补助和死亡抚恤金,并与亚利桑那州企图从墨西哥裔美国人手中篡夺政治权利的白人展开激烈的政治斗争。[49]

1900到1939年,墨西哥裔美国人组织有了显著的扩张,主要是新成立的互助协会,以提供疾病补助及死亡抚恤金,同时帮助维护和重建社交网络。贝尼托·华雷斯协会(La Sociedad Benito Juarez)和独立墨西哥爱国慈善联盟(La Union Patriotica Benefica Mexicano Independiente)成立于此时,并先后在整个西南部以及中西部建立了数十个分会。[50] 互助会还帮助促进墨西哥裔美国人工会的发展。由于美国主要的工会不接纳墨西哥裔或任何拉丁裔,1927年,一个遍布南加州的互助会联合会在洛杉矶集合,成立了第一个墨西哥裔美国人工会,即墨西哥人工会联盟(La Confederacio de Uniones Obreras Mexicanas)。墨西哥人将继续积极参与未来在西南地区建立的几乎每一个工会。[51]

1917年,一项联邦法律的通过使所有波多黎各居民都成为美国公民。[52]虽然波多黎各裔美国人加入了许多日益壮大的拉丁裔组织,但他们对慈善组织的利用程度并没有像墨西哥裔或古巴裔美国人那样高。[53]

最早由墨西哥人领导的正式民权组织建立于20世纪初。其中最为重要的是1911年成立的第一届墨西哥裔大会(El Primer Congreso Mexicanista)。[54]成立该大会的目的是让墨西哥裔美国人团结起来反抗学校中的歧视和隔离,并解决侵犯公民权利的问题。拉丁裔保护联盟(La Liga Protectora Latina)于1914年在菲尼克斯成立,其明确目的是反对市议会提出的在菲尼克斯公司和工厂雇用墨西哥裔美国人的人数上限为20%的规定。

1939年,西班牙裔人民代表大会(Congreso de Pueblos de Habla Española)成立,这是一个由互助组织、劳工和民权倡导团体组成的联合组织。这些团体不仅包括墨西哥裔美国人,还包括其他拉丁裔群体,特别是波多黎各裔。该组织在民权改革和拉丁裔普遍倡导方面的行动在1945年结束,当时该组织的许多主要领导人被驱逐出境。成立于1929年的拉丁美洲公民联盟(League of United Latin American Citizens,简称LULAC)拒绝加入大会,而是致力于促进良好的公民身份,以改变墨西哥裔美国人的公众形象。然而,从20世纪40年代开始,拉丁美洲公民联盟成为一个重要的倡导者,因为它极力要求维护拉丁裔的法律和教育权利。

第二次世界大战后,回国的美国士兵成立了如社区服务组织(Community Service Organization,简称 CSO)和团结联盟(Unity League)等团体,在洛杉矶倡导政治权力。这两个团体在成立不久后就合并了。随着时间的推移,社区服务组织逐渐变得不那么政治化,更多的是充当南加州拉丁裔的互助组织。20 世纪 50 年代末,另外两个重要团体成立了:加利福尼亚州的墨西哥裔美国人政治协会(Mexican American Political Association,简称 MAPA)和得克萨斯州的西班牙裔组织政治协会(Political Association of Spanish-Speaking Organizations,简称 PASSO)。20 世纪 60 年代后期,墨西哥人政治协会、西班牙裔组织政治协会和社区服务组织开始支持"奇卡诺运动"(Chicano Movement)。

到了 20 世纪 70 年代,在奇卡诺运动的启发下,其他团体率先解决民权问题,组织了越南反战抗议活动,并支持成立了如加州联合农场工人工会(United Farm Workers Union)等移民农场工会。还有人呼吁"奇卡诺权力"(取自"黑人权力"口号)和研究"奇卡诺人的精神和地理起源"。[55]

自 20 世纪 60 年代末开始,以福特基金会为首的慈善机构开始向拉丁裔组织提供资源。联邦政府机构也开始向墨西哥裔美国人社区提供更多的经济资源。20 世纪 70 年代和 80 年代,一种新型的组织模式应运而生。墨西哥裔美国人事务委员会(Council of Mexican American Affairs,简称 CMAA)是一个由专业人士创立的伞式协会,旨在为洛杉矶的墨西哥裔美国人社区提供领导和援助。总的来说,新的工作重点是帮助拉丁裔取得商业和企业上的成功。

今天,拉丁裔的倡导和支持团体,如拉丁裔全国委员会(National Council of La Raza)、墨西哥裔美国人法律辩护和教育基金(Mexican American Legal Defense and Education Fund)以及古巴裔美国人全国基金会(Cuban American National Foundation,简称CANF),继续推动着19世纪70年代第一批互助组织所倡导的许多相同的事业。[56]这些团体还关注新的问题,如拉丁裔选民登记和文化保护等。拉丁裔组织仍然难以从机构慈善事业争取到资金。1996年,基金会向拉丁裔团体或事业提供的捐款占捐赠总额的1.2%(8890万美元)。[57]

亚裔美国人慈善事业

慈善事业和善行的概念深深植根于亚裔美国人的不同语言和文化中。当然,今天在美国有许多亚洲国家的代表,其中包括中国、日本、韩国、菲律宾、越南、柬埔寨、老挝和泰国。[58]遗憾的是,人们对亚裔美国人本土慈善事业的研究很少。或许与其他群体相比,亚裔美国人还没有得到慈善机构的大力支持。至少一部分困难在于,亚裔各团体的利益如此不同,但又相互交织,以至于它们很难在一个问题上联合起来。另一个难题是,公众错误地认为亚裔美国人代表的是一个"模范"的少数族裔群体,几乎没有什么社会正义方面的问题。[59]这些困难可能导致大型基金会为亚裔美国人项目提供的捐款很少,1996年仅占总额的0.3%(2500万美元)。[60]因此,本土慈善事业仍然是大多数亚裔美国人社区发展的一个关键因素。下面是对移民家庭数量最多的亚裔美国人的慈善行为的考察,其中包括中国人、日本人、韩国人和

第十二章 本土和机构慈善事业在促进社会正义方面的作用

菲律宾人。遗憾的是，人们对这些群体的慈善研究都极为有限。

中国移民始于18世纪70年代。到了19世纪40年代的淘金热，中国移民人数大幅增加。在经过加州近30年的反华立法之后，美国通过了1882年的《排华法案》(Exclusion Act)。这是第一部禁止特定族裔或文化群体进入美国的移民法。按照其设计，该法律导致中国移民在接下来的60年里急剧减少。1943年，《麦诺森法案》(Magnuson Act)有效地废除了1882年的《排华法案》，并且1952年的《麦卡伦-沃尔特法案》(McCarran-Walter Act)使中国移民有资格获得美国公民身份。[61]

中国移民十分依赖互助组织。到1854年，中国移民的互助和循环信贷社已经建立得相当好，成立了中华会馆(Chinese Six Companies，简称CSC)。中华会馆由一群商董或宗亲会组成，这些组织后来在各地成立了中华会所(CCBA)。[62]除了维持社区的生存之外，商董的主要任务就是向其成员提供免费的丧葬管理。在大萧条时期，一些商董甚至为成员提供每日膳食。今天，这些宗亲会依然非常活跃，而且许多财富大幅增长的团体从其会费中拨出很大一部分用于支持慈善活动。

在很大程度上，中华会馆的功能相当于成员的信用合作社，在紧急情况下为他们提供资金。今天，旧金山中华总会馆，全美最大的中华会馆，主要在三个领域开展工作：华人儿童教育、华人医院管理及其慈善工作，以及各类惠民工程管理。正是旧金山中华会馆与唐人街救世军(Chinatown Salvation Army)合作，在1985年为墨西哥城地震的灾民筹集了16万美元的捐款，并于1988年为中国云南地震灾民筹集了333 787美元捐款。[63]美国华人社区中的许多人仍然在使用循环信贷协会，而宗亲会仍然是除直系亲属以外的华裔慈善事业的最大受益者。

早在1883年,日本移民取代中国移民成为美国廉价劳动力的主要来源。与中国移民不同,日本移民从一开始就被允许将他们的整个家庭带到这个国家,这十分有助于他们的社区建设。从19世纪80年代到第二次世界大战期间,日本移民源源不断地来到美国。[64]早期的日本移民成立了名为kenjinkai的县人会。像日本人协会(nihonjin)一样,kenjinkai也是志愿协会,为新来移民提供食物、住所及其他所需。它们还组织筹款活动帮助新来移民安顿下来。此外,这些组织还帮助移民办理婚丧嫁娶等事宜以及获得合法居留权。[65]

1900年,日本慈善协会(Nippon Jikei Kai)成立,旨在帮助有需要的人,并得到了成功的日裔美国人的支持。后来,该协会在北加州建立了一个日本公墓,并一直保留至今。日裔美国人还成立了美国日本人协会,以保持与日本领事馆的沟通。1906年旧金山大地震发生后,日本民众纷纷向旧金山提供资金和援助。1989年地震后,日本对旧金山提供的援助超过了所有其他国家的总和,共计1000万美元。[66]

美国忠诚俱乐部(American Loyalty Club)成立于1918年,帮助会员在旧金山获得作为美国公民的各项权利。1930年,为抗击对日裔美国人的敌对行动,成立了日裔美国人公民联盟(Japanese American Citizens League,简称JACL)。第二次世界大战后,日裔美国人公民联盟致力于帮助新移民获得公民身份,制定一部非歧视性移民法,以及使二战期间被美国政府"迁移"和"撤离"的所有居住在西海岸的日裔美国人所遭受的财物损失获得赔偿。[67]

第十二章　本土和机构慈善事业在促进社会正义方面的作用

人们还成立了其他团体，通过为妇女和儿童组织活动来加强日裔美国人社区的团结。到 1941 年，妇女成立了旧金山母亲协会（San Francisco Mothers Society）、基诺蒙·加昆母亲协会（Kinomon Gakuen Mothers' Society）、基督教青年会母亲俱乐部（YMCA Mothers Club）、妇女之家（Sojoji FunKay）和姐妹之家（Sister's Home）等组织。这些组织为新的日本移民提供照顾，并试图向他们传授在美国生活所需的技能和社会知识。[68]毫无疑问，这些组织强烈地感受到需要尽可能展现出最忠诚、最美国人的形象，以帮助所有日裔美国人与二战前和二战期间他们所受到的敌对行动和恶劣待遇做斗争。日本本土慈善机构还资助在"日本城"建立基督教青年会、基督教女青年会和救世军。所有这些组织在第二次世界大战期间因为日裔美国人被拘留而停止活动。

县人会至今仍在运作。20 世纪 90 年代初的一项研究指出，日裔美国人仍然更倾向于向他们身边或社会距离较近的人或群体进行捐赠。日裔美国人的慈善事业似乎仍然主要集中在通过互惠互利来支持基本的社会服务，目前还没有将倡导社会正义列为其优先事项。[69]

韩国人移民美国始于 1885 年，作为逃避韩国政治动荡的一种手段。第二次韩国人移民潮始于 1903 年，当时夏威夷开始为其糖业种植园寻找廉价的劳动力来源。1928 至 1948 年间，韩国移民人数急剧下滑，但在第二次世界大战后又恢复了增长。[70]

韩裔美国人的慈善事业是围绕着"kye"这一传统循环信贷组织展开的。"Kye"被用来获得足够的资金去创业，经常从亲睦会（chin-mok-hoe，社交俱乐部）、同窗会（dong-chang-hoe，校友会）、蔬菜水果店、鱼市或洗衣店协会这些社交或商业团体中发展起来。人们利用这些协会作为建立联系网络和促进社会合作的手段。[71]高中社团是特别强大的团体,许多韩裔美国人通过校友会向教育机构提供亲募(chee-won)或亲募款(cheewonkum,捐款)。通过这种方式,大学校友会在韩裔美国人社区中发挥着专业协会的作用。

电视、报纸和广播等韩语媒体被用作筹款和危机控制的协调中心。韩裔美国人的商业协会也相当于政治和社交俱乐部,其成员定期赞助政党和政治活动。[72]韩裔美国人慈善事业的另一个重点是教会。超过70%的韩裔美国人是新教徒,许多人把他们的教堂作为社会活动和社区信息的中心。韩裔美国人把大部分的钱都捐给与他们的教会相关的事业,如基督教青年会。[73]

菲律宾移民是在1910年最初的韩国移民之后才开始的。美国已经取得了对菲律宾的控制权,并安排菲律宾学生到美国学习。这些学生被要求返回菲律宾,而且一旦他们回国,许多人就成为"美国方式"的公开拥护者。这与其他团体的经历相似。1910至1938年间,许多来美求学的菲律宾学生没有完成学业,并且决定留在美国,从事农业或家政服务。第二波菲律宾移民潮始于第二次世界大战期间,主要移民是"战争新娘",并一直持续到20世纪50年代。[74]

在马来方言他加禄语中,"Tulong"的意思是向有需要的人提供帮助或援助。"Tulong"是菲律宾裔美国人生活的重要特征,包括提供金钱、住所和食物。它在家庭和社区中最为常见,并且往往只在有人迫切需要援助时才会发生。[75]菲律宾裔美国人也建立了更具有组织结构的"Tulong"形式。例如,旧金山菲律宾裔美国人委员会(Filipino American Council)帮助菲律宾人解决就业、健康和英语水平等方面的问题。[76]

菲律宾裔美国人也有在其社区内建立互助团体或 Barangay 的传统。通常,这些团体的成员几乎都来自菲律宾的同一地区。这些团体是他们社区主要的资金筹集者,并组织把钱寄回菲律宾给他们的大家庭和教会。和韩国裔美国人的慈善事业一样,菲律宾裔美国人的慈善事业主要集中在他们的直系亲属和社区上。

妇女与慈善事业

有组织的妇女团体寻求改善妇女地位和待遇的历史有据可查。与其他特定文化群体不同,女性面临着由性别带来的社会正义挑战,而且作为有色人种女性还面临着更多的困难。在过去的 250 年里,美国妇女奋斗的目标和事业不断发展和演变,不仅包括照顾孤寡儿童和救济士兵这样的一般"家庭"事业,还包括废除奴隶制,禁酒,争取选举权、教育权以及平等和生育权等。已知最早的一些美国妇女慈善活动是帮助贫穷的妇女和儿童。多年来,由于宗教和道德权威人士一致认为,照顾社会上那些不幸和残疾的成员是基督教妇女的适当责任,慈善作为妇女工作的形象得到了加强。

1797 年,贫困寡妇和儿童救济协会(Society for the Relief of Poor Widows and Small Children)成立。该协会由妇女发起,致力于为那些她们认为值得帮助的人提供救济。[77] 同样,1793 年成立的圣托马斯慈善协会(Benevolent Society of St. Thomas)由获得自由的非裔美国妇女建立,以帮助彼此,以及费城任何性别和种族中不幸的人。19 世纪,妇女慈善组织的新角色开始出现。女性道德改革协会(Female Moral Reform Society)在纽约市成立,其理念是关心照顾穷人固然重要,但要改善城市所有人的生活条件,就必须系统地改变所有纽约人的道德观念。一些妇女团体也积极支持废奴运动。1836年,在美国五百多个反对奴隶制的社团中,有50个或更多的组织是女性社团。[78]妇女在支持奴隶的自由和平等的同时,却被禁止投票、拥有土地或对虐待妻子的丈夫诉诸法律,这种具有讽刺意味的情况在后来主张妇女平等的女性身上并未消失。

到1843年,成立了纽约改善穷人状况协会(New York Association for Improving the Conditions of the Poor)等组织,而且1853年成立了纽约儿童援助协会(New York Children's Aid Society)。这两个团体都是在许多规模较小、知名度较低的妇女改革团体开始在纽约市进行游说活动,以揭示纽约穷人的恶劣生活条件之后很久才成立的。美国内战标志着由女性领导的慈善机构和机构慈善事业之间的紧密合作时期,因为两者联合起来共同照料这个国家的伤员、病人和流离失所者。美国卫生委员会(United States Sanitary Commission)成立于1861年,实际上是由许多规模较小、往往由女性领导的团体组成的,如妇女中央救济协会(Women's Central Relief Association)和西北卫生委员会(Northwestern Sanitary Commission)。

从某种程度上讲,选举权运动源于许多女性的挫败感,尽管她们可以成为许多男性主导的反奴隶制社团的成员,但不允许在会议上发言或得到认可。还有一种观点认为,允许白人妇女投票将抵消非裔美国人的选票。拒绝接受男性统治的社会强加给她们的公认的女性角色,争议越来越大,一些妇女脱离了废奴运动,

第十二章 本土和机构慈善事业在促进社会正义方面的作用

转而开始关注妇女权利。1848年,具有里程碑意义的塞尼卡·福尔斯会议(Seneca Falls Convention)呼吁妇女在包括投票权在内的所有法律事务中与男子真正平等。虽然妇女管理的互助团体继续支持传统的慈善活动,但越来越多的妇女团体开始支持社会接受程度较低的事业,包括禁酒、教育、工人权利和选举权。

基督教妇女禁酒联盟(Women's Christian Temperance Union)成立于1874年,而妇女选举权协会(Woman Suffrage Association)和美国妇女选举权协会(American Woman Suffrage Association)成立于稍早的1869年。早在19世纪30年代,女性就开始提倡禁酒,这在当时是"精英男士"的工作。但从19世纪40年代起,很多提倡法律禁酒的社团都是女性社团,这也被看作常态。在此期间,机构慈善事业发现支持禁酒运动比支持选举权运动容易得多。选举权运动领导者要等上将近40年,才能将选举权视为传统机构慈善事业提供财政支持的适当理由。

19世纪下半叶,基督教女青年会(Young Women's Christian Association)、新英格兰妇女俱乐部(New England Women's Club)、有色人种妇女联盟(Colored Women's League)、妇女时代俱乐部(Women's Era Club)、妇女俱乐部总联盟(General Federation of Women's Clubs)以及全国有色人种妇女协会(National Association of Colored Women)等组织相继成立,它们不仅提供鼓舞人心的精神支持,而且提供培训、财政援助和改善的教育,通常还包含对禁酒、选举权和平等的呼吁。应当指出的是,与整个社会相一致的是,种族主义和歧视是许多主流妇女组织的显著特点,这就导致其与数百个非裔美国妇女团体的黑人妇女俱乐部运动产生了冲突和隔阂。这些非裔美国妇女团体的成立是为了与对非裔美国妇女的消极观念做斗争,这些观念导致她们在很大程度上被剥夺了参与选举权组织的权利。[79]

由于被新的工会拒之门外,妇女建立了自己的工会,如妇女工会联盟(Women's Trade Union League)、妇女教育和产业联盟(Women's Educational and Industrial Unions)以及妇女忠诚联盟(Women's Loyal Union)。[80] 1893年,哥伦比亚世界博览会(World's Fair Colombian Exposition)不仅设有一个妇女展馆,还是一次妇女代表大会,这是对全国各地众多妇女慈善机构、社团和俱乐部令人惊叹的认可。

工业革命促进了一些女性获得财富和社会权力。无论她们的钱是继承得来的,还是她们自己建立商业帝国的成果,从19世纪末开始,这些女性利用她们的慈善资源来影响大型组织,通常是为了让女性可以更多地参与到组织的运作中去。例如,1899年,玛丽·伊丽莎白·加勒特(Mary Elizabeth Garrett)与约翰·霍普金斯大学达成协议,为建立该校的医学院捐赠了大笔资金,条件是学校将在与男学生平等的基础上录取和培训女性为医生。[81]

1905年,伊丽莎白·米尔班克·安德森(Elizabeth Milbank Anderson)创办了米尔班克纪念馆(Milbank Memorial),资助流行病学和营养学研究,并为孤儿和新移民提供帮助。1907年,玛格丽特·塞奇创立了当今美国主要的慈善机构之一——罗素·塞奇基金会。C. J. 沃克(C. J. Walker)夫人是一位通过销售黑人化妆品而成为百万富翁的非裔美国人,她在西非建立了一所女子学院,并对非裔美国人的教育给予了广泛支持。20世纪30年代,女性继续进入机构慈善事业领域,其中包括凯特·梅西·拉德

（Kate Macy Ladd）创立的进行医疗研究的梅西基金会（Macy Foundation）、卡丽·班伯格基金（Carrie Bamberger Fund）创办的高等研究院（Institute For Advanced Studies）以及伊玛·霍格（Ima Hogg）创建的霍格心理健康基金会（Hogg Foundation for Mental Health）。[82]

同样在20世纪初，非裔美国妇女创办了一些学校和协会，为年轻的黑人妇女提供教育和培训。1909年，南妮·H.伯勒斯（Nannie H. Burroughs）在华盛顿特区成立了全国妇女和女孩培训学校（National Training School for Women and Girls）。1912年菲利斯·惠特利协会（Phillis Wheatley Association）成立于俄亥俄州的克利夫兰市，这是一所为黑人妇女开设的寄宿培训学校。[83]正如达琳·克拉克·海因（Darlene Clark Hine）所写："到了1920年，坚定的黑人女性已经在（最北部的）社区、养老院、医院和疗养院、护理学校和学院、孤儿院、图书馆、体育馆和年轻黑人女性庇护所中站稳脚跟。"[84]此时，女性选举权运动也开始被提上美国政治议程的最前沿。

1916年，全国妇女党（National Women's Party，简称NWP）成立，这是从全美妇女选举权协会（National American Women's Suffrage Association，简称NAWSA）分离出来的一个组织，旨在更加积极地倡导女性选举权。而且，通过全国妇女党和全美妇女选举权协会的不断努力，以及民主党的最终支持，1919年国会通过了《第十九修正案》，并于1920年获得了各州的批准。然而，一旦一场战役获胜，妇女就转移到其他战役上去了：1921年，她们起草了现在被称为《平等权利修正案》（Equal Rights Amendment，简称ERA）的第一个版本。

20世纪50年代,美国社会对妇女积极开展社会活动不那么友好。像阿德莱·史蒂文森(Adlai Stevenson)这样的知名人士提醒女性,当她们读完大学后,就要放下这样的"执着",专注于做好家庭主妇和母亲。[85]到了20世纪60年代,美国的社会正义运动达到了新的高度。妇女成立了两个新的主要女性团体,以推动平等权和生育权。许多女性在民权运动和学生运动的基层工作中得到锻炼,认识到这些组织几乎完全由男性管理,其议程很少包括妇女关心的问题。这不禁让人想起废奴运动是如何成为妇女选举权运动女性领导者的训练场的。不再满足于在社会中的从属角色,全国妇女组织(National Organization for Women,简称NOW)成立于1956年,旨在为妇女争取平等权利和获得公平待遇进行游说。[86]全国妇女组织的成员包括学生非暴力协调委员会(Student Non-Violent Coordinating Committee,简称SNCC)、南方基督教领袖会议(Southern Christian Leadership Conference,简称SCLC)和学生争取民主社会组织(Students for a Democratic Society,简称SDS)的许多前成员。

美国计划生育联合会(Planned Parent Federation of America)成立于1916年。然而,在当时,许多妇女认为她们应当把精力放在选举权问题上。到了1969年,也就是罗伊诉韦德案(Roe v. Wade)做出历史性裁决的五年前,全国堕胎权行动联盟(National Abortion Rights Action League,简称NARAL)成立,后更名为全国堕胎与生育权行动联盟(National Abortion and Reproductive Rights Action League),以呼吁为女性提供安全合法的堕胎服务。这只是众多关注堕胎与生育权团体中的一个,它和全国妇女组织等团体一同致力于堕胎和避孕器具的合法化。

1985年,全国妇女基金网络(National Network of Women's Funds)建立,并且到1989年已有50个成员组织加入该网络。[87] 这些组织主要侧重于解决妇女和儿童问题。妇女组织已经成功地经历了利用其本土慈善事业来支持社会正义议程和吸引机构慈善事业支持的几个周期。

在推进社会正义问题上,特定文化群体的本土慈善事业与机构慈善事业之间的关系错综复杂。对原住民、非裔、拉丁裔、亚裔和欧裔美国人移民和妇女的历史研究表明,他们的本土慈善事业对于提供基本的人类服务,以及在不同程度上支持社会正义倡导至关重要。至少还有两个问题值得讨论。首先,为什么有的特定文化群体非常积极地倡导社会正义事业,而另一些则不然?同样有趣的是,人们普遍认为机构慈善事业是新的和有争议思想的风险资本的主要来源,那么为什么它显然没有在社会正义倡导领域发挥这一作用?这两个问题对于理解当前和未来的社会正义活动如何获得特定文化群体的本土慈善事业和机构慈善事业的支持非常重要。

在评估为什么一些特定文化群体积极参与社会正义的倡导,而另一些却没有这样做时,我们得出了一些观察结果。非裔美国人和妇女之所以在这一领域取得了最大的成功,这可能部分是由于他(她)们社会抗议的性质和人数规模。废除奴隶制、种族隔离合法化和选举权问题面临着美国社会普遍容忍的做法,并涉及大量特定文化群体。这并不是说部落主权、波多黎各独立或日本人的拘留赔偿等问题不是同等重要的。更确切地说,这些群体人口规模较小、同一特定文化群体中其他亚群的意见不一,以及由于人口规模较小而导致的本土慈善活动规模较小等,使它们在争取更大的社会支持时受到阻碍。非裔美国人和妇女这两个群体的庞大规模是一个重要的因素,因为考虑到不同的意见,这为每个群体提供了足够的人员,以组织、产生并将其本土慈善事业的很大一部分用于社会正义倡导行动。

大量遭受社会不公正待遇的非裔美国人和妇女也有可能使更广泛的社会对其关切有更多的了解和敏感度。另一个重要的考虑因素是,非裔美国人和妇女成功地开展了社会正义倡导工作,这对所有种族和族裔群体都有积极的好处,并减少了这些群体在这些领域开展各自行动的必要性。还存在的一种可能性是,某些群体的文化倾向可能会导致这些群体在进行社会正义倡导时产生不情愿和不适。随着拉丁裔和亚裔人口在未来几年将经历显著的增长,他们很可能在倡导社会正义方面取得更大的成功。

考虑到当前主流的非营利文献,似乎有些令人惊讶的是,机构慈善事业在支持特定文化群体的社会正义倡导方面并没有发挥更突出的作用。然而,加以思考之后,基金会对此保持沉默也是可以理解的。一般来说,基金会是由从现状中受益的富人创立的,他们在对待社会事务上可能更保守而非进步主义的。富有女性的本土慈善事业以及像朱利叶斯·罗森沃尔德这样的个人慈善事业表明,随着特定文化群体中的成员在经济上取得更大的成功,并建立自己的基金会,他(她)们的机构有可能会比前几代人建立的基金会更加支持社会正义倡导行动。

对机构慈善事业这种被动而非主动参与社会正义问题的另一种解释与基金会理事会和工作人员的种族与族裔构成有关。

基金会理事会(Council on Foundations)发现,基金会理事会或工作人员中其他种族和族裔群体的成员很少。90%的基金会理事会成员和84%的基金会专业工作人员由美国白人组成。[88]传闻有证据表明,当拥有多元化的理事会和员工时,基金会更有可能制定出支持各类特定文化群体的资助优先事项。[89]如果确实如此的话,基金会在可预见的将来不太可能更积极地支持社会正义问题,除非基金会使其理事会和员工多样化。

最后,必须指出的是,基金会有充分的理由担心,支持社会正义倡导可能会无意中导致国会加大审查力度。人们普遍认为,福特基金会在20世纪60年代对选民登记工作的支持促使国会制定了更严格的规章来管理基金会在这一领域的活动,特别是1969年的《税收改革法案》。这一事件经常被认为是基金会普遍不愿支持社会正义倡导行动的原因,尽管法律并没有禁止基金会资助这些活动。虽然目前正在进行一些努力来鼓励基金会更积极地支持公共政策倡导,但迄今为止,这些行动只取得了有限的成功。

特定文化群体的本土慈善事业将继续在解决社会正义问题方面发挥领导作用。由于这些努力显示出希望,它们将影响广大公众的信仰,并吸引机构慈善事业的支持。这样,特定文化群体的本土慈善事业成为解决新旧社会不平等问题的一个基本要素。

埃米特·D.卡森(Emmett D. Carson)

注释:

[1] R. H. Bremner, *American Philanthropy*. Chicago: University of Chicago Press, 1960, p. 3.
[2] S. A. Ostrander, "Charitable Foundations, Social Movements, and Social

Justice Funding." *Research in Social Policy*, vol. 5, 1997, pp. 172 – 173.

[3] R. MacLean and D. McLeod, eds., *The Foundation Grants Index 1998*, 26th edition. New York: Foundation Center, 1997, pp. XV and XXV.

[4] *Giving USA*. New York: MFRC Trust for Philanthropy, 1996, p. 12.

[5] C. S. Kidwell, "The Indian Giving." *Foundation News*, vol. 31, no. 3, May-June 1990, p. 27.

[6] R. Adamson, "Money with a Mission: A History of Indian Philanthropy." *Tribal College: Journal of American Indian Higher Education*, vol. VI, no. 3, p. 26.

[7] 同上.

[8] A. Depalma, "Indigenous tribes in Canada receive formal apology." *New York Times*, January 8, 1998, p. Al.

[9] Adamson, p. 26.

[10] 同上, p. 28.

[11] 同上。

[12] 同上。

[13] 同上。

[14] 同上, p. 29。

[15] M. Ambler, "Indians Giving: New Philanthropy in Indian Country." *Tribal College: Journal of American Indian Higher Education*, vol. VI, no. 3, Winter 1994, p. 14.

[16] J. A. Joseph, "Options for Giving and the Native American Tradition: A Discussion Paper," p. 16.

[17] "A Summary Report of the December 9, 1994 Forum." *American Indians in Philanthropy*, American Indian Research & Policy Institute, p. 3.

[18] *The Foundation Grants Index* 1998, p. XXV.

[19] *Records of the Ethnic Fraternal Benefit Associations in the United States: Essays and Inventories*. University of Minnesota, Immigration History Research Center, 1981, p. 54.

[20] G. Osofsky, "The Hebrew Emigrant Aid Society in the United States (1881 – 1883)." In G. E. Puzzetta, ed., *American Immigration and Ethnicity*, Volume 5, Immigrant Institutions. New York: Garland Publishing, Inc., 1991, p. 262.

[21] R. F. Harry, "Boarding and Belonging." In G. E. Puzzetta, ed., *Am-

erican Immigration and Ethnicity, Volume 5, Immigrant Institutions. New York: Garland Publishing, Inc., 1991, p. 33.

[22] R. F. Harry, "From Voluntary Association to Welfare State: The Illinois Immigrants' Protective League." In G. E. Puzzetta, ed., *American Immigration and Ethnicity*, Volume 14, Americanization, Social Control and Philanthropy. New York: Garland Publishing, Inc., 1991, pp. 44–46.

[23] *Records of the Ethnic Fraternal Benefit Associations in the United States: Essays and Inventories*, passim.

[24] E. D. Carson, "Patterns of Giving in Black Churches." In R. Wuthnow and V. Hodgkinson, eds., *Faith and Philanthropy in America*. San Francisco, CA: Jossey-Bass Publishers, 1990.

[25] E. D. Carson, "Philanthropy and Foundations." In J. Salzman, D. L. Smith, and C. West, eds., *Encyclopedia of African-American Culture and History*. New York: Simon & Schuster Macmillan, 1996, Volume 1, p. 2137.

[26] Bremner, p. 48.

[27] Carson, "Philanthropy and Foundations," p. 2137.

[28] E. D. Carson, "The Evolution of Black Philanthropy: Patterns of Giving and Voluntarism." In R. Magat, ed., *Philanthropic Giving: Studies in Varieties and Goals*. Oxford University Press, 1989, p. 95.

[29] Carson, "Philanthropy and Foundations," pp. 2137–2139.

[30] 同上, p. 2137。

[31] C. P. Henry, "Big Philanthropy and the Funding of Black Organizations." *The Review of Black Political Economy*, vol. 9, no. 2, Winter 1979, p. 176.

[32] Carson, "Philanthropy and Foundations," p. 2138.

[33] E. R. Embree, and J. Waxman, *Investment in People: The Story of the Julius Rosenwald Fund*. New York: Harper & Brothers Publishers, 1949, p. 39.

[34] Carson, "Philanthropy and Foundations," p. 2138.

[35] Henry, p. 177.

[36] 同上。

[37] Carson, "Philanthropy and Foundations," p. 2139.

[38] 同上。

[39] Henry, pp. 179–180.

[40] Carson, "Philanthropy and Foundations," pp. 2139–2140.

[41] E. D. Carson, "The National Black United Fund: From Movement to Social Change to Social Change Organization." *New Directions for Philanthropic Fundraising*, No. 1, Fall 1993, pp. 53 – 71.

[42] 同上, pp. 65 – 67.

[43] *Jackie Robinson Foundation Scholar's Handbook*. New York, NY: Jackie Robinson Foundation, 1989.

[44] J. E. Fairfax, "Black Philanthropy: Its Heritage and its Future." In C. H. Hamilton and W. F. Ilchman, eds., *New Directions for Philanthropic Fundraising*. San Francisco, CA: Jossey-Bass Publishers, 1995, no. 8, Summer 1995, pp. 9 – 21.

[45] *The Foundation Grants Index* 1998, p. xxv.

[46] M. Cortés, "Three Strategic Questions about Latino Philanthropy." In C. H. Hamilton and W. F. Ilchman, eds., *New Directions for Philanthropic Fundraising*. San Francisco, CA: Jossey-Bass Publishers, 1995, no. 8, Summer 1995, p. 28.

[47] 同上, p. 28。

[48] A. Camarillo, "Mexican Americans and Nonprofit Organizations: An Historical Overview." In H. E. Gallegos and M. O'Neill, eds., *Hispanics and the Nonprofit Sector*. New York: The Foundation Center, 1991, pp. 16 – 17.

[49] 同上。

[50] 同上, pp. 19 – 20。

[51] 同上, p. 21。

[52] 同上, pp. 3 – 4。

[53] C. Rodriguez-Fraticelli, C. Sanabria, and A. Tirado, "Puerto Rican Non-profit Organizations in New York City." In H. E. Gallegos and M. O'Nell, eds., *Hispanics and the Nonprofit Sector*. New York: The Foundation Center, 1991, p. 48.

[54] 同上, pp. 21 – 24。

[55] 同上, pp. 27 – 29。

[56] *Pluralism in Philanthropy*. The Researcher's Roundtable. Washington, DC: Council on Foundations, 1989.

[57] *The Foundation Grants Index 1998*, p. xxv.

[58] S. Shao, "Asian American Giving: Issues and Challenges (A Practitioner's Perspective)." In C. H. Hamilton and W. F. Ilchman, eds., *New Directions for Philanthropic Fundraising*. San Francisco, CA: Jossey-Bass Publishers, 1995, no. 8, Summer 1995, p. 54.

[59] *Invisible and in Need: Philanthropic Giving: Asian Americans and Pacific Islanders*. A Report of Asian Americans and Pacific Islanders in Philanthropy. December 1992, p. 1.

[60] *The Foundation Grants Index* 1998, p. xxv.

[61] B. Smith, S. Shue, J. L. Vest, and J. Villarreal, *Ethnic Philanthropy: Sharing the Giving: Money, Goods and Services in the African American, Mexican, Chinese, Japanese, Filipino, Korean, Guatemalan and Salvadoran Communities of the San Francisco Bay Area*. San Francisco: University of San Francisco, 1994, p. 161. Revised ed., Philanthropy in Communities of Color. Bloomington: Indiana University Press, 1999.

[62] 同上, pp. 178 – 179。

[63] R. Lee, *Guide to Chinese American Philanthropy and Charitable Giving Patterns*. Pathway Press, 1990, p. 25.

[64] Smith, et al., p. 186. 65. Ibid., p. 201.

[65] 同上, p. 201。

[66] 同上, p. 179。

[67] 同上, p. 201。

[68] 同上, p. 203。

[69] 同上, p. 205。

[70] 同上, p. 208。

[71] 同上, p. 222。

[72] 同上, p. 223。

[73] 同上, p. 221。

[74] 同上, p. 136。

[75] 同上, p. 149。

[76] 同上, p. 158。

[77] A. F. Scott, "Women's Voluntary Associations: From Charity to Reform." In K. D. McCarthy, ed., *Lady Bountiful Revisited: Woman, Philanthropy, Power*. New Brunswick, NJ: Rutgers University Press, 1990, pp. 39 – 43.

[78] 同上。

[79] E. D. Carson, *A Hand Up: Black Philanthropy and Self-Help in America*. Washington, DC: Joint Center for Political and Economic Studies, 1993, pp. 18 – 19.

[80] Scott, p. 43.

[81] W. A. Nielsen, *Inside American Philanthropy: The Dramas of Donorship*.

Norman, OK: University of Oklahoma Press, 1996, pp. 90-91.

[82] 同上, pp. 90-97。

[83] D. C. Hine, "We Specialize in the Wholly Impossible: The Philanthropic Work of Black Women." In Kathleen D. McCarthy, ed., *Lady Bountiful Revisited: Women, Philanthropy, Power*. New Brunswick, NJ: Rutgers University Press, 1990, pp. 79-90.

[84] 同上, p. 71。

[85] B. Friedan, *The Feminist Mystique*. New York: Dell Publishing Co., 1963, p. 15.

[86] S. Evans, *Personal Politics: The Roots of Women's Liberation in the Civil Rights Movement and the New Left*. New York: Vintage Books, 1979, pp. 38-45.

[87] Ostrander, p. 183.

[88] Council on Foundations, *Foundation Management Report*, Eighth Edition. Washington, DC: Council on Foundations, 1996, pp. 73 and 160.

[89] E. D. Carson, "Diversity and Equity among Foundation Grantmakers." *Nonprofit Management Leadership*, vol. 4, no. 3, Spring 1994, pp. 331-344; L. C. Burbridge, *Status of African Americans in Grantmaking Institutions*. Indiana University Center on Philanthropy, 1995, pp. 58-59; W. A. Diaz, "The Behavior of Foundations in an Organizational Frame: A Case Study." *Nonprofit and Voluntary Sector Quarterly*, vol. 25, no. 4, December 1996, pp. 453-469.

第十三章　慈善事业与美国拉丁裔社区案例

用已故的保罗·伊尔维萨克(Paul Ylvisaker)的话来说,拉丁裔和慈善事业的故事是一个关于"梦想家"和愿景家的故事。它也是美国慈善界新出现的一个弱势"少数族裔",而且很快将代表四分之一的美国人口。下面的文章追溯了拉丁裔美国人的慈善事业历史,从他们成为资助者的新目标人群开始,到他们被纳入主要的全国基金会项目,再到成为有组织的慈善基金会的理事会成员和工作人员。第三部分讨论了最近的发展,即拉丁裔美国人正在开发自己的资助工具。最后,文章对未来的趋势和影响进行了展望,对拉丁裔美国人成为美国慈善事业主导力量的前景持乐观态度,部分原因是拉丁裔社区内部的财富不断增长。

兴起:先驱者

两个小型基金会,旧金山的罗森伯格(Rosenberg)基金会和纽约的约翰·海·惠特尼(John Hay Whitney)基金会,在20世纪40年代和50年代播下了慈善事业的种子,这些最初的行动后来被大型全国性基金会发展成主要的西班牙裔资助计划。罗森伯格基金会是由马克斯·罗森伯格(Max Rosenberg)资助的,他是通过罗森伯格兄弟公司(Rosenberg Brothers and Company,一家大型的国内和国际干果生产商)发迹的三兄弟之一。20世纪40年代,基金会的受托人决定把重点放在加州"肥沃山谷"的问题上,这些山谷产生了使原始捐赠成为可能的果实(Rosenberg Director's Manual, 1997)。该基金会随后抨击的问题之一是农场工人的困境。随着越来越多的墨西哥裔美国人成为农场工人,"加州墨西哥裔美国人的问题很早就引起了基金会的注意"(Chance, 1991：82)。

从1947年到1959年间,罗森伯格基金会资助了23个与墨西哥裔美国人有关的项目。然而,这些赠款大多是提供给非墨西哥裔美国人组织,用来为墨西哥裔美国人提供服务。例如,包括向美国公谊服务委员会(American Friends Service Committee)提供赠款,为墨西哥裔美国农场工人的子女启动户外教育项目。

然而,罗森伯格对墨西哥裔美国人最重要的一笔资助,可以说是他为纪念已故受托人查尔斯·德·杨·埃尔库斯(Charles De Young Elkus)而举办的墨西哥裔美国人研讨会提供的支持。埃尔库斯一直是马克斯·罗森伯格的律师和密友,也是他起草了基金会的信托文书。他对墨西哥裔美国人和美国印第安人也有着浓厚的兴趣。理事会通过举办这次研讨会来表彰他,这对基金会来说是一项不同寻常的活动,因为他们意识到埃尔库斯是对马克斯·罗森伯格和基金会来说最重要的人(Chance, 1991：88)。在西南地区缺乏对墨西哥裔美国人的研究也令时任基金会执行主任露丝·钱斯(Ruth Chance)感到惊愕。用她自己的话来说："这激起了我的兴趣,因为加州最大的少数族裔群体显然没有得到太多的关注,而且很少有资源用于解决他们的问题(Chance, 1991:90)。"

在形成研讨会的过程中,钱斯咨询了赫尔曼·加莱戈斯(Herman Gallegos),一位年轻的芝加哥社区组织者和活动家。研讨会征集的论文涉及教育成就、就业、流动劳动力、人口普查数据和领导力发展等领域。来自全国各地的专家应邀出席,使之成为全国性的盛会。

钱斯邀请了福特基金会公共事务项目主管保罗·伊尔维萨克出席。"我曾在福特和保罗共事,对他有着由衷的敬佩(Chance, 1991:89)。"

伊尔维萨克已经与加州大学洛杉矶分校签约,"对墨西哥裔美国人的地位进行研究。这项研究将被主流政策制定者和资助者广泛接受,并将提高他们对墨西哥裔美国人社区存在严重问题的意识"(Oppenheimer-Nicolau, 1990:10)。这项研究是由移民专家利奥·格雷布勒(Leo Grebler)领头进行的。该研究一开始出师不利,部分原因是格雷布勒的研究团队最初并未包括墨西哥裔美国人。此外,这是一项长期的学术性研究。

伊尔维萨克意识到,需要进行直接解决问题的工作。他对罗森伯格研讨会印象深刻,特别是墨西哥裔美国专家和学者达成共识的能力。这次研讨会于1965年末举办,最终促成了一本由罗森伯格资助的书:《拉丁裔:被遗忘的美国人》(*La Raza: Forgotten Americans*, Samora, ed., 1966)。

基于这本书的成功,伊尔维萨克邀请了三位参与其中最多的作者:劳工组织者和作家埃内斯托·加拉扎(Ernesto Galarza)、圣母大学社会学教授朱利安·萨莫拉(Julian Samora)以及加莱戈斯,来研究福特基金会能做些什么帮助墨西哥裔美国人(Gallegos,1989:36)。在与加莱戈斯进行的一系列谈话中,伊尔维萨克对这一主题进行了全面和谨慎的探讨。

加莱戈斯问伊尔维萨克是不是想知道墨西哥裔美国人是否需要他们自己的城市联盟。"不,"伊尔维萨克回答说,"我希望你走出去,追求自己的梦想,然后回来再告诉我你在外面都看到了什么。"与此同时,伊尔维萨克告诉加莱戈斯:"我不想跳进游泳池,却在池子里找不到一滴水。我们在黑人问题上犯了很多错误,我不想看到同样的错误在墨西哥裔美国人身上重演(Gallegos,1989:37)。"

顾问提交给伊尔维萨克的报告后来作为《西南部的墨西哥裔美国人》(*Mexican Americans in the Southwest*, Galarza, et al.)被发表,促使福特基金会致力于创建拉丁裔西南委员会(Southwest Council of La Raza),来支持西南地区的地方社区发展和政治组织活动。这也开启了福特基金会参与拉丁裔事业的悠久而深厚的历史。

20世纪60年代,福特基金会的支持使一系列大型组织得以发展。这些组织今天依然存在,并为在全国范围内扩大拉丁裔的社会、经济和政治影响力提供了长久且稳固的基础。这些组织包括美国墨西哥裔法律辩护和教育基金(Mexican Legal Defense and Education Fund)、艾斯普(Aspira)、波多黎各裔法律辩护和教育基金(Puerto Rican Legal Defense and Education Fund)、西南选民登记和教育项目(Southwest Voter Registration and Education Project),以及八个地方社区发展公司(Oppenheimer-Nicolau,1990)。

赫尔曼·加莱戈斯是罗森伯格研讨会和福特咨询公司的核

心人物。罗森伯格是通过 1958 年在圣贝纳迪诺县为农场劳工捐款的活动结识了加莱戈斯。在罗森伯格研讨会之前,福特基金会的伊尔维萨克就认识了加莱戈斯,当时他是福特基金会资助的湾景猎人角青少年机会中心(Youth Opportunity Center)的一名青年工作者(Gallegos,1989:37)。

加莱戈斯之所以能够发挥这一关键作用,部分原因在于惠特尼基金会(Whitney Foundation)少数族裔机会奖学金的资助,为他在加州大学伯克利分校社会工作学院的研究生学习提供了支持。惠特尼奖学金计划通过帮助许多拉丁裔年轻人获得高级学位,促使他们走上领导岗位,从而为他们的社区提供领导力。

据说约翰·H.惠特尼(John H. Whitney)是一个特权子弟、一名陆军航空兵军官,在第二次世界大战期间被德国人俘虏,并和其他战俘关在一起,其中许多战俘都是有色人种,境况要比他差很多。他了解到,这些战俘中的许多人并不完全认同他的价值观和他对美国信条的热爱,因为他们被排除在其福利之外。因此回国后,惠特尼支持设立奖学金计划,以寻找和帮助那些能够领导其社区和国家的少数族裔,并帮助所有人共享其福利和价值观。惠特尼基金会很早就认识到需要将拉丁裔包括在内,而加莱戈斯正是这一认识的受益者之一。

这里值得注意的是,由于福特基金会针对墨西哥裔美国人的计划在 19 世纪 60 年代后期面临着严重的政治问题,因此,其议程从西南委员会通过次级受赠人支持的任何选民登记和倡导活动明显地转向了所谓的"硬"计划(意味着教育、住房和经济发展)。这种情况在西沃恩·奥本海默-尼古劳(Siobhan Oppenheimer-Nicolau)的专著《暴风之眼》(*In the Eye of the Storm*)中得到了详细记载(Oppenheimer-Nicolau,1990)。从本质上讲,墨西哥裔美国人联合委员会(Mexican American Unity Council,简称MAUC)作为拉丁裔西南委员会的次级受赠人,向一个由年轻的奇卡诺积极分子构成的组织,墨西哥裔美国人青年组织(MAYO)提供了资金,而该组织继而又在得克萨斯州的地方选举中支持了一批候选人。不幸的是,这激怒了国会议员亨利·B.冈萨雷斯(Henry B. Gonzalez),当时国会正在研究基金会的资助事宜,并就对私人基金会的新规定展开辩论。这场辩论导致1969年《税收法案》的出台,其中包括了对私人基金会的政治活动进行监管。墨西哥裔美国人青年组织的言辞也特别激进,这极大地惹怒了当地的白人当权者(Oppenheimer-Nicolau,1990)。

回想起来,这一事件的悲剧在于,该事件导致福特基金会在拉丁裔本可以对公共政策产生早期和重要影响的时候不再支持拉丁裔参与政治进程。可以说,1969年《税收法案》以及在这之前的国会听证会对私人基金会支持拉丁裔和其他少数族裔群体进行与公共政策相关的活动所产生的寒蝉效应也是如此。

纳入:一个新的族群

然而,在这个早期阶段,拉丁裔与慈善事业的关系主要是由捐赠者推动的,不管是露丝·钱斯还是保罗·伊尔维萨克。无论多么远见卓识,并积极回应了像加莱戈斯这样的领导者,他们作为这一关系的发起者,设定了决定这种关系的条件。

在1980年之前,拉丁裔通常被视为独特的原籍国移民群体,他们在美国具有区域性定居模式:墨西哥裔美国人在西南部;波多黎各裔美国人在东北部;古巴裔美国人在东南部,特别是佛罗里达州。1980年,美国人口普查局的人口统计发生了一项重大变化,设置了一个涵盖上述所有人口的新类别——"西班牙裔"。1970年之前,人口普查局利用各种选项来确认西班牙裔人口:被调查者的出生地、父母出生地、母语、西班牙姓氏,有时还会问及种族(Bean,Tienda,1987:39)。其中每一个选项都产生了概念和方法上的问题。例如,西班牙姓氏这一项并没有区分开那些通过与非西班牙裔人通婚而获得或失去其西班牙姓氏的人和那些通过出生而获得名字的人(Bean,Tienda,1989:46)。

出于政治和统计方面的原因,在全国范围内扩大西班牙裔人口覆盖面的努力导致1980年的人口普查中出现了几个指定西班牙裔血统的选项。其中最重要的是自我认同选项,它要求所有人表明他们是不是西班牙裔血统。西班牙裔血统这一选项是主观的,即个人表明他们是否认为自己是西班牙裔。"这个标识符最接近族群认同的社会学概念(Bean,Tienda,1989:48)。"20世纪70年代和80年代西班牙裔选项的另一个重要区别在于,抽样人口的百分比直接影响到1980年人口普查在减少人口统计遗漏方面的成功。因此,1980年对西班牙裔人口的统计是到那时为止美国人口普查史上最完整的一次(Bean,Tienda,1989:49)。1980年的人口普查统计了1460万西班牙裔,比1970年的910万增加了61%。这一增长也代表了移民和高生育率带来的非常真实的人口增长。与之相比,美国同期总人口增长幅度为11%。西班牙裔人口的增长加大了媒体对西班牙裔人口的关注度,标志着"新的美国少数族裔"的出现,他们面临着严重的贫困、语言障碍和歧视问题。《时代》杂志将20世纪80年代称为"西班牙裔的十年"(Russell,1978)。

20世纪80年代,人口急剧增长引发了慈善资金大量注入西班牙裔群体,导致惠及西班牙裔人口的赠款相应增加。然而,由于基金会中心(Foundation Center)现有数据的局限性,对为拉丁裔等特殊族群服务的赠款进行报告受到了影响。那些未具体指明针对某个或某些少数族裔群体,但可能使其受益的赠款没有包括在总额中。例如,用于城市中心出生低体重婴儿的拨款没有计入这一类别中,除非拨款说明中具体提到某一种族或少数族裔。此外,基金会中心只收集超过1万美元赠款的数据。因此,我们不能认为这些数字是全面的,而且很可能低估了为拉丁裔提供的赠款。

如图13-1所示,专门针对西班牙裔人口的赠款从1980年的750万美元增加到1993年的8500万美元。最引人注目的增长是

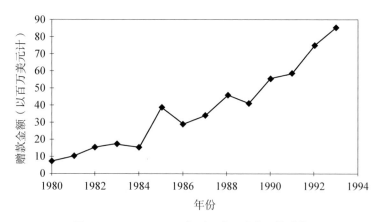

图13-1　1980—1994年对西班牙裔人口的赠款

注:数据来自基金会中心的《基金会捐赠》(Foundation Giving,1982—1995)。

第十三章 慈善事业与美国拉丁裔社区案例

从1984年到1985年,当时对西班牙裔人口的赠款增加了一倍以上。虽然对这一领域的资助在20世纪80年代末趋于稳定,但从1990年到1993年,总数再次增长了56%。

在同一时期,惠及一般特殊族群的赠款也大幅增加,从1980年的5 700万美元增加到1993年的5.58亿美元。然而,对西班牙裔的赠款的增长率并没有在统计学意义上显著高于对所有特殊族群的赠款的增长率。因此,在1980年,对西班牙裔的赠款占少数族裔类别赠款总额的13.3%;而在1993年,对西班牙裔的赠款占少数族裔人口赠款总额的15.23%。

三个全国性基金会引领了20世纪80年代对拉丁裔的赠款:卡内基公司、福特基金会和洛克菲勒基金会。在1980至1989年间,这些基金会用于国内西班牙裔相关赠款的总额分别为:卡内基公司约3 000万美元,福特基金会6 100万美元,洛克菲勒基金会2 400万美元,总计约1.15亿美元(Diaz, 1997)。这一数额约占这一期间它们赠款支出总额的15%。考虑到这三个大型的、获得广泛特许权的基金会所拥有的大量计划选择和机会,与拉丁裔相关的赠款在20世纪80年代能够获得其15%的赠款资源确实是令人赞叹的。

根据基金会中心的统计,像这三个基金会这样的大型捐赠者的赠款通常占资助特殊族群赠款总额的很大一部分。20世纪80年代期间,使西班牙裔人口受益的所有来源赠款总额为2.539亿美元。因此,福特、卡内基、洛克菲勒在20世纪80年代为西班牙裔倡议提供的赠款约占全部资金的45.5%,或者说几乎一半。

这三家基金会对西班牙裔的资助采取了不同的方法,代表了两种将"新"族群纳入赠款计划的资助理念。卡内基基金会和洛克菲勒基金会将拉丁裔纳入其正在进行的计划中,同时给予他们更多重视。另一方面,尽管对拉丁裔的资助一如既往地在其他计划中继续进行,但是福特基金会创建了一个单独针对特定族群的倡议。对这两种不同方法的结果进行的分析表明,如果能够得到来自基金会领导层的有力承诺,这两种方法都可以有效地增加对拉丁裔相关问题和组织的赠款(Diaz,1997)。

20世纪80年代,随着公共政策研究开始关注这一"新兴"族群,决策者得以了解其需求,资助的重点也转向了拉丁裔。例如,卡内基公司为克莱尔蒙特学院(Claremont Colleges)捐赠21 600美元,建立了托马斯·里维拉政策研究所(Tomas Rivera Policy Institute)——一个墨西哥裔美国人政策研究的"智囊团"。洛克菲勒基金会也为拉丁裔全国委员会(National Council of La Raza,前拉丁裔西南委员会)提供了大笔资金,用于一项重大的新政策研究计划。福特基金会新的西班牙裔倡议的一个主要组成部分是致力于政策研究,并提供关于西班牙裔及其状况的可靠和客观的信息。

这一转变标志着西班牙裔活动家及其基金会支持者们试图变得更具"战略性",并在更有利的方向上"利用"联邦和州政策,来满足西班牙裔的需求。然而,决策者对选举结果的反应可能要比对理性的反应更为积极。在这方面,卡内基和福特开创了新的支持计划,以鼓励更多外国出生的拉丁裔入籍,并迈出参与政治进程的第一步。尽管许多拉丁裔为了1996年总统选举而仓促入籍在政治上备受争议,但外国出生的西班牙裔的合法美国化仍然是基金会工作富有成效的一个领域。它不仅通过给予西班牙裔移民投票权为他们在政治上赋权,而且通过使拉丁裔成为共同公民社会的一部分使美国民主受益。

在西班牙裔赠款金额不断增加的同时,西班牙裔成为慈善基金会理事会成员和工作人员的人数也有所增加。根据基金会理事会的基金会管理和基金会薪资报告(该报告的数据来自每两年向基金会界的理事会成员和非理事会成员发送的调查),从 1984 年到 1994 年,理事会成员中西班牙裔的数量增加了两倍,在基金会受托人总数中增长了约 1%。西班牙裔全职工作人员从 1996 年的 140 人增加到 1997 年的 206 人,上涨了 47%,或在所有基金会全职工作人员总数中上涨了 1.5%。

图 13-2 说明了这一趋势,显示出 1984 到 1997 年间西班牙裔理事会成员和工作人员所占百分比的强劲上升。西班牙裔理事会成员及全职带薪工作人员在整个基金会总数中所占比例以百分比的形式呈现出来。

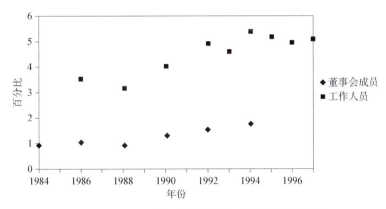

图 13-2　西班牙裔理事会成员和工作人员的增长率
注:数据来自基金会理事会各年度的《基金会管理和基金会薪资报告》(*Foundation Management and Foundation Salary Report*)。

20世纪80年代的另一个重大发展是1985年在卡内基公司以及福特和洛克菲勒基金会的支持下成立了波多黎各裔社区基金会(Puerto Rican Community Foundation,简称PRCF)。作为岛上第一个社区基金会,波多黎各社区基金会还为日后在内地发展专门用于资助拉丁裔的自助基金行动开创了先例。

这种拉丁裔参与慈善事业的方式与之前参与方式的不同之处在于,拉丁裔给他们与慈善事业的关系带来了更大的力量。是的,这是一种纯粹源自人口存在的力量,但仍然是一种力量。最后,尽管基金会内部仍然主要由非拉丁裔控制,但拉丁裔已经从完全的资助寻求者变成了资助者。

近几年来,拉丁裔与慈善事业的关系已经进入了另一个层次:创建他们自己的慈善组织和计划。

独立:自助倡议

拉丁裔希望找到新的途径来增加他们在未来慈善事业中的发言权,这与慈善机构希望增加其计划和管理方式的多样性不谋而合。这种趋同的结果是出现了专门的西班牙裔基金,其中一些与社区基金会有联系。这些基金代表着以社区为基础的自助机构建设的趋势。本节将探讨慈善事业的这一新发展,以及一个潜在的支持拉丁裔非营利组织的资助者联盟。

拉丁裔社区基金的发展也许是拉丁裔参与慈善事业所有努力的巅峰。在这种新背景下,拉丁裔不仅是受赠者或基金会工作人员或受托人,也是他们自己慈善事业的组织者、规划者和创造者。西班牙裔社区中的许多领导者表示,慈善事业尚未完全或充分惠及他们,而这些基金使拉丁裔有能力控制局势,由他们自己来做这件事。

三种组织模式

西班牙裔社区基金可分为三种组织模式:工作场所捐赠模式、社区利益基金会模式和独立模式。尽管如此,这些基金有着共同的筹资策略。这些策略包括组织慈善活动、发起慈善运动,以及向个人、公司和基金会捐赠者募集资金。

属于工作场所捐赠模式的拉丁裔基金通过工作场所筹款运动,为社区非营利组织输送资金。这些基金是美国联合之路开展的类似活动的替代品,据全国慈善响应委员会(National Committee for Responsive Philanthropy,简称 NCRP)报道,联合之路一直以来并不支持新兴的小型机构。这些没有得到支持的机构的特征往往与少数族裔社区非营利部门的特征相一致。

西班牙裔社区利益基金会基金通常始于一个隶属于社区基金会,并且有特定目标的基金。其想法是建立一个能产生收益的捐赠基金,专门用于解决拉丁裔的问题和需求。这些基金的职能通常由一个拉丁裔社区领导者组成的顾问委员会管理和控制,并由最初授予赠款的基金会的工作人员提供支持。因此,其职能可能会偏向于拨款机构的议程。虽然一般来说,慈善组织中的许多少数族裔领导者鼓励这种社区资助方式,但有人担心,如果社区基金最初并不代表西班牙裔,那么社区基金会也许可以从增加的资金中获益,而无须努力在少数族裔参与的领域扩大规模。

独立的西班牙裔基金模式由社区驱动的行动组成,以发展独立的私人慈善机构,这些机构既不依赖于工作场所的筹款活动,也不隶属于某个地方或区域的社区基金会。然而,这些基金也需要保护自己免受将原始捐赠者的议程强加给它们的潜在问题的影响。然而,必须指出的是,就拉丁裔社区基金的情况而言,捐赠者的议程深深植根于少数族裔社区的特定群体资助和社区利益中——换句话说,这些利益在主流慈善事业中通常没有得到充分体现。

自助倡议

过去十年里,拉丁裔社区基金在全国各地发展起来,其中包括湾区西班牙裔社区基金会(Hispanic Community Foundation of the Bay Area,简称HCF)、纽约市西班牙裔联合会(Hispanic Federation of New York City,简称HFNYC)、拉丁裔联合基金(United Latino Fund,简称ULF)、堪萨斯城的西班牙裔发展基金(Hispanic Development Fund,简称HDF)、洛雷恩县西班牙裔基金(Hispanic Fund of Lorain County)和我们的圣保罗社区基金(El Fondo de Nuestra Communidad of St. Paul)。堪萨斯城的西班牙裔发展基金是这些基金中最早的一个,由堪萨斯城社区基金会于1984年发起。产生基金的催化剂是霍尔家族基金会(Hall Family Foundation)提供的100万美元赠款,此前他们就如何更有效地惠及西班牙裔非营利组织进行了讨论,在讨论之后进行了初步的需求评估,并确定了四个主要的资助优先事项。该基金由一个当地西班牙裔社区领导者组成的七人咨询委员会监督。这些人负责向社区基金会的分配委员会推荐授予赠款,该委员会通常会遵循他们的建议。四个优先事项分别是文化意识、社区领导力发展、人类服务和公民参与。西班牙裔发展基金还努力加强社区基金会和当地西班牙裔社区之间的交流。

当由福特基金会支持的二州联合之路展开的研究表明,有必要加强和支持纽约市地区的拉丁裔社区组织时,便产生了纽约市西班牙裔联合会。1989年,它是作为一个联盟组织成立的,为纽约市60个拉丁裔健康和人类服务机构筹集资金。基金会由一个16人组成的理事会管理,理事会包括基于其以往基金会经验建立起良好信誉的受托人。

湾区西班牙裔社区基金会最初是西班牙裔社区基金。基金会成立于1989年,以应对旧金山湾区的拉丁裔社区缺乏慈善参与的问题。1991年,由福特基金会赞助,湾区西班牙裔社区基金会开展了一项为期三年的社区调查。教育、就业和健康被确认为拉丁裔在该地区面临的三个最关键的问题。调查结果强调,由于文化和语言因素,拉丁裔应该接受其他拉丁裔机构的服务。湾区西班牙裔社区基金会有一个由13人组成的理事会,其成员主要是拉丁裔。

拉丁裔联合基金起源于1989年由大西洋里奇菲尔德公司和福特基金会资助的一项研究。该研究由拉丁裔的一个智囊团——托马斯·里维拉中心(Tomas Rivera Center)进行,研究的结论认为,拉丁裔应该更广泛地参与到为自己社区的资助行动制定议程和优先事项的过程中去。为了实现这一目的,1990年在福特基金会的资助下创立了拉丁裔联合基金。其重点在于制定一个计划,通过自愿捐赠为基层拉丁裔非营利组织的需求提供支持。拉丁裔联合基金通过一个有40名成员的社区规划委员会来筹集和分配资金,该委员会50%是拉丁裔。委员会负责制定资助优先事项和提出拨款建议,由当地拉丁裔社区领导者组成的9人委员会做出最终决定。

洛雷恩县西班牙裔基金于1986年成立,以纪念当地的一位拉丁裔领袖。该基金直到1990年才开始活跃起来,并且从那时起召集地区的西班牙裔领导者建立一个捐赠基金,以支持当地拉丁裔社区的需要。该基金会由13名受托人组成的理事会管理,所有理事都是拉丁裔。

我们的社区基金意识到了圣保罗地区人口迅速变化的影响。它起源于1994年圣保罗基金会(St. Paul Foundation)为不同族群设立的多元化捐赠基金(效仿堪萨斯城西班牙裔发展基金)。圣保罗基金会邀请13位当地的拉丁裔领导者成立了一个组织委员会。基金获得赠款的第一年是1996年。其资助重点是支持在志愿服务、领导力发展和非营利管理方面的社区自助能力建设倡议,并推动那些叮以促进圣保罗地区各族裔群体之间对话和接触的项目。

评估现有倡议的优点和缺点

对西班牙裔社区基金的评估揭示出其积极和消极的两方面特征。拉丁裔基金似乎正在吸引新的捐赠者和资金到这一领域。与传统的资助者相比,这些基金提供的支持往往更灵活和更加响应基层社区团体,因为这些基金更接近社区。西班牙裔基金靠近社区的另一个优势是,它为其他支持方式创造了一个独特的实验环境。

拉丁裔社区基金也是一种机制,使拉丁裔能够了解和支持他们社区的独立部门。在此之前,拉丁裔一直积极地在一对一的基础上或通过宗教机构相互支持。非宗教慈善机构的引入带给拉丁裔社区一个新的捐赠概念。从教育意义的角度来看,地方慈善机构也在学习。社区基金强调了拉丁裔社区及其非营利组织的需求。拉丁裔基金还为拉丁裔慈善从业者提供了训练场所,培养出新一代的拉丁裔人,他们能够作为理事会成员、咨询专家和顾问提供其专业知识。

消极的一面是,这些基金的关注点可能过于宽泛。它们被批评在资助过程中没有充分重视项目开发和评估问题。同样,他们可能没有对策略性资助给予足够的重视,而大型基金会往往会被有针对性的倡议所吸引。

拉丁裔基金也因其缺乏社区支持而受到批评。许多观察家指出,在支持这些基金方面,来自拉丁裔知名领导人和团体的社区捐款相对较少,获得的援助也是微乎其微。另一个受到批评的领域是这些基金的领导层。首席执行官和受托人不具备有效领导基金所需的社区信誉、管理专长和/或私人捐赠经验。因此,许多从业者和顾问对基金的长期生命力提出质疑。

最后的两个批评包括这些基金过高的管理费用,以及分离主义和多样化问题。关于管理费用,人们注意到,这些基金的业务预算通常超过它们给予社区组织的资金。据观察,这种不平衡程度高达三倍或四倍之多。积极的方面是,在 1997 年,凯洛格基金会提供了 100 000 美元的赠款,通过一个涉及所有西班牙裔基金的规划和网络自助项目来解决其中许多问题。

分离主义的问题对拉丁裔基金在向其他组织筹款的可行性方面提出了一个特殊的问题。一个普遍的论点认为,拉丁裔基金鼓励拉丁裔社区将自己从主流慈善事业和整个社会分离开来。这代表着一种背离许多资助者的观念的运动,即新的慈善机构应该努力把人们聚集在一个共同的公民文化周围。

然而,通过支持西班牙裔非营利组织和西班牙裔更广泛地参与非营利慈善活动,拉丁裔基金实际上可能是在帮助西班牙裔人在政治上融入美国公民社会。作者最近的研究证实了韦尔巴和尼在他们的经典研究《参政在美国:政治民主和社会平等》(*Participation in America*: *Political Democracy and Social Equality*)中对拉丁裔普通民众的发现(Verba and Nie, 1972)。拉丁裔成为非营利组织的成员与其政治参与(通过全国选举投票和选民登记来衡量)之间存在着显著的正相关关系。这表明,基金会对鼓励加入组织和参与活动的拉丁裔及其他非营利组织的一般支持,对拉丁裔的政治和公民参与具有积极的"整合"影响。

同样重要的是,拉丁裔社区基金已经发展到可以支持拉丁裔社区的需要,而研究表明主流慈善机构并没有满足这些需要。随着社区基金的引入,一些观察家开始批评它们的组织和实施也就不足为奇了。这些基金的积极方面包括:(1)它们增加了拉丁裔非营利组织慈善活动的数量、响应能力和经验教训;(2)它们引导美国的拉丁裔建立有组织的慈善事业文化;(3)它们扩大了对拉丁裔社区需要的慈善理解;(4)它们让拉丁裔参与慈善事业;(5)它们促进了拉丁裔非营利组织之间的协调。总的来说,对拉丁裔基金的主要批评是,它们需要表现出更强的生存能力、专业素质、社区支持和影响力。如果它们不能表现出这些品质,对它们的支持就会减少。

第二个重大新发展是产生了一个强大拉丁裔社区资助者合作计划(Funder's Collaborative for Strong Latino Communities),由西班牙裔慈善事业(Hispanics in Philanthropy,简称HIP),这一全国

性的西班牙裔资助者亲和团体承办。该合作计划将提供一种新的方法来吸引资助者,特别是那些希望增加对拉丁裔社区投资,但在这一领域几乎没有任何业绩记录和资源的组织。它将为资助者、个人捐赠者和其他潜在合作伙伴之间建立新的联系,从而加强协调和重点。

西班牙裔慈善事业希望在五年内为合作计划筹集约 1 500 万美元,该计划将把资助重点放在以下几方面:

- 在年轻的拉丁裔中建立新的非营利组织领导层。
- 扩大拉丁裔非营利组织的资源基础,并与其他组织建立更多的合作关系。
- 在美国、拉丁美洲的非营利组织和基金会之间建立新型伙伴关系。
- 制定新战略来获取和利用新技术,以扩大组织能力。

趋势和力量

人口力量

美国拉丁裔人口继续快速增长。1997 年 6 月 1 日,美国有 2 920 万拉丁裔人口,约占总人口的 11%。这意味着自 1990 年 7 月 1 日以来,拉丁裔人口增长了 29%。相比之下,1990 至 1997 年间,非拉丁裔白人人口仅增长了 3%。到 21 世纪中叶,拉丁裔人口预计将达到 9 560 万,占美国总人口的 24.5%。到 2025 年,拉丁裔将成为全国最大的种族或族群,接近总人口的一半(45%)(Census Bureau,1992)。拉丁裔人口继续大量集中在加利福尼亚州、得克萨斯州、纽约州、佛罗里达州和伊利诺伊州,合计占全国拉丁裔人口的74%。此外,随着人口的增长,人口也在继续分散。在诸如中西部小城镇、华盛顿特区的郊区,即弗吉尼亚州阿灵顿县等"非拉丁裔"地区创造了新的主要少数族裔,这在已经定居在这些社区的人中产生了恐惧和忧虑。

此外,西班牙裔人口很年轻。截至1997年6月1日,约有一半人口年龄在26.5岁以下。相比之下,非西班牙裔白人的平均年龄比其要高出十多年,为37.3岁。拉丁裔和美国经济面临的一个显而易见的挑战是,随着美国老年人退休,要让年轻的拉丁裔做好准备,吸纳他们加入劳动力队伍。更明确地说,当前劳动力的社会保障福利将在很大程度上取决于这次过渡的成功。

经济力量

我们世界的资源日益紧张,国家内部和国家之间的差距即使没有扩大,也将继续存在。正如最近的事件所表明的那样,全球竞争和市场使得一个国家的经济"感冒"可能会导致其他国家的经济"感染肺炎"。在拉丁美洲,任何可能伴随经济问题的社会冲突反过来也可能导致从那里来的移民增加。与此同时,美国股市的惊人增长也增加了私人基金会的捐赠,为可以直接用于拉丁裔人需求的战略性赠款创造了新的大型资金池。

第三个因素是拉丁裔商业和职业阶层的增长,代表了慈善自助倡议的新财富池。值得注意的是,根据美国人口普查局的数据,在1993年,超过17万拉丁裔家庭的收入超过10万美元。此外,西班牙裔家庭对慈善组织的捐赠相对频繁。在美国独立部门1994年的捐赠调查中,65%的西班牙裔家庭表示进行了慈善捐赠(Independent Sector,1994)。

社会和政治力量

美国对来自拉丁美洲,特别是墨西哥移民的反应一直是自相矛盾的,时而欢迎、容忍,时而审查或排斥。目前,受仇外心理、种族和民族偏见以及对语言多样性、政治分歧和经济竞争的恐惧所驱使,大众的态度是令人沮丧的。在这种形势下,慈善事业可以成为宽容和理性的代言人,如乔治·索罗斯(George Soros)开放社会研究所(Open Society Institute)创立的艾玛·拉扎勒斯基金(Emma Lazarus Fund)就是其中的例子。该基金认为,美国对新来者日益增长的敌意与开放社会的价值观背道而驰,并试图通过其计划来打击这种敌意。因此,该基金旨在帮助合法移民成为美国社会的积极参与者。它向非营利组织提供资助,以帮助合法移民入籍,其中包括公民教育和英语作为第二语言的计划,以及主张移民的各种权利。

在财政政策方面,关于平衡联邦预算的政治共识使得联邦政府为解决西班牙裔需求的新社会计划提供资金的可能性大大降低。

1. 西班牙裔对非营利组织的需求几乎肯定会增加。拉丁裔社区面临着一系列社会经济挑战。拉丁裔人口的贫困率几乎是非拉丁裔人口的三倍,并且超过 40% 的拉丁裔儿童在贫困中长大。

拉丁裔,和他们之前的其他群体一样,已经采取了自愿行动,作为解决其社区所面临的问题的手段。然而,与其他非营利组织一样,这些拉丁裔非营利组织面临着双重束缚,即用于社会和其他服务的公共资金减少,而对非营利组织服务的需求却不断增加。因为拉丁裔非营利组织是富有同情心和语言友好的服务提供者,它们仍然是不断增长的拉丁裔人口的社会保障网络。然而,目前,慈善事业并没有对此做出回应。据估计,尽管拉丁裔占总人口的11%,但在1995年私人基金会提供的120亿美元中,只有不到2%的资金流向了西班牙裔非营利组织(Ramos,1996)。此外,这些赠款的四分之三来自七个基金会。这些数据表明,为拉丁裔扩大赠款基础具有明显的潜力。

2. 拉丁裔将在资源竞争中变得更有创造力和效率。西班牙裔基金和潜在的资助者合作计划都展示出为拉丁裔社区汇集资源的新方法。西班牙裔基金已经得到了地方、地区和国家资助者的支持。西班牙裔慈善事业亲和团已发展至350个成员,其各种计划也为拉丁裔捐赠者提供了另一个机会,使他们成为社区慈善事业的有效倡导者。

此外,目前正在努力制定新的战略,利用拉丁裔社区中日益增长的财富来增加自助慈善事业,就像在美国犹太人中所做的那样。

3. 拉丁裔人口的不断增长将对私人和公共资金产生另一个有利影响。在1996年总统选举中,拉丁裔的投票总数为490万,比1992年的投票总数增加了16%。相比之下,总人口的投票数减少了8%。正如最高法院曾说过的那样,资助者一定会关注选举结果。拉丁裔及其非营利组织日益增长的竞争潜力可能会确保其在不断增长的慈善事业中占据更大的份额。当然,拉丁裔在地区和地方一级的日益壮大,将给社区和地区基金会带来更大的压力。

前进的方向

认识到将西班牙裔作为独立的族群进行资助与将他们更充分地融入美国社会的愿望(大多数拉丁裔都有这样的愿望)之间的矛盾,我们有一些资助策略和计划可以帮助实现这两个目的。

如前所述,公民权对西班牙裔来说就像投票权对非裔美国人一样。这是走向公民参与和融入美国社会的第一步。它既是权利义是责任。然而,对于大多数在国外出生的拉丁裔来说,入籍过程仍然令人望而生畏。帮助西班牙裔完成这一进程的计划现在已经出现,并得到了像卡内基公司等基金会的支持,最近还得到了乔治·索罗斯开放社会研究所的艾玛·拉扎勒斯基金的支持。

与公民权利相关的是英语培训计划。大多数(如果不是全部的话)在外国出生的拉丁裔都认识到,在美国取得经济成功的关键是说英语的能力。此外,英语语言能力是常住居民接受拉丁裔新来者的另一个关键。不幸的是,英语课程目前正陷入困境,急需支持,也许还需要改进技术来接触更多的"客户"。

西班牙裔青少年的 K-12 教育计划是基金会有益支持的第三个重要领域。拉丁裔青少年的辍学率在所有学龄儿童中最高。如果没有受过教育的年轻人,美国拉丁裔人口的经济和政治前途将依然暗淡。

拉丁裔的文化和艺术丰富多彩,是美国艺术和文化的重要组成部分,艺术家弗里达·卡洛(Frieda Kahlo)和迭戈·里维拉(Diego Rivera)、芭蕾舞演员艾丽西亚·阿隆索(Alicia Alonso)、女演员奇塔·里维拉(Chita Rivera)和丽塔·莫雷诺(Rita Moreno),

以及男演员乔斯·费雷尔(Jose Ferrer)和劳尔·朱利亚(Raul Julia)的名字家喻户晓。近几十年来,洛克菲勒基金会在支持拉丁裔艺术方面发挥了重要作用。西海岸的基金会也为当地艺术家提供支持。其他基金会也应该跟进。

最后,拉丁裔非营利组织的基础设施,就像其人口本身一样,还很年轻。部分原因是,其缺乏经验的领导层仍很脆弱。为加强这些组织提供一般性或有针对性的支持,不仅会为它们所服务的人群提供更好的服务,还会带来更多的领导力培训机会,并通过拉丁裔社区参与它们的活动来提高选民登记率和参与率(Diaz, 1996)。西班牙裔慈善事业正在考虑建立新的投资者合作计划,这可能会为建设基础设施提供更慷慨的支持。

威廉·A. 迪亚兹(William A. Diaz)

注释:
作者谨向乔迪·卡登(Jodie Kaden)、克里斯蒂·鲁特尔(Christie Routel)和詹妮弗·林戈德(Jennifer Ringold)在本文准备过程中所做的贡献表示感谢。
1. 图1中的数据来自基金会中心的《基金会捐赠报告》(*Foundation Giving*, 1982—1995)。
2. 图2中的数据来自美国基金会理事会各年度的《基金会管理和基金会薪资报告》(*Foundation Management and Foundation Salary Report*)。

参考文献
Bean, F. D. and Tienda, M. *The Hispanic Population of the United States.* NewYork: Russell Sage Foundation, 1987.
Chance, Ruth Clouse. "At the Heart of Grants for Youth," an oral history conducted in 1990 by Gabrielle Morris, The Regional Oral History Office, The Bancroft Library. University of California, Berkeley, 1991.
CPS 1992 population estimates and projections, Census Bureau Public

Information Office, 1992.

Diaz, W. A. "Latino Participation in America: Associational and Political Roles," *Hispanic Journal of Behavioral Sciences*, 1996,18(2). 154 – 174.

Diaz, W. A. "The Behavior of Foundations in an Organizational Frame: A CaseStudy." *Nonprofit and Voluntary Sector Quarterly*, 1996 25 (4), 453 – 469.

Diaz, W. A. "Foundations and 'New' Populations: Three Cases of Latino Grantmaking in the 1980s." Research report for Aspen Institute's Nonprofit Sector Research Fund, 1997.

Galarza, E., Gallegos, H., and Samora, J. *Mexican Americans in the Southwest*. Santa Barbara: McNally and Loftin, 1969.

Gallegos, E. "Equity and Diversity: Hispanics in the Nonprofit World," an oral history conducted in 1988 by Gabrielle Morris, The Regional Oral History Offce, The Bancroft Library. University of California, Berkeley, 1989.

Giving and Volunteering in 1994. Washington DC: Independent Sector, 1994.

Oppenheimer-Nicolau, S. *From the Eye of the Storm*. New York and Washington Hispanic Policy Development Project, 1990.

Ramos, H. A. J. and Kasper, G. "Latinos and Community Funds: A Comparative Overview and Assessment of Latino Philanthropic Self-Help Initiatives" (working draft). Berkeley, CA: Hispanics in Philanthropy, 1996.

Rosenberg Foundation. Directors' Manual, 9 (revised June 1997).

Russell, G. "It's Your Turn in the Sun." *Time Magazine*, 112(16), 42 – 48,1978.

Samora, J., ed. *La Raza: Forgotten Americans*. Notre Dame, IN: University of Notre Dame Press, 1966.

Verba, S. and Nie, N. *Participation in America: Political Democracy and SocialEquality*. Chicago: University of Chicago Press, 1972.

第十四章 明尼苏达州案例
——公共精神制度化

对当代明尼苏达州道德风气的非正式解释可以归功于当地人的慷慨,可能是因为人们接受了来自阿尼希纳贝部落的价值观,有一点儿像挪威和瑞典这样典型的斯堪的纳维亚国家,或甚至是天气都有点儿像。[1]然而,直到第二次世界大战之后,明尼苏达州才被认为拥有一个有利于诚实政府、经济成功、种族宽容或慈善事业的适宜环境。在其早期的历史中,明尼苏达州更可能因政治腐败、内乱、偏见和经济不平等而出名。

重新调整该州定位的一个关键因素是企业领导层的转变,最终表现为企业公开承诺将利润的5%捐给社区项目。

这一新的企业价值观在1973年8月13日出版的《时代》杂志上得到了明确的阐述。该杂志在一篇题为《明尼苏达州:一个成功的州》的封面报道中对明尼苏达州大为称赞,并附上了温德尔·安德森(Wendell Anderson)州长捕到一条鱼的照片。[2]《时代》杂志主要是对明尼苏达州的筹款活动和社区组织进行了描述,其中提及了城市同盟、管弦乐厅、艺术学院、公民联盟、城市联盟、梅奥基金会(Mayo Foundation)和古思里剧院(Guthrie

Theatre）。

该报道的构思来自《时代》杂志芝加哥分社社长格雷戈里·维尔兹恩斯基（Gregory Wierzynski），当时他正在为1972年的大选报道明尼苏达州的政治。维尔兹恩斯基旁听了选区的预选会议，发现这些会议出人意料的文明和公平，并注意到明尼阿波利斯当地的新闻广播报道了雪地机动车事故、市议会决议和州长的声明，而不是其他城市的犯罪、丑闻和腐败。随着报道的发展，维尔兹恩斯基寻求可以定义明尼苏达州生活方式的特征：

> 明尼苏达州的秘密一部分在于人们非凡的公民关注……比企业捐赠更重要的是个人筹款。双子城正在进行或即将开始的募捐运动总额高达惊人的3亿美元，其中已经筹集到1.36亿美元。商业行动由两部分组成，一个是文化活动，另一个是社会和公民事务。

《时代》杂志接下来重点介绍了这个州的湖泊、建筑、税收改革和廉洁政治。附上霍尼韦尔首席执行官斯蒂芬·基廷（Stephen Keating）、考尔斯媒体主席小约翰·考尔斯（John Cowles, Jr.），以及戴顿五兄弟和戴顿·赫德逊公司股东的照片，杂志描述了他们对社区筹资的承诺：

> 戴顿家族是最广为人知的艺术赞助人。51岁的肯尼思·戴顿（Kenneth Dayton）正在积极为一座耗资1850万美元的新音乐中心筹款，他希望该中心能在建筑和音响效果方面与华盛顿的肯尼迪中心（Kennedy Center）相媲美。55岁的

布鲁斯·B.戴顿(Bruce B. Dayton)正在为明尼阿波利斯艺术学院(Minneapolis Institute of Arts)筹集2 600万美元,其中一个新的翼楼由山崎(Yamasaki)设计。古思里剧院主要由明尼阿波利斯星坛报公司(Minneapolis Star and Tribune Co.)总裁小约翰·考尔斯出资,但大型企业捐赠者和募捐者还远不止上述这些。

虽然戴顿·赫德逊公司和其他公司因其商业上的成功而受到尊重,但这些公司的首席执行官更希望因为他们为社区做出的贡献而获得认可。认为不断发展的企业可以同时解决城市问题和博物馆扩建的兴奋感被一种恐惧所代替,即人们担心新的商业道德以及随之而来的企业慈善事业将在战后商业领导层退休后消失。

为了推广慈善事业,明尼阿波利斯商会(Minneapolis Chamber of Commerce)于1976年创立了百分之五俱乐部(Five Percent Club,后更名为楔石奖)。这一制度旨在通过设定一个固定的百分比,即税前利润的5%,[3]使企业对慈善的承诺永久化和正规化。

在1976年,百分之五俱乐部是独一无二的,它同时受到了赞扬和批评,这取决于人们对正确使用公司资金的看法。1977年,百分之五俱乐部邀请约翰·D.洛克菲勒三世(John D. Rockefeller Ⅲ)在明尼阿波利斯商会发言:"我听到了很多关于明尼阿波利斯市,关于它的商会、商业界的公共精神和你们非凡的百分之五俱乐部的事情,我觉得自己有点儿像《绿野仙踪》中的多萝西。我必须亲自去翡翠城看看它是否真的存在。"[4]

第十四章 明尼苏达州案例——公共精神制度化

虽然不太像翡翠城,但总部位于明尼阿波利斯的百分之五俱乐部增加了参与的企业,并扩大了其地理范围,将整个州的企业包括进来。1994 年,《慈善纪事报》[5]（*Chronicle of Philanthropy*）将明尼阿波利斯市评为其研究的 50 个美国城市中慈善捐赠总体水平最高的城市,也是企业平均捐款水平最高的城市。《慈善纪事报》根据全国的组织、联合之路、社区基金会的人均捐赠,以及企业基金会、独立基金会和社区基金会的平均捐款对不同城市进行了比较。到 1996 年,明尼苏达州有 4 187 个财务活跃的慈善机构,拥有 189 794 名雇员,年支出 104 亿美元。非营利部门雇员现在占明尼苏达州就业人口的 8%,高于 1987 年的 6.8%。[6]

在过去的 10 年里,明尼苏达州非营利部门的增长速度超过了整个州的经济增长速度,该部门支付的工资总额平均每年增长 6%（按不变美元计算）,公司数量和雇员人数均以每年 5% 的速度增长。这种增长凸显了一个事实,即非营利组织在明尼苏达州经济中的作用大于整个国家的作用。明尼苏达州的非营利劳动力占该州有偿劳动力的 8%,这一比例远高于全国 6.8% 的平均水平。[7]

美国国税局的商业文件证实,明尼苏达州非营利部门的比例高于全国平均水平,正如城市研究所（Urban Institute）一项新的分析所示。[8] 虽然明尼苏达州的人口在全国排第 20 位,但其非营利组织的总开支排名第 18 位,非营利组织的总资产排名第 17 位,对这些组织的慈善捐款总额排名第 16 位,活跃组织的数量排名第 13 位。

除了高水平的慈善捐赠和非营利活动外,明尼苏达州与其他州相比,在一般生活质量衡量指标方面排名处于或接近榜首:

- 女性长寿排名第一,男性长寿排第二名;
- 成年女性劳动力参与排名第一,成年男性的劳动力参与排名第二;
- 选民投票率排名第一;
- 高中毕业率排名第一;
- 过去 20 年中 SAT 和 ACT 成绩排在前五名。

是明尼苏达州的慈善体系造就这种高质量的生活,还是慈善活动仅仅是成功的经济和社会的副产品?一个至关重要的转变是,在主要企业的公益精神日益增强的同时,州和地方政府的支出不断增加,并且通常是以与慈善事业合作的形式。该州的历史清楚地表明,明尼苏达州的慈善冲动与其说是长期的社会态度和文化习惯的结果,不如说是来自领导者的战略干预,他们能够将注意力从私人冲突转移到公益项目上。对"明尼苏达州做事方式"的重新定义建立起强大的慈善机构和支持组织基础,其背后是普遍的慷慨和"可能一直都是这样"的信念在支持着。

历史根源:非营利组织、政治和社会习俗, 1858—1945 年

从 1858 年建州到 1945 年,作为一个主要以农业为基础的农村经济体,明尼苏达州的商业和政治领导者通常都很保守,并且只有少量慈善和非营利机构。

19 世纪 50 年代,一群有影响力的新英格兰扬基人被招募到明尼苏达州,形成了一个工业和金融阶级,其中许多人带来了他们的营运资金。这些人包括乔治·德雷珀·戴顿(George Draper

Dayton，干货）、卡德瓦拉德·沃什伯恩（Cadwallader Washburn，谷物加工）、阿默斯特·怀尔德（Amherst Wilder，陆路和河流运输）、亚历山大·威尔金（Alexander Wilkin，内河船舶和财产保险）、查尔斯·A.皮尔斯伯里（Charles A. Pillsbury，谷物加工）和托马斯·巴洛·沃克（Thomas Barlow Walker，伐木）。还有詹姆斯·J.希尔（James J. Hill），从加拿大移民过来的大北方铁路（Great Northern Railroad）的建造者和所有者。

在1945年之前，明尼苏达州的慈善事业展现出各种各样的目的和几个慷慨的家族（戴顿、沃什伯恩、怀尔德、皮尔斯伯里、沃克和希尔）。19世纪的成功企业家认为慈善事业是他们私人财富的责任，而不是他们企业的责任。

在获得州地位之前，天主教和圣公会在向原住民和早期定居者传教方面发挥着重要作用。当地的牧师卢西恩·加尔蒂尔（Lucien Galtier）于1841年成功地将斯奈林堡外的定居点名称从"猪眼"改为"圣保罗"。该地区第一个获得特许的非营利组织是明尼苏达历史学会（Minnesota Historical Society，1849），它从一开始就记录并保存了这个故事。（也许应该把非营利组织的许多名称变更也记录下来——本文仅用现有名称来描述这些组织。）

明尼苏达州许多早期的组织都是为了帮助年轻人而成立的，包括圣保罗（1856）、明尼阿波利斯（1866）、雷德温（1869）和威诺纳（1886）的基督教青年会，以及明尼阿波利斯（1891）、奥斯汀（1906）、圣保罗（1907）和德卢斯（1909）的基督教女青年会。庇护的臂膀基金会（Sheltering Arms Foundation，1882）、明尼阿波利斯的沃什伯恩儿童指导中心（Washburn Child Guidance Center，1883）和圣保罗的儿童之家协会（Children's Home Society，1889）

最初都是作为孤儿院成立的,后来发展成广泛关注儿童的机构。男童子军在明尼阿波利斯(1910)和圣克劳德(1919)成立,女童子军在明尼阿波利斯(1912)、圣保罗(1912)和德卢斯(1920)成立。

路德会社会服务(Lutheran Social Services,1865)、基督教妇女协会(Women's Christian Association,1866)、天主教慈善会(Catholic Charities,1869)和犹太家庭服务(Jewish Family Service,1911)开始提供宗教赞助的人类服务,尤其是面向穷人的服务。救世军也在明尼阿波利斯(1886)、奥斯汀(1895)和弗吉尼亚(1896)建立了帮助穷人的组织。在拉姆齐县北部建立了一个"济贫农场"(现州集市所在地),特困者可以在那里解决生存问题。

1875年,救济圣保罗的穷人和病人主要依靠基督教青年会。该组织的主席丹尼尔·R.诺伊斯(Daniel R. Noyes)在《圣保罗先锋报》(Pioneer Press)中呼吁"系统化慈善",并建议建立一个类似于纽约预防贫困协会(New York Society for the Prevention of Pauperism)的新组织。[9]诺伊斯希望新组织减少不加选择的捐赠行为,他声称,这只会助长懒惰和欺骗。他还呼吁,除了改善穷人的生活条件外,还要发现和揭露那些"不值得"援助的申请者。圣保罗改善穷人状况协会(St. Paul Society for Improving the Condition of the Poor)于1876年成立,旨在提供直接救济,但有关如何登记和调查救济申请者的讨论仍在继续。这导致了联合慈善协会(Associated Charities,1892)的成立,该组织设有一个中央登记局,保留着申请援助人员的姓名。到1895年,其秘书长詹姆斯·杰克逊(James Jackson)向理事会报告,有超过7 700人被列

第十四章 明尼苏达州案例——公共精神制度化

入名单。"我们觉得有必要说,"杰克逊写道,"在这个国家,很少有哪个城市的不幸者、懒惰者或欺诈者的个人状况像在圣保罗那样广为人知。"[10]当新的慈善机构试图从得到救济的人中剔除那些不值得救济的人时,社会工作者于1893年成立了明尼苏达州社会服务协会(Minnesota Social Service Association),以寻求在其领域内提高专业水平。

在18世纪后期,大量移民涌入该州,特别是来自德国、瑞典、挪威、丹麦和芬兰的移民,而南欧和东欧的移民则相对较少。皮尔斯伯里社区服务(Pillsbury Neighborhood Services, 1879)是在谷物加工家庭的支持下成立的,为包括寡妇和孤儿在内的移民提供援助。该组织派遣家访人员帮助他们进行调整,并且向他们提供有关家政和育儿的建议。

1879年,托马斯·巴洛·沃克开始公开展示他的艺术收藏,这后来成为沃克艺术中心(Walker Art Center)。为赞助演出和让大众接触艺术而成立的其他机构包括舒伯特俱乐部(Schubert Club, 1882)、周四音乐剧(Thursday Musical, 1892)、明尼阿波利斯艺术和设计学院(Minneapolis College of Art and Design, 1895)、德卢斯艺术学院(Duluth Art Institute, 1896)、明尼苏达管弦乐团(Minnesota Orchestra, 1903)和明尼阿波利斯艺术学院(Minneapolis Institute of the Arts, 1915)。

到20世纪初,该州以农业和伐木业为主的经济已经将这两座城市发展成为中西部地区北部的铁路和面粉加工中心,同时铁矿石开采和轻工业的收入也在不断增加。该州在政治发展和公民领导力方面与那个时代的其他州不相上下,贪污腐败现象司空见惯。林肯·斯蒂芬斯(Lincoln Steffens)在1903年1月出版的

《麦克卢尔杂志》(McClure's Magazine)上发表了《明尼阿波利斯的耻辱》一文,记录了有组织的卖淫、赌博和盗窃团伙贿赂市长和警察局长的犯罪体系:

> 市长是这个贪污组织的首脑。A. A. 埃姆斯博士(Dr. A. A. Ames)让他的兄弟弗雷德·W. 埃姆斯上校(Col. Fred W. Ames)担任警察局长。老板市长通过他的兄弟组织和试图指挥警方贪污。这种警察贪污,就像纽约的一样,是对警察队伍精心和详细的管理,但不是为了预防、侦查或逮捕犯罪,而是为了保护、与之共享和侦查罪犯。人们所谓的道德因素,就像在纽约一样,通过要求严惩犯罪被警察罪犯玩弄于股掌之上。[11]

埃姆斯"博士"和他的兄弟一起被撤职送进监狱,但继任的明尼阿波利斯政府也被迫向邪恶势力妥协。在一系列广泛的问题上,包括公园的作用,都难以达成社区共识。美国劳工联合会(American Federation of Labor)反对该市购买明尼阿波利斯13个湖泊周围的海岸线,认为这只是创造了"富人的游乐场"。

当圣保罗商人阿默斯特·怀尔德于1894年11月11日去世,并将其大部分财产留给"最好以永久的方式来救济、援助和帮助圣保罗市的穷人、病人和有需要的人"时,该州最大的慈善机构之一由此诞生。在他的妻子和女儿去世后,诉讼支持了其遗嘱,阿默斯特·H. 怀尔德基金会(Amherst H. Wilder Foundation 1910)作为一个社会服务组织开始运作,并捐赠了260万美元。这个新慈善机构的首批服务之一是为圣保罗市中心附近的河滩棚户区和瑞典谷的居民开设公共浴场,以对抗疾病和恶劣的生活条件。

移民团体还成立了一些协会,帮助新来者适应美国生活和保护他们的文化。这些协会包括泰勒的丹麦民俗学校(Danebod Folk School, 1886)、明尼阿波利斯的挪威之子(Sons of Norway, 1895)、法语联盟(Alliance Francaise, 1920)和美国瑞典研究所(American Swedish Institute, 1929)。贝尔自然历史博物馆(Bell Museum of Natural History, 1872)和明尼苏达科学博物馆(Science Museum of Minnesota, 1907)的目标是科学研究和公共教育,包括展示保存的动物标本。1891年,亨内平县成立了动物保护协会(Animal Humane Society)。

除了大量由宗教赞助的医院外,为促进公共卫生而成立的非营利组织包括诺斯菲尔德的劳拉·贝克学校(Laura Baker School, 1897)、亨内平县的肺癌协会(Lung Association, 1903)、圣保罗的美国红十字会(American Red Cross in St. Paul, 1918)、勇气中心(Courage Center, 1928)。梅奥基金会(1918)将梅奥兄弟在当地成功的私人诊所改建为一个医学研究、教育和诊断中心,并与罗切斯特圣玛丽医院(St. Mary's Hospital)合作。

明尼阿波利斯基金会(Minneapolis Foundation)成立于1915年。一年后,克利夫兰市成立了这个国家第一个社区基金会(尽管直到 1970 年才有工作人员)。在圣保罗(1917)、德卢斯(1920)和明尼阿波利斯(1923)成立了青年联盟(Junior League),为社区服务项目筹集资金,并为妇女提供领导机会。

圣保罗城市联盟(St. Paul Urban League, 1923)、明尼阿波利斯城市联盟(Minneapolis Urban League, 1925)、圣保罗哈莉·Q.

布朗社区中心（Hallie Q. Brown Community Center，1929）和明尼阿波利斯菲利斯·惠特利社区中心（Phyllis Wheatley Community Center，1932）的建立，产生了由非裔美国人控制的社区组织，其中白人只参与了一些财务和理事会工作。

从1858年到1930年，明尼苏达州由共和党人担任州长和组成立法机构的纪录几乎从未被打破，但大萧条引发了重大的政治和经济变化。农业经济跌至最低点，并且农民通过农场假日运动（Farm Holiday Movement）组织起来阻止他们丧失抵押品赎回权。

从1931年弗洛伊德·B.奥尔森（Floyd B. Olson）宣誓就任第一任农工党州长，到1944年农工党与民主党合并，明尼苏达州的政治和社会环境一直处于动荡不安之中。农民与银行和粮食公司在价格和资金问题上进行斗争，劳工们组织起来争取更高的工资，而商业领导者则联合起来反对这两项运动。在明尼阿波利斯，企业领导层通过其组织——公民联盟（Citizens Alliance），来集中反对工会和"煽动者"：

> 在维持明尼阿波利斯自由雇佣制企业这一首要问题上，公民联盟取得了几乎从未间断的成功记录。该组织拥有稳定的高薪工作人员、一支秘密的线人队伍和800名企业家成员。近一代人以来，该联盟成功地打击和破坏了明尼阿波利斯的每一次大罢工。[12]

1934年新年，明尼阿波利斯67个煤场中有65个遭到罢工，工人很快就赢得了加薪。随后发生了一场大规模的卡车罢工，

第十四章 明尼苏达州案例——公共精神制度化

3 000名寻求工会得到认可的卡车司机与上千名被公民联盟找来支持警方的商人代表对峙起来。在这场由至少20 000名参与者和旁观者见证的激战中,公民联盟被击溃,他们的律师被一根锯断的棒球棒击中后脑而亡。

这场冲突正中州长弗洛伊德·B.奥尔森的下怀,他曾作为雄心勃勃的亨内平县检察官而闻名。因为把公民联盟的主力干将和三K党骑士团北极星分会高贵的独眼巨人定罪,奥尔森在其党内左翼势力中地位稳固。奥尔森出动了国民警卫队并宣布戒严,逮捕领导人,并突袭了罢工双方的总部。但直到六个月的冲突之后(其间又有几人死亡,46名工会纠察队员在背后受到枪击),最终,工会地位才得到承认,罢工得以结束。[13]

1934年,奥尔森最大的一场立法斗争是与共和党控制的参议院(当时正在阻挠救济立法),以及州内最大的银行,明尼阿波利斯西北银行公司(Northwest Bancorporation of Minneapolis)和圣保罗第一银行股份公司(First Bank Stock Corporation of St. Paul)展开的。在把成千上万名愤怒的农民带进首府之后,奥尔森终于让参议员们通过了他提出的有关农业抵押延期偿付、拨付救济金、养老金和紧急银行法案的计划。

正是在这种氛围下,农工党的纲领要求废除私营企业,建立近乎完全的社会主义:

> 因此,我们宣布,资本主义已经失败,人民必须立即采取措施,以和平合法的方式废除资本主义,建立一个新的、理智的和公正的社会,一个所有自然资源、生产设备、运输和通讯都属于政府所有的制度,并实行民主管理,为全体人民谋福

利,而不是为了少数人谋利。

为了保护公民免受工业利润的剥削,我们要求,所有矿山、水力、交通和通信、银行、包装厂、工厂和所有公共事业实行公有制。但合法的合作经营企业不在此限。

明尼苏达州的执政党和制定商业议程的领导层之间存在着像大峡谷一样的分歧。双方都成功地建立了纪律严明的机构网络,调动了大量资源,但都走上了不可持续的道路。许多商界领袖对公民联盟的策略感到厌恶,许多农工党成员对1934年政党纲领中的极端语言感到震惊。卡车司机罢工后,工会扩大了其收益,雇主也逐渐满足了他们的要求。1936年,弗洛伊德·B.奥尔森因癌症去世,使得农工党失去了其重要的政治战略家。1944年,在民调结果失败后,农工党与民主党合并。

公共精神制度化:1946年至今

战后时代是产生新一代领导人的适宜时机。政治舞台上的新面孔包括在1944年当选明尼波利斯市的农工民主党市长,并在1948年当选美国参议员的休伯特·汉弗莱(Hubert Humphrey),以及在1954年当选第一任农工民主党州长的奥维尔·弗里曼(Orville Freeman)。

当制造业取代农业成为主要收入来源,明尼苏达州的经济在1952年从以农业为主开始转向。在新的政治自由主义盛行的同时,第二代商业领袖在戴顿·赫德逊、考尔斯报业和派珀·贾弗里(Piper Jaffrey)等公司就职。1946年,这些公司都开始将税前利润的5%捐赠给包括艺术、人类服务,还有家庭教会在内的慈善事业。

慈善审查委员会(Charities Review Council)于1946年在明尼阿波利斯成立,以应对五花八门的战后重建慈善机构(其中一些组织是假冒的)。慈善审查委员会将审查组织的财务状况,并就其是否应该得到资助向包括企业在内的捐赠者提供建议。明尼苏达州也着手处理其社会缺少容忍和种族不平等的问题。明尼阿波利斯医院拒绝给予犹太医生医院特权,这导致了1945年的一场大型资金运动,由杰伊·菲利普斯(Jay Phillips)领导,在明尼阿波利斯修建了有200张床位的西奈山医院(Mt. Sinai Hospital)。[14]美国汽车协会明尼阿波利斯分会(Minneapolis Branch of the American Automobile Association)于1947年开始接纳犹太会员,并且主要雇主开始慢慢整合他们的劳动力。

慈善机构的诚实和能力一直是社区领导者关注的问题,这在肯尼修女丑闻中达到了顶峰。肯尼修女是澳大利亚的一名护士,开了成功治疗脊髓灰质炎患者四肢萎缩的先河。肯尼修女研究所(Sister Kenny Institute,1942)成立于明尼阿波利斯,以支持肯尼修女的工作,并受到了全国的广泛关注和资助。该研究所执行主任、明尼阿波利斯前市长马文·克莱恩(Marvin Kline)成功筹集到2 000多万美元用于脊髓灰质炎治疗。不幸的是,其中1 100万美元被克莱恩雇用的芝加哥邮购公司侵吞,其中包括给克莱恩的非法回扣。克莱恩成为明尼阿波利斯第二位入狱的市长,因联邦和州两级罪名,即邮件欺诈和非法增加1958年他作为执行主任的薪水(从25 000美元增加到48 000美元),在斯蒂尔沃特州立监狱服刑三年。

对肯尼修女案的起诉有助于提高该州年轻总检察长沃尔特·蒙代尔(Walter Mondale)的知名度,并导致总检察长办公室慈善事业部的成立。肯尼修女研究所,这一曾经让社区感到自豪,后来却感到尴尬的来源,被一个由杰出商业领袖组成的新理事会进行了重建。

20世纪60年代,由于对如何组建和资助组织的了解加深,以及政府对组织的合同和拨款增加,非营利组织的数量不断增加。随着州立精神病和智障机构在20世纪50年代和60年代被缩减,非营利组织成为利用政府资金提供社区服务的首选工具。

州政府对非营利医疗机构的偏好被写入州法律,要求所有的医疗保健组织都是非营利组织。尽管全国掀起了一股由非营利医院转为营利性医院的浪潮,但明尼苏达州只有非营利组织或地方政府所有的医院。到1996年,医疗保健占明尼苏达州非营利性就业的56.8%。[15]

1967年,黑人社区与明尼阿波利斯警方的对峙演变成了一场小规模的暴动,导致建筑物被烧毁,人们惊慌失措。商界的领袖迅速对社区服务组织做出了财政承诺,这引发了一场大规模的慈善响应,促成了城市联盟(Urban Coalition)的建立。城市联盟的创始理事会包括三位首席执行官、明尼阿波利斯市长阿瑟·纳夫塔林(Arthur Naftalin)、各种社区组织代表,以及学校理事会主席。城市联盟迅速成为一个主要的公众呼声以及住房、公民权利、警民关系和教育改革的倡导者。

新移民和不断增长的人口增加了组织的多样性,产生了萨巴萨尼社区中心(Sabathani Community Center, 1967)、自豪生活项目

（Project for Pride in Living，1972）、KMOJ 电台（KMOJ Radio，1976）、非裔美国人家庭服务（African American Family Services，1977）、MIGIZI 通信（MIGIZI Communications，1977）、无障碍空间（Accessible Space，1978）、苗裔美国人伙伴关系（Hmong American Partnership，1990）等组织。

为低收入群体服务的组织的理事会成员和募捐者在 1983 成立了一个联盟，旨在使企业和基金会的赠款重新流向他们的社区。组织者认为他们在筹款方面处于不利地位，获得的赠款在数量和规模上远不及各学院和明尼苏达大学等大型机构。慈善事业项目（Philanthropy Project）是一个历时三年，共有 130 个组织成员参与的项目，其中包括城市联盟、自豪生活项目、美国印第安人中心（American Indian Center）和社区诊所联盟（Community Clinic Consortium）等组织。该项目为受托人和基金会工作人员提供参观的机会和展示介绍，并发表三项研究报告，记录了基金会和企业赠款流向为低收入人群、妇女、有色人种和农村人口服务的组织的情况。该项目的最终报告[16]得出结论，从 1981 年至 1985 年，明尼苏达州为弱势群体提供的资助占赠款总额的比例从 28% 增至 38%。1986 年慈善事业项目结束后，该项目的工作人员和理事会成立了明尼苏达州非营利组织理事会（Minnesota Council of Nonprofits），以解决更广泛的问题，其中包括非营利组织与政府之间的关系。

《时代》杂志中所描述的基金运动和约翰·D. 洛克菲勒三世所引用的百分之五俱乐部，都是明尼苏达州慈善事业机构支持基础的有力证据。一个更大的支持组织网络加强了这些努力，其中一些是由商业领袖发起的，另一些是由慈善和非营利领导者组成的。在80多年的时间里,这些支持组织发展成为一个主要具有四个职能的广泛基础设施:增加慈善捐款,增加志愿者劳动,提高管理能力、增加收入和协调组织,促进非营利组织与州和地方政府以及媒体之间的成功关系。

明尼苏达州慈善支持组织

明尼苏达州在战前形成了四个主要的支持组织:明尼阿波利斯基金会(Minneapolis Foundation,1915)、明尼阿波利斯联合之路(United Way of Minneapolis,1919)、圣保罗地区联合之路(United Way of the Saint Paul Area,1920)和圣保罗基金会(Saint Paul Foundation,1940)。

在接下米的50年里,又成立了20个支持组织:志愿者中心(Volunteer Center,1945)、明尼苏达州慈善审查委员会(Charities Review Council of Minnesota,1946)、明尼苏达私立大学理事会(Minnesota Private College Council,1948)、联合艺术基金(United Arts Fund,1954)、明尼苏达州基金会理事会(Minnesota Council on Foundations,1969)、明尼苏达州公民艺术协会(Minnesota Citizens for the Arts,1975)、楔石奖计划(Keystone Awards Program,1976)、合作基金运动(Cooperating Fund Drive,1978)、明尼苏达州计划捐赠委员会(Minnesota Planned Giving Council,1978)、非营利组织管理援助计划(Management Assistance Program for Nonprofits,1979)、明尼苏达州非营利组织援助基金(Minnesota Nonprofit Assistance Fund,1980)、弗吉尼亚·麦克奈特·宾格人类服务奖(Virginia McKnight Binger Human Services Awards,1985)、

全国社会企业家中心（National Center for Social Entrepreneurs，1985）、明尼苏达州倡议基金（Minnesota Initiative Funds，1986）、明尼苏达州健康基金（Health Fund of Minnesota，1986）、明尼苏达州非营利组织理事会（Minnesota Council of Nonprofits，1987）、圣托马斯大学非营利管理中心（Center for Nonprofit Management，University of St. Thomas，1991）、重塑社区领导力研究所（Institute for Renewing Community Leadership，1992）、明尼苏达州期货基金（Minnesota Futures Fund，1996）、百分之一俱乐部（One Percent Club，1997）。

每个支持组织都有特定的任务来支持非营利活动的一个或多个方面。这些机构共同向民众，特别是向领导者灌输这样一种信念：慈善事业和志愿活动不仅是一种社会公益，而且是社会合法性的一个基本要素。它们还可以促进公众对慈善活动及其背后的筹款活动产生积极的看法。

虽然其他州也有类似的组织，但明尼苏达州的组织活动范围和规模显然是处于高端的。接下来的四个部分描述了这些支持组织所发挥的主要作用。

增加慈善捐款

明尼苏达州"楔石计划"（前身为"百分之五俱乐部"）将20世纪50年代和60年代的新商业领导思想加以整理，形成了一个旨在推广商业十一税的认可计划：

> 明尼苏达州"楔石计划"象征着连接社区需求和商业资源之间的桥梁。成功的企业对明尼苏达州社区的生存至关

重要。健康、安全的社区有助于企业繁荣发展。通过"楔石计划",鼓励组织在社区进行和维持企业投资,并因为这些重大而慷慨的行动得到公众的认可。[17]

明尼阿波利斯商会于1976年发起了百分之五俱乐部,共有23家公司参与其中,包括考尔斯传媒公司(Cowles Media Company)、戴顿·赫德逊、美敦力公司(Medtronic)、西北银行(Norwest Bank)和派珀·贾弗里公司等。这项计划激励美国多个城市和另一个国家(哥斯达黎加)的商界领袖建立了十一税俱乐部,这对捐赠产生了积极的影响。[18]

楔石计划为有意启动捐款计划的公司提供支持。计划材料指导公司如何逐步发展它们的捐赠:(1)增加捐赠的金额;(2)增强预算和结构的形式;(3)缩小关注焦点,并给予更大、更长远的承诺;(4)更多的员工参与决策。

对"楔石计划"的正式预期是否赋予了明尼苏达州企业慈善事业持久的动力?约瑟夫·加拉斯基耶维奇(Joseph Galaskiewicz, 1979—1981,1987—1989)对双子城的企业捐赠进行了两次调查,试图找出解释企业捐赠变化的因素。加拉斯基耶维奇的第一项研究表明,"双子城见证了一个时代的终结。由经济实力雄厚、社会地位显赫的精英所掌控,具有强烈社会影响力的个人关系网络将被社区机构所取代,这些机构将激励和奖励企业社区服务,并使其合法化"[19]。

将企业捐赠水平制度化的部分原因是当前企业领导层即将退休,以及担心来自社区之外的新首席执行官会为了增加利润而放弃捐赠。加拉斯基耶维奇发现,尽管首席执行官们在两次研究之间进行了交接,但捐款并没有减少。然而,加拉斯基耶维奇对访谈、首席执行官乡村俱乐部会员、首席执行官友谊模式、首席执行官出生地以及企业慈善承诺的分析使他确信,这其中的功劳与其说属于"楔石计划",还不如说是属于非正式的社会结构:"非正式的社会结构比有组织的行动更持久,1987 至 1989 年的许多捐赠仍然是由首席执行官们与当地慈善领袖的个人关系推动的。事实证明,新的老同学关系网在筹集资金和传达期望方面与旧的老同学关系网一样有效。"

加拉斯基耶维奇认为,高管参与当地商业组织、教育组织、社会服务机构和特别工作组是一个重要因素,特别是他认识到一个策略:

> 显然,关系网对于维持双子城赠款经济至关重要,但如果没有公民和志愿协会来帮助建立和培育这些联系,网络就会萎缩,难以生存下去。
>
> 在这两个时期的访谈中,我一次又一次地听到,招募新的首席执行官进入非营利组织的理事会、商业和社交俱乐部是多么重要。听说镇上有一位新的首席执行官,一开始他打算削减捐款预算,但在一个著名的文化委员会任职后,第二年就突然增加了捐款。正是在这些社交活动场所中,高管们被邀请进行捐赠,融入当地文化,从而建立起彼此信任、相互尊重和互惠的规范。[20]

自加拉斯基耶维奇第二轮数据收集以来,超过半数的双子城首席执行官已经离职,而捐赠率保持稳定。到 1996 年,该计划更名为"楔石计划",增加了一个新的捐赠水平等级,即 2% 的捐赠者,并对 147 个 5% 捐赠水平的参与者和 90 个 2% 捐赠水平的组织进行了报告。[21] 除了保持参与之外,履行历史慈善义务在几次企业并购战中发挥了重要作用。

为了应对恶意兼并戴顿·赫德逊公司和圣保罗集团公司(Saint Paul Companies)的企图,明尼苏达州议会举行了听证会,并通过了有利于维持地方所有权的立法。在这两个案例中,公司的慈善捐款,以及兼并公司不那么慷慨的慈善业绩记录,都是人们讨论和担忧的主要话题。在对皮尔斯伯里、考尔斯传媒和派珀·贾弗里的收购中,新东家感到有义务公开承诺他们将继续慈善事业。地方规范,无论是由于非正式的社会网络还是正式的制度,都发挥着主导作用。

随着股票市场的增长,更高的资产价值增加了私人基金会的支付要求,以及与"楔石计划"内容挂钩的利润增加,明尼苏达州的赠款经济正经历着蓬勃发展。

表 14-1　1997 年各慈善组织捐款情况表

慈善组织类型	成立年份	1997 年捐款(以百万美元计)[22]
基金会		
麦克奈特基金会(McKnight Foundation)	1953	76.2
布什基金会(Bush Foundation)	1953	21.2
西北地区基金会(Northwest Area Foundation)	1934	16.0
安德森基金会(Andersen Foundation)	1957	16.7
布兰丁基金会(Blandin)	1945	13.7
奥托·布雷默基金会(Otto Bremer)	1940	12.5

续表

慈善组织类型	成立年份	1997年捐款(以百万美元计)[22]
企业		
戴顿·赫德逊(Dayton Hudson)		45.8
西北银行公司(Norwest Bank Corporation)		21.0
美国和众银行(US Bancorp)		18.2
通用磨坊公司(General Mills)		16.8
3M公司(3M)		16.1
嘉吉公司(Cargill)		11.3
霍尼韦尔(Honeywell)		10.3
圣保罗集团公司(St. Paul Companies)		10.9
社区基金会		
圣保罗基金会(Saint Paul Foundation)	1940	27.0
明尼阿波利斯基金会(Minneapolis Foudation)	1915	13.8

将慈善事业制度化包括要让他人变得乐善好施。虽然几乎每个非营利组织都有自己的募捐活动,但最常见的策略之一是组织社区范围内的运动,让同侪进行募捐。社区基金会(明尼阿波利斯和圣保罗基金会)、联合之路组织、联合艺术基金会、合作基金运动、明尼苏达州健康基金和明尼苏达州倡议基金都履行这一职能。两个最大的社区基金会赞助了一些最具创新性的慈善倡议活动,包括艾滋病资助联合会(AIDS Funding Consortium, 1988—1994)、圣保罗基金会的多元化捐赠基金(Diversity Endowment Fund)以及比奇洛基金会的儿童、家庭和社区倡议(Children, Families and Community Initiative)。

1986年,麦克奈特基金会在双子城以外的地区设立了六个明尼苏达州区域倡议基金,以便为这些地区制定赠款计划做出地方性决策。在接下来的10年里,基金会为这六个基金提供了1.14

亿美元的拨款,帮助他们发展独立的社区理事会,筹集当地资金,建立捐赠基金,以及运营赠款和商业贷款项目。到 1996 年,这些倡议基金(在德卢斯、贝米吉、奥瓦通纳、哈钦森、弗格斯福尔斯和利特尔福尔斯)已经提供了 5 000 多笔赠款、1 560 笔商业贷款,并产生了 1.08 亿美元的净资产。[23]

明尼苏达州基金会的发展使该州的人均基金会资产位列全国第三(仅次于密歇根和纽约州),有 180 个基金会被列入基金会中心公布的 1997 年《基金会名录》(Foundation Directory)。明尼苏达州最大的两个私人基金会,布什基金会和麦克奈特基金会,成立于 20 世纪 50 年代,其获赠的 3M 公司股票到 1998 年市值增加了 100 多倍。明尼苏达州两位食品公司创始人将他们超过 2 亿美元的资产投入慈善基金会:荷美尔基金会(Hormel Foundation,1946)和施万基金会(Schwann Foundation,1997)。

明尼苏达州的两项新运动正在寻求增加慈善捐款。1998 年,明尼苏达州计划捐赠委员会发起了一场"留下一份遗产"运动,鼓励人们在遗嘱或遗产计划中将资金留给慈善机构。明尼苏达州非营利组织理事会对慈善遗赠的研究表明,此类捐赠最不可能惠及为有色人种社区(占资金总额的 0.6%)或妇女(占资金总额的 1.4%)服务的组织。[24] 对于计划捐赠来说,慈善事业受益者之间的公平性尤其具有挑战性,因为计划捐赠的捐赠者与受赠机构之间的联系通常十分紧密。

百分之一俱乐部是最新加入的一个组织,仿照早期的百分之五俱乐部,并受到小克劳德·罗森伯格[25]在其《财富和睿智》(Wealthy and Wise)中提倡捐赠一部分净资产的启发。百分之一俱乐部于 1997 年由自豪生活项目(一个市中心贫民区的社会服务组织）前主管乔·塞尔瓦吉奥（Joe Selvaggio）和肯·戴顿（Ken Dayton,百分之五俱乐部的创始人之一）共同组建。三个月后,75个人（大部分是拥有大量资产的富人）签署了承诺书:"我／我们同意每年将我／我们净资产的1%或更多捐赠给我／我们选择的免税公益事业。我／我们理解,这使我／我们有权成为一个由1%捐赠者组成的协会的成员,该协会成员坚信慈善事业的智慧。"[26]

65个签名者同意公开他们的名字,虽然这可能会使他们收到更多捐款请求,还有10个签名者要求保持匿名。百分之一俱乐部积极招募更多的签名者加入其承诺,设有一个演讲局为其推广业务,并力求以身作则。百分之一俱乐部慈善事业倡导者提出的呼吁至少有一部分是对政府的批评：

> 我们有一个独特的机会。在这个国家的历史上,我们第一次同时拥有了财富和手段,以专门的非营利组织的形式,来治愈我们国家的社会和文化弊病。1%就会有所作为。非营利组织实际上已经十分接近于解决我们社区的问题。与小企业一样,它们比大型政府计划更具灵活性、创新性和成本效益。当你投资于它们时,你就是把你的钱直接投入到目前最有效的使用方式上。[27]

增加志愿劳动

志愿者和参加教会服务的人更有可能做出慈善捐款,尽管这些行为更多的是伴随而来的,而不是出于因果关系。明尼苏达州的志愿服务率很高,该州是和平队志愿者来源人均第二高的州。

超过50个组织和项目是按照圣保罗志愿者中心的模式组织起来的,该中心将个人和志愿者任务相匹配。明尼苏达州公民和志愿者服务办公室(Minnesota Office of Citizenship and Volunteer Services)是行政部(Department of Administration)下属的一个州机构。它帮助向州属机构推广志愿者,并为其他志愿者计划提供培训和信息。非营利组织的管理援助计划(Management Assistance Program,简称MAP)招募企业志愿者协助非营利组织改进管理。

弗吉尼亚·麦克奈特·宾格人类服务奖由麦克奈特基金会发起,旨在表彰个人志愿者的重要性,特别是那些通过多年服务证明了自己承诺的人。除了参加盛大的活动和宣传外,十位获奖者还分别获得7 500美元奖励。

提高管理能力和创收能力

在明尼苏达州,尽管弘扬慈善和志愿者价值观非常重要,但整个战略既包括推动也包括拉动。明尼苏达州一位前州长指出,不仅明尼苏达州人十分慷慨,而且寻求捐款的组织在提出请求方面也变得更加有效。

提高需求方的能力和问责的行动得到的关注较少,但也一直是活动的重点。积极的捐赠者希望确保他们的捐款能够流向那些有效使用这笔钱的组织,并于1946年成立了明尼苏达州慈善审查委员会。

明尼阿波利斯基金会和其他地方资助者于1980成立了明尼苏达非营利援助基金,为陷入困境的非营利组织提供现金流贷款和财务咨询。1985年,一位前数据控制公司高管成立了全国社会企业家中心,以便更成功地从收费和销售中获取收入,同时又满足社区需求。圣托马斯大学(University of St. Thomas)是非营利管理中心、重塑社区领导力研究所和合作伙伴实习计划(Partners Internship Program)的所在地,其中每一个计划都促进了非营利领导力发展的不同方面。

在明尼苏达州慈善事业的失败教训中,引人注目的是20世纪80年代和90年代由低收入选民控制的组织的消亡。在向路径(The Way)、圣保罗美国印第安人中心、明尼苏达州客户委员会(Minnesota Clients Council)、惠蒂尔联盟(Whittier Alliance)、菲尼克斯集团(Phoenix Group)、菲利普斯人(People of Phillips)以及其他组织提供了多年的基金会赠款和政府合同之后,得到的是组织的负面审计报告、赤字和解散。该州现有的大量管理支持无法帮助这些组织保存基本账簿和维持现金流。

1996年,明尼苏达州非营利组织理事会、明尼苏达州基金会理事会和明尼苏达州教会理事会(Minnesota Council of Churches)联合发起了一项基金,以协助非营利组织进行重组,从而应对福利改革。明尼苏达州期货基金收到了来自明尼苏达州各基金会和公司的130万美元捐款,以及来自明尼苏达州政府的75万美元。

明尼苏达州的一些非营利组织利用可靠的慈善支持,建立了大量的创收企业。明尼苏达州公共广播电台(Minnesota Public Radio)就是一个典型的例子,它最初只是销售广播剧《草原一家亲》(*Prairie Home Companion*)的纪念品,后来将此转变为一个由营利性子公司经营的数百万美元的产品目录和音乐业务。黑兹尔登(Hazelden)是药物依赖治疗咨询的先驱,他还创办了一家出版公司,其中图书、磁带和日历提供了一半的收入。许多组织的经济成功和企业家精神受到了新闻界和公众的欢迎,但对营利性子公司的使用引起了一些争议(特别是涉及由慈善机构及其营利性子公司向明尼苏达州公共广播电台高管支付的报酬)。[28]

促进与州和地方政府的成功关系

许多基金会的资助和企业捐款都伴随着州和县对非营利服务投资的增长。与此同时,不断增长的非营利部门有时看起来像是一个诱人的新税收来源。一些支持组织与立法者、县委委员和州机构负责人建立了持续的关系,向他们通报该部门的工作情况。

明尼苏达州非营利组织理事会是一个州级非营利组织,于1987年成立后便立即组织起来反对州长关于取消慈善机构免缴该州6.5%营业税的提议。在接下来的几年中,明尼苏达州非营利组织理事会、明尼苏达州基金会理事会、私立大学理事会(Private College Council)、明尼苏达州公民艺术协会和联合之路等组织一再提出,维持营业税和财产税豁免可以保护慈善捐赠者的捐款。与其他一些问题一样,明尼苏达州的主要公司也加入了商业联盟,这些联盟希望扩大税基,以将非营利组织包括在内,同时还支持那些提出相反观点的组织。

评估公共精神:明尼苏达州的公众态度和慷慨

令人遗憾的是,关于明尼苏达州在20世纪90年代之前对慈善事业的态度还没有跟踪调查和前期研究。一些人认为明尼苏达州人有着与生俱来的慈善基因,这可以追溯到几十年前。百分之五俱乐部和现在的百分之一俱乐部的明确目标是促进和加强慈善捐赠的社会规范。

1995年,由明尼阿波利斯《星坛报》和WCCO电视台委托进行的一项民意调查中,明尼阿波利斯人认为,与整个国家相比,他们更有可能向非宗教事业进行捐赠。[29]

表14-2 明尼苏达捐款情况(与国家捐款相比)

受捐类别	明尼苏达州捐赠比例(%)	美国捐赠比例(%)
宗教	61	49
卫生组织(如心脏或癌症研究或当地医院)	57	26
人类服务	45	27
教育	39	17
环境事业	27	12
艺术、文化和人文事业	18	8

慈善领袖一直担心的一个问题是,随着非营利部门的经济基础不断增长,包括就业、收入和不动产所有权的增加,公众将减少对其捐款和免税的容忍度。从1989年开始,明尼苏达州非营利组织理事会开始就公众对免税的支持进行民意调查。这项调查由明尼苏达大学明尼苏达调查研究中心(Minnesota Center for Survey Research)进行,对明尼苏达州800名成年人使用了同样的措辞:

> 非营利组织向公众提供社会服务、医疗服务、教育和艺术服务。根据明尼苏达州的法律,非营利组织可以免交营业税或财产税,因为他们的服务使公众受益。你同意还是不同

意非营利组织应该继续免税……强烈同意？有些同意？有些不同意还是强烈不同意？

表 14-3 1989、1993、1997 年民意调查情况

	1989年(%)	1993年(%)	1997年(%)
强烈同意	41	48	60
有些同意	38	36	28
有些不同意	12	10	9
强烈不同意	9	6	4

总的来说，这项调查显示，在1989至1997年间，公众对非营利组织免税的支持率从1989年的79%增加到1997年的88%。[30]年轻人（18—34岁，93.2%）和接受过高等教育的人（91.2%）最倾向于支持免税。尽管所有人群的支持率均超过75%，但75岁及以上（78.9%）和高中以下学历（75.1%）的人的支持率相对较低。

其他几个不具有统计学意义的因素是收入、政党归属、地理位置、家庭状况或家庭组成。不存在收入或政党方面的差异很令人鼓舞，因为这些会给立法者带来最大的问题。

公众支持率的增长是一个积极的发展，特别是考虑到该州非营利组织在同一时期日益扩大的知名度和财务活动。这段时间恰逢两起全国慈善丑闻（美国联合之路和新时代慈善事业），并增加了对非营利组织高管薪酬的报道。非营利部门的一些人认为，对信任或支持的侵蚀也在这一时期发生。虽然这些问题并没有具体涉及对问责的态度，但愿意接受非营利组织免税代表着对慈善事业社会价值的普遍支持。

第十四章 明尼苏达州案例——公共精神制度化

公共精神和慈善事业的经验教训

明尼苏达州非营利部门的发展,以及慈善事业日益重要的作用,都是在人口不断增长和经济总体健康的时候出现的。虽然商界领袖的慈善承诺有时被当作明尼苏达州例外主义而不予理会,但它们已经牢牢地控制住了新高管,并影响着公众的期望。

明尼苏达州慈善事业增长的总体原因不是经济,因为该州的国民可支配收入位数排名第 15 位,人均个人收入排名第 16 位。[31]然而,有几个结论是可能存在的:

- 调查结果显示,慈善事业的最佳客户是受过教育的人和年轻人。明尼苏达州不仅有很高的慈善捐赠率,而且明尼苏达州慈善机构的公开信息也比任何其他州都多,包括藏有明尼苏达州非营利组织名录的图书馆、慈善审查委员会的免费 800 查询电话以及总检察长办公室慈善事业部网站。
- 企业领导力影响着更大的社区。14 家财富 500 强企业在该州的位置非常重要,可见的、持续的领导力和正式的承诺结构,尤其是"楔石计划",也很重要。
- 由于工作场所、支持组织和社区领导者等多个渠道不断重复慈善捐赠和志愿服务信息的价值,大众对社会信息的接受能力一直在自我增强。
- 营造公益慈善精神树立起新的州自豪感和成就感的自我形象,并且克服了旧的分歧。在这个州,以前的派系主义、贫穷和贪污的历史早已被人们遗忘,而且大多数明尼苏达人认为事情一直都是这样的。

- 赠款分配的公平性是一个持续的挑战。尽管包括卡尔森管理学院（Carlson School of Management）和奥德韦音乐剧院（Ordway Music Theatre）在内的主要教育和文化机构蓬勃发展，但它们与卫生诊所、人类服务机构、环境保护团体、社区协会和小型非营利组织也存在着不那么激烈的竞争。明尼阿波利斯美国印第安人中心、转折点（Turning Point）以及种子学院（Seed Academy）成功的资本运动表明，为有色人种社区服务的组织可以得到一些大额捐款。1998 年，彭纳布拉剧院（Penumbra Theatre）和沃克-韦斯特音乐学院（Walker-West Music Academy）宣布发起一项高达 2 000 万美元的运动，大幅度增加了筹款金额。
- 一个尚未探索的重要领域是公众做出慈善捐款的决定与其纳税意愿之间的联系。明尼苏达州被认为是高税收州，个人税负在各州中排名第五。[32] 尽管明尼苏达州的公司，包括参与"楔石计划"的组织，长期以来一直寻求降低该州的个人所得税和商业/行业税率，但他们从未在这场运动中全力以赴。该州的高税率与个人和企业的高慈善捐赠率相匹配，而税率较低的州通常报告的慈善捐赠水平也较低。

明尼苏达州不是农工党人所设想的合作社，也不是公民联盟的开放工厂。明尼苏达州仍然存在持续的贫困、城市扩张和暴力问题。然而，该州在其政治和就业关系方面已经取得和解，以实现劳动力的高度参与和健康的多样化经济。

明尼苏达州的一个显著特征是公共精神，即一种对企业和个人持续参与和奉献的制度化期望，并且该特征没有显示出任何消散的迹象。一个高度可见和网络化的第三部门已经出现，它通过慈善事业和公共基金影响着明尼苏达州分配多少资金来解决社会问题和提高生活质量。

慈善事业的未来

随着越来越多的成员加入"楔石计划",私人基金会的赠款大幅增加,对免税的支持率越来越高,以及大多数组织的管理和理事会能力得到提高,明尼苏达州慈善事业的未来似乎是光明的。非营利组织的收入均衡增长——来自慈善事业、政府和赚取的收入——意味着大多数社区组织都走上了可持续发展的道路。

也许明尼苏达州最大的挑战是要认真对待该州慈善和非营利活动的潜力,因为这对该州的经济和公共生活的影响比其他任何州都大。作为一种重要的经济和政治影响力,慈善事业和非营利组织能否在公众视野中重新定位自己,使自己不再被看作虽然是有益的,但是脱节、资源短缺和用来填补空白的?在未来的岁月里,非营利组织需要被视为一个健康社会的成功和必不可少的要素,但只有在正确和始终如一地被理解的情况下,才能做到这一点。

下一步的进展似乎包括加强机构慈善事业与政府官员之间的联系,以及增进强调慈善捐赠的支持组织与注重政府关系的同行组织之间的沟通协调。

就像在该州的早期历史那样,当商业领袖从经济战争转向慈善机构的共同立场时,人们越来越认识到明尼苏达州企业界、政府和非营利组织共同参与集体行动的可能性。从福利到工作计划、城市学校和环境中介将这三个部门结合起来,成为混合经济和民主、多元社会的参与者。多部门的协作难免带给人纷繁杂乱的感觉,但它们的合作经验也会因此而逐渐变得丰富起来,亦变得更乐于彼此合作。与此同时,公共精神的私人表达也得到了扩展的机会。

乔恩·普拉特(Jon Pratt)

注释:

[1] "明尼苏达州:比你想的要冷",明尼阿波利斯《星坛报》(*Star Tribune*),1996年7月4日,第A12页。明尼苏达州的冬天比美国97%的人经历的冬天要冷,1月和2月最为寒冷。只有阿拉斯加和北达科他州更冷,尽管大多数阿拉斯加人生活在安克雷奇地区或锅柄状地区,那里是比明尼苏达州南部更温暖的地区。

[2] "Minnesota: A State That Works," *Time*, August 13, 1973, pp. 24-35.

[3] 1976年,5%是作为慈善捐款企业所得税中可减免的最高金额,后来提高到10%。

[4] Joseph Galaskicwicz, "An Urban Grants Economy Revisited: Corporate Charitable Contributions in the Twin Cities, 1979-1981, 1987-1989," *Administrative Science Quarterly*, September 1997, Vol. 42, p. 445.

[5] "The Midwest's Charitable Advantage," *Chronicle of Philanthropy*, February 22, 1994, pp. 22-23.

[6] Jon Pratt and Chris Sullivan, *Minmesota's Nonprofit Economy* (St Paul: Minnesota Council of Nonprofits, 1997), p. 5 [based on Minnesota Department of Economic Security, 1987-1996 ES-202 Employment Data].

[7] *The Nonprofit Almanac 1995-1996*, Independent Sector, Washington, DC (1996).

[8] Carol J. De Vita, "Viewing Nonprofits across the States," *Charting Civil Society* (Urban Institute, Center on Nonprofits and Philanthropy, August 1997), p. 3. The report's table of the 50-state "Distribution of Public Charities in States by Activity, 1992," was based on 1993 U. S. Internal Revenue Service ExempOrganizations/Business Master File and Return Transaction File.

[9] Mark Haidet, *A Legacy of Leadership and Service* (Family Service of Greater Saint Paul, 1984), p. 2.
[10] Haidet, p. 3.
[11] *Autobiography of Lincoln Steffans*, New York: Literary Guild (1931), p. 376.
[12] Charles Rumford Walker, *American City* (New York: Farrar Rinehart, Inc. , 1937), p. 240.
[13] John Beecher, *Tomorrow Is a Day* (Chicago: Vanguard Books, 1980), p. 272.
[14] Walter Parker, "Sinai founding helped to heal a civic illness," *St. PaulPioneer Press*, July 1987, p. Al.
[15] Pratt, p. 7.
[16] *Minnesota Philanthropy and Disadvantaged People* (Minneapolis: Philanthropy Project, 1986).
[17] *Minnesota Keystone Program*, 1996 Participants, Greater Minneapolis Chamber of Commerce (1996), p. 2.
[18] Peter Navarro, "Why do corporations give to charity?" *Journal of Business*, 61(1988): pp. 65–93.
[19] Galaskiewicz, p. 467.
[20] Galaskiewicz, p. 468.
[21] *Minnesota Keystone Program*, 1996 Participants, Greater Minneapolis Chamber of Commerce (1996), p. 2.
[22] Robert Franklin, "For charities, when gettings good, giving is, too," Minneapolis *Star Tribune*, January 26, 1998, p. B3.
[23] *MckNight Foundation Annual Report 1996*, p. 9.
[24] Catherine Eberhart and Jon Pratt, *Minnesota Charitable Bequest Study* (Minnesota Council of Nonprofits, 1992).
[25] Claude Rosenberg, Jr. , *Wealthy and Wise* (Boston: Little Brown and Company, 1994).
[26] Brochure, *The One Percent Club*, Minneapolis, 1998.
[27] *The One Percent Club*.
[28] Reed Abelson, "Charities Use For-profit Units to Avoid Disclosing Finances," *New York Times*, February 9, 1998, p. Al.
[29] Robert Franklin, "8 of 10 in the state donate to a wide variety of charities," Minneapolis *Star Tribune*, December 17, 1995, pp. 1A, 19A.
[30] *Minnesota State Survey* (Minneapolis: Minnesota Center for Survey

Research, January 1998), p. 36.
[31] *Compare Minnesota*, *An Economic and Statistical Fact Book*, Minnesota Department of Trade and Economic Development (1996), pp. 17, 23, 36.
[32] *Compare Minnesota*, p. 56, State and local tax revenue per $1 000 of personal income, Fiscal year 1992.

第十五章　堪萨斯城案例

> 在密苏里州的堪萨斯城,由州政府和联邦政府资助的人类服务管理正在悄然发生一场令人震惊的革命。
>
> ——约翰·W.加德纳
> （John W. Gardner）

1997年秋季,20个大堪萨斯城基金会、非营利组织、高等教育中心、政府机构、公司和公民协会齐聚一堂,庆祝他们为加强该地区早期儿童保育和教育服务质量而合作的第一年。15个月前,这些组织聚到一起,批准并签署了一项契约,承诺将共同努力,加强和提高这些服务的质量,并建立一个更加强大的系统来提供、管理和监测未来的服务。该小组中的每一个组织,被称为早期儿童保育和教育质量合作伙伴（Partners in Quality for Early Childhood Care and Education,简称PIQ）,都为这一倡议带来了自己独特的视角和知识基础,并致力于在自己的影响范围内采取行动。到第一年年底,通过这种不同寻常的跨部门、多组织伙伴关系的工作,它们确实已经开始产生影响。

同年早些时候,另一个完全不同的跨部门合作倡议也因其在大都市地区取得的重大成就而获得了认可。这项合作,即整体拨款响应倡议(Block Grant Response Initiative),以一种更具反应性的模式发展起来,旨在帮助堪萨斯城社区解决联邦权力下放和整体拨款方式对人类服务资金产生的潜在问题和影响。在联邦立法决策的推动下,堪萨斯城倡议将州和地方政府各单位、商业界、慈善界以及学校和大学的领导者们聚集在一起,并促使他们采取行动。堪萨斯城的反应是最早出现在美国大都市社区的倡议之一,并且作为一种工具,它成功地将各部门汇集起来,以规划和促进一种富有成效和系统化的社区工作方法。

这些故事只是堪萨斯城大都市社区目前正在进行的三十多个跨部门倡议和合作计划中的两个。它们的事迹是最成功的,但它们也可能是在堪萨斯城和美国许多其他大都市地区一个越来越普遍的现象的典型。这些案例说明,跨越公共、私人和慈善部门边界的伙伴关系、联盟和合作关系日益发展,以创新的方式应对我们社区面临的挑战。

其他社区的代表来到堪萨斯城考察这些新的倡议,然而很多人离开时告诉他们的东道主:"这对你们的城市很好,但我们不是堪萨斯城。这只能在这里起作用!"堪萨斯城人自己也认为他们的处境在某些方面是独一无二的。他们自己的判断是,堪萨斯城是"世界伙伴关系之都"。他们明白,没有其他地方与堪萨斯城完全相同。但是,是否这些战略创新确实是堪萨斯城独有的,以至于对其他社区的适用性有限?是什么使这些激动人心和不同寻常的倡议出现,我们应该从中学到什么?在这些创新发展的过程中,哪些方面发挥了很好的作用,哪些方面可以或应该得到更好的处理?鉴于不断变化的慈善氛围、政府的权力下放以及非营利组织性质和活动的趋势,这些案例将如何演变?

我们认为,堪萨斯城的案例说明了一系列创新战略的早期发展阶段。慈善事业、企业和政府通过这些行动计划进行合作,以满足充满活力的城市社区不断变化的需求。非营利组织和慈善组织及其领导者正在发挥关键的杠杆作用,使堪萨斯城能够探索和适应一系列创新战略和机遇。堪萨斯城的案例有助于我们了解一个强大的富有创业精神的慈善部门是如何通过参与和促进新的领导和治理模式、社区社会资本、共同的社区愿景和变革理论、重要的调解组织网络、公民和社会企业家网络以及创造性地利用各种本土资源的能力来建设社区的。堪萨斯城的经验为不同的方式提供了有用的例证(其中有些是新的,有些不是很新),说明堪萨斯城的慈善部门[1]正在超越"边缘化",以振兴和维持一个健康的大都市社区。

堪萨斯城的背景

堪萨斯城位于美国的心脏地带,按照美国的城市标准,它是一个中等规模的大都市社区。它的人口结构和城市问题与许多其他大都市社区具有可比性。1990年,堪萨斯城大都市地区有近160万人口(Mid-America Regional Council, 1993),该地区有超过582 000个家庭。然而,不到四分之一的家庭位于城市核心区,而30年前这一比例约为50%,而且这个城市核心区很可能是某一特定人群的家园。在该地区年收入低于10 000美元的家庭中,48%位于核心区。工作和家庭迁至郊区,再加上城市核心区的衰落和投资减少,导致堪萨斯城进入一个严重的衰退周期,也受到了与其他许多大都市地区相类似的影响。然而，与其他大多数大都市地区不同的是，密苏里州堪萨斯城的城市核心区人口最近开始增长，许多人认为这是积极变化的征兆。

堪萨斯城也是一个被州界线划分的社区，该地区几乎被密苏里州和堪萨斯州平分。正如人们所预料的那样，在国家政策和政治产生影响的问题上，如教育、社会福利和人类服务政策，存在着独特的基于各州的差异，也正是这些差异将看似类似的组织和社区分开。作为大多数立法者居住在城市和郊区社区之外的城市社区，堪萨斯城社区在努力解决许多最棘手的城市和郊区问题时，往往发现自己缺乏政治上的同情或立法支持。有时，他们的问题和需要会遭到公然的敌视。

与大多数现代大都市地区相似，堪萨斯城被许多政府边界分割开来。市、县、学区、水区以及各种各样的特殊服务区和税收区都增加了区域协调的复杂性。堪萨斯城大都市地区共有114个自治市、8个县和许多其他特区。联邦政府作为该地区最大的雇主和主要的财产持有人也有着重要的地位。

历史和政治因素加剧了大都市地区的分裂和分歧。州界线一直在提醒人们，南北战争时期密苏里州和堪萨斯州是在奴隶制问题上采取相反立场的州。这种历史有时似乎与该地区的州际关系政治和种族关系状况都息息相关。加剧地区分裂的力量仍然十分强大。

堪萨斯城的慈善事业在社区生活中至关重要。1997年，超过6 000个非营利组织为社区服务。[2] 堪萨斯城的慈善捐赠远远超过了对一个如此规模社区的预期。1994年，《慈善纪事报》将堪萨斯城列为美国所有大都市地区慈善捐赠的第11位，而其人均收入排名仅为第 25 位。1996 年,有 490 个私人基金会和慈善信托基金服务于社区,其资产总计超过 30 亿美元(Clearinghouse for Midcontinent Foundations,1997)。这些慈善机构当年支付了超过 1.5 亿美元的赠款。

正是在这种背景下,堪萨斯城大都市地区正在努力建设和重新发展为一个健康和自给自足的社区。也正是在这种背景下,来自政府、商界和慈善界的领导人一直在合作,以新的和创新的方式来创造和维持城市的未来。

携手共建堪萨斯城

前文中描述的组织只是目前组织和人员跨越部门界限携手解决社区需要和问题的三十多个行动计划中的两个实例。它们有些独特,因为它们都是以系统变革为重点的倡议,尽管还有十几个倡议也将此类变革作为主要关注点。针对新出现的社区问题,至少制定了 16 项其他倡议,而且虽然这些倡议是以一种更为被动的方式开始的,但大多数倡议已经演变为建设社区能力和系统的更广泛行动。

我们对其中两个跨部门社区倡议,即早期儿童保育和教育质量合作伙伴和整体拨款响应倡议,进行了描述,以说明这些日益常见的合作计划的性质、它们是如何产生的,以及它们是如何发展的。

1. 主要例证(兀合作,每一个合作计划的模型或方法都有些不同)

(1)整体拨款响应倡议(社区各部门组织之间的合作)。

（2）地方投资委员会（Local Investment Commission），特别是其综合社区服务（Comprehensive Neighborhood Services）、关怀社区（Caring Communities）计划（政府和非营利组织的整合，众多政府、教育以及非营利组织和计划之间的服务提供和活动的协调网络）。

（3）早期儿童保育和教育倡议，包括：

· 大都市儿童保育委员会（Metropolitan Council on Child Care，简称 MCCC，一个协调性中介组织）；

· 早期儿童保育和教育质量合作伙伴（PIQ，一个多部门组织成员合作计划）。

（4）社区重建倡议，包括多个交叉倡议：

· KC 建筑区（堪萨斯城地方倡议支持公司，简称 LISC）；

· 堪萨斯城社区联盟（Kansas City Neighborhood Alliance）及相关的社区协会和社区发展公司（CDCs）；

· 堪萨斯城的社区治安倡议（以及其他市政府项目）；

· 个人社区发展公司（Community Development Corporations）的众多倡议。

（5）社区信息系统开发倡议，包括将各种社区网络和政府单位的数据库链接起来的合作，其中包括联合之路、社区资源网络（Community Resource Network）、中美洲援助联盟（Mid-American Assistance Coalition）、堪萨斯城社区联盟和密苏里州堪萨斯城市政府的社区数据库（例如犯罪统计、法规实施、财产所有权）。

2. 其他部门间倡议和合作计划

· 儿童伙伴关系（Partnership for Children）

· 双州文化区/联合车站开发（Bi-State Cultural District/Union

Station Development）
- 灌木溪合作伙伴（Brush Creek Partners）
- 妇幼保健联盟（Maternal and Child Health Coalition）
- 禁毒税倡议（COMBAT Anti-Drug Tax initiative）
- 授权区/企业社区计划（Empowerment Zone/Enterprise Communities）
- 社区外联伙伴关系中心（Community Outreach Partnerships Center）计划
- 虐待儿童网络（Child Abuse Network）
- 积极家庭关系联盟（Coalition for Positive Family Relationships）
- C方合作计划（C-squared Collaborative，四个合作计划的协作）
- 美国联合之路之心的绩效结果测量倡议（Heart of America United Way's Performance Outcomes Measurement initiative）
- 社区居民健康倡议（Vital Signs Initiative）

3. 相关的小规模联盟和合作计划

有无数重要但规模较小的联盟和合作计划也表现出许多这些相同的特征，但这些特征并没有实质性地跨越学科、部门或服务领域的界限。其中很多与上面所列出的倡议或合作计划也有联系。

- GOS：吉利斯、奥扎拉姆和斯波福德家园联盟（Alliance of Gillis, Ozanam and Spofford Homes）
- 儿童校园（The Children's Campus）
- 堪萨斯城教会社区组织（Kansas City Church Community

Organization）

- 十八区和葡萄园区（18th and Vine District）
- 中美洲援助联盟
- 青年网（YouthNet）
- 堪萨斯城客运铁路服务公司（KC Metrolink）
- 跨区教育联盟（Interdistrict Education Alliance）
- 承诺工程（The Promise Project）
- 青年机遇无限（Youth Opportunities Unlimited）
- 联合之路机构协会（Association of United Way Agencies）
- 医疗护理服务公司（SeniorLink）
- 中美洲健康联盟（Mid-America Health Alliance）

建立优质早期儿童保育和教育体系

早期儿童保育和教育质量合作伙伴（PIQ）是一个跨部门、机构和计划边界以实现系统变革的倡议，也是一个富有启发性的合作计划案例。该倡议汇集了来自堪萨斯城基金会、非营利组织、学院和大学中心、企业、公民协会以及其他社区组织的众多领导者，为提高早期儿童保育和教育的质量共同努力。

事实上，该倡议是几个旨在加强早期儿童保育和教育服务提供的社区合作研究和倡议中最新和最全面的一个。它的前身之一是大都市儿童保育委员会，该委员会旨在通过多部门合作来规划和协调堪萨斯城优质儿童保育的发展和提供服务。大都市儿童保育委员会诞生于1998年由地方公民联盟堪萨斯城共识（Kansas City Consensus）进行的一项未来问题研究过程。这一研究过程的结论是，满足儿童保育需求对堪萨斯城的未来至关重要,而当时提供的有限和零散的服务显然不足以满足这些需要。这种观点也反映了一种新兴的社区共识,因为当时其他几个社区和非营利工作组也已经将儿童保育服务的提供和质量确定为关键问题。解决这些问题的一个策略就是建立大都市儿童保育委员会。随后,一个被称为"指南针"(COMPASS)的共识规划过程重申了社区对这些问题的关注,宣布堪萨斯城应立志成为"世界儿童机会之都"。

从一开始,大都市儿童保育委员会的愿景就是发展和维持一个社区范围内的系统,通过这个系统,堪萨斯城所有需要或希望得到优质儿童保育和教育的人都能获得服务。大都市儿童保育委员会吸引所有关键利益相关者的代表出席会议,其作用仅限于促进者和召集者,而不会提供直接服务。

政府的地区理事会——中美洲地区理事会(Mid-America Regional Council,简称 MARC)成为这个新实体的所在地。这主要是因为大都市儿童保育委员会需要一个感兴趣但中立的举办组织,但这个组织在儿童保育方面没有其他作用,而且部分原因是中美洲地区理事会协助了最初的组织工作,并表示愿意发挥这一作用并提供一定的实物支持。无论是当时还是现在,中美洲地区理事会一直将早期儿童保育和教育视为一个地区性问题。

所有利益相关者的代表被要求通过大都市儿童保育委员会共同工作。学区、政府机构、地方非营利组织、大学、基金会和其他社区领导人聚集在该委员会召开会议。许多人已经从先前针对儿童问题的社区工作组的工作中认识了彼此。新成立且发展迅速的尤因·马里昂·考夫曼基金会(Ewing Marion Kauffman

Foundation)提供了一笔重要的初始赠款,加上青年联盟的资助,以及来自中美洲地区理事会和密苏里大学堪萨斯城分校的实物支持,为实现这一想法提供了最初的运营支持。社区的兴趣和参与度非常高。超过 200 名感兴趣的公民和社区领导者参加了当时的各种大都市儿童保育委员会和工作组。

大约在同一时间,联合之路和大堪萨斯城社区基金会以及附属信托基金共同创建并资助了一个额外的中介机构,以促进和发展更多的儿童服务计划。这个名为"儿童伙伴关系"的组织开发了全国著名的"六岁成功计划"(Success by Six)的堪萨斯城版本,并成为早期保育和教育领域的另一个行动者(尽管其关注范围将更广泛)。该伙伴关系还成为社区领导者讨论影响儿童问题的另一个论坛。

另一项重要的慈善活动也有助于增强人们对幼儿期日益增长的兴趣。一个中等规模的家族基金会,弗朗西斯家庭基金会(Francis Families Foundation),决定将早期儿童保育和教育问题作为其主要关注领域。该基金会在社区基金会和非营利早期儿童保育和教育机构领导者的帮助下,与当地一所社区大学建立了合作关系,并开始提供一项最终超过 1 000 万美元的资金,用于建立一个早期儿童保育和教育的教师教育和儿童发展中心,即弗朗西斯儿童发展研究所(Francis Child Development Institute)。弗朗西斯家族成员已被视为重要的公民领袖,他们的行动引起了人们对早期儿童保育和教育事业的更多关注和兴趣。

儿童伙伴关系的工作也加强了社区对保育质量的关注。由该组织准备的一份广受瞩目的堪萨斯城儿童状况年度"社区报告卡"记录了很少有幼儿可以受到训练有素的从业者的教育和照顾。大都市儿童保育委员会、基金会和非营利组织领导人利用这些信息来激发人们对优质儿童保育的兴趣,同时他们继续为社区范围内的行动争取更广泛的支持者。

作为大都市儿童保育委员会的主要原始资助者,尤因·马里昂·考夫曼基金会确定早期儿童保育和教育将是其计划拟定的一个关键因素,而且其儿童保育和教育项目官员斯泰西·戈芬(Stacie Goffin)开始鼓励人们就如何提高早期保育和教育的质量和有效性进行更多的讨论。戈芬是密苏里大学堪萨斯城分校的教授,她在大都市儿童保育委员会的最初运作期间帮助创建了委员会并为其配备工作人员。后来她离开了大学,负责指导考夫曼基金会在早期儿童保育和教育领域的活动和捐款。戈芬与大都市儿童保育委员会以及其他早期儿童保育和教育组织领导人建立了良好的联系网络,并愿意向所有部门中可能感兴趣的人坚定自信地提出这一问题,于是她开始酝酿一项新的倡议,将各类行动者的工作结合在一起。她的理想得到了许多与大都市儿童保育委员会有关的人的赞同,即加速发展一个系统,以加强早期儿童保育和教育界的长期生命力和能力建设。这个系统的最终目标是提高向幼儿提供的保育和教育质量。

在典型的堪萨斯城方式中,戈芬和她的同事们与来自基金会、非营利组织、政府机构、学院和大学的领导人,以及在早期儿童保育和教育问题上最活跃的社区商界和公民精英中的顾问进行了多次对话。她提出了一个具有挑衅性的问题:如果我们有100万美元用于提高早期儿童保育和教育的质量,我们将怎么花这笔钱呢?

堪萨斯城早期儿童保育和教育领导者再次聚集到一起——

这次是在考夫曼基金会——探讨加强质量的行动计划。讨论的一个关键问题是对幼儿保育教育从业人员的教育。儿童伙伴关系通过其领导委员会(许多成员与大都市儿童保育委员会的理事会成员重叠)设定了一个社区目标,即到2000年,堪萨斯城90%接受早期保育和教育计划的儿童处于至少有一名保育员拥有早期儿童保育和教育学位的环境中。围绕如何实现这一目标,工作组展开了多次讨论。其结果是设立了一个由考夫曼基金会资助,大都市儿童保育委员会管理,为期三年的100万美元奖学金计划。该计划有四个要点:①向个人幼儿教育工作者提供学位计划奖学金;②向中心主任提供基本的领导力培训;③促进地方高等教育机构幼儿计划之间的机构联系;④提倡为具备有资质工作人员的计划提供补贴。与此同时,考夫曼基金会还通过领导与管理发展、认证支持计划以及倡导和政策制定等方式,为发展和加强早期儿童保育和教育界的许多其他计划提供了资助。

在讨论如何形成"奖学金计划"的同时,戈芬和其他人鼓励讨论如何通过加强早期儿童保育教育领导者和机构之间的合作来提高质量。在领导者的兴趣日益增长的环境中,这一想法引起了共鸣。联邦福利改革立法的通过进一步推动了这些讨论,预计这将迫使许多单亲父母从事全职工作,并迫使更多的幼儿进入早期儿童保育和教育中心。

在这些战略性讨论中,许多人都对创建一个总体框架感兴趣,以集中精力建构一个质量确保系统。这些讨论涉及多方参与者——其他资助者、服务提供者、中心领导者、大学教授和某些公民精英领袖。他们扩大讨论范围以联合商界领袖、政府领导人、消费者、监管者和教师。鉴于大多数利益相关者所持观点基本一致,在相对较短的时间内阐明早期儿童保育和教育界领导层所认同的愿景和一套原则是有可能的。其结果是一个由组织和领导者构成的联合小组于1996年8月聚集在一起,签署了一份联合声明,即早期儿童保育和教育质量合作伙伴,承诺将尽其所能提高早期儿童保育和教育的质量。附录A介绍了合伙人签名的原则。

当被问及为什么质量合作伙伴可以取得成功时,合作伙伴们表示,该倡议基本上把所有必要的人员和各方都聚集到了谈判桌前。其中一位说道:"质量合作伙伴的合作伙伴构成使之成为一个社区问题,一个涉及机构、资助者、社区、教育和商业的问题。"人们也看到了在更广泛的社区中利用群体利益的潜力,"不同群体的人们聚集在一起,每个群体关注着问题的不同方面,这在一定程度上实现了相互促进的作用"(Clay,1997)。

早期儿童保育和教育质量合作伙伴代表了一系列不同的组织和机构,它们来自各个部门,也来自各级政府。许多签署者代表堪萨斯城的公民精英领导层,并且在更广泛的社区中发挥某种形式的领导作用。表15-1说明了共同签署联合声明的机构成员及其角色。质量合作伙伴倡议继续发展的同时,更多的基金会和雇主也加入了进来。1997年秋季,随着政治和政府关注程度的不断提高,克林顿(Clinton)总统和密苏里州州长卡纳汉(Carnahan)都宣布了加强幼儿保育质量的重大举措。质量合作伙伴很有可能获得更多的政治(或许,还有金融)资本以实现它们的愿景。

表 15-1 来源组织和角色——早期儿童保育和教育质量合作伙伴

组织名称	角色
美国卫生和人类服务部儿童和家庭管理局（Administration for Children and Families, U. S. Department of Health and Human Services）	负责制定幼儿服务计划的联邦机构
堪萨斯城公民委员会（Civic Council of Kansas City）	商业公民精英成员组织
幼儿教育高等教育联合会（Early Childhood Higher Education Consortium）	为早期儿童保育和教育提供者提供教育的高等教育机构网络
尤因·马里昂·考夫曼基金会（Ewing Marion Kauffman Foundation）	大堪萨斯城独立基金会
弗朗西斯儿童发展研究所和弗朗西斯家庭基金会（Francis Child Development Institute and Francis Families Foundation）	社区大学早期儿童保育和教育的教师教育中心与大型家族基金会的结合
大堪萨斯城幼儿教育协会（Greater Kansas City Association for the Education of Young Children）	早期儿童保育和教育领域的教师、管理者和领导者的专业会员协会
大堪萨斯城商会（Greater Kansas City Chamber of Commerce）	广泛的企业成员组织
大堪萨斯城社区基金会和附属信托基金（Greater Kansas City Community Foundation and Affiliated Trusts）	堪萨斯城最大的社区基金会及其管理的信托基金
美国家庭服务之心（Heart of America Family Services）	主要非营利人类服务机构
美国联合之路之心（Heart of America United Way）	联合之路的地方分支机构
KCMC 儿童发展公司（KCMC Child Development Corporation）	大型多站点非营利早期儿童护理和教育机构（包括先行教育计划）
大都市儿童保育委员会（Metropolitan Council on Child Care）	地区早期儿童保育和教育规划与协调机构

续表

组织名称	角色
堪萨斯城大都市儿童保育资源和推荐网络 (Metropolitan Kansas City Child Care Resource and Referral Network)	儿童早期护理和教育领域的非营利资源与转介网络
中美洲地区理事会 (Mid-America Regional Council)	堪萨斯城地区的政府委员会
密苏里大学堪萨斯城分校中西部非营利领导中心 (Midwest Center for Nonprofit Leadership, University of Missouri-Kansas City)	以大学为基础的领导和管理发展中心(有特殊的早期儿童护理和教育项目)
儿童伙伴关系 (Partnership for Children)	堪萨斯城改善儿童生活质量的非营利支持计划;"六岁成功计划"的地方分支机构

注:自成立以来,其他组织陆续加入了质量合作伙伴的行列,其中包括贺曼贺卡(Hallmark Cards)、花旗信贷服务(Citicorp Credit Services)、堪萨斯城公共电视台(Kansas City Public Television)和 HOMEFRONT 等。

整体拨款响应倡议

堪萨斯城各部门齐心协力解决一个新出现的关键问题的另一个重要实例是1995年3月开始的整体拨款响应倡议。与早期保育和教育倡议不同,也正如其名称所示,这项倡议始于一种反应,而不是系统变革的主动策略。它逐渐发展为一个多方面的社区策略,以确保堪萨斯城尽可能做好准备,应对联邦政府向整体拨款的过渡(整体拨款是联邦政府权力下放和福利改革的一部分)。

整体拨款响应倡议始于两位慈善界领导者,即联合之路和大堪萨斯城社区基金会的高管之间的对话。他们一致认为,这个问题可能对堪萨斯城的未来至关重要,社区应该做好应对的准备。密苏里州社会服务部(Department of Social Services,简称 DSS)同意他们的观点,认为堪萨斯城可能会表现出一种创新的社区反应,并表示愿意以任何适当的方式提供帮助。随后,这两位慈善事业高管邀请 14 位社区主要领导人参加了他们与社会服务部主管召开的会议,以了解这个问题,并讨论堪萨斯城可能采取的行动(表 15-2 说明了聚集在这次会议上的各种角色)。这个被称为"整体拨款社区领导者小组"的团队成为这一行动计划的高级领导层。

表 15-2 组织——整体拨款响应倡议社区领导者

组织者名称	组织者名称
公司首席执行官	教会网络领导者
公民精英/社区	志愿公司首席执行官
警察局长	城市经理(市行政长官)代表
市长代表	劳工组织领导者
县联合之路首席执行官	郊区社区基金会首席执行官
公用事业企业首席执行官	公民精英/社区志愿者
堪萨斯城最大的家族基金会总裁	县心理健康委员会首席执行官
商会会长	县检察官
法律事务所合伙人	区域银行公司首席执行官
大型非营利医疗集团理事会副主席	公用事业高管
最大的独立基金会首席执行官	公司首席执行官
区域联合之路总裁	公民委员会执行主任
县行政长官	公民精英/公司高管
公民精英/社区志愿者	大都市政府委员会首席执行官
美国地方检察官	堪萨斯城社区基金会总裁
区域非营利研究公司高管	管理者

该领导小组一致认为这个问题需要引起注意。在与社会服

务部机构负责人的对话中,该小组决定制定一个三要素协调一致的整体拨款对策是非常重要的:①提出一个能够指导立法行动的决策"蓝图";②确定堪萨斯城的关键能力问题;③制定和实施一项倡导活动计划,劝说州立法者采纳"蓝图",并采取行动以支持堪萨斯城管理整体拨款及其能力问题的策略。

各方都表示愿意将自己的组织"摆到桌面上",并尽其所能帮助解决问题。实际上,这意味着基金会领导者正在投入一些资金和员工支持,政府正在利用它的官方联系和能够合法提供的工作人员支持,商界领袖正在让商业界的其他人参与进来并帮助传播信息,以及非营利组织领导者正在分享信息和员工支持。所有人都致力于分享他们所能提供的一切,包括员工时间和实物资源、信息和知识、明确的政治支持,以及在这个问题上共同努力的持续承诺。一些组织的现有项目可加以调整来帮助解决该问题,而且它们也承诺会设法这样去做。该小组大约每季度举行一次会议。

经参与讨论的其他成员同意,联合之路工作人员带头推进这一进程。在如此高级别的认可下,他们能够迅速召集另外两个跨部门小组,即扩展的社区领导层,在战略和战术上进行合作。这两个跨部门小组都主要由非营利组织的执行主任和其他高级别管理人员组成。

其中一个领导层和活动层是"整体拨款响应小组",基本上是一个由参加首次会议的领导者组成的高管运营团队。如表15-3所示,参与机构的范围同样很广。该小组定期举行会议(有时甚至每两周召开一次会议),开始规划和协调该倡议的工作,其中一部分工作由附属组织实施,另一部分由顾问和专家承包,他们在小组成员的领导下工作。该小组没有制定中央倡议预算。相反，每个成员都通过使用自己拥有的或可以获得的资源，尽其所能地投入到这项工作中。当需要一种新资源时，小组中的一个或两个成员会主动提出找到或使用该资源，费用通常从他们自己的资金中支付。

表 15-3　组织和角色——整体拨款响应小组

组织者名称	组织者名称
非营利机构高管	社区基金会经理
区域联合之路负责人	社区志愿者/公民精英
州属机关副主任	商会政务经理
社区基金会副总裁	政治顾问
地方投资委员会执行主任	联合之路高管
联合之路高管	大学非营利中心主任
劳工组织主任	联合之路经理
独立基金会高管	非营利研究所所长
县办公室主任	地区政府委员会首席执行官
社区基金会项目官员	联合之路规划署首席执行官
大型独立基金会高级项目官员	

与此同时，正在召集第三个领导层或领导人网络。该小组被称为"整体拨款服务领域代表"。该小组几乎以理事会的形式存在，由可能会受到整体拨款政策影响的非营利组织的执行主任组成。该小组的代表来自被认为在过渡期间面临风险的各个关键服务领域。每个人都代表着（非正式的，社区内没有正式的委任程序）各自计划的关注点，如家庭暴力、紧急援助、早期儿童保育和教育以及医疗服务等。在座的每个人都带来了他们所在的非营利服务社区的观点。每个人都致力于将各自的部分与这一过

程联系起来,并尽一切努力使其服务领域的理事会和高管与这个过程保持联系。如表 15-4 所示,21 个计划领域在这个过程中得到了体现。

表 15-4 组织和角色——整体拨款响应服务领域代表

组织者名称	组织者名称
州人类服务机构部门主管	城市住房和发展部主任
大型非营利早期儿童保育和教育机构首席执行官	非营利脑瘫机构首席执行官
联合之路儿童福利计划主管	儿童医院社会服务主管
社区健康中心和社区发展公司首席执行官	非营利儿童中心首席执行官
辅助技术计划工作人员	紧急援助机构网络首席执行官
青少年发展机构网络首席执行官	非营利就业培训机构首席执行官
法律援助机构首席执行官	区域市政局局长
社区联盟和社区发展公司首席执行官	州就业计划主管
地方倡议支持公司首席执行官	非营利儿童机构首席执行官
艾滋病委员会首席执行官	食品货架网络首席执行官
性虐待/家庭暴力机构首席执行官	

在社区领导者小组及其两个主要召集人(联合之路和社区基金会的负责人)的指导下工作,联合之路的工作人员充当了这个三级领导过程的联络人和促进者。他们提供行政支持、协调会议,并维持一个沟通过程,以将过程的各个要素联系起来。

这些小组作为一组队伍工作,着手解决整体拨款问题。下面这些行动计划和活动说明了他们在该倡议最初两年里所做的工作:

① 召开了一个两州论坛,向非营利组织领导人通报由于实施整体拨款而即将发生的变化,以及密苏里州和堪萨斯州可能发生的情况。

② 服务提供者团队制定了一套"潜在影响声明"。

③ 整体拨款响应小组为州一级围绕整体拨款问题的决策提出建议，规划倡导战略，并确立了一份愿景宣言和一套原则，来指导整体拨款背景下对服务和资金流的重新设计。

④ 安排了与各类联邦管理人员举行的各级会议，以更多地了解整体拨款对特定儿童计划和资助领域的影响。

⑤ 举办了论坛，以鼓励基金会和非营利组织领导人开启应急计划，有效地应对这一可能的新环境。国家政策专家为社区应对迫在眉睫的变化提出了建议。

⑥ 联合之路定期整理和发布州和联邦立法更新，并分发给所有社区机构和倡议领导人。

⑦ 一个地方基金会与兰德公司（RAND Corporation）签约开发一个可以由规划者和政策制定者使用的整体拨款模拟游戏。

⑧ 该倡议聘请了一位经验丰富的说客，由几个附属组织资助，设在大堪萨斯城商会办公室，负责计划和实施密苏里州的倡导活动。

⑨ 响应小组与密苏里州的倡导组织合作，制定政策和战略，并共享信息。

值得注意的是，该倡议的大部分工作都集中在密苏里州。尽管1995年4月的最初活动之一是举办一个论坛，介绍来自两个州的发言人和信息，但实际的工作活动开始时，几乎所有的关注都集中在密苏里州。响应小组确实发现了这一令人担忧的问题，并且开始让堪萨斯州联合之路的几名代表参与进来，但这种参与主要集中在信息共享，而不是同等地参与规划和行动。这使得这个过程更易于管理，但同时也将焦点转向了密苏里州。

社区领导者认为整体拨款响应倡议是相对成功的。它提高了立法者和领导者对其议程及其倡导的州决策原则的认识,增强了地方官员和机构应对整体拨款制度的能力,并为未来的立法行动设定了预期和指导。它还加强了堪萨斯城机构间和跨部门的联系和关系。

其他实例

另外三个案例可以帮助我们说明,堪萨斯城此类合作倡议在广度和深度上有一些特别不寻常的变化。

1. 地方投资委员会(The Local Investment Commission,LINC)

作为一个旨在提高大堪萨斯城大都市区密苏里州一方公民的社会和经济生活质量的跨部门、多组织联盟,地方投资委员会最近也认可了其五年来所取得的重大进展。地方投资委员会是从密苏里州社会服务部杰克逊县办公室的一项系统改革计划的基础上发展起来的倡议。地方投资委员会是一个特别有趣的跨部门合作和联盟建设案例,因为尽管其形象是一个组织,但实际上却是两个组织:密苏里州社会服务部杰克逊县办公室和一个姐妹非营利公司。两者的工作通过共同的执行和治理结构进行整合。

地方投资委员会自称是一个公民驱动的社区合作组织,致力于使密苏里州与公民和社区,以及商业、公民和劳工领袖合作,改善堪萨斯城和杰克逊县儿童和家庭的生活。实际的委员会由36人组成,其中包括企业高级管理人员、公民和社区领袖、家长和基金会官员。它监督一系列的计划。这些计划主要通过非营利机构、基于学校的社区项目和联盟来实施。地方投资委员会的资金来自传统的州社会服务收入,再加上州政府通过一个创新的、多部门合作的家庭投资信托基金(Family Investment Trust)提供的资金。堪萨斯城的地方和全国基金会也提供了大量的实物支持和资金。

这是一种真正的跨部门合作,与地方政府和州政府、学区、非营利机构和基金会、社区团体、私营部门企业、社区卫生组织和高等教育领导者结成了业务联盟。来自美国各地和世界其他地区的许多政府代表团和研究小组访问了地方投资委员会,以进一步了解这种将各个部门联系起来建设社区,并为儿童和家庭提供福利的独特方法。

2. 社区重建倡议

堪萨斯城有许多跨部门合作正在进行,其重点是重建和加强社区。其中最大、最具包容性的一个倡议是 KC 建筑区。该倡议由堪萨斯城地方倡议支持公司办公室与堪萨斯城社区联盟和相关的非营利社区发展公司、密苏里州堪萨斯城及其社区治安管理倡议,以及各种非营利机构合作开发。但也有一些其他的倡议正在进行中。由于它们相互重叠和交叉,许多倡议之间的联系是松散的。它们彼此之间的整合程度较低,但围绕社区发展和活力问题,有一个相对清晰的、新兴的社区愿景和议程。

3. 社区信息系统发展倡议

另一种越来越重要的合作围绕着各种数据库和信息网络的使用而展开,为许多政府和非营利服务的规划和交付提供支持和信息。这些倡议(其中有几项现在已经开始联合起来寻求联邦政府的财政支持)目前正在连接这些数据库,并通过在线查询和绘图程序,将其提供给社区和非营利机构。一个至关重要的倡议将把联合之路、中美洲援助联盟(紧急援助机构网络)、堪萨斯城社区联盟(某些社区组织和社区发展公司的网络)以及密苏里州堪萨斯城市政府的数据库(包括提供社区犯罪统计、法规执行和财产所有权信息的本地参考数据库)的信息系统连接起来。通过这个网络,各种信息实用程序也变得可用(如电子邮件、互联网接入)。

关键优势和成功因素

堪萨斯城显然表现出一种强烈的倾向,即创建跨部门的、越来越全面的社区建设和重建计划。也许这是"超前的"。在某种程度上,堪萨斯城的案例代表着成功,或者,至少是长期成功的早期阶段,那么我们应该从中学习什么?是什么对这个社区的慈善、公共和私营部门联合起来解决重大问题和机遇的能力产生了重大影响?

堪萨斯城的经验证实了目前许多关于社区和社区建设的文章和研究。例如,我们发现堪萨斯城的经验教训与怀尔德基金会(Wilder Foundation)最近关于社区建设和合作的工作(Mattessich and Monsey, 1997),以及关于社会资本含义的最新文献(Potapchuk, 1997)相一致。

七个关键的优势和成功因素对堪萨斯城跨部门合作的出现和业绩做出了重要的贡献:

1. 建立在历史上流行的模式基础上,并从中产生了新的领导和治理模式。
2. 加强和利用社区大量社会资本的有效策略。

3. 一个相对广泛共享的社区愿景和价值观体系,包括一个新兴的且日益广泛共享的"社区变革理论"。

4. 一个重要且不断发展的调解组织和过程的基础设施网络。

5. 一群有才华的社会和公民企业家。

6. 各种资源的可获得性以及调动这些资源的意愿和能力(有时是以非传统的方式)。

7. 一个强大和富有企业家精神的慈善部门。

所有这些因素都是相互作用的,但第七个因素尤其重要,因为它是一条贯穿其他所有因素的线索。非营利慈善组织及其领导人正在发挥关键的影响作用,使堪萨斯城能够探索和适应一系列创新战略和机遇。

领导和治理的新模式

堪萨斯城出现了一种强大但几乎自相矛盾的社区领导模式,这是一个日益多样化的多层次"体系",通常由规模相对较小的公民精英的行动和投入驱动。这个不断发展的体系将新的基层决策层与传统的公民精英领导层联系起来。在最好的情况下,这种新模式代表了一种独特的互动方式,把不同机构、部门和社区的人们连接起来。从基层社区领导者到公民精英领导者委员会,它将社区领导和行动的多个层面联系起来。

然而,堪萨斯城仍然有一个非常有影响力的公民领导阶层,特别是在代议制政府大厅之外。这些领导者在很大程度上是该市主要家族企业的所有者和首席执行官。其中许多人也成为主要的慈善家。他们一起工作、一起参与,共同在多个商业和慈善事业理事会任职。这一领导核心促进了堪萨斯城许多跨部门合作的启动,并在困难时期维持这种合作。当整休拨款响应倡议需要快速而果断的启动时,这些领导者就在谈判桌边。地方投资委员会的影响力和持久力的一个关键因素是该市一些最具影响力高管的高度参与。要推动跨部门的倡议,我们仍然需要将其中一些关键的权力掮客带到谈判桌上。而且,尽管处于过渡期,堪萨斯城还没有,也不能很快摆脱这种较为集中化的精英领导权。

但是社区,包括许多公民领袖,已经认识到它的未来取决于是否能够超越这种过于狭隘的领导模式。即使是在利用这种集中的合法性和权力来源的同时,这些新的合作也正在从更广泛的社区建立多个新的领导层,并致力于培养那些能够使合作发挥作用的人的技能。我们已经看到,在必须做出和接受决策的各个层面和环境中已经出现了微妙的平衡。在这些新的合作中,决策过程正在按照这一新的方向形成,因为它们支持社区决策的多个中心,而堪萨斯城人认为这对成功至关重要。最能说明这一点的是地方投资委员会,它通过以社区学校为基础的治理结构清楚地表明,该委员会致力于建立多层次的社区领导。

加强和利用社会资本

堪萨斯城有幸拥有相当可观的社会资本,而且它在认可和利用这一资本以增强其跨部门社区合作方面非常有效。正如最近许多文献所描述的那样(例如,Putnam, 1995; de Souza Briggs, 1997; Potapchuk, 1997),社会资本是由嵌入社区社会关系中,并由社区社会关系赋权的资源构成的。社会规范、价值观、信任和互惠使社区的人们更容易合作。社会资本更像是一种"鸡与蛋"

的现象，你需要它来构建它。堪萨斯城很幸运，拥有足够的社会资本来支持许多此类合作。并且，由于这些合作有效地跨越了部门和等级界限，它们增强了推动未来倡议所需的社会资本。堪萨斯城的文化和传统在实现这些合作中也发挥了强大的作用。

由于堪萨斯城是一个相对较小的大都市社区，这些社会联系网的密度特别大，尤其是在那些对解决社区问题和特定问题感兴趣的人当中。那些担任领导角色的人经常聚在一起，尽管具体的论坛和议题每天都不同。在这种环境下，社会凝聚力是相当重要的，而且沟通结构已经存在，使许多必要的联系建立起来。这些沟通结构包括例如地方投资委员会、早期儿童保育和教育质量合作伙伴和几乎其他所有合作计划的众多委员会和工作组。之所以存在着某种凝聚力，是因为在公民精英中这种凝聚力可以通过家族传承得以维系，但也可以通过参与者的多重社区角色得以加强。随着社区领导层的扩大，这一过程变得更加广泛和包容，但其仍然从核心领导层的一致性中汲取能量。那些担任领导角色的人很快就融入这些网络中。此外，考虑到社区的规模，许多人最终会扮演这些相互重叠的多重角色，从而加强了跨部门联系的基础和可能性。

无论好坏，这种资本都会延伸到行为方式上。人们应该为社区的利益而共同努力。堪萨斯城企业高管的主要期望是，他或她将发挥一些积极的社区领导作用。尽管在全国许多城市，这种期望已经有所减弱，但考虑到不断变化的企业环境，在堪萨斯城，这种期望仍然相对强烈。社区服务也仍然是那些拥有个人能力的人的期望。

此外，正如一位地方领导人所言，"这里非常重视礼貌"，而且人们确实在努力合作。然而,这并不一定使实际工作变得容易,也不一定使结果更有可能实现。虽然以礼相待有时会妨碍诚实和清晰的沟通,但它确实会提高人们在一起讨论共同需求和问题的能力(也许,还包括意愿)。当然,各自的工作范围可能是一个问题,但绝对不能成为障碍。

这种互动方式已经在一些未来问题和规划倡议中得到了充分说明,正是这些问题和倡议产生了堪萨斯城目前的许多跨部门合作。在某种程度上,许多堪萨斯城人经常聚在一起研究各种问题,并就如何解决这些问题提出共同的看法。在过去的十年中,至少开展了七项重要的"全社区"评估和规划倡议。尽管没有一个是真正全社区范围的,但所有倡议都为大都市地区的主要区域制定了更广泛的战略视角和愿景。所有倡议都寻求(并在一定程度上实现了)广泛的社区参与——每一项倡议都增加了社会资本的储备,创造了新的地方领导机会,并为未来的行动奠定了基础。

堪萨斯城大多数新合作计划都围绕着已有的社会资本"库"聚集在一起,从而支持了社会资本发挥作用的假设。质量合作伙伴倡议是从至少两个先前的关系周期以及与早期儿童保育和教育相关的合作建设活动中发展而来的。整体拨款响应倡议既利用了当前的公民关系,也利用了通过早期和同期的倡议建立的公民关系,这些倡议涉及许多相同的人员和机构。在那些起步较慢或进展较差的合作倡议中,必须解决的一个重大差距是建立关系。它们饱受社会资本不足之苦,因此必须找到发展社会资本的方法。

当然,与现有社会资本合作的一个含义是,它存在于现有关系的网络中。因此,它的有效使用使得新的合作计划将在这些现有的社交网络中出现和发展。这也使得新的领导者和参与者更难以随时充分参与。一些堪萨斯城人一直在努力超越这些限制,定期让一些新人参与到这些新的合作计划中来。此外,众多的公民领导力发展计划,例如,堪萨斯城明天计划(Kansas City Tomorrow)、堪萨斯城百夫长计划(Kansas City Centurions)等,通过为新兴领导者创建互动论坛,促进了社会资本的发展。这些计划继续非常活跃和成功,它们曾经的成员似乎保持着他们作为活跃分子时建立起来的许多联系。

堪萨斯城正致力于在多个层面上建设社会资本,包括在社区和地方层面、在公民和基于信仰的机构和组织中,以及在各种服务社区和职业的成员中。越来越多的人接受(尽管没有明确说明)在社区各部门和阶层中发展社会资本是创造堪萨斯城理想未来的必要条件。

共同的社区愿景、价值观和"变革理论"

在堪萨斯城,一个相对被广泛接受的、关于城市美好未来的愿景正在形成。社区成功的合作计划源于这一愿景,并为其发展做出了贡献。如前所述,最近有一些倡议将堪萨斯城的许多公民和社区领导者聚集在一起,讨论和规划社区的未来。尽管这些"综合性"计划都不具备覆盖堪萨斯城整个大都市地区所需的权限,但每个计划都将该区域社区的各个部门召集在一起,以研究问题和挑战、确定资产和机遇、阐明核心价值观和统一愿景,并提出社区目标以及采取行动的策略。有几个倡议已经建立在将堪萨斯城打造成"世界儿童机会之都"这一共同愿景的基础之上,特别是通过将这一愿景与建设健康家庭的主题联系起来。

尽管这些计划多种多样，但通过这些计划形成了一套事实上的共享价值观和未来愿景的关键要素。所有这些都反映了共享文化的精髓，并体现出一种充满希望的精神。事实上，在某些方面，我们观察到，在这些计划中也形成了一种整合全社区范围的"变革理论"，并且这种理论得到了大多数社区领导者的赞同。该理论包括以下原则：需要在地方一级系统地整合提供一整套服务的能力；该服务提供系统应该对社区人民做出积极响应并由社区人民管理；该系统应该以资产为基础，并建立在社区优势之上（而不是关注差距和需要）；把重点放在社区人民重视的预防工作和结果上。尤其重要的是，这种变革理论本身体现了一种要求进行跨部门和服务边界合作的社区系统观点。

一套得到正式认可的指导地方投资委员会及其各委员会和工作组工作的原则说明了这种社区变革理论（见附录 B）。尽管其官方服务区域仅包括密苏里州的杰克逊县，但其认可的使命、愿景和原则与该地区许多其他跨部门合作中阐明的愿景和价值观高度一致。

堪萨斯城的文化和传统在促成这些跨部门、跨机构的合作方面发挥了强大的作用。这个社区和那些在这些合作计划中起主导作用的人往往倾向于采取行动。他们还有一种共同工作的偏好，尽管他们想做的不仅仅是为了合作计划而见面和合作。如老话所说，这个社区确实体现了中西部民粹主义伦理，它植根于诸如社区合作劳动的农耕传统。这种为了共同事业而团结起来和集中资源的价值观，体现在社区愿意筹集和利用公共资金来满足社区需要的行动中。堪萨斯城人愿意通过征税以汇集资源，来提供例如心理和公共卫生服务。杰克逊县通过了美国第一个禁毒税(一种销售税),为根除毒品和药物滥用的计划提供资金。当这些资源被筹集到后,社区就将其中一大部分委托给非营利部门来提供服务。

当然,堪萨斯城的文化塑造了其社区发展和变革的方式。近年来,社区拒绝了其他城市使用的某些方法。例如,尽管每种方法都有小规模的例子,但堪萨斯城一直避免使用对抗性的组织技术,如索尔·阿林斯基(Saul Alinsky)早期工作的特点。它拒绝了由少数几个高级企业首席执行官进行高度集中控制的策略。它还倾向于忽视相对孤立的激进社区活动家的要求。所有这些方法都不符合堪萨斯城新兴的伦理和社区建设倡议及变革的理论。

中介组织和过程

堪萨斯城之所以与众不同,部分原因在于它拥有一系列重要且不断增长的组织和结构(一些是永久性的,另一些是临时性的)。这些组织和结构将关键的社区行动者和组织的行动联系起来,并促进它们跨越现有的部门、专业、地理和职能界限开展工作。这种特殊的中介实体有助于交流、对话、信息共享和学习以及规划和行动。大多数中介实体都是非营利组织,有些专注于社区的特定领域。例如,中美洲地区理事会(该地区的政府协会)、堪萨斯城共识、堪萨斯城社区联盟和堪萨斯城教会社区组织等。会员组织也一直是联系者,特别是在它们所在的社区领域里。大堪萨斯城慈善委员会(Greater Kansas City Council on Philanthropy)、大堪萨斯城商会(Chamber of Commerce of Greater Kansas City)和积极家庭关系联盟就是其中的例子。

慈善部门的组织通常特别适合扮演这些角色,而且在其他组织受到业务或政治边界的限制或结构(如州界线)的正式约束时,这些组织发挥了有益的作用。特别是在需要某些类型的倡导的情况下尤其如此。大堪萨斯城社区基金会和附属信托基金、尤因·马里昂·考夫曼基金会,以及美国联合之路等其他组织定期利用其社区地位召开会议和发起行动。通常,它们利用自己的职位和资源来增进沟通和督促合作。

在重大变革时期,另一个重要的中介功能是支持和推进社区学习过程(相当于社区的研发)。堪萨斯城社区有幸拥有这样的基金会和非营利组织,它们利用当地和全国的资源人士,致力于此类发展和能力建设。由此产生的人才库是一种必不可少的资源,使社区能够在建立在它所知道的最好的基础上发展,并充分利用各类学者和专家的知识和专长加以补充。堪萨斯城定期把"外部"的专业知识带到其会议和论坛上。尽管这样做会导致专家之间的激烈辩论,但社区能够相对有效地将这些资源人士的工作融入连贯的社区领导和解决问题的策略之中。

本文所述的倡议是此类中介实体工作的受益者。有趣的是,许多机构(如 MCCC)也正在成为下一代中介组织。而且,因为转型变革过程通常需要过渡结构的支持,这些中介组织和过程通过满足此类需求对堪萨斯城的合作极为重要。利利现有的结构十分关键,同时还要支持创建新的结构,从而将社区中可能会被忽视的元素连接起来。这些结构有些是暂时的,有些是非正式的,但其整合的重点是建立和支持领导力、社区能力和社会资本,以及围绕共同愿景、原则和目标将不同的利益联系起来。

社会和公民企业家的作用

堪萨斯城还有幸得到了一些公民和社会企业家的支持。这些企业家在该市最具创新性的跨部门的成功合作中发挥了至关重要的作用。他们来自商界、政府和慈善部门（包括一些基于信仰的组织），但他们的共同点是以社区为中心，有动力发起新的战略和结构，并以创新的方式整合资源。这一因素与领导力维度有很大重叠。这些公民企业家中的许多人都担任正式的领导角色，然而他们的独特贡献并非来自这些职务。正是他们的愿景、想象力和决心，以及跨越边界合作来实现愿景的能力，使他们能够为重要和激动人心的新倡议奠定基础。

在恰当的时间和地点，这些企业家一直以来在很大程度上影响着堪萨斯城的成功。例如，地方投资委员会诞生于多种力量和人员的相互作用之中，但其中最重要的互动来自一位具有企业家精神的企业高管和一位同样具有企业家精神的州政府行政官员的合作。愿意冒险的慈善企业家领导者进一步推动了这一进程，而且地方投资委员会和工作组的许多领导者也擅长于打破固有思维。早期儿童保育和教育质量合作伙伴的成功很大程度上可以归功于基金会领导者的社会企业家精神。堪萨斯城的经验说明，培养一支重要的社会和公民企业家队伍具有巨大价值。

资源与资源调动

在适当的时间对恰当的资源进行正确的组合对于这些合作倡议的成功至关重要。堪萨斯城的合作倡议有幸获得了大量的公共与私人、本地及外地的重要资源。许多此类合作共有的一个特征是,它们的资金相当充裕,并且在融合来自慈善、政府和私人来源的资源以维持和扩展其业务方面非常具有创新性和企业家精神。

联邦政府和州政府的资金为社会和人类服务计划提供了主要的支持,而且指望私人资金能够取代政府支持是不可行的。重要的是,堪萨斯城一些组织或连接这类服务的倡议已经能够利用其中一些政府资金来支持其规划和合作活动。此外,某些类别的非营利组织已经通过政府渠道,例如心理健康和禁毒税,获得了大量资金。如前所述,这些资源的很大一部分已经分配给致力于提供这些服务的非营利社区组织。

堪萨斯城在调动私人资源方面也相当成功。当地慈善家在关键时刻介入,为推动一项显然必要的倡议承担起责任,即使是在行动计划尚未完全形成或明确的情况下。此外,堪萨斯城的几家独立基金会和企业基金会也采取了社会风险投资家的姿态。精心安排的慈善资本被用于融资,以从其他来源筹集或集中资源,并将其他形式的资本带到谈判桌上。当通过这些合作倡议连接起来时,更为传统的地方捐赠也发挥了重要作用,特别是通过像联合之路这样的传统方式。

与相对普遍的资助理念相反,堪萨斯城的几个基金会愿意提供资金来支持这些合作倡议的持续运营费用。为运营提供资金的意愿有助于提高此类倡议的稳定性。还有几个基金会愿意资助中介组织的工作。在基础设施和系统变革组织的工作中投入各种资源,提高了社区的系统变革能力,而且增强了整个变革过程的适应力。

慈善部门的作用和影响

包括基金会和非营利慈善机构在内的慈善部门,对于激励、促进和支持堪萨斯城的跨部门合作至关重要。事实上,该部门在推进和扩大前面六个关键杠杆因素的影响方面发挥了重要作用,带来了独特的定位和必要的资源,从而改变了每个因素促进社区成功的方式。

慈善领导者在堪萨斯城合作计划的发展中扮演了许多不同的角色,包括合作伙伴、煽动者、愿景家、召集人、动员者、调解者、支持者、暴躁者和监督者。当然,许多慈善领导者都提供了资金。更重要的是,最有影响力的那些领导者以独特而有益的方式提供了资金。许多领导者将重点放在更广泛的领域,并且提供了长期资助。还有许多领导者将赠款与结果和过程联系起来,以衡量其成效。一些领导者与受赠人合作,将其赠款用作风险资本,以利用其他领域的额外资源。一些领导者鼓励受赠人采取更多的创业行动。还有一些领导者将与受赠人的伙伴关系概念提升到一个新的水平,发展了更密切的学习和工作关系,这有时被称为"参与式资助"。

这些慈善家将大量资金投入工作人员和机构的能力建设。他们支持专业和领导力发展、规划、技术援助和指导、外部资源人士的参与,以及研究和其他研发职能。

一些资助者把重点放在培养下一代领导者上,特别是培养多样化的领导能力,让那些不太可能获得此类支持的群体参与进来。与之相关的是社会和公民企业家的发展。一小部分资助者会定期关注并低调地为有前途的候选人提供支持,这些候选人如果得到适当的发展和机遇,可能会成为有才能的变革和创新推动者。

资助者还为这些召集了主要利益相关者的倡议提供了独特的援助。大多数社区领导者都不会拒绝一个有影响力的基金会领导者的邀请。这一战略对于鼓励人们跨越界限尤为重要——跨部门、跨职业、跨地域、跨年龄段等等。

堪萨斯城的慈善领导者以各种方式利用其资源来促进领导、降低风险、培养能力、促进建设性变革,以及增加社会资本。他们表现出了以创新方式利用其资源来解决关键社区问题的意愿和能力。

当它不起作用的时候:堪萨斯城的挑战和制约因素

当然,堪萨斯城的情况并非都是积极的,已经错失了一些机会,而且公民和社区的挑战仍然是主要问题。两个特别重要的功能失调和需求领域对大都市区的未来将越来越重要。第一,密苏里州堪萨斯城的公立学校系统处于严重的混乱之中,尽管它与地方投资委员会以及其他许多合作计划有联系,但仍然处于疏远和脱节状态。公共教育缺乏导致留下了一个关键的缺口。第二,该地区的公共住房体系在很大程度上被"排除在外"。它与堪萨斯城众多合作计划产生和累积的大部分联系、优势和结果也没有关联。

公共教育和住房系统的情况尤其令人担忧。也许值得一提的是,由于这两个社区系统没能发挥作用,特别是在涉及种族隔离的问题上,它们已经在联邦司法部门的指导和控制下好几年了。有专家监督员和顾问参与的几项行动尚未奏效,取得的进展也非常有限。也许司法监督程序造成了另一个障碍,阻碍这些系统成为其他更成功倡议的组成部分。也许这些系统太官僚化和制度化,以至于它们抗拒参与已经开始在其他领域取得成功的各种重大变革战略。无论是什么原因,如果不将这些系统与成功的、正在改变堪萨斯城其他地区工作方式的跨部门合作结合起来,社区就无法实现其愿景和目标。

堪萨斯城的这些合作面临几个关键问题和挑战。例如,州界的影响加剧了一些问题,成为联系、协调和合作的主要障碍。特别是在州一级的资金和政策制定对非营利组织和社区行动产生重大影响的领域,情况尤其如此。一部分原因来自政治分歧;另一部分原因在于,仅仅是解决协调各州官僚机构的系统和结构问题就需要花费大量的时间和金钱。这影响到包括儿童和家庭、艺术、教育等广泛领域的计划。然而,可以想象的是,联邦福利改革立法中的某些标准化要求将创造出工具,使一些州系统更加协调一致。

尽管出现了新的领导和公民参与模式,但真正的基层参与和领导的多样性仍然非常有限。无论是出于习惯还是务实的原因,社区仍然主要依靠知名的公民精英在重大倡议中发挥关键的领导作用。堪萨斯城必须继续加强和多样化其领导力发展和公民参与机会,特别是要找到有效的方法,让更多该地区的有色人种群体参与进来。

还有其他的挑战。许多合作计划或倡议都与社区建设相关联,它们对所需的大量资源展开争夺,以支持其合作过程的基础设施。关于如何提高这些过程的效率,而又不会失去广泛参与和

第十五章 堪萨斯城案例

多周期互动的价值,仍然存在一些合理的问题。我们如何在不浪费时间的前提下继续建设必要的社会资本?

另一个令人担忧的问题是目前正在进行的大量倡议。我们面临的挑战是只开展真正需要的倡议来实现变革,而不是仅仅因为我们喜欢加入组织和建立联系就不断创建新的倡议。有些人认为,堪萨斯城的领导者和资助者经常推行新倡议,并强制进行前端协作,但他们参与的时间不够长,无法维持这些倡议并实现其长期利益,这或许不无道理。每个人都喜欢新倡议——创造新愿景的激动、新事物的魅力、追求的乐趣以及新关系的发展。堪萨斯城的资助者,与美国其他地方的资助者一样,往往更喜欢启动新计划,而不是维持那些久经考验的、正确的计划。在基金会界,维持正在进行的倡议没有什么威望。随着启动资金的初始周期结束,许多合作计划已经或即将面临风险。这些计划是否会保留或寻找新的运营资金来源? 或者,它们是否需要用新的名字(如果不是新的理念)重塑自己,仅仅是为了继续发工资?

我们还需要关注这些协作系统中不可或缺的人员。在所有这些备受瞩目的高能创新活动正在进行的过程中,我们是否会削弱或耗尽我们最宝贵的资源——为使创新发挥作用而投入的有才华和创造力的人? 在我们和他们实现我们的倡议成果之前,我们是否会削弱他们的领导和服务能力? 如此之多的事情发生得如此之快,以至于堪萨斯城似乎有陷入自己的成功之网的危险。我们必须制定具体的办法来维持和振兴这些重要的倡议以及推动这些倡议的人。

最后一个问题更具根本性和战略性。跨部门倡议的激增引发了一些基本问题,即此类工作的合法界限与范围,以及它应该如何与政府工作相关联。随着各级政府的合法性下降,许多非营利和跨部门的倡议承担了某些传统的政府角色和责任。其他倡议则在慈善部门的传统范围内运作,但它们也承担着政府服务的角色,如治安和公共保护、公共福利计划、生命和安全保护等。有些倡议甚至进入到以前只为民选管理机构保留的领域。然而,此时此刻,许多公民非常高兴有愿意解决这些难题的实体,因此提出的问题相对较少。还有一些倡议,例如地方投资委员会,显然是为了模糊部门之间的界限而设计的。然而,当这些合作越来越多地涉及社区领导和治理时,在它们开始篡夺只有代议制政府以其独特的问责制形式才能合法行使的特权和作用之前,它们能走多远?如果非营利组织在做政府的工作,那么它们还能扮演如议题倡导这样有时不那么受欢迎的角色吗?我们预测,很快,我们将面临各种问题的征兆,这意味着我们需要仔细地审视这些问题。

堪萨斯城的经验为慈善部门如何在快速变化和动荡的环境中发展和适应,通过与政府和企业合作以振兴和维持健康的大都市社区提供了有益的例证。它也暗示着即将到来的挑战,因为这些极其重要但未经试验的策略是在同样动荡的背景下展开的。

我们所描述的动态是美国慈善事业不断变化的特征的重要部分。面对诸如权力下放和整体拨款、不断变化的企业和基金会捐赠以及非营利机构日益商业化等挑战,它们同时反映了结果和原因。它们提出了一些关于我们对变革的信念的基本问题。堪萨斯城的大多数合作倡议都是专门为在这种环境下提供服务而产生的,以应对甚至利用这些趋势和动态。反过来,它们又将定义和推动下一代权力日益分散的竞争环境的关键要素。

如果慈善界的情况如全国慈善事业与公民复兴委员会（National Commission on Philanthropy and Civic Renewal, 1997）最近的工作所描述的那样，那么堪萨斯城的慈善事业似乎确实是处于"领先"地位。在其报告中，慈善事业的状况被描述成狭隘的、被动的和误导性的捐赠，专注于宏大的研究和战略，对社区的影响或价值微乎其微。这种状况在许多地方可能仍然是现实，但本文所述倡议的实际情况却并非如此。堪萨斯城的慈善事业倾向于行动，其中一些倡议建立在系统及战略重点研究和规划的基础上，但同时也注重结果。堪萨斯城最好的有组织的慈善事业是协调的，以投资为导向，并注重杠杆作用，而且这些合作倡议是该定位不可或缺的一部分。慈善界打造和动用了一套创造性的服务提供工具组合，而且这些工具不太关心部门界限。它资助建立了新兴的社区领导和治理模式、强大的社会资本库、统一的社区变革视角、中介组织的重要基础设施以及社会企业家人才库。重点一直放在创业精神和战略性倡议上，并且，最好的情况是，堪萨斯城的这些合作在战略与运营、主动性与反应性之间取得了独特的平衡。

对于慈善界的领导人来说，清楚地了解其部门与政府之间的区别变得越来越重要。在沮丧的公民、疲惫的官僚和缺乏指导使命的企业家的鼓动下，慈善事业正在被引诱到不属于它的领域。该部门的另一个重要作用是鼓励和支持必要的对话，以帮助社区确定适当的界限。因为在我们大都市社区中真正重要的战略问题本来就是混乱和无边界的，所以这将不是一个简单的讨论。

慈善事业在美国有着广阔的前景。更重要的是，它有着至关重要的未来。该部门的人将不再可能选择在私营企业和政府的边缘发挥作用。堪萨斯城的案例说明了一系列创新战略的早期开发阶段,这些战略旨在合作解决以权力下放和分散、创业和竞争加剧以及部门界限模糊为特征的动荡环境的需求。慈善事业正在成为大都市社区生存和发展的关键高杠杆力量,而且这一作用还将继续扩大。未来动荡复杂的世界只会增加这种跨部门联盟与合作的重要性。在这个新的世界里,慈善事业将无法选择置身事外,也无法选择保持不变。

附录 A:早期儿童保育和教育质量合作伙伴的指导原则

合作伙伴承诺书

我们相信,早期儿童保育和教育的质量对社区的福祉至关重要。

我们相信,早期儿童保育和教育的质量可以为儿童提供所需的支持,使他们能够充分发展,渴望进入学校学习。

我们相信,早期儿童保育和教育的质量能够使儿童成长为有生产力的公民和雇员。

我们致力于提高早期儿童保育和教育的质量,因为它使家庭能够工作并自给自足,它支撑着富有生产力和积极性的劳动力,它通过提供专注于工作而不用担心子女健康的工人来帮助雇主。

因此,我们承诺共同努力,并且让其他人作为质量合作伙伴参与进来,以提高早期儿童保育和教育的质量,并努力使大堪萨斯城的所有儿童都能够从中受益。

我们相信,优质的早期儿童保育和教育是我们对儿童目前生活质量的投资,也是我们对社区未来的投资。

"我们为什么选择合作"

质量合作伙伴将共同努力:

- 提高公众对早期儿童保育和教育质量的重要性及其对社区健康的重要贡献的认识;
- 为关注优质早期儿童保育和教育的社区团体创建一个论坛,从而以新的方式合作利用他们的个人行动,以及让其他有类似兴趣的人参与进来;
- 就计划质量的基本要素以及高质量的早期儿童保育和教育的重要性制定明确和一致的信息,因为它影响着社区和经济发展、入学准备、孩子的日常生活质量。

附录B:地方投资委员会的愿景、使命和原则

1. 愿景

建立充满爱心的社区,利用自身优势,为儿童、家庭和个人提供有意义的机会,以实现自给自足,发挥最大潜力,为公益事业做出贡献。

2. 使命

提供领导力和影响力,让堪萨斯城社区参与创建支持和加强儿童、家庭和个人的最佳体系,让这个体系承担责任,并改变公众对该体系的态度。

3. 指导原则

① 全面性：提供全套有效服务。

② 预防：强调促进发展和预防问题的"前端"服务，而不是"后端"危机干预。

③ 结果：通过改善儿童和家庭的结果，而不仅仅是通过所提供服务的数量和种类来衡量系统性能。

④ 强度：在恰当的时间提供适当程度的服务。

⑤ 参与者介入：利用使用服务提供系统的个人的需求、关注点和意见来推动系统运行的改进。

⑥ 社区：在适当的情况下，将服务分散到人们居住的地方，并利用服务加强社区能力。

⑦ 灵活响应：创建一个包括计划和补偿机制的交付系统，该系统具有足够的灵活性和适应性，能够满足儿童、家庭和个人的各种需求。

⑧ 合作：整合公共、私人和社区资源，以创建一个集成的服务提供系统。

⑨ 强大的家庭：努力巩固家庭，特别是父母支持和培养孩子成长的能力。

⑩ 尊重人格：以尊重和有尊严的方式对待家人以及与他们共事的员工。

⑪ 相互依赖/共同责任：在个人负责与社区增进所有公民福祉的义务之间取得平衡。

⑫ 文化能力：证明不同群体的历史、文化、宗教和精神价值观的多样性是强大力量的源泉。

⑬ 创造力：鼓励并允许参与者和员工创造性地思考和行动，

敢于冒险,并从他们的经验和错误中吸取教训。

⑭ *同情心*:对参与者表现出无条件的尊重和关心、非评判性的态度,认识到他们的长处,并使他们有能力满足自己的需要。

⑮ *诚实*:鼓励并允许系统中的所有人诚实。

大卫・O.伦兹(David O. Renz)

注释:
[1] 在本文中,"慈善事业"一词包括基金会、非营利机构以及其他私人志愿和非营利实体的工作。
[2] 基于 ISR 主数据文件的数据。这个数字不包括大多数宗教团体和那些每年预算不足 25 000 美元的非营利组织。

参考文献
Clay, P. L. "Partners in Quality for Early Care and Education: Implementation Evaluation. Interim Report of Initial Interviews," Unpublished evaluation report for the Partners in Quality in Early Care and Education and the Ewing Marion Kauffman Foundation, July 29, 1997.

Clearinghouse for Midcontinent Foundations. *The Directory of Greater Kansas City Foundations. Eighth Edition*. Kansas City, MO: Clearinghouse for Midcontinent Foundations, 1997.

de Souza Briggs, X. "Social Capital and the Cities: Advice to Change Agents." *National Civic Review*. 1997, 86(2), 111 – 118.

Greene, E., Millar, B., and Moore, J. "The Midwest's Charitable Advantage." *The Chronicle of Philanthropy*. February 22, 1994, p. 1, 22 – 25.

Mattessich, P. W., and Monsey, B. R. *Community Building: What Makes It Work? A Review of Factors Influencing Successful Community Building*. St Paul, MN: Amherst H. Wilder Foundation. 1997.

Mid-America Regional Council. *Metropolitan Kansas City's Urban Core: What's Occurring, Why It's Important and What We Can Do*. Kansas City, MO: Mid-America Regional Council, 1993.

The National Commission on Philanthropy and Civic Renewal. *Giving Better, Giving Smarter: The Report of The National Commission on Philanthropy and*

Civic Renewal. Washington, DC: The National Commission on Philanthropy and Civic Renewal, 1997.

Potapchuk, W. R., ed. *National Civic Review. Special Issue on Community Building and Social Capital.* 1997,86(2).

Putnam. R. "Bowling Alone: America's Declining Social Capital." *Journal of Democracy*. January 1995.

第十六章　贫困儿童：对慈善事业和公共政策作用的反思

在工业化国家中，美国以其最高的儿童贫困率而"出名"——大约是西方同等国家的四倍。大量的非裔美国人、美国印第安人以及拉丁裔和亚裔美国人口中的特定群体在贫困中长大。但总的来说，贫困儿童多数是白人。考虑到这些令人震惊的事实，人们期望看到公共和私营部门专注于减少（如果不能消除）美国的儿童贫困。可悲的是，情况并非如此。

在公共政策议程上，福利结构调整，特别是1996年《个人责任和就业机会协调法案》（*Personal Responsibility and Work Opportunity Reconciliation Act*，简称 PRWORA）中对接受福利的时限和工作要求的规定，使减少儿童贫困的工作黯然失色。一些人预测，那些成功地从福利过渡到工作的人将发现自己处于一个低工资的劳动力市场中，仍然处于贫困线以下或接近贫困线，获得儿童保育、食品和住房补贴的机会较少，而且难以获得医疗保健服务。因此，低收入家庭在满足其子女最佳发展的基本要求方面将继续面临挑战。

儿童贫困的基本概述

对美国儿童贫困的性质和"事实"进行简要概述,将为讨论公共政策和私人慈善事业在这一领域的作用提供背景。人们普遍认为,20世纪60年代为"向贫困开战"(War on Poverty)计划制定的官方贫困线标准已经不能准确衡量当今家庭生存所需的经济资源(Citro and Michael,1995)。目前人们正在使用其他的贫困衡量标准,如相对贫困(家庭收入中位数的50%)。美国人口普查局(U.S. Census Bureau)目前正在制定替代方案,以重新校准官方或政府贫困线。这一过程必须得到美国管理和预算办公室(U.S. Office of Management and Budget)的批准,这将是一个漫长且充满政治色彩的过程。出于本文讨论的目的,除非另有说明,否则采用的是官方贫困衡量标准。

在所有工业化国家中,美国的儿童贫困率最高。1996年,所有18岁以下的美国儿童中有21%(1460万)生活在贫困线以下。在某些族裔群体中,儿童贫困率高得令人无法接受:1995年,41.9%的非裔美国儿童和40%的18岁以下拉丁裔儿童生活在官方认定的贫困中。美国儿童的境况比30年前更糟糕。1969年,14%的儿童生活在贫困中,到了20世纪90年代末,这一比例已超过20%。6岁以下的儿童比年龄较大的儿童更有可能生活在贫困之中,因为他们的父母更年轻,收入也可能更低。研究表明,这一年龄段正是贫困最有可能对以后的学业成绩产生不利影响,并损害认知发展的时期(McLoyd,1998)。由于美国没有制定类似欧洲社会福利国家的保护措施,因此父母常年从事低薪工作的美国儿童更有可能生活在贫困之中(National Center for Children in Poverty, 1998)。

努力工作也无法避免贫穷：
关于儿童贫困问题的讨论严重不足

在美国,关于儿童贫困的研究、政策分析和倡导都有一种奇怪的缺失。经常被忽视的是,数以百万计的美国家庭——多达1400万——至少有一个人是全职和全年工作的,但由于工资低,这些家庭仍然处于或接近贫困状态(Swartz and Weigert, 1995)。另一些人渴望全职工作,但不得不从事兼职工作或充当临时劳动力。尽管与过去相比,"穷忙族"一词在政策讨论和媒体报道中使用得更多,部分原因是人们日益认识到1996年的福利改革会增加该群体的人数,但对于这一群体并没有标准的定义。据估计,美国的穷忙族高达3000万。这些家庭直到最近才有资格享受医疗保险和儿童保育补贴,或者参加像"先行教育计划"这样的幼儿教育计划。正在进行的研究将有助于人们更好地了解这些家庭在国家和地方一级的数量、特征和生活条件,以及他们的子女在《个人责任和就业机会协调法案》施行前后的生活状况。

随着1996年福利立法的实施,个人脱离公共援助——其中许多人技能低下、工作经验有限——并进入低工资劳动力市场,穷忙族家庭的数量可能会增加。在那里,他们将遇到目前的穷忙族,就业竞争将接踵而至。现有的穷忙族对那些脱离福利援助的人的怨恨已经开始被记录下来。例如,有报道称,穷忙族与前福利领取者就极为有限的儿童保育补贴展开争夺,该补贴对于低收入父母的稳定工作至关重要,而且这类竞争将不断出现并愈演愈烈。

目前关于贫困的讨论,包括对儿童贫困的讨论,都带有一种非现实的气氛,因为它们在很大程度上没有承认数百万人仍然深陷贫困之中,即使他们每周工作 40 小时或更长时间。福利结构调整可能会推动公共政策和慈善事业最终解决这一经济现实。美国人认为"工作应该得到报酬",而且随着公众开始看到,当前这一代"值得救助的穷人"是那些努力工作、"按规则办事",却仍然无法养活自己和孩子的人,变革的压力就会产生。美国人可能更愿意接受政府对家庭的援助。

关于儿童贫困原因的思考

人们如何理解儿童贫困的原因对于制定公共和私人政策至关重要。美国人长期以来一直认为贫困是由个人行为造成的(Hanson,1997),而不是由结构或阶级因素造成的。相比之下,在欧洲国家,人们更倾向于将较为萧条的经济环境归因于"阶级结构"的存在。在崇尚个人主义和自力更生传统的美国,贫困常常被视为缺乏动机或努力不足以及缺乏自制力所导致的状况,这不足为奇(Kelso,1994)。

就儿童贫困而言,美国儿童的幸福与其父母息息相关,也就是说,儿童的贫困是其父母的不良行为和决定导致的。典型的美国行为归因包括以下几方面:贫困儿童的父母不负责任,他们有非婚生子女,他们有太多的孩子,他们懒惰、不努力工作或工作时间不足以使自己摆脱贫困。在美国,贫困与"种族因素"交织在

第十六章 贫困儿童：对慈善事业和公共政策作用的反思

一起,因此存在着一种误解,认为贫困主要是非裔美国人家庭的一种状况。每周新闻杂志和主要电视网络中对贫困的公众形象的分析强化了这些看法,将非裔美国穷人描绘成比实际情况更多,但对老年人和穷忙族的报道却不足(Gilens,1995)。尽管有证据质疑或否定了这些观点(Bok,1996),但1996年的《个人责任和就业机会协调法案》,正如其标题所示,在关于工作要求的条款中明确反映了这些价值观,并强调了对个人努力的重视。

在更为乐善好施的时代,美国人支持诸如先行教育计划这样的教育干预措施,因为他们认为这为贫困儿童提供了更多平等的机会,让他们在学校开始有竞争力的教育经历。美国人支持两代计划,旨在通过将职业培训与父母教育和早期儿童教育计划相结合,为父母/母亲和孩子提供帮助。以这种方式,母亲们将可以准备好在就业市场中发挥个人主动性,并提供一个对孩子学习更有利的家庭环境。然而,对这些计划的评估表明,它们对母亲就业和儿童福利的影响不大(McLoyd,1998)。美国人仍然相信要养家糊口,但现在贫困家庭却不那么相信了。人们普遍认为,"我们试过,但失败了。政府计划已经无能为力了"。

事实上,那些集中参与早期教育干预设计和实施的人都认为,这些计划对儿童和家庭产生的影响不大。格雷戈里·邓肯(Gregory Duncan)是一位关注贫困对儿童影响的经济学家,他呼吁进行成本效益分析,即对收入转移计划和服务提供计划的支出进行比较,并"根据它们相对于成本所产生的收益来进行判断"(McLoyd,1998:199)。著名心理学家冯妮·麦克洛伊德(Vonnic McLoyd)多年来一直研究社会经济劣势对儿童发展的影响。她指出:"撇开比较利益的问题不谈,很明显,美国的贫困率并没有因反贫困政策而大幅降低。这些反贫困政策的核心战略是在没有创造就业机会,并存在大量无法支付父母最低生活工资的工作岗位的情况下,为贫困儿童和家庭进行教育或提供服务,来满足其迫切需要。服务提供计划充其量只是减轻了贫困的影响力,并在儿童的环境状况和发展结果方面略有改善。长期贫困造成的压力和资源短缺实在是太过复杂,并具有传染性。"(McLoyd,1998:199)

这里不是充分讨论解决美国儿童贫困问题不同方法的有效性的地方,因为这涉及一系列复杂情况(关于儿童与贫困问题的优秀文集,我推荐1997年夏/秋季一期的《儿童的未来》,The Future of Children)。但值得一提的是,在美国对贫困儿童的公共和私人政策史上,这样的讨论在此刻是至关重要的。毫无疑问,邓肯和麦克洛伊德的观点都将是未来争论的焦点。当基金会和政府考虑解决儿童贫困问题的当前和未来战略时,麦克洛伊德的结论具有重要意义。

私人慈善事业的反应:多元化和分散化

私人慈善事业如何解决儿童贫困问题?目前的两项战略包括:第一,针对与贫困密切相关的问题,如贫困学校、青少年暴力、青少年怀孕以及对儿童福利服务的需求;第二,通过制定和资助低收入社区的主要倡议,这有时被称为基于地方的战略。美国的慈善事业是一个多元化的部门。即使是在关心儿童和家庭、关注贫困问题的基金会内部,对赠款的反应也各不相同。

美国主流慈善组织的创始人都坚信个人能够在其人生道路

第十六章 贫困儿童：对慈善事业和公共政策作用的反思

上有所作为。在许多情况下，捐赠者都是白手起家的行业领袖，他们的慈善冲动与他们的价值观和经历相符。这可能在一定程度上解释了为什么大多数致力于消除儿童贫困的主流慈善行动都反映出一种基本信念，即为个人赋权是一种减贫战略，而不是把重点放在诸如低工资劳动力市场或就业不足等结构性因素上。这些资助者可能会支持教育和服务计划，包括那些旨在为儿童（有时是为其家庭）提供个人成就竞争平等起点的预防性计划。为家长和公民"赋权"的口号经常响起。

公平地说，一些基金会认识到，人力资本开发方法必须与社会资本开发方法相结合。因此，预防、教育和卫生服务与社区的经济和建设工作相结合。这些行动通常被称为儿童综合社区倡议（Comprehensive Community Initiatives，简称CCIs），代表着基金会、非营利组织和地方政府之间的伙伴关系（关于替代方法的描述，见Stagner and Duran，1997）。综合社区倡议的设计元素各不相同，通常通过协调卫生、教育和社会服务来解决儿童和家庭贫困问题。

尽管进行了大量投资（主要来自基金会），马修·斯塔格纳（Matthew Stagner）和安吉拉·杜兰（Angela Duran）在对儿童综合社区倡议的评估进行回顾时指出，关于这些倡议有效性的信息极少。现有的证据表明，过去的许多努力仅取得了有限的成功，而且关于儿童结果的数据特别有限。阿斯彭研究所儿童和家庭综合社区倡议圆桌会议（Aspen Institute Roundtable on Comprehensive Community Initiatives for Children and Families）的成员认为，传统的评估方法不适用于以社区为基础的综合性行动，并且已经开发出了替代方案（Fulbright-Anderson，Kubisch and Connell，1997）。因此，私人基金会将继续支持综合社区倡议。其中一些倡议与公共倡议相结合，如联邦政府的企业区和授权区计划。大部分拨款用于计划和社区组织，而用于研究、评估、政策分析和倡导工作的资金较少。

在《个人责任和就业机会协调法案》颁布实施后，基金会在很大程度上对当前的政策做出了反应，如将儿童和家庭服务的责任下放给各州。在大多数情况下，慈善事业并没有对向贫困儿童和家庭提供公共援助的历史性变革构成什么挑战或产生任何反作用力。慈善基金的重点是跟进州和地方一级的福利改革，支持社区经济发展和社区建设战略。基金会还支持全国组织和州组织的行动，为各州提供技术援助，帮助它们执行新的福利规定。通过诸如福利信息网络（Welfare Information Network，简称 WIN）等新组织，基金会正在支持信息交换和技术援助的启动过程，来影响有关儿童问题的政策制定。随着各级政府作用的重新定位，维持这些行动，包括为传统上被视为联邦角色的信息收集、技术援助和传播筹集政府资金，将在未来几年里得以实现。

人们普遍接受一个渐进式变革的时代，特别是在获得儿童健康保险和儿童保育计划的领域，并对接近系统性或大规模的变革感到明显满意。尽管当前的权力下放阶段为各州创新制造了机会，但也造成了一种反常的局面，即父母收入低的孩子要靠"一种抽签式的运气"才能生活在一个或多或少支持其健康发展的州。权力下放使一些州的家庭与子女相较于其他州得到了更大的支持力度，这进一步加剧了现有的收入不平等（Douglas and Flores，1998）。塔夫茨大学饥饿与贫困研究中心（Tufts University Center on Hunger and Poverty）发布的《个人责任和就业机会协调法案》第一年工作情况报告表明,只有少数几个州利用权力下放的机会提出了支持贫困儿童及其家庭的创新办法。

总之,今天的慈善事业并没有在解决儿童贫困问题上发挥主导作用,其活动基本上遵循了公共政策,而且在大多数情况下,它并没有试图对抗公共政策和确定替代方向,至少目前还没有。一些关心贫困儿童问题的大型全国基金会正在进行重新规划活动,部分原因是领导层的更迭。解决儿童贫困率居高不下问题的慈善议程仍有待形成。

我对与儿童贫困有关的公共政策和慈善事业的评估表明,慈善事业在促进我们对儿童贫困的理解以及努力解决儿童贫困问题方面发挥了作用。最令人不安的是,当今的慈善事业及其领导人并没有强调该部门为解决儿童贫困问题的现行公共战略提供替代方案的独特作用。这种政策瘫痪在所谓的进步基金会中尤其如此。全国慈善响应委员会(National Committee for Responsive Philanthropy)的一份报告得出结论,一小部分保守基金会为权力下放和扭转公众对解决贫困问题的关注和兴趣创造了条件。尽管有些人可能不同意将这种普遍影响归因于保守派资助者,但现在的情况仍然是,进步基金会在有关儿童贫困的政策讨论中可以比目前做得更多来提供平衡。

减少儿童贫困的普遍方法:对渐进主义的纠正

儿童贫困并不是难以解决的问题。政府可以通过选择执行某些公共政策来减少贫困。这一事实需要在当前的社会环境中加以强调,在这种社会环境中,某些言论被毫无疑问地接受,例如,"我们输掉了反贫困战争",或者"政府不能减少贫困,只有人民才可以"。研究发达经济体儿童贫困问题的经济学家指出,尽管大多数西方国家在20世纪80年代和90年代经历了类似的家庭结构变化(离婚和单亲家庭增多)和劳动力市场结构变化(低工资、非熟练工人的工作岗位减少),但是这些经济体的儿童贫困率差别很大,从斯堪的纳维亚的不到3%到美国的超过20%。蒂莫西·斯梅德林、李·雷恩沃特和谢尔登·丹齐格(Timothy Smeedling, Lee Rainwater and Sheldon Danziger, 1997)得出的结论是,这些贫困率的差异"反映了不同的价值观和选择,而不是技术经济约束"。他们提出了一种减贫方案,将家庭津贴、可退还的税收抵免、为低工资劳动力市场的人提供收入补贴、儿童抚养保障以及儿童及其父母普遍享有医疗保险和儿童保育服务等措施结合起来。

美国是唯一一个没有家庭津贴、没有为儿童和成人提供全民医疗保险,对儿童早期教育计划特别是对义务教育阶段之前(小学和中学教育)的支持相对有限的发达经济体。它是少数几个没有带薪育儿假的国家之一,特别是在孩子刚出生的头几年。斯梅德林、雷恩沃特和丹齐格认为,如果这些家庭支持政策的一般要素在美国得到实施,儿童贫困率将大大降低,可能会像欧洲国家那样降至个位数。

如果人们接受这种提供家庭基本需求的方法来减少儿童贫困(见芭芭拉·伯格曼[Barbara Bergmann]的《拯救我们的孩子脱离贫困》[*Saving our Children from Poverty*, 1996]),那么值得注意的是,目前没有与儿童有关的主要基金会将这种基本需求的方法作为资助模板。一些基金会专注于儿童健康保险,例如罗伯特·

第十六章　贫困儿童：对慈善事业和公共政策作用的反思

伍德·约翰逊基金会，或早期儿童教育计划，例如纽约卡内基公司。其他基金会，如福特基金会，为预算与政策优先中心（Center for Budget and Policy Priorities）等组织提供支持，这些组织关注影响低收入家庭和个人发展账户（IDAs）的收入保障和税收政策问题；而洛克菲勒基金会则专注于创造就业机会和城市学校改革；安妮·E.凯西基金会主要致力于为经济困难的青年提供资助，目前正在资助基于社区的变革。没有一个基金会对减贫有一个连贯的构想，并围绕这一构想战略性地组织其资助活动。

慈善领导的机会

必须把儿童贫困置于美国经济、社会和文化的大背景下。采取这种观点令人担忧。预算赤字和冷战结束的影响，加上一些人的经济成功，为投入更多资源发展人力和社会资本，特别是投资于儿童和青少年，创造了最佳条件。现在正是支持全民医保，为在职父母提供广泛的、负担得起的优质儿童保育服务，优秀和公平资助的学校，创造就业机会以及改善城乡基础设施的时候。然而，现在也正是人力资本和社会资本投资下降的时候，并且受到抑制赤字和增加老年人应享权利的共同压力的严重制约。收入不平等是西方世界最普遍的问题，在这个世界上最古老的民主国家中，这仍然是一个令人不安的事实。当前经济和社会不平等造成的后果，尤其是与种族和族裔因素纠缠在一起时，应该得到比现在更多的关注。所产生的后果是对我们国家的经济、政治和公民活力的威胁。

私人基金会可以在解决美国儿童贫困问题上发挥有影响力

的战略性作用。在这样做的时候,私人慈善事业必须重申其基本原则之一:理念至关重要。例如,以下观点对政策制定者和公众对政府计划有效性的看法产生了深远的影响:"我们输掉了反贫困战争。政府的计划并不能减少贫困,它们助长依赖和贫困的代际传递。"这些观念经常是通过选择性和歪曲的例子来传播的。我们需要仔细思考如何挑战这些想法,特别是对于那些显然相信这些观念的公众。

因此,基金会必须接受一个迅速变化的通信环境,一个基金会不得不接受的环境。曾经,在全国和地方报纸上发布报道被认为是一种成功的传播活动。但如今,当"大众传播"已不复存在,而且公民获取信息的方式高度分散且竞争激烈,想要弄清楚如何接触到关键选民或受众,就是一个巨大的挑战,更不用说如何制作可信、吸引人的,并且我们会发现是准确和合乎道德的信息了。信息是出发点,但与忠于职守的人进行跨部门的持续对话,并制定相应的社会战略,也是至关重要的。公民社会在这种对话中的作用显而易见,但并不容易。如果我们想有机会减少美国的儿童贫困,那么这些都是基金会必须承担的艰巨任务。

在接下来的几个部分中,我将介绍慈善事业可以为减少美国儿童贫困做出哪些贡献。我建议将具有不确定结果的长期活动与有助于实现长期目标的短期特定活动结合起来。

制定解决贫困问题的社会契约

在我们有生之年的大部分时间里,我们目睹了个人与公共和私人机构及组织在满足儿童基本人类需要方面的社会契约的变

第十六章 贫困儿童：对慈善事业和公共政策作用的反思

化。为这次会议准备的文件指出，个人和组织之间在广泛社会问题上的关系正在发生变化。在任何情况下，美国都不太可能采取其西欧盟国的社会福利策略。这些策略本身就面临着巨大的变革压力。随着与解决儿童贫困问题相关的大量研究、分析和经验的累积，现在正是重新思考与那些辛苦工作却无法满足其子女和自身基本需要的美国家庭有关的社会契约的时候了。

目前，关于《个人责任和就业机会协调法案》时代贫困问题的政策讨论似乎正在沿着两条轨道进行：一些人倾向于强调收入、收入保障和健康保险等福利的重要性，另一些人则倾向于强调职业道德及个人纪律和责任、婚姻和家庭成员之间互相关爱的重要性。经济资源以及父母和家庭成员对子女的行为和态度都很重要，而且这两方面都应该通过美国的公共和私人政策来解决。将这些两极分化的立场或解决儿童和家庭贫困部分问题的办法结合起来，正是建立慈善事业的目的：解决重大的、难以解决的问题，召集具有不同经验和立场的个人和团体，找到超越《个人责任和就业机会协调法案》的方法来结束"我们所知道的福利"。

对于认为《个人责任和就业机会协调法案》是一场灾难的人来说，我们的责任是提供经过深思熟虑的替代方案，即使是在福利改革实施的早期阶段。更直截了当地说，如果情况"变得非常糟糕"——比如说经济衰退——我们需要提供什么样的连贯的想法、策略和解决方案？如何将这些信息传达给不同的受众？我们如何才能赢得人心，使他们对如此多同胞的苦难感到无法接受？我们如何为后《个人责任和就业机会协调法案》时代奠定基础？

目前，大多数必要的想法、分析和政策选择都已经存在，但它们处于边缘或流放状态，在政策辩论和公众意识之外（Garfinkle，

Hochschild and McLanahan，1996；Handler and Hasenfeld，1997）。必须将这些概念与围绕着一个由公民社会、政府、企业和美国家庭（其中许多是贫困儿童家庭）构成的新社会契约组合在一起。试图理解和明确这些部门在变革时期的作用是困难的，但这些恰恰是慈善事业应该解决的难题。在美国社会，没有其他部门专门负责这项任务。其他部门也不太可能承担这样的任务。

我设想的基本社会契约的大致轮廓如下：如果成年家庭成员在工作岗位上努力工作，但他们的最低工资收入却不能充分满足其子女的需要，那么家庭以外的私人和公共机构都有责任帮助父母和家庭。（总会有成年人因残疾而难以或不可能履行社会契约的这一部分；像我们这样的先进社会，必须设法通过真正的社会保障网络规定而有尊严地支持他们。这一群体，有时被称为"难以触及的群体"，本身就是社会福利政策中被忽视的群体。）公共（如收入补贴）和私人支持（如弹性工作时间）相结合的要素是众所周知的，但必须在一个既支持家庭又为共同利益服务的整体计划中进行。

另一项关键任务是制定一项社会和政治战略，通过所有美国人的广泛参与来实现这些提议。宗教团体或宗教部门在这一讨论中的作用，有别于它们作为服务提供者的角色（Printz，1998）。作为涉及社会和经济正义价值观的一部分，它们对于恢复或加强贫困的道德意义至关重要（例如，全国天主教主教会议的牧函，National Conference of Catholic Bishops，1997）。

制定这一新的社会契约是关于儿童和贫困的慈善议程的"重大"项目。还有一些规模较小、更具体的议程项目可以在短期内为促进这项更大的事业做出贡献。

第十六章 贫困儿童:对慈善事业和公共政策作用的反思

激发公众对贫困的讨论

虽然学术界一致认为必须改变贫困线标准以反映当前的家庭状况,但任何解决办法都将是政治性的,并将影响目前有限的人力资源分配。当国家研究委员会的报告《测量贫困》(*Measuring Poverty*,Citro and Michael,1995;该报告敦促修订贫困定义)发布时,政客们宣称它"到来时就已经死去"。

如果像阿伦·汉森(Allan Hanson,1997)所说的那样,"贫困的含义已经不复存在",那么眼下就有一个机会让美国人重新认识我们中间的贫困问题。美国人口普查局及美国管理和预算办公室等政府机构的工作最好是在公众知情和广泛讨论美国贫困问题的背景下进行。基金会可以为主要机构工作人员和立法者提供全国情况简报,鼓励媒体报道重新界定贫困所涉及的问题以及对儿童和家庭可能产生的实际影响。贫困的道德和伦理层面应该是公共话语的一个重要部分。国家、州和地方各级的宗教团体应成为讨论个人责任、社会和企业责任、道德原则和人权问题的主要参与者。鉴于就业和工作问题的重要性,工会的作用不容忽视。

我之前强调过贯穿当前与儿童贫困相关的公共政策的价值观(关于美国人如何与贫困相关的社会政策做斗争的历史分析,见 Katz,1996)。这些价值观与人们如何看待美国贫困的原因有关。基金会可以通过研究、民意测验、媒体形象和公民参与等方式,来支持调查和澄清有关贫困及其原因的相互矛盾的概念的行动。基金会可以为个人和组织从事创意工作提供支持,可靠的信息可以建立在这些创意之上,并且这些创意超出了当前福利讨论的范围。超越意味着要在理解美国贫困的文化和经济方法之间寻求一种综合或调和。这次讨论的领导层还没有完全确认清楚;然而,在这里,基金会作为领导者,在跨部门召集会议和确定强有力的新呼声方面的作用同样至关重要。

阐明减少儿童贫困的统一方法

美国目前拥有一个双重公共援助体系。对于贫困人口,它将人们进行分类,并根据某些条件提供政府援助。对于较富裕的人,实行的是许多人可能不承认的社会援助制度,例如,受抚养子女税收抵免(Dependent Child Care Tax Credit)或抵押贷款利息税减免(Mortgage Interest Tax Deduction)。美国缺乏的是统一的社会援助方法。采用有针对性的计划和税收政策方法,相对于中等收入和较富裕的家庭,低收入家庭更有可能被排除在外或处于不利地位。正是这些低收入家庭受到州和地方社会服务责任的影响最大。例如,在一个所有健全的成年人(包括有年幼子女的母亲)都要外出工作的时代,儿童保育,作为一项基本的家庭支持服务,将税收制度用作一种筹资机制。中产阶级家庭通过受抚养子女税收抵免制度获得退税,而欠税很少或没有税的低收入家庭则不会从中受益。在目前的权力下放过程中,有资格获得有限的儿童保育补贴的低收入家庭(目前每十个符合条件的儿童中有一个获得此类补贴)受制于变幻莫测的州计划,而中产阶级家庭则不然。这是基金会可以支持工作的领域之一,为需要良好儿童保育的家庭建立一个提供真正公平的准入和负担得起的服务体系,这

第十六章 贫困儿童：对慈善事业和公共政策作用的反思

是工薪家庭的基本需要。

基金会可以支持国家、州和社区的领导者以及其他可靠的信息传递者，他们提出了减少儿童贫困的统一办法。这些办法跨越种族和民族界限，能够获得广泛的公众支持。美国人确实关心帮助那些不幸的人（Bok，1996），但并不同情那些他们认为没有承担其责任的人。制定让美国各经济阶层都认为是合理的社会保险方法，应该被列入基金会的议程。

质疑权力下放：美国还是一个国家吗？

权力下放有可能带来有益的创新，以减少儿童贫困，但也可能导致力量的耗散，而这些力量可能会通过更富有成效的方式被使用。如果鼓励"五十朵鲜花"竞相开放，那么追踪50个州（更不用说县）权力下放结果所需的后勤和资源可能会给通信和信息技术行业以及研究机构带来意外收获。但由于几个原因，事实证明做到这一点是很困难的。例如，收集儿童结果的相关和可比数据必须得到参与州的合作。通常情况下，各州和地方没有能力及时收集到关键儿童结果的可靠信息。在某些情况下，收集的数据因州而异。例如，管理式医疗的某些特点可能会使跟踪客户与供应商的联系变得困难。精心设计的研究成本是相当可观的，而且随着福利结构的大规模调整，经常无法找到对照组。每个州实施权力下放的复杂性和持续变化也使得找出哪些因素会对哪些结果产生影响变得困难。因此，从纯粹的研究视角来看，权力下放的研究正进入一个未知领域。这并不是说大型的全国基金会不应该支持这些研究工作，而是说研究投资不充足。基金会有关权力下放的工作必须进一步多样化。

需要注意的一个基本问题是公平性。个体儿童的资源、支持和生活机会将继续受到他们居住地的影响。在美国,情况一直如此,但新政(New Deal)和"向贫困开战(War on Poverty)计划"旨在增加儿童的机会平等,特别是在那些因歧视性做法而无法获得基本资源的州和地方。当前形式的权力下放可能会彻底改变这种局面。关于各州如何执行《个人责任和就业机会协调法案》的早期报告证实了这种担忧,即将儿童和家庭服务下放到 50 个州将进一步加剧数百万美国儿童的不公平竞争环境(Center for Hunger and Poverty,1998)。这种情况显然不支持美国长久以来的公平竞争传统。

战略性慈善事业必须对提供儿童医疗保健和儿童保育等基本人类服务的国家指导方针甚至是标准提出质疑。1997 年的《平衡预算法案》(*Balanced Budget Act*)较大幅度增加了穷忙族家庭子女获得健康保险服务的机会。然而,每个州在实施州儿童健康保险计划(State Child Health Insurance Program,简称 SCHIP,包括一系列福利待遇)时都有广泛的自由裁量权。基金会,通过支持组织,需要提出以下一些问题:是否所有美国儿童都应该获得一定的健康福利?是否所有美国儿童都应该获得一定水平的优质医疗保健服务?在目前关于增加儿童保育基金的讨论中,并没有对国家标准的讨论,即使是最基本的标准都没有。其结果是,税款将继续用于支付不足甚至有害的儿童保育费用。

虽然美国人不重视条件平等,但他们确实支持机会平等。我们往往忽视了为什么我们首先要制定国家政策。这些政策旨在解决在州和地方一级受到不平等待遇(歧视)的个人获得教育和

第十六章 贫困儿童：对慈善事业和公共政策作用的反思

社会服务等资源的不平等问题。但是，国家政策更根本的重要意义在于：它们必须确保所有美国儿童，无论他们的处境如何、生活在哪个州，都能得到一定程度的安全保障、支持和机会。我们似乎已经背离了这一基本保证，希望这只是暂时的。

慈善资金可以支持人们思考，在解决儿童贫困问题中，什么才是适当的国家角色？私人慈善机构和非营利组织可以采取什么措施来加强包括儿童保育和儿童健康保险在内的国家社会救助基础设施，并确保提供基本或最低水平的支持？为了从国家层面解决这些问题，必须在这一权力下放阶段加强国家组织。我们再也不能回避权力下放时代国家政府在儿童贫困问题上的适当作用这一长期存在的问题。一个令人不安的情况是，国家组织积极响应各州日益增加的作用，正在将注意力转向为各州提供技术援助和其他服务。这种趋势对这些组织监测和影响国家政策的能力的影响尚不清楚。

在当前权力下放的时代，社区组织、城市和州政府以及致力于解决贫困问题的国家组织之间的联系很重要，但并未得到充分重视。基金会支持基于社区的组织，这些组织与从事类似工作的州团体没有联系。基金会支持州一级的能力建设，但这些支持往往与同类的国家组织无关。社区组织抱怨国家组织与其利益无关。在儿童和家庭政策领域，该领域最大的十个基金会倾向于支持社区组织和计划，而对国家组织的支持较少。现在很少有基金会支持州一级的组织。这是一种奇怪的情况。如果这种情况属实，那么基金会需要解决的是，它们目前的资助方式如何直接或间接地反映出它们对儿童贫困的杠杆点的看法，以及如何将国家、州和地方政策联系起来作为其资助策略的一部分。一方面，地方和州的创新应该为其他州、社区和国家政策提供信息;另一方面,应该为国家制定一些标准。

审查儿童和家庭服务的私有化

私人非营利部门为贫困儿童提供一系列服务并不是什么新鲜事。在纽约等城市,有一大批志愿机构,包括宗教信仰机构,接受公共和私人资金,为贫困儿童和家庭提供服务。相对较新的是营利部门的参与,例如,洛克希德·马丁信息管理系统(Lockheed Martin Information Management Systems,简称IMS)在弗吉尼亚州管理儿童福利服务,以及马克西姆斯公司(Maximus, Inc)在康涅狄格州管理全州范围的儿童保育补贴计划。

在安妮·E.凯西基金会的支持下,哥伦比亚大学社会工作学院儿童和家庭政策高级学者希拉·卡梅尔曼和艾尔弗雷德·卡恩(Kamerman and Kahn, 1998)调查了有关儿童和家庭服务(重点是儿童福利服务)私有化的报告,并采访了该领域的专家。他们和美国联邦审计总署关于儿童社会服务私有化的一项研究(U.S. General Accounting Office, 1997)得出了类似的结论:关于通过合同使贫困儿童服务私有化的文献资料相当有限,并且取决于各种因素。对私有化的影响的认真评估,特别是对服务是否既符合成本效益,又对儿童和家庭有益的评估,也同样有限。除了轶事和媒体报道外,人们对营利性部门在向儿童提供服务方面的作用,包括对儿童福利系统的管理,都知之甚少(例如,见Kittower, 1998)。充其量,正如联邦政府审计总署的研究得出的结论,结果是喜忧参半。

第十六章 贫困儿童：对慈善事业和公共政策作用的反思

慈善事业，作为向各种形式私有化过渡的中立方，在支持独立记录、监测和评估非营利与营利性公司参与服务提供时所发生的情况方面可以发挥重要作用，例如确定领取食品券和儿童保育补贴的资格。鉴于政府机构内部私有化运动的强劲势头，这可能是政府对此类评估和绩效衡量的支持受到怀疑的一个领域。

减少儿童贫困需要举全国之力

潮流可能正在转向。当像威廉·贝内特（William Bennett）这样的主要保守派思想家对过度的反政府言论表示担忧（Bennet and DiIulio，1997），并对政府——特别是国家政府——的适当作用提出令人深思的问题时，我们有理由希望，我们将再次有机会探讨私人慈善事业和政府如何共同努力，减少世界上最富裕和最民主国家的儿童与家庭贫困。

美国的儿童贫困可以从目前的高水平上大幅降低。实现这一结果是一个公共政策选择的问题。这些解决方案将是美国独有的，代表着政府、非营利组织、企业和勤劳家庭的共同努力。出发点必须是，对于在贫困家庭和社区长大的儿童来说，政府或公共部门的资源既是必要的，也是不可避免的。私人慈善机构，包括基于信仰的团体和其他非营利组织，将永远不足以满足贫困儿童的基本人类需要。

私人基金会可以成为解决儿童贫困问题的关键催化剂。鉴于公共领导地位的削弱，尤其是在国家一级，慈善事业必须履行其创始责任，并引导公众就帮助所有美国儿童成长为健康、受过良好教育和有益社会成员的私人和公共责任的持久困境展开广泛讨论。没有什么比效忠誓言能更好地表达这一困境："一个人人享有自由和正义的国家。"只有这样，美国的慈善事业才能实现其创造者所追求的根本社会变革的崇高目标。

鲁比·高西（Ruby Takanishi）

参考文献

Bennett, W. J. and Dilulio, J. F., Jr. "What Good Is Government?" *Commentary*, 1997. Bergmann, B. *Saving our Children from Poverty*. New York: Russell Sage Foundation, 1996.

Bok, D. *The State of the Nation*. Cambridge, MA: Harvard University Press, 1996.

Center on Hunger and Poverty. *Are States Improving the Lives of Poor Families*? Medford, MA: Tufts University, 1998.

Children and Poverty. *The Future of Children*. Los Altos, CA: Center for the Future of Children. The David and Lucile packard Foundation. 1997.

Citro, C. F. and Michael, R. T., eds. *Measuring Poverty: A New Approach*. Washington, DC: National Academy Press, 1995.

Douglas, T. and Flores, K. *Federal and State Funding of Children's Programs*. Washington, DC: The Urban Institute, 1998.

Fulbright-Anderson, K., Kubisch, A. C., and Connell, J. P. *New Approaches to Evaluating Community Initiatives. Volume II: Theory, Measurement, and Analysis*. Washington, DC: Aspen Institute, 1997.

Garfinkel, I., Hochschild, J. L., and McLanahan, S. S., eds. *Social Policies for Children*. Washington, DC: Brookings Institution, 1996.

Gilens, M. "Race and Poverty in America: Public Misperceptions and the American News Media." P*ublic Opinion Quarterly*, 1996, 4, 515 – 541.

Handler, J. F. and Hasenfeld, Y. *We the Poor People: Work, Poverty, and Welfare*. New Haven, CT: Yale University Press, 1997.

Hanson, F. A. "How Poverty Lost Its Meaning," *The Cato Joumal*, 1997, 17, 2, 189 – 209.

Kamerman, S. B. and Kahn, A. J. *Privatization, Contracting, and Reform of Child and Family Social Services*. Washington, DC: The Finance Project, 1998.

Katz, M. B. *In the Shadow of the Poorhouse: A Social History of Welfare in America*. Tenth anniversary edition/revised and updated. New York: Basic Books, 1996.

Kelso, W. A. *Poverty and the Underclass: Changing Perceptions of the Poor inAmerica*. New York: New York University Press, 1994.

Kittower, D. "Counting on Competition," *Goveming*, 1998.

McLoyd, V. C. "Socioeconomic Disadvantage and Child Development." *American Psychologist*, 1998, 53, 2, 185 - 204.

National Center for Children in Poverty. *Young Children in Poverty: A Statistical Update*. New York: Columbia School of Public Health, 1998.

National Conference of Catholic Bishops. *Economic Justice for All. Pastoral-Letter on Catholic Social Teaching and the U. S. Economy*. Washington, DC. United States Catholic Conference, 1997.

Printz, T. J. *Faith-Based Service Providers in the Nation's Capital: Can They Do More?* Washington, DC: The Urban Institute, 1998.

Smeedling, T., Rainwater, L. and Danziger, S. "Child Poverty in Advanced Economies: The Economy, the Family, and the State." Paper presented at the 1997 Annual Meeting of the American Sociological Association, 1997.

Stagner, M. W. and Duran, M. A. "Comprehensive Community Initiatives: Principles, Practice, and Lessons Learned." *The Future of Children*, 1997, 7, 2.

Swartz, T. R. and Weigart, K. M., eds. *America's Working Poor*. Notre Dame: University of Notre Dame Press, 1995.

U. S. General Accounting Office. *Social Service Privatization*. Washington, DC: Government Printing Offce, 1998.

第十七章　医疗保健变化中的特征

医疗保健几乎占美国国内生产总值的15％,占美国非营利部门收入的一半以上。在过去30年中,这一领域经历了巨大的且往往是非常迅速的变化,这不仅是由技术发展推动的,而且还受到政府直接政策和市场力量的推动,而市场力量本身就是政府政策的结果。

我想在这篇文章中做几件事。首先,我想提请大家注意医疗保健领域内的多样性。其次,我将描述一些与所有权相关的显著趋势,以证明医疗保健领域中的非营利部门受到政府政策的深刻影响。我将强调影响非营利医疗保健的政策的多样性。为此,我将重点关注两种类型的医疗组织,即医院和医疗保健组织(Health Maintenance Organization,简称 HMO),它们在所有权形式方面有着截然不同的历史。第三,我将回顾一些实证证据,来说明所有权形式和对非营利组织作用的理论分析都很重要。最后,我将讨论一些关于非营利医疗保健未来的问题。

第十七章 医疗保健变化中的特征

医疗保健领域中的所有权多样性

医疗保健的所有权形式多种多样。尽管开发新产品的许多基础研究都是在非营利或公共学术机构中进行的,但是提供设备、物资和药品的组织几乎都是营利性的。研究本身是由政府、企业和慈善机构共同资助的。公共卫生职能主要由联邦、州或地方政府机构履行。州立医院也是为慢性精神病患者和重度残疾人提供服务的传统机构。医疗保险组织由非营利组织(大多数是蓝十字计划,Blue Cross)、营利性机构(商业保险公司)和政府组织(联邦医疗保险计划和医疗补助计划,Medicare and Medicaid)构成。医生的执业机构大多是小型私有组织。医院主要是非营利性的,但兼有营利性机构和政府机构。长期以来,大多数养老院都是营利性的,但其中也有一个重要的非营利组成部分。家庭护理一直属于非营利探访护士协会的领域,但近几十年来,一个大型的私营部门已经发展起来,包括医疗保健组织在内的管理式医疗行业也是如此。

为什么一些组织领域只由营利性组织组成,而另一些领域主要或完全由非营利组织组成,这一问题引起了一些学者的兴趣。韦斯布罗德(Weisbrod,1990)强调了由营利性组织生产的数量不足的公共产品的作用。汉斯曼(Hansmann,1980)认为,以服务购买者和提供者之间的信息不对称为特征的领域往往是非营利的,因为适用于非营利组织的"不分配约束"降低了卖方利用其信息优势的动机,从而为买方提供了一些天然的消费者保护。

然而,医疗保健有两个难以用公共产品或信息不对称来解释的特征。首先,营利性/非营利组织的分布因地而异。例如,佛罗里达州几乎一半的医院是营利性的,而包括纽约和康涅狄格州在内的许多州都没有营利性医院。佛罗里达州和明尼苏达州在医疗保健组织注册方面处于全国领先地位。佛罗里达州大多数医疗保健组织是营利性的,而明尼苏达州所有的医疗保健组织都是非营利性的。

这种差异表明,组织提供的服务的特点并不是解释所有权构成的唯一因素。另一种解释与文化和历史因素(谁先在那儿)以及当地的特点有关。其中一个特点是人口的快速增长,这使得对服务的需求急剧增加,而企业家对这些需求也做出了迅速的反应(Marmor, Schlesinger and Smithey, 1987)。另一个特点是州一级的监管制度,通常会对新组织的进入(如根据法规获得医院领域的需求证明)或特别是对营利性机构的进入(如根据法规获得纽约州的医院许可证和明尼苏达州的医疗保健组织许可证)设置障碍。

关于公共产品或信息不对称的部门层面的解释也不能说明为什么该领域的所有权构成会迅速变化,这在医疗保健领域已经发生过好几次。有关慢性精神病患者治疗的公共政策的变化导致公共精神病院大量减少,而覆盖短期住院治疗的医疗保险则刺激了私人精神病医院的发展,其中大多数是营利性的。营利性家庭护理行业的发展是需求大幅增长的结果(源于不断变化的技术和减少使用费用昂贵的医院的压力),也是有关家庭护理组织参与联邦医疗保险计划(Medicare,下文简称"医疗保险计划")资格的公共政策不断变化的结果(医疗保险计划是美国迄今为止最大的医疗服务购买者)。而且,下一节中将更加详细讨论的是,由于一系列复杂的公共政策原因,医疗保健组织行业在短短几年内就从非营利主导转向了营利性主导。

所有权趋势与公共政策的影响

医院和医疗保健组织的案例说明了公共政策在有意或无意地影响某一领域的所有权构成方面的重要性。这些案例还说明了下列因素的重要性:(a)关于政治进程是如何运行和受到影响的经典因素(金钱、影响力、政党政治);(b)公共政策的偶然性和意外后果;(c)关于组织绩效的证据;(d)对非营利组织作用的看法。这些都告诉我们去哪里寻找这样的证据。

影响医疗保健组织所有权构成的公共政策既广泛又具体。也许最广泛的公共政策出现在 20 世纪早期,最初的联邦所得税立法决定免除慈善组织的联邦所得税,并在随后的监管解释中,将非营利医疗保健组织纳入"慈善"组织范畴。影响服务需求的政策也很广泛。因此,1965 年的立法制定了针对老年人的医疗保险计划和针对穷人的医疗补助计划,为数百万原本无法参保的美国人提供了保险,并为该领域注入了大量资金。否定的政策决定也可能产生非常广泛的影响,例如克林顿医改提案被否决,该提案本可以创造全民保险覆盖率,以及拥有空前规模和权力的州级购买者。但是,正如医院和医疗保健组的案例所表明的那样,即使是较小的政策决策也会给特定领域的所有权构成带来重大影响,尤其是那些影响服务需求、获得资金和免税的政策决策。

近几十年来,医院和医疗保健组织的所有权发展史常常让不经意的观察者感到惊讶,他们可能认为营利性公司已经接管了医疗保健系统。然而,在过去的30年里,非营利社区医院的比例一直非常稳定(图17-1)。相比之下,医疗保健组织的所有权情况一直不稳定。直到20世纪80年代初,几乎所有的医疗保健组织都还是非营利组织;但到了20世纪80年代末,大多数计划都已经是营利性的。医院领域的稳定性和医疗保健组织领域的营利性转制都需要得到解释。

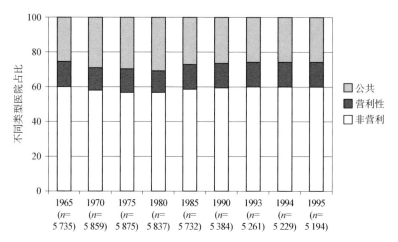

图17-1　1965—1995年按所有权形式划分的医院*数量和占总数的百分比
*：非联邦、短期、综合以及其他专科医院。
资料来源：Hospital Statistics. 1996/1997 Edition. Chicago：American Hospital Association，1997。
注：投资者所有权显著的精神病医院没有包括在该图中。

"稳定的"医院领域

在一个包括营利性和公共部门的混合领域中运作,非营利社区医院的比例在过去30年中一直保持不变,这一点似乎很引人注目。其他一切都发生了变化。美国人口从 1965 年的 1.95 亿增加了到 1998 年的 2.7 亿。针对老年人和残疾人制定的医疗保险计划上线，成为住院治疗的最大购买者，约占医院平均收入的 40%（Prospective Payment Assessment Commission，1997）。由州政府管理的医疗补助计划使用联邦/州联合资金为福利人群提供保险，成为州一级的最大购买者，约占医院收入的 15%。成本控制成为政府和企业购买医院服务的主要驱动力。20 世纪 70 年代的联邦/州卫生规划计划试图控制增加新床位（在政策前提下，所建床位将需付费使用）。20 世纪 70 年代的联邦专业评审标准组织（PSRO）计划试图找出不必要的医院使用情况，以便拒绝付款。20 世纪 80 年代，医疗保险计划放弃了以报销医院照顾患者产生的费用为基础的支付系统，转而采用了根据每个患者所属的"诊断相关分组"确定每次入院的固定价格的支付系统。1973 年的立法推动了管理式医疗行业的发展，并在 20 世纪 80 年代和 90 年代发展成为拥有巨大权力和影响力的行业。

在图 17-1 所涵盖的 30 年间，大约 500 家医院已不复存在，病床数量减少了 39%。医院入住人数从 140 万下降到 71 万，入住率下降了 49%。然而，即使发生这些变化，非营利医院的比例仍然保持在 60%。

然而，这种"没有变化"的说法并不能说明全部情况。如果计算床位而不是医院，那么营利性部门在过去 30 年里翻了一番（从约 6% 增加到约 12%），这在很大程度上是以牺牲公共部门为代价的。营利性公司还管理着数百家公立和非营利医院。而且，在精神科、康复科和其他专科医院中，营利性部门的增长速度比社区医院的快得多。如果把所有这些因素都考虑在内,营利性机构约占社区和专科医院的 30%。即便如此,在这个迅速变化的时代,非营利部门在社区医院中的持续存在仍然是一个显著的常量。

医疗保健组织领域的营利性转制

在 1973 年通过的立法中,"医疗保健组织"一词被纳入了医疗保健词汇中。营利性和非营利医疗保健组织的前身已经存在(Durso,1992),包括一些著名的非营利预付费医疗集团,如凯撒(Kaiser)、普吉特湾健康集团(Group Health of Puget Sound)和华盛顿特区健康集团协会(Group Health Association of Washington, D. C.)等。1973 年的立法在制定时考虑到了成本控制(Brown, 1983),为将一场由理想主义者领导的运动转变为一个由企业巨头组成的行业奠定了基础。这项立法向有资格的组织提供拨款和贷款,对获得"联邦资格"提出了一系列严格的要求,并要求提供医疗福利的大型雇主向其雇员提供合格的计划以及传统的赔偿保险。

医疗保健组织行业在 20 世纪 70 年代发展缓慢,在 80 年代发展较为迅速。根据各种说法,它在进入 20 世纪 80 年代时基本上是一个非营利行业。(InterStudy 与联邦政府签订合同,负责监测该行业的发展。该组织直到 1985 年才将所有权形式纳入其年度调查表,因为在 1976 年开始调查时,各医疗保健组织的所有权形式并没有变化。)但该行业在 20 世纪 80 年代经历了一次营利性转制(图 17-2),而且最新数据显示,73% 的计划(61% 的注册者)是营利性的。

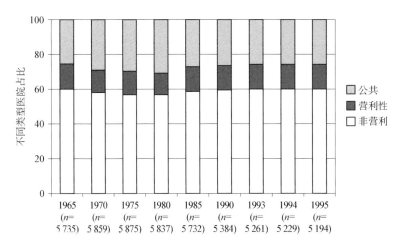

图 17-2 营利性和非营利医疗保健组织的数量（1965—1995 年）
资料来源：*InterStudy*, *Part II*: *Industry Report*, *1965-1995*。

对比医院与医疗保健组织：公共政策的作用

  为什么医院和医疗保健组织的所有权发展历史如此不同？我们可以确定影响这两个领域所有权构成的特定历史和政策因素。

  最早的非营利医院产生于 18 和 19 世纪，在法律概念和结构可以明确区分非营利和公共机构之前。20 世纪初的医院普查报告称，大约一半的医院是营利性的。这些医院大多是医生拥有的小型医疗机构，作为其执业的延伸而运作，与当今企业拥有的机构几乎没有相似之处。在医疗保险法通过之前，营利性组织所占的份额在 20 世纪持续下降。非营利组织的份额得到了政策决定的支持，根据《税法》第 501（c）（3）条，非营利组织作为慈善组织可以享受税收豁免,并且根据19世纪40年代末开始的希尔-伯顿(Hill-Burton)计划,可以获得用于资本项目的联邦配套资金。希尔-伯顿计划在20世纪70年代被逐步取消,但政府还制定了不同的条款来帮助医院满足其资本需求。资本成本补偿被纳入医疗保险计划的支付结构中,而且非营利医院能够获得免税借贷。借款和留存收益成为非营利医院的主要资金来源。因此,它们不得不以务实的方式运作。

在医疗保险计划通过后的几年里,营利性医院部门从一个由小型私人机构组成的边缘参与者,转变为一个由少数几家大公司主导的投资者拥有的行业。正如我在其他地方详细讨论过的那样(Gray,1991),这在很大程度上是医疗保险计划几个方面无意中产生的结果。首先,由于该计划与联邦医疗补助计划相结合,为全国数量最大和最难投保的未参保人提供医疗保险,医院现在可以盈利运营了。联邦医疗保险(最大的支付者)覆盖了医院费用的一部分,而私人保险则是以医院的收费为基础。

第二,事实证明,对于那些以无数种方式试图与医疗保险计划的实报实销制相博弈的医院来说,从所谓的基于费用的支付系统中产生利润是有可能的(Gray,1991)。例如,可以要求医疗保险计划报销医院从相关组织拥有的供应商那里以相当高的价格购买的商品和服务的"费用"。

第三,医疗保险计划支付包括给营利性医院带来的丰厚利润率(称为"股本回报率"支付)。将股本回报率支付纳入营利性机构,为投资者拥有的行业增长提供特定的刺激。我认为,这是唯一一项专门有利于营利性医院行业的具体立法行动。然而,从某种意义上说,这种对医院的影响并非来自预先的设计,因为股本

第十七章　医疗保健变化中的特征

回报率的规定是由主要以营利为目的的养老院行业的游说行动产生的。(具有讽刺意味的是,医疗保险计划仅提供了非常有限的养老院福利。)

第四,医疗保险计划的资本偿还政策不仅补偿了医疗机构在建造或购买设施时产生的利息和其他资本成本,而且还支付了折旧费用。由于一项设施的资金周转可以通过简单地将其出售给新的所有者并开始新的折旧计划来增加,因此设施对于新购买者的价值比对当前所有者的价值更高。

为了响应医疗保险计划中的激励措施,20世纪60年代末和70年代,投资者拥有的公司在一个由非营利和公共设施主导的领域所创造的可信支付环境中创建并迅速发展起来。他们认为,在一个旨在维持"低效的"非营利和公立医院运转的系统中,营利性医疗机构,因其不断增长的收入和效率要求,怎么可能会失败。这些医院公司成为华尔街的风云人物,高市盈率产生的廉价资本进一步推动了增长。越来越多的研究表明,对于购买者来说,营利性医院比非营利医院更昂贵(Gray,1986)。这一事实被营利性医疗机构及其倡导者置之不理,认为这是错误的(根据定义,它们更有效率)或者是被误解的。(当我引用有关费用方面的研究证据时,我不止一次被告知,"我们只是在做激励政策让我们做的事情"。)

到20世纪80年代初,美国医院公司(Hospital Corporation of America)、哈门那公司(Humana Inc.)、美国医疗国际公司(American Medical International)和全美医疗企业(National Medical Enterprises)四家公司,拥有美国大部分的营利性医院,并管理着数百家非营利和公立医院。商业媒体中充斥着这些公司将接管这一系统的预测。这些媒体提出了两种不同的方案。第一种情况是，营利性机构会在竞争中超越非营利机构，吸引能够为它们创造收入的参保患者。（当时的数据显示，平均每家非营利医院95%以上的收入来自患者护理费。）第二种情况是，拥有雄厚资本的营利性公司将通过收购来接管这一系统。在那之前，这些公司主要是通过收购独立的私立医院，然后再通过相互收购来实现增长（Hoy and Gray，1986），而且它们的增长战略（以及高股价）要求它们不断进行收购。发展壮大的唯一途径是收购公立或非营利医院，路易斯维尔、威奇托、俄克拉何马城、丹佛和奥马哈等地都出现了一些广为宣传的例子。人们普遍预测该系统将被接管。

然而，20世纪80年代初，在对医疗保险计划进行了三次成本控制改革后，投资者拥有的公司以惊人的速度停止了增长。人们认为，以股本回报率的计算方法支付营利性机构过于慷慨和昂贵，因此被削减了三分之一。医疗保险计划对转手的设施进行了多次折旧支付的事实被发现并被叫停。而且，医疗保险计划对实报实销的支付方式采取了新的限制，并在一年后完全放弃了这种报销方式，取而代之的是一种基于患者诊断的按病种报销的新制度。

到了20世纪80年代末，这四大公司的规模都比80年代初的时候要小，而且几家营利性医院公司也因虐待和欺诈患者的丑闻而摇摇欲坠。到20世纪90年代，由于它们在面对利润下降或声誉受损时所采取的策略，80年代的四大公司都已不复存在。他们的大部分资产被哥伦比亚（Columbia）和特内特（Tenet）两家新医疗公司收购。今天，在新一轮的欺诈指控和管理变革之后，哥伦比亚/美国医院公司（Columbia/HCA）现在似乎正在走其前

第十七章 医疗保健变化中的特征

辈的老路,宣布计划出售三分之一的医院(超过100家),其中一些医院似乎有可能会回归非营利所有权。

非营利医院的转制与这个故事有何关联?营利性公司在最初的发展阶段确实收购了一些非营利(和公立)医院(Hoy and Gray,1986)。但是,在20世纪80年代和90年代初期收购的医院数量相对较少,并且一部分被相反方向的转换所抵消。肖莱(Chollet)和她的同事发现了1980年到1993年之间110起非营利组织转为营利性组织的案例,但同时也找到了55起营利性组织转为非营利组织的案例。1994至1996年间,非营利医院转化的数量显著增加,并引起了人们的广泛关注和担忧。

虽然这段历史还有待于充分理解,但它涉及几个因素。其中一些因素与为什么非营利受托人可能越来越倾向于考虑出售他们的医院有关。这个国家有过剩的医院和病床。尽管床位数量在下降(1990—1996年下降了7%),但入住率仍低于60%(Levitt,1998)。人们普遍认为,并非所有机构都能运营下去。许多机构陷入财务困境,难以获得保持现代化和竞争力所需的资金。一些非营利医院的理事会开始考虑大量的替代方案——合并、转为其他用途(如长期护理)和出售。财力最为雄厚的是哥伦比亚/美国医院公司和特内特医疗保健这两家公司。它们是由早期投资者拥有的公司的残余部分整合而成的。与20世纪70年代的前辈一样,新的医院公司主要通过收购其他医院公司来实现增长,并大张旗鼓地宣称其高效率。这让人想起,有证据表明,哥伦比亚旗下的医院对购买者来说更昂贵,而且该公司的部分利润来自寻找利用支付系统的方法。随后,指控和调查在1997年达到高潮,并且公司的首席执行官理查德·斯科特(Richard

Scott）宣布辞职。哥伦比亚很快就放弃了扩张的野心，而非营利医院在社区医院中的比例基本保持不变。

与所有权相关的政策在医疗保健组织领域更为明确。在1973年《医疗保健组织法案》（HMO Act）决定限制联邦政府对非营利计划的支持（只有极少数情况例外）之前，国会就对所有权形式展开了认真的辩论。20世纪70年代，《医疗保健组织法案》成为启动新计划的少数资金来源之一，并且新计划的组织者通常会选择以非营利的形式来获得那笔资金。然而，联邦政府对医疗保健组织的资助是里根政府的早期牺牲品，而且管理《医疗保健组织法案》的联邦办公室发起了一场积极的运动，试图吸引股权投资进入医疗保健组织领域。医疗保健组织公司于1983年首次上市，许多紧密持股的营利性计划也随之诞生。当投资者拥有的公司开始增长时，医院市场已经成熟，而营利性医疗保健组织部门则是建立在《医疗保健组织法案》要求大型公司雇主提供医疗保健组织选择所产生的日益增长的需求，以及雇主越来越希望控制医疗保健费用的基础之上的。

联邦税收政策也促成了医院和医疗保健组织领域不同的所有权历史。对于医院而言，美国国税局（IRS）对《国内税收法典》（Internal Revenue Code）第501（c）（3）条的解释并不严格，特别是自1969年以来，"社区福利"成为"慈善"的操作定义（只要求向社区开放急诊室），联邦税收政策既没有阻碍非营利医院的发展，也没能激励非营利医院的绩效（Fox and Schaffer，1991）。（正如稍后将要讨论的，州和地方政策是另一回事。）

相比之下，自20世纪70年代初以来，国税局及其政策一直是医疗保健组织领域中非营利组织的重大障碍。从国税局的角度来看,医疗保健组织的特征存在三个方面的问题。首先,大多数组织不符合"社区福利"标准(这些标准是从国税局的医院免税政策中借鉴而来的),因为几乎没有计划会实际运营可能设有急诊科的医院。第二,医疗保健组织的特点引起了人们的担忧,即这些组织提供的是私人福利(无论是对注册者还是医生),而不是造福整个社区。第三,医疗保健组织包括一项保险功能,而国税局长期以来一直对提供医疗保险是否值得免税持怀疑态度。这一观点最终在 1986 年被纳入立法,取消了非营利组织蓝十字计划的大部分联邦税收优惠。国税局在这些问题上的立场发展正好发生在医疗保健组织行业不断增长的时期,并成为创建新的非营利计划的一个重要障碍,特别是那些没有自己的交付系统的计划。在 20 世纪 70 年代,新计划的制定者有理由选择非营利形式(以确保根据《医疗保健组织法案》获得资金);但在 20 世纪 80 年代,联邦政府是创建新的非营利计划的障碍。大部分增长来自营利性方面。

政府政策影响医院和医疗保健组织所有权不同趋势的第三个领域体现在由非营利转为营利性质。如前所述,医院之间的转制并不常见,并且在两个方向上(营利性和非营利)都发生过,因此对医院领域的整体构成几乎没有影响。相比之下,转制极大地促进了医疗保健组领域向营利性转变,根据我的计算,大约有三分之一的非营利组织参与了这种转制。医院转制主要涉及资产的出售,而医疗保健组织转制通常由内部人员进行重组,这些人因此获得了以前非营利资产的所有权。这种交易在 20 世纪 80 年代中期达到顶峰,而这种现象直到十年之后才引起广泛关注。政府的作用是让这些交易在几乎没有审查的情况下,以远低于市场价值的价格成交(Bailey,1994)。以低价获得非营利资产控制权的机会无疑刺激了此类交易的发生。

在政策制定者和监管者意识到其中的利害关系之前发生的医疗保健组织转制中,私人获得了非营利组织的慈善资产,使人们失去了一个为造福社区的新目标创造资源的机会。然而,不太清楚的是,社区福利活动出现了净亏损,因为似乎(尽管从未有具体记录)转制的医疗保健组织被创立为非营利组织可能并不是因为目的和意图的契合,而是因为建立它们的企业家看到了利用非营利形式的法律优势。其主要优势是根据《医疗保健组织法案》获得资金支持。因此,大体上,转制后的医疗保健组织可能已经使它们的公司结构符合其特点和目的。这些计划中有很多是由内部的执业医生(而不是由非营利医院典型的理事会)创建和管理的,他们把制定计划作为一种防御措施。

非营利医院和医疗保健组织的绩效

三类问题激发了对非营利组织绩效的研究。首先,经济学家对营利性医院是否比非营利医院更"高效"非常感兴趣。(在医疗保健组织领域,对这一问题的研究很少,可能是因为人们认为竞争会解决这个问题。即使是在医院领域,近年来对这一主题的研究也少之又少。)这个问题既来自经济理论,也来自对营利性医疗保健益处的争论。研究发现,非营利医院的费用与营利性医院的费用相似或更低(Gray,1991),并且营利性医院的管理成本更高(Woolhandler and Himmelstein,1997)。有趣的是,在联邦医疗保险计划采用按固定的诊断相关费用支付后的头一个十年里,非营利机构的利润率高于营利性机构的利润率(Prospective Payment Assessment Commission,1996)。(近年来这种趋势的逆转被一些人解释为营利性机构效率的证据[Altman and Shactman,1997],尽管对哥伦比亚/美国医院公司的调查表明,该公司的一些收益可能来自对支付系统的非法操控。)此外,许多研究表明,从营利性医院购买服务的费用更高。随着医疗系统的竞争日益激烈,关于效率的实证研究将不如在竞争条件下竞争和保持质量的能力重要。

第二组问题与慈善活动和公共产品有关,这类问题也是对医院的研究多于对医疗保健组织的研究。慈善活动通常用"免费医疗"来衡量,这是一个包含坏账的概念。非营利医院和营利性医院提供的免费医疗的相对数量因州而异(Gray,1991)。有证据表明,在未参保人数众多、公立医院很少的州,非营利医院无论是在绝对值上,还是与营利性医院相比,都提供了更多的无偿医疗服务。在其他地方,非营利医院和营利性医院在免费医疗方面是相似的。与营利性医院相比,非营利医院更有可能提供赔钱服务,以及参与教育和研究活动(Gray,1986;Gray,1991)。有迹象表明,与营利性医疗保健组织相比,非营利医疗保健组织更多地参与社区福利活动,尽管还没有出现系统的证据(Schlesinger et al.,1998)。

第三个领域涉及可信赖性,这是医疗保健领域的一个重要问题,因为服务提供者与患者和第三方支付者之间的信息不对称(Hansmann,1980;Steinberg and Gray,1993)。具体而言,可信赖性既与医疗服务质量有关,也与欺诈和滥用有关(Gray,1997)。美国国家医学院(Institute of Medicine)十年前的一项研究发现,营利性和非营利医院在医疗质量方面没有较大的或一贯的差异(Gray,1986)。最近,人们的担忧日益增加,因为有数据显示,营利性医院的护患比低于非营利医院,但这与服务质量的关系尚不确定(Institute of Medicine,1997)。在欺诈和滥用方面,最近涉及哥伦比亚/美国医院公司的丑闻显然是营利性医院公司参与系统利用患者和支付系统漏洞的最新例证(Gray,1991)。除了操纵支付系统和规则外,该公司与医生的合资企业以及利润分成活动损害了付款人和患者所依赖的独立性和代理人作用。

在医疗保健组织领域中,与医院相比,可信赖性一直是一个更令人关注的问题,部分原因是人们担心,成本控制方法要么会给医生对患者的代理人角色造成利益冲突,要么会导致所需服务被拒绝。尽管这些问题通常不是以非营利/营利性的方式提出的,但值得注意的是,它们往往是以组织利润高于患者利益的方式来表述的。关于所有权形式和可信赖性的现有证据是零散的,但具有启发性。例如,在联邦医疗保险计划中,退保率最高的医疗保健组织是营利性的,而最低的是非营利的(Health Care Finance Administration,1994)。据报道,类似的模式也曾在医疗保险计划管理式医疗的参保人上诉中出现过(Anders,1995)。在一项《消费者报告》(*Consumer Reports*,1996)调查中,营利性计划的参保人更普遍地表示遇到了拒绝被提供所需医疗服务的情况。最近,国家质量保证委员会(National Committee on Quality Assurance)收集的质量数据分析显示,与营利性计划相比,非营利计划对预防活动的重视程度更高(Spragins,1997)。

非营利医疗保健的未来

医疗保健的快速发展为该领域的非营利部门带来了许多难题。尽管一些机构努力发挥领导作用,以迎接变革,但新发展的速度和多样性意味着非营利医疗保健领域正在发生的许多事情都是被动的。对未来具有重要意义的重大发展如下:

(1)由于全民医疗保险仍然遥遥无期,作为慈善实体的免税机构将有望帮助满足日益增长的未参保人群的需求。

(2)随着私营和公共部门(医疗保险计划和医疗补助计划)管理式医疗的增长,医院和其他医疗服务提供者面临着越来越大的压力,不得不降低成本以及与大规模购买者协商价格。几年来,非营利医院一直声称,这种成本压力将使它们很难或不可能通过付费患者的交叉补贴来开展"慈善"活动,但近年来,它们的利润率比以往任何时候都要高(Prospective Payment Assessment Commission,1997)。联邦医疗保险计划将不会允许这种情况继续下去,它可以冻结或降低其支付的价格。

(3)多年来,住院率和住院时间一直在下降。医院数量和配备人员的床位数量也在下降,但下降的速度要慢得多。随着全国医院入住率目前低于60%,以及购买者持续施加的成本压力,越来越多的非营利医院将面临出售、合并、关闭或转为其他用途(如长期护理)的问题。

(4)州政策在使数百家非营利医院和医疗保健组织转为营利性机构的重组和销售中发挥了重要作用。在过去的两三年里,监管力度明显加强,而且许多地方出现了社区对营利性转制的抵制。哥伦比亚/美国医院公司的丑闻和一些主要医疗保健组织公司的财务困境也可能削弱这种转化的吸引力。1998年初,除了蓝十字计划外,这种转制现象可能已经达到顶峰。不过,低入住率和成本压力将继续破坏现状。

(5)通过广泛采纳对受益人实施强制性管理式医疗,各州的医疗补助计划已成为变革的一个主要来源。其后果之一是医院和社区卫生中心创建了大量新的健康计划(大多是非营利的),这些机构传统上为大量医疗补助计划参与者和其他贫困患者提供服务。到目前为止,几乎没有迹象表明,州政府或联邦政府正在阻碍这些新实体的发展。

除了刚刚提到的趋势和发展外,还有其他一些发展似乎对医疗保健领域的非营利部门的未来尤为重要,值得进一步讨论。

新旧杂糅

由于20世纪70年代和80年代的"公司重组",大量非营利医院成为包括营利性公司在内的大型组织结构的一部分。创建这些公司结构是为了实现收入最大化,遵守税收规则,并促进对各种活动的管理。一般情况下,人们会创建一个非营利的母体组织,该组织拥有其他几个组织,其中包括营利性和非营利实体。医院本身通常是这些实体中最大的非营利实体。其他非营利实体可能包括其他类型的医疗服务组织以及一个基金会,以将慈善捐款重新分配到其他非营利实体。营利性实体包括从事非医疗行业业务的各种子公司,以及实质上是盈余收入投资的其他实体。这些实体与医院的核心活动不一定有太大关系(例如,为患者家属服务的宾馆、健康俱乐部等)。

在过去的儿年里,两种新因素刺激了混合形式的发展。一是管理式医疗的发展,这使得非营利医院参与到各种各样的新组织安排中。其中一些组织旨在提高医院的市场地位,例如与医生合资组建可以与管理式医疗组织签订合同的综合实体。其他新项目包括建立医疗保健组织或类似医疗保健组织的医疗补助计划管理式医疗组织。例如,1996年,当康涅狄格州将其医疗补助计划转向管理式医疗模式时,耶鲁-纽黑文医院与耶鲁大学医学院合资成立了一个营利性医疗保健组织。

随着涉及医院和医生的新组织形式(如"综合交付系统""供应商赞助计划""医生-医院组织")不断发展,以应对竞争压力和管理式医疗,联邦税收政策成为重组医疗服务提供系统的重要力量,主要关注的是私人(而非社区)福利问题。这些安排方式也进一步模糊了非营利医疗机构和营利性医疗机构之间的界限。

最近对混合形式产生刺激的第二个因素是营利性公司(特别是哥伦比亚/美国医院公司和特内特医疗保健公司)的新收购策略。在一些情况下,这些公司购买了非营利医院的控股权,从而与非营利实体成立了合资企业。这些安排对收购方而言较为便宜,减弱了(但并没有消除)对丧失慈善使命的担忧,并使非营利组织有机会从预期的利润激增中获益。这些交易在税收、法律和政策方面都存在争议,只发生了少数几笔交易,这是不是一个对未来很重要的可行模式还有待观察。

新的问责形式

新的绩效监控 I：免税比较

20世纪80年代中期，许多医院的利润率异常之高，于是州和地方政府开始质疑给予非营利医院的税收优惠。这一事态发展受到以下几个因素的推动：为未参保人提供更多的医疗服务的愿望、许多医院越来越商业化的行为，以及营利性医院公司的幕后鼓励。这些挑战取得了喜忧参半的成功，一些州的医院要么失去了免税地位，要么通过协商付款代替税收。

关于非营利组织免税的争论集中在概念和经验问题上。首先，非营利医院应该提供什么样的社区福利来换取免税？这个问题假定免税是一种补贴，需要用公共政策所界定的具体术语来加以说明。主要的经验问题是非营利医院（和医疗保健组织）是否提供了可衡量的福利，其价值至少应等于政府因免税而放弃征税的金额。1990年，美联邦审计总署（U. S. General Accounting Office，1990）在一份关于加利福尼亚州和纽约州医院的报告中首次对这个问题进行了研究，随后其他研究人员和其他州也对这一问题进行了研究（Morrisey, Wedig and Hassan, 1996）。调查结果的要点是，结果取决于所使用的社区福利的定义。如果"社区福利"在慈善医疗福利方面的定义非常狭隘，那么一些医院（而不是大多数医院）提供的福利价值小于其免税额。

这些研究结果加上非营利医院的积极游说，在很大程度上削弱了整个行业对非营利医院免税的攻击，但几个主要州（包括得克萨斯州、加利福尼亚州和纽约州）已经开始要求个体医院每年公开报道其社区福利活动（Barnett，1997）。社区福利的定义千差万别。得克萨斯州狭义地将其界定为无偿医疗服务，而加利福尼亚州最初将社区福利的定义和报告权留给了各机构。公开报道对社区福利活动的性质和范围的影响尚未进行实证研究。观察家们期望能提高绩效，并在一定程度上与社区福利的概念相博弈。

新的绩效监控 Ⅱ：服务质量

非营利部门的观察家们早就注意到，他们往往处于那些不容易对绩效进行清晰和明确衡量的领域（Kanter et al.，1987）。由于卫生服务研究的发展和来自购买者的压力，特别是私营部门购买者的压力，医疗机构将越来越需要提供它们在为患者和参保者提供医疗服务方面的绩效文件。卫生服务研究发现，大量不必要和不适当的服务被提供，而往往必要的预防服务却没有被提供。研究在医疗服务和患者满意度测评中产生积极结果的决定因素也极为重要。在购买者方面，大型自我保险雇主开始询问他们购买的医疗服务的信息。

在过去十年中，这些对数据的需求变得更加复杂，而且人们认识到有必要使计量标准化。管理式医疗的发展刺激和促进了人们了解所购买服务价值的愿望。结果在医疗保健组织领域采用了一种被称为 HEDIS 的不断发展的数据集。该数据集旨在使比较不同健康计划的绩效成为可能，而且这反过来又必须要求医院等服务提供者提供绩效数据。认证机构也越来越多地转向绩效指标，而不仅仅是符合结构标准。一些州已经开始收集和报道有关医院在常见但复杂的外科手术（如冠状动脉搭桥手术）中表现的观察指标。

由于很难知道机构何时提供良好的医疗服务,所以非营利机构在过去可能曾享受过光环效应,部分是基于它们的地方控制和服务使命。显然,在未来,非营利组织在提供服务方面的绩效将受到前所未有的严格审查。如果非营利组织更好,我们会知道;如果不是这样,我们也会知道。

新的绩效监控 III:欺诈和滥用

理论家们认为,非营利医疗保健组织在服务购买者和销售者之间存在信息不对称的领域将具有优势(Hansmann,1980)。显然,由于患者和第三方付款人的脆弱性,医疗保健是一个欺诈行为高发的领域。在过去的 25 年中,欺诈和滥用屡屡成为医疗保险计划和医疗补助计划新立法的主题。据估计,在医疗保险计划中,欺诈和滥用占卫生经费支出的 10%(GAO,1997),并且现已经成为司法部的首要问题。

在过去的 15 年里,一些主要的营利性医院公司触犯了关于欺诈和滥用的法律(Gray,1991;Eichenwald,1998)。作为它们自我改革行动的一部分,特内特医疗保健公司(原国家医疗企业)和哥伦比亚/美国医院公司聘请了高级合规官,以向紧张的购买者和股东保证,公司非常重视减少欺诈行为(Lagnado,1997)。

对于非营利医院和其他医疗保健组织来说,未来的一个重要问题是它们是否有能力经得起欺诈和滥用调查人员的审查。随着哥伦比亚/美国医院公司欺诈案调查的展开,非营利组织的领导者尤其保持沉默。没有人知道非营利组织在多大程度上可能做了让哥伦比亚/美国医院公司陷入困境的同样的事情。美国卫生与人类服务部(Department of Health and Human Services)以及司法部(Department of Justice)对教学医院进行的调查已经记录了一些非营利医院住院医师对服务不当计费的重要案例(Weissenstein,1997)。如果未来的调查显示欺诈行为普遍存在,那么对非营利组织的信任可能会受到严重损害。这是一种非营利组织应该准备应对的绩效监控形式。

改变联邦/州关系

在过去的30年里,对于医院和医疗保健组织而言,联邦政策产生的影响比州政策更大,即使医院是在州一级获得执照,而且医疗保健组织(如通常的保险)也是在州一级受到监管。但是,联邦医疗保险计划和与之相关的各种成本控制策略已经产生了深远的影响,正如联邦《雇员退休收入保障法案》(ERISA)优先于州政府对自我保险公司健康福利计划的监管。

20世纪90年代,权力和影响力的钟摆在某种程度上从联邦一级摆向了州一级。部分原因是被称为权力下放的意识形态潮流,部分原因是1993年国家改革的失败,还有部分原因是各州要求对医疗补助计划的费用行使更多控制权(这涉及联邦政府和各州共同出资)。权力的转移有几种表现形式,其中一些在本文中已经提到。因此:

(1)大多数加强非营利医疗保健组织免税问责的创新来自各州。

(2)在克林顿医疗改革提案失败以及由就业支持的医疗保险持续衰退之后,未参保人数正以惊人的速度增长。以纽约为例,未参保人口的比例在20世纪90年代增长了25%,约占总人口的四分之一。一些州为了应对未参保人数的增长,出台了新的州计划,以资助他们的医疗服务或帮助为他们提供服务的机构。在大多数州,试图为未参保人提供服务的非营利和公共机构正面临着越来越严重的财政困境。

(3)几乎所有的州医疗补助计划都已经采用或正在采用某种形式的管理式医疗。其后果包括州政府作为购买者的权力大大增强,对大多数非营利和公立医院以及传统上为医疗补助人口服务的保健中心产生了深远的连锁反应。其中一个后果是增加了对收入来源的限制,该收入来源一直被用于补贴为未参保人口提供服务的供应商的整体运营。产生的另一个后果是,作为一种防御措施,传统上为穷人服务的组织创建了新的管理式医疗计划。

(4)1996年的联邦福利改革及其对州福利计划的影响,对那些长期致力于为穷人服务的非营利组织具有重要意义。虽然没有充分记录,但在一定程度上,移民人口和超过联邦政府规定时限的福利领取者中增加了至少一些非营利组织试图提供服务的未参保人群。

在过去的十年中,这些变化和其他变化的累积效应清楚地表明,医疗保健领域的非营利部门未来将与联邦政策一样,成为州一级的卫生政策问题,至少在联邦政府就未参保者和免税政策等问题重申领导权之前。

自从亨利·汉斯曼(Henry Hansmann,1980)发表了他对非营利组织在收入来自服务销售而非捐赠者捐款的领域中的作用的调查以来,已经过去了将近二十年。新时代的绩效衡量、购买者监督、社区福利报告和经济竞争可能有助于我们了解非营利组织是否确实能够发挥独特的作用。在医疗保健领域,人们普遍预测非营利和营利行为的趋同,但随着政府要求免税的正当性、像营利性机构那样运营的非营利机构转变为营利性机构,以及大型政府项目(医疗保险计划和医疗补助计划)把曾经吸引股权投资者进入医疗保健领域的盈利机会排挤出去,它们的差异也有可能会扩大。纽约州和其他一些州已经有证据表明,医疗补助计划不愿意支付能够吸引营利性管理式医疗公司的费用。

医院领域面临着来自产能过剩的特殊挑战。尽管非营利医院的理事会可能将机构生存视为其首要责任,但似乎很明显的是,大量的非营利医院应该合并或改变它们的服务(例如长期护理)。受托人将如何应对是未来的一大挑战。他们所负责的资产是否会因为利用率下降的恶性循环而被耗尽,还是受托人会找到新的方法来利用这些资产为其社区服务?值得注意的是,出售给营利性公司对减少已经成为重大问题的产能过剩毫无帮助。

政府不断要求医院和医疗保健组织证明它们目前应享受的免税待遇,这有可能增强其社区服务的作用和活动,但同时也存在着用监管者的判断取代受托人对什么是最有利于社区的政策和活动的判断的风险(Pauly, 1996;Gray, 1996)。关于非营利部门最好是被视为政府的补充,还是政府的政策工具的问题将再次被提出。

布拉德福德·H. 格雷(Bradford H. Gray)

参考文献

Altman, S. H., and Shactman, D. "Should We Worry about Hospitals' High

Administrative Costs?" *New England Journal of Medicine* 1997, 335(11), 769–774.

Anders, G. "Humana Gets Some of the Poorest Scores in Study of HMO Medicare Complaints." *Wall Street Journal*, 1995, B5.

Bailey, A. L. "Charities Win, Lose in Health Shuffle." *Chronicle of Philanthropy*, June 14, 1994, p. 1.

Barnett, K. *The Future of Community Benefit Programming: An Expanded Model for Planning and Assessing the Participation of Health Care Organizations in Community Health Improvement Activities*. Berkeley, CA: Public Health Institute, 1997.

Brown, L. D. *Politics and Health Care Organization: HMOs as Federal Policy*. Washington, DC: Brookings Institute, 1983.

Chollet, D. J., Lamphere, J. and Needleman, J. *Conversion of Hospitals and Health Plans for For-profit Status: A Preliminary Investigation of Community Issues*. Washington, DC: Alpha Center, 1996.

Consumer Reports. "How Good is Your Health Plan?" *Consumer Reports*, August 1996, pp. 28–42.

Durso, K. A. "Profit Status in the Early History of Health Maintenance Organizations." Doctoral dissertation, Yale University, 1992.

Eichenwald, K. "High-Stakes Face-Off Begins for Columbia/HCA." *New York Times*, January 20, 1998.

Fox, D. and Schaffer, D. C. "Tax Administration as Health Policy: Hospitals, the IRS, and the Courts," *Journal of Health Politics and Law*, 1991 16(2), 251–279.

General Accounting Office. *Nonprofit Hospitals: Better Standards Needed for Tax Exemption: Report to the Chairman*, Select Committee on Aging, House of Representatives. Washington, DC: GAO 1990.

General Accounting Office. *Not-For-Profit Hospitals, Conversion Issues Prompt Increased State Oversight*. Washington, DC: GAO, 1997.

Gray, B. H., ed. *For-Profit Enterprise in Health Care: A Report of the Institute of Medicine*. Washington, DC: National Academy Press, 1986.

Gray, B. H. *The Profit Motive and Patient Care: The Changing Accountability of Doctors and Hospitals*. Cambridge: Harvard University Press, 1991.

Gray, B. H. "Tax Exemptions as Health Policy." *Frontiers of Health Services Management*, 1996, 12(3), 37–42.

Gray, B. H. "Trust and Trustworthy Care in the Managed Care Era." *Health Affairs*, 16(2), 1997, 34–49.

Hansmann, H. "The Role of Nonprofit Enterprise." *The Yale Law Journal*, 1980,89(5),835 – 901.

Health Care Finance Administration. *Enrollment and Disenrollment Expense in the Medicare Risk Program*. Baltimore, MD: HCFA. 1994.

Hoy, E. and Gray, B. H. "The Growth of the Major Investor-Owned Companies." In B. H. Gray, ed., *For-Profit Enterprise in Health Care*, Washington, DC: National Academy Press, 1986.

Institute of Medicine. *Nursing Staff in Hospitals and Nursing Homes: Is It Adequate?* Wunderlich, G. S., Sloan, F., and Davis, C. K., eds. Washington, DC: National Academy Press, 1997.

Kanter, R. M., and Summers, D. V. "Doing Well While Doing Good: Dilemmas of Performance Measurement in Nonprofit Organizations and the Need for a Multiple-Constituency Approach." In W. W. Powell, ed., *The Nonprofit Sector: A Research Handbook*. New Haven: Yale University Press, 1987.

Lagnado, L. "Columbia Taps Lawyer for Ethics Post, Yuspeh Led Defense Initiative of 1980s." *Wall Street Journal*, October 14,1997.

Levit, K. R., Lazenby, H. C., Braden, B. R., and the National Health Accounts Team. "National Health Spending Trends in 1996." *Health Affairs*, 1998 17(1),35 – 51.

Marmor, T., Schlesinger, M., and Smithey, R. "Nonprofit Organizations in Health Care." In W. W. Powell, ed., *The Nonprofit Sector: A Research Handbook*, 221 – 239. New Haven: Yale University Press, 1987.

Morrisey, M. A., Wedig, G. J., and Hassan, M., "Do Nonprofit Hospitals Pay Their Way?" *Health Affairs*, 1996 (Winter): 132 – 144.

Pauly, M. V. "Health Systems Ownership: Can Regulation Preserve Community Benefits?" *Frontiers of Health Services Management*, 1996,12(3),3 – 34.

Prospective Payment Assessment Commission. *Medicare and the American Health Care System: Report to the Congress*. Washington, DC: Prospective Payment Assessment Commission 1996.

Prospective Payment Assessment Commission. *Hospital Payments, Costs, and Financial Condition of Medicare and the American Health Care System: Report to the Congress*. Washington, DC: Prospective Payment Assessment Commission, 1997.

Schlesinger, M., Gray, B. H., Carrino, G., Duncan, M., Gusmano, M., Antonelli, V., and Stuber, J. "A Broadened Vision for Managed Care,

Part II: Toward a Typology of Community Benefits Provided by HMO's." *Health Affairs*, forthcoming.

Spragins, E. E. "How to Choose an HMO." *Newsweek*, December 15, 1997, p. 72.

Steinberg, R. and Gray, B. H. "The Role of Nonprofit Enterprise in 1992: Hansmann Revisited." *Nonprofit and Voluntary Sector Quarterly*, 1993, 22 (Winter), 297 – 316.

Weisbrod, B. *The Nonprofit Economy*. Cambridge: Harvard University Press, 1990.

Weissenstein, E. "Hospitals Sue to Temper PATH Probe." *Modern Healthcare*, November 3, 1997, p. 4.

Woolhandler, S., and Himmelstein, D. U. "Costs of Care and Administration at For-Profit and Other Hospitals in United States." *New England Journal of Medicine*, 1997, 336(11), 769 – 774.

第十八章　对慈善事业未来的启示
——地方基金会与城市学校改革

> 基金会的资金仍然是变革的催化剂。既然环境已经发生了巨大的变化,我们需要研究的是如何最有效地推进变革。
>
> ——苏珊·拉乔伊·伊根(Susan Lajoie Eagan),克利夫兰基金会副主任

本文以芝加哥和克利夫兰为例,展示地方资助者在促进和支持美国主要城市公立学校改革方面所做的重要却经常被忽视的工作。我们追踪了1987至1995年间,这两个城市的两组地方基金会是如何在城市学校改革中发挥了有限但重要的作用,并且这一时期也涵盖了每个城市教育改革演变中的关键事件。我们记录了这些地方基金会为了界定它们在每个城市改革过程中的作用而进行的斗争。正确地说,它们认为自己是地方公共进程的一线参与者。

这些芝加哥和克利夫兰的基金会是了不起的——而且可能只是少数——因为在过去的10年里,这些基金会都自愿投身于

公开的、密集的、充满冲突的学校改革进程中。在 1987 至 1995 年间,它们在学校改革方面投入了大量资金(为芝加哥投入 7 000 万美元,为克利夫兰投入 4 000 万美元)、员工时间以及建立声誉。[1] 芝加哥的基金会对学校改革的资金贡献可能在全国的城市基金会中都处于领先地位,而克利夫兰的基金会的捐款如果按人均计算的话则是引人注目的。(克利夫兰有 7 万名公立学校学生,而芝加哥有 45 万名。)

令人遗憾的是,有关基金会的文献资料以及我们在芝加哥和克利夫兰的经验表明,大多数美国基金会,无论是全国还是地方的,仍然缺少对公共事务的耐力。例如,芝加哥的几个地方基金会为学校改革提供了资金,但其工作人员和理事会并没有积极参与这一过程。一些人因为受时间限制而保持距离,而另一些人则认为这个过程太有争议。一些在芝加哥工作的全国基金会出于不同的原因,包括它们缺乏当地知识以及需要将资源分散到广泛的地区,而没有参与当地的进程。

关于地方基金会的行为,我们得出的结论主要来自 1987 至 1995 年间麦克西(McKersie)对地方基金会在芝加哥和克利夫兰教育改革中的作用的研究。我们还借鉴了麦克西在芝加哥(1986 至 1992 年,他担任乔伊斯基金会的项目负责人和顾问)和克利夫兰(他担任克利夫兰基金会教育项目的高级官员)作为资助者的个人经历。了解芝加哥和克利夫兰改革进程的读者可能会因为我们对 1995 年后每个城市的关键发展关注有限而感到沮丧。我们提到了这些发展中最引人注目的一点——两个学校系统都实行了"市长控制"的治理模式,但我们要在一个足够的时间框架内进行合理的分析和反思。

第十八章 对慈善事业未来的启示——地方基金会与城市学校改革

麦克西考察的芝加哥和克利夫兰的每个基金会都独立发展了一种高度灵活的、以过程为导向的慈善方法,这种方法似乎特别适合在大都市范围内推进公共政策过程,并且也很好地适应了其家乡城市的本土环境。他们共同的改革方法是将不同类型(社区、独立、家庭和企业)、规模、使命、重点和资金来源的基金会联合起来。在本文中,我们试图阐明这些基金会行为的共性和差异,并探索克利夫兰和芝加哥慈善团体作为一个整体所走过的不同的学校改革之路。

我们描述了地方基金会如何在这一时期加大参与改革的力度,其根源在于基金会部门对全国城市教育日益增长的关注度,以及地方基金会对其家乡城市的责任感。然后,我们描述了我们观察到的学校改革内容之间的关系、改革势在必行的特定大都市背景,以及改革者根据背景调整现有解决方案(内容)的过程。为了说明这些关系,我们勾勒了基金会参与这两个城市教育改革运动的历史。最后,我们借鉴这两个城市的经验,讨论了地方基金会参与改革的特点、它们的具体作用和所采取的策略,以及它们为了影响地方学校制度而不得不平衡的慈善紧张局势。

从国家视角来看长期斗争

一份具有里程碑意义的报告《国家处于危机之中》(*A Nation at Risk*, 1983)让基金会认识到公共教育问题的严重性,于是基金会在20世纪80年代初开始探索改进学校的方法。从那时起,基金会和美国其他城市学校改革家可能与西西弗斯(Sisyphus)最有认同感,这位神话中的科林斯国王被诸神惩罚,要他把一块巨石推上山顶,结果每当快到山顶的时候,巨石又滚下山去,前功尽弃。在一些地方进行了十多年的学校改革后,城市学校仍然背负着重担,甚至无法帮助 1100 万学生中的一半达到最低学习标准,而郊区和农村地区的学校则更甚。除了修复学校和学校系统之外,改革者还必须设法解决广泛的社区、家庭和个人问题,大量的研究表明这些问题对学生的成绩至关重要。

安东尼·S. 布莱克、保罗·希尔和多萝西·希普斯(Anthony S. Bryk, Paul Hill and Dorothy Shipps, 1998)对 6 个城市的学校权力下放进行的一项最新研究表明,改革者可能比以往任何时候都更接近山顶。该研究显示,在北卡罗来纳州的夏洛特-梅克伦堡和芝加哥的小学里,学生的成绩正在提高,并且这些成果与改革者的努力直接相关。在这两个城市,正式的"学校改革"运动花费了很长时间(芝加哥 9 年,夏洛特 6 年)才取得了微不足道的成就,这表明在大城市中持续努力解决重大公共问题的重要性和力量。鉴于大多数城市地区政治分歧严重和资源匮乏,城市改革的持续性一直是其最令人惊讶的特点之一。

自 20 世纪 80 年代初以来,基金会一直是城市学校改革的坚定支持者之一,而且布莱克(Bryk et al., 1998)及其同事的研究代表了长期投资获得回报的初步迹象。在 20 世纪 80 年代和 90 年代上半叶,对中小学教育的慈善支持不断增加。作为基金会捐赠的一部分,对 K-12 教育的资助从 1980 年的约 3%(8430 万美元)上升至 1995 年的近 8%(8.35 亿美元)。高等教育在历史上一直占据着基金会教育捐赠的主导地位,而在这 15 年中,高等教育所占的比例从 1980 年的 22%(6.18 亿美元)下降到 1995 年的 15%(15.7 亿美元)。

第十八章　对慈善事业未来的启示——地方基金会与城市学校改革

较大的基金会也在城市教育改革中发挥了重要作用。一些具有国家视野的基金会已经找到了通过本地界定和限定的行动来促进公共教育改革的方法,这些行动证明了在一个地点整合多种创新的价值。第一个此类行动是福特基金会的综合学校改进计划(Comprehensive School Improvement Program,简称 CSIP,1960—1970)。虽然综合学校改进计划的重点是城市,但它也针对农村和郊区:3 000 万美元中的60%用于七个城市项目,26%用于同时惠及城市、农村和郊区的四个项目,14%用于八个农村项目和六个郊区项目(Ford Foundation,1972:14)。综合学校改进计划没有实现它的目标,主要是因为他们过于雄心勃勃,但对该计划的支持,特别是在时间上的支持过于有限(Meade,1991,K9)。然而,到了20世纪80年代末,一些全国基金会开始支持更加集中的 CSIP 主题的变体,即在特定的城区和学校整合多种创新。其中最早的一个例子是埃德娜·麦康奈尔·克拉克基金会(Edna McConnell Clark Foundation)正在进行的五市中学教育改革倡议。另一个是安妮·E.凯西基金会的新未来倡议(New Futures Initiative),该倡议在五年内(1989—1994)提供了约 4 000 万美元用于帮助四个中等城市(俄亥俄州代顿市,阿肯色州小石城,宾夕法尼亚州匹兹堡市和佐治亚州萨凡纳市)改变边缘青少年的生活机会。最近最著名的例子是沃尔特·安纳伯格提供的数百万美元赠款,用于在九个城市创建地方公立学校改革资助机构和计划,这需要每个城市的地方资源将安纳伯格的捐款增加一倍。[2]

随着基金会在全国范围内增加对美国 K-12 教育问题的资助,那些在城市开展工作的基金会开始担心自己城市学校的糟糕表现。出于对当地学校表现的关注,芝加哥、克利夫兰、波士顿、洛杉矶、纽约、费城和旧金山的基金会在过去十年中参与了众多学校改革行动（Renz，1991；Jehl and Payzant，1992；Lobman，1992；McKersie，1993；Sommerfeld，1994；McKersie and Palaich，1994；Bemholz，1995）。尽管它们觉得必须采取地方行动，但许多基金会仍然对承担全系统的改革问题持谨慎态度，担心其有限的资源无法有效对抗城市学校所面临的政治、经济和社会力量。桑德拉·哈迪斯（Sondra Hardis），20世纪80年代末和90年代初英国石油美国公司（BP America）驻克利夫兰的高级捐赠合伙人回忆说，如果把"系统性变革"作为最初的目标，那么她的组织可能就不会参与改革行动。

与英国石油美国公司一样，大多数当地捐赠者在将其小船驶向他们认为浩瀚汹涌的大海之前，都曾在学校改革领域试水。起初，他们试图通过直接资助学生和教师的独立计划来帮助当地学校。当这些计划没有给公立学校的整体表现带来太大改善时，基金会开始认识到，城市学校普遍存在的学习成绩不良、低出勤率和高辍学率问题是系统性问题的症结，无法靠零敲碎打的方式解决。全国各地的国家和地方基金会开始将更多的支持重点放在重建公立学校系统上（Renz，1996：62）。

对过程的新重视

随着学校改革首次被提上议程，芝加哥的基金会将资金用于教师发展、政策和实践研究以及家长和社区赋权。克利夫兰的基金会试图通过奖学金和个人助学金直接帮助学生和教师。随着芝加哥和克利夫兰的改革运动日趋成熟，这两个城市的基金会与

第十八章　对慈善事业未来的启示——地方基金会与城市学校改革

各类改革者一起讨论和规划系统的变革,然后为这些计划的实施提供支持。他们开始把重点放在全系统改革的*过程*和*实质*内容上。

在这两个城市参与学校改革的组织中,基金会对过程的关注日益增加是不寻常的。例如,伊利诺伊州的立法机关并不太担心1988年《芝加哥学校改革法案》(*Chicago School Reform Act*)中规定的改革在芝加哥的实施过程(该法案是芝加哥学校改革的驱动力)。伊利诺伊州未能给地方学校委员会提供资金或其他支持,而提供支持正是法案所设想的成功改革的核心。支持这些关键机构的发展和运作的任务就落到了城市基金会身上。

过程、实质和背景是学校改革的三个互动要素,它们影响着芝加哥和克利夫兰的基金会的行为。我们在这里将它们进行定义。

过程:参与地方改革各方——民选官员、基金会、商界领袖、非营利组织、学校系统管理者、教师、社区组织和家庭——之间的互动促进了学校系统问题的解决。

实质:解决学校系统问题的内容。内容包括地区和学校的治理和管理、学校和班级规模、成人和学生的问责制和评估系统、日程安排、课程设置、教学法、专业培训和发展、技术、家长和社区参与、人类与社会服务、从学校到工作的衔接以及评估和报告。

背景:地方行动者必须在各种不同的地方和全国环境下工作,包括特定大都市地区当地的地理、人口、政治和经济特征以及历史。

当然,背景在任何人际互动中都很重要,而创造实质或解决问题的办法一直是慈善事业的主要内容。我们已经确定了基金会越来越重视过程的三个原因：新的国家公共事务氛围；完善的改革内容；学校改革的大都市规模及其与复杂城市问题的深层联系。

新的公共事务氛围

新的公共事务氛围有利于改革者采取地方性、灵活的和创造性的方法来解决公共问题，接受对具体结果的问责，并利用私人和公共的（或完全私人的）资源为社会变革提供资金。在新的公共事务氛围下，根植于里根政府对权力下放和财政紧缩的推行，许多基金会至少自20世纪50年代以来所采用的经典战略资助模式已经变得不那么有效。在他们的经典战略角色中，被称为"播下种子就离开"的基金会创建了社会计划，并将其转交给政府，由政府在更大范围内监督这些计划的实施。在发挥这一作用的同时，基金会将精力集中在公共问题的实质上，并将过程和执行问题留给公共部门，主要是因为公共部门拥有优越的资源。

联邦、州和市政府不再愿意扩大在基金会协助下制定的计划和政策。因此，如果基金会播下新思想和方法的种子，但不坚持下去以确保它们的成长，那么它们将收效甚微。对于那些在自己生活的地方工作，而且必须接受其资助和员工工作结果的基金会来说，风险尤其高。

另一方面，基金会知道，它们无法资助旨在改革公共教育的重大政策，或实践的制定、实施和评估。即使是在当地合作，如果没有政府的资源和影响力，基金会也无法实现全系统的变革。这是我们从芝加哥和克利夫兰吸取的主要经验教训之一。

第十八章 对慈善事业未来的启示——地方基金会与城市学校改革

丰富的改革思路

我们认为,基金会在改革过程中投入越来越多的资源是明智的。研究人员、教师、管理人员、非营利组织、政府机构和基金会多年来的工作为城市学校改革的必要内容积累了大量的想法。受到全国认可的有效学校模式不断出现,并且随着特许学校在许多州的日益普及,可行的新模式和旧模式的变体经常被创造和测试。例如,奥拉托昆博·S.法索拉和罗伯特·E.斯拉文(Olatokunbo S. Fashola and Robert E. Slavin, 1998)把新美国学校发展公司(New American Schools Development Corporation,现称为新美国学校[New American Schools])推出的六个著名的"全校"计划和七个主要的学校设计工作评定为至少"部分成功地达到了成绩评估标准"。[3]同样,《教育周刊》(Education Week)关于城市教育的专题报告强调了一些正在全国各地单独和联合实施的改革思路:对所有学生提出明确的高期望;设计基于良好信息的问责制;给予学校自由以换取问责,并让高层做好本职工作;招聘、雇用和留住高水平的教师;在学校一级建设能力,以改进课程和教学;在学校和地区一级培养强有力的领导者;让学生获得成功所需的额外时间和关注;改善家长和社区与学校和教育工作者的关系;建立小型学校或校中校;提供安全和充足的校舍;通过私立学校教育券、特许学校和/或公立学校的私人管理,打破学区办学的垄断;关闭或重组表现不佳的学校(Olson and Hendrie, 1998: 32–45)。

传递给地方基金会的信息是明确的:关于如何改进大多数城市学校为儿童服务的方式,有很多好的想法。尚未解决的问题——一个缺乏广泛和结论性研究的问题,是如何在全系统范围内取得个体成功。

地方背景推动改革的实质和进程

城市环境和行动者的变化是使学校改革的形式、时机和方向在每个城市都具有独特性的主要因素。地方背景有助于确定基金会为追求学校改革而资助的具体活动,以及它们在改革进程中——开发、推广、实施或评估——选择在哪里投入自己的力量。下面克利夫兰和芝加哥的背景因素示例表明,每个社区在学校改革和地方战略性慈善事业的氛围方面都存在重要差异。

背景差异

首先,在克利夫兰,公民被剥夺了与学校的联系和管理学校的权利。由于其种族隔离的历史,学校系统交由联邦法官监督。此外,自1995年以来,在法院裁定学校系统的财务和学业失败使其无法进行自我管理之后,州政府就一直控制着学校系统。(随着1998年9月市长控制的到来,州政府的控制将被解除。)第二,学校的经费部分取决于选民,即必须通过征税来帮助学校系统的地方资金流跟上通货膨胀的步伐。第三,该市的中产阶级和中上阶层居民相对较少,其中只有一小部分人将子女送到公立学校就读。第四,该市有能力且愿意为本市提供实质性改革援助的非营利研究和倡导组织太少,而且能够帮助建立改革声势和政治意愿的社区组织太少。第五,该市的高等院校在改进公立学校方面没有发挥系统性作用。第六,克利夫兰的基金会群体中只有两个主要的资助者,许多较小的基金会仅为学校改革提供了一些支持。

第十八章 对慈善事业未来的启示——地方基金会与城市学校改革

最后,至少到 1995 年为止,对克利夫兰改革进程最恰当的描述是"慈善或公民政策过程"。改革已经在地区和学校一级的行政和管理决策中展开。从一开始,工作就集中在学校系统、市政府、企业、基金会、非营利机构和民间机构之间的合作上。

相比之下,芝加哥有四个重要特征。第一,对其改革最恰当的描述是"立法政策过程"。自 1988 年的《芝加哥学校改革法案》颁布以来,参与改革的各方行动者(包括地方基金会)的大部分工作都是支持或响应这一具有开创性的立法。第二,它拥有大批与教育有关、能够在改革过程中发挥重要作用,遍布全市和社区的各类非营利机构。第三,芝加哥高等教育界在改革法案通过之前基本上是不活跃的,但自那之后,它开始积极参与个别学校的改革以及在全市范围内帮助测量和指导学校改革进展。最后,它拥有数百家基金会。在我们所考察的十年间,一个大约由 20 个基金会组成的核心小组积极致力于学校改革。虽然 60% 的资金来自三个基金会,即约翰和凯瑟琳·麦克阿瑟基金会、乔伊斯基金会和芝加哥社区信托基金(Chicago Community Trust),但事实证明,广泛的慈善参与基础非常重要。实际上,总捐款数较少的两个基金会,即芝加哥伍兹基金(Woods Fund of Chicago)和维博特基金会(Wieboldt Foundation)也是学校改革过程中最活跃的领导者。

共性

当然,对于学校改革,美国的城市之间也存在着重要的背景共性。芝加哥和克利夫兰至少在四个方面是相似的。其中一个相似之处推动了改革行动,而另外三个相似之处则是成功的最大障碍。

首先,自20世纪80年代末以来,克利夫兰和芝加哥在迈克尔·怀特(Michael White)和理查德·M. 戴利(Richard M. Daley)两位市长强有力的领导下,将公立学校的改进与城市的经济持续增长联系起来。在芝加哥,历史证明,华盛顿市长以其开创性的全市教育峰会引发了学校改革。

第二个共同特点是学校系统无法控制的问题:集中的贫困以及与之相关的大量社会和健康问题。在这两个城市,大约70%的学生通过联邦政府获得减免费用的午餐。多达三分之一的学生来自公共当局证实有虐待行为或疏于照顾子女的家庭。流动性也是一个挑战,每年至少有20%的学生,而且通常是在年中,更换家庭住址,因此就读的学校也会发生变化。

第三,资金短缺一直困扰着这两个城市学校系统。克利夫兰的教育资源长期不足,一部分原因是该市可筹集的收入受到限制,另一部分原因是该州对学校资助的立场。事实上,1997年3月,俄亥俄州最高法院裁定俄亥俄州的教育财政体制违宪。虽然类似的法律挑战在伊利诺伊州失败了,但该州在资助芝加哥公立学校方面的作用同样存在问题。在20世纪80年代和90年代初的大部分时间里,芝加哥出现了数百万美元的赤字,这在很大程度上是由州教育资助体系在结构上长期存在的不平等造成的(Hess,1997;Booz-Allen &Hamilton,Inc.,1992)。

最后,种族政治一直是这两个城市的影响因素。这两个城市的学校系统都是"少数族裔占人口大多数"的情况。克利夫兰的学校约70%的学生是非裔美国人,24%的学生是白人,还有5%的学生是拉丁裔。芝加哥的学校将近60%的学生是非裔美国人,

12%是白人,26%是拉丁裔。这两个城市的主要学校改革者并没有代表这种种族和族裔的混合,并且在某些情况下,甚至都不是该市居民。改革者和被改革者之间缺乏连续性,从而造成了紧张局势。

在芝加哥,地方基金会对确保全新的改革法案得到适当实施,以及改革的范围和实质继续扩大发挥了关键作用。在克利夫兰,基金会致力于建立各种必要的关系和机构,以创造和维持得到广泛支持的改革议程的势头。基金会和改革如何在两个城市走上了如此不同的道路?在接下来的部分,我们总结了每个城市的基金会和学校改革的经历,以说明当地情况、基金会的行为和改革的轨迹之间的关系。

地方基金会与城市学校改革的两个故事

有关芝加哥的资料来自麦克西 1998 年的论文《战略性慈善事业与地方公共政策:1987 至 1993 年芝加哥学校改革的经验教训》。在文中,他考察了三个芝加哥基金会在 1988 年《芝加哥学校改革法案》制定和实施的关键的七年间的行为。从 1987 到 1993 年,芝加哥的基金会向活跃在学校改革运动中的 176 个组织捐赠了 5 270 万美元,其中芝加哥社区信托基金、乔伊斯基金会和芝加哥伍兹基金这三家基金会就占了 2 570 万美元。[4]麦克西使用了四种研究方法——参与式观察、赠款数据分析、档案研究法和访谈法,以期对每个基金会参与《改革法案》的程度及其参与的背景做出经验性解释。

我们关于克利夫兰学校改革的信息没有那么全面,也不太系统。我们对克利夫兰形成的结论基于以下两组评论：作为克利夫兰基金会新任的教育项目高级官员，麦克西对大克利夫兰（Greater Cleveland）过去和现在的学校改革工作进行的全面评述；20世纪80年代末，作为乔伊斯基金会的项目官员，麦克西在监督克利夫兰公立学校改革工作的一系列拨款时所做的评论。我们还依赖麦克西在1992年对四位基金会高管——分别代表克利夫兰基金会、乔治·冈德基金会（George Gund Foundation）、英国石油美国公司的企业捐款计划和玛莎·霍尔登·詹宁斯基金会（Martha Holden Jennings Foundation）进行的访谈。这些访谈对克利夫兰基金会在公立学校改革中的作用进行了探讨。

芝加哥

包括芝加哥社区信托基金和乔伊斯基金会在内的芝加哥几个最活跃的教育基金会普遍主张对芝加哥的教育系统进行结构性变革。包括芝加哥伍兹基金会和乔伊斯基金会（在较小程度上）在内的其他几家基金会，长期以来一直支持芝加哥的各类社区组织，其中一些组织在20世纪80年代中期强势回归学校改革问题。它们的关注集中在这个城市的改革运动上，其早期的改革活动最终促成了1988年的《芝加哥学校改革法案》（以下简称《改革法案》），该法案是20世纪关于城市公共教育最激进的州政策之一。[5]

《改革法案》将学校的管理权下放，建立了地方学校委员会（Local School Councils，简称LSCs）来管理该市553所学校。每个地方学校委员会包括六名家长、两名教师、两名社区成员和校长，在高中还包括一名学生。地方学校委员会负责选择学校校长，以

第十八章 对慈善事业未来的启示——地方基金会与城市学校改革

及批准学校改进计划、学校预算和可自由支配资金的支出。《改革法案》还对中央教育委员会进行了重组,以便根据地方学校委员会代表的意见选择成员,将该州贫困资金的控制权从中央教育委员会转移到地方学校委员会,并将该市的中央教育行政部门削减25%。[6]

芝加哥的基金会并不是改革运动的直接领导者。芝加哥的非营利研究和倡导团体、社区组织和商业团体共同在改革运动中发挥了领导作用(Hess,1991;O'Connell,1991;Hess,1995;Shipps,1995)。[7]芝加哥的基金会对法案的制定和通过投入相对较少,主要是对《改革法案》做出了"反应"。然而,它们很快就对法案的执行起到了至关重要的作用,为使法律生效所需的大量私人资金做出了关键的战略决策(McKersie,1996)。在1988年《改革法案》通过之前,芝加哥的基金会只有三个主要的改革关注点:教师发展,政策/实践研究、发展和倡导,家长和社区赋权。《改革法案》于1988年签署成为法律后,基金会就将资金注入一系列改革举措中。1987至1993年间,基金会为各项改革倡议提供的资金超过5 270万美元,资助金额也从1987年的227万美元跃升至1993年的1 156万美元。

这一资助对正在进行的、旨在改善学生学习的全市公共政策过程产生了什么影响?从好的方面来看,基金会为持久的改革进程做出了杰出的贡献。到1995年,芝加哥的改革运动依然活跃,尽管受到学校系统中财政、行政和劳资纠纷的挑战。长期观察改革的琳达·伦兹(Linda Lenz)指出,截至1995年,产生了几项重要发展,其中每一项都是改革一个庞大而复杂的城市学校系统缓慢进程中的必要步骤:课程改革;教师再培训;让以企业、社区组织、大学、医院和青少年机构为代表的更广泛的社会群体参与进来;减少校园暴力;制定新的全系统学习成果与评估方案;精简中央行政机构;地方学者的参与;在许多学校积极讨论改善学生体验的问题(Lenz,1995:4-5)。

不好的一面是,基金会像其他改革者一样,最初过于关注这样一种理念,即家长和社区治理的作用将产生更好的学校和学习体验,而从一开始就忽视了两个教育基本原则,即教师与学生互动,以及家长帮助孩子学习。此外,尽管投入了大量的人力和财力,但芝加哥的基金会仍然无法帮助学校理事会和中央办公室为一个权力下放的系统发挥有效的支持和问责作用。最重要的是,基金会无法应对要求学生成绩得到显著提高的公众和政治压力。《改革法案》通过七年后,也就是到了1995年,学生的考试成绩没有提高,芝加哥大多数学校的教学也没有显著改善。根据伦兹的说法,许多学校改革观察家认为,虽然现在期望考试成绩显著提高还为时尚早,但"学校里发生的许多好事都忽略了基本因素——阅读、写作和数学,是时候进行中期调整了"(Lenz,1995:4)。

尽管如此,我们注意到,芝加哥的基金会有助于支持改革重心的转移,并对改革的影响进行了深思熟虑的评论。《改革法案》通过几年后,这些基金会开始更多地关注教学问题,引发了改革运动从治理向教育关注的普遍转变。家长和社区赋权——《改革法案》的核心——仍然是一个优先事项,但通过对教师发展的支持,以及校长、教师、家长和社区成员的集体重建行动,这一优先事项日益得到平衡。基金会每年都会投入大量且数额不断增长的改革资金,以全面、方便的方式评估和传播《改革法案》的效

第十八章 对慈善事业未来的启示——地方基金会与城市学校改革

果。鉴于全国各基金会在评价现行政策和实践方面的记录不佳,这是一项引人注目的工作。尽管做出了这些努力,芝加哥的学校改革运动(和之前的许多运动一样)仍在为改进整个系统的教学而奋斗。

最终,基金会的遗产可能被证明是全市改革运动的持久力和活力。历史学家在评价改革行动时,最好是着眼于全局,而不是某一特定思想或方法的成败。例如,1995 年的一项州法律将学校系统——包括 1988 年州法律建立的分权治理结构——置于市长和企业式的学校理事会的控制之下。虽然有些人认为 1995 年的法案代表着对公立学校集中治理的回归,但我们同意那些学者的观点,即这项法案使学校系统朝着"综合治理"的方向发展,将分散的权力与精简的中央结构和全系统标准相结合(Wong et al. , 1996)。[8]布莱克(Bryk et al. , 1998)及其同事发现芝加哥的小学生成绩有所提高,一些人把这一发现归功于 1995 年法案的影响。我们认为,这种提高更有可能是两项改革的结合,而不是单独某一项改革在起作用。苏珊·瑞安及其同事在 1997 年的一项研究中发现,大多数地方学校委员会(1988 年《改革法案》的衍生物)是改进学校群体的积极因素,但有些地方学校委员会正处于困境,需要 1995 年的改革法案带来更多监督(Ryan et al. , 1997)。

克利夫兰

芝加哥的学校改革故事是基于一个以州立法为中心的公共政策过程,克利夫兰的改革则是围绕着企业、基金会、非营利机构、政府官员和学校系统的联合倡议展开的。克利夫兰的基金会首先试图通过直接向教师和学生提供援助来解决公立学校的问题。在1984到1990年间,克利夫兰的基金会和企业界在两项公立学校改进计划上投入了大量的资金和时间。克利夫兰教育基金(Cleveland Education Fund)成立于1984年,是美国最早的"公共教育基金"之一。现在,在美国近100个城市中都设有公共教育基金,通常是为了帮助建立地方支持者群体,以促进公立学校的改进和改革。直到最近,克利夫兰教育基金才有了一个不同的关注点:其大部分计划为具有创新精神的个体教育者提供小额赠款和技术援助。[9] 1987年,设立了"代管奖学金"(Scholar-ship-in-Escrow)和"从学校到工作"(School-to-Work)计划。这些计划是在时任督学阿尔·图特拉(Al Tutela)的敦促下启动的,部分效仿了《波士顿契约》(*Boston Compact*, 1985),从克利夫兰的基金会和企业筹集了超过1600万美元,确保克利夫兰公立学校的毕业生获得大学奖学金援助(基于其小学和中学成绩)或者是在克利夫兰的公司工作。

尽管拥有大量的慈善投入,但这些计划并没有在公立学校产生太大的改善,虽然也有个别教师和学生从中受益。1989年,来自费城的公共/私人项目公司(Public/Private Ventures,一个从事研究和评估的非营利组织)的独立评估员私下建议克利夫兰的慈善领袖把精力转移到改革系统和学校上。他们认识到,他们必须解决那些根源于学校和学校系统以及学生家庭和社区的学业失败原因。据长期担任克利夫兰学校改革领导者的海伦·威廉姆斯(Helen Williams)所说,慈善领袖们也意识到,他们必须帮助创造一个关键的变革群体,该群体根植于明确的议程,得到社会的广泛支持。在这些经验教训以及一位曾在克利夫兰公立学

第十八章 对慈善事业未来的启示——地方基金会与城市学校改革

校就读和任教的新市长的激励下,该市的慈善机构、非营利组织和民选官员随后通过仍在进行的全市峰会继续探讨全系统改革。

第一次峰会在1990年召开,市长迈克尔·怀特,商业、公民和学校领导者,以及700名克利夫兰居民出席了会议。峰会之后,特别工作组开始制定广泛的学校改革议程。协助指导峰会进程的是新的克利夫兰教育倡议(Cleveland Initiative for Education,简称CIE),该组织于1989年由基金会和企业领导人正式建立,是公民和企业部门学校改革行动的战略规划实体。1992年,一个新的由市长支持的、具有改革思想的学校理事会和一位新任督学接管了领导权。一年后,在1993年春季的峰会上,超过2 000名克利夫兰居民公开支持"愿景21"(Vision 21)计划。这是一项在萨米·坎贝尔·帕里什(Sammie Campbell Parrish)督学指导下制定的综合教育改革计划。26个特别工作组——广泛代表着克利夫兰的教育工作者、家长、社区居民、企业及公民领袖——帮助制定了新的改革计划。"愿景21"倡导由校长、教师、家长和社区成员设计和实施一系列改革,有助于为该区目前的权力下放奠定基础。

在一个被海伦·威廉姆斯形容为"因绝望而与其公立学校撇清关系"的城市中,这是一个罕见的时刻。然而,两年后,改革进程似乎已经夭折。1995年3月,由于种族隔离之争而对克利夫兰公立学校进行了近20年监督的联邦法院裁定该学区在财政和教育方面破产,并将控制权移交给该州政府。州督学很快任命玛莎·霍尔登·詹宁斯基金会时任执行董事理查德·博伊德(Richard Boyd)为副州督学和克利夫兰督学。从这场危机中逐渐形成了克利夫兰当前改革行动的开端。出任督学的第一年,博伊德和怀特市长签署了一份《谅解备忘录》(1996年3月),列出了学校改革的九个优先事项。当务之急是提高学生学习成绩和城市学校的有效性,但一个必然的结果是最终将学校系统的控制权交还给克利夫兰。他们建立了一个基础广泛的战略委员会,在基金会的资助和克利夫兰教育峰会工作人员的协助下,该委员会成为社区的学校改革论坛和机制。以"愿景21"为核心,战略委员会于1996年秋季发布了第一份报告,随后致力于监测和协助落实委员会的建议。该报告描述了一个全系统学校改进综合计划,该计划基于四个绩效优先事项:学校谅解备忘录、健全的行政管理、财务稳定以及家长和社区的参与。

受战略委员会的工作以及最近在巴尔的摩、波士顿和芝加哥实施的治理改革的影响,1997年初,一个由克利夫兰基金会和冈德基金会理事共同领导的治理委员会建议授予市长任命学校系统理事会及首席执行官的权力。这些建议于1997年初成为法律,经过几次法院质疑后,最近被裁定为"符合宪法",并于1998年秋季开始实施。为了强调了战略委员会不断努力改革系统的重要性,市长在谈及寻找学校系统新的"首席执行官"时曾多次表示,"克利夫兰正在寻找一位能够执行战略委员会计划的人,而不是一个有新计划的人"。

根据克利夫兰几个基金会的仔细估算:1987至1995年间,资助学校改进和改革工作的赠款总额约为4 000万美元,[10] 其中至少有1 600万美元用于代管奖学金项目。余下的2 400万美元中,约有一半用于教育峰会、克利夫兰教育倡议和战略委员会开展的全系统改革工作;另一半被分拨给克利夫兰教育基金和其他

第十八章　对慈善事业未来的启示——地方基金会与城市学校改革

教师发展活动,以及为学校权力下放、个别学校或小规模学校群体和社区的改革项目(如詹姆斯·科莫博士[James Comer]的学校发展计划[School Development Program])、校长发展、课程开发、家长参与、减少辍学和缺勤、学校安全、人类服务计划和课后活动提供资金。[11]

地方战略性慈善事业的要素

芝加哥和克利夫兰的地方基金会的行为之所以独特,是因为它们将学校改革的实质、过程和背景与自身的内在特征结合在一起。

为了达到改进学习的目标,基金会和其他改革者必须树立改革的政治意愿,同意就具体改革行动达成妥协,并长期保持改革意愿。他们必须冒险,采取影响深远的政策和做法。他们必须就谁将对改革的成败负责,以及谁将被迫做出牺牲进行协商。他们必须决定谁来做改革所需的实际工作。他们必须克服法官、市长、教师工会、学校领导、校理事会、州立法机构、特殊利益集团、其他基金会、企业、高等教育机构和社区组织之间不同的利益冲突,这可能是他们最难取得的成就。不幸的是,这些冲突损害的往往是儿童和家庭的利益。即使是很小的冲突,城市教育官僚机构也不太可能依靠自己的力量取得很大进展。城区的巨大规模和复杂性使得即使是最优秀的领导者也无法专注于学生的表现。

我们一直在研究的地方基金会认识到,如果参与各方不做出重大妥协,改革就会进展甚微或毫无进展。对于这些基金会来说,妥协意味着平衡它们自身的偏好与潜在受赠者的利益和能力。它们把自己定义为改革的积极推动者,而不是不切实际的批评家。因此,它们利用自身的资源来实现和帮助聚焦改革对话,促进多部门合作,以及培养地方对这一进程的所有权。他们进一步了解到,除非关键行动者自始至终致力于改革——无论需要多长时间——否则这出戏在开演前就注定要失败。

尽管如此,我们已经发现了一些明显的基金会行为,它们似乎超越了地方背景和改革过程在本质上的差异。这些行为并不是由我们所研究的任何基金会统一规划的,而是经过几年的时间独立发展起来的。尽管如此,从综合来看及事后来看,它们提出了一种合乎逻辑的慈善模式。从规范的角度来看,它们为寻求在城市范围内影响公共问题的基金会界定了一种地方慈善事业的战略模式。这些行为可以分为两种基本类型。首先,有关学校改革的基金会行为具有广泛的特征:不断发展的战略,持续性和机构之间的相互依赖性。其次是基金会在发展和维持教育改革进程中发挥的某些具体作用或执行的某些具体任务:人员行动主义、缺口资金、外展服务和研究、参数推送和评估。

基金会行为的特征

1. 不断发展的战略

基金会应对大型公共政策问题(如教育改革)的方法随着围绕其慈善宗旨和目标迅速变化的背景而不断发展。复杂的、动态的公共问题通常迫使一个基金会以宗旨和目标为起点,而这些宗旨和目标并不总是可量化或可测量的。因此,基金会不能指望制定和遵循清晰和不变的行动计划、预算拨款和员工时间分配来实现其战略目标。他们需要相当大的灵活性来应对新出现的想法、

第十八章　对慈善事业未来的启示——地方基金会与城市学校改革

方法和事件。例如：芝加哥社区信托基金在 1988 年为一项主要的中小学教育倡议制定了详细的战略之后，在随后的几年里往往不会再制定全方位的计划，以确保具备"最大限度的灵活性"来应对未来未知的需要。同样，乔伊斯基金会也明白，机会可能比精心设计的战略更重要。"基金会的人可以谈论制定战略和更具战略性。"在 1986 至 1992 年间担任乔伊斯基金会主席的克雷格·肯尼迪（Craig Kennedy）指出。"然而，最终真正驱动你的是和战略一样重要的机会。"（麦克西对肯尼迪的采访，1995 年 6 月）

同样，克利夫兰的基金会也多次重新评估其改革战略，以应对新的机遇和事件。在数百万美元的"激励"计划未能在学生学习方面产生普遍改善之后，克利夫兰的基金会和企业开始将目标对准了全系统改革和学校重建。其结果是产生了一个持续存在的教育战略委员会、一份战略计划、多年来首次成功的征税运动，以及一项新的将学校的控制权交给市长的州法律。

2. 持续性

基金会必须愿意为某一问题或机构投入五至十年的资源。芝加哥和克利夫兰的情况表明，变革需要时间，尤其是当变革对象是建立在复杂的组织和个人行为模式之上的学校和学区时。这两个城市的基金会从经验中认识到，改变复杂的公共政策和机构需要长期资助。

到 1995 年底，三家芝加哥基金会至少已经连续九年资助了芝加哥的学校改革。核心受赠群体获得了至少五到七年的持续支持，占基金会学校改革资金的 65%。考虑到基金会与受赠方一般"三年就结束"的资助关系，七年及更久的资金支持是引人注目的(McKersie, 1996)。

克利夫兰的基金会14年来一直致力于学校的改进和改革。即使是在系统基本运作面临重大挑战的时候,甚至是在其早期的工作被证明是不成功的情况下,它们仍然坚持到底。现在有了一个全面的、由社区支持的战略性计划,基金会将致力于协助这一计划取得成功。

3. 机构之间的相互依赖性

在改革的舞台上,基金会和许多其他参与者——非营利组织、政客、学校管理者、教师及其工会、家长和企业界——在改善学习的行动中相互依存。基金会主要依靠非营利机构。基金会和非营利组织之间的相互依赖既需要跨部门和部门内部的合作,也需要基金会在平衡自己的偏好与潜在受赠者的利益和能力之间做出妥协。通过研究、宣传、组织出版物、游说、培训和教育等方式,非营利组织将不同的想法、数据和人员纳入决策和政治进程。它们帮助制定、实施和评估学校改革的政策和实践。

因此,地方机构背景是决定基金会能够和必须采取什么行动的一个重要因素。虽然基金会有权建立机构来获得特定的优先赠款,但它们通常不会这样做。创建新机构本身就有风险,而且通常需要多年的努力,如此长的时间跨度可能与快速变化的公共政策问题的迫切需要不相匹配。因此,基金会往往将其资金和资源集中于现有的机构,即使不是一个新组织,至少也是那些已经准备好且有能力启动一个计划或项目的个人。芝加哥的资助者坚持这一模式,而克利夫兰的资助者实际上在进行机构建设。

芝加哥的基金会支持两个全市研究和宣传机构,即变革设计(Designs for Change)和芝加哥学校政策小组(Chicago Panel on

第十八章　对慈善事业未来的启示——地方基金会与城市学校改革

School Policy），作为制定和实施《改革法案》的领导者。至少到1993年为止，在得到学校改革资助的176个组织中，它们是获得资助最多的两个组织。基金会认识到，学校改革取决于这两个机构制定和分析政策的经验，以及它们相互补充各自不同改革方法的能力。由于没有找到具有类似定位和功能的其他机构，又无法创建新的机构，所以基金会一直资助这两个机构。随着改革进程日渐成熟，其他几个组织逐渐赶上了这两个机构——但从未被超越。

与芝加哥不同，克利夫兰并没有像变革设计和芝加哥学校政策小组这样的机构，这些机构完全源于一些教育工作者和全市活动家的创造力。当学校改进和随后的全系统改革在克利夫兰基金会的优先事项中变得越来越重要时，基金会不得不为变革创建工具和基础设施。大卫·伯格霍尔兹（David Bergholz）表示："基金会必须协助创建中介机构——机构之间的机构——充当服务于城市公共部门和私营部门之间的经纪人和纽带。"

基金会的作用和任务

1. 人员行动主义

为了推动改革进程，地方基金会的工作人员和理事会成员必须直接贡献他们的领导才能、专业知识和精力。行动主义扩大了基金会有限的资金，帮助基金会与特定的问题领域保持联系，使基金会能够直接了解什么是有效的，什么是无效的，以及接下来要做什么，并使它们能够明确地传达赠款优先事项。专业人员和理事会成员的积极作用包括召集团体和个人、制定战略、撰写意见稿、参加特别工作小组以及为组织的重新设计提供实际帮助。

担任积极分子角色的基金会人员必须认识到,他们的信誉以及他们被邀请到"谈判桌"的原因,往往更多地取决于他们的财力,而不是任何特殊的专长或知识。

基金会行动主义的重点和范围与其资助记录和优先事项有关。芝加哥伍兹基金会的工作人员领导了芝加哥各基金会之间的几次合作,为社区和学校层面的改革活动提供资金,还召开了几次全市范围的学校改革利益相关者会议。乔伊斯基金会的教育官员以小组委员会的形式参加了华盛顿市长的教育峰会,共同主持了一个由 30 个关注教育改革的芝加哥基金会组成的委员会,根据《改革法案》为首轮学校理事会提名程序配备了人员,并为来自芝加哥、克利夫兰、底特律和密尔沃基(基金会的四个目标城市)的校监召开了职业发展会议。克利夫兰基金会的负责人们因为他们的职位、个性和专业背景,在这个城市的"改革舞台"上发挥了巨大的个人影响。史蒂芬·明特(Steven Minter)是克利夫兰人,曾任卡特政府教育部副部长,在 20 世纪 80 年代中期担任克利夫兰基金会的执行主任。公共教育基金网络(Public Education Fund Network)的创始人大卫·伯格霍尔兹 20 世纪 80 年代末从匹兹堡来到克利夫兰管理乔治·冈德基金会。前密西西比州督学、国家政策界知名人士理查德·博伊德在 20 世纪 80 年代末出任玛莎·霍尔登·詹宁斯基金会的执行主任。

2. 缺口资金

基金会越来越发现,它们必须投入资金和员工时间来实施因其行动而产生的任何新政策和做法。我们将这种策略称为"缺口资金"。要填补的"缺口"是指公共资金和其他可用于执行重大新公共政策(如芝加哥的《改革法案》或即将在克利夫兰实行的

第十八章 对慈善事业未来的启示——地方基金会与城市学校改革

市长控制)的资源的不足和遗漏。为了使缺口资金发挥作用,所有参与者——基金会、非营利组织和公共机构——必须认识到,基金会只能暂时发挥这一作用。将这类资金视为永久性支持将损害(在理论上)基金会资助创造性和多样化解决地方问题方案的自由。

在芝加哥,《改革法案》要求对芝加哥公立学校的治理和管理进行深远的变革,但为实施变革提供的公共资金并不充足(每所学校约为1 500美元)。因此,1989至1993年间,芝加哥的基金会为学校改革提供的资金中约有35%用于帮助执行这一法案,经常是用于填补该法案在设计、内容和启动资金方面的缺口。芝加哥学校改革的一个教训是,为执行提供支持是一个基本的必要条件,而且这太重要了,不能让基金会独自去承担。过度依赖私人解决方案只会造成不公平。

到目前为止,芝加哥比克利夫兰更需要缺口资金,在克利夫兰即将转向市长控制之前,还没有具体的全系统公共政策来帮助实施。尽管如此,基金会的大部分赠款和领导力都已用于填补制定和实施战略计划所需公共资源的缺口,以及弥补公共部门在资金、时间和专业能力方面的不足。

3. 参数推送

基金会在通过缺口资金支持新的政策和实践的同时,还需要扩大致力于解决公共问题的想法、方法、机构和个人的范围和质量。这可能意味着评判它们正在帮助实施的相同政策和实践。有些赠款可以达到这两个目的。例如,对一项新政策的持续评估,既可以引发人们对解决问题替代方案的讨论,又促进了有效执行。

芝加哥基金会全面推动《改革法案》的实施。随着改革运动的成熟，基金会的关注范围从《改革法案》的制定和实施扩展到更全面的多层次校本改革。在 1987 年和 1988 年，芝加哥基金会集中关注几个特定主题、具体的受赠人和组织类型，但在《改革法案》通过后，它们逐渐拓宽了其工作范围。家长和社区赋权——《改革法案》的核心——仍旧是一个优先事项，但对教师发展以及校长、教师、家长和社区成员的集体重建工作的支持日益平衡了这一点。

克利夫兰基金会仍然面临的任务可以更准确地描述为参数细化，而不是参数推送。芝加哥的改革最初更多地集中在《改革法案》规定的治理理念上，而克利夫兰则一直在许多方面同时推进。克利夫兰目前主要的改革措施包括：治理改革，其中涉及将学校系统的控制权从选举产生的学校理事会转移到由市长任命的学校理事会和首席执行官；逐步实现学校系统的权力下放；制定学生成绩标准，举行全州范围的水平测试，并要求四年级和八年级的学生达到特定分数才能升学；对没有达到成绩标准的学校进行"重组"；制定一部新的特许学校法，旨在从 1998 年秋季开始在俄亥俄州开设"社区学校"；实施一项教育券计划（由州政府在 1996 年制定），允许学生利用公共资金进入私立学校（包括宗教学校）。

根据莱因哈德（Reinhard, 1998:26）的说法，克利夫兰是美国唯一一个同时采取上述所有措施的地方。克利夫兰的基金会确立了作为公共教育倡导者的角色。但到目前为止，还没有谁为教育券计划提供支持。鉴于系统高层的不稳定性以及法院和州政府的控制，克利夫兰的基金会更倾向于帮助确定改革的实质内

第十八章 对慈善事业未来的启示——地方基金会与城市学校改革

容,然后去捍卫所选择的实质性道路,以防止可能破坏整个改革进程的过度要求。尽管如此,基金会将重新考虑那些不能推进全系统改革事业的方法的实质内容。例如,1989 年,它们从一个流行但有缺陷的"基于激励的"学校改进策略转向了系统改革方法。[12]

4. 评估

克利夫兰和芝加哥的基金会致力于评估它们自己的行动主义、政策、赠款及其受赠者在学校改革方面的工作。评估有三个基本目的:为资助者、受赠者和感兴趣的公众提供信息。为了改进当前和今后的工作,基金会需要公布它们从自身经历中吸取的经验教训,无论是好的还是坏的。它们必须以保护其受赠者的方式来做这项工作。理想情况下,评估应该基于一系列原则。首先,建设性的质疑和批评的制度文化是必要的。其次,制度转变需要耐心,应认识到复杂的公共问题需要很长时间才能纠正。第三,基金会必须了解评估的价值,它们需要花大量的时间来跟踪赠款的影响。第四,评估不应控制赠款的发放。它不应排除冒险行为或为难以衡量结果的活动提供资金。第五,评估应基于多种标准或指标,必须使用定性和定量的方法来测量过程和结果。第六,需要多种信息来源,包括受赠者、现场和社区访问、独立研究、媒体分析和其他基金会官员。最后,评估者的类型应该多样化,从传统的(评估专家、特定问题领域的研究人员或学者)到非传统的(包括有评估经验的从业人员和自由记者)评估人员都应包含在内。

1987 至 1993 年,芝加哥的基金会为评估和宣传芝加哥学校改革提供了 635 万美元,而克利夫兰的基金会在这方面的记录则相对较少。该市没有独立机构专门监测和报告学校改革的进展。然而,克利夫兰的基金会在1989年迈出了关键性的一步,它们请费城备受推崇的项目评估团队,即公共/私人项目公司来评估代管奖学金计划和该市的学校改革计划。

地方慈善事业的基本矛盾

只要公共事务环境的特点是权力下放和财政紧缩,那么全系统的政策和社会变革将继续需要公共和私人行动者的持续努力。上述特征和任务来自芝加哥和克利夫兰资助者的真实经验,并在这两个城市中经受了考验。我们认为,它们可以作为希望在大都市规模的社会改革中发挥作用的基金会的有益指南,帮助其他城市和处于不同情况下的地方基金会制定初步战略,评估自身的优势和不足,并为加入角逐做好准备。

虽然我们认为这些概括是有用的,但实际上每个地方基金会的经验和面临的选择都是不同的。最后,基金会在地方变革中的作用是它所做出的许多具体选择和它无法控制的许多过程要素的总和。从根本上讲,每个基金会的选择都围绕着平衡地方战略慈善事业的四个基本矛盾而展开。

持续性与创新和灵活性

在一个权力下放和财政紧缩的时代,持续性必须成为基金会促进和维持社会变革的一项运作原则。基金常常发现难以维持对某一问题的长期投入,因为这与它们认为最宝贵的资产是承担风险和创新投资的自由这一理念相冲突。持续性会造成矛盾,特别是与三个理想的慈善运作原则之间：

杠杆作用：为组织和个人提供识别和解决问题的临时杠杆。

最大灵活性：保持资金不受阻碍，因为基金会资金的力量在于灵活性，而远非规模。

多元化：为各种想法、个人和机构提供资金是帮助民主社会自我完善的最佳途径。

在芝加哥，这种矛盾体现在资助者面临着需要为实施提供缺口资金的问题。自1980年起便担任芝加哥伍兹基金会执行主任的吉恩·拉德(Jean Rudd)认为，处理这种矛盾是基金会最大的挑战："我们最困难的工作，我们最严峻的任务……是对何时开始和停止提供资金做出艰难的判断(Rudd, 1989)。"伍兹基金会的工作人员担心，长期提供实施支持可能会分散基金会有限的资金，使其无法帮助"非营利部门展望未来、促进研究、展示和倡导新的关注点和机会，以带来有益的变革"(Rudd, 1989)。芝加哥的基金会根据各自的优先事项分别解决了这一矛盾。但总的来说，芝加哥的基金会解决这种矛盾的办法是将提供资金视为五年左右的义务，并期望最终逐渐减少供资。一旦履行了最初的义务，就会将另一轮五年左右的供资从填补资金缺口转移到推动相同问题的其他方面上。

战略与机会

基金会喜欢认为它们的行动是建立在一个深思熟虑的战略计划基础上的，但在现实中，机会可能与精心设计的战略一样具有影响力。基金会常常需要做出妥协，以便使学校改革朝着改善学习这一更大的目标前进，而这一目标应该把所有的行动者团结起来。与此同时,它们需要确保改革的内容可以推进基金会的理想和目标,以及所追求的战略是可行的。

为了实现改革,我们所研究的地方基金会愿意牺牲它们关于改革学校的最佳方式的一些理想。乔伊斯基金会的长期受托人刘易斯·巴特勒(Lewis Butler)表达了自己对这种矛盾的看法:

> 对你想去的地方有大致的了解是可以的,但是当你得到一个重大的政策机会,当火车进站时,你最好上车。这意味着你必须非常迅速地行动,因为这一切都发生得极为匆忙。因此,我觉得乔伊斯基金会和学校改革的情况很好。即使你正在犯错,但至少你是在利用机会。(麦克西对巴特勒的采访,1995年7月)

尽管基金会认同为了推进改革而妥协战略的必要性,但每个基金会都对如何在战略的严谨和机会主义之间划清界限做出了各自的决定。大多数基金会都通过参数推送来对冲其战略赌注。巴特勒所说的火车是指《芝加哥学校改革法案》。乔伊斯基金会不但抓住了火车带来的机遇,而且还资助了一系列更全面的学校干预措施以及监测和报告工作,以推进其改革战略,该战略不仅关注校长和教师,也关注家长和社区。

芝加哥的伍兹基金会以不同的方式划定了界限,因其战略焦点而取得了不凡的成就。七年来,它始终坚信,改善学习的第一步是培养家长和社区参与学校治理和全市政策形成。

第十八章 对慈善事业未来的启示——地方基金会与城市学校改革

基金会行动主义与社区所有权

当基金会在改革过程中发挥积极作用时,它们面临着压制声音的危险,这些声音可能被基金会的机构和财力所吓倒,或是被基金会与社区其他机构自上而下、资助者与受赠者的关系特征所疏远。通过在社会变革中扮演积极分子的角色,基金会可以夸大它们作为"当权者"的形象。另一方面,通过作为合作伙伴参与对话,它们在公共场合变得更加脆弱,从而摆脱那种"权力"形象。基金会必须小心行使其行动主义,以便它作为公共活动的促进者而不是领导者,来解决整个城市和社区的问题。基金会必须在行动主义的益处(主要是推动改革进程的力量)与接管改革进程的风险之间取得平衡。对于芝加哥伍兹基金会来说,其通过在家长和社区参与学校治理与政策形成方面坚定不移地投入大量资金,从而实现了适当的平衡。伍兹基金会的"平衡"概念根植于其对社区组织的制度信仰,即认为社区组织是促进民主参与公共政策过程中的一种方式。

基金会行动主义与基金会合法性

基金会的行动主义使其机构合法性及其人员的信誉遭受威胁。对于被认为拥有完美合法性的机构来说,这是一个严重的风险(Hall, 1992)。与其他非营利组织不同,基金会依赖的不是创收,而是依赖于信誉的发展和维护。芝加哥至少提供了一个负面例子:一位芝加哥社区信托基金的教育官员扮演了积极分子的角色,部分原因是他公开批评了《改革法案》的局限性,因而遭到了几位改革领导者的严厉指责(其中一些人要求解雇他)。这一令人不安的插曲戏剧性地表现了基金会在城市变革中发挥积极作用时所加入的高风险游戏。

基金会的合法性通常与对客观性的看法有关。改革积极分子的角色会将基金会这方面的合法性置于危险之中。乔伊斯基金会的克雷格·肯尼迪很清楚这种可能性。他担心乔伊斯基金会因为与学校改革运动有着千丝万缕的联系而可能失去倾听相反意见、感知问题和弱点或做出独立判断的能力。因此，在资助实施《改革法案》的同时，乔伊斯基金会邀请对改革提出批评的声音的工作人员和理事会会面，并邀请外部专家到芝加哥观察和评论学校改革，还与其他基金会一起推动对新法案的早期评估。在克利夫兰，一个不那么极端的例子是大卫·伯格霍尔兹决定退出克利夫兰教育倡议的理事会，因为他担心自己已经深陷于改革进程中。史蒂芬·明特则强调该行业一切都是灰色的这一事实，于是采取了不同的策略：他留在了该组织的理事会，理由是直接塑造克利夫兰一个主要学校改革组织的机会比对慈善事业采取客观的姿态更为重要。

基金会必须以某种方式设法平衡这些矛盾，因为从克利夫兰和芝加哥得到的教训是矛盾是无法解决的。平衡似乎取决于核心使命和目标、理事会和员工的个性，以及其他地方行动者的要求和接受能力。如果它们能保持平衡，基金会就可以在城市学校改革这一复杂问题上发挥重要作用。我们所研究的基金会对这两个中西部城市已经产生了影响：每个城市都在坚持改革；各类主要的非营利组织得到了十年或更长时间的支持；广大教育工作者、家长、社区成员以及公民、商业和政治领导者已经参与进来或重新加入；根据需要对改革的思路和方法进行了必要的调整、摒

第十八章 对慈善事业未来的启示——地方基金会与城市学校改革

弃和更新。终于,最近出现了一些出勤率和标准化测试得到改善的证据。西西弗斯的诅咒是芝加哥和克利夫兰为系统改善学生学习而奋斗的恰当比喻,但现在人们希望这种努力不再是徒劳的。

威廉·S.麦克西(William S. McKersie)
安东尼·马克沃德(Anthony Markward)

注释:

[1] 对于研究地方慈善事业的研究人员来说,缺少关于特定大都市地区具体、细致的资助数据是一个不幸的障碍。麦克西花了九个月的时间,利用来自芝加哥各基金会和基金会中心的文件信息,建立了芝加哥的赠款数据库。还没有为其他城市建立此类数据库。因此,很难提供具有可比性的定量证据来证明芝加哥在资助教育改革方面发挥的领导作用。

[2] 1994年和1995年,五个城市地区获得了安纳伯格挑战(Annenberg Challenge)的拨款:湾区(加利福尼亚州)学校改革合作计划(2500万美元),芝加哥安纳伯格挑战(4920万美元),洛杉矶安纳伯格大都市项目(5300万美元),纽约市学校复兴网络(2500万美元),费城儿童成就挑战(5000万美元)。1996年,第二轮城市拨款流向了波士顿(1000万美元)、底特律(2000万美元)、休斯敦(2000万美元)以及佛罗里达州迈阿密-戴德-布劳沃德县(3340万美元)。(Olson, 1997)

[3] 他们评审的全校改革计划包括:"人人成功"(Success for All)、"爱迪生项目"(Edison Project)、"核心知识"(Core Knowledge)、"加速学校"(Accelerated Schools)、"学校发展计划"(School Development Program)、"一贯管理和合作纪律"(Consistent Management and Cooperative Discipline)。新美国学校设计包括:ATLAS社区(ATLAS Communities)、奥德丽·科恩学院(Audrey Cohen College)、Co-NECT学校设计、远征学习/拓展训练(Expeditionary Learning/Outward Bound)、现代红色校舍(Modern Red Schoolhouse)、全国重建教育联盟(National Alliance for Restructuring Education)、根基和翅膀(Roots and Wings)。(Fashola and Slavin, 1998, 376)

[4] 这些数据来自麦克西对 11 家芝加哥基金会在 1987 年至 1993 年间为中小学教育提供资助的详细数据分析。该数据库代表了芝加哥基金会为芝加哥学校改革提供资金的 90%。除非另有说明,本文中芝加哥基金会捐赠的所有数据都是指这 11 家基金会。

[5] Elmore 1991; Finn 1991; M. Katz, Fine and Simon 1991; Kirst 1991; and, M. Katz 1992.

[6] 州宪法第一章中关于资金的变化为典型的小学和中学分别提供了约 45 万美元和 80 万美元的年度可支配资金(Lenz and Forte, 1995)。

[7] 非营利组织(主要由芝加哥的基金会资助)在《改革法案》的制定、通过和实施过程中发挥了至关重要的作用(O'Connell, 1991)。企业界在政策的最终制定、通过和初步实施阶段发挥了重要作用。芝加哥的基金会和商界的关系(以及相对的改革角色)是复杂的。在大部分改革运动中,这两个群体在很大程度上是彼此独立运作的。因此,我们没有将芝加哥的企业作为我们研究的一部分,尽管它们的领导力是改革法案背后的主要力量之一。关于芝加哥商业协会在学校改革中的作用的开创性研究,见 Shipps, 1995。

[8] 1995 年的《芝加哥学校改革修正法案》出现在本文所研究时期的末尾。这是一项对 1988 年《改革法案》各方面内容进行修订的州法律,对学校系统的中央治理进行了重大变革。正如王等人(Wong et al., 1996)所总结的那样,它赋予市长任命理事会成员和最高行政管理人员的完全权力;取消了高层权力的竞争来源,即学校理事会提名委员会和学校的财务权;加强中央权力,使地方学校理事会对全系统标准负责;将理事会规模缩小到五名成员,并仿效公司董事会的模式;建立一个由一名"首席执行官"领导,并包括一名"首席教育官"在内的最高行政团队;赋予理事会和行政部门新的权力,使其能够超越集体谈判协议,将某些服务私有化;在预算和会计方面给予理事会和行政管理部门新的灵活性,包括在几个主要领域提供州政府的整体拨款。值得注意的是,新的行政团队中只有少数成员拥有传统的教育工作者履历;大多数人,包括首席执行官,都来自公共管理或私营部门。(Wong et al., 1996)

[9] 最近,在冈德基金会和克利夫兰基金会的资助下,克利夫兰教育基金已经开始向克利夫兰公立学校中致力于学校改革的教育者团队提供小额拨款和技术援助,而不仅仅是资助个性化的专业发展。

[10] 尚未系统地收集和分析关于克利夫兰基金会作用的赠款数据。

[11] 尽管克利夫兰奖学金计划(Cleveland Scholarship Programs)并没有解决学校改进或改革问题,但必须指出,这些计划是这一时期基金

会拨款的主要接受者之一。作为美国历史最悠久且规模最大的奖学金计划之一,克利夫兰奖学金计划为克利夫兰公立学校学生提供两年制和四年制高等教育的咨询和资助。

[12] 顺便提一句,基金会并没有放弃奖学金资助。2001年,克利夫兰公立学校的毕业生获得1 000美元的奖学金,其资金主要由克利夫兰的基金会提供。

参考文献

Bernholz, L. "Private Philanthropy and Public Schools: San Francisco in the 1960s and 1970s." Doctoral dissertation, School of Education, Stanford University, 1995.

Booz-Allen and Hamilton, Inc. *Hard Choices: The Financial Outlook for Chicago's Public Schools.* Chicago: The Civic Committee of the Commercial Club of Chicago, 1992.

Bryk, A. S., Hill, P. and Shipps, D. *Decentralization in Practice: Toward a System of School Reform.* Baltimore: Annie E. Casey Foundation, 1998.

Butler, L. Personal interview with William McKersie, July 1995.

Education Week "The Urban Challenge." *Education Week, Quality Counts' 98: The Urban Challenge*, January 8, 1998, p.6.

Elmore, R. "Foreword" in G. A Hess, ed., *School Restructuring, Chicago Style.* Newbury Park, CA: Corwin, 1991.

Fashola, O. S. and Slavin. R. E. "School-wide Reform Models: What Works?" *Phi Delta Kappan*, 1998, 79(5), 370–379.

Finn, C. E., Jr. "Chicago School Reform: Five Concerns." In S. K. Clements and A. Forsaith, eds., *Chicago School Reform: National Perspectives and Local Responses.* Washington, DC: Education Excellence Network, 1991.

Ford Foundation. *A Foundation Goes To School: The Ford Foundation Comprehensive School Improvement Program.* New York: The Ford Foundation, 1972.

Giving USA. New York: AAFRC Trust for Philanthropy, 1996.

Hall, P. D. *Inventing the Nonprofit Sector.* Baltimore: Johns Hopkins University Press. 1992.

Hess, G. A. "School Based Discretionary Fund Use in Chicago: Implications and Advocacy." Paper presented at the annual meeting of the American Educational Research Association, Chicago, March 28, 1997.

Katz, M. B. "Chicago School Reform as History." *Teachers College Record*,

1992. 94(1), 56–72.

Katz, M. B., Fine, M., and Simon, E. "School Reform: A View from Outside Chicago." *Chicago Tribune*, March 7, 1991, Sect. 1, p. 27.

Kennedy, C. Personal interview with William McKersie, June 1995.

Kirst, M. W. "The Chicago School System's Central Office: Progress Toward a New Role." In S. K. Clements and A. Forsaith, eds., *Chicago School Reform: National Perspectives and Local Responses*. Washington, DC: Education Excellence Network, 1991.

Lenz, L. "Reform Sparks Solid Gains But It's Time to Turn Up the Heat." *Catalyst*, 1995, 6(5), 4–11.

Lenz, L. and Forte, L. "Reform Data Book." *Catalyst*, 1995, 6(5), 27–38.

Lobman, T. E. "Public Education Grant-Making Styles: More Money, More Vision, More Demands." *Teachers College Record*, 1992, 93(3), 382–402.

McKersie, W. S. "Reforming Chicago's Public Schools: Philanthropic Persistence, 1987–1993." In K. Wong, ed., *Advances in Educational Policy, Volume II-Rethinking School Reform in Chicago*. Greenwich, CT: JAI Press, 1996.

McKersie, W. S. "Fostering Community Participation to Influence Educational Policy: Lessons from the Woods Fund of Chicago, 1987–1993." *Nonprofit and Voluntary Sector Quarterly*, 1997, 26(1), 11–26.

McKersie, W. S. "Philanthropy's Paradox: Chicago School Reform." *Educational Evaluation and Policy Analysis*, 1993, 15(2), 109–128.

McKersie, W. S. and Palaich, R. "Philanthropy Systemic Reform: Finding a Cross-Sector Blend of Risk-Taking and Political Will." *Education Week*, May, 4, 1994, p. 48.

Meade, E J., Jr. "Foundations and the Public Schools: An Impressionistic Retrospective, 1960–1990." *Phi Delta Kappan*, 1991, 73(2), KI-K12.

National Commission on Excellence in Education. *A Nation at Risk: The Imperative for Educational Reform*, Washington, DC: U. S. Government Printing Office 1983.

O'Connell, M. *School Reform Chicago Style: How Citizens Organized to Change Public Policy*. Chicago: The Center for Neighborhood Technology, 1991.

Olson, L. "Annenberg Challenge Proves to Be Just That." *Education Week*, June 25, 1997, pp. 1 and 30–31.

Olson, L. and Hendrie, C. "Pathways to Progress." *Education Week, Quality Counts' 98: The Urban Challenge*, January 8, 1998, pp. 32–45.

Reinhard, B. "Cleveland: A Study in Crisis." *Education Week, Quality*

Counts' 98: The Urban Challenge, January 8, 1998, pp. 32-45.
Renz, L. *Foundation Giving*, 1991. New York: Foundation Center, 1991.
Renz, L. *Foundation Giving*, 1996. New York: Foundation Center, 1996.
Renz, L. *Foundation Giving*, 1997. New York: Foundation Center, 1997.
Rudd, J. "Executive Director's Letter." In *Woods Charitable Fund* 1989 *Annual Report*. Chicago: Woods Fund of Chicago, 1989.
Ryan, S., Bryk, A. S., Lopez, G., Williams, K. P., Hall, K., and Luppescu, S. *Charting Reform: LSCs-Local Leadership at Work*. Chicago: Consortium on Chicago School Research, 1997.
Shipps, D. "Big Business and School Reform: The Case of Chicago, 1988 Illinois." Unpublished doctoral dissertation, School of Education, Stanford University, 1995.
Sommerfeld, M. "Foundations Seek More Active Role in Replicating Successful Models." *Education Week*, December 14, 1994, p. 6.
Wehlage, G., Smith, G. and Lipman, P. "Restructuring Urban Schools: The New Futures Experience." *American Educational Research Journal*, 1991, 29 (1). 51-93.
Wong, K. K., Dreeben, R., Lynn, L. E., Jr., and Sunderman, G. L. *Integrated Governance as a Reform Strategy in the Chicago Public Schools*. Department of Education and Irving B. Harris Graduate School of Public Policy Studies, The University of Chicago, 1996.

第十九章　慈善事业与美国高等教育

本文论述的是慈善事业在美国高等教育中的作用。第一部分主要是展示一些数据,介绍有关过去和现在私人慈善事业对美国高等教育捐赠的性质。第二部分分析了慈善捐赠对高等教育招生模式的影响。结语部分是根据我在公立大学(威斯康星大学和加州大学圣地亚哥分校)和私立大学(哈佛大学和普林斯顿大学)担任教员和管理人员的经验,就慈善捐赠对高等教育产生的其他影响进行的不太系统的讨论。[1]

关于慈善事业对高等教育的贡献,最重要的事实:高等教育是慈善捐赠的重要接受者,几乎获得了慈善捐赠总额的10%。其中,捐赠和拨款本身支付了略高于6%的高等教育经费;捐赠基金收益、以往捐赠的剩余部分,提供了另外的2.3%。[2] 流向高等教育的捐赠和拨款在高校中的分布相当不均衡。私立院校招收的学生不到四分之一,但获得的捐赠却超过了一半。捐赠主要集中在研究型大学和私立文理学院。像哈佛、普林斯顿、斯坦福和伯克利这样的精英学校收到的捐赠和拨款比例过高。捐赠基金的分布更加不均衡。1995年,五所院校拥有20%的高等教育捐赠基金,但它们招收的学生不到1%。

第二部分分析了慈善事业对高校招生模式的影响——谁上大学以及他们去哪里。慈善捐赠使得相对昂贵的大学有可能为一些学生大幅降低学费（通过奖学金和其他助学金的形式）。因为申请者在考虑上哪所大学时确实会考虑费用问题，慈善事业对学生上哪所大学有着重大影响。获得助学金带来的两个重要后果是，增加了美国精英私立大学学生背景的多样性，同时降低了他们能力的多样性。另一方面，我认为慈善捐赠对大学的整体就读率影响不大。这是因为边缘学生，即那些要在上大学与进入职场之间做决定的学生，最有可能考虑去一所公立大学（可能是两年制的大学），而这些大学得到的慈善捐款很少。我提出的论点和证据主要来自经济学家大卫·卡德（David Card），表明那些因为学费太贵而现在没有上大学的人有能力从上大学中受益匪浅。私人慈善事业对教育的捐赠未能增加学生上大学的机会，这一点是值得深思的。

第三部分以非正式的方式讨论了私人慈善事业对高等教育的其他影响。我赞扬私人慈善事业，因为它支持并使最好的美国教育成为可能，更因为它支持学校之间的竞争，我认为这对美国一流的研究型大学取得成功至关重要。私人慈善事业为高校的社会科学研究提供了必要的支持。然而，这种支持的性质还有许多需要改进的地方。政府对基于同行评审的自然科学研究的支持使优秀的研究人员能够遵循自己的研究议程，只要他们能够保持富有成效和具有创新精神。相比之下，基金会和其他私人资助者基本上只支持新的和创新的研究（至少对资助者而言），他们通常拒绝继续支持那些仅仅是成功的项目。因此，如果社会科学和人文学科的研究人员要继续得到支持，他们就不得不改变他们的研究议程。这在一定程度上可能是人文和社会科学领域的某些研究相对盛行的原因。

对高等教育的自愿支持

1996年，流向美国高等教育的捐赠总额为142.5亿美元。慈善事业总额接近1 510亿美元。因此，对高等教育的捐赠不到捐赠总额的10%。这种关系已经持续了至少20年。[3]

慈善事业在美国高等教育的收入和支出中占有相当大的份额。1995—1996学年，美国高等教育机构招收了近1 430万名学生，因此对每个学生的捐赠额几乎达到1 000美元。在校学生人数为1 030万，因此对每个全日制学生的捐赠额略高于1 350美元。1994—1995学年，私人捐赠和拨款约占高等教育机构收入的6%。

图19-1和图19-2显示了捐赠和拨款以及捐赠基金收益的历史数据。[4]捐赠和拨款的重要性（以占收入或支出的比例衡量）自1919—1920学年以来略有增长，当时还不到4%，但自1939—1940学年以来基本保持不变。捐赠基金收益的重要性稳步下降。1919—1920学年，捐赠基金收益几乎占总收入的15%。而在1994—1995学年，来自捐赠基金的收益约占总收入的2%，[5]只有极少数富有的机构从捐赠基金收益中获得15%的收入。支出记录与收入记录非常相似。

慈善支持在全国高等教育机构中的分布非常不均衡。表19-1和表19-2显示了1995至1996学年不同类型的学校从慈善事业获益的情况。这些表格对公立和私立机构以及不同类型的学校进行了区分。机构分类采用的是教育援助委员会（Council

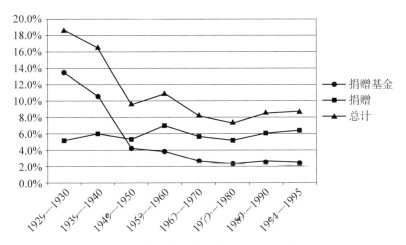

图 19-1　自愿支持占教育及一般净支出的百分比

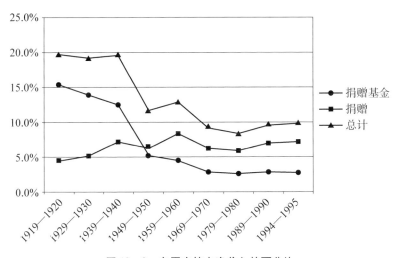

图 19-2　自愿支持占净收入的百分比

for Aid to Education)在其年度报告《对教育的自愿支持》(*Voluntary Support of Education*,简称 *VSE*)中使用的卡内基分类法的精简版,该报告是有关高等教育慈善捐赠情况的基本数据来源。可能除了"专门学院"以外,这些分类是明白易懂的。"专门学院"在这里被定义为"提供从学士到博士学位的院校。这些机构授予的学位中至少有 50% 属于同一学科"(*VSE 96*, p. 49)。例如普林斯顿神学院和梅奥医学院。

表 19-1 私立和公立院校的招生人数、捐赠和拨款以及捐赠基金的分布情况表 *

院校类型	研究生/博士学院	硕士学院	文理学院	专门学院	两年制学院	总计
私立						
招生人数(以千人计)	1 182	903	728	140	215	3 169
招生人数占总招生人数的百分比	8%	6%	5%	1%	2%	22%
捐赠和拨款总额(以百万美元计)	4 362	862	1 880	627	80	7 811
捐赠和拨款占捐赠总额的百分比	31%	6%	13%	4%	1%	55%
预计捐赠基金收入 *(以百万美元计)	2 449	249	893	177	3	3 772
捐赠基金收入占捐赠总额的百分比	48%	5%	17%	3%	0%	73%
公立						
招生人数(以千人计)	3 972	1 690	95	60	5 283	11 100
招生人数占总招生人数的百分比	28%	12%	1%	0%	37%	78%
捐赠和拨款总额(以百万美元计)	5 098	501	23	301	350	6 273

* 原书表 19-1 数据疑有误。——译者注

续表

院校类型	研究生/博士学院	硕士学院	文理学院	专门学院	两年制学院	总计
捐赠和拨款占捐赠总额的百分比	36%	4%	0%	2%	2%	45%
预计捐赠基金收入(以百万美元计)*	1 276	53	3	35	12	1 379
捐赠基金收入占捐赠总额的百分比	25%	1%	0%	1%	0%	27%

*：假定捐赠基金收益率为4%。
数据来源：作者根据《对教育的自愿支持》(*Voluntary Support of Education*, 1995—1996)和《教育统计文摘》(*Digest of Educational Statistics*, 1997)中的数据计算得出。

表19-1的前两行列出了不同类型学校的招生人数。在大约1 440万的录取学生中，近五分之四进入了公立大学。其中约一半就读于授予研究生学位的院校，另外一半就读于不授予学士学位的两年制院校。在私立学校中，超过65%的学生被授予研究生学位的院校招收，近四分之一的学生进入文理学院，不到10%的学生进入两年制院校。接下来的两行显示了流向这些机构的私人捐赠和拨款的绝对金额以及占捐赠总额的百分比。慈善捐赠的分布情况与学校的招生情况截然不同。虽然只有8%的美国学生就读于私立研究型大学，但31%的慈善捐赠流向了这些学校。相比之下，37%的大学生就读于两年制公立院校，而这些学校只得到了高等教育慈善捐赠的2%。接下来两行给出了相同的捐赠基金收益数据。我通过假定捐赠基金收益率为4%来预估捐赠基金收益对高等教育机构的贡献。这是一个合理的长期实际回报率，略高于高等教育机构报告的收益。[6]捐赠基金集中在私立大学和文理学院的情况更为明显。私立大学获得了所有捐赠基金收益的

近四分之三,而它们招收的学生却不到总数的四分之一。

表19-2以每个学生为单位列出了相同的信息,并将这些数字与高等院校的支出和学费信息进行了比较。表格第一行估计了教育部所称的"教育及一般支出"的生均费用,这是衡量学校教育学生花费的最普遍标准,不包括宿舍、医院以及大学出版社、书店等企业的经营支出。毫不奇怪,这些支出会因学校类型不同存在很大差异。私立研究型大学为每名学生花费接近2.2万美元,而公立两年制院校的花费仅为这一数字的六分之一。

接下来三行显示的是学费和各项杂费。总学杂费反映的是大学规定的学费,即标价。净学杂费需要从中减去学院提供的奖学金。净学费是学生实际支付给其就读大学的费用。无论是总学费还是净学费,私立大学都比公立大学高得多。私立大学净学费和总学费之间的差距大约是公立大学的六倍。净学费约占公立大学教育及一般支出的五分之一,而私立学校的净学费仅占此类支出的40%多一点。

表19-2 生均教育经费、捐赠和拨款、捐赠基金收益和学费情况表*

单位:美元

院校类型	研究生/博士学院	硕士学院	文理学院	专门学院	两年制学院	总计
私立						
生均教育及一般支出费用	21 722	9 462	14 501	41 692	6 313	16 406
生均总学杂费	9 571	7 411	10 318	21 102	5 212	9 342
生均净学杂费	7 064	5 632	7 031	17 665	4 387	6 936
净学杂费占教育及一般支出的百分比	33%	60%	48%	42%	69%	42%

* 原书表19-2数据疑有误。——译者注

续表

院校类型	研究生/博士学院	硕士学院	文理学院	专门学院	两年制学院	总计
生均私人捐赠和拨款	3 690	954	2 583	4 474	373	2 465
占教育及一般支出的百分比	17%	10%	18%	11%	6%	15%
生均预计捐赠基金收入*	2 071	276	1 228	1 262	15	1 190
占教育及一般支出的百分比	10%	3%	8%	3%	0%	7%
公立						
生均教育及一般支出费用	12 104	9 478	22 292	112 603	3 645	8 304
生均总学杂费	2 810	2 988	7 977	7 023	856	1 974
生均净学杂费	2 137	2 407	6 319	4 820	720	1 554
净学杂费占教育及一般支出的百分比	18%	25%	28%	4%	20%	19%
生均私人捐赠和拨款	1 284	296	240	5 052	66	565
占教育及一般支出的百分比	11%	3%	1%	4%	2%	7%
生均预计捐赠基金收入*	321	31	28	591	2	124
占教育及一般支出的百分比	3%	0%	0%	1%	0%	1%

*：假定捐赠基金收益率为4%。
数据来源：作者通过对《对教育的自愿支持》(*Voluntary Support of Education*, 1995—1996)和《教育统计文摘》(*Digest of Educational Statistics*, 1997)中的数据进行计算得出。

接下来的两行显示了以每个学生为单位的私人捐赠和拨款情况，及其占教育及一般支出的比例。这些数字因院校类型而异。在私立博士和文理学院，慈善捐赠几乎占教育及一般支出的六分之一。在公立研究型大学，这一比例仅略高于十分之一。在公立两年制院校，捐赠和拨款仅占教育及一般支出的2%。表

19-2 的最后两行显示的是捐赠基金收益的相同信息。只有在私立院校,捐赠基金收益才是一个重要因素(至少从占支出的百分比来看)。

慈善事业集中在特定院校以及各类院校之间。1995—1996学年,平均为每个学生提供的捐款约为 1 000 美元,而在斯坦福大学每个学生获得的平均捐款超过 2 万美元。当年获得赠款最多的 10 所院校筹集了超过 20 亿美元的资金,几乎占募款总额的 15%,而它们招生人数不足总数的 1.5%。

捐赠基金的分布高度集中,其程度远超目前的捐赠。1995年,五所大学(哈佛大学、得克萨斯大学奥斯汀分校、耶鲁大学、斯坦福大学和普林斯顿大学)的捐赠基金占所有高等教育机构捐赠基金的 20%。1995 年秋季,这几所大学招收的学生不到高校招生总数的 1%。[7] 在私立院校中,四年制大学(包括文理学院)的收入有近 6.5% 来自捐赠基金。捐赠基金收益(按 4% 估算)约占普林斯顿大学教育及一般支出的 53%,占耶鲁大学和达特茅斯学院教育及一般支出的 16%(*VSE 1996*)。

慈善事业受到各种限制。最重要的区别是可用于当前用途的资金与增加捐赠基金或用于资本项目的资金。1995 年,大约 50% 的慈善事业仅限于资本用途,而对于公共机构的可比数字约为 40%。*VSE 1996* 报告了其他类别的限制,但很难知道这些限制有多大的约束力。为当前业务提供的资金中,大约有三分之一是不受限制的,还有大致相同的资金用于支持研究,剩余部分则受制于各种约束。当然,要知道这些限制有多严重几乎是不可能的。例如,如果捐赠者为一所学校提供资金来丰富其语言课程,而学校本来也正打算这样做,那么这个限制就没有约束力了。[8]

与当前的捐赠一样,捐赠基金也受到限制。1996 年大约有 90%的捐赠基金受到限制。很难说这些限制有多大的约束力,但对捐赠基金的限制可能比对捐赠的限制要小。许多讲席教授只是增加了一所大学的普通资金,因为讲席教授资金既不用于支付拥有该职位的教授的工资,也不用于支持其个人的研究。在其他情况下,通过捐赠设立的讲席教授职位可能会导致一所大学在其不打算涉及的领域雇用研究人员。在这种情况下,捐赠实际上会削弱学校实现其最高目标的能力。在某些情况下,受限制的资本赠予实际上可以减轻用于经常性开支的普通资金。假设一所大学决定要建造一个体育设施,它在筹集资金之前就开始建设,通过贷款为建设提供资金,并从普通资金中支付贷款。当筹集到建设资金时,学校还清贷款,并将腾出的普通资金用于其他用途。所有这些都仅仅是说,很难估计捐赠在多大程度上增加了一个机构实现其目标的总体能力,以及在多大程度上资金只能用于限制性用途。

总之,捐赠集中在各个机构之间。捐赠是私立研究型大学、私立文理学院和公立研究型大学收入的重要组成部分。慈善事业在资助公立两年制大学方面没有起到显著作用,而这些大学招收了超过三分之一的美国大学生。在这些广泛的机构群体中,捐赠主要集中在精英机构和知名机构。过去的慈善事业和捐赠基金比现在更为集中。在美国 3 600 多所高等教育机构中,捐赠基金收益只占经常性支出的很小一部分。捐赠基金和捐赠受到各种限制,尽管很难估计这些限制的影响。

慈善事业对招生的影响

给高等教育的捐赠和捐赠基金能实现什么？我首先要讨论的是慈善事业的影响，以及学生是否上大学和在哪里上大学的问题。捐赠、拨款和捐赠基金收益对哪些学生上哪所大学有着重要影响。慈善事业对上大学的学生总数的影响可能微乎其微。那些处于上大学或继续学业边缘的学生大多会去公立大学，大部分（但不完全是）去几乎很少得到慈善援助的两年制院校。[9]因为这些机构收到的私人捐赠相对较少，所以对于那些真正在决定是否上大学还是进入劳动力市场的人来说，慈善事业对于降低上大学的费用几乎没有什么作用。最近，美国高等教育出现了令人不安的趋势。费用上涨的同时，政府对高等教育的资助（至少按每个学生的不变美元计算）却一直在下降。因此，对未来的学生而言，教育已经变得，而且预计将继续变得更加昂贵。私人慈善事业对解决入学问题的直接贡献相对较少，一些人认为这是美国高等教育面临的主要问题。[10]

慈善事业可能确实对招生分配有重要影响。基于需要和成绩的奖学金（由捐赠和捐赠基金支持）显然影响着学生去不同学校就读的净价。布鲁尔和埃伦伯格（Brewer and Ehrenberg, 1996）完成了一项极为复杂的研究。他们估计了不同收入和种族群体的学生的费用，以及进入六种不同类型大学的能力——顶级、中等和底层（根据质量和选拔的严格性来说）的公立学校和私立学校。

例如，他们发现，对于高收入、低能力的学生来说，上顶级私立大学的净价(按 1981—1982 年美元计算[11])为 5 395 美元。对于低收入、高能力的学生来说,上同样的大学平均要少花 2 500 美元。布鲁尔和埃伦伯格还估计了每种类型学校的性别、种族和资助能力等特征的边际价值。他们发现,整体援助计划对这些特征做出了反应。一个有趣的发现是,在其他条件相同的情况下,学校的质量越高,为黑人学生提供的援助就越多(Brewer and Ehrenberg,1996,表 3 和表 4)。[12]

布鲁尔和埃伦伯格(以及其他人)发现,学生在选择大学时会考虑净价。学校提供的助学金(这必须与学生在许多学校可能使用的助学金有所区别)影响着学生在高校中的分布。库克和弗兰克(Cook and Frank,1993)等人已经证明,经济资助使学生按能力分层成为可能。在第二次世界大战之前,我们现在所知道的那些实行择优录取的大学接受了大多数申请者。这些大学在五六十年代开始有选择性地接受申请,并且随着时间的推移,变得愈发挑剔。随着这些大学对学生的选拔越来越严格,它们吸引了更多最有才华的美国年轻人。在巨额捐赠基金和慷慨的私人资助的支持下,助学金使普林斯顿和耶鲁这样的大学有可能在价格上与公立大学展开竞争,尽管大多数精英私立学校并不提供奖学金。

既然慈善事业影响着学生上哪所大学,那么值得一问的是,关于大学的不同种类和质量对学生生活的影响,我们有多少了解。我所知道的研究都是由经济学家进行的,他们自然会问学校的质量(以及学校的具体属性)是否会影响学生未来的收入。在讨论这一问题之前,我们应当回顾一下,同样的问题在中小学教育中已经热议了近 30 年。自从"科尔曼报告"(Coleman Report)发现公立学校花更多的钱却对学生的成绩影响不大以来,学者们就一直在争论这个问题。一位中立的观察家可能不得不说,目前还没有达成共识。我相信,更多的学者认为,给予公立学校资源用来缩小班级规模、提高教师资质和改善体育设施,对学生的校内外表现几乎没有显著影响。然而,在这一问题的任何一方都很容易找到非常优秀和有能力的学者。大量的文献综述,其中每一篇都引用了数百项研究,得出了相反的结论。例如,将哈努谢克(Hanushek,1986)与赫奇斯、莱恩和格林沃尔德(Hedges, Laine and Greenwald, 1994)的研究进行比较。我的同事艾伦·克鲁格(Alan Krueger, 1998)最近的研究指出,资源确实能提高学生的表现。

鉴于对质量或资源对中小学教育的影响缺乏一定的了解,我们对大学的这一问题的理解也很薄弱就不足为奇了。布鲁尔和埃伦伯格回顾了过去的十几项研究,得出的结论是,"总的来说,研究发现,在其他条件相同的情况下,上一所高质量的大学可以提高收入,尽管估计的影响程度从可忽略到很大不等"(Brewer and Ehrenberg, 1996:242)。他们注意到以往研究中存在一些严重的统计和概念问题,然后提出了自己的研究。他们的研究在概念上和统计上都有了明显的改进,但他们的结果非常不精确(主要是由于样本仅限于1980年的高中毕业生)。他们的发现与他们所引用的文献大体一致。质量的影响是积极的,但其影响程度很难确定。也许他们最有趣的发现是,那些曾就读于中等或底层私立学校的学生如果上的是精英公立学校,他们会做得更好(至少在经济上是这样的)。

虽然对大学质量影响的估计很弱,但我们对上大学的影响确实了解很多。被经济学家称为"教育收益率"的最新研究表明,上大学的价值一直在增加。我们只需看看按收入划分的教育趋势,就很容易看出这一点。自 1980 年以来,与高中毕业生相比,大学毕业生的收入大幅增加,而未完成高中学业的人的相对工资则普遍下降。[13]

人们很容易认为,普通大学毕业生的高工资高估了教育对那些现在没上大学的人的价值。这个论点很简单。收入至少是教育和能力的产物。一般而言,上大学的人比没上大学的人更有能力。因此,增加上大学的人数必然会使那些无法从高等教育中受益的人进入大学。教育收益递减是不可避免的。如果真是这样的话,入学问题可能并没有看起来那么严重。此外,虽然大学毕业生的收入可能比高中毕业生的高,但这并不意味着上了大学却没有毕业会对工资产生很大影响。那些上两年制大学的人比那些上四年制大学的人完成四年大学学业的可能性要小。

这两种看似有理的论点可能都是不正确的。托马斯·凯恩和塞西莉亚·劳斯(Thomas Kane and Cecilia Rouse, 1993)指出,无论获得哪种学分,获得大学学分的平均经济价值是相同的。在两年制大学获得的学分与在四年制大学获得的学分具有相同的经济价值。最终得到学士学位的人所获得的学分与毕业前离开大学的人所获得的学分相比,对增加其收入的影响不大。

大卫·卡德(David Card, 1995)最近回顾了一些令人惊讶的有关教育经济收益的研究。这些研究采取了统计学处理方法,以理出能力和教育对收入的单独影响。他们发现这些处理往往会增加教育对收入的预期影响,与上面凭直觉得到的论点相矛盾。卡德给出了一个简单而吸引人的解释。一个人是否上大学,既取决于他从上大学中得到的益处(这与能力有关),也取决于他上大学的费用。这一费用不仅取决于学费,而且还因人而异。其根本原因是经济学家所说的不完善的资本市场和不同的交通便利性。不能借钱的穷人(或者因为不了解信贷市场的运作方式而不愿意借钱的穷人)会发现,与那些有钱人相比,穷人上大学更为昂贵(就他们在当前消费中必须做出的牺牲而言)。那些住在大学附近在家上学的人会发现,比起那些必须离家上学的人,他们上学更容易。在卡德的模型中,没有上大学的人,要么是穷人,要么是富人,而且都不太可能从更多的教育中受益。没有上大学的穷人中(相对于没有上大学的富人)包括很多可以从大学中受益的人。假设上大学的费用降低了——因为联邦政府的奖学金计划,或是因为交通的改善使得学生可以住在家里和半工半读上学更容易,那么谁最有可能做出回应呢?很可能是一个聪明的穷人,而不是一个愚笨的富人。如果是这样的话,他上大学的价值可能会远远高于平均水平。卡德发现这一模型解释了最近的研究。如果它是准确的,而且我觉得它很有说服力,那么它的政策相关性就很明显了。入学问题甚至比研究教育的平均经济回报率更为重要。

慈善事业对高等教育的其他影响

这一部分的系统性必然不如前面的部分。它反映的是我在一所非常富有的私立研究型大学(普林斯顿)和一所不那么富有的公立研究型大学(加州大学圣迭戈分校)担任管理者的经历,而不是对研究的总结。

美国的研究型大学之所以如此成功,私人慈善事业是一个重要的,可能是必不可少的因素。美国最好的研究型大学在开展研究和培养研究人员方面比国外的同类大学要好很多。[14]美国大学的财富——很大程度上归功于私人慈善事业——有助于促成这一成功。自第二次世界大战以来,尽管政府为科学研究提供了大部分支持,但是大学的独立资源在许多方面对科学事业至关重要。私人资金为新的研究人员提供种子资金,并允许研究人员通过研究资金缺口将研究团队和设施保持在一起。私人资金建造了实验室和其他对科学事业至关重要的设施。

私人资金的直接重要性是无法充分估量的。加州大学圣迭戈分校成立于1963年,已经成为美国最重要的研究型大学之一,在全国科学研究委员会(National Research Council)最近公布的研究生项目排名中,在公立大学中仅次于伯克利分校。加州大学圣迭戈分校并不富有,[15]然而,如果没有一些私人资源支持,它可能根本不会跻身于美国名校之列。

也许比支持研究的实际资源更重要的是美国大学之间激烈的竞争,这种竞争是由私人资源(和控制)支持和鼓励的。美国大学争夺生源、教师、公共和私人研究经费,当然还有在体育运动方面的竞争。高等教育机构之间的竞争在美国以外是罕见的。因此,工资差别被压缩了。美国最优秀的教师累积的好处由那些仅能维持下来的人得到。继续做出色工作的动力减弱了。在大多数国家,政府支持和控制大学。政府往往认为不同单位之间的竞争是浪费。[16]私人资源有助于使竞争成为可能。由私人捐赠支持的讲席教授职位只是其中最明显的例子。那些争夺生源,或是争夺最优秀学生的学校,比那些只是想得到更多资源的学校更关心如何教好学生。当然,学校争夺学生的方式不仅仅是小班授课。宿舍、食物和学生生活其他方面的质量都是争夺生源的重要组成部分。这种竞争的代价高昂,而且显然无助于教育事业。

私人资源使非常富有的私立文理学院和研究型大学能够以紧张愉快的方式教授本科生。小班授课、配备完善且受监督的实验室、频繁且经过仔细评分的写作任务,以及进行独立研究的机会,这些都是优质私立教育的显著特征。教育工作者认为,这些昂贵的教育模式是有益的。有一些相对较新的证据可以证明这一点。布鲁尔和埃伦伯格的研究可能是关于私立教育特殊益处总体效果的最佳证据。[17]大多数学生和教师都会证明,在一所富有的大学里上学和教学生比在一所贫穷的大学里更令人愉快。

慈善事业的另一个重要好处是支持那些政府不予资助的研究。私人慈善事业是支持人文学科和大多数社会科学研究的主要来源。作为一名社会科学家,以及社会科学司(Division of Social Science)前司长,我非常感谢这样的支持。如果没有私人的资助,人文和社会科学中许多最重要和最具创新性的工作是不可能完成的。

然而,我必须指出这种支持的一个重要缺陷。在捐赠者看来,大多数基金会和其他私人研究资助都是"种子资金"。其假设是,如果项目是成功的,那么该机构将会找到资金来继续这项研究。这种假设通常是明显错误的。与自然科学相比,机构再也负担不起使用自己的资金继续支持人文社会科学领域昂贵的研究项目。[18]在自然科学领域,科学家失去资助,通常是因为他们的研究质量下降,或是因为他们没有兑现承诺。如果科学家的工作一直很出色,他们将持续获得支持。在人文社会科学领域,情况并非如此。如果研究者想做自己打算做的事,或更多,他们必须寻找新的资金来源。而通常这是不可能的。原来的资助者不愿意再继续提供资金。其他的资助者通常因为想为新想法提供种子资金,对这类工作也不感兴趣。

与自然科学相比,要在人文社会科学领域维持一个研究项目需要更多的努力和独创力。它还要求人们愿意随着资助机会的变化而改变研究重点和方向,而不仅仅是遵循自己的研究兴趣。许多人批评和嘲笑这一软学科中无休止的一时流行、研究方向和视角的改变。有时我想知道,自然科学的相对稳定性在多大程度上是由于同行评审决定了在生物学和物理学领域的资助机会,而在文学、历史和人类学领域中,雄心勃勃的学者却被基金会不断变化的议程和其他私人支持来源所挟持。

迈克尔·罗斯柴尔德(Michael Rothschild)

注释:
［1］ 我要感谢与查尔斯·克洛特费尔特(Charles Clotfelter)、托马斯·欧利希(Thomas Ehrlich)和艾伦·克鲁格(Alan Krueger)的有益交谈,还要感谢米歇尔·麦克劳夫林(Michele McLaughlin)给予的研究帮助。
［2］ 许多建筑也是过去捐赠的结果,而且这些建筑提供的服务对大学来说必不可少。由于缺乏统一的资本核算,难以评估高等教育资本存量的重要性,更不用说作为过去慈善事业结果的那一部分了。
［3］ 数据的基本来源是《美国慈善捐赠》(*Giving USA*)1997 年度报告中的美国筹款委员会协会慈善信托部分,以及《对教育的自愿支持》(*Voluntary Support of Education*)1996 年度报告中的教育援助委员会部分。我将该数据来源在文中引用为 *VSE 1996*。
［4］ 关于本文图表数据结构的说明。我尽量使来自两个来源的数据保持一致。*VSE 1996* 以及前几年的报告是捐赠和捐赠基金的基本数据来源。它对许多高等教育和中等教育机构进行了一项调查,并按学校公布了对该调查的结果。虽然调查的覆盖范围还不完整,

但它很可能报告了对高等教育最重要的捐赠。在 1995—1996 年，VSE 1996 的调查对象上报了价值 123 亿美元的捐赠和拨款，而教育援助委员会的估值为 142 亿美元。对机构的覆盖远没有那么全面，例如：VSE 包括来自不到 1 100 所高校的报告，这些院校招收了 750 万名学生。教育部出版的《教育统计摘要》(Digest of Educational Statistics)是根据所有高等教育机构都需要完成的报告编写的。我利用《教育统计摘要》中的信息调整了 VSE 中的数据，以便使其涵盖所有高等教育。最大的困难（因此也是不确定性的来源）是《教育统计摘要》和 VSE 在各自报告中使用的略有不同的机构分类方式。我保留了 VSE 使用的分类，而且我不得不估计这些类别下的招生人数。

我偶尔会以净额列报收入和支出，这意味着我已经去除了学校颁发的奖学金和学术奖金，因为这些可以被视为价格折扣，而不是实际支出。

[5]《教育统计摘要》(1997 年，表 327)。

[6] 据《教育统计摘要》报告，1994—1995 年，捐赠基金的总价值为 1 090 亿美元，其总收益约为 39 亿美元，收益率为 3.6%。

[7] 如果不包括得克萨斯大学系统的话，这一比较将更加引人注目。1995 年秋季，全日制和非全日制的招生总数约为 1 422 万人，得克萨斯大学系统招收了将近 1% 的学生。

[8] 这就假设高校有明确的目标和计划，这显然过于简单化了。

[9]《美国的大学选择》(College Choice in America，Manski and Wise，1983)是关于大学选择的经典研究。他们发现大学入学率，尤其是两年制和其他学费不高的院校的入学率对净学费有反应。对其研究结果的扩增和复制，参见 McPherson and Schapiro，1991 以及 Brewer and Ehrenberg，1996。

[10] 例如，参见 Breaking the Social Contract: The Fiscal Crisis in Higher Education，Council for Aid to Education，1997，以及 The Cost of Higher Education，National Center for Education Statistics，1996。

[11] 1981—1982 年的美元价值比 1997—1998 年的美元价值高出约 70%。

[12] 同样的模式在很大程度上也适用于西班牙裔。正如作者所指出的，这些估计并不精确（它们有很高的标准误差），不应该被过度解释。

[13] 参见《高等教育的成本》(The Cost of Higher Education)第 16 页的例子，以及 Levy and Murnane，1992。

[14] 罗索夫斯基(Rosovsky，1990)最近对美国一流研究型大学的独特

品质进行了有见地的讨论。
[15] *VSE 1996* 没有报告加州大学各分校的完整数据。从我个人的经验来看,加州大学圣迭戈分校明显不如伯克利分校和洛杉矶分校富有。在整个加州大学系统的教育及一般开支中,捐赠和捐赠基金所占的比例与普通公立大学大致相同。加州大学圣迭戈分校的占比可能远低于此。
[16] 即使在美国也是如此。加州大学系统通过限制一个分校向另一个分校的教授提供启动拨款和加薪来阻止分校之间的师资竞争。这些限制偶尔会产生意想不到的结果,导致教师想更换学院时离开了加州大学系统,虽然他们希望留在加州大学。
[17] 一项由梅隆基金会(Mellon Foundation)赞助、对多所大学和学院毕业生开展的纵向研究即将公布,这将提供更好的证据。
[18] 托马斯·欧利希曾向我指出,这种批评多少有些不公平。有时候,创新计划的种子资金产生了许多其他机构效仿的模板。他举了一个例子,即福特基金会对诊所式法律教育早期提供的重要支持。

第二十章　环境慈善事业与公共政策

近年来,联邦政府在环境监管方面的主导作用在公共政策领域受到了抨击。例如,最近一份由参众两院拨款委员会委托撰写的报告,呼吁国会和美国国家环境保护局(EPA)在解决环境问题上给予各州、社区和企业更大的灵活性和自主权,建立一种基于对国家计划实行"负责任的权力下放",以及"减少环境保护局不必要的监管的新型伙伴关系"。[1]国会已经采取了一些适度的举措,将监管权移交给各州,这在 1995 年的《统一授权改革法案》(*Uniform Mandates Reform Act*)[2]和 1996 年的《安全饮用水法案(修正案)》(*Safe Drinking Water Act*)[3]中有所体现。《清洁水法案》(*Clean Water Act*)、《濒危物种法案》(*Endangered Species Act*)和《超级基金法案》(*Superfund*)也在考虑类似的提案。[4]环境保护局也正在重新考虑联邦政府和各州之间适当的权力平衡。

权力下放的批评者对最近的事态发展做出了悲观的设想,并提出理由说明权力下放将减少社会福利。他们认为,由于"竞次"现象、州际外部性的存在以及公共选择问题导致环境利益在州一级的代表性不足,联邦政府的主导作用是必要的。[5]

首先,支持联邦环境监管的"竞次"理论假设,各州为了吸引地理上可移动的公司在其管辖范围内选址,将向它们提供次优的宽松环境标准,以便从额外的就业和税收中获益。第二,州际外部性问题的产生,是因为一个州将污染排放到另一个州,获得了产生污染的经济活动所带来的劳动和财政利益,却不用承担该经济活动的全部成本。在这种情况下,经济理论认为,大量有害的污染将跨越州界线。第三,公共选择的主张假设,州政治进程会系统地低估环境保护的益处或高估其成本。

本文建立在我之前在这一领域所做大量工作的基础上,[6]对这三种主张集权的论点提出了异议,并说明它们不足以证明美国联邦政府在环境监管方面发挥广泛作用是合理的。

然后,本文试图为联邦政府界定一个适当的角色。这一讨论表明,在解决某些弊病时,联邦政府的干预是必要的。重要的是,联邦政府并没有在那些不能在权力下放层面上有效开展的活动上做出足够的努力:控制不同类型的州际外部性问题;提供监管所需的科学信息,比如做好风险评估准备;提供最低限度的公共卫生保障。

因此,在联邦政府能够产生想要的影响的领域和联邦监管的重点之间存在着一种不匹配。联邦政府对那些只会在州内产生影响的问题进行了过度监管,而那些需要联邦干预的问题却没有得到充分解决。因此,对权力下放影响的评估是复杂的。

这一分析得出了有关环境领域慈善行动的三个重要结论。首先,它对一些国家公共利益团体提出的各类反对权力下放的明确主张的社会赞许性提出了质疑。[7]

第二,它为人们提供了一个蓝图,使联邦一级的注意力集中在联邦政府监管不足的问题上,以及某些形式的权力下放可能会进一步威胁到的问题上。例如,野生动物保护者(Defenders of Wildlife)组织的主席罗杰·施利克森(Rodger Schlickeisen),就曾正确地抨击了将保护生物多样性的责任下放的做法:"一些有影响力的美国国会议员希望将联邦政府濒危物种和其他生物多样性保护计划的主要部分移交给各州。但是……大多数州在履行其当前的自然生态管理职责时,甚至都没有达到及格水平。"[8]

第三,它驳斥了中央集权倡导者提倡的主张,[9]即资助在州和地方一级运作的团体可能是无效的,甚至是徒劳的。例如,一位评论员最近将大量精力集中在质疑"环保主义者在州一级有效地代表其事业的相对能力"。[10]对基金会为环境项目提供的大量赠款的初步分析表明,近年来,无论是从受赠人身份还是从赠款用途来说,重心都已经从国家一级转移到州和地区一级。[11]如果这种趋势因为对权力下放的无端担忧而中止,那将是不幸的。

支持权力下放的推定

我的出发点是一个支持权力下放的可反驳的推定。[12]这一推定基于三个独立的理由。第一,美国是一个多元化的大国,因此,不同地区对环境保护的偏好可能不同。环境保护势必带来重要的资源分配问题。通常我们可以以某种价格购买额外的环境保护,以就业、工资、股东利润、税收和经济增长等货币支付。鉴于各州作为合理的监管单位存在,在没有充分理由的情况下,在监管过程中不应完全忽视反映不同地区公民偏好的权衡。

在一些社会决策中,这样的理由是存在的。联邦民权立法也许是最著名的例子,它战胜了美国大部分地区根深蒂固的偏好。

尽管我赞同这样一种观点,即应当从准宪法的角度来看待保护最低限度的公共卫生,并在全国范围内予以保障,但正如我在下面所解释的那样,它将把这一原则延伸到其极限之外,即要求将每一项具有公共卫生影响的决定联邦化。[13]

第二,全国各地的环境保护效益也不尽相同。例如,在人口稠密地区,严格的环境标准可能会使许多人受益,但在其他地方却只有少数人受益。同样,如果特定程度的污染物接触与具有协同效应的污染物接触相结合,其危害性可能更大。[14]

第三,达到特定标准的成本也因地域而异。例如,如果一个污染源直接位于山体或其他地形屏障的上风处,则可能对环境空气质量产生巨大的不利影响。同样,如果将污水排放到相对较小的水域中,那么水污染源将对水质标准产生更大的影响。气候也可能起到重要作用:某些排放标准在温暖的天气里可能更容易(也更便宜)达到。[15]

原则上,联邦法规应注意到这些差异。然而,这种因地制宜的方法需要大量的信息。显然,联邦政府在收集此类信息方面并不具有相对优势。因此,联邦法规通常在全国范围内实施统一的标准也就不足为奇了。此外,即使联邦法规不推行统一的标准,上述因素也无法解释这些差异。[16]

然而,如果让各州决定其管辖范围内适用的环境保护标准存在系统性弊端,那么这种权力下放的推定就应该被推翻。在接下来的三个部分中,我将分别考察支持联邦环境保护的"竞次"理由、州际外部性理由以及公共选择理由的正当性。

"竞次"理由

讨论分为四个部分。[17]首先,州际间对环境标准的竞争实质上是对商品销售的竞争。第二,州际竞争对环境标准选择的影响的主导经济模型表明,各司法管辖区间的竞争会导致社会福利的最大化,而不是"竞次"。第三,如果各州之间的博弈互动导致偏离最优性,就可能造成过度监管或监管不足。因此,即使在这种情况下,设立联邦最低标准也没有令人信服的理由,因为联邦最低标准的目的只是纠正监管不足的问题。第四,即使各州系统地颁布了次优的宽松环境标准,联邦环境监管也不一定会改善这种状况。

市场类比

"竞次"观点的倡导者必须扫清最初的障碍。如果人们认为小物件销售者之间的竞争在社会上是可取的,那么为什么各州作为一种商品(在其辖区内选址的权利)的销售者之间的竞争在社会上就不可取了呢?

事实上,各州之所以出售选址权是因为,尽管各州可能没有法律权力阻止企业在其境内开办公司,但这些企业必须遵守它们希望所在州的财政和监管制度。由此产生的企业成本可以类比为传统商品的销售价格。如果联邦法规强制规定小物件的超竞争价格在社会上是不可取的,那么为什么联邦法规强制规定选址权的超竞争价格(以比州际竞争产生的环境标准更为严格的环境标准)在社会上又是可取的呢?

第二十章 环境慈善事业与公共政策

很容易就能确定作为选址权出售者的各州和小物件销售者之间可能存在的区别。然而,这些差异并不能为"竞次"主张提供支持。

第一,如果个人在各个辖区之间流动,那么污染源强加给一个州居民的成本将取决于谁最终成为该州的居民。由此产生的供给曲线远比小物件销售者的要复杂得多。然而,在环境监管的背景下,"竞次"的主张只关注资本的流动性,因此(至少是含蓄地)假定个人是不流动的。此外,尚不清楚个人流动性是否会使各州之间的竞争不同于小物件销售者之间的竞争。实际上,即使个人为了寻求拥有对自己有利的环境保护水平的司法管辖区而迁移,[18]而且如果存在资本流动性,环境标准的选择仍然是有效的。[19]

第二,尽管小物件销售者不关心销售价格对商品购买者福利的影响,但各州应该关心辖区内污染企业的股东利益,无论是作为受到污染不利影响的个人,还是作为受到满足监管要求成本不利影响的资本所有者。但这种差异并不支持"竞次"论点。事实上,如果管辖权和资本是不流动的,一个州可以通过制定次优的严格标准来获取垄断利润,以牺牲州外股东的利益为代价,让州内人受益。(如果资本是流动的,竞争就消除了这个问题。)在这种解释中,没有任何东西能支持相反的观点,即州际竞争导致次优的宽松标准。

第三,各州不受市场约束。如果一个小物件生产商一直以不足以支付其平均成本的价格销售商品,最终它将不得不宣布破产。相比之下,一个州即使无所顾忌地损害其居民的健康,它也可以继续存在。这种差异仅仅说明,一个州可能低估了环境效益。但即使资本是不流动的,这种低估也可能发生:这是一个公共选择问题,而不是"竞次"的问题。

第四,各州并非以单一价格出售"选址权"。它们要求企业遵守各种监管标准以及纳税。因此,由此产生的市场比传统商品销售市场更为复杂。例如:对于劳动密集型、无污染的公司来说,一个实行宽松的工人安全标准但严格的污染标准的辖区是吸引人的;而对于资本密集型、污染严重的企业来说,一个实行严格的安全标准和宽松的污染标准的辖区是吸引人的。然而,目前尚不清楚,为什么市场的这种额外复杂性会使州际竞争具有破坏性。相反,该示例建议根据各个辖区中的个人偏好对企业进行合理的分类。

总之,尽管工业活动的州际竞争与传统商品市场之间的类比并不完美,但它提出了"竞次"主张中的严重问题。至少,它应该要求"竞次"观点的倡导者承担说明两个市场之间的相关差异的责任,并解释为什么他们将原本可取的竞争变成了"竞次"。

经济模型

与法律文献和立法辩论中的普遍假设相反,州际竞争对环境标准选择的影响的主要经济模型表明,辖区间的竞争可以导致社会福利最大化,而不是"竞次"。[20]华莱士·奥茨(Wallace Oates)和罗伯特·施瓦布(Robert Schwab)教授认为,各辖区通过税收和环境标准的选择来争夺流动资本。较高的资本存量以较高的工资形式惠及居民,但税收流失和吸引资本所需的较低环境质量损害了居民利益。[21]

在他们的模型中,个人在同一辖区内生活和工作,并且不存在辖区之间的污染溢出。每个辖区生产相同的单一商品,并在全国市场上销售。商品的生产需要资金和劳动力,并产生废物排放。各辖区都规定了总的允许排放量以及每单位资本的税收。资本在不同辖区之间可以顺畅流动,并寻求其税后收益最大化,但劳动力是不可流动的。[22]

社区里每个人,无论是品味还是生产能力都是一样的。他们每周投入固定的工作时间,而且每个人都有工作。额外的资本提高了工人的生产力,从而提高了他们的工资。

每个辖区都会做出两项政策决定:设定资本税率和环境标准。奥茨和施瓦布教授指出,竞争性司法管辖区会将资本的净税率设定为零(这一税率正好涵盖了向资本提供的公共服务的费用,如警察和消防)。对于正净税率来说,收入低于因资本转移到其他辖区所造成的工资损失。相反,净补贴将使辖区付出比额外资本可能产生的工资增长更大的代价。

反过来,竞争性司法管辖区会制定环境标准,将支付额外一单位环境质量的意愿与相应的工资变动等同起来。超过这一水平的污染所产生的工资收入增量小于污染增加对居民造成的损害的价值。相反,降低污染造成的工资收入损失大于相应的污染减少造成的损害值。

奥茨和施瓦布教授指出,这些税率和环境标准的选择对于社会是最优的。就税率而言,最优性的一个条件是,资本边际产出——每增加一个单位资本投入所增加的商品产出——在不同辖区必须是相同的。否则,通过将资本从资本边际产出较低的辖区转移到资本边际产出较高的辖区,就有可能增加总产出,从而增加社会福利总量。由于资本是完全流动的,市场将建立一个单一的资本收益率。这一比率相当于资本的边际产出减去资本税。竞争性司法管辖区选择的净税率为零,使各辖区之间的资本边际产出相等,因此符合最优性原则。

就环境标准而言,竞争性司法管辖区将改善环境质量的边际私人成本(以放弃的消费量来衡量)与边际私人收益等同起来。如前所述,当净税率为零时,边际私人成本使环境保护边际单位所产生的工资收入减少。这种减少也是边际社会成本,因为它代表了社会已经放弃的消费量。因此,竞争并不会导致"竞次",而是使环境保护达到最佳水平。

博弈互动导致非最优性

到目前为止,对于在没有联邦干预的管理体制下会存在系统性环境监管不足这一说法,并没有得到调查的支持。然而,在特定情况下,由于缺乏联邦政府干预,各州之间的博弈互动可能会导致监管不足。在这种情况下,联邦最低标准是可取的。但在其他情况下,相反的说法也同样是合理的:如果没有联邦政府的干预,各州之间的博弈互动可能会导致监管过度。在这种情况下,联邦监管也是可取的,但此时联邦政府需要制定最高标准。因此,对于作为联邦环境法基石的联邦最低环境标准,并没有令人信服的"竞次"理由。

在奥茨和施瓦布教授的模型中,作为这种博弈互动的一个例子,让我们来考虑这样一种情况:各州决定对资本征收正净税率,可能是因为它们无法通过非扭曲性税收(如人头税)为公共产品的供给提供资金。在这种情况下,环境标准将是次优宽松的,因为辖区将继续放宽这些标准,使其超出最佳水平,以便从吸引额外资本产生的额外净税收中获益。

然而,一个必然的结果是,如果一个司法管辖区,也许是因为吸引大型设施的知名度,选择的资本税率低于资本所需的公共服务成本,那么环境标准将是次优严格的。在这种情况下,辖区的最佳策略是将环境标准提高到最佳水平之上,以减少负面的财政后果。[23]

同样,最近的研究放宽了规模收益不变和完全竞争的假设,这些假设是奥茨和施瓦布模型最重要的部分。[24]相反,这些研究考虑了州级监管对一个规模收益递增行业的影响,这种情况通常与不完全竞争有关。该模型的结论是,根据企业特定成本、工厂特定成本和运输成本的水平,州际竞争可能产生次优宽松或次优严格的污染水平。

或者,如果一家企业拥有市场支配力,足以影响价格,它将能够得到一个次优的宽松标准。相反,如果一个州拥有市场支配力,那么情况就会相反。总之,正如存在州际竞争导致环境监管不足的博弈情况一样,也存在着其他可能导致监管过度的情况。

联邦监管徒劳无益

但是,即使任由各州自行决定,系统地制定了次优的宽松环境标准,联邦环境监管也不一定能改善这种状况。"竞次"的论点似乎,至少隐含地认为,各辖区只在一个变量上,即在环境质量上,进行竞争。相反,让我们在各州为两个变量而竞争的背景下考虑这个问题,例如,环境保护和工人安全。假设在没有联邦监管的情况下,州 1 选择了低水平的环境保护和高水平的工人安全标准;州 2 的做法恰恰相反:它选择了高水平的环境保护和低水平的工人安全标准。这两个州都处于竞争均衡状态,其产业不会从一个州迁移到另一个州。

假设然后联邦监管对这两个州都施加了较高的环境保护水平。这种联邦安排没有增加州2产业的成本,但增加了州1产业的成本。因此,联邦监管将打破竞争均衡。除非州1做出反应,否则州1的产业将会迁移到州2。州1的合理反应是采用不那么严格的工人安全标准。这一反应将降低原本会发生的工业迁移规模。

因此,如果"竞次"存在,联邦环境标准可能会对其他监管计划(在这种情况下,就是工人安全)产生不利影响。以此,联邦环境监管只有在其收益超过将州际竞争的有害影响转移到其他计划所产生的成本时才是可取的。

更普遍地说,这种次级效应的存在意味着,如果存在这种负面效应,那么联邦监管将无法消除州际竞争的负面影响。回想一下,"竞次"主张的核心原则是,竞争将导致社会福利减少,并认为各州颁布次优的宽松环境标准只是这一更基本问题的结果。然而,面对联邦环境监管,各州将继续通过调整其他州计划的激励结构来争夺产业。

那么,举例来说,如果各州不能在环境监管方面展开竞争,它们就会在工人安全标准上展开竞争。有人可能会回应说,工人安全也应该(并且是)受到联邦监管。但随后各州会在消费者保护法或是侵权行为标准等方面展开竞争。而且,即使所有的监管职能都实现联邦化,竞争也只会转移到财政领域,而财政领域的竞争将导致公共产品供给不足。因此,"竞次"论点中隐含的社会福利减少将不会被消除。

因此，联邦环境监管的"竞次"理论依据根本就是涵盖不足。它试图解决一个只有完全取消州自治才能解决的问题。那么，从本质上讲，"竞次"论点是对联邦制的正面攻击。除非人们准备将所有监管和财政决策联邦化，否则很难清楚地知道，联邦政府对环境领域的干预是否能减轻"竞次"（如果存在这种竞争的话）给社会福利造成的不利后果。

州际外部性理由

州际外部性的存在为在不太可能发生科斯谈判情况下的联邦监管提供了一个令人信服的论据。[25]一个州将污染物排放到另一个州，获得了产生污染的经济活动带来的劳动和财政利益，却不用承担该活动的全部成本。因此，大量污染将跨越州界线。

有几个原因可以解释为什么交易成本高到足以阻止州际协定的形成。首先，现行法律制度没有明确界定基线。上风处的州有权不受限制地向下风处地区排放污染吗？或者说，下风处的州有权禁止所有来自上风处的污染吗？第二，对于不同的污染问题，受影响的州的范围也不同，这就使得有利于合作的条件不太可能出现。例如，就空气污染而言，受到某一特定位置污染源影响的州在很大程度上取决于污染物的性质和烟囱的高度。第三，因果关系问题不可能是简单明了的。要确定哪些污染源对下风处的州有影响需要进行大量的科学工作，而在每个协定中复制这些测定是毫无意义的。

然而，州际外部性为干预提供了令人信服的理由，这一事实并不意味着所有的联邦环境监管都可以基于此而得到合理证明。

对于诸如饮用水质量控制等环境问题,基本上不存在州际污染外部性,且影响几乎完全是地方性的。即使是对于存在州际外部性的环境问题,如空气污染,其理论依据也只是要求对问题做出有针对性的反应,例如限制可以跨越州界线的污染量,而不是控制那些仅在州内产生后果的污染。

环境法规在治理州际污染溢出中的有效性分析是参照《清洁空气法案》进行的,该法案旨在处理那些导致州际外部性最严重问题的污染。[26]讨论的重点是法规的环境和排放标准,这些是监管工作的核心,并涉及其酸雨条款和州际溢出条款,这些条款更直接地针对州际外部性问题。分析表明,联邦监管不仅无效,还可能适得其反。[27]

《清洁空气法案》的核心由一系列联邦规定的环境标准和排放标准组成。环境标准确定环境空气中特定污染物的最高允许浓度,但并不直接约束个别污染者的行为。相比之下,排放标准规定了个别污染源可排放污染物的最大量。

联邦排放标准并不是解决州际外部性问题的好方法。这些标准限制了来自每个污染源的污染,但并没有规定任何一个州内的污染源数量或污染源位置。

同样,各种联邦环境空气质量标准在解决州际外部性问题上也不是很有针对性,因为它们既涵盖过广又涵盖不足。从将州际外部性限制在理想水平的角度来看,环境标准是涵盖过广的,因为它们要求一个州限制只会在州内产生后果的污染。对州际外部性的担忧可以通过限制跨越州际边界的污染量来解决。

相反地,从控制州际外部性的角度来看,联邦环境空气质量标准又是涵盖不足的。因为一个州可以达到适用的环境标准,但仍然向下风处的州输出大量污染,因为该州的污染源有很高的烟囱,而且位于州际边界附近。事实上,一个州之所以能达到其环境标准,正是因为它输出了大量的污染。

联邦环境和排放标准或许可以作为减少不受控制的州际外部性问题的次优手段。人们可能认为,通过全面减少污染,州际外部性问题也会相应减少。

然而,不论是从理论还是从经验观察来看,这种观点都是不正确的。总排放量并不是影响州际外部性水平的唯一变量。特别是,还有另外两个因素起着重要作用。首先是排放污染物的烟囱高度。烟囱越高,靠近污染源的地方受到的影响就越小,远离污染源的地方受到的影响就越大。因此,在没有联邦限制的情况下,各州有动机鼓励其污染源使用高烟囱,作为一种将污染对健康和环境的影响,以及遵守联邦环境标准的监管成本外部化的方式。

第二,州际外部性水平受污染源所处位置的影响。在州际污染问题最严重的美国东部地区,盛行风自西向东吹。因此,各州有动机将其污染源安置在靠近其下风处边界的地方,以便使污染的大部分影响外部化。例如,它们可以通过税收优惠或补贴,或者通过许可和分区决定来实现这一结果。

各州确实鼓励污染源使用高烟囱的最佳证据可以在至少十五个州为响应1970年颁布的《清洁空气法案》而通过的《州实施计划》(SIPs)条款中找到。这些州级实施计划允许污染源通过使用更高的烟囱而不是通过减少排放量来达到国家环境空气质量标准(NAAQS)。[28]在这些计划中,允许的排放水平是烟囱高度的递增函数。[29]如果烟囱足够高,则只有下风处的州才能感受到影响,因此不会对州内的环境空气质量水平产生影响。通过这些措施,各州为其企业制定了强有力的激励措施,以使其污染源的影响外部化。

的确,在1970年颁布《清洁空气法案》之前,各州就有将污染外部化的动机,因为通过鼓励使用高烟囱,各州可以让其他州承受污染对健康产生的不利影响。然而,1970年法案的条款又产生了额外的诱因。通过鼓励使用高烟囱,各州还可以将空气质量标准的监管影响外部化,从而在不违反国家环境空气质量标准的情况下,利用机会吸引更多的污染源。

更高的烟囱需要更高的建设成本,而且可能需要更高的运营成本。因此可以想象的是,如果一个州认为健康影响外部化本身不足以超过将这些成本强加给州内企业,那么当高烟囱可以同时使健康和监管影响外部化时,它就会得出不同的结论。

更普遍地说,在1970年之前,各州还没有为控制空气污染制定广泛的监管计划。建更高烟囱的净收益(如果有的话)可能不值得机构投资创建一项监管计划来传递对这类烟囱的激励。《清洁空气法案》要求各州制定《州实施计划》,这让它们别无选择,只能建立一个旨在监管工业污染源排放的体制结构。有了这样的结构,鼓励建高烟囱就变得相对容易了。

此外,减少排放对州内环境空气质量水平的影响所带来的健康效益对排放污染的企业来说是外在因素。因此,只有在监管机构要求时,企业才会考虑这些影响。相反,减少排放对州内环境空气质量水平的影响所产生的监管效益可以被企业直接获得。这些企业通过使用更高的烟囱,可以减少降低排放的投资。[30]虽然在1970年之前,企业只有在州监管机构要求的情况下才会在高烟囱上耗费资源,但在1970年以后,它们有了独立的动机来推行这一政策。

因此,1970年之后,高烟囱大量投入使用也就不足为奇了。例如,1970年时,美国只有两座高于500英尺的烟囱;而到了1985年,有180多座烟囱高于500英尺,还有23座烟囱高于1000英尺。[31]尽管由于1977年《清洁空气法案》修正案颁布之后有了烟囱高度监管体系,各州以这种方式将污染外部化的能力现在已不再是一个问题,但高烟囱仍然是将过度污染外部化的一种手段。

与高烟囱条款的经验相比,很难找到直接证据,证明各州是否也为污染源靠近其下风处边界提供了激励措施,因为此类措施不可能反映在规范性文件中。然而,有文献表明,在垃圾场选址方面,存在这种激励措施。[32]因此,认为各州在空气污染设施方面采取同样的行动也并非不可信。

总之,该法案的环境和排放标准非但没有纠正州际外部性问题,反而可能加剧了这一问题。[33]

公共选择理由

我尚未以任何全面的方式进行过关于联邦制和环境监管问题的公共选择分析。但是,我对法律文献中基本上未经证实的断言多少持怀疑态度,即联邦监管对于纠正州一级的环境质量系统性保护不足是必要的。[34]

首先,仅仅说州政治进程低估了环境监管的益处,或者高估了相应的成本是不够的。只有当联邦一级的结果在社会上更为可取时,联邦监管才是合理的,要么是因为监管不足的情况减少,要么是因为任何过度监管都会导致较小的社会福利损失。

其次,考虑到支持联邦环境监管的标准公共选择论据,不清楚为什么在州一级观察到的问题不会在联邦一级出现。集体行动的逻辑将表明,大量普通公民(在特定的标准制定过程的结果中,每个人的利害关系相对较小)将在政治进程中被与结果有重大利害关系的集中产业利益压倒。但这个问题也可能发生在联邦层面。

事实上,集体行动的逻辑可能表明,在联邦一级,环保团体代表性不足的问题将更为严重。大规模组织的成本加剧了环保组织所面临的搭便车问题。此外,由于全国各地的环境问题各不相同,当环境利益汇集在联邦一级时,就会失去其同质性,从而使组织问题进一步复杂化。例如,马萨诸塞州的环保主义者可能主要关心空气质量,而科罗拉多州的环保主义者则可能认为水量分配的环境影响是最重要的。因此,在其他条件相同的情况下,分别在马萨诸塞州和科罗拉多州寻求更好的空气质量和对环境更敏感的水量分配的州环保组织可能比在联邦一级就这两个属性寻求更好的环境质量的国家环境组织更有效。

相比之下,产业型企业集团的情况可能会有所不同。对于许多环境问题,受监管群体的一个重要组成部分是在全国范围内开展业务的企业。对于这类企业来说,在联邦一级运营不会带来额外的搭便车问题或失去同质性。

然而,由于利益集团之间的冲突发生在单一的立法机构、行政机构中和法庭上(部分原因是哥伦比亚特区联邦巡回上诉法院是重要环境法规的专属审判庭),这一事实带来的好处超过了联邦一级环保组织所面临的额外组织问题。[35]人们可以想象一些模型,在这些模型中公共选择问题在联邦一级确实得到了改善——我的批评者们都还没有承担此项任务。但问题是,这样的模型不太可能很好地描述现实。

例如,如果人们假设超过某一阈值,额外的资源不会增加一个团体在政治进程中取得成功的可能性,并且如果联邦一级的该阈值远低于州一级相应阈值的总和,那么环保组织在联邦一级可能不会处于不利地位,即使它们在各州处于不利地位。在这种情况下,在联邦一级运营的规模经济将远超增加的搭便车问题。

然而,这种模型背后的假设并非特别合理。阈值概念可以恰当地描述与有效参与监管过程相关的某些成本。例如,对某一特定致癌物的监管,每个团队可能都需要聘请一名科学家来审查监管机构的风险评估。很可能出现的情况是,某一最低限度对资源将用于确保一名称职科学家的服务,并且为这个问题投入额外的资源也几乎没有什么用处。因此,对于这类成本,额外支出的边际收益为零,或接近于零,不管另一方的支出如何。

然而,其他成本的结构可能会大不相同。例如,在进入立法程序方面,标准的公共选择解释是,出价最高者获胜。[36]因此,一方从其支出中获得的利益随着另一方支出的变化而变。除非这类成本非常小,否则在联邦一级运作的规模经济不太可能超过额外的搭便车问题。

最后,如果将相关的公共选择互动描述为,一方涉及呼吸者和其他环境受益者的分散利益,另一方涉及产业型企业的集中利益,那么关于哪个论坛对环保主义者的利益相对更好的争论并没有太大的实际意义。相反,重要的是,由于其利益的分散性,这两个论坛都不利于这些利益。因此,鉴于该问题的这一特点,很难用公共选择的术语来解释为什么会有任何环境监管。[37]

正因为如此,对环境监管最合理的公共选择解释是,受监管企业以租金和进入壁垒的形式从此类监管中获益,或者我国的某些地区可以从监管过程中获得相对于其他地区的优势。大量的公共选择文献表明,环境监管的动力有时或暗示或明确地来自受监管企业本身,这些企业可以获得租金和进入壁垒,从而使它们比竞争对手更具优势。[38]在其他时候,倡导者是这个国家的特定地区,它们希望获得相对其他地区的比较优势。[39]

当以这种方式看待相关的互动时,基于公共选择的联邦监管理由就被大大削弱了。然而,更明确的结论必须有待于进一步的持续分析。

走向理想的联邦干预

前面的讨论说明了为什么联邦干预的三个主要理由不太可能成为州权力被完全取代的理由。[40]尽管如此,联邦干预对于纠正会导致的各种弊病发挥着重要的作用。

1. 州际外部性

前面的讨论集中于污染外部性,主要是跨越州界线的空气污染,并说明了为什么这种外部性的存在为联邦监管提供了一个令人信服的理由。其他应受到联邦监管的外部性是针对不同的环境问题产生的。例如,就某些濒危物种位于某一特定的州而言,保护成本主要集中在该州。然而,保护所带来的益处却是全国范围的,或者说是全球范围的。

同样,外州的公民重视某些自然资源的存在,即使是他们从未计划使用的资源。这种存在价值或非使用价值为联邦政府控制国家公园等特殊自然资源提供了有力的理由。

2. 规模经济

联邦监管的倡导者通常认为,集权化有强大的规模经济优势,尽管这一观点没有太多的实证支持。规模经济的论点在监管过程的早期阶段最为合理,特别是在通过风险评估来确定特定污染物的不利影响方面。事实上,没有什么理由让每个州重复这一测定。

然而,在标准制定阶段,该理论依据的力量远没有那么有说服力。在这一阶段,不仅消除重复劳动并未节省太多的费用,而且由于难以制定符合不同地区偏好和实际条件的标准,集权化将产生巨大的社会成本。[41]

3. 统一性

如前所述,联邦环境标准通常是最低标准。如果各州愿意的话,仍然可以自由地实施更严格的标准。然而,一些适用于杀虫剂和移动污染源(如汽车)的标准,[42]有的州定的是最低标准,有的州定的是最高标准:它们抢占了更严格的和不那么严格的州标准。这种统一性对于在生产中具有重要规模经济的产品来说是可取的。在这种情况下,不同的监管将打破该产品的全国市场,并在规模经济方面造成高昂的成本。

然而,就过程标准而言,统一性的好处就不那么明显了,因为过程标准规定的是商品生产方式所产生的环境后果,而不是产品本身的后果。事实上,与不同产品标准的情况不同,不管市场上交易的产品的生产过程标准如何,都可以有一个运转良好的共同市场。

4. 最低限度的公共卫生保护

有一个强有力的观念，部分是出于宪法考虑，即联邦政体应该确保其所有公民都获得最低限度的环境保护。在某种程度上，该理由是有说服力的：最低限度的健康水平应该被视为一项基本人权，就像最低限度的教育、住房和就业机会一样。然而，以这种方式证明联邦环境监管的合理性存在两个主要问题。首先，联邦环境法规旨在限制接触到特定污染物或特定污染源的风险，而不是限制环境风险的总体水平。因此，这种监管既涵盖过广（其监管超过了声称具有准宪法合法性的监管范围），又涵盖不足（其监管并未努力确定总体暴露水平，因此，有些人实际上可能低于最低水平）。其次，由于环境风险只是健康风险的一个组成部分，所以很难理解为什么联邦政府在提供一般医疗保健方面做得相对较少，却在环境监管方面发挥如此突出的作用。事实上，对免疫接种或产前护理等预防措施的投资对健康产生的影响要远远大于对环境监管的投资。因此，基于保障最低健康水平的联邦监管由需要采用一种与当前截然不同的监管形式，即一种侧重于总体环境健康风险以及环境健康风险与其他健康风险之间相互作用的监管形式。[43]

一位有说服力的评论员指出："美国的环境保护主义既受到支持它的慈善事业的定义，也受到它的限制。"[44] 如果环境监管责任下放的趋势持续下去，慈善机构将需要更多地参与资助仅在地区、州或地方范围内开展的环境行动。这篇文章应该，至少在一定程度上，消除了人们对此类行动不太可能成功的担忧。

然而，与此同时，慈善事业也应当在联邦一级，将其注意力集中在联邦政府监管不足的三个领域：控制不同类型的州际外部性；提供监管所需的科学信息，如风险评估的准备；保证最低限度的公共卫生。

理查德·L. 里夫斯(Richard L. Revesz)

注释：

[1] "National Academy of Public Administration Summary Report to Congress on Role, Structure of the Environmental Protection Agency Relesed April 12,1995 (Text)," *Daily Env't Rep.* (BNA) (Apr. 13, 1995).

[2] 2 U. S. C. §1501 – 1071 (Supp. II 1996).

[3] 42 U. S. C. A. §300g – 7 to – 9,300h – 8,300j – 3c, 300j – 12 to 18 (West Supp. 1997).

[4] 例如，有人呼吁《濒危物种法》通过允许各州"废除联邦机构为保护物种而获得的水权"来显示对州水法的更大尊重。"Property Rights Compensation, Funding Focus of Senate Hearing on Rewirte Bill," 28 *Env't Rep.* (BNA) 1000,1000 – 01(Sept. 26,1997)。此外，改革提案还寻求扩大各州参与制定物种恢复计划的范围。同上；S. 1180,105th Cong. §3(b)(1997)。旨在加强各州在实现《超级基金法案》目标方面的作用的提议包括，免除（除州以外的任何人）对根据州自愿计划清理的场地采取《超级基金法案》执法行动，以及将国家优先整治清单上的污染场地的管理权下放给各州。见 "Republicans Reiterate Commitment to Comprehensive Reform of Superfund," 28 *Env't Rep.* (BNA) 18, 18 – 19 (May 2, 1997)；"Interested Parties Hail Markup Delay as Talks on CERCLA Reform Resume," 28 *Env't Rep.* (BNA) 843, 843 – 44(Sept. 12,1997)；S. 8,105th Cong. §201 (a) (1997)；H. R. 873, 105th Cong. §2 (1997)。

[5] 见下文注 17 引用的资料来源。

[6] 理查德·L. 里夫斯(Richard L. Revesz)，《为州际竞争平反：重新思考联邦环境监管的"竞次"理论依据》，"Rehabilitating Interstate Competition: Rethinking the 'Race to the Bottom' Rationale for Federal Environmental Regulation," 67 *N. Y. U. L. Rev.* 1210(1992)

（以下简称里夫斯，《竞次》）；理查德·L. 里夫斯，《联邦制和州际环境外部性》，"Federalism and Interstate Environmental Externalities"，144 *U. Pa. L. Rev.* 2341（1996）（以下简称里夫斯，《州际外部性》）；理查德·L. 里夫斯，《联邦制与环境监管：对标准的评判》，"Federalism and Environmental Regulation: A Normative Critique," in *The New Federalism: Can the States Be Trusted?* John Ferejohn and Barry R. Weingast, eds., 1997（以下简称里夫斯，《对标准的评判》）；理查德·L. 里夫斯，《联邦制和环境监管：欧盟和国际社会的经验教训》，"Federalism and Environmental Regulation: Lessons for the European Union and the International Community," 83 *Va. L. Rev.* 1331（1997）；理查德·L. 里夫斯，《"竞次"与联邦环境监管：对批评者的回应》，"The Race to the Bottom and Federal Environmental Regulation: A Response to Critics," 82 *Minn. L. Rev.* 535（1997）（以下简称里夫斯，《对批评者的回应》）。

[7] 例如自然资源保护委员会（Natural Resources Defense Council）对参议院政府事务委员会的证词（1994年4月28日）。

[8] 见"Biodiversity: As Devolution of Conservation Increases, States Lack Strong Policies, Report Says," *Daily Environment Report*, Mon. July 15, 1996；见注40（讨论在联邦一级保护生物多样性的必要性）。

[9] 见下文注17引用的资料来源。

[10] Warren L. Ratliff, "The De-Evolution of Environmental Organization," *J. Land, Resources and Envtl. L.* 45, 48-49（1997）. 关于环境团体在州一级运作的有效性，不那么悲观的观点见 William Lowry, *The Dimensions of Federalism*（1992）；Evan Ringquist, *Environmental Protection at the State Level*（1993）。

[11] 我正在使用基金会赠款数据库进行这一分析，该数据库可以在 Dialog 上找到。

[12] 本节主要依赖里夫斯，《对批评者的回应》（注6），536—538。

[13] 见注42—43。

[14] 见詹姆斯·E. 克里尔（James E. Krier），《论联邦系统中统一环境标准的拓扑结构及其重要性》，"On the Topology of Uniform Environmental Standards in a Federal System-And Why It Matters," 54 *Md. L. Rev.* 1226（1995）（以下简称克里尔，《统一环境标准》）；詹姆斯·E. 克里尔，《不合理的国家环境空气质量标准：宏观和微观错误》，"The Irrational National Ambient Air Quality Standards: Macro- and Micro-Mistakes," 22 *UCLA L. Rev.* 323（1974）。

[15] 见化学品制造商协会诉美国国家环境保护局，Chemical Mfrs. Ass'n

v. EPA,870 F. 2d 177(哥伦比亚特区联邦巡回上诉法院,1989年),驳回上诉,495 U. S. 910(1990年);美国制革业协会诉特雷恩,Tanners' Council, Inc. v. Train, 540 F. 2d 1188(美国联邦第四巡回上诉法院,1976年);美国冷冻食品协会诉特雷恩,American Frozen Food Inst. v. Train, 539 F. 2d 107(美国哥伦比亚特区联邦巡回上诉法院,1976年);胡克化学塑料公司诉特雷恩,Hooker Chem. & Plastics Corp. v. Train, 537 F. 2d 639(美国联邦第二巡回上诉法院,1975年)。

[16] 例如,《清洁空气法案》规定了不统一的环境标准,这取决于一个区域是否属于防止严重恶化(PSD)或非达标计划所涵盖的区域。见 42 U. S. C. §7473,7502(c)(2),7503(a)(1)(A)(1994)。这些差异取决于地区在某一特定时间内的环境空气质量标准,而不是偏好、效益或成本的差异。

[17] 本节主要依赖里夫斯,《竞次》(注6);里夫斯,《对标准的评判》(注6),99—107。关于总体上支持我的方法的评论,见 David L. Shapiro, "Federalism: A Dialogue," 42-43,81-83(1995); Krier, "Uniform Environmental Standards," supra note 14, at 1236-1237 (1995); Richard B. Stewart, "Environmental Regulation and International Competitiveness," 102 *Yale L. J.* 2039, 2058-2059 (1993); Richard B. Stewart, "International Trade and Environment: Lessons from the Federal Experience," 49 *Wash. & Lee L. Rev.* 1329,1371(1992) [hereinafter Stewart, "Lessons from the Federal Experience"]; Stephen Williams, "Culpability, Restitution, and the Environment: The Vitality of Common Law Rules," 21 *Ecology L. Q.* 559,560-561(1994)。

在过去的几个月里,有几篇文章对我在联邦制和环境监管方面的工作提出了质疑,特别是针对我对联邦环境监管的"竞次"理论依据的谴责。参见 Kirsten H. Engel, "State Environmental Standard-Setting: Is There a 'Race' and Is It 'to the Bottom'," 48 *Hastings L. J.* 271(1997); Daniel C. Esty, "Revitalizing Environmental Federalism," 95 *Mich. L. Rev.* 570(1996); Joshua D. Sarnoff, "The Continuing Imperative (but Only from a National Perspective) for Federal Environmental Protection," 7 *Duke Envt'l L. & Pol'y F.* 225(1997); Peter P. Swire, "The Race to Laxity and the Race to Undesirability: Explaining Failures in Competition Among Jurisdictions in Environmental Law," in Yale Law and Policy Review/Yale Journal on Regulation, *Constructing a New Federalism: Jurisdictional Competence and Cometpi-*

[18] See Charles M. Tiebout, "A Pure Theory of Local Expenditures," 64 *J. Pol. Econ.* 416(1956); Truman F. Bewley, "A Critique Theory of Local Public Expenditures, "49 *Econometrica* 713(1981).

[19] 华莱士·E. 奥茨和罗伯特·M. 施瓦布(Wallace E. Oates and Robert M. Schwab),《环境保护的定价工具:跨媒介污染、辖区间竞争和区域间效应问题》(1987 年 11 月)(作者存档的未发表手稿);引自华莱士·E. 奥茨和罗伯特·M. 施瓦布,《司法管辖区间的经济竞争:提高效率还是导致歪曲?》,cited in Wallace E. Oates and Robert M. Schwab, "Economic Competition Among Jurisdictions: Efficiency Enhancing or Distortion Inducing," 35 *J. Pub. Econ* 333, 337 n. 7(1988)(以下简称奥茨和施瓦布,《司法管辖区间的经济竞争》)。

[20] 奥茨和施瓦布,《司法管辖区间的经济竞争》(注 19)。

[21] 一位评论员认为,由于对未来损失的过度折现等因素,州际竞争可能会导致不利的结果,但没有提供任何论据来说明为什么在联邦一级的表现会更好。见 John H. Cumberland, "Interregional Pollution Spillovers and Consistency of Environmental Policy," in *Regional Environmental Policy*: *The Economic Issues* 255 (H. Siebert, ed., 1979)。与此相反的论点,见 Wallace E. Oates and Robert M. Schwab, "The Theory of Regulatory Federalism: The Case of Environmental Management," in *The Economics of Environmental Regulation* 319 (Wallace E. Oates, ed., 1996)。

[22] 在另一份未发表的手稿中,他们认为,即使个人是流动的,各州之间的竞争会产生有效结果的结论也是成立的(见注 19)。如果个人是流动的,他们会根据他们对环境保护的偏好进行分类,就像在蒂博特模型中那样。那些愿意牺牲大量工资来换取更好的环境质量的个人将迁往对产业实行严格控制的司法管辖区,那些不太重视环境质量的个人将前往环境更糟糕的地区。

[23] 在学术文献中,一般说来,对于州和地方是否应对资本征税或补贴,还没有达成共识。见 Peter Mieszkowski and George R. Zodrow, "Taxation and the Tiebout Model: The Differential Effects of Head Taxes, Taxes on Land Rents, and Property Taxes," 27 *J. Econ. Lit.* 1098(1989)。

[24] 见 James R. Markusen, Edward R. Morey and Nancy D. Olewiler, "Environmental Policy when Market Structures and Plant Locations Are

Endogenous," 24 *J. Envt'l Econ. & Mgmt.* 69(1993); James R. Markusen, Edward R. Morey and Nancy D. Olewiler, "Competition in Regional Environmental Policies when Plant Locations are Endogenous," 56 *J. Pub. Econ.* 55(1995)。

[25] 相比之下,如果交易成本足够低,可以进行此类讨价还价,那么就不会有基于效率的联邦监管理由。

[26] 本节主要依赖里夫斯《州际外部性》(注6);里夫斯《对标准的评判》(注6),107—120。

[27] 对《清洁水法案》也可以提出类似的批评,该法案旨在解决一个州际污染外溢也很突出的环境问题。见里夫斯,《州际外部性》(注6),第2370页,注释105。

[28] 见《清洁空气法案》监督:参议院公共工程委员会环境污染小组委员会听证会,第93届国会,第2次会议。Clean Air Act Oversight: Hearings Before the Subcomm. on Environmental Pollution, Sen. Comm. on Public Works, 93d Cong., 2d Sess. 330‑331,337,357‑359(1974)(以下简称为参议院公共工程委员会);Richard E. Ayres, "Enforcement of Air Pollution Controls on Stationary Sources Under the Clean Air Amendments of 1970,"4 *Ecology L. Q.* 441,452 & nn. 28,30(1975)。

[29] 例如,在自然资源保护委员会诉美国国家环境保护局案中被废止的佐治亚州法规,Natural Resources Defense Council v. EPA, 489 F. 2d 390,403‑411(美国联邦第五巡回上诉法院,1974年)。特雷恩诉自然资源保护委员会案规定,就二氧化硫而言,对于300英尺以下的烟囱,允许排放量可与烟囱高度的立方成正比;对于超过300英尺的烟囱,则与烟囱高度的平方成正比。见《佐治亚州空气质量控制规则和条例》,Georgia Rules and Regulations for Air Quality Control § 270‑5‑24‑.02(2)(g)(1972)。类似的规定适用于颗粒物排放。同上,§ 270‑5‑24‑.02(2)(m)。因此,足够高的烟囱将消除任何减排的需要。

[30] 节省下来的钱是可观的。例如,20世纪70年代早期的一项研究显示,符合监管要求的新石灰除尘器的成本在60美元/千瓦到130美元/千瓦之间,而高烟囱的成本在4美元/千瓦到10美元/千瓦之间。见参议院公共工程委员会(注28),第210、215页。

[31] 见 Arnold W. Reitze, Jr., "A Century of Air Pollution Control Law: What's Worked; What's Failed; What Might Work," 21 *Envtl. L.* 1549,1598(1991); James R. Vestigo, "Acid Rain and Tall Stack Regulation Under the Clean Air Act," 15 *Envtl. L.* 711,730(1985)。

[32] 例如，Daniel E. lngberman, "Siting Noxious Facilities: Are Markets Efficient?" J. Environ. Econ. & Mgmt. S‑20, S‑23(1995); Bradford C. Mank, "Environmental Justice and Discriminatory Siting: Risk-Based Representation and Equitable Compensation," 56 *Ohio St. L. J.* 329,421(1995); Robert B. Wiygul and Sharon C. Harrington, "Environmental Justice in Rural Communities Part One: RCRA, Communities, and Environmental Justice," 96 *W. Va. L. Rev.* 405, 437–438(1993–1994); Rae Zimmerman, "Issues of Classification in Environmental Equity: How We Manage Is How We Measure," 21 *Fordham Urb. L. J.* 633,650(1994)。

[33] 如里夫斯在《州际外部性》中所述（注6,2359—2360),1990年《清洁空气法》修正案中的酸雨条款42 U. S. C. §7651‑7651o (1994),是一个不全面且针对性较差的解决州际外部性的机制：它们仅适用于两种污染物，并且没有以一种理想的方式在上风处和下风处的州之间分配排放量。此外，解决外溢问题的最全面机制——使下风处的州可以寻求禁止过度州际外溢的一系列裁决性规定，同上，§7410(a)(2)(D),7426(b)——完全无效。自该法案颁布后的20年里，没有一个下风处的州成功过。见里夫斯（注6),2360—2374。

[34] 本节主要依赖里夫斯《对批评者的回应》（注6),542—543, 558—561。

[35] 见 Richard L. Revesz, "Environmental Regulation, Ideology, and the D. C. Circuit," 83 *Va. L. Rev.* 1717(1997)。

[36] 见 Sam Peltzman, "Toward a More General Theory of Regulation," 19 *J. L. & Econ.* 211(1976); George J. Stigler, "The Theory of Economic Regulation," 2 *Bell J. Econ.* 3(1971)。

[37] 斯怀尔（Swire）教授在他的论据中承认了这一困难："根据这里提供的直截了当的公众选择分析，环境保护如何在政治进程中取得成功仍然是个难题。"同上，第109页。

[38] 见 Nathaniel O. Keohane, Richard L. Revesz, and Robert N. Stavins, "The Positive Political Economy of lnstrument Choice in Environmental Policy," in *Environmental Economics and Public Policy* (Paul Portney and Robert Schwab, eds., forthcoming)。

[39] 见 B. Peter Pashigian, "Environmental Regulation: Whose Self-Interests Are Being Protected?" 23 *Econ. Inquiry* 551(1985)。

[40] 本节主要依赖里夫斯《对标准的评判》（注6),121—125;里夫斯，《对批评者的回应》（注6),543—545。

[41] 见注 12—16。
[42] 见 7 U. S. C. §136v(b)(1994)(杀虫剂);42 U. S. C. §7416(1994)(移动污染源)。
[43] 联邦政府有责任履行国际条约规定的义务,这也可能证明联邦政府在环境监管方面的某些作用是合理的。
[44] Mark Dowie, *Losing Ground: American Environmentalism at the End of the Twentieth Century* 41(1995).

第二十一章　慈善事业与结果
——追求问责的困境

20世纪90年代,要求更加关注慈善捐赠结果的呼声日益高涨,拥有越来越多的支持者。对基金会年度报告的回顾表明,"结果"一词在近10年中比过去20年更为广泛和频繁地使用。几乎在每个涉及慈善事业的基金会会议上,都有关于结果的小组讨论和论坛。

受赠人报告称,以前从未与基金会工作人员进行过如此专注于具体结果的赠款谈判。一些基金会还聘请了顾问与其工作人员合作,以便对投入、运营流程、中期和长期的结果和影响进行详细说明和区分。还有些基金会在其组织内部增设了评估部门。以前只专注于提供直接服务的中小型基金会现在也开始要求和资助评估,以便它们能够客观而严谨地知道是否实现了预期的结果。

联合之路全国办事处——其地方分会在1997年筹集了32亿美元——在几年前启动了一个重大项目。该项目既强调在地方捐赠中具体说明结果的重要性,又就如何确定个人赠款的结果向地方分会提供援助。

第二十一章 慈善事业与结果——追求问责的困境

乍一看,这场"结果运动"似乎完全是一件好事。谁能反对更详细地说明赠款要实现的目标,以及更严格和客观地评估赠款实际取得的结果呢?尤其是对一个经常被批评在实际捐赠中过分强调个人关系和意识形态正确性(无论是什么方向),以及在评估和传递其捐赠有效性方面缺乏严谨性和公开性的部门来说。尤其是在这样一个国家,其主导部门,即私人、营利性部门——正是这个部门创造了推动慈善事业发展的财富——定期为大多数公司的结果和业绩提供客观、详细和公开的会计核算,而且该部门所有单位的兴衰都依赖于这种客观的会计记录。

有鉴于此,"结果运动"是慈善事业一个可喜的成熟表现,是从自我陶醉、俯瞰众生的山巅,自愿下凡到普罗大众生活的山谷,在那里,你获得的尊重在很大程度上取决于你所取得的成就——用你在特定市场中冷冰的结果来衡量。你几乎可以感觉到问责的基石正慢慢进入它期待已久的位置……

以上这些都有一个良好的衡量真实性的标准。如果另一种情况是不关心结果,或者不关注我们评估结果的可靠性,也就是不关心问责,那么最近对结果的强调无疑是件好事。但事实上,在当前"结果运动"背后潜藏着一个更为复杂的现实情况。如果当前的"结果运动"要真正有助于慈善事业及其捐赠所针对的各种社会问题,那么了解这一现实就很重要。

背景

诚然,绝大多数由慈善事业支持的项目、组织、倡议和计划并没有经过正式的结果评估。其中许多甚至都没有生成关于它们所做工作的内容、数量和质量的基本描述性信息，更不用说评估结果如何了。趣闻轶事、推销技巧、意识形态和人际关系是许多慈善资助决策的基础，也是对结果进行可靠分析的基础。如前所述，正是慈善实践的这一特点使得结果运动如此具有吸引力。

但是，从历史上看，将当前的"结果运动"视为慈善领域的重大创新是不准确的。自从人们对捐赠开始感兴趣以来，人们就对结果产生了兴趣。事实上，大多数慈善家都会很快宣布他们预期的结果，因为他们捐赠的目的就是为了引起变革。"结果"一词可能代表了更时髦的行话，但这个词背后的含义一直存在。

"结果运动"既不是对衡量的新关注，也不是对新的测量技术的关注。几十年来，许多规模最大、最有影响力的慈善机构一直致力于具体说明和测量其捐赠的结果。福特基金会实际上在20世纪70年代中期就创建了如公共/私人项目公司（Public/Private Ventures）和人力示范研究公司（The Manpower Demonstration Research Corporation）等组织，以利用最先进的评估技术，获得关于许多领域社会倡议有效性的可靠信息，如福利、就业培训、公共住房、交通、教育和青少年发展等"结果领域"。对上述倡议的评估不仅得到了福特基金会的支持，而且得到了一百多个基金会的支持，其中包括全国最大的25个基金会的75%以上。它们分别或同时采用了随机分配、计量经济模型、人种志、政治学和社会学等多种学科和方法作为评估手段。

那么，当前的"结果运动"是否只是试图将这一重要基金会团体的实践和知识推广到所有其他基金会，并帮助确保基金会数量和慈善财富总量的近期和预期增长也将包括对结果的具体说明和测量，以及基于以往经验的复杂性的适当强调？显然，这是一个有价值的目标。

但是,当前对结果(及其背后历史)的强调远不止是一些人在这样做,而许多人没有这样做,以及这个词及其实践需要传播。事实上,在社会政策的几个重要领域中,最近的慈善捐赠历史可以说是把重点放在了结果评估上,而这些评估主要甚至几乎一致的结论是预期的结果没有实现。

例如,在福利和就业培训领域,在过去的 20 年里,已经有了大量做得很好的研究。绝大多数研究得出的结果都很糟糕。这些研究有助于为社会干预"不起作用"以及削减公共资金是合理的观点提供支持。

因此,过去进行的结果研究已经成为社会政策政治的一个组成部分,当前结果运动发表的任何结论也将如此。正如许多乐观的评估支持者提出的目标一样,失败带来的不仅仅是经验教训,它还促使人们对社会政策——将公众意愿应用于社会问题所能实现的目标——产生了悲观情绪。

因此,目前对结果的强调可能对特定的基金会来说是一个新的重点,可能需要它们获得新的能力并产生新的捐赠模式。但对于整个慈善事业而言,当前注重结果的深层次根源和含意在于过去的倡议未能实现其具体结果。

与缺少对大多数赠款的结果评估和许多基金会没有进行结果研究的情形相比,这一失败以及在福利和就业培训领域对其进行的大量、细致的记录,使人们对最近的强调结果以及它应该产生的行动和优先事项产生了很多不同的看法。研究的缺位促使我们尽快采取行动,填补这一空白,并且接下来将会产生大量研究。在这个过程当中,稍有不慎就可能导致失败。它将促使我们深入判断预期的结果与拟供资倡议之间因果关系的强度,及其按设想执行的可能性。仅靠良好的动机和远见卓识无法产生对结果的宣言和研究。我们需要非常仔细地审查所采用的评估设计的实用性和概念性,以便使研究结果不受信息收集方式的影响。我们还需要更深入地探讨组织能力与执行、深层文化价值观与政治意愿之间的关系,以及外来协助与个人变革之间的相互作用等令人困惑的问题。这有时可能会导致我们推迟开始一项结果研究,直到中期执行和能力目标实现之后。

简言之,当前"结果运动"的背景是复杂的,充满了往往指向不同方向的经验和见解。这种背景决不会削弱资助者和受赠人清楚表达他们的目标是什么,以及他们如何知道是否实现了目标的重要性,但这确实说明"什么"和"如何"可能不像他们所希望的那样明确。

在本文余下的部分中,我们试图阐述当慈善行业决定更加重视"结果"时需要考虑的一些因素。我们将这些因素分为三大类:技术性因素(如何测量)、实质性因素(做什么)和战略性因素(如何思考)。

技术性因素(如何测量)

第一个,也是最基本的技术问题是,结果与影响不同。一个计划或项目可以具体说明、测量和实现其结果,但与使用其他干预措施或没有干预措施相比,仍然可能没有任何增量影响。

怎么会这样呢? 20 世纪 70 年代中后期,国家支持工作示范计划(The National Supported Work Demonstration)为这种现象提供了一个很好的例子。该计划面向四类失业人员：有犯罪前科者、失学青年、有吸毒前科者和受抚养子女家庭援助计划（AFDC）接受者。所有参与者都是因为需要就业而参加该计划，且都属于就业前景不佳的群体成员。在二到三年的随访期间，所有项目参与者的就业率都显著提高，而控制组成员的就业率也显著提高。事实上，除接受受抚养子女家庭援助计划者外，对照组成员的就业率要高于计划参与者的就业率。因此，虽然在检验关键结果变量时，该计划看起来是有效的，但实际上它并没有比没有参与该计划更能改善参与者的境况。

在 20 世纪 80 年代中后期，暑期培训和教育计划（Summer Training and Education Program）向在教育和经济上处于劣势的青年人提供了半工半读的补习课程。该计划的目标是提高青年人的学术能力。然而，在大约两个月的暑期课程中，参与者的考试成绩实际上略有下降。从表面上看，这项计划似乎是无效的；然而，在同一时期，对照组成员的考试分数下降了近一个等级。因此，这一计划并非无效，而是能够显著地阻止这些青少年的暑期学习退步。

这是否意味着，在没有通过控制组或对照组来评估影响的情况下，预测和测量结果是没有价值的？并非如此。关于参与者通常如何实现预期目标，以及关于服务的可及性与需要服务的人数的一般知识，可以帮助人们对计划的价值形成合理判断。关于计划每个部分的质量，参与者为什么留下来以及为什么离开的详细知识也很有用。如果能生成一个关于计划参与者应该发生什么的强有力的理论，以及关于实际执行和参与过程的详细知识，那就更好了。这些技术并不像影响评估那样可以提供确定的知识，但它们显然是有用的,而且肯定比仅凭主观印象得出的知识要好。

但这确实意味着,在缺乏健全的对比研究的情况下,往往很难知道所取得的结果在多大程度上归因于资助的倡议。这可能会导致一些情况,甚至比支持工作的例子更让聪明的公民和选民感到困惑。例如,1983年联邦《职业培训伙伴关系法案》(*Job Training Partnership Act*,简称JTPA)旨在将就业面临多重障碍的贫困人口安置到工作岗位上。该法案主要强调定量安置率,以此作为衡量地方在实现其目标方面取得的成功。地方管理者为他们资助的计划设定了很高的目标,并提供了财政奖励。

随着全国各地的地方安置率开始飙升至80%以上,而且被证实是真实的,批评人士推测认为,这些比率过高,并指出大多数《职业培训伙伴关系法案》参与者并没有严重的就业障碍,即使没有该计划提供的适度培训干预,他们也能找到工作。

《职业培训伙伴关系法案》的拥护者对此嗤之以鼻。随后进行了一项影响研究,其研究结果却基本支持了批评人士的推断。研究表明,该法案甚至损害了一些年轻参与者的劳动力市场前景。明确的结果、仔细的测量、激励措施以及良好的业绩——所有这些都没有带来什么附加值。

因此,这是结果运动的主要"技术"问题:即使事先对要取得的结果进行具体说明,并认真可靠地收集有关这些结果的相关信息,也可能无法得出关于该计划或倡议实际取得了什么的准确结论。当想要实现的结果与人类行为的长期变化有关时(大多数最重要的结果都是如此),这个问题就会尤其严重。

以上问题是否有技术解决方案?从理论上讲是有的:我们

可以利用一个对照组,这样就可以回答在没有计划或倡议的情况下会发生什么情况的反事实问题。但是,设计和进行一个可信的对比研究存在许多技术问题。然而,就本文而言,有必要强调其中的三个问题。

1. 并不是总能找到一个理想的对照组

一个好的对照组应该看起来像计划组,至少在关键特性上是这样的。通常,对照组被选择是为了让其在决定关键结果的所有因素上与计划组相匹配。就业计划对照组成员通常按年龄、种族、性别和教育程度进行匹配。从根本上影响关键结果的因素越多,就越难找到一个在所有这些因素上与计划组完全匹配的小组。例如,很难找到针对整个社区实施干预计划的良好对照组,如综合社区倡议或创业园区/授权区计划。社区干预结果,如经济或社会福利指标,受到多种因素的影响。即使是在某个时间点上非常相似的社区,也会随着计划运行时间的推移而出现偏离。因此,影响关键结果的因素越多,实现改变所需的干预时间越长,就越难找到一个合适的对照组。

2. 参与者的数量往往不够多

为了通过对比计划组和对照组的行为来检测计划产生的影响,人们必须考虑到:即使是非常相似的个体,其行为也自然地有所不同。从技术上讲,评估人员除了让这两个组尽可能匹配,还会通过比较大组计划参与者组和非参与者(即对照组成员)的结果来避开这种复杂情况。相似个体之间结果的自然变异越大,各组的人数就必须越多。考虑到需要计算出结果的自然变异的平均值,小型的地方计划可能会发现他们并没有足够的参与者用于统计检测其计划的影响。

3. 对照组的活动往往没有明显区别，不足以对计划或倡议的影响得出合理的结论

大多数新计划并不是提供全新的服务，而是提供更高质量的服务、更完整的服务包和（或）包括早期计划中缺失的关键要素。因此，在检验此类计划时，对照组成员通常能够加入基本上类似的服务。例如，"重定向项目"（一个针对青少年母亲的就业、教育和育儿计划）的许多对照组成员，在研究结束时已经设法进入了其他教育或培训计划以及育儿课程学习。在这种情况下，当将计划组与对照组进行比较时，我们并没有回答"与他们什么都没做会发生的情况相比，参与者的表现如何？"的问题，而是回答了"与他们靠自己能找到机会的情况相比，参与者的表现如何？"。第二个问题的答案比第一个问题的影响小，因此更难以检验。[1]简单的参与者/对照组比较往往不足以检验到此类影响。

因此，技术问题的解决方案会产生自己的一组技术问题。正是在这一点上，一些最初对结果运动充满热情的人失去了耐心，并且在想是否有更简单、更省钱、更省时的方法得出关于捐赠是否实现其目标的合理结论。

答案是"当然有"。富有经验的观察，加上基本数据，加上完备的理论，再加上一些深入的传闻……你便可以得出一个合理的结论。问题是，正如"国家支持工作示范"计划和《职业培训伙伴关系法案》的例子所强调的那样，基于这些方法得出的结论可能有些时候并不正确。

如果资助者不愿意投入资源和时间来支持技术上可靠的结果或影响研究，那么这是一个值得冒的风险。一项看似科学性很强的研究会受到其他资助者、媒体和政策制定者的重视，而且可能会产生严重的破坏性影响。这种情况在社会政策领域里已经够多的了。

上面讨论的技术问题对希望关注结果的慈善事业构成了重大挑战。然而,好消息是,人们对这些技术问题进行了大量的思考,并且通常可以制定出"最合理的方法"。它只需要资源,以及在这个问题上使用这些资源的意愿。事实上,与人类努力的许多领域一样,在测量社会政策结果的技术上取得的进展比如何实现这些结果方面所取得的进展更大、更快。

实质性因素(做什么)

仔细研究过去20年来进行的许多结果和影响研究,很快就会让敏锐的读者得出这样的结论:必须有一些深刻的实质性主题将许多已经被评估的倡议联系起来,有一些根本原因导致这些研究报告的结果一贯不佳。聚焦那些报告了较好结果的少数研究,只会强化这一结论。

无论我们研究哪一个社会政策领域,这一结论通常有两种形式:第一,基本实质性战略不够强大,不足以达到预期的结果;第二,基本实质性战略实际上没有得到很好的执行。这些一般性结论之所以重要,有很多原因,其中一个重要原因是它们对当前结果运动的影响,即仅仅是通过更加强调结果(阐明结果将提高它们发生的概率),或者改进测量结果的技术方法,都不太可能增加产生这些结果的可能性。

简言之,20世纪90年代后期慈善事业关注结果的优先重点需要放在改善所资助计划的战略、实质内容和质量上。

这一说法似乎不那么引人注目,甚至可能会有些冒犯性:毕竟,在慈善事业中谁会不关心被资助的是什么,谁不想帮助改善它呢?但是,正是当对结果和问责的关注,即对"底线"的关注,与我们测量结果和影响的成熟技术能力相结合时,很容易导致我们在战略、实质内容、执行力和质量问题上仓促行事。它们处理起来要复杂得多,而且不太适合确定性的测量。它们是实现底线结果的中间步骤,在过去几十年中,却没有得到一贯或强烈的重视。它们没有得到足够重视——从当前结果运动的角度来看就已经够矛盾的了——的部分原因是我们太急于相信和证明我们资助的项目确实产生了预期的(通常是宏伟的)结果,以至于我们在对其战略、实质性和运作的合理性充满信心之前,就匆忙对其进行了评估。

这会让许多慈善家感到气馁。这听起来好像我们正在重新开始,就在"结果运动"暗示我们正在接近目标之时。事实是,在许多政策领域,我们正在重新开始。但是,重新开始不等于从头开始。有许多经验教训可以借鉴,既有积极的,也有消极的,而且这些经验使我们新制定的政策和方法更有可能实现预期的结果。但这个建设过程是第一要务,而不是急于去测量结果。

例如,在各个政治派别和专家之间有着强烈的共识,即美国过去30年的就业培训政策基本上没有产生人们所期望的结果。慈善事业和政府分别或合作资助了一系列出色的研究来支持这一结论。美国现行的就业培训政策——《职业培训伙伴关系法案》——的公共基金也相应减少,公众对该体系的关注也随之下降。美国经济中私人创造就业机会的近期和长期繁荣推动了失业率和领取福利人数的下降,并暂时掩盖了我们对未来几年,当私营经济不可避免地放缓时,美国应该采取或尝试什么(如果有的话)就业培训政策和执行实践缺乏方向的事实。但大家一致同意的是,政策和实践必须与过去 30 年来主导的政策和实践有根本的不同![2]

因此,无论是对慈善界的个体机构还是团体来说,这都是一个支持分析以往就业培训政策和执行经验的绝佳时机,以制定改进整个就业培训领域以及特定计划绩效的策略。这种广角工作不仅会增加制定更有效的战略、政策和计划的机会,还将加强各基金会在与特定受赠人及其计划打交道时的决心和方向的明确性。

但这项工作应在聚焦特定计划底线结果之前进行。如果我们要实现这些结果,这是当务之急。

一些此类工作已经在几个实质性领域展开。例如,笔者了解到一些青少年发展和劳动力发展领域的合作/慈善倡议旨在改进其实质性内容。每一项倡议都是在对该领域的政策、资助、实质性和执行策略的重大变革建议持开放态度的情况下发起的。更多的社会政策领域需要同样开放的重新审视。

慈善事业的个人和集体方法都承认在政策领域可能需要进行重大的实质性改革,这对于思考结果具有重大意义。在过去几十年中占主导地位的渐进主义方法认为,政策和实践中的有益变化将以新增或适度修改现有规划的形式出现。简言之,我们只是修补者,还远没有解决问题。因此,总的来说,我们把更多的智力资本投入到如何测量预期的长期结果上,而不是投入到研究如何改进实质性战略和执行能力上。

现在必须采取的非渐进主义方法或将改变这种平衡。它将更加重视形成新的实质性方法,以及强调确保这些方法的执行质量和政治持久性。因此,与最终想要实现的结果相比,即期资助决策所寻求的结果可能更具有居间性或基准性,并且在性质上少一些量化性,多一些判断性。

下面是一些涉及"什么"问题的关键实质性领域,也是在许多社会政策领域需要个人和集体慈善事业关注的领域。

1. 新的计划策略

如上所述,一些关键政策领域需要认真反思其基本实质性策略。就业培训领域就是一个很好的例子:一些分析人士认为,制定一套与过去几十年所采用的截然不同的策略具有经验上和理论上的原因。这种制定本身就是一种需要建立和评估的结果。

2. 新的或扩大的机构

慈善界在很大程度上将其资源用于资助"计划"或"倡议"。但通常,要在政策领域取得我们想要的最终结果,最需要的是那些以稳定性和业绩著称,并因其提供的服务而成为一个品牌的机构。福特基金会于20世纪50年代至70年代在艺术界的战略就是一个很好的例子。

品牌机构,尤其是在那些需要在公共、非营利和商业部门之间进行互动的政策领域,对于实现最终结果至关重要。建立这样的机构本身就是一种结果。

3. 能力建设

在社会政策的某些领域,有健全的计划战略和品牌机构——青少年发展领域中的男孩女孩俱乐部(Boys and Girls Clubs)和大哥哥/大姐姐(Big Brothers/Big Sisters)志愿者组织就是例子——

但没有足够的能力取得预期规模的结果。能力建设是一个值得界定和测量的结果。

4. 填补空白

分析表明,在一些社会政策领域存在着巨大的实质性差距,阻碍我们实现所有人都想要的结果。其中一个例子是课后计划。这项计划在过去几十年中逐渐减少,而许多分析人士认为,该计划是向青少年提供关键发展投入(更多成年人、更多参与活动、更多教育援助)和减少消极行为(犯罪、辍学、在校读书期间怀孕)的关键。

这一特殊的"填补空白"战略的首要目标是开展各种高质量、有监督、有趣的、能够吸引广大青少年参与的课后活动。这些结果可能需要几年时间才能实现。只有到那时,才有理由去评估是否取得了最终结果。如果没有实现预期结果,那么问题将是,适当的应对措施是停止资助课后活动,还是调查其他政策领域是否需要加强。我们不能总是把最终结果放在一个计划战略的问责门口。

正如上述讨论所表明的,在我们看来,未来几年最需要的不是更多地宣布结果、设想结果,也不是更多地评估结果,而是想出来该怎样做才能取得这些结果。

战略性因素(如何思考)

然而,上述讨论并不意味着我们建议暂停对最终结果和影响的评估,而是说我们的确需要对何时使用正式的结果和影响评估工具进行战略性反思。

过去 25 年的经验为这种反思奠定了良好的基础。在此期间,人们已经对三个基本类别的活动进行了正式的结果和影响评估:新的计划倡议、改进的计划倡议和长期的计划倡议。

虽然本文并不是对这三类评估的历史进行全面讨论和分析的适当工具,但我们的初步结论是有意义的,即

(1)对新计划倡议的评估主要由没有或有消极的结果和影响的研究结果构成;

(2)对改进的计划倡议的评估由没有、消极的、有适度的或良好的结果和影响的研究结果均匀混合构成;

(3)对长期计划倡议的评估更有可能得到有适度的或良好的结果和影响的研究结果。

研究结果的分布表明,工作能力和执行质量问题确实可能影响我们研究的结果和影响。它说明,将结果和影响评估资源集中在有业绩记录,并且是根据多年的运作经验发展而来的计划和倡议上,比起将评估资源用于某一实质性战略的全新表现形式上,更有可能对该战略的影响和结果潜力做出准确评估。这表明,至少在最终结果和影响方面,"研究"和"示范"的功能可能需要区分开。

我们提出的战略反思对慈善事业的结果运动具有重要意义。其一,它应该促进各基金会之间更加协调一致的行动,因为结果运动的重点将不再是评估每一个计划,而是①找到一个稳定的示范计划进行评估,一个代表着对特定实质性想法的切实执行的范例;②从该范例中开发出一套操作基准,用以评估这一想法新的操作表现形式的进展。

采用这种方法的一个例子是我们在 1992 至 1995 年间对大

哥哥/大姐姐志愿者组织进行的全国性影响评估。辅导领域正在蓬勃发展,但是并没有关于其结果的可靠发现。大哥哥/大姐姐志愿者组织是辅导行业的品牌。我们认为,对其进行评估,可以很好地说明多年运作经验形成的辅导计划的效用。十一家基金会为这项研究提供了支持。

研究结果是积极的:辅导对首次吸毒、在校行为和表现,以及校园斗殴等情况均有影响。同样重要的是,该研究为辅导领域提供了操作基准,可以用来评估其他辅导计划取得类似结果的可能性。这样就没有必要对每一个辅导计划都进行新的影响研究。

这种战略反思的另一个含义是,它应该激发基金会将这一领域视为一个整体来考虑,而不是仅仅关注特定的计划。为了跟进上述示例,在大哥哥/大姐姐志愿者组织的研究之后,对辅导领域感兴趣的基金会面临的挑战是①鉴于其具有积极的影响,如何扩大辅导领域;②如何确保这种扩展不会降低执行质量。这些挑战,无论是对于个体基金会还是基金会群体来说,都是领域建设,可以最大限度地产生积极结果,即使它们面对的是个别的辅导计划。不能只见树木,不见森林。

我们的底线——取得结果、测量结果、了解整个过程中的基准是什么、知道如何通过结果战略影响整个领域,这些都是慈善界的复杂问题。这并不像受托人告诉员工"让我们把结果放在首位"那么简单,也不像"我们将把预算的10%用于评估"那么容易。

简而言之,对明确说明和测量结果的承诺表面上看是件好事,但这只是一个冒险过程的开始。如果"结果运动"要证明对慈善事业、受赠人和社会有益,那么就必须致力于这一过程。

加里·沃克(Gary Walker)
吉恩·格罗斯曼(Jean Grossman)

注释:
［1］此外,虽然社会关心的是第二个问题的答案,但计划本身希望回答前一个问题。
［2］加里·沃克(Gary Walker),向经济和教育机会委员会高等教育、培训和终身学习小组委员会提交的证词,美国众议院,1995年3月16日。

第二十二章　慈善事业与文化——模式、背景及变化

在美国,慈善事业与文化的关系一直是复杂的、相互依存的和多方面的。它涉及众多的个人和机构捐赠者及受赠者。它涉及全国和地方范围的基金会,既有一般目的的基金会,也有以文化为重点的基金会。它还涉及企业基金会和企业赞助商。从根本上讲,它是一个多元化和个人主义的舞台,但也有融合与合作的元素。非营利艺术组织同时依赖于自身收益、赠款和政府收入,这些收入来源的数量和相对比例随着时间的推移而变化,并根据各艺术组织的规模和学科方向而有所不同。通过财政配套补贴或挑战基金、税收减免、志愿行动,或计划和项目伙伴关系等方式,不同形式和来源的支持常常互相依赖。

文化慈善事业的模式

从历史上看,个人在艺术和文化的慈善支持中始终占据最大的份额。1995 年,《美国慈善捐赠》(*Giving USA*)报告显示,在为各类慈善目的捐赠的近 1 260 亿美元中,有近 100 亿美元被用于

艺术、文化和人文组织。自 1964 年以来,私人捐赠总额中用于艺术的比例从 3.2% 或 32 亿美元(Cobb, 1996:11)增加到了 1996 年的 7.2%。1996 年,文化领域的捐赠额上升至 109.2 亿美元,比上年增加了 9.7%,经通胀调整后增加了 6.8%(MFRC, 1997:51)。在这一总额中,大约 87% 的私人捐赠来自个人。1993 年,约有 8% 的美国家庭为艺术进行了捐赠,这一比例与 1987 年的数字基本持平,但与 1989 年报告的 9.6% 和 1991 年的 9.4% 相比有所下降。同时,家庭对艺术的平均捐款几乎减少了一半(从 1987 年的 260 美元减少到 1993 年的 139 美元),尽管家庭对一般慈善事业的平均捐款额大幅增加,从 1987 年的 1376 美元增加到 1993 年的 2101 美元(Cobb, 1996:13)。与此同时,尽管每年约有 39 万名相当于全职的志愿者将时间用于艺术、文化和人文领域,但志愿者对艺术活动的参与程度也有所下降。对维持个人捐赠者的基本慈善基础的关切导致人们呼吁更加积极地培养文化捐赠者,无论是通过将志愿服务与捐赠联系起来,还是通过发展少数族裔捐赠者的策略,或是通过吸引新兴百万富翁加入的方式(PCAH, 1997:21)。

还应该认识到,这种个人对艺术的慈善支持的全国模式可能并不适用于这个国家的所有地区。例如,加州社区基金会最近的一份报告(CCM, 1997)收集了关于洛杉矶县慈善捐赠习惯和偏好的信息,指出"该地区远非人们有时所认为的贫困社区"(CCM, Press Release, 1997)。在将洛杉矶县的慈善模式与全国模式进行比较时,报告显示,洛杉矶县对艺术进行捐赠的家庭数量几乎是全国的两倍(CCM, 1997:20)。一般来说,更多的洛杉矶县家庭进行了某种形式的慈善捐赠(74% vs. 69%;CCM,

1997：9），而较少参与某种类型的志愿活动（44% vs.49%；CCM，1997：49）。就态度而言，在各种慈善活动中，洛杉矶县居民对艺术的重视程度较低，并将艺术组织的组织效能排在八个等级中的第六位。研究还发现，对艺术进行捐赠的人更倾向于认为联邦政府对艺术的支持是件好事（61% vs.49%；CCM，1997：41）。

基金会是文化活动领域中另一个重要的慈善行动者。在基金会支持的所有计划领域中，艺术和文化项目在整个20世纪80年代至90年代所占的份额一直在13%至15%之间。然而，这一比例在1994年下降至12.8%，在1995年进一步下降至12%。在某种程度上，这一比例可能是受到了巨额赠款数量的影响：1995年没有超过1000万美元的赠款，并且只有3笔500万美元的赠款。相比之下，1994年，据报道至少有6笔500万美元的赠款，其中3笔超过1000万美元（Renz，Mandler & Tran，1997：71）。即使是在基金会对文化的捐赠份额保持相对稳定的20世纪80年代和90年代，这种支持的分布也随着资助对象和资助类型而变化。

表22-1 1983—1996年基金会艺术支持的主要资助对象情况

资助对象		1983年	1986年	1989年	1992年	1995年	1996年
表演艺术	%	38.8	33.5	33.6	37.9	36.0	32.8
	百万美元	92.2	108.0	169.1	275.4	270.3	295.2
博物馆	%	25.5	33.0	30.5	31.0	27.0	32.1
	百万美元	60.6	106.2	153.5	225.4	204.4	289.0
媒体/通信	%	12.1	8.6	11.8	7.9	9.0	10.7
	百万美元	28.9	27.5	59.3	57.0	65.9	96.6

续表

资助对象		1983年	1986年	1989年	1992年	1995年	1996年
多学科的	%	6.7	6.9	7.6	6.9	11.0	8.3
	百万美元	16.0	22.0	38.0	50.3	83.7	74.7
与艺术相关的人文学科	%	5.2	5.2	4.6	5.4	5.0	4.4
	百万美元	12.4	21.9	29.8	39.3	35.3	39.9
历史的	%	4.1	5.2	4.6	5.5	6.0	6.3
	百万美元	9.6	16.8	23.3	39.7	46.7	56.5
视觉的	%	1.7	3.2	2.7	3.4	4.0	2.9
	百万美元	4.0	10.3	13.5	24.6	33.2	26.3
其他*	%	5.7	2.8	3.5	2.0	2.5	2.4
	百万美元	13.8	9.0	17.0	14.1	19.2	21.7
总计	%	99.8	98.4	98.9	100	100.5	99.9
	百万美元	237.5	321.7	503.5	725.8	758.7	899.9

*：包括对政策、艺术图书馆、艺术家服务、国际交流、管理和筹资活动的支持。
资料来源：Nathan Weber and Loren Renz, *Arts Funding*（New York：Foundation Center, 1993）, pp. 58 – 59；Loren Renz, *Arts Funding Revisited*（New York：Foundation Center, 1995）, p. 13；Loren Renz, Crystal Mandler, and Trinh C. Tran, *Foundation Giving*, 1997（New York：Foundation Center, 1997）, p. 66, xv。

如表 22 - 1 所示，表演艺术一直以来接受了基金会艺术支持总额的三分之一或更多。博物馆排在第二位，资助比例从 1983 年的 25% 逐渐上升到 1996 年的 32%。与此同时，捐赠给各种艺术形式的绝对美元金额随着时间的推移呈上升趋势，但逐年有所波动：对表演艺术的支持从 1983 年的 9 220 万美元增加到 1995 年的约 2.7 亿美元，对博物馆的支持从 1983 年的 6 060 万美元增加到 1995 年的约 2.04 亿美元。与这些主要的机构艺术活动相比,对人文和视觉艺术的支持则少得多。基金会仅将其 4% 至 5% 的文化资金用于人文学科,4% 至 6% 用于历史保护活动,以及 2% 至 4% 用于视觉艺术。

从另一个角度来看基金会的支持,慈善事业可以资助不同类型的活动,如一般运营费用、资本支出、计划、专业发展或如研究、紧急援助或技术援助等其他活动。

如表 22-2 所示,运营支持在 1983 至 1992 年间经历了大幅下降,从占总额的 31.3% 降至 16.4%。这引起了许多艺术组织的关注,因为运营资金很难从个人捐赠者那里筹集到,但对机构的维持至关重要。这一关切可能是机构致力于建立捐赠基金和社区发起稳定运动的原因。或者,最近来自全国和地方研究的建议呼吁艺术组织参与行政合作(American Assembly, 1997; Cleveland Foundation, 1996)。这种合作可能代表了一种关于运营费用的替代策略,即控制和降低运营成本,而不是补贴费用。资本支持和用于专业发展的资金也有所下降,尽管没有运营支持下降的幅度大。这些下降产生的衍生物包括推迟设施维护和对获得个人(那些最常获得专业发展类别下的研究金、驻留期、实习机会和奖学金的人)支持的担忧。相反,计划支持是唯一一种在 1983 至 1992 年间持续增长的资助类型。然而,我们也应该认识到,在这一时期,被分类为"未指定"的基金会资助金额在同一时期增长了近三倍(从 1983 年的 11.5% 到 1992 年的 23.2%)。

私人慈善事业受到公共政策的推动,并试图影响有关艺术和文化的政策(Schuster, 1985; Wyszomirski, 1987)。税收政策通过免除不动产税和财产税以及提供邮费折扣来帮助控制运营成本。

税收政策还通过税收减免来鼓励私人向非营利文化组织捐款。版权政策旨在保护创意权及回报,以此激励艺术家、学者和科学家。贸易政策旨在确保美国的创意和智力产品在全球市场上享有公平的准入和待遇。版权和贸易政策都试图促进美国文化产业的盈利能力和机会。在过去的三十年里,随着国家艺术与人文学科基金会(National Endowments for the Arts and the Humanities)、博物馆服务研究所(Institute for Museum Services;现为博物馆和图书馆服务研究所,Institute for Museum and Library Services)、公共广播公司(Corporation for Public Broadcasting)、国家历史保护基金会(National Trust for Historic Preservation),以及州、地方和地区艺术机构的成立,联邦、州和地方各级对艺术和人文学科的直接资助已经深入人心。这些机构的拨款往往需要配套的私人资金,有时候公共文化机构会与私人基金会建立明确的计划合作关系。

表22-2 1983—1992年基金会艺术支持的资助类型情况
百分比和金额(以百万美元计)*

资助类型		1983年	1986年	1989年	1992年
运营	%	31.3	21.9	17.8	16.4
	百万美元	74.3	70.0	89.7	119.3
资本	%	38.0	44.1	32.2	30.7
	百万美元	90.3	141.9	161.7	223.2
计划	%	28.5	28.9	33.8	35.5
	百万美元	67.9	93.0	169.9	257.7
专业发展	%	5.2	6.1	6.0	4.3
	百万美元	12.3	19.6	30.2	31.3

续表

资助类型		1983 年	1986 年	1989 年	1992 年
其他**	%	2.9	2.6	2.6	2.6
	百万美元	6.9	6.3	12.9	19.2
未指定	%	11.5	12.0	25.9	23.2
	百万美元	27.4	38.7	130.0	168.5
总计	%	117.4	115.6	118.3	112.7
	百万美元	279.1	370	594.4	819.2

*：拨款有时可能用于多种类型的支持，因此将被计算两次。
**：包括对研究、应急资金和技术援助的支持。
资料来源：Nathan Weber and Loren Renz, *Arts Funding* (New York: Foundation Center, 1993), p. 78; Loren Renz, *Arts Funding Revisited* (New York: Foundation Center, 1995), p. 19.

反过来，基金会往往有助于建立这类机构和促进政府资助——无论是洛克菲勒基金会和二十世纪基金（Twentieth Century Fund）对于国家艺术基金会（National Endowment for the Arts），还是卡内基公司对公共广播的资助，都是如此。最近，基金会继续将政府的注意力集中在一些具体问题上，如舞蹈保护、巡演和创作（Dance/USA, 1992; NEA/Mellon Foundation, n.d.; Netzer and Parker, 1993; Weisberger, 1997），公共电视（Twentieth Century Fund, 1993），以及促进社区支持等方面（Cleveland Foundation, 1996）。基金会能够独立行动，也可以作为公共慈善事业的替代或补充。从20世纪50年代中期到70年代，由福特基金会领导的各基金会在文化慈善事业中拥有了最强大的影响力，出资建立起一个由舞蹈、戏剧和交响乐组织构成的全国性网络。1962年，在所有私人基金会中，福特基金会是最大的艺术资助机构来源。

1992年,尽管福特基金会仍然是一个主要的私人机构资助者,但它在私人资助机构中排名第九位,每年捐赠近1100万美元(或者是排在首位的基金会的五分之一)。到1976年,全国领先地位已经转向公共部门,国家艺术基金会成为该领域最大的资助机构。[1]此外,国家艺术基金会凭借其工作人员和专家组所具有的极高专业水平增强了其金融影响力。这种专业知识使国家艺术基金会能够系统化、战略性地执行各项事宜(Cobb,1996:18)。事实上,肯尼思·古迪(Kenneth Goody)报告称,在1966年,基金会资助占艺术组织非劳动总收入的57%,相比之下,来自联邦政府和州政府的资助约占7%。到1980年,基金会的比例下降到36%,而联邦和州政府的比例为31%。因此,文化支持组合中的相对公/私比例随着时间的推移而波动,在文化慈善事业中发挥领导作用的能力也随着这些变化而变化。

这种广泛的公/私方面的讨论虽然是一种有益的概述,但仍然掩盖了公共部门和私营部门资金流向中的一些重要变化。在公共资助者中,近十年的争议已经侵蚀了国家艺术基金会的财政和政治资本,从而降低了其慈善影响力。自1992年以来,国家艺术基金会的预算从1.759亿美元降至9800万美元。大量裁员和大规模计划重组削弱了其专业知识以及系统地影响整个领域或学科的能力。持续不断的政治批评和官僚主义的受围心态使它在项目创新、政策创业和国家领导力方面的能力已不如从前。

相反,作为一支联合的力量,州艺术机构现在拥有三倍于联邦一级的可用财政资源。然而,各州艺术机构的资源和能力普遍增加并不意味着所有州都具有同等的慈善潜力,也不意味着综合资源得到了协调利用。尽管许多州近年来经历了显著增长,但总

第二十二章 慈善事业与文化——模式、背景及变化

体情况相当不平衡。例如,拥有主要文化产业的州,如纽约州和加利福尼亚州,发展情况并不是特别好。纽约州艺术委员会(New York State Council on the Arts)在20世纪90年代初失去了近一半的资助。加州艺术委员会的预算一直保持在1 200万美元左右,平均每人不到40美分,这对于加州的规模和文化活动而言是一个非常小的数目。或者,其他州,如佛罗里达州和俄亥俄州,随着20世纪90年代的发展取得了实质性的增长。与此同时,地方艺术机构一直是公共艺术资助的亮点,在过去20年中,它们经历了综合增长。地方艺术机构的预算从1万美元到8 800万美元不等。1997年,仅美国50个最大城市的总预算就达到了2.428亿美元(AFA,1997:2)。然而,即使是在权力下放的时代,州和(或)地方公共资助系统能否取代国家艺术基金会失去的领导作用也是不确定的,因为一方面,州和地方资源分散在近60个州、地区和特别管辖实体中;另一方面,分散在约4 000个地方一级的政府和非营利机构中。

在基金会中,独立基金会(包括家族基金会)在私人机构资助中所占份额最大,企业基金会位列第二,且与第一相差甚远,社区基金会则远远落在后面。事实上,从表22-3可以看出,独立基金会(如福特基金会或皮尤慈善信托基金)占所有基金会(独立、企业和社区基金会)提供的文化资金的四分之三到五分之四。此外,基金会文化慈善事业的一个重要份额主要集中在25个最大的组织中。1992年,排名前25位的基金会占艺术资助总额的41.4%。1989至1992年间,有一半的资金增长来自一家基金会的行动(莉拉·华莱士-读者文摘基金,20世纪90年代新加入到该领域的基金会)。1992年,排在前25位的私人机构资助者的

艺术计划资源范围广泛,位列榜首的莉拉·华莱士-读者文摘基金为 5 580 万美元,梅隆基金会(Mellon Foundation)为 2 940 万美元,皮尤慈善信托基金(Pew Charitable Trusts)为 1 870 万美元,以及麦克阿瑟基金会为 1 740 万美元。剩下 21 个基金会的预算相对均衡递减,排在最后的是预算在 500 万到 600 万美元之间的 8 个基金会(Renz,1995:10)。仅在三年前(1989 年),这一范围就已经在 2 800 万美元到 380 万美元之间(Weber and Renz,1993:45)。排在前 25 位的艺术资助者绝大多数是独立基金会:1989 年,只有两家企业基金会和一个社区基金会入选。事实上,数量相对较少的独立基金会仍有财力在文化慈善事业中发挥相当大的影响力。实际上,前三大私人基金会的文化计划资金总额现在已经超过了国家艺术基金会的全年预算。

表 22-3 基金会艺术支持的基金会类型 单位:%

类型	1983	1986	1989	1992
独立和家族基金会	79.1	78.5	77.8	80.7
企业基金会	15.0	14.7	17.4	14.4
社区基金会	5.9	6.8	4.8	5.0
总计	100	100	100	100.1

资料来源:Nathan Weber and Loren Renz,*Arts Funding*(New York:Foundation Center,1993)p.57;Loren Renz,*Arts Funding Revisited*(New York:Foundation Center,1995)p.13.

慈善领导力的多级体系

考虑到公共和私人机构资助者之间的资源转移,今天可能没有任何一个"超级组织"或慈善领导者能像福特基金会那样在20世纪50年代末和60年代初取得了无数卓越成就，或者像国家艺术基金会那样在20世纪70年代和80年代为机构文化慈善事业制定了大量议程。实际上，21世纪可能会出现一种不同的慈善影响力模式。也许一个新的多级体系正在形成，它可能由慈善联盟组成，能够同时处理多样化和重叠的议程。这种联盟可以由利益集团政治中所谓的"高峰协会"来协调（但不是指导）——全国组织或其他协会团体。当与政策制定者、艺术管理者（例如通过艺术服务组织）、文化政策分析者和研究人员网络互动时，这种慈善联盟也将构成国家文化政策共同体的关键要素（Wyszomirski，1995）。

我们可以识别出潜在慈善联盟领导者的特点。潜在的联盟领导组织应该有能力在至少一个子部门（如基金会、公司、大学、智库、联邦、州或地方文化机构）汇集各种慈善资本来源（包括资金、专业知识和信任/权威）。最理想的情况是，潜在的领导者能够将跨部门（公共和私人部门）或跨子部门的行动者聚集在一起。目前，至少有五个组织表现出其中的一些特征或特征组合，因此也许会成为联盟领导者的候选人。

（1）艺术资助者组织（Grantmakers in the Arts）：一个由对艺术和文化感兴趣的私人基金会组成的团体。

（2）美国艺术协会（Americans for the Arts）：由全国社区艺术机构成员组织和前美国艺术委员会联合组成，后者是一个由艺术支持者、资助者和商业领袖构成的网络。

（3）州艺术机构全国大会（National Assembly of State Arts Agencies）：一个由州和地区艺术委员会组成的全国会员协会，这些委员会可以从各自的立法机构获得年度拨款,也可以以整体拨款的形式获得国家艺术基金会近一半的年度预算。

(4)总统艺术与人文顾问委员会(President's Committee for the Arts and the Humanities):一个由美国总统任命的具有15年历史的公私工作组,旨在鼓励私营部门对艺术的支持,并提高公众对艺术和人文学科价值的认识。其成员不仅包括致力于文化事业的私人公民,还包括13个实施文化计划的联邦机构负责人。

(5)艺术文化中心(Center for Arts and Culture):一个专注于艺术和文化的新兴智囊团,致力于在政府领域和私营部门组织之间整合及调动研究,为政策规划提供信息。

上面这些可能性各自涉及的趋势、优势和问题是什么?

艺术资助者组织(GIA)

这些可能性中的第一个是艺术资助者组织——最初是基金会理事会内部的一个亲和团体,后来成立了自己的非营利组织(Focke,1998)。该组织成立于1985年,其宗旨是"加强艺术慈善事业,为全国艺术界创造一个有利的环境"。艺术资助者组织于1987至1988年召开了第一次会议。1989年开始发行内部通讯,并于1992至1993年筹备其成员组成。今天,该组织有大约200个成员组织(每个组织最多可包括10名个人成员),代表着35个州的组织。

艺术资助者组织首次赞助的研究是委托基金会中心进行了一项艺术资助基准研究,以确定整个20世纪80年代艺术资助的主要方面,并对艺术资助者和艺术组织进行调查,了解其对资金需求和资助者表现的看法。该报告旨在更好地为艺术资助者提供信息和赋权,并协助资助者在规划、项目开发、指导方针建设、自我评估、现场和需求评估、地方研究以及政策形成等方面开展工作(Weber&Renz,1993:13)。在1989到1992年间,基金会资助者发现自己面临着越来越大的文化支持压力,因为联邦政府的支持受到威胁,而州政府的艺术资金也不断削减。各州资助总额从1990财年的2.92亿美元下降至1992财年的2.147亿美元。为了监测这些变化的影响并保持数据处于最新状态,艺术资助者组织再次与基金会中心合作,于1995年更新了这项研究(Renz, 1995)。该研究目前正在进行第三次更新,预计在1998年下半年发布(Renz,1998)。除了全国协会之外,各地还有更多非正式的区域和地方艺术资助者团体,而且最近在圣安东尼奥举行的年度会议上,成员们表示希望有更多的区域论坛。一般来说,艺术资助者组织的会议和出版物使艺术和文化领域的基金会资助者得以交流信息、讨论问题和形成对问题的思考,产生协作或合作行动,设法让艺术进入其他资助者的议程,并为基金会工作人员提供专业发展服务。近年来,随着家族基金会的数量不断增加,一个关注艺术、组织较为松散的家族基金会团体已经在艺术资助者组织内部发展起来。

　　特别是在20世纪90年代,艺术资助者组织帮助各类私人基金会,包括大型和小型独立基金会、企业基金会、社区基金会和家族基金会,培养了更多的自我意识和群体意识。它还通过委托报告、举办国家和地区论坛以及与同行网络建立联系,增加了该团体的智力资本。艺术资助者组织促进了艺术资助群体在该领域感兴趣的项目上进行合作的能力,例如完成一项对个体艺术家的经济支持的研究(Focke,1996),以及在华盛顿特区建立艺术文化中心的行动。[2]显然,通过该组织,私人基金会已经建立起一种能力,能够将各自的活动整合起来并为其提供信息。因此,不同于200个(如果考虑到资助艺术的所有基金会,则可能更多)单独的基金会,艺术资助者组织使一个松散的私人基金会联盟,既可以发展特殊利益,又可以追求共同利益;既有特殊观点,又有广阔的领域与环境视角。考虑到非营利文化子部门的规模和范围,任何一个基金会仍然不可能有足够的资金(或工作人员)资源来像曾经的福特基金会那样领导慈善行业。但是通过一个像艺术资助者这样的有效亲和团体,一组基金会也许能够共同地并通过对焦点的划分,发挥慈善领导的作用。事实上,其中一些情形似乎正在发生,当讨论转向新出现的问题和主题时,这将是一个被更广泛地讨论的话题。

美国艺术协会(AFA)

美国艺术协会提出了另一种慈善联盟形式——一个涉及公共部门和私人部门、个人和机构资助者,以及地方和国家观点的联盟。弥合不同观点之间的分歧并不容易,而且美国艺术协会(就其当前情况而言)仍然是一个相对较新的组织。作为国内首屈一指的艺术倡导团体之一,它的定位是作为一个政策企业家,推动那些通过私人慈善事业、地方经验或研究所产生的想法和模式,并确定公共政策促进、阻碍或与私人倡议互动的方式。美国艺术协会通过其图书馆、信息交流中心及其个人和合作研究工作,[3]不断增加其文化慈善事业和政策的智力资本基础。美国艺术协会处于一个绝佳的位置,可以收集有关地方一级正在进行的计划和政策创新的信息,并引起全国公共和私人资助者以及政策制定者的注意。它还致力于在商业娱乐业与非营利艺术部门之间带来更多的互动,潜在地为合作和支持开辟新的可能性。

州艺术机构全国大会(NASAA)

州艺术机构全国大会是一个州一级的公共艺术资助者协会。在这个权力分散和权力下放的时期,它成为一个行动和影响力不断增强的中心。总的来说,它也代表了那些从国家艺术基金会这一联邦机构获得最多资金的受赠者。多年来,州艺术机构大会建立了一个州艺术机构的资助信息系统,其范围与基金会中心私人艺术资助的赠款信息系统相当。州艺术机构全国大会还负责收集和传播来自全国各地成员的项目活动、项目成果和政策倡议信息。此外,州艺术机构全国大会和美国艺术协会的战略定位都是努力促进和监督艺术组织、艺术资助者和艺术政策制定者感兴趣的两个非常活跃的合作领域——艺术教育和文化旅游业。

总统艺术与人文顾问委员会(PCAH)

总统艺术与人文顾问委员会虽然是一个联邦实体,但它有潜力将联邦政府各机构的公共赞助来源联系起来,并将公共和私人文化慈善事业的利益联系起来。在其发展进程中(其前身为1981年的总统艺术与人文特别工作组),总统艺术与人文顾问委员会:①提供了一个讨论国家焦点问题的论坛,集中关注文化保护需求、国际文化交流与事务、文化旅游业等领域,并加强对艺术和人文学科的扶持;②启动了一些示范项目,如新美国戏剧基金(Fund for New American Plays)和拯救美国文化藏品全国委员会(National Committee to Save America's Cultural Collections);③通过提议设立国家艺术奖章等活动,提高了文化活动的知名度;④促进私人资助者对艺术的支持(例如,激发私人资助者为 16 个合作项目捐赠超过 1 100 万美元),监测和建议税收政策变化,以及支持向中学生介绍慈善实践和美国慈善传统的活动(PCAH, 1988, 1992,1997; Cobb, 1996; Moskin and Gunettler, n. d.)。

艺术文化中心(CAC)

艺术文化中心是最近成立的,这是华盛顿第一个致力于文化政策的智囊团。鉴于此,它正在建立学术与研究组织以及个人学者、政策分析者、慈善家和政策制定者的网络,以努力"支持和促进有效的文化政策过程,建设文化政策领域,并影响文化政策"(CAC, 1998)。作为一个具有政治意识的政策分析组织,该中心既不以政治倾向为导向,也不以倡导为导向。因此,它将自身定位为一个知识经纪人和政策企业家,将决策者(公共和私人)与分析师联系起来,以促进更知情的政策对话。该中心并没有像上面提到的许多其他联盟那样受其美德的恶习之苦。它没有需要代表的成员,因此可以避免如美国艺术协会、州艺术机构全国大会,甚至艺术资助者成员组织可能存在的(或意识到的)偏见。它也没有像总统艺术与人文顾问委员会那样具有隐含的党派或政治认同,毕竟那是"总统"的委员会。此外,该中心还致力于在各部门之间、资助者和接受者之间、实干者和思想家之间,以及信息和应用之间建立起桥梁与纽带。然而,它是这里确定的五个选择中最新且最具形成性特征的一个,并且它是以最脆弱和无形的领导权来源——"知识"为前提的。

上述每一个潜在的慈善联盟都参与了建设信息和智力资本,

以便更好地为慈善事业、管理和政策提供信息。每一个联盟都试图改善慈善部门内部各要素之间（如私人基金会、州艺术机构等）或慈善部门之间（如公共和私人资助者之间）的沟通。每个联盟都已经建立或正在建立起一个联系网络和各类论坛，以交流信息、想法和选择，并对问题和模式进行讨论。因此，所有这些潜在的慈善联盟中心都是一个新兴的文化政策共同体的一部分——广义上说，政策被看作关于有意识和权威性目标的行动模式。正因为如此，政策并不仅限于政府的行动和决策，而是包括基金会甚至特定艺术组织的政策。所有这些慈善联盟，无论是发展良好的还是相对较新的组织，都拥有资源、资产和渠道，可以作为行使领导权的基础，但是没有一个实体具有明显的主导作用。当这些或其他联合组织一起组成某种大联盟时，它们有可能成为多极文化慈善事业的新兴支柱。

新出现的问题、假设和实践

前面讨论的是许多文化慈善家不断变化的观念和工作假设。时代、条件和过去活动的记录也引起了一系列经常出现的问题，其中有些问题是持续存在的，有些问题是新的。制定反映这些假设并应对当前问题的策略正在生成新的或修正的实践。

假设和观念

文化慈善家（私人和公共的）经常注意到，他们在质疑甚至在改变那些被他们长期以来视为理所当然或既定事实的看法（Collins, 1998; Godfrey, 1997; Bradford, 1998; PCAH, 1997;

Wyszomirski，1995）。经过对非营利专业艺术活动近四十年的建设和支持，现在人们有一种感觉，那就是生产方面可能被过分强调了，特别是在休闲时间不断减少、人口老龄化，以及音像、广播和电子媒体选择广泛普及和相互竞争的情况下。假定的文化需求支持一种供给侧战略，但是当全国的资助者意识到公众对艺术和文化的态度是多么模棱两可、含糊不清和多变时，这种战略愈发受到质疑。因此，以拓展观众、赞助人和志愿者，以及公共支持倡议为前提是多么脆弱不堪（Dwyer & Frankel，1997；Filicko，1996 & 1997）！

梅隆基金会在其1996年的艺术计划报告中指出，"美国人支持艺术的意愿发生了重大变化……部分原因是最近政府大幅削减了对这些领域的资助"（Mellon，1996）。在经历了数十年增长之后，联邦政府开始缩减预算，这使人们对公共资助前景产生了新的不确定性。人们意识到，联邦资助从静态到下降并不是一时的偶发事件，而且担心联邦政府的行动会给各州、企业和基金会资助者带来负面催化效应。此外，最近私人慈善事业的艺术市场份额（在20世纪80年代到90年代一直很稳定）不断下降，这一发现使令人沮丧的联邦资助状况进一步恶化。

文化慈善事业的另一个基本前提是非营利艺术组织不可避免的"成本病"。要忍受这种"病"就需要私人和公共补贴，而这两者似乎可以彼此相互促进（Kreidler，1996）。在国家艺术基础设施不断发展的同时，这一前提考虑到扩大的综合收入差距，鼓励艺术组织采用提高获得赠款能力的策略，而不是赚取收入的方法（Stevens，1996），并促进艺术组织提高管理专业化水平。虽然通常是隐含的，但似乎也存在这样一种假设，即在获得非劳动收入方面,重点是机构来源(基金会、企业、公共艺术机构),而不是个人财富。

其他假设包括以特殊方式运作的倾向——与个别领域、个人机构和艺术家,以及特定项目打交道。这种定制化有其优势,在培育地方机构和促进机构发展方面可能非常有用。最后,文化慈善基金会(和政策)界似乎对哪些是重要的组织参与者,谁是关键人员,以及如何建构计划,已经假定了一种稳定性。这种稳定性的一个重要组成部分涉及"艺术"和"文化"的操作定义。这些定义越来越侧重于专业的非营利组织,特别是在表演艺术和博物馆领域的组织。

20世纪90年代,其中许多假设已经受到了挑战、修正甚至被取代。文化慈善界已经见证了新的主要参与者的到来,如莉拉·华莱士-读者文摘基金,对艺术感兴趣的家族基金会的增加,以艺术家和(或)艺术为重点的基金会的建立,[4]以及对培养社区基金会艺术兴趣的关注。一些长期工作的项目人员已经退休或离开,基金会(和机构)的领导层和观点已经改变,许多计划重新评估了其优先事项和方法,并且一些计划领域已经重新设定。[5]许多基金会开始对艺术的"需求"方面非常感兴趣,包括观众拓展、艺术教育和提高公众认识运动。许多人正在重新思考他们对艺术的操作定义——从仅限于主要的表演艺术学科和博物馆的狭义解释,到包括媒体、文学、民间艺术和其他艺术形式,再到思考非营利组织和商业艺术之间的可能关系。

问题和条件

对影响文化慈善事业的背景因素进行充分讨论超出了本文

的研究范围。然而,这里至少可以确认一些主要的关注点。其中包括应对不断变化的人口特征、新技术和全球化的影响。伴随着人口构成的变化,多元文化主义为许多社区和整个国家带来了一个全新的视角。人口老龄化,特别是婴儿潮一代人的老龄化,对文化慈善事业和其他社会问题都产生了影响。少数族裔人口的增长带来了地理上新的多元集中和无多数族裔社区(甚至包括像加利福尼亚这样的州)。全球化——伴随着兼并与合并——改变了企业慈善事业和企业的艺术资助格局。此外,恰逢企业领导层的代际更替,而且新任高管被认为没有前任领导那么具有利他主义精神(NCA,1996)。

对资源的竞争以及对各种社会机构的信任危机导致人们对问责和绩效评估的呼声越来越高。艺术组织和艺术资助者都在努力应对挑战,在一个竞争更激烈的环境中展示影响力和参与评估。在这种环境中,艺术家个人有时似乎要与艺术组织和发言人竞争,艺术可能要与社会慈善事业的其他方面竞争,而且非营利艺术似乎要与商业艺术在观众的时间、金钱和注意力上展开竞争。公共和私人文化资助者似乎都在重新考虑"为艺术而艺术"这一指导原则,并对艺术的社会和/或公民用途以及艺术的公共目的表现出越来越大的兴趣。而且,如何培养新的人才,如何在保护与创新之间、支持既有组织和新建组织之间,以及支持大型组织与小型组织之间取得平衡,这些问题也出现在许多资助者的议程上。

新兴实践和主题

针对上述考虑,文化慈善事业似乎正在采取新的方法,并从

第二十二章 慈善事业与文化——模式、背景及变化

以下几个方面强调不同的策略。

1. 更全面的思考

文化慈善家似乎在寻找"大局",这将引导他们重新思考,进行研究,并使用系统方法或生态视角来设计方案。在地方层面,基金会正在寻求"建立一个领域"或一个文化社区,以弥合艺术组织之间分化的、专业化的甚至孤立的关系。这样做的部分原因是对危机管理和危机慈善事业的反应和避免。在一定程度上,这也是为了培养该领域的领导者和倡导者,并在战略和战术上发展更好的合作方式。在全国范围内,也有类似将艺术界转变为一个文化政策共同体的尝试,这唤醒了人们对新型信息和其他联盟伙伴的更大需求。此外,随着文化慈善家越来越意识到在其假设和背景下正在发生的变化的广度和深度,他们已经不再处于计划管理阶段,而是处于议程设置和定义阶段,并且在这个阶段,"从系统的角度看待文化部门"是有益的。"文化部门"的概念不仅仅包括专业的非营利艺术组织。它是一个全新的概念,而且这个部门的具体范围仍在讨论中。同样,"文化政策"是一个五年前根本没有人使用的概念。从生态视角看,文化慈善家似乎对文化系统是如何融入其他系统,并受到其他系统的影响更了解和感兴趣,如新闻报道和内容、娱乐和其他休闲活动、艺术创作与观众需求的关系,或认识到文化活动可以成为社区建设的隐性资产。

2. 新的工作关系

尽管文化组织和基金会在组织自主性和独特性方面都有根深蒂固的规范,但合作似乎成为新的口号。基金会之间相互合作,甚至培养自己作为一个领域的意识,关注具体项目(艺术文化中心)、目标(培养新的艺术人才或建立一个文化政策共同体)或

协会(艺术资助者组织)。资助者还鼓励受赠者参与一系列合作,从信息共享到合作生产、行政成本分担,再到倡导联盟。公共赞助人很少在文化领域之外寻找合作伙伴,无论是在教育、社会服务、图书馆、人类服务或社区发展公司领域。

3. 着眼长远,利用新的杠杆

当文化慈善家试图注意到和制定新的议程时,他们正在尝试新的行动方式,关注一些新的机会目标,并着眼于长远发展。基金会的计划不仅仅是试图利用资金,还旨在提高公众的意识和兴趣,建设组织能力,投资于社区和自我可持续性。例如,人们希望,在公众意识方面的投资将在加强公众对艺术的支持态度和参与度方面获得回报。莉拉·华莱士基金会(Lila Wallace Fund)正在使用一个新的杠杆——社区基金会——实施一个五年计划,在大约十个试点社区为艺术领域培养受众、兴趣和新资源。乔伊斯·默茨-吉尔摩基金会(The Joyce Mertz-Gilmore Foundation)正与地方服务组织合作,以接触众多新兴的有色人种艺术家和艺术组织(Crane, 1996)。其他基金会正在与全国的服务组织合作,以覆盖整个领域,并建设该领域的能力。

伴随着这些进展,资助者也越来越关注对其工作的设计、过程和影响进行评估。一方面是因为他们处于"新领域",需要监测自己的行动;另一方面是因为其他人对他们的经验感兴趣(无论是出于对问责的关切,还是出于对建模和原型的兴趣)。政府资助者把绩效评估作为一种管理和预算工具。各类决策者都对结果和影响感兴趣,并在寻求新的测量方法和标准。

人们对新的机制和行动目标进行了大量试验。州艺术机构正在尝试筹划各种公共信托基金,以建立捐赠基金,来补充年度拨款。地方社区和艺术机构正在尝试使用联合艺术基金、专项税收和特别税收区来支持艺术。私人基金会正与财政机构和服务组织合作,通过重新拨款和技术援助,接触新的或不同的受赠者。艺术组织正在努力培养下一代捐赠者,有时还得到了地方基金会的支持——通过初级行会和新收藏家的教育计划。基金会界和基金会区域集团正在努力培养新的艺术捐赠者,或寻找新的企业财富的切入点,特别是在高科技领域和娱乐行业。

在管理方面,文化慈善事业不仅对合作感兴趣,而且对培养受赠者的组织企业家精神感兴趣,还对回应新一代潜在的捐赠者感兴趣,这些捐赠者对自我更新而不仅仅是自我延续的慈善投资感兴趣。正如上一代慈善事业敦促艺术组织更加商业化(意味着更好地管理),下一代慈善事业将敦促艺术在寻求与商业艺术的战略联盟、建立横跨营利部门和非营利部门的人才管道以及掌握技术方面变得更加商业化。最后,资助者意识到,即使是最专业的管理也无法确保组织的适应性和生存能力,除非非营利艺术组织的理事会成员意识到他们的环境和支持系统正在发生的变化。

玛格丽特·J. 维索米尔斯基(Margaret J. Wyszomirski)

注释:
[1] 正如福特基金会艺术和文化计划的著名主管,已故的麦克尼尔·劳里(MacNeil Lowry)向 1990 年的国家艺术基金会独立委员会做证时所说,"考虑到长远规划的必要规模,自 1976 年以来,国家艺术基金会,而不再是基金会,已成为年度艺术资助的最大来源"。
[2] 一个由全国基金会组成的非正式财团支持了该中心的建立。其中包括洛克菲勒、梅隆、内森·卡明斯、霍华德·吉尔曼基金会和凯南艺术学院(Kenan Institute for the Arts)。

[3] 关于美国艺术协会的研究工作成果,见《地方经济中的艺术》(*Arts in the Local Economy*)(NALAA,1993)及其关于联合艺术基金(United Arts Funds)的年度报告。它的合作研究工作包括《飞得更高:为高危青少年儿童提供的艺术和人文计划》(*Coming Up Taller*: *Arts and Humanities Programs for Children and Youth at Risk*)(Weitz,1996)。这是一项与总统艺术与人文顾问委员会合作完成的研究。另一个例子是美国艺术协会和俄亥俄州立大学艺术政策与管理计划之间的新研究合作,以了解国家和地方的艺术发展状况以及非营利艺术组织的收入状况。经济影响研究得到了查尔斯·莫特基金会(Charles Mott Foundation)的支持。总统艺术与人文顾问委员会有来自五个独立基金会(包括卡明斯基金会和哈里斯基金会)的资助,以及一个企业基金会(通用电器基金会)的资助。理科教师提升项目(Profiles Project)也得到了皮尤慈善信托基金的支持。

[4] 这其中包括托马斯·凯南艺术学院、沃霍尔视觉艺术基金会(Andy Warhol Foundation for the Visual Arts)和罗伯特·马普尔索普基金会(Robert Mapplethorpe Foundation)。

[5] 例如,在福特基金会,相关计划已经被重新调整为教育、媒体、艺术和文化计划,设有两个分支,即教育、知识与宗教部分,以及媒体、艺术与文化部分,每个部分由不同的副主任领导(Ford Foundation,1996)。与此同时,在梅隆基金会,艺术计划被划分为两个方向。每个方向都由自己的项目官员管理:一个负责博物馆,另一个负责表演艺术。指导性假设是,每个领域都是根据不同的原则组织起来的,拥有不同种类的资产,以不同的条件与受众和选民相关,并且在各自但同样复杂的环境中运作(Mellon,1996)。

参考文献

American Assembly. "The Arts and the Public Purpose." Report of the 92nd American Assembly held at Arden House, May 29 – June 1, 1997.

American Association of Fund Raising Counsel (AAFRC) *Giving USA*, 1997. New York: AAFRC, 1997.

Americans for the Arts (AFA). "U. S. Urban Art Federation 1997: A Statistical Report about the Budgets and Programming of Arts Councils in the 50 Largest U. S. Cities." Washington, DC: Americans for the Arts, June 1997.

Bradford, Gigi (Executive Director of the Center for Arts and Culture). Personal communication with author, 1998.

California Community Foundation (CCM). "*Los Angeles County Giving and Volunteering Benchmark Survey: Overview.*" Report on a poll conducted by the Field Research Corporation, December 1997.

"News Release." Los Angeles, 22 December 1997.

Center for Arts and Culture (CAC). "Fact Sheet." Washington, DC: March 1998.

Cleveland Foundation. *Securing the Future: Civic Study Commission on the Performing Arts.* Cleveland, OH: The Cleveland Foundation, October 1996.

Cobb, Nina Kressner. *Looking Ahead: Private Sector Giving to the Arts and the Humanities.* Washington, DC: President's Committee on the Arts and the Humanities, 1996.

Collins, Dennis (Executive Director of the Irvine Foundation). Telephone Interview with the author. 27 March 1998.

Crane, Robert (Executive Director of the Joyce Mertz-Gilmore Foundation). Communication with author, 12 July 1996.

Dance/USA. *Domestic Dance Touring: A Study with Recommendations for Private-Sector Support.* Washington, DC: Dance/USA: a study commissioned by the Lila Wallace-Reader's Digest Fund, March 1992.

Dwyer, Christine M. and Susan Frankel. "Summary of Conversations About Cultural Policy with Selected Foundations." Philadelphia: Report Commissioned by the Pew Charitable Trusts, December 1997.

Filicko, Therese. "In What Spirit Do Americans Cultivate the Arts? A Review of Survey Questions on the Arts," *The Journal of Arts Management, Law and Society*, 1996, 26(3), 221–246.

"What Do We Need to Know About Culture?" Paper presented at the 23rd Annual Conference on Social Theory, Politics, and the Arts, Cocoa Beach, Florida, October 2–4, 1997.

Focke, Anne. "Financial Support for Artists: A Study of Past and Current Support, with Reflections on the Findings and Recommendations for Future Action." Seattle: Anne Focke, December 1996.

(Editor of the Newsletter for Grantmakers in the Arts). Telephone Interview with the author, 25 March 1998.

Ford Foundation. *1996 Annual Report.* New York: The Ford Found-ation, 1997.

Godfrey, Marian. "Advancing the Arts on the National Agenda: Program Strategy for 1998–2000." Philadelphia: Pew Charitable Trusts, internal report, December 1997. Goody, Kenneth L. "The Funding of the Arts and Artists, Humanities and Humanists in the United States." New York: Report prepared for the Rockefeller Foundation, November 1983.

Kreidler, John. "Leverage Lost: The Nonprofit Arts in the Post-Fort Era," *The Journal of Arts Management*, *Law and Society*, 1996, 26(2), 79–100.

Andrew W. Mellon Foundation. *1996 Program in the Arts*. http://222.mellon.org/arts 96.html

Moskin, Bill andSandy Guettler. "Exploring America through Its Culture." Washington, DC: President's Committee on the Arts and the Humanities, n.d.

National Assembly of Local Arts Agencies (NALAA) *Arts in the Local Economy* (Project Summary Report). Washington, DC: NALAA, 1993.

National Cultural Alliance. "Public Leadership for the Arts and Humanities: The Challenge of Change." Washington, DC: Summary Report of the Leadership Dinners, December 1996.

National Endowment for the Arts and the Andrew W. Mellon Foundation. *Images of American Dance: Documenting and Preserving a Cultural Heritage*. New York: Report Prepared by William Keens, Leslie Hansen Kopp and Mindy N. Levine, n.d.

Netzer, Dick and Ellen Parker. *Dancemakers*. Washington, DC: NEA Research Division Report #28, October 1993.

President's Committee on the Arts and the Humanities (PCAH.). "Report to the President." Washington, DC, 1988.

"Report to the President." Washington, DC: PCAH, Decem-ber 1992.

Creative America. Washington, DC: PCAH, February 1997.

Renz, Loren. *Arts Funding Revisited: An Update on Foundation Trends in the 1990s*. New York: The Foundation Center in Cooperation with Grantmakers in the Arts, 1995.

(Vice President for Research at the Foundation Center). Telephone Interview with the author, 25 March 1998.

Renz, Loren, Crystal Mandler, and Trinh C. Tran. *Foundation Giving*, 1997. New York: The Foundation Center, 1997.

Stevens, Louise. "The Earnings Shift: The New Bottom Line Paradigm for the Arts Industry in a Market-Driven Era." *The Journal of Arts Management, Law, and Society*, 1996, 26(2), 101–114.

Schuster, J. Mark Davidson. "The Interrelationship Between Public and Private Funding of the Arts in the United States." *The Journal of Arts*

Management and Law, 1985,14(4),77 – 105.
Twentieth Century Fund. *Quality Time? The Report of the Twentieth Century Fund Task Force on Public Television* (with Background Paper by Richard Somerset-Ward). New York: Twentieth Century Fund Press, 1993.
Weber, Nathan and Loren Renz. *Arts Funding: A Report on Foundation and Corporate Grantmaking Trends*. New York: The Foundation Center, 1993.
Weisberger, Barbara. "A Mirror and a Window: The Carlisle Project, 1984 – 1996." Carlisle, PA: The Carlisle Project, February 1997 (Report on a proje ct supported by the Pew Charitable Trusts).
Weitz, Judith Humphreys. *Coming Up Taller: Arts and H umanities Programs for Children and Youth at Risk*. Washington, DC: The President's Committee on the Arts and the Humanities with the National Assembly of Local Arts Agencies, April 1996.
Wyszomirski, Margaret Jane. "Federal Cultural Support: Toward a New Paradigm?" *The Journal of Arts Management, Law and Society*, 1995, 25 (1),69 – 83.
"Philanthropy, the Arts, and Public Policy," *The Journal of Arts Managemet and Law*, 1987,16(4),5 – 2.
"Policy Communities and Policy Influence: Securing a Government Role in Cultural Policy for the 21st Century," *News letter of Grantmakers in the Arts*, 1995,6(2),10 – 13,32 – 34.

第二十三章　岌岌可危的传统

本文的主题是，美国的慈善传统以及其他一些塑造了美国的价值观，并有助于将美国定义为一个民主国家和公民社会的重要传统正处于危险之中。差不多20年前我发表了一篇文章，在文章中我把慈善事业视为"美国最独特的美德"。我说过，慈善传统是我能传给子孙的最重要的教诲。

在写这篇文章时，我试图重新考虑那些观点。我还像以前一样相信慈善事业吗？如果是这样的话，考虑到二十年来越来越多的人致力于加强和延续这一传统，它现在的状况如何呢？

这是一篇评论文章，也是一篇慈善自传随笔。在这篇文章中，我尝试着去书写个人的而非社会历史的道德想象，以深入了解"传统"的含义及其作为个人经验的复杂性。当我回想自己为争取文明而奋斗的经历，我意识到社会进步与个人进步息息相关，前者甚至是依赖于后者而存在的。我们只有认真审视自己的内心，明晰进步道路上的阻碍，才能传递最值得保留的思想、价值观、原则和实践做法。

我使用的是第一人称单数，而不是几乎指责性的"你"，也不是匿名安慰性的"我们"。我从自己的经验中吸取教训，并且希望读者也能这样做。慈善事业是个人的和个体的,也是社会的和集体的。

西方慈善传统的一分钟神话

几千年前,中东出现了有组织慈善的最早证据。在《旧约》最古老的卷中,出现了上帝的命令,要求人们帮助寡妇、孤儿、陌生人和穷人。在农业社会中,这些人属于最为脆弱、最难维持生计的群体。"当你收割你土地的庄稼时,你不应收割到田地的边缘,也不应收集散落在地的落穗。你不可摘光葡萄园的葡萄,也不可拾起掉落在地的葡萄,要将这些留给穷人和寄居的人:我是上帝,是你们的主。"[1]

慈善传统的另一种变体出现在古希腊和古罗马典籍中:

> 每个人都知道,所有罗马公民,或其中的一部分人,每个月都以低价或免费的方式得到一定数量的玉米。这些谷物分配是在公元前 123 年根据古罗马护民官盖约·格拉古(Caius Gracchus)的一项法律而确立的,并且一直持续到帝国灭亡。它们可以被视为一种"福利国家"措施,或被贬称为鼓励懒惰,就像西塞罗(Cicero)所说:"盖约·格拉古提出了一项谷物法。这是人们所喜欢的,因为不用劳动就能得到丰富的食物。忠诚的公民反对这一做法,因为他们认为这是号召大众放弃勤劳,无所事事,并认为这会耗尽国库。"[2]

《旧约》中的故事在《新约》中的一段名言中得到总结和延

伸:"因为我饿了,你给我食物;我渴了,你给我喝的;我是陌生人,你欢迎我;我赤身裸体,你给我衣服;我生病了,你照顾我;我在监狱里,你来看我。"[3]

到了1200年后的圣托马斯·阿奎那(St. Thomas Aquinas)时代,这一简短的清单已经被进一步扩大为"物质施舍"和"精神施舍"两张清单。托马斯在两张清单上各列出七种施舍。物质施舍包括"为饥饿的人提供食物、给口渴的人水喝、给赤身裸体的人穿上衣物、款待陌生人、探望病人、赎回囚犯以及埋葬死者"。七种精神施舍包括"教导无知的人,给疑惑的人解惑,安慰悲伤的人,谴责罪人,宽恕过错,对那些负担沉重、难以相处的人多些宽容,最后为所有人祈祷"。[4]

四个世纪后的1601年,伊丽莎白一世在英国颁布了《慈善用途法》(*The Statute of Charitable Uses*)。该法令延续了古罗马的国家援助传统,其中包括以捐赠和其他支持形式"为老年人、弱者和穷人提供救济;供养病残士兵和水手,维持学校和免费学校运行,支付大学学者的费用;维修桥梁、港口、避风港和堤道;抚养和教育孤儿";等等。[5]

随着宗教改革的进行,出现了对个人慈善事业的新关注,这超出了国家或教会可能会做的事情,正如约翰·韦斯利(John Wesley)在这篇布道中所说的那样:"但是,不要让任何人误以为自己已经做了什么,如果一个人仅仅是'通过尽可能地获得和积攒',他就停在那里不再走得更远……应该将第三条规则添加到前面的两条中。首先,尽你所能去获得;其次,尽你所能去积攒;然后'尽你所能去给予'。"[6]

当我一分钟的历史讲到两分钟时,我要在这里插入关于麦迪逊,关于派系,关于《第一修正案》,关于集会自由,当然还有托克维尔关于自愿结社的看法。对于注意力持续时间史灵活的读者或听众,我想加上下面这一段。

威廉·贝弗里奇(William Beveridge)爵士于1942年在英国发表的著名声明是一种象征性的观点,它标志着现代福利国家的到来:"……他认为,社会保障本身是'一个完全不充分的目标'。它只能是整体计划的一部分。'它只是根除五大恶的一部分:消除与它直接相关的物质上的匮乏,消除常常导致贫困并带来一系列相关问题的疾病,消除任何民主国家公民都不能承受的愚昧,消除肮脏……以及消除摧毁财富和使人堕落的懒散'。"[7]

经过三千年的争论,人们期望能够达成共识,但事实却并非如此。

> 现在难道不是政府去鼓励工作而不是奖励依赖的时候吗?"伟大社会"计划的不幸后果是把数百万美国人拖入福利陷阱。旨在帮助最贫困的美国人的政府计划反而滋生了违法、犯罪、文盲和更多的贫困。我们与美国的契约将改变这种破坏性的社会行为,要求福利接受者对他们做出的决定负责。我们的契约将实现30年来巨额福利开支都没能实现的目标:减少违法行为、要求人们工作和节省纳税人的钱。[8]

贯穿其中的一个主题是脆弱和无助的事实,这一事实引发了私人和公共援助的反应。两者似乎一直都存在,连同一场关于如何分配责任的辩论:在自助、互助、政府援助和慈善事业之间。

慈善传统的对话是开放的、可理解的和持续的。

一栋老房子

爱德华·希尔斯（Edward Shils）提出了这样一个比喻："传统在时间中的变化可能像是一座耐久的历史纪念碑，所有一切几乎都在同一时间定格；也可能像是一座古老的建筑，多年来一直被人们居住、使用和改造，继续与原来的样子相似，并且被认为仍然是同一座建筑。一个文化部门更像是后者，而不是前者。"[9]

我是否可以将慈善传统看作我继承的，而且确实有责任维护的一栋老房子？从某种个人的意义上说，我是否能成为慈善传统的管家？我是怎么改变这栋房子的？它还是同一栋房子吗，还是说它的外观和用途已经发生了如此大的变化，以至于当我提到它时我其实是在指别的什么？是否有理由建议任何人——某个人，即使不是每个人——都应该在某种程度上为延续传统负责？

将这一比喻更深入一点儿：如果一个传统像一栋老房子，我们必须记住，一个特定的传统只是一个老街区中的某一栋房子，而一个老街区只是一个老社区众多街区中的一个，依此类推。每栋房子都有很多房间。家庭住在这些房子里，而且这些家庭在某些方面相似，在某些方面不同。发现家庭价值观和行为在一个家庭和另一个家庭之间存在差异并不奇怪。慈善事业在一个家庭中可能非常重要，而在另一个家庭中却是被忽视的。

在我的一生中，通过慈善传统，我所得到的东西传递了什么样的意义和价值核心？慈善事业的理念是否具有内在的完整性——房屋的基本形状和设计将在我们所有的改造、翻新、改建

第二十三章 岌岌可危的传统

和维修中保持不变吗？我怎样才能成为传统的管家？我又在传递什么？

我将反思一些在我看来能够相互支持和加强的传统。第一个是基督教新教的宗教传统，至少如我所理解的那样。我把"我"的宗教置于我所处的时代背景下来看待，因为它面临着反犹太主义和种族主义。然后，我考察了在我成年后进入我意识的其他几个传统。这些传统在我半个世纪的工作生涯中一直影响着我的思想和价值观，它们是博雅教育、专业精神和慈善事业。

这些传统和价值观也可以与其他传统和价值观进行对比和比较。例如，在我写这篇文章的时候，塞尔维亚军队正试图镇压科索沃的阿尔巴尼亚穆斯林抗议示威活动。碰巧的是，我儿子在马其顿的天主教救济机构工作，四年前我们去那里探望过他。马其顿境内的阿尔巴尼亚少数民族问题是每个人都关心的问题。对于一个局外人来说，这个战略性的、分裂的小国家没有什么政治意义。它的传统是分裂而非一体化的。它的共有历史是一系列宗教和种族暴力事件。这个国家贫穷，政府软弱。它的周围是不可靠的邻国，这些国家常常挑战其作为一个国家的合法性。

残暴、压迫、腐败、虚假信息、愚昧和不人道往往是由变坏的传统维系的价值观。我们大多数人的生活都受到保护，可以免受其他地方日常的厌世之害。像马其顿这样的地方勇敢地斗争，以抵御我们也在防范和寻求消除的社会和道德恶疾。当政府在没有暴政和不公正就无法维持秩序时，慈善事业是我们建构希望框架的为数不多的工具之一。

慈善事业给了我们一种表达道德价值观的语言和建立社会信任的工具。语言包括抗议和预言，工具则包括资源和组织。这些是我们社会的文化资产,在马其顿这样的地方却很难发现。它们不仅是通过制度传递的思想和价值观,而且是在从一个人传递给另一个人的主体间理解中传递的思想和价值观。当社会信任瓦解或被摧毁时,就像在波斯尼亚、科索沃和洛杉矶中南部的情况一样,某种形式的"慈善"是我们重建社会信任所拥有的少数方法之一。

接下来的主题是,慈善事业是编织社会信任结构的几个相互关联的传统之一。我在其他每个传统中都发现了慈善价值观。在某种意义上,我认为慈善是"传统之母",是一种培育其他人类价值观的传统。那么,传统从何而来?它如何根植于我们的性格和个性?它如何指导我们的行动?

灌输

当我还是个孩子的时候,我记住了效忠誓言和"星条旗",我记住了圣公会的教义,我还记住了童子军的誓言。大约在同样的年纪,我记住了葛底斯堡演说。我记住了黄金法则,因为它是用黑色印在我四年级时放在课桌上的一把黄色尺子上的。我是数百名年轻滑冰运动员中的一员,我们代表美国畸形儿基金会(March of Dimes)为罗斯福总统唱了一首远程"生日快乐歌"。我记得。我做过。我接受了别人给予我的东西。

当我开始或多或少认真研究慈善事业在宗教中的作用时,我又想起了童年时代的那些信条、祈祷和象征。我不情愿地参加了"教义问答"课程,其目的是让我为参加一个确认仪式做准备,在这个仪式上,我要公开宣布我的信仰。许多年后,我又回顾了我所学习、背诵并宣誓的教义。"默诵你的信条。"教义问答是以一问一答的形式出现的。我的引领人已经为我保证,我将遵守上帝的诫命,并且我把它们背诵了一遍。在快结束时,是如下对话:

"问:你对邻舍的责任是什么?"

"答:我对邻舍的责任,就是爱他如爱我自己,待众人如我所愿待我一样……"

宣言继续下去,除了语言和风格的变化外,它还提出了代际传承宗教传统的困难:

"去爱、尊重和帮助我的父母。尊重和服从我的文官。服从我所有的省长、老师、牧师和长老。谦卑且虔诚地对待自己的上级。不以言行伤害任何人。在我的一切事务中保持诚实和公正。不心怀恶意和仇恨。不可偷窃,不可说恶言、谎言和诽谤。保持身体的节制、清醒、忠贞。不可觊觎和贪图别人的财物。要真正地学习和工作以维持自己的生活,并在这种生活状态下尽我的职责,上帝因喜悦便会召唤我。"

教义问答的最后一句话是"要与所有人一同乐善好施"[10]。

我的宗教信仰、我的爱国主义和我的道德准则,一度在我看来是彼此相容和一致的。每一个都是一个传统,就像在教义问答中一样,它们共同构成了一个紧密相连的传统的网络,形成了一种世界观。它们告诉我要成为什么样的人。

宗教教义显然是将慈善及其他理想和价值观代代相传的最重要工具之一。当我回顾20世纪20年代和30年代我童年时期的宗教教育时,我发现,一方面,政治、经济和慈善事业并不像它们曾经呈现给我的那样相容;另一方面,在一层薄薄的慈善价值外衣之下隐藏着极深的偏见。

反犹太主义

我不是生来就开明的。我出生的世界,是一个有着童子军、主日学校和帕尔默习字法的世界,它在某些重要方面具有道德缺陷。

在我童年时代的中西部文化中,种族主义、偏执和反犹太主义玷污了高档俱乐部的地毯,弄脏了神职人员的法衣。希特勒使反犹太主义成为一个更加明显和紧迫的道德问题。20世纪30年代末,我和来自德国的犹太难民孩子一起在密尔沃基读七年级。后来,在我高中的社交圈里产生了一个激烈的争论,即当我们自己不是犹太人的时候,我和我的朋友们是否应该关心犹太人的福利。我们提出这样一个问题,如果犹太人在德国遇到困难,他们是否"罪有应得"。

五年后,1947年奥斯卡获奖影片《绅士协议》(Gentleman's Agreement)问世,给人们带来了深刻的启迪。即便如此,直到很久以后,当我第一次读到埃利·威塞尔(Elie Wiesel)的《夜》(Night)时,我才开始理解大屠杀对于人类的意义。反犹太主义和大屠杀的历史事实,对我来说,不是历史事实,而是我周围世界的事实。在我成长的过程中,这些事实不为人所知,没有得到解决,不被人理解,但是有问题和有争议的。

在战前我10岁到战后我20岁的这段时间里,我不仅成为亲犹太派,而且还是亲以色列派。犹太人和犹太教是我第一个也是最持久的慈善事业。我在政治事业上对以色列的忠诚不及我在慈善事业上对犹太宗教和保存犹太文化的虔诚。

当我说我不是生来就开明的时候,我努力要说明的一点是,我从自己的经验中知道,如果一个人没有出生在那个社会中,就很难发现其中的社会意识和情感。对我今天的学生来说似乎是显而易见和不可辩驳的社会正义,在我像他们这么大时,对我来说却并不是显而易见的。在20世纪末被视为理所当然的事情却是20世纪中叶焦虑、敌意以及希望的根源。道德想象力的社会演变,正如从反犹太主义的胜利中所看到的,有时比它在人类个体生命和精神中的演变速度更快。

一个值得一问的问题是,那些必须为摆脱愚昧无知和偏见而奋斗的人是否比那些接受既定传统的人更好地吸取了教训?因为我必须努力才能达到目的,我是否已经"赢得"了一种更深刻、更有力的道德理解?

第二个问题是,什么时候我们可以认为我们个人的道德想象力领先于我们在历史和周围世界看到的社会进步?

在我混乱复杂的传统中,是否有一条无形的慈善线索可以帮助我区分好坏,或者至少给我一些初步的假设?我是否可以将某些相同的价值观应用于我在宗教宽容方面逐渐发展起来的种族关系?我对这些社会事实的认识几乎是同时出现的,但它们作为事业以不同的速度发展起来:首先是反犹太主义,然后是种族主义。

公民权利

我母亲对我的生活有着重要的道德影响。她用她在得克萨斯州童年时代的格言传递了许多智慧。因为她的父亲,她对历史产生了尊重。尽管她很宽容,并意识到了不公正,但她的历史观使她相信,美国南方种族歧视模式的任何重大变化,要么"需要几代人"才能实现,要么会导致血腥的国内冲突。无论多么可取,黑人的公民权利都不会"在我们的有生之年"到来。

我还记得20世纪30年代我和母亲的那些谈话,那时我大约12岁。在我40岁的时候,她的预言被证明是错误的。那时,在圣路易斯,一个黑人家庭住在我们的街对面。由于其他邻居把"平衡融合"作为城市生活的理想,人们和平地接纳了他们一家作为邻居。

我们住在大学附近,因此居民们认为这是一个更加国际化的社区。"融合"意味着除了像我们这样的盎格鲁-撒克逊族裔的白人新教徒(WASPs)以及少量的亚洲人和犹太人之外,黑人也将成为社区的一部分。日复一日,周复一周,邻里之间发生了变化。黑人现在和白人在同一家餐馆吃饭,在同一家商店购物。黑人学生的大学入学人数不断增加。白人,包括一两个真正的偏执狂,对他们的用语和民族幽默更为谨慎。

这项启蒙运动花了大约10年的时间。

长期以来,我一直认为民权运动是美国慈善传统最伟大的成就之一。我近距离见证了它的发展。我的故事并没有像塞尔玛游行那样激动人心,仅仅是几个人围绕着一个融合的社区和一个融合的社会的愿景走到一起,在这个社会中,种族和族裔的差异将不再决定生活中的机会。一些邻居挨家挨户地走访,很像宗教传教士,劝说人们不要惊慌,不要在第一个黑人家庭搬进来时就设法卖掉他们的房子。他们在社区接纳了一个黑人家庭——一个有孩子的年轻专业人士家庭,他们在各个方面都属于中产

第二十三章 岌岌可危的传统

阶级。

争取正义的斗争需要激情和策略,而不仅仅是为穷人和无家可归者提供短期援助。在我们的社区,争取黑人公民权利的斗争意味着将中产阶级黑人融入中产阶级社区。尽管最坚定的融合倡导者在他们对新社会的展望上走得很远,但人们的共识并没有走那么远。但是以我母亲的预测为标准,这也是我衡量它的依据,融合的道路确实已经走了很远。在我看来,这在当时是一个伟大成就,现在也依然是。

我参加的第一次总统选举是在 1948 年。我和我的大多数朋友一样,对此非常感兴趣和投入。这是一个认真对待政治的时代。我们尊重政治进程。我们知道所有政党的所有候选人,而且这是政党和候选人多得令人眼花缭乱的一年。哈里·杜鲁门（Harry Truman）,汤姆·杜威（Tom Dewey）,亨利·华莱士（Henry Wallace）……还有斯特罗姆·瑟蒙德（Strom Thurmond）。马上就要满一百岁的斯特罗姆·瑟蒙德如今因其作为南卡罗来纳州参议员的一生而受到表彰。然而,在 1948 年,他是州权民主党（States Rights;或"迪克西民主党",Dixiecrat）的总统候选人。"州权民主党"的政纲是为了使南方各州维持种族隔离。在社会和政治哲学方面,今天我与斯特罗姆·瑟蒙德的观点和在 1948 年时一样相去甚远。我自认为我已经进步了,但他却没有。我个人的道德想象力与我有生之年道德想象力的社会历史更为一致,而斯特罗姆·瑟蒙德却仍深陷泥潭。我儿子最近给我发来出自比尔·布莱森（Bill Bryson）《美国制造》（*Make in America*）的一段话,其中布莱森讲到了刘易斯（Lewis）和克拉克（Clark）给密苏里州命名为"慈善之河"。布莱森说,这个名字没有被沿用下来。

后来它被称为"臭水"。我还在寻找"慈善之河",参议员瑟蒙德……

在我成长的过程中,我逐渐接受了这样一种观点,即犹太人和黑人受到了不公平,经常是非法的歧视。到20世纪60年代初,我认为歧视和偏见的形式都被击败了,永远地被击败了。在弗朗西斯·福山(Francis Fukuyama)的比喻之后,偏见的历史随着伟大社会的到来而结束。

20年来,我一直坚信,慈善事业作为"公益志愿行动"是社会运动兴起和蓬勃发展的传统。民权运动就是一个很好的例子。作为一项社会成就,美国的民权运动与东欧剧变被并列为20世纪最伟大的两次非暴力革命之一。古拉格集中营和死亡集中营的世纪也是社区融合和平等就业机会的世纪。最恶劣的贫民窟已经被清除,旧社区也变得比从前好多了。

我认为,在主观上很重要的一点是,要知道自己是与历史同步,走在历史前面,还是顽固地落后于历史。在我看来,有些教义似乎超越了更广泛的社会共识,这种共识包括(而且现在仍然包括)反对者和持不同政见者。

例如,我的新教教会的社会和宗教教义也发生了变化,类似于我自己哲学的变化。我周围的一些人会行动得更快,一些人则根本就不动。

我发现我在一些问题上是一个保守派,在另一些问题上却是一个自由派;有时是自由派,有时是保守派。通常我在教书时更像是一个叛逆者,而在行动时是一个实用主义者。有时我对自己满意,但又常常不满意。

第二十三章 岌岌可危的传统

博雅教育

当我第一次听到这个想法时,接受"博雅教育"意味着一个人在文科和理科方面受到均衡的教育。因为我碰巧参与了有关这一概念的正式学术讨论,我得出了这样的结论:思想太重要了,不能局限于课堂。

博雅教育积极鼓励我们对照他人的观点和现实来检验我们自己的观点。博雅教育意味着要用理性的方法检验现实。它还意味着对现实的认识要比对眼前和附近的事物广泛得多。人们认为博雅教育比狭义的技术或职业教育优越,因为它声称是一种更为特殊的教育:对自由人的教育,对民主社会生活至关重要的教育。

博雅教育意味着一种现在被称为*批判性思维*的教育。接受博雅教育的人不是意识形态或宗教的奴隶,而是具有独立思考能力的人。不仅是新教或基督教,宗教本身也被摆到桌面上来讨论。如果我们愿意,我们可以成为无神论者。我们不仅可以认为自己是共和党人或民主党人、自由派或保守派、激进分子或反动派,或者现在所谓的自由论者,甚至还可以是马克思主义者。

一些学生通过成为"政治正确"的拥护者或著名教授的追随者而逃离了博雅教育。然而,总的来说,这是一种严肃对待政治和其他一切的文化。冷漠和厌倦是不能容忍的,而最有价值的活动是交谈。

有一段时间,我在芝加哥大学市中心校区的"名著选读计划"(Great Books Program)办公室做兼职。我妻子为《原子科学家公报》(*Bulletin of Atomic Scientists*)工作。当我担任亚里士多德和陀思妥耶夫斯基的作家代理人时,我妻子在募捐信上签下了阿尔伯特·爱因斯坦的名字。在我们临时的研究生公寓住房的楼梯间里,我们与邻居的对话延续着我们在课堂上谈论的内容。伯里克利和西塞罗与阿德莱·史蒂文森和乔·麦卡锡一样,都是我们政治讨论的一部分。

尽管我们都受到了启蒙,但组织一场反对南非的抗议比整合校园要容易得多。从1951年到1954年,我们生活在芝加哥大学令人兴奋、激动,有时甚至危险的环境中。"公民权利"还没有成为我们文化词汇的一部分。

我和一个黑人成为朋友,他在男子俱乐部(原文如此)做看门人,而我在那里做学生兼职。一个星期六下午,他邀请我去他在地下室的公寓,我们坐在他破旧的家具上谈论爵士乐。他抽大麻烟卷的时候,我喝了一杯啤酒。我们没有讨论亚里士多德,但在那时亚里士多德在种族关系上也没有多大帮助。

一天晚上,我的黑人朋友告诉我,一个白人向后摔倒,头撞在俱乐部外面的台阶上。他躺在那儿不省人事。我报了警。当两个巡警赶到时,其中一个走到那个倒下的人跟前,用警棍猛击他的脚底。我提出了抗议,但毫无作用。警察说"他喝醉了",然后朝他踢了一脚,叫他起来。最后,两个警察把那个人拖了起来,把他带走了。

他们是对的:他是喝醉了。

我也是对的:他是一个人。

两个警察和我都没有试图阐明我们相互冲突的社会哲学,但回想起来,这在一定程度上是关于应有的惩罚的问题。作为一个醉汉,他就不应该受到人道的对待吗?还是所有的人,即使是醉汉,都应该得到某种程度的尊重?在一个福利改革的时代,可能再没有比这更紧迫的慈善问题了。

在那些日子里,占据我视野的并不是慈善,而是政治。人们认为政治比宗教更有意义,也更重要。政治是影响社会变革的手段。博雅教育是为城邦政治生活做准备。有组织的慈善事业几乎不在我的概念世界里。如果我们想到慈善事业的话,人们提起的都是献血运动和联合基金。我们声称知道雅典在公元前400年是如何运作的。然而,我们并不真正了解芝加哥在20世纪50年代是如何运作的,尽管我们的社会学已经很先进了。

在某种程度上,博雅教育开放了我们的思想,开阔了我们的视野,帮助我们批判性地思考,使我们敏锐地认识到复杂性和模糊性,并鼓励我们相互交流。它让我们为这样一个社会做好了准备,在这个社会中,为公众利益采取志愿行动是有意义的。

今天大多数人把博雅教育等同于文科教育或培训。文科不再是大学生活的中心。文科课程通常是为主修其他专业的学生开设的"服务"课程。教育以短期的职业效用为主,而不是长期的心智培养。

博雅教育意味着开放我的思想、扩大我的视野。在我看来,除非博雅教育得以生存,否则慈善事业不可能生存下去。

专业精神

医学博士保罗·亨利·谢弗(Paul Henry Schaefer)在爱荷华州伯灵顿市做了50年的全科医生。我和他最小的女儿结婚时,他 70 岁了,正准备退休。在接下来的十年里,他和我谈论了很多关于政治和宗教的话题,但在这些问题上我们几乎找不到共同点。他在某些方面有偏见,特别是对犹太人、天主教徒和黑人。然而,他的偏见是针对于群体,而非个人的。据我所知,他并没有"接受过博雅教育"。

谢弗医生喜欢谈论医学。自从他能够读懂医学期刊之后,长久以来他一直坚持着阅读。对他来说,努力熟悉良好的医疗实践和新的医学知识是一个信念问题。他还跟我谈起了他的病人,以及在 20 世纪初他刚开始行医时,在爱荷华州的一个小镇上当一名全科医生意味着什么。他爱护他的病人,并对他们尽职尽责。在他宣布退休很久之后,他的许多病人依然来到他家里的办公室。他们钦佩、尊重和信任他。

这就是我对专业精神感兴趣的怀旧背景。这让我不禁要问,在一个要求严格、变化迅速的领域里,是什么让一个人始终保持着高水平的能力。这显然不是金钱。谢弗医生完全属于中产阶级。部分原因是他加入了医学学会。他了解他的同行,会严格地评判他们,正如他的同行也会严格地评判他一样。

他是一名医生,因为小时候读过《汉斯·布林克和银冰鞋》(*Hans Brinker and the Silver Skates*)而投身医学界。他有一个当医生的理想,并渴望为之奋斗终生。在我看来,在很大程度上他成功了。

医生是专业人士的典范,是专业精神的完美体现。医生有能力,受过良好教育,受道德准则约束,可以自由做出判断,并致力于把病人的利益放在首位的"服务伦理"。

正是出于对病人或委托人的利他主义关怀,带来了职业理想的慈善维度。医生、护士、律师、社工、工程师、记者、学者、科学家、士兵都声称将自己的个人利益置于他们所服务的人的福祉之下。

专业精神是一种理想。也就是说,它投射出一种在现实中无法完全实现的完美愿景。专业精神是一种规范性的理想。也就是说,作为一种道德行动指南,它引导专业人士做出正确行为。"正确行为"由成文法典界定,并得到法律的支持。它也反映了文化的价值观。

专业精神是最近的传统。19 世纪后半叶,面对骇人听闻的医疗实践,它蓬勃发展起来。在接下来的 50 年里,专业精神的"当代"版本,就像我上面所描述的那样,变得司空见惯。成为一名专业人士就是声称自己不仅在能力上,而且在道德上,都是值得信赖的。

我曾经是爱荷华州伯灵顿一家周报的编辑。报纸全指望一个对新闻业一无所知的 22 岁辍学大学生,其质量可想而知。多年后再看它,我发现它比我想的还要糟糕——幼稚、装腔作势、模仿、肤浅。

但它也曾辉煌过。1951 年,我开始对当地公用事业公司收取的电费进行了我自认为是认真的研究。市议会正在考虑提高电费的请求。以最好的新闻工作传统,我查到了同一家公用事业公司在方圆不到一百英里范围内(我记得)对其他规模相当的城镇收取费用的信息。证据很有说服力:伯灵顿被骗了。市议会和日报似乎都不知道这些事实,甚至对此也不感兴趣。

我写了三篇系列文章中的第一篇,详细描述了我发现的有力事实(引起了想象不到的读者兴趣)。第一期是在一个星期二出版的。当天中午,我所在的这家报业企业的唯一公开合伙人(他担任"业务经理",为我们销售广告,而印刷商是一个匿名合伙人)面带灿烂的笑容走进办公室,并宣布:"我们做到了!"他把一份签好的合同放在办公桌上,"从现在起,只要我们不做下两期,他们每周都会买下一个整版广告"。在过去的 18 个月里,我们只卖了一个整版广告。

我作为一名记者的职业操守和我每周 35 美元的薪水都岌岌可危。将报纸折叠起来,我辞职了。我去了芝加哥大学,坚信我做了一件任何好记者在那种情况下都会做的高尚的事情。

在随后的几年里,我担任过一家房地产和建筑杂志的总编辑,一家大学校友杂志的编辑,经常匿名为大学出版物撰写大量稿件,还担任过国务院官方杂志的顾问、埃克森石油公司股东杂志《明灯》(*The Lamp*)的临时撰稿人、《新闻日报》(*Newsday*)的撰稿人,以及为其他各种报纸撰写评论文章,等等。

写作和发表的文章中有很小的一部分几乎没有新闻或编辑的完整性,但至少这些东西是以真实性、客观性和可靠的事实信息为标准来衡量的。新闻业的职业理想仅限于在赞助下出版的一小部分内容。(在其他媒体中,理想的存在就更不明显了。)各种形式的信仰支配着我们的公共话语和交流。

作为一种职业理想的新闻业并不是第二古老的职业。它是最近才出现的。认为一家报社能够不受广告商的经济利益影响,摆脱其读者喜好色情与丑闻的低级趣味,为我们提供公正的报道,这种想法此刻看来很可笑。

谁在乎呢?有什么区别吗?

有人在乎。一场被称为公共新闻的新生"运动"将许多记者围绕着一种新的编辑哲学聚集在一起。问题是,一种更具建设性的方法能否取代近年来猖獗的小报作风?争论的焦点不是小报新闻业的事实,而是它的合法性,它就像疾病一样传播到主流新闻业中。

如果记者放弃了对专业精神的追求,那么在任何其他地方,他们似乎都不太可能将理想看作可行的。

在过去的20年里,专业精神和职业理想的概念受到了来自各方的攻击。不仅自由派抨击专业精神是种族主义、性别歧视和排他主义,保守派也认为专业精神是一种市场力量无法企及的垄断。与此同时,长期以来被视为理所当然的医学伦理,在堕胎和医生协助自杀的问题上,已经成为社会上最具冲突性的道德争论的焦点。

病人和委托人的公民权利,任何经济地位的病人和委托人获得充分医疗和法律关怀的权利,技术进步的迅速发展,以及如今压倒一切的专业服务费用,使职业理想处于极大的危险之中。具体而言,职业理想在慈善方面的风险最大。

岌岌可危的传统

这些传统中的每一个都处于危险之中,都有失去影响力和重要性的危险。

我的宗教传统,也就是所谓的主流新教,似乎已经让位给那些强调《圣经》研究而不是社会行动主义的"福音派"宗教。可以说,现在南方浸信会的教徒人数已经超过了主流的圣公会和长老会。基督教传统本身再次面临分裂成不可调和的阵营的危险。

然而，这一次，嗜血的不是神学，而是政治和文化意识形态。文化和经济保守派之间的日益分化让人想起20世纪60年代和70年代自由主派和激进派之间的分裂。作为最近一项多卷研究的主题，宗教中的"原教旨主义"（Fundamentalism）在世界各地已经成为分裂的意识形态影响。与此同时，"普世教会主义"（Ecumenism）作为支撑我们当中许多想要将宗教视为人类事务中的和解力量而非派系力量的人的希望之一，已经失去了它的领导作用。

与此同时，山达基教（Church of Scientology）和统一教教主文鲜明（Reverend Moon）的帝国连同无数新时代的邪教，耗尽了能量和资源，并从那些久负盛名的信仰和教派中抢走了皈依者。

谁在乎呢？这有什么区别吗？

如果说宗教是世代相传道德理想的最重要手段之一，那么它的活力和力量以及它所传达的信息的内容都是非常重要的。我最了解的宗教，基督教和犹太教，还有其他一些我不太了解的宗教，如伊斯兰教，既包含着可恶和破坏性的厌世元素，也包含着仁慈和正义的信息。

另一方面，这种宗教思想和传统的无序重组很可能是健康的，是对宗教理解另一个层次的突破。至少如果未来能保留过去最好的元素，摒弃致命的元素，未来就可能会比过去更加开明。

人们相信猫王（Elvis）还活着，而我们更应该担心希特勒还活着。反犹太主义并没有随着死亡集中营的真相被揭露而消亡。反犹太主义和其他宗教引起的心灵疾病可能会将种族和国内冲突扩散到世界各地。我生长的中西部充满了令人尴尬的狭隘和孤立主义。它可能依旧如此。新孤立主义和新宗教主义与旧的民族侵略相结合。仇外情绪似乎正在上升。我们这一代的许多人,包括我在内,都认为我们已经除去了那些病根。如果是这样,它们又长回来了。

我母亲可能是对的,至少在一个方面是对的:如果在短期内为非裔美国人赢得民权没有引发内战,那么改变民心以寻求一种更深、更容易的包容似乎不会轻易地从一代传递到下一代。种族的概念虽然有缺陷,但仍将存在很长一段时间。融合的希望,虽然失真,但不会很快实现。

另一方面,种族关系将永远不会回到民权运动之前的社会分裂状态。其他少数族裔的不断强大也是一个新美国的标志。非裔美国中产阶级的增长证明,世俗运动正朝着更好地分配财富和权力的方向发展。

博雅教育似乎已经输给了职业培训:"教育"变成了为获得第一份工作而接受培训的委婉说法,而不是为一系列职业生涯做准备。通过鼓励人们相信教育可以简单地看作其经济价值,我们可能已经背叛了整整一代人。我们当中那些重视阅读而不是计算机技术,重视书籍而不是互联网的人,可能会觉得读写能力本身正在衰退。计算能力并不能取代读写能力作为传递道德价值的工具。价值驱动的文科正处在某种困境当中,输给了非道德性的技术。

博雅教育可以通过其他方式复兴。公民权利和公民社会,甚至慈善研究,都跨越了学科和职业的人为障碍。课程更开放,反应更积极,图书馆及其资源更容易获得,学位和课程比三十年前我们的长期规划委员会所梦想的更灵活,适应性更强。

在我不顺的日子里,技术是敌人,但技术打开的门比其关闭的门多。全球互联网可能提供了一个又一个关于国际恐怖主义和外太空难以想象的恐怖的电影剧本,但它也可能永远地打破了极权主义的控制。

在这些传统中,至少在目前,职业理想正处于最大的危险之中。它因为管理不善而深受其害。事实上,医学被贴上"种族主义、性别歧视和排外主义"的标签,它以一种傲慢的姿态对经济问题漠不关心。法律为穷人提供的援助只是口惠而实不至,在诉讼过程中也没有体现出客观判断之标准。这些古老的职业已经蜕变为融"次要职业""有抱负的职业"与"伪职业"诸多标签为一身的行当。

在我看来,把职业简单地看作生意,而没有别的,似乎会产生巨大的影响。认为慈善事业不过是一个"与其他行业一样的行业",威胁着慈善事业的核心与灵魂(如果可以这样考虑慈善事业的话)。在我读奥斯瓦尔德·斯宾格勒(Oswald Spengler)的日子里,"西方的衰落"意味着一切的商业化。

另一方面,非营利管理和道德募捐的支持者改变了慈善事业的日常业务。疏忽和失败仍在继续,但志愿者的培训、受托人的准备以及志愿协会工作人员的专业化都比十年前有了显著的改善,而且随着这些学科贯穿于整个高等教育,情况可能会继续变好。

翻新还是重建?

如果慈善传统岌岌可危,谁在乎呢?这有什么区别?

正如这几页内容所表明的,我确信慈善传统与其他一般传统都处于危险之中。我们的社会喜新成癖,总是迫不及待地去追求下一个新发现、下一个玩具。我们似乎对过去的教训也漠不关心,而且基本上对其一无所知。

这栋老房子是用什么做的? 就美国而言,是坚固耐用的材料。慈善的传统,至少对我来说,承载着以下教诲:

公民权利的教训似乎根源于政治民主;

博雅教育的教训似乎根源于哲学和批判性思维;

专业精神的教训似乎根源于伦理;

慈善事业的教训似乎根源于宗教。

如果你愿意接受的话,这些来自过去的教训是美好生活和美好社会课程的一部分。慈善传统与这些其他根源交织在一起,给予彼此力量和稳定,或许还有一个有保障的未来。在某种概念程度上,我认为它们构成了社会和道德价值观的重要网络。我试着提出一些关于将它们从抽象概念转化为特定现实的困难的认识。

不需要去马其顿就能意识到,这些高尚的词语对那些用词和谈话反映出其周围丑恶的人来说更没有什么意义。我们大多数人都有充分的理由去感恩和谦卑:感恩我们被给予了如此之多,而谦卑是因为我们为巩固和传承它所做的太少。

我仍然坚信慈善传统的重要性。这一传统的健康和生命力与其他传统的健康和生命力息息相关。基于相似价值观的其他类似传统可以维持和加强慈善事业。

传统的管理是一项微妙而复杂的责任。

谁是慈善传统的管家?

第一个答案是"这本书的作者和读者"。我的呼吁是,我们要在自己的文化遗产和个人经历中审视自己对传统及其来源的内在把握。

第二个答案是"年轻人"。通过十年来和一些最优秀的年轻人共事,我自己对年轻人有偏袒之心。我所说的"最优秀"是指那些有高能力和巨大领导潜力的年轻人。这些年轻人决心从事"不仅仅是谋生"的事业,但他们也清楚地认识到谋生并不一定是有辱人格的,而且事实上可以是有成就感的。

我所认识的年轻人是一个开放精英群体中的特权成员。他们中的大多数人知道自己享有特权,也都承认特权伴随着责任。有人曾经说过,只有通过终生工作才能证明精英教育是合理的。终生工作可以在许多地方,以多种方式实现。我的学生在医学、法律、公共政策、社会工作、教育、学术研究等领域中找到了自己的路——有些人甚至开始从事慈善事业。他们一直被敦促接受博雅教育,使自己沉浸在阅读和思考中,并将自己的思想和价值观带入"积极参与有价值的项目"。他们还被要求把自己看作"公众教师",帮助其他人寻求,就像我的学生那样去寻求,拥有自己的想法。他们被鼓励将自身视为"公共生活的典范",像专业人士承诺的那样,过着具有公众性的私人生活。

我的印象并非来自亚历山大·阿斯廷(Alexander Astin)每年用来告诉我们大学新生价值观的调查研究。为数不多的年轻人让我对未来抱有希望,但他们反映的只是一个人与这些价值观以及与他自己过去的经历。

除了我们对一个迅速发展的新领域的集体贡献之外,我们每个人都承担着管家的责任。我们要以谦卑的态度审视我们自己的价值观,这似乎是必要的,并深怀感激之情,因为这是我们被感召去做的工作。

第二十三章 岌岌可危的传统

在慈善事业和当代美国社会的其他传统中,修复和翻新总比简单地拆毁和重建要好。这些限定词意在表明人们的关切,即慈善事业,与民主和自由一样,是一种普世价值。它在美国生活中的健康发展在某种程度上取决于它在其他地方的力量和活力。南斯拉夫的人道主义援助和维和行动提醒我们,我们对慈善传统的管理使我们注意到这一传统及其在其他社会中的问题。美国的福利改革提醒人们,慈善事业的作用正在不断被重新定义。美国其他文化传统中的慈善价值观支撑着它们,并可能帮助它们重新发现或重振自己的使命。

也许慈善事业永远是"一个岌岌可危的传统"。我觉得,对于那些认真对待慈善事业的人来说,这其实是一个很好的工作假设。

罗伯特·佩顿(Robert L. Payton)

注释:

[1] Leviticus 19: 8 *NRSV*.
[2] Paul Veyne, *Bread and Circuses: Historical Sociology and Political Pluralism*, London: Allen Lane/The Penguin Press, 1990, pp. 236-237.
[3] Matthew 25: 35-37 *NRSV*.
[4] St. Thomas Aquinas, *Summa Theologiae*, Vol. 43, "Charity" (2a2ae. 23-33), R. J. Batten, tr. and ed., London: Eyre and Spottiswoode, Ltd., 1975, p. 241.
[5] From the Preamble to the Statute of Charitable Uses, 1601, quoted in Michael Chesterman, *Charities, Trusts, and Social welfare*, London: Weidenfeld and Nicolson, 1975, p. 25.
[6] John Wesley, "The Use of Money," John Wisley's *Fifty-Three Sermons*, Edward H. Sugden, ed., Nashville: Abingdon Press, 1983,

p. 643.
[7] Nicholas Timmins, *The Five Giants: A Biography of the Welfare State*, London: Fontana Press, 1996, p. 24.
[8] *Contract with America: The Bold Plan by Rep. Newt Gingrich, Rep. Dick Armey, and the House Republicans to Change the Nation*, New York: Times Books, 1994, p. 65.
[9] Edward Shils, *Tradition*, Chicago: University of Chicago Press, 1981, p. 46.
[10] *The Book of Common Prayer*, 1928 edition, New York: Oxford University Press, pp. 577–583.

第二十四章　我们必须建立的世界

与世界各国相比，美国在慈善机构和非营利机构的数量、实力和多样性，以及这些机构与公共部门和营利性部门的互动方面是独一无二的。这三个部门中的每个部门的运作都在不同程度上依赖于两种强大的人类本能之间的平衡：信任是其中一个，另一个是怀疑。我国宪法规定了联邦政府各部门对其他部门的一系列检查，从这一点可以明确看出，我们的开国元勋对普遍的人性，特别是对多数派的政府的强烈怀疑。然而，自华盛顿以来，每一位伟大的政治领袖都强调，如果没有公众对政府及其官员的基本信任，任何宪法安排都无法保护人民的权利和机会。尽管公众对民选领导人的信心时起时落，但对政府的基本信任仍然至关重要。

在市场的日常运作中，信任可能更为重要，它作为一种社会润滑剂，大大降低了做生意的成本。绝大多数的交易，特别是在那些长期彼此做生意的人中，主要是基于信任。然而，怀疑始终是商业世界里的一个因素。当怀疑压倒信任时，企业和消费者可以诉诸法律救济，作为解决问题最后的手段。但是，如果必须主要依靠法律体系来执行其基本协议，任何商业运作都不会长久。

信任是必不可少的。

然而,信任在由非营利组织组成的第三部门中发挥着最为重要的作用。正如汉斯曼(Hansmann,1980)在他的经典分析中所说,非营利组织在法律上不同于营利性公司,不是因为它们在经济上没有能力盈利,而是因为它们在法律上不能将利润分配给其"所有者"。由于这项禁令,与营利性公司相比,非营利组织的客户和受益人都更倾向于去信任这些组织,相信它们不会在提供服务时偷工减料。由此节省下来的钱也不能由经营者转为额外收入。因此,对于那些想帮助饥饿者、开办学校、清洁环境或造福自己社区的人来说,当政府无法满足他们的愿望时,非营利公司便成为可以信任的工具,因此也成为可以选择的手段。

然而,近年来,甚至连公众对非营利部门的信任也遭到了侵蚀。正如罗伯特·贝拉(Robert Bellah)及其同事在《美好社会》(*The Good Society*)中所解释的那样,这种侵蚀的部分原因是公众对机构普遍失去了信任。其他因素也会具体影响到非营利部门。其中之一是怀疑该部门中一些声称为他人做好事的人实际上是在为自己谋利益。这种怀疑是由偶尔的不法行为报道引起的,例如最近对联合之路全国总部领导人的定罪。正如附录中的美国政策研究会会议报告(下文简称会议报告)所讨论的那样,三个部门之间的界线模糊进一步削弱了人们的信任。

会议报告是在一个重要的时刻提出的,因为它重申了慈善事业与非营利部门的生命力和重要性,并强调了还有多少工作要去做。幸运的是,正如本书各章所示,我们有能力做更多的工作。构成美国慈善事业和非营利部门的组织在规模、财富、职能和资金来源上存在显著差异,但它们结合起来代表了一种非凡的资源。或许最重要的是,它们得到了广泛、积极的支持。在某种程度上,这是其他两个部门所无法比拟的——这些非营利组织得到了个人、公司和私人基金会在时间和金钱上的自愿支持。从这个意义上说,信任是它们的核心要素。与市场交易中所体现的明码交易不同,自愿赠予的时间和金钱很少能产生比一张收据和一声感谢更具体的东西。正如罗伯特·佩顿(Robert Payton)和其他人所说,正是这些无形的原因——帮助与给予的传统——为这种自愿支持提供了主要的动力。

回顾过去,佩顿在第二十三章中充满激情而有说服力地指出,这种给予的传统具有持久的价值,它的继承人也继承了维护它的义务,但这一传统正处于严重的危险之中。展望未来,我们的任务是凭借本书中的文章和产生会议报告的本次会议,评论慈善事业与非营利部门的未来。当我们进入下一个世纪时,慈善事业与非营利部门的形式和实质应该是什么?为了应对新的挑战和满足新的需求,我们应该保留什么、拒绝什么以及重塑什么?

我们不是预言家,但我们对能做什么和应该做什么有着强烈的看法。我们不仅对我们所看到的挑战感到兴奋,而且对慈善事业与非营利部门应对这些挑战的能力感到乐观。我们从对当前慈善和非营利世界的认识出发,然后走向我们必须建立的世界。

我们是如何走到今天的

我们今天所公认的美国慈善事业大部分是在 20 世纪头二十年开始形成的。自 19 世纪末第一批伟大的当代美国慈善家开始做慈善以来,慈善事业的力量就一直在增强。卡内基和洛克菲勒,如同霍雷肖·阿尔杰(Horatio Alger)笔下的主人公,成为慈善家中的领头人。两位百万富翁的儿子梅隆(Mellon)和摩根(Morgan)紧随其后,继续了父辈的慈善事业。第五位是弗里克(Frick),他位于这些慈善家之间。这些人最大的兴趣是赚钱,而不是捐钱,而且为艺术慷慨解囊是他们的共同特点。他们是代表美国个人创业精神的领袖。在某些方面,他们甚至比联邦政府还要强大。例如,就在一个世纪前的黄金危机中,梅隆在拯救克利夫兰政府和国家免遭经济灾难方面发挥了关键作用。尽管这些人在塑造美国资本主义方面的影响远比在引领美国慈善事业方面的影响深远,但他们建立的著名基金会和博物馆很快就成为慈善事业的代名词。或许更重要的是,他们坚信,只有个人的努力才应该得到回报,帮助个体的目的是希望他们能努力自救,这是他们在慈善事业和商业领域所做工作的核心。直到今天,这一观点对有组织的慈善事业仍然产生着巨大的影响。

当然,还有另一种观点认为,那些需要帮助的人应该得到帮助,无论产生需要的原因是什么。正如萧伯纳在《巴巴拉少校》(*Major Barbara*)中所说,贫穷是唯一真正的罪行,消除贫穷是唯一必要的美德。但在19世纪,这个国家的慈善传统被个人主义和"授人以鱼,不如授人以渔"的哲学所主导。事实上,正如卡茨(Katz,1986)所记载的那样,在那个世纪的后半叶,有组织的慈善事业的许多私人福利工作,与其说是为了救济苦难,不如说是为了维护社会秩序和组织政治权力。直到新政(New Deal)时期,人们才开始认为联邦政府应当在社会福利方面发挥重要作用,而且正如罗斯福在其第一次就职演说中所讲,"最重要的任务是让人们工作",这一判断也影响了这种观点。在随后的几十年中,福利被视为是最贫穷的人,特别是其子女的一种权利,但是,个人主动性和工作是整个向贫困宣战时期以及随后几年的一贯主题。它们也是1996年福利改革法案的重要主题。毫无疑问,除了宗教组织之外,它们也主导着系统的慈善哲学。

这些宗教组织比任何其他类型的非营利组织都要多,而且个人对宗教团体的捐款几乎等于对所有其他慈善机构的捐款总额。没有人知道第二次世界大战结束时到底有多少非营利组织存在,但我们确实知道,在随后的几十年里,非营利部门迅猛增长。到1995年,大约有150万个宗教团体和其他非营利组织有资格获得免税捐款。

这种激增的一个结果是产生了一个非常多样化的"部门",这使得对该部门做出一般性陈述几乎是不可能的。该部门内部的组织可以按规模、资金来源或为穷人服务的程度进行有效划分。可能最显著的差别存在于大量财务状况不稳定的小型组织与财务状况良好的大型组织之间。大型组织主要是学院、大学和医院,它们以收费的形式获得了大量收入,并且在组织结构和薪酬水平上都相当企业化。[1] 由于这些机构之间的差异,有些人甚至反对使用"部门"这个词,因为其内部充满了多样性。我们仍将使用这一术语,但我们要清楚地了解,其内容的多样性会使归纳概括变得危险。

我们重视该部门内的机构有几个重要原因。第一,在最基本的层面上,它们满足了市场和政府没有满足的需求。从私立学校、互惠组织到人类服务组织,这些机构填补了空缺。其中一些计划,如帮助青少年扫盲的计划,不仅填补了该领域的空白,还为发展政府计划或更大规模的非营利计划起到了"孵化器"的作用。为了实现各种各样的目的,非营利组织的形式具有足够的灵活性,使它们可以发起提供地方公共产品的行动。

我们的社会重视这个部门的第二个原因是,它在我们所知的美国民主中发挥着不可或缺的作用。从社区组织和"赋权"到与政策相关的研究,再到慷慨激昂的倡导活动,这些机构已经成为政治活动和公共政策制定的一部分。非营利部门的机构运作起来,正如一位与会者所说,就像"帐篷里的蚊子",虽然规模很小但持续存在,具有产生重大变革的潜力。正如目前对"社会资本"的讨论所表明的那样,非营利组织可能会对使社区"发挥作用"的社会凝聚力的强度产生重要影响。正如我们在结论意见中所建议的那样,我们认为慈善事业与非营利部门应该在协调的基础上显著加强这一作用。

第三,非营利部门塑造价值观,并在这个过程中产生信任。这一点在提供福利和其他社会服务的宗教团体和以宗教为基础的组织中最为明显。但事实上,成千上万大大小小的非营利组织实体也是如此,都是为了满足人类的需要而创建和运作的。虽然利润绝不是营利性部门的唯一动机,但它们是主要的动机。相比之下,诸如同情心、社区服务、种族包容和环境保护等价值观激励着非营利部门的行动,而这是营利性部门不可能采取的方式。尽管这些价值观也应该成为公共部门的强大力量,但其影响力几乎不可避免地会受到诸如实用政治和程序公平等因素的影响。因为非营利机构不去约束由根深蒂固的价值观引起的行动,而且其产生的影响也不受统一的限制,所以非营利部门在维护我们的传统和多元化方面具有特殊的作用。

尽管我们也重视这个部门,但我们认为它并没有发挥应有的作用。正如沃尔珀特在第十一章中强调的那样,其中一个失败之处是需求和来源之间的不匹配。捐款来自财富和收入,而且其中许多捐款自然留在了捐赠者的社区(在地理上和文化上)。更广泛地说,重要的是要认识到,非营利组织无法在社会上实现重大的收入再分配。第二个令人懊恼之处是非营利部门缺乏组织,这既是显而易见的,又是真实存在的。例如,基金会在提供资助时往往不知道其他机构在做什么,或者对政府的补充计划了解甚少。第三,有充分证据表明,政策相关研究在很大程度上会受到政治思想潮流的影响。如果说20世纪60年代的政策研究是左倾的,那么近几年来它明显是右倾的。例如,科温顿(Covington,1998)认为,保守派基金会采取了战略性行动,以影响关于国家政策问题的公众辩论。第四,正如我们下面所讨论的,非营利部门日益商业化的趋势可能会危及公众对该部门的信任。公益营销、搭售产品、彩票和其他商业活动都产生了收入,但付出了真正的代价,正如伊尔希曼和伯林盖姆在第九章中所说的那样。

旧契约

慈善事业与非营利部门发展的政策氛围如何?我们认为,准确地说,在二战结束后的几年里,这一部门的机构和美国社会之间有一个隐含的"契约",这里我们借用了沃伦·伊尔希曼在会议上提出的一个术语。我们还认为,现在是认识到一个新契约已经生效,并切实地处理其组成部分的时候了。

在我们所谓的旧契约中,美国人民通过其政府做出了两项重要承诺,一项是宪法承诺,另一项是立法承诺。为了保障人们的言论、宗教和集会自由，《第一修正案》承诺允许各团体在司法机关规定的广泛限制范围内自由地组织、运作和发表言论。在联邦、州和地方各级形成的立法承诺，以给大多数非营利组织带来巨大经济利益的形式存在。《国内税收法典》(Internal Revenue Code)第 501 条是这一承诺最著名的表述，规定教育、慈善和科学组织的收入免税。该税法还在个人、公司以及赠予和遗产税中规定了慈善捐赠减免的税额。在州和地方一级，这些组织也普遍享受免税。虽然《第一修正案》的承诺基本上是无条件的，但第二项承诺却是相当明确的交换条件的一部分。作为税收补贴的回报，受惠机构必须遵守两条告诫。它们还要根据另外两项非正式的"协议"行事。告诫在法律中得到了表达，但是协议却没有写下来。尽管这些协议并没有得到一致的遵循，但商界和政府(资本主义和民主)的领导者似乎都认为这些协议对他们各自的部门和整个国家是有益的。正如许多评论家所记载的那样，接受这些协议并不像最初出现时那么令人惊讶了，因为许多企业和政府领导者本人也亲自积极参与有组织的慈善事业。

将商业与慈善分而论之

"非营利"这个词本身就意味着一种有意识的判断，即不要涉足商业活动。事实上，有关免税组织的税法明确规定，只有因为这些组织的慈善和非商业目的，才能给予它们特定的税收优惠。不仅禁止"个人图利"，而且所有"不相关的"、具有潜在营利性质的活动，都必须和非营利组织的慈善活动划清界限。由此可见，商业化不应成为非营利部门的一部分。利益的诱惑力是巨大的，这一点可以理解，但高校、医院以及其他非营利组织应当远离商业运营的竞争。的确,这种相互理解是有漏洞的,存在着例外。博物馆发现从它们的商店中能获得的绝不只是一点零钱,馆方会通过强调这笔钱对于维持博物馆的文化功能的重要性来为这种做法正名。用"莫奈马克杯"喝咖啡甚至可以鼓励人们去欣赏印象派绘画。高校发现它们可以在记分牌上为商业产品做广告,从而帮助资助其体育运动计划。尽管啤酒广告很常见,但大多数学校都小心翼翼地远离香烟和烈性酒。大学与耐克等设备供应商和可口可乐等软饮料供应商签署了独家协议。作为一个税收政策问题,人们对于非本行业收益的担忧变得越来越普遍,但非营利组织应远离商业的基本承诺已被人们理解与接受。

同样,例外是存在的。企业一直都在培训自己的员工,但营利性教育机构多年来一直在自相矛盾,而且许多认证机构将非营利身份作为审批的条件。建一家医院来赚钱的想法似乎也同样令人深恶痛绝——与竭尽全力改善病人健康状况的医院理念背道而驰。尽管在营利性与非营利之间有很多灰色地带,但尊重彼此领域的协议是真实的,并且总体来说,这一共识维持了几十年。双方认为这对彼此和国家都有好处。

避免党派政治

旧契约的第二根"支柱"是禁止两种形式的政治活动。作为获得免税地位的交换,非营利实体不应当参与影响立法或选举结果的活动。但这项协议更深刻,根源更复杂,而不仅仅是避免影响国会、州立法机构、市议会或其成员选举的活动。它还基于一种强烈(尽管是隐含的)的观念,即基金会和其他非营利组织的慈善活动应当是没有争议的,以免它们遭到政治投诉。当免税组织反对他们喜欢的法案或支持其竞争对手时,很少有立法者会袖手旁观。

基金会对免税组织的政治活动特别敏感。20世纪60年代,当时最受瞩目的福特基金会,因其资助选民登记、纽约市的学校权力下放、倡议组织,以及最明显的是,一群罗伯特·F.肯尼迪(Robert F. Kennedy)的前助手,被批评是越界从政。在为1972年美国政策研究会(其主题是基金会的未来)撰写的一卷书中,杰弗里·哈特(Jeffrey Hart, 1973, p.53)写道:"享受免税待遇的基金会代表着一种显而易见的不负责任的权力形式。我的意思是,它们可以通过各种手段干预政治和社会事务,而且它们可以这样做,而不受到来自其行为所伤害的人的任何限制性影响。"十分有趣,且讽刺意味十足的是,20世纪70年代保守派对基金会不受约束的权力发出的警告现在正由自由派发出,他们认为保守派基金会已经成功地影响了当前政治辩论的发展,用科温顿(Covington, 1998)的话说,创造了"一种美国政治的供给侧版本。在这个版本中,不管现有的公民需求如何,背后有足够资金支持的政策理念都会在政治市场中找到自己的位置"。正如卡尔和卡尔(Karl and Karl)在第三章所指出的,此类批评是长期以来的怀疑的一部分,即基金会是一种可以被权势群体用来影响公众舆论的工具。[2]

正如第一种情况那样,也经常有人违反这一协议。例如伯曼(Berman, 1982)给出了一个颇具说服力的例证,即福特、洛克菲勒和卡内基等美国主要基金会在促进战后美国在非洲的外交政策利益方面发挥了重要作用。一些基金会,如公益基金会(Public Welfare Foundation)[3]等,总是以支持各类倡导团体而感到骄傲。

当然，还有许多基金会进行了政策分析，这就不可避免地会产生政策影响。

似乎自相矛盾的是，就在公共政策问题作为一类有争议的问题而被普遍认为是有组织慈善事业的禁区之时，政府却越来越多地和有组织的慈善事业开展合作，并利用它来执行其政策。特别是在人类服务领域，联邦政府严重依赖非营利组织，而且由于政府的资助，非营利部门在20世纪60年代到80年代大幅增长，正如克朗勃捷和史密斯在第七章中所指出的那样。在里根时代，形势急转直下，但政府的支持仍然是非营利部门人类服务工作的主要资金来源。[4]

百花齐放

除了告诫非营利部门要远离商业化和政治之外，旧契约还包含了一些隐含的协议。首先，在判断非营利部门成功与否时，实验和创新比协作更重要。贯穿本书多篇文章的一个共同关心的话题是非营利部门内部各实体之间缺乏协作。特别是在基金会方面，创新与实验被视为慈善界的美德，而协作与持久性则不然。这种理解基于多种来源。在卡内基与洛克菲勒的时代，强烈的个人主义倾向和对个人主动性的颂扬处于美国慈善事业的中心，这无疑是其中一个原因。

另外一个根源是支持新事物和未尝试过的事物的内在吸引力。一次又一次，基金会的高管们用一些老生常谈的话语告诉自己："我们的钱太少，要做的工作却太多。我们必须利用我们有限的资金来取得最大的利益。最珍贵的资源是好点子。因此把赌注下在新事物上才能带来最大的收益。"正如麦克西和马克沃德在第十八章中所说,大多数私人基金会都是按照一条不成文的规则运作的,即必须严格限制资助的期限。

非营利部门本身的结构也阻碍了资助者之间的协作,因为接受资助的组织之间的协作非常少。除宗教团体外,该部门有超过一百万个组织。每一天都会有几百个新组织诞生。一个有号召力的人看到了某种需要,说服另外几个人加入,一个新的组织就诞生了。组织的创始人很少有兴趣与他人合作——否则他们一开始就不会发起这项新活动了。通常只有当这些组织有了显著的发展,或出现了第二代领导人时,协作的重要意义才得以凸显。

公益金运动,包括其最著名的表现形式,即联合之路,则是一个例外。这项运动的发展是为了协调社区的资金需求。甚至在1900年以前,就已经成立了地方组织来协调慈善事业。如普拉特在第十四章所举的1892年双子城联合慈善协会的例子。从1913年在匹兹堡开始,联合之路就形成了一个简单的基本概念:联合慈善协会将任命中央委员会的代表,发展合作解决社区社会问题的模式,共同寻求资金,从而使捐赠者对支出完整性有信心,并尽量减少重复劳动。经过多年的努力,联合之路成长为一个全国性的组织,直到20世纪90年代它屡遭挫折之前都是极为成功的,尽管也有批评者经常指责它对新出现的需求反应迟钝,过于依赖既定的利益。让捐助者在众多相互竞争的机构中做选择给他们带来很大的压力,也不断削弱了许多社区合作解决问题的力量。

尽管有这些和其他零星的协作尝试,慈善事业与非营利部门仍然基本上处于无组织状态。实际上,有些人会把这种缺乏协调的情况看作该部门的主要优点之一,是对慈善机构的自由和自由表达的颂扬,是多元主义的温床。这种明显的无组织状态可能在私人基金会中得到了最纯粹的体现——行动上缺少协调,几乎不对任何人负责。建立这种机构的能力直接得益于我们《第一修正案》所赋予的自由,但随之而来的是混乱产生的负面效应:重复劳动、职责重叠,以及无意中造成的服务差距。

把社会服务交给政府

旧契约的第二个隐含协议是,社会服务在获得慈善资金方面处于弱势地位。导致这种情况的原因有很多。其中最重要的一个原因是,对社会服务的需求如此广泛,以至于在新政之后的几十年里,对于有组织的慈善事业来说,在现实中取得明显的改善几乎是不可能的。贫困人口对社会服务的需求不仅是巨大的,而且是多方面的。经济学家与社会学家的研究表明,长期贫困导致的问题,如失业、学校教育不足、非婚生育、犯罪、福利依赖等,常常是相互关联的。[5]这些问题看起来非常棘手,小规模的措施似乎不太可能有效改善这些问题。与此同时,我们在会议上听到一些基金会官员表达了一种担忧,即如果慈善事业开始更深入地参与社会服务,政府官员就会认为他们可以置身事外"脱离困境"了。事实上,愤世嫉俗者可能会争辩说,正是通过号召非营利部门利用"万千光点"去解决社会问题,政府逃避了自己应该承担的责任。

变革的力量

变革正在重塑美国社会的各个方面。慈善事业与非营利部门也不例外。这里有两类变革值得特别强调,因为它们直接影响着慈善事业与非营利部门。其一是国家的收入与财富分配发生显著转变。如沃尔夫在第四章中所述,在 20 世纪 80 年代到 90 年代,最富裕家庭的收入占比急剧增加,而最贫困家庭的收入占比则有所下降。这种不断增长的收入不平等反映出技能和教育在决定收入方面的重要性大幅增加。大多数没有获得高中学历的人注定要过着低收入的生活。在财富分配上也呈现出一个相关的经济趋势。如会议报告指出,百分之一的人口现在拥有这个国家近一半的财富。正如布朗在第十章中所指出的那样,这种状况产生的一个后果是,在接下来的几十年中,可能被遗赠的财富数量将急剧增长。因此,未来既有慈善事业迅速发展的潜力,也有长期贫困人口数量增加的可能。高西在第十六章中强调,这种可能性会对数量越来越多的贫困儿童的生活造成毁灭性影响。

第二个重大变革是,人们对政府解决贫困、家庭解体和犯罪问题的计划的潜力明显失去了信心。越来越保守的国家政府的反应是放弃社会福利和一些"伟大社会"计划,并将责任从国家下放到各州和地方。正如鲍里斯在第一章中所写的那样,这种权力下放伴随着让非营利组织来补位的呼声。虽然期望非营利组织直接参与提供诸多社会服务是非常合理的——事实上,根据 1996 年的福利改革法案,非营利组织负有具体的责任——但指望用私人慈善事业来承担大部分政府削减的社会计划开支是不太现实的。此外,正如伦科夫斯基在第六章中指出的,目前这种将联邦职能下放至各州和地方政府的趋势将给面向全国的非营利组织带来新的挑战。

另外三种全社会范围内的变革并不会直接影响有组织的慈

善事业或非营利部门,但其间接影响将是巨大的。一是信息与通信技术领域日新月异的巨大进步。随着计算机的速度和容量的提高,使用计算机的成本显著降低。其他通信手段的成本也急剧下降,这些改变有望为教育和大部分非营利部门带来革命性巨变。第二种相关的变革是经济贸易与社会联系的日益全球化。越来越多的基金会和其他非营利组织参与到美国境外的事务中。第三,我们社会人口结构的迅速变化(部分是由移民推动的)已经导致少数族裔人口,特别是拉丁裔人口的大量增加。正如卡森和迪亚兹在第十二和十三章所阐述的那样,少数族裔,无论是已经获得认可的还是新兴的,都需要慈善事业与非营利部门的特别关注。

新契约

在过去的二十年里,这些力量改变了非营利组织所居住的世界。因此,我们认为,慈善事业与非营利部门之间、与美国社会之间的旧契约已经失效。一个新契约已经在暗中形成。如果我们是对的,这份新契约不是由任何单一事件触发的,当然也没有在签署仪式上加以纪念。但从 20 世纪 80 年代初的某个时候开始,新契约通过对旧契约的四个主要方面进行修订得以形成。我们在这里简要地探讨一下这些修订。每一项修订都可以被解释为是美国社会正在发生的其他变革的逻辑结果,特别是我们前面概述的那些变革力量。同时,在我们看来,每一项修订都延伸了公众信任的传统结构,而公众信任一直是美国慈善事业与非营利部门成功的关键。在某种程度上,当信任受到侵蚀,它们中的每一个都有可能增加公众的怀疑。

商业不是一个肮脏的字眼

虽然传统上商业与慈善业之间也有互通往来,但我们对最近商业主义侵入慈善事业和非营利部门领域表示严重关切。慈善事业和商业重要性转移的一个迹象是,私人捐赠对非营利组织的重要性明显下降。在 1965 到 1993 年间,捐赠占非营利组织收入的比例下降了一半,从 53% 降至 24%(Hodgkinson & Weitzman,1996)。高等教育就可以作为其中一个例子。当然,私立学院和大学的学费有了实际增长(Clotfelter 1996,第一章),其他形式的非捐赠收入也有所增加。例如,现如今很难找到一所学院或大学不允许将其部分空间用于商业广告,或者没有几家公司的独家许可证(这些公司生产从软件到软饮料的一切)。也许更令人吃惊的是,美国发展最快的高等教育机构菲尼克斯大学(University of Phoenix)是以盈利为目的的机构。

这项旧契约的修改理由是众所周知的。许多非营利部门的教育机构和其他组织面临着成本激增和资源日益减少的问题。它们服务于需求的成本正在不断上升。如利维在第五章中所述,商业企业为机构提供了新的资源来加以利用。一些观察家指出,许多传统上专属于非营利组织的领域现在正在被商业公司积极开发。医院和其他医疗机构就是最好的例子。

人们有理由对这两个方向的界限模糊感到担忧,但我们在这里的观点是,在许多人看来,对非营利部门的信任在一定程度上是通过它与商业部门的分离来维系的。接受营利性公司的捐赠——无论这些捐赠是否出于最终效益的考虑——与从事营利性活动是不同的。但对于公众来说,这种区别并不总是清晰的。例如,在公共电视节目播出之前,通常会有企业赞助商吸引眼球的广告。此外,"公益营销"以及其他创收企业的明显增长,从博物馆商店到校际体育活动,再到出售公共儿童电视节目的周边玩具,[6]都使这一局面变得更加扑朔迷离。无论所产生的收入最终是否被视为应上税的"非本行业收益",其结果肯定是进一步模糊了公众心目中慈善与商业之间的界限。简而言之,新契约中的这一要素,无论看上去是多么可以理解的——而且在许多情况下毫无疑问是值得称赞的——它确实使公众对非营利部门的信任处于危险之中。

政治和公共政策并非禁区

《国内税收法典》中禁止政治活动的规定并没有改变。免税组织仍被禁止"进行宣传,或以其他方式试图影响立法"和"参与或干预任何支持(或反对)公职候选人的政治活动"(U.S. Internal Revenue Code, Section 504[a])。但似乎所有针对政治活动的全面禁令都有可能发生重大改变,即便不是被中止的话。由左翼还是右翼的非营利组织来领导并不重要,谁更成功也不重要。

这项修订,与商业主义不同,我们认为总的来说是一个令人满意的变化。美国的民主依赖于积极参与的公民,他们从政策分析和倡导中得到信息,这并非陈词滥调。虽然继续限制免税组织支持或反对个别候选人或具体立法是适当的,但对参与政策辩论施加更广泛的限制行动是不明智的。正如我们在文末附录的"结论"部分更充分探讨的那样,我们同意会议报告中的以下判断:

"非营利部门的这一职能对民主的健康至关重要。我们认为,如果真要做什么的话,这些作用应该扩大,而不是缩小。"

然而,我们认识到,正如向商业主义的转变一样,这种转变在信任领域并非没有代价。除了中立论坛的作用,如女选民联盟(League of Women Voters)长期以来就很好地发挥了这种作用,非营利部门往往趋向于远离政治纷争。如果更多地参与政治,非营利部门就可能被经常泼向政客的同样的脏水所玷污。大多数政客不应因其职业受到如此普遍、严重的蔑视,但这一事实并不能缓解这个问题。我们相信,这一代价是值得付出的,但它需要被理解为是践行新契约的真正代价。

慈善事业与非营利部门需要协作

尽管其起源是可以理解的,但缺乏协作的慈善事业与非营利部门是有缺点的,而且我们认为,如果得不到重视,这些缺点将变得更加严重。诚然,在旧契约中,坚持行动的独立性具有避免对社会问题采取单一方法的优点。这种由独立单位组成的结构服务于多元化的目标。如果独立基金会和非营利机构在"意见自由市场"中展开竞争,寻找解决社会问题的最有效方法,那么这种结构也可能提高效率。不幸的是,因为组织无谓地重复着其他组织已经开发、尝试、保留或抛弃的工作,这种结构常常导致重复劳动。如果资助组织与运营组织之间没有就各类倡议的成功进行更好的沟通,众多的非营利组织就注定会浪费资源。但是,鉴于互联网和其他通信技术的进步,以及沃克和格罗斯曼在第二十一章中强调的计划评估能力,我们可以合理地设想,信息共享方面的显著改善将大大提高非营利部门的运作效率。

社会服务需要慈善事业与非营利部门给予更多关注

我们毫不迟疑地承认,美国慈善事业的资金潜力根本无法满足这个国家消除贫困及其相关社会弊病的总开支需求。政府必须是福利和其他社会服务的主要资助者,即使不总是服务提供者。只有极少数慈善家能够在解决重大社会问题方面有所作为。与此同时,我们认为,慈善事业与非营利部门必须不仅要维持,而且要加大对贫困人口问题的关注。我们对会议报告中的这一说法表示赞同:"慈善事业与非营利部门最紧迫和最重要的贡献在于,将注意力集中在困扰我们所有人的、日益严重的经济不平等现象上。"其中一些贡献应通过加强对需要帮助的人提供直接服务来实现。但会议报告明确指出,仅靠慈善事业与非营利部门无法解决这个问题。实际上,报告表明,最重要的贡献或许在于,通过制定新的政策选择,通过参与倡导和促进受影响群体的赋权,来产生关于贫困的性质和原因的知识。但是,这些活动也是多数非营利组织传统职权范围之外的活动,因此它们很可能不仅产生争议,还会引起怀疑。

举一个例子。我们称赞高西的提议,即慈善事业与非营利部门应当更加积极地参与和促进有利于贫困儿童的新政策。会议报告至少对她文章的总体结论表示认可,但我们更加支持她的策略。该策略将寻求推翻一系列由美国国会以压倒性多数通过,并由总统(如果不情愿地)批准的公共政策。大概绝大多数美国人都赞成这些政策。因此,挑战这些政策就意味着挑战多数美国人的观点,而迈出这一步,尽管有着足够的理由,也不会是没有代价的,这其中就包括信任的代价。

重建信任

我们认为,在新契约的制定过程中,美国人对慈善事业与非营利部门的信任度会明显下降。这种下降很大程度上是慈善事业与非营利部门内部无法触及或修复的力量所固有的,因为它们与公众对各种机构——公共机构、营利性机构以及非营利机构——的信任普遍下降有直接关系。但是,正如我们试图表明的那样,我们认为,被我们称为新契约的内容也加剧了这种衰落。无论这种看法是否准确,我们所有参与慈善事业与非营利部门的人显然都有责任努力重建公众信任。正如佩顿在第二十三章中所警告的那样,缺少这种信任,我们的传统就会岌岌可危。此外,在我们看来,除了慈善事业及非营利部门之外,现在还存在增强公共和私营机构公众信任的机会,而且这些机会可以增强所有这些部门的公众信任。但首先,我们要对如何改造自己的房子进行总结性思考。

会议报告详细说明了增加慈善事业与非营利部门活动披露的一系列步骤,如通过完善美国国税局 990 表格,扩大网媒和纸媒的宣传力度,以及鼓励在更广泛场合进行公开论述和辩论等方式。我们当然同意这些提议。信息披露和宣传都是非常重要的。

不幸的是,每当非营利部门的某一组织或个人被发现行为不端时,这种背叛信任所带来的伤害往往会波及该部门的其他人和组织。因此,我们也赞同会议报告关于加强合规与执法的措施,通过各级公共机构——意味着这些机构有足够的资金——以及通过道德规范和行为标准来保护部门本身。这些都是适度的改进措施,需要立即予以关注。

此外,更为重要的是,我们支持弗莱什曼在第八章提出的建议,即成立一个新的联邦机构负责行业监督,从而保护慈善事业与非营利部门。我们发现,这项提议在会议上几乎没有得到支持。多数与会者似乎认为,他们的组织不需要进一步的公众监督,特别是不需要被一个新的政府机构监督。他们认为,现有的公共问责水平已经足够了。有些人还认为目前的水平实际上过高。许多人认为,他们已经花费了太多的时间填写各种表格来证明他们的组织在做什么。但我们认为,弗莱什曼给出了一个极具说服力的理由,说明公众对慈善事业和非营利部门的问责应该远远超出可税性的问题,而国税局没有能力处理这一任务。

事实上,在会议期间,我们不情愿地得出如下结论:在慈善事业与非营利部门的从业者中,有太多人认为,只要我们自己知道我们是在做好事,公众就应该信任我们。我们中间似乎没有足够多的人认识到,公众的信任不仅需要赢得,还应当持之以恒。公众有权获得持续的证据,证明信任得到了保证。在某种程度上,这可以通过增加信息披露和加大宣传力度来实现。会议报告还提出了其他应当会对公众信任产生长远影响的措施,包括大力开展有关慈善事业与非营利部门的作用与责任的教育活动。但我们每个人也都需要认真思考,作为个人或通过我们的机构,我们可以做些什么来促进公众信任。

我们已经强调过,公众对慈善事业与非营利部门的信任度下降并不是一个孤立的问题。更确切地讲,许多民意调查记录了公众对所有机构都丧失信任的情况。各级政府,特别是联邦政府,都遭受了最严重的公众信任侵蚀。营利性部门也受到了类似的影响,虽然没有那么严重。我们的结论是,或许用"呼吁"更为贴切,慈善事业在帮助恢复对三大部门的信任方面发挥着重要作用。通过积极发挥这些作用,慈善事业还可以在重建公众对社会所有机构的信任方面发挥引领作用。

慈善事业与非营利部门的价值观——捐赠、关怀、志愿的价值观,是民主复兴的核心所在。民主意味着政治参与,但它涉及的远不止是政治。民主要求人们参与建立和维护社区公民事务的各个方面。它需要人们作为参与者而不是旁观者真正参与其中。投票和陪审服务是美国公民的重要义务。但是,如果我们的民主要明智、有效地运作,就不能仅限于此。我们需要在公共问题的实质和解决这些问题的过程方面受教育,并承诺在这些过程中会直接和亲自提供帮助的公民群体。慈善事业与非营利部门能够鼓励我们所有人投身于真正的民主事业。这种投入一部分必须来自教育,一部分来自示范项目,还有一部分来自鼓励倡导、赋权和服务的计划。

为了增强美国的"社会资本",推进国家的公民社会建设,许多重要的慈善工作正在进行。我们想到了,由凯特林基金会(Kettering Foundation)、皮尤慈善信托基金、苏德纳基金会赞助的关于公民参与和责任的项目,这只是其中的三个例子而已。我们支持扩大此类行动,并加强组织间的协作。协作对于这些行动至关重要。加强我们的公民社会不应依赖于孤立的行动,无论这些行动在数量上多么众多,在个体功绩上多么卓著。

我们社会中的强大力量助长了彻底的个人主义与政治异化。在我们自己的高等教育领域中,我们看到学生似乎普遍疏远公民事务,特别是远离政治事务。应对这些问题需要一项协调一致的战略。我们当然不会在这里概述这一战略。这将是下一本书的主题,而不仅仅是另一篇文章。但我们确实要强调,我们认为这项工作对于国家的未来以及慈善事业与非营利部门在未来的作用具有十分重要的意义。借用会议报告的结束语,我们强烈建议慈善事业与非营利部门"将更多的资源投入到对我们的社会构成根本威胁的问题上,以更富有想象力、更有效、更开放和更包容的方式开展工作,传递和促进那些支撑我们公民社会的价值观:信任、服务和共同目标"。

查尔斯·T. 克洛特费尔特

托马斯·欧利希

注释:
[1] 汉斯曼(Hansman)在1989年做出了类似的区分。
[2] 卡尔和卡尔(Karl and Karl)特别引用了葛兰西的马克思主义评论,认为基金会是资产阶级通过影响公众舆论来施加影响力的工具。
[3] 作为披露事项,我们注意到汤姆·欧利希(Tom Ehrlich)是理事会的成员之一。
[4] 另见 Salamon and Abramson。
[5] 关于这种内在联系的阐述,可参见 Wilson (1987) and Danziger, Sandefur, and Weinberg (1994)。
[6] Weisbrod (1998)或 Walter Goodman, "Perils of Nonprofit Profits: Et Tu, Tinky Windy?" *New York Times*, April 23, 1998, p. E2。

参考文献
Bellah, Robert et al. *The Good Society*. New York: Knopf, 1991.
Berman, Edward H. "The Foundations' Role in American Foreign Policy: The Case of Africa, post 1945." In Robert F. Arnove, ed., *Philanthropy and Cultural Imperialism: The Foundations at Home and Abroad*. Bloomington: Indiana University Press, 1982.
Clotfelter, Charles T. *Buying the Best: Cost Escalation in Elite Higher*

Education. Princeton: Princeton University Press, 1996.

Covington, Sally. *Moving a Public Policy Agenda: The Strategic Philanthropy of Conservative Foundations*. Washington, DC: National Committee for Responsive Philanthropy, 1998.

Danziger, Sheldon H., Gary D. Sandefur, and Daniel H. Weinberg, eds. *Confronting Poverty: Prescriptions for Change*. New York: Russell Sage Foundation, 1994.

Hansmann, Henry. "The Role of Nonprofit Enterprise." Yale Law Journal 89 (1980), 835–901.

Hansmann, Henry. "The Two Nonprofit Sectors: Fee for Service versus Donative Organizations." In Virginia A. Hodgkinson and Richard W. Lyman, eds. *The Future of the Nonprofit Sector*. San Francisco: Jossey-Bass, 1989, pp. 91–102.

Hart, Jeffrey. "Foundations and Social Activism: A Critical View." In Fritz F. Heimann, ed., *The Future of Foundations*. Englewood Cliffs, NJ: Prentice-Hall, 1973, pp. 43–57.

Hodgkinson, Virginia A., and Murrey S. Weitzman, eds. *Nonprofit Almanac 1996–1997*. San Francisco: Jossey-Bass, 1996.

Katz, Michael B. *In the Shadow of the Poorhouse*. New York: Basic Books, 1986.

Salamon, Lester and Alan Abramson. "The Federal Budget and the Nonprofit Sector." In Dwight F. Burlingame, William A. Diaz, Warren F. Ilchman, etal., *Capacity for Change? The Nonprofit World in the Age of Devolution*. Indianapolis: Indiana University Center on Philanthropy, 1996.

Simon, John G. "Foundations and Public Controversy: An Affirmative View." In Fritz F. Heimann, ed., *The Future of Foundations*. Englewood Cliffs, NJ: Prentice-Hall, 1973, pp. 58–100.

U.S. *Internal Revenue Code*. New York: The Research Institute of America, 1992.

Weisbrod, Burton A., ed. *The Commercialism Dilemma of the Nonprofit Sector*, special edition of the *Journal of Policy Analysis and Management* 17, Spring 1998.

Wilson, William J. *The Truly Disadvantaged*. Chicago: University of Chicago Press, 1987.

附录　信任、服务和共同目标：不断发展变化中的美国慈善事业与非营利部门

（第九十三届美国政策研究会最终报告）

1998年4月23至26日，以"不断发展变化中的美国慈善事业未来"为主题的第九十三届美国政策研究会在加利福尼亚州洛杉矶的盖蒂中心举行。与会者在讨论结束时共同审议了以下声明。这份声明代表了普遍的观点。然而，没有人被要求签署此声明。此外，应该理解的是，并不是每个人都同意声明的全部内容。

I. 导言

美国人理所当然地为他们的公民精神感到自豪，这体现在他们的慈善捐赠和志愿服务习惯上。这些慷慨解囊的传统深植于我们不同的过去，同时也反映了我们的宗教价值观以及我们《第一修正案》的宪法信仰，从而催生了一系列极为多样化的机构。

这些机构包括从私立学校和学院、移民自助团体、慈善基金会、社区组织、政策智库、医院、博物馆和交响乐团，到基层运动、教会社会倡议、医疗慈善机构、赈灾组织和全国联合会等。尽管这些组织种类繁多，但我们通常认为它们构成了一个单独的"部门"，并用不同的名字来称呼它——非营利部门、慈善部门、志愿部门、独立部门、第三部门或公民社会。

虽然政府和商界是与它对等的部门，但我们必须将这些部门视为是相互依存而非完全自主的。如果没有第三部门来实现我们的许多公共目的，"有限政府"的传统就不可能维持下去。在我们历史的大部分时间里，资本主义、公民和慈善价值观都是紧密交织在一起的。这三个部门相辅相成，随着美国人不断定义和重新定义他们的社会目的，这三个部门之间的关系也在不断演变。

尽管这些部门一直都是相互依存的，但慈善事业与非营利部门具有自己的特征组合：它们让人们参与市场或国家之外的集体活动；它们的实体是独立组织的和自治的；它们表达社会需求和不同的观点；它们为不同的群体提供服务；它们充当其他部门的监督员和监察员，有时也监督自己的表现。

慈善事业与非营利部门经历了不断的演变。现在，美国社会和全世界有各种力量在起作用，这预示着需要采取新的方法。那些为参加这次会议而聚集在一起的人们，看到了一系列不断扩展的机会，也看到了具有挑战性的问题，其中包括这个国家和全球不断扩大的财富差距、持续贫困（特别是在儿童和青少年中）、种族冲突的加剧以及全球资源短缺的威胁。同时，我们必须促进那些提高生活质量的机会，如艺术、教育和种族和解。这些问题所

附录 信任、服务和共同目标：不断发展变化中的美国慈善事业与非营利部门

提出的挑战刻不容缓,特别是考虑到我国近几十年来的繁荣所积累的,有可能转移到这个部门的财富。

慈善事业与非营利部门已经发展壮大,并将继续增长。在政府的角色被重新审视,许多公共目的下放至各州、地方和非营利机构之际,它们也在不断成长。慈善事业与非营利部门的资源结构也经历了重大重组,如收费和市场化收入不断扩大,一些子部门的政府资源减少或采取了新的形式,以及来自慈善事业的非营利收入相对下降。然而,正如许多人所观察到的那样,这些部门之间的界限正在变得模糊,特别是当非营利组织通过追求更商业化的行为(包括建立明确的营利性企业)来应对可用资源组合的变化时。同样显而易见的是,商业企业正在进入日托、教育、人类服务和医疗保健等领域,而这些领域历来都是由非营利部门提供服务的。

相比之下,社会问题令人望而生畏。快速的变化经常令人感到困惑。但在许多方面,这个时代为慈善事业与非营利部门带来了巨大的希望。我们完全有理由期待财政支持会增加。慈善事业与非营利部门有望跨越政治派别,来帮助社会解决其问题,并维持其公民文化。我们面临的挑战是如何充分利用这些机会。

非营利部门

美国社会的非营利部门由各类免税组织组成。1995年,它包括大约120万个组织。其中约一半为人类服务组织或"慈善"类非营利组织,作为501(c)(3)组织有资格获得免税捐赠。此外,有341000个宗教团体有资格获得免税捐赠。另有140000个团体符合501(c)(4)规定,其中大多数组织没有资格获得免税捐

赠。1994年,该部门的总收入估计为5 680亿美元,约占国民收入的7%。约有1 000万人在该部门工作,占全国劳动力总量的10%,另有550万相当于全职工作的志愿者。1995年,约有9 000万美国公民提供了志愿服务。

近几十年来,美国人每年的慈善捐款约占国民收入的2%,1995年的总额约为1 500亿美元。其中,约79%来自在世的个人捐赠,另有7%来自个人遗赠。慈善基金会捐赠了8%,即近120亿美元;而且企业捐赠了6%,即约85亿美元。这些捐赠虽然在长期内相对稳定,但最近随着边际税率降低,较高收入阶层的捐赠水平有所下降。1995年提交的遗产税申报表中只有19%包括慈善遗赠。相比之下,慈善基金会的捐款近年来大幅增长,使其成为该部门第二大慈善收入来源。各类基金会,无论大小,社区的还是独立的,现在已有42 500个,其中约45%是在1980年以后成立的。企业捐赠的实际金额也有所增长,但在过去的十年中,其占企业税前收入的比例有所下降。企业捐赠不仅包括企业和企业基金会对非营利组织的捐款,还包括设备、产品和服务的赞助以及实物捐赠,如技术援助和帮助进行市场营销与推广等。

该部门的多样性和广泛性对其一致性提出了挑战。该部门的组织在其使命和目标,以及规模、复杂程度和资金来源等方面各不相同。医院、学院和大学掌握着该部门最大的资源份额,支付着最高的工资,雇用着数量最多和最训练有素的员工。基层和社会服务组织通常工作人员少、工资低,需要志愿者帮助,并且财务灵活性小或没有。在向国税局申报的非营利组织中,预算超过1 000万美元的非营利组织不到4%,但它们占总支出的75%。排名前1%的非营利慈善机构(不包括基金会)持有该部门五分之二的资产。

这就是我们提交报告的背景。第二部分概述了变革的力量，使我们相信现在有必要去审视慈善事业与非营利部门的机会和责任。第三部分仔细考虑了慈善事业与非营利部门对社会的作用和贡献。第四部分就慈善事业与非营利部门的内部运作提出了一系列建议。第五部分列出了一些着眼于慈善事业与非营利部门运作的外部环境的建议。

II. 决定慈善事业与非营利部门状况和活动的力量

主要力量正在塑造慈善事业与非营利部门的活动。这些力量起源于早期，但已经积蓄了力量，并很可能塑造未来。这些力量会带来问题和机会。它们将确定议程，并影响解决议程问题的现有方法。

不平等

尽管几十年来美国一直试图缩小由政策和经济增长带来的贫富差距，但在过去二十年里，收入不平等加剧，财富日益集中。目前1%的美国人口拥有35%的财富。这种非比寻常的财富积累为其拥有者带来了特殊的责任与机会，来引领美国慈善事业的传统。技术和教育机会的变化加剧了这种不平等，暴露出美国永难翻身的底层阶级的恐慌。这不仅预示着社会和平的前景惨淡，也意味着社会和经济增长的潜在人才和创新的流失。解决贫困人口的需要已成为新的当务之急，特别是在福利待遇终止的情况下。随着联邦政府将其在扶贫方面的一些职能下放至州或地方政府,非营利部门必须在解决这些问题的伙伴关系中发挥越来越大的作用。此外,在非营利部门内部,那些有能力发起大型捐赠运动的机构与那些努力完成自身使命的基层组织之间的差距越来越大。

人口结构

人口的力量对美国社会产生了变革性的影响,就像它对全球产生的影响一样。在过去的 20 年里,美国的移民人数显著增长,在向美国引进新移民群体的同时,总人口数也在不断增加。不同社会群体的内部增长改变了美国社会的人口结构。其结果是国内的种族和族裔群体的比例发生了变化,尤其是拉丁裔和亚裔美国人的人口增长——这两个群体拥有非常独特的文化。与此同时,各种因素改变了人口的年龄分布,特别是老年人的比例不断增加。随着人口向城市以及最近向郊区的流动,美国的人口分布也发生了显著变化。我们还看到了地域分布的重大变化,即人口大致从东北向西南迁移,从"铁锈地带"向"阳光地带"移动。这些转变要求慈善事业与非营利部门具有更大的灵活性和包容性,因为出现了具有独特需要的新的客户群体。它们还改变了一些社会问题的位置和性质,并促使该部门重新思考应对这些问题的策略和方法。慈善事业与非营利部门需要设法解决新兴群体对待慈善事业的态度和方法。这需要对话和经验,使这些团体融入美国的慈善传统。这也可能意味着,鉴于这些文化的新贡献,这一遗产将发生转变。此外,新的、更年轻的慈善家正在涌现,他们有望为帮助满足社会需要做出重大贡献。

全球化

问题是没有边界的,解决问题的机会也是没有边界的。人口流动和商品流通、通信流量和资本流通、污水排放与恐怖主义活动,并不遵守政治和地理边界。在一个日益相互依存的世界里,这些力量再也无法被遏制。因此,美国的慈善事业与非营利部门的活动有时需要包括国际层面。慈善事业与非营利部门在一种环境中解决的问题,在另一种环境中可能难以应对。谁是我们的邻邦?我们欠它们什么?曾经只需要致力于一种环境的企业合作伙伴现在必须跟随工作奔走于世界各地。另一方面,一些创新理念,如孟加拉国的农村小额信贷,可以用来激发美国市中心贫民区的行动。

技术

信息技术和计算机革命几乎影响了现代生活的方方面面,其中既有积极的一面,也有消极的一面。从积极的方面来看,科技使前所未有的通信速度和范围成为可能。它把人们以及各国连接起来,缩小了世界的规模。新的通信模式有助于创建各种新的虚拟社区。计算机技术带来了新的效率。科技也为个人表达、文化保护和了解世界创造了新的可能性。然而,从消极的方面来看,技术革命也有可能造成新形式的不平等,因为不同个体、群体和国家获得技术与教育的机会不平等。新的通信便利和虚拟社区的创建可能会削弱人们对社会、公民和公共空间的实际参与。获取技术的成本可能是巨大的,并可能造成资金模式的扭曲。对于慈善部门来说,科技是一把双刃剑,既创造了新的机遇,也带来了新的威胁。

价值观的表达与传播

在日益多样化和竞争激烈的环境中,个人对价值观的广泛追求——对希望、目的和意义的追求——成为一股主要的配置力量。这种追求的一个来源和产物是国家和家庭权威的日渐式微。人们可以从宗教机构神圣责任和公民责任的兴起看到这种追求。宗教机构被期望提供成就感,作为机会的载体,并为社会指明方向。虽然这种追求可能会造成分歧和削弱共识,但它也有释放巨大能量、承诺和创新的潜力。

部门角色的模糊

美国社会三个主要部门——国家、市场和处于它们之间的"独立"或非营利部门(今天有些人称之为公民社会)——的边界已经发生了深刻的变化。一代人以前,国家部门规模庞大且不断增长,商业界充满活力,而非营利部门则显得相当小,并且定义明确,在国家与社会之间起着缓冲作用。如今,三大部门之间的界限变得模糊。公共部门正在重新评估其在某些领域的作用,并开始调整联邦、州和地方政府以及非营利部门之间的关系。福利制度改革就是这种关系变化的一个例子。随着人类服务私有化的日益普及,国家越来越多地采用市场机制。与此同时,由于非营利医院被健康产业接管,并且商业进入各级教育,市场也对非营利部门产生了冲击。

市场化和国家退出加剧了服务提供的竞争性,并减少了以前依赖与国家合作的非营利机构可获得的资金。非营利部门面临着激烈的资金竞争和需求。产生的结果就是越来越强调通过收费来完成任务。然而,现实情况是,越来越多的活动很难被定性为公共的、市场的或非营利的,因为合作关系和混合形式的组织已经成为普遍情况。这种转变的好处是,部门间的相互渗透可能会促进社会创新和提高效率。然而,这种部门职能的模糊也有可能削弱公众对非营利部门的认识和信心,并对该部门的价值观和道德权威提出质疑。

权力下放

权力和资源从联邦政府向各州和地方政府的转移是影响慈善事业与非营利部门未来的主要力量。政府角色和责任的重组打破了旧有的习惯和合作关系,增加了对其他来源收入的需求,并对非营利组织的绩效产生了新的期望。与此同时,它为与地方和区域组织建立新的伙伴关系创造了机会,并为解决紧迫的公共问题制定了创新战略。

公民主动性与社会企业家精神

近年来最重要的发展之一是一个庞大而有竞争力的公民部门的兴起。成千上万的独立公民组织公开地相互竞争,为公共利益服务。在过去的二十年中,这个部门的规模和复杂性的加速增长是一个重大机遇。这种变化,不仅在美国是巨大的,在世界其他地方更为引人注目。

社会企业家很像过去几个世纪以来的商业企业家,代表着这个快速发展的部门的最前沿。社会企业家精神和有竞争力的公民部门依赖于民主,对民主也至关重要。它们最重要的影响之一是提高社会生产力的增长速度——缩小社会生产力与经济生产力之间对社会有害的差距。

社会领域的变化越快,就越需要对整个慈善部门进行战略和结构规划。

III. 慈善事业与非营利部门的作用与贡献

在规划慈善事业与非营利部门的未来时,有必要大致了解它们可以在哪些方面为社会福利做出独特的贡献。

我们可以列出一份美国和全世界面临的重要实质性问题的清单,这些问题如果不能得到解决,至少也亟待改善。这份清单包括以下问题:日益加剧的收入不平等、根深蒂固的贫困、教育质量与可及性、卫生与医疗保健的覆盖面,以及国内和跨国环境问题。我们还可以确定值得加强的社会重要领域,如增加人们对艺术和文化的接触和参与,促进由人口变化和移民产生的多样化人口的融合。而且,我们可以确定需要进一步稳固增强的特定社会机构和网络,如家庭、社区和公民社会。

我们还可以确定慈善事业与非营利部门为社会发挥的一系列或多或少有些不同的重要功能。其中最重要、最独特的功能就是慈善事业与非营利部门为公民和公共价值观的表达、培养、保护和发展提供了工具。许多人都想为他人服务。他们也有自己想要推进的事业。当慈善事业与非营利部门为个人提供追求这些目标的机会时,社会便得到了增强,并且在这样做的同时,这些价值观也得到了保护和维系。它之所以能够得到改善,一方面是因为其个体成员的生活更富裕了,另一方面是因为社会享有强大的公民集体利益。慈善事业与非营利部门发挥的第二个密切相关的功能是建立信任和互惠网络。这种网络被称为"社会资本",使公民社会得以巩固。有服务意愿的人可以在这个国家的教会、社区发展公司和社区协会中找到志同道合的人。他们的联系提供了为解决某些问题采取直接行动的能力,并为社区在商业、政府和公民论坛中发表意见提供了有效的发言权。第三个功能是提高民主政治的质量。有时,这一目标是通过接触和赋权那些本来不会参与政治活动的人来实现的。(这通常是由于建立了上述社会资本。)有时,这一目标是通过向政治和决策过程提供关于问题的规模和特征、重要原因以及一些有效的替代解决方案的高质量信息来实现的。有时,这一目标还会通过倡导重要的但被忽视的价值观来实现,否则这些价值观可能会在政治讨论中被忽略。

慈善事业与非营利部门发挥的第四个重要功能是提高社会减轻人类苦难和帮助实现人类潜力的能力。这种能力在一定程度上取决于对解决社会问题的基础研究和应用研究的支持。但它也涉及通过从捐赠者那里调集资源,并根据地方的需要和条件,以充满想象力的方式部署这些资源来直接面对问题。这种"社会企业家精神"正与日俱增,应该得到大力支持。它来自一种能够召集商界和政府代表,并与之形成合作解决问题的伙伴关系的能力。它还产生于一种可以激励和促进商业运作和政府管理行动的能力。例如,有时,非营利组织向企业展示了使它们能够成功地帮助贫困社区或减少其对环境的有害影响的技术和实践。同样地,非营利组织也经常扮演着研发实验室的角色,为社会问题开辟新的解决方案,然后由政府来采纳这些方案。

重大实质性问题得到改善

纵观美国与世界的各种问题,我们认为,慈善事业与非营利部门最紧迫、最重要的贡献在于关注困扰我们所有人的日益严重的经济不平等问题。因为这个问题实在太大,而慈善事业与非营利部门的规模相对较小,因此不能指望它们单独解决这一难题。它们可以通过开放食物银行和提供庇护所的方式做出一定程度的贡献。它们更重要的贡献在于,通过制定政策选择,鼓励倡导活动和促进赋权,以及与其他公民伙伴(政府和企业)发起倡议,使人们对问题的范围和性质以及原因有所了解,从而共同应对这一问题。这种情况可以且应该发生在社区、国家和国际层面。

与日益加剧的经济不平等问题密切相关的是贫困儿童目前的困境和未来的前景。与会者普遍感到,一代青少年正处于危险之中,这会导致我们难以拥有一个公正而体面的社会。未能为有需要的年轻人提供服务尤其令人痛心,因为在许多领域,由于慈善事业与非营利部门以及其他方面以前的努力,我们现在知道我们可以做些什么来为年轻人提供机会,挑战他们发展自己的才能,并成为经济独立和富有成效的公民。为了解决这个问题,我们需要建立一种集体意愿,利用自愿捐款和增加的政府税收,根据已有的知识采取行动。

许多力量,包括但不限于世界范围内日益严重的经济不平等所产生的力量,正在加剧群体、种族、宗教、地区和国家的冲突。虽然我们不能指望慈善事业与非营利部门单枪匹马地解决这些问题,但仍有许多机会可以增加我们对引发这些冲突的原因的理解,直接解决其中一些原因,并探索和支持那些能够预防、帮助解决潜在或实际冲突的方法和机构。

重要社会功能得到增强

在考虑慈善事业与非营利部门所发挥的不同功能的相对重要性时,我们注意到公众关注的焦点是非营利组织在政治、政策制定和倡导活动中的作用。人们对这些作用的适当性提出了质疑。相反,我们认为它们对民主的健康发展至关重要。我们认为,这些作用应该被扩大,而不是缩小。

与此同时,我们认识到,慈善事业与非营利部门相对无形的功能——它们为个人提供表达自己价值观以及与他人建立信任和互惠网络的机会——对社会的福祉也至关重要。我们还注意到,这些功能在某种程度上被忽视了,至少在公共话语中是这样的。大量的宗教团体和大大小小的社区团体为这个国家的公民提供了参与慈善和公民行动的机会,极大地加强了社会。慈善事业与非营利部门的这一部分也必须得到加强。

最后,我们认识到,虽然过去慈善事业与非营利部门的大部分精力都用在改善政治进程和与政府建立合作关系上,但我们认为,在有选择地与商业建立有效合作关系方面,未来有很大的潜力。在其基本运作中,企业通过为人们提供就业机会、商品和服务以及财富为社会做出贡献。然而,越来越多的企业领导者发现,有必要使其财务、人力资源和商业目标与追求重要的社会目标相一致。这种一致性远远超出了慈善捐款,甚至涉及核心企业功能。

只要企业领导者认识到他们与所在的社区有重大利害关系,并与社区建立合作关系,他们就可以为社区发展行动提供额外的合法性和资源。除非企业也更直接地参与进来,否则政府和非营利组织将无法振兴社区。

IV. 改进绩效与问责

慈善事业与非营利部门的组织应不断努力提高其营运效果及其对公众的责任。与公共部门和营利部门的组织一样,慈善事业与非营利部门的组织在有效和高效运作时能最好地提供服务。这些组织必须努力工作来赢得和保持它们所服务的人的信任。因此,我们认为,这些组织必须专注于改进绩效,并对其所服务的人负责。一般可以通过采取五种方法来做到这一点:提高工作效率、支持公开披露、加强现有执行机制、改进评估其活动的方法以及确保警惕性的自我监管。

慈善和非营利组织需要努力提高运营效率

正如营利性企业必须努力精简运营和提高效率一样,慈善事业与非营利部门的组织也必须这样做,但可能采取不同的方式。如同管理改进方法要求企业更加适应客户,基金会和其他非营利组织也应当对其服务对象和服务的有效性更加敏感。这可能意味着采用服务公司的模式,以收集客户、寻求资助者和其他利益相关者的反应。当然,这涉及将少数群体和受益群体纳入工作人员和受托人委员会以保持敏感。此外,正如营利性公司扩大了计算机的使用以简化其业务,基金会和其他非营利组织也需要不断努力,找到利用新技术实现其慈善目标的方法。如下文所述,这可能包括利用互联网向大众公布赠款或计划的结果。

附录 信任、服务和共同目标:不断发展变化中的美国慈善事业与非营利部门

该部门的组织还可以通过交流信息和在某些情况下进行合作来提高运营效率。尽管独立行动的可能性是该部门的一个优点,但也应该寻求分享信息的机会。例如,更多基金会可能会运用其资源让其他基金会的计划官员和受托人了解和利用自己的经验。

慈善事业与非营利部门的活动应充分传递给公众

为了增进公众的信任,鼓励人们进行捐赠和志愿服务,慈善事业与非营利部门的活动应当充分向公众披露。年度报告、时事通讯等都可以成为公众了解慈善事业与非营利部门的极好资源,而且这些传递形式应当得到促进与加强。然而,990 表格和 990PF 表格(我们统称为"990")是非营利部门的主要披露工具。这些表格是联邦免税组织每年必须向国税局提交的信息申报表。许多州还要求在其管辖范围内运作的免税组织也提交信息表。

这些表格应向公众广泛提供。特别是,

- 应该努力把所有的 990 表格放到互联网上,并使人们可以广泛访问。
- 监管机构应当对未备案、备案不全和故意虚假备案的行为进行严厉处罚。
- 就滥用职权而言(即以不正当方式将资金转入私人手中), 990 表格通常足够了,尽管可能会做出一些改变,以改进备案组织与其附属组织之间的交易披露。
- 此外,应当扩大 990 表的范围,要求组织提供更多有关计划活动与成就的信息,以便读者能够对组织的有效性和效率进行评估。这一变化将使他们能够做出更明智的支持决定。此外,公

众将能够更好地了解组织正在做什么及其工作成效。确定如何对990表格进行这些更改可能会很困难。然而，扩展信息可能对于更好地报告极为有用。

除了使用990表格以外，还需要开发定期向媒体传递有关计划活动和成就信息的方法。不准确的报道有可能会对部门的信誉造成真正的损害。报道该部门的记者通常对其知之甚少。可以考虑建立一个慈善事业与媒体中心（Center of Philanthropy and the Media），使媒体更充分地了解这个部门，并提供有关该部门的背景资料。建立这样一个中心还可以指导组织如何有效地与媒体合作，并使用新的信息技术。另一个实用的策略是在新闻学院开设慈善事业与非营利部门的相关课程。

虽然现有的监管法规足以完成这项任务，而且监管机构的结构也较为健全，但这些机构得到的支持严重不足。因此，慈善事业与非营利部门应该在一定程度上资助这些机构，使它们充满活力，并能够实现它们的既定目标。需要创建一个积极的教育计划来支持带来变革所需的建议。

现有执法机构需要加强

为了确保信息充分公开披露、发现滥用职权、促进受托人的管理工作，以及惩罚和制止渎职行为，该部门应大力加强现有执法机构——州慈善机构办公室和国税局免税组织办公室的职能。

必须加强慈善事业与非营利部门的评估程序

尽管一些基金会会对其资助的项目进行评估，但这方面还需要更多的关注。此外，许多运营中非营利组织并不评估其计划的有效性。在资源限制的范围内,这种评估对组织的高效运作和维持对它们的信任都是至关重要的。特别是,了解受赠人和基金会在执行其计划的过程中取得了哪些成就和学到了什么,对组织的信誉、能力以及目标的达成都具有重要意义。许多基金会不愿意为评估提供资金,因此失去了收集对其受赠人、基金会本身和公众都有用的数据的机会。各基金会应努力学习评估方法及其的合理使用。基金会还应开展积极的评估计划,并将评估结果进行沟通。

保护和提高慈善与非营利组织人员的素质

• 加强慈善事业与非营利部门受托人、管理人员和工作人员的专业精神及素质建设。

• 慈善事业与非营利部门应采用和支持伦理准则,如基金会理事颁布的准则以及良好执业标准,并将其使用情况告知公众。

• 为了鼓励招聘和留住优秀员工,有必要为非营利部门的员工建立一个类似高等教育部门员工享有的养老金共同基金。

• 基金会和其他捐赠者应重新考虑它们不愿意支持非营利组织的运营预算的情况,因为追求效率和评估需要发展和维持内部能力,而这是许多非营利组织无法负担的。

V. 慈善事业与非营利部门的下一步行动

除了改进慈善事业与非营利部门的绩效与问责之外,我们建议采取以下步骤。

528 与其他部门的关系

(1) 慈善事业与非营利部门应促进与营利部门的关系。

• 与营利性组织的关系可能为非营利组织进一步履行其使命提供机会。然而,只有当营利性组织加强这些使命时,才能与之建立伙伴关系。

• 非营利组织应从营利性部门寻找成功的模式,将竞争和市场驱动的技术应用到自己的工作中。

• 基金会应继续为那些有可能成为非营利部门收入来源的社会企业提供资金。

• 非营利组织应分享这些社会企业产生的收益。

• 营利性组织应承担一些提高非营利部门从事社会创业的能力的责任。

(2) 慈善事业与非营利部门应促进政府做出更积极和有效的反应,包括采取如下步骤:

• 推动代表性不足的群体参与政治进程;

• 与政府合作解决社会问题;

• 为公共决策提供研究和信息。

(3) 慈善事业与非营利部门应通过以下方式加强其在推动公共政策制定中的民主进程的作用:

• 确保听到最广泛的不同声音;

• 允许对极端观点进行公开辩论;

• 为辩论提供信息;

• 尽可能让广泛的受众了解这些问题。

宗教机构的重要性

- 非营利部门中基于信仰的机构应被更广泛地视为慈善事业的关键行动者,特别是它们在促使个人参与捐赠和志愿服务以及在地方一级创建社区方面所发挥的作用。

价值观及其应用

- 慈善事业与非营利部门应寻求其他途径,作为表达慈善推动力及其机构所代表的价值观的工具。
- 应促进社区合作和建立伙伴关系,并继续发展社区基金会。
- 应鼓励在公民责任、非营利部门的作用以及社区服务和服务学习的重要性方面开展教学活动。

教育与吸引下一代

- 慈善事业与非营利部门需要率先制定战略,教育美国人参与并理解慈善事业的传统、价值观和实践。我们的教育要面向大众、中小学校(K-12)以及高等教育,特别是通过主动学习机制——服务学习和社区服务。目前的一个例子是密歇根基金会理事会(Council on Michigan Foundations)的试点工作。正如科学和艺术的倡导者一样,我们必须证明慈善事业对美国和世界实现民主承诺的重要性。
- 我们需要积极招募、培养和指导下一代(尤其是那些十几岁、二十几岁和三十几岁的年轻人),使他们在慈善事业与非营利部门中发挥领导力。我们可以通过增加社区服务人员和理事会职位的机会,以及建立由年轻人发起的慈善倡议来实现这一目标。

• 我们欢迎并鼓励下一代采取行动,因为他们寻求在现有传统的基础上为慈善事业与非营利部门发展新的想法、策略和方法。

解决严重的国内和全球问题

(1)慈善事业与非营利部门应将更多的资源用于我们国家和世界上最贫困的地区和人民,扩大扶贫战略,并认识到仅靠慈善事业与非营利部门无法消除收入不平等。

(2)美国的慈善事业与非营利部门应通过以下方式提高其解决其他国内外严重问题的能力:

• 增加各种规模和类型的非营利组织所需的领导力培训及其他基础设施支持;

• 开发信息和知识库,以帮助确定需求和差距;

• 在设定优先事项和审议政策选择时听取不同的声音;

• 测量绩效和设定标准;

• 发展解决各级问题所需的领导力;

• 扩大和丰富这项工作的资源基础。

沟通

• 通过教育、公共关系和直接参与其工作等各种方式,慈善事业与非营利部门必须尽可能向广泛的公众传达它们的作用、责任以及所做的工作,以便增加志愿者和捐赠者的数量和多样性,或利用他们的成就。

- 慈善事业与非营利部门应加强其能力,对教育并告知公众和政策制定者的机会做出快速反应。

慈善资源的增长

- 随着财富的增加,出现了招募新一代捐赠者加入的机会。
- 为了确保新的慈善资源得到最有效的利用,新的捐赠者和慈善工作人员必须充分了解慈善事业与非营利部门的历史、职能和运作。由资助者区域协会论坛(Forum of Regional Associations of Grantmakers)发起的"促进慈善事业倡议"(Promotion of Philanthropy Initiative)就是一个例子。此外,慈善事业与非营利部门必须对不同的慈善传统、观念和运营方式持开放的态度。
- 社会未得到满足的需要十分严峻,需要采取各种新的手段来缓解这些需要。慈善部门与非营利部门应当鼓励:增加慈善捐赠的具体战略,从目前占国内生产总值的2%提高到3%;个人考虑向慈善组织捐赠遗产,其目标是将慈善遗赠者的比例翻番,从略低于20%增加到40%;企业将至少2%的税前收入用于慈善活动。
- 基金会应考虑将其赠款额度提高到一般水平以上,特别是用于那些可以减少贫困或加强重要社区组织基础设施建设的计划。

结论

美国人在慈善事业与非营利部门投入了大量的人力和财力。我们公民社会的力量得到承认,常常令人羡慕,并成为世界各国社会的楷模。这份报告强烈呼吁慈善事业与非营利部门将更多的资源投入到对我们的社会构成根本威胁的问题上,以更富有想象力,更有效、更开放和更包容的方式开展工作,并传播和促进那些支撑着我们公民社会的价值观:信任、服务和共同目标。

索 引

说明：索引中的页码均为原书的页码。 ——译者

A

Abolition movement（废奴运动），256

Abramson, Alan J.（艾伦·J.艾布拉姆森），128

Accountability（问责），46，183－186，198，513－515，525－527；and board governance（和理事会治理），199－200，205－206；IRS requirements for（国税局要求），181－183；in nonprofit hospitals（在非营利医院中），378－381；performance standards for human services agencies（人类服务机构的绩效标准），139，154，168n10；and the press（和新闻界），184；as responsiveness to customers（作为对客户的响应），207；strategies for（策略），186－191；watchdog organizations for（监察组织），183，205。See also Outcomes; Regulation of the nonprofit sector（另见：结果；非营利部门的监管）

Adams, John Quincy,（约翰·昆西·亚当斯），36

Adelphi University scandal（阿德尔菲大学丑闻），178，179，202，204

Advocacy（倡导），See Political advocacy by nonprofits（见：非

营利组织的政治倡导）

AFDC. *See* Welfare（见：福利）

African American Female Intelligence Society（非裔美国女性情报协会），256

African Americans：child poverty among（非裔美国人：儿童贫困），348；philanthropy by（慈善事业），12，87，255－259，267－268

African Union Society，Newport（非洲联盟协会，纽波特），255

Age：in donor characteristics（年龄：捐赠者特征），83－87

AIDS：home health care programs for（艾滋病：家庭医疗保健计划），148；nonprofit sector's response to（非营利部门的回应），22，47－49

Aldrich，Nelson（纳尔逊·奥尔德里奇），55

Alexander，Lamar（拉马尔·亚历山大），123

Alexandria（亚历山大港），library in（图书馆），34

La Alianza Hispano-Americana（西班牙裔美国人联盟），260

Alinsky，Saul（索尔·阿林斯基），336

Alliance of Poles in America（美国波兰人联盟），255

Alliance of Transylvanian Saxons（特兰西瓦尼亚-撒克逊人联盟），255

Altman，S. H.（S. H. 奥尔特曼），374

American Assembly（美国政策研究会），ix，464，500，513－514，517－539

American Association of Fund-Raising Counsel（美国筹款顾问协会），168n9，205，462

American Cancer Society（美国癌症协会），181

American Colonization Society（美国殖民协会），256

American Community Renewal Act（《美国社区复兴法案》），165

American Council on Race Relations（美国种族关系委员

会),258

American Enterprise Institute(美国企业研究所),111

American Express(美国运通公司),113

American Friends Service Committee(美国公谊服务委员会),276

American Indian College Fund(美国印第安大学基金),253

American Indian Movement,AIM(美国印第安人运动),253

American Institute of Certified Public Accountants(美国注册会计师协会),183,204,205

American Institute of Philanthropy(美国慈善协会),263

American Loyalty Club(美国忠诚俱乐部),263

American Medical Association(美国医学协会),61

美国医疗国际公司(American Medical International),371

American Promise(美国的承诺),125,241

American Red Cross(美国红十字会),181

American Woman Suffrage Association(美国妇女选举权协会),266

Americans for the Arts,AFA(美国艺术协会),467,468-471,477n3

Americorps(美国服务队),123

Ames,A. A.(埃姆斯),298

Amnesty International(大赦国际),114

Ancient Order of Hibernians of America(美国古爱尔兰修道会),254

Anders,G(安德斯),375

Anderson,Elizabeth Milbank(伊丽莎白·米尔班克·安德森),267

Anderson,Wendell(温德尔·安德森),293

Annenberg,Walter(沃尔特·安纳伯格),19,119,388,408n2

Anti-Semitism(反犹太主义),486-487,494

Aquinas, St. Thomas（圣托马斯·阿奎那）,482

Aramony, William（威廉·阿拉莫尼）,4,156,178,179,500

Arts agencies, state and regional（艺术机构,州和区域）,465,466-467,469,471,477

Arts and culture: charitable giving for（艺术与文化：慈善捐赠）,82,214,461-462,464; coalitions in support of（支持联盟）,468-473,476; competition for resources for（资源竞争）,475; corporate contributions to（企业捐赠）,102-103,108,475; emerging issues for the funding of（新出现的资助问题）,473-477; foundation support for（基金会支持）,462-468; multiculturalism in（多元文化主义）,474-475

Ashcroft, John（约翰·阿什克罗夫特）,165

Asia Pacific Economic Cooperation, APEC（亚太经济合作组织）,110-111

Asia Society（亚洲协会）,111

Asian American Legal Defense and Education Fund（亚裔美国人法律辩护与教育基金）,258

Asian American philanthropy（亚裔美国人慈善事业）,12,262-265

Aspen Institute（阿斯彭研究所）,111,351-352

Aspira（艾斯普）,277

Assessing the New Federalism project（"评估新联邦主义"项目）,27

Associate, right to（结社权）,200

Association of American Indian Affairs（美国印第安事务协会）,252

Association of Governing Boards（理事会协会）,183,205

Association of Healthcare Philanthropy（医疗慈善协会）,205

Atlantic-Richfield Company, ARCO（大西洋-里奇菲尔德公司）,253

Attorneys General(总检察长),182,202

Auerbach,A.(奥尔巴赫),222

Auten,G.(奥腾),214-215,216

Avery,R. B.(艾弗里),214-215,216

Axelrod,N. R.(阿克塞尔罗德),201

B

Bailey,A. L.(贝利),373

Bakker,Jim and Tammy(吉姆和塔米·贝克),178

Carrie Bamberger Fund(卡丽·班伯格基金),267

Banker's Mutual Life(银行家互助会),255

Barnett,K(巴尼特),379

Barrett,K.(巴雷特),219

Bean,F. D.(比恩),279

Becker,Gary S.(加里·S. 贝克尔),232,239

Bellah,Robert(罗伯特·贝拉),xii,500

Ben and Jerry's(本和杰瑞),161

Benevolent Society of St. Thomas(圣托马斯慈善协会),265

Bennett,John(约翰·贝内特),178

Bennett,William J.(威廉·J. 贝内特),30n9,361

Bequests(遗赠):of businesses(商业),224-225;determinants of(决定因素),221-226;and the Girard case(和吉拉德案),35-36,49n3;medieval use of(中世纪使用),35;in Minnesota(在明尼苏达州),306;trends in(趋势),213,216-217,508

Bergholz,David(大卫·伯格霍尔兹),401,402,408

Bergmann,Barbara(芭芭拉·伯格曼),354

Berkeley Economic Roundtable(伯克利经济圆桌会议),111

Berkshire-Hathaway(伯克希尔-哈撒韦),119

Berman,Edward H.(爱德华·H. 伯曼),506

Bernheim,B. D.(伯恩海姆),

743

222

Bernholz, L.(伯恩霍尔兹),388

Beveridge, Sir William(威廉·贝弗里奇爵士),483

Big Brothers/Big Sisters(大哥哥/大姐姐志愿者组织),458,459-460

Billionaires(亿万富翁),119,158

Bixby, A. K.(比克斯比),146,147,148

Black Women Club Movement(黑人妇女俱乐部运动),267

Block Grant Response Initiative, Kansas City(整体拨款响应倡议,堪萨斯城),315-316,323-329,332,334

B'nai B'rith Anti-Defamation League(圣约之子反诽谤联盟),254

Boards of directors(理事会): effectiveness measures of(有效性措施),208-209; governance by(治理),199-200; Hispanic participation on(西班牙裔参与),281-282; racial composition of(种族构成),270; self-regulation by(自我监管),205-206

Boeing(波音公司),111

Bok, D.(博克),350,358

Bonds(债券), tax-exempt(免税),151

Borowski, Neill A.(尼尔·A.博罗夫斯基),184

Bosnia: humanitarian assistance to(波斯尼亚:人道主义援助),112

Boston Compact(波士顿契约)(1985),396

Boston University scandal(波士顿大学丑闻),202,204

Bothwell, R.(博斯韦尔),156

Bowen, William(威廉·鲍恩),179

Boychuk, T.(博伊丘克),145

Boyd, Richard(理查德·博伊德),397,402

Boys and Girls Clubs(男孩女孩俱乐部),458

BP America(英国石油美国分公司),388,394

Bradford, Gigi（吉吉・布拉德福德）,473

Bradley Foundation（布拉德利基金会）,136n19

Bradshaw, P.（布拉德肖）,208

Brady, H. E.（布雷迪）,163

Brand, Phil（菲尔・布兰德）, 181–182

Bremner, Robert（罗伯特・布雷姆纳）,68,69,126,130,212, 248–249

Brewer, D. J（布鲁尔）,420–422,424,426n9,426n12

Brookings Institution（布鲁金斯学会）,111

Brown, L. D.（布朗）,146,368

Brown Beacon Project（布朗灯塔项目）,253

Bryk, Anthony S.（安东尼・S.布雷克）,387,396

Bryson, Bill（比尔・布赖森）, 488–489

Buffett, Warren（沃伦・巴菲特）,119

Bundy, McGeorge（麦克乔治・邦迪）,60,70

Burroughs, Nannie H.（南妮・H.伯勒斯）,268

Bush Administration（布什政府）, 127；NAFTA negotiations（北美自由贸易协定谈判）,114；Points of Light Foundation（万千光点基金会）,136n12

布什基金会（Bush Foundation）, 65,306

Business Committee for the Arts, BCA（商业艺术委员会）, 103,108

Butler, Lewiss（刘易斯・巴特勒）,406

C

California arts council（加州艺术委员会）,467

California Community Foundation（加州社区基金会）,462

Capital Research Center（资本研究中心）,205

Capitalism（资本主义）,504

Card, David（大卫・卡德）,414,

422-423

CARE(国际救助贫困组织),112

Carlisle Indian School(卡莱尔印第安学院),252

Carnegie, Andrew(安德鲁·卡内基),40,54,59,66,132,501

Carnegie Corporation of New York(纽约卡内基公司): child poverty addressed by(解决儿童贫困问题),354; creation of(创造),38-40; early hostility toward(早期敌意),54; education work by(教育工作),58; foreign policy influence of(外交政策影响),506; Latino causes supported by(对拉丁裔事业的支持),280-281,282,290; public broadcasting supported by(对公共广播的支持),466; race relations work by(种族关系方面的工作),58,258

Carnegie Foundation for the Advancement of Teaching(卡内基教学促进基金会),39,44

Carnegie Institution(卡内基研究所),54

Annie E. Casey Foundation(安妮·E.凯西基金会),159,354,388

Castelli, Jim(吉姆·卡斯泰利),241

Catholic Charities(天主教慈善会),4,25

Catholic Relief Services(天主教救济会),112,484-485

Census of Service Industries(服务业普查),141-142

Center for Arts and Culture(艺术文化中心),469,470,472-473,476,477n2

Center for Effective Compassion(有效同情中心),241

Chambré, Susan(苏珊·尚布尔),22

Chance, Ruth(露丝·钱斯),276,278

Charitable organizations, 501(c)(3) status(慈善组织,501[c][3]地位),6,504; increase in(增加),122-123; and nonprofit health care(和非营利医疗保健),369,373

Charities Review Council(慈善审查委员会),300-301,308

Charity:philanthropy distinguished from(慈善行为:区别于慈善事业),56

Charity societies(慈善协会),post-Civil War(内战后),36

Chase Manhattan Bank(大通曼哈顿银行),104,113

Chicago Community Trust(芝加哥社区信托基金),392,393,394,400

Chicago foundations(芝加哥的基金会):activism by personnel of(人员行动主义),402; Chicago Panel on School Policy(芝加哥学校政策小组),401; Designs for Change initiative of(变革设计倡议),401; evaluation of reform programs by(改革计划评估),404-405; evolving strategies of(不断发展的战略),399-400; gap-funding by(缺口资金),402-403; institutional interdependence among(机构之间的相互依赖性),401; local context of(地方背景),392,393; parameter pushing by(参数推送),403-404; persistence of(持续性),400; school reform efforts(学校改革行动),394-396,409n4,409n7; tensions experienced by(经历的矛盾),405-408

Chicago School Reform Act(《芝加哥学校改革法案》)(1988),389,393-396,401-403,406,409n7,409n8

Chicano Movement(奇卡诺运动),261

Child care,Kansas City(儿童保育,堪萨斯城):Metropolitan Council on Child Care(大都市儿童保育委员会),320-322; Partners in Quality for Early Childhood Care and Education,PIQ(早期儿童保育和教育质

量合作伙伴),315-316,318-323,324,333,334

Child poverty(儿童贫困),347-348,508; causes of(原因),349-351; devolution's impact on(权力下放的影响),358-360; foundation response to(基金会的反应),351-355,357-360; and increases in the working poor(穷忙族的增加),348-349; policies for the age of welfare reform(福利改革时代的政策),335-357; and the privatization of family services(和家庭服务私有化),360-361; public discourse on(公共话语),357-358; rates of(比率),348; social compact for addressing(解决问题的社会契约),356; universal approach to reducing(减少的普遍方法),353-354,358

Chinese Consolidated Benevolent Association, CCBA(中华公所),262

Chinese Six Companies, CSC(中华会馆),262-263

Chollet, D. J.(乔莱特),372

Christian Benevolent Society(基督教仁爱会),256

Christian Coalition(基督教联合会),164

Christian Community Development Assoc.(基督教社区发展协会),241

Christian tradition: fragmentation of(基督教传统: 分化),494

Churches. See Religious organizations(教会。见宗教组织)

CIA programs: foundation funding of(中央情报局计划: 基金会资助),62

Citibank(花旗银行),113

Citizens Aliance, Minneapolis(公民联盟,明尼阿波利斯),299,300

Citro, C. F.(奇特罗),348

Civic disengagement(公民离散),27-28

Civil Rights movement(民权运

动),487-489,490;Chicano participation in(奇卡诺人参与),261;foundation support for(基金会支持),258-259;Native American participation in(美国原住民参与),252-253

Civil society(公民社会),1-2,24,46-47,See also Nonprofit sector Civil Society Project(另见非营利部门公民社会项目),241

Civilization Fund(文明基金),252

Edna McConnell Clark Foundation(埃德娜·麦康奈尔·克拉克基金会),388

Clay,P. L.(克莱),323

Clean Air Act(《清洁空气法案》),437,438-439,445n16

Clean Water Act(《清洁水法案》),428,446n27

Cleveland Education Fund(克利夫兰教育基金),396,398,410n9

Cleveland Foundation(克利夫兰基金会),386,393,402,410n12,464,465

Cleveland Foundations:activism by personnel of(克利夫兰的基金会:人员行动主义),402;evaluation of reform programs(改革计划评估),404-405;evolving strategies of(不断发展的战略),399-400;gap-funding by(缺口资金),402-403;grants issued by(赠款发放),398;institutional interdependence among(机构之间的相互依赖性),401;local context of(地方背景),391-393;parameter pushing by(参数推进),403-404;persistence of(持续性),400;Scholarship-in-Escrow program(代管奖学金计划),396,398,405,410n11;school reform efforts of(学校改革行动),396-398;战略计划(Strategic Plan of),400,403;Strategy Council of(战略委员会),398,

400; tensions experienced by（经历的矛盾）,398,400

Cleveland Initiative for Education, CIE（克利夫兰教育倡议）,397,398,408

Clinton Administration（克林顿政府）：child care initiatives（儿童保育倡议）,323；civic spirit extolled by（颂扬公民精神）,123；declares era of big government over（宣布大政府时代结束）,128；health care reform proposal of（医疗改革提案）,366,380－381；international trade policy of（国际贸易政策）,110

Clotfelter, C. T（克洛特费尔特）,87,88,96,151,214－215,218,219,510

Cnaan, Ram（拉姆·肯奈恩）,5

Coats, Dan（丹·科茨）,123

Cobb, Nina Kressner（尼娜·克雷斯纳·科布）,461,462,466

Coca-Cola（可口可乐）,104,111,505

Coleman, James S.（詹姆斯·S.科尔曼）,232

Collaboratives, Kansas City（合作计划,堪萨斯城）,316,319－320；Block Grant Response Initiative（整体拨款响应倡议）,315－316,323－329,332,334；challenges faced by（面临的挑战）,340－342；civic entre-preneurs in（公民企业家）,337－338；community information systems development by（社区信息系统开发）,330－331；leadership patterns in（领导模式）,331－332；Local Investment Commission（地方投资委员会）,329－330,332,333,335；mediating organizations for（中介组织）,336－337；Metropolitan Council on Child Care（大都市儿童保育委员会）,320－322；neighborhood redevelopment initiatives（社区重建倡议）,330；Partners in Quality for Early Childhood

Care and Education(幼儿保育和教育质量合作伙伴),315-316,318-323,324,333,334; philanthropic sector's role in(慈善部门的作用),339; resource mobilization for(资源调动),338; social capital tapped for(利用社会资本),332-334; success factors for(成功因素),331

Collins, Dennis(丹尼斯·柯林斯),473

Colored Women's League(有色人种妇女联盟),2672

Columbia/HCA(哥伦比亚/美国医院公司),371,372,374,375,376,378,380

Combined Federal Campaign Law(《联合联邦运动法》)(1987),156

Comer, James(詹姆斯·科默),398

Commercialization(商业化),4,28,510,521-522

Commission on Industrial Relations(劳资关系委员会),54,59

Common Fund scandal(共同基金丑闻),178

Commonwealth Fund(英联邦基金),37,38,40

Communities(社区),231; conservative remedies for(保守派的解决方法),235-236; corporate philanthropy in(企业慈善),243; disparities in(差异),238; elements of(要素),232; faith-based philanthropy in(基于信仰的慈善事业),241-242; local government's role in(地方政府的作用),243-244; local vs. national(地方与全国),232-234; motivations for generosity in(慷慨解囊的动机),240; nonprofit organizations in(非营利组织),237; patterns of generosity in(慷慨的模式),238-239; philanthropic investment in the social capital of(对社会资本的慈善投资),232-233; philanthropy's contribution to community life (慈善事业对社区生活的贡献), 236 – 238; preferences for (偏好), 234 – 235; progressive remedies for (改革派的解决方法), 236

Community Chest Movement (公益金运动), 507

Community foundations (社区基金会), 20, 130, 132, 136n19, 477; charitable giving to (慈善捐赠), 214; early movement for (早期运动), 40; expansion of (扩大), 158; Kansas City (堪萨斯城), 321; Latino (拉丁裔), 285 – 287; Minnesota (明尼苏达州), 298, 305 – 306

Community Planning Council (社区规划委员会), 285

Community Service Organization, (CSO) (社区服务组织), 261

Community service requirements (社区服务要求), 220 – 221

Comprehensive community initiatives (综合社区倡议), 351 – 353

Conference Board (美国经济咨商局), 107, 109

Congreso de Pueblos de Habla Espanola (西班牙裔人民代表大会), 260 – 261

Congress (国会): hostility towards foundations by (对基金会的敌意), 55 – 56, 59 – 63; investigations of foundations by (对基金会的调查), 62 – 63; Rockefeller Foundation charter rejected by (洛克菲勒基金会特许状被否决), 55, 60, 67 – 68

Congress of Racial Equality (CORE) (争取种族平等大会), 258

Constitution of the United States (《美国宪法》), 52; First Amendment (《第一修正案》), 200, 202, 504

Contract with America (与美国的契约), 69, 483

Cook, P. J (库克), 421

Cook Inlet Region Inc. (库克湾地区公司), 253

Cooperative College Development

Program(合作大学发展计划),257

Corning(康宁),111

Corporate philanthropy(企业慈善事业),20-21,99; for the arts(为艺术),102-103,108,475; community role of(社区角色),243; corporate interests served by(服务于企业利益),100,104; employee-centered(以员工为中心),117-120; growth in(增加),104-105; for human service agencies(为人类服务机构),157; international philanthropy(国际慈善事业),109-115; in Minnesota's Keystone Program(在明尼苏达州的楔石计划中),303-305; professionalism in(专业精神),105-106; by small and midsize firms(由中小型企业),107-109,112; technological advances for(技术进步),115-119; for universities(为大学),101-102

Corporation for Public Broadcasting(公共广播公司),465

Cosby,Bill(比尔·科斯比),259

Costs of giving(捐赠的成本),73

Council for Aid to Education(教育援助委员会),416

Council for Energy Resource Tribes(能源资源部落委员会),253

Council for the Advancement and Support of Education(教育发展与支持理事会),205

Council of Jewish Federations(犹太联合会理事会),4

Council of Mexican American Affairs(CMAA)(墨西哥裔美国人事务委员会),261

Council on Financial Aid to Education(教育财政援助委员会),107

Council on Foreign Relations(外交关系委员会),111

Council on Foundations(基金会理事会),46,107,180,270,469; on Hispanic participation in philanthropy（关于西班牙裔参与慈善事业），281－282；watchdog role of（监督作用），183，186，205

Covenant House scandal（圣约家园丑闻），4，178，204

Covenants（契约），503－508，509－512

Covington，Sally（萨利·科温顿），503，506

Cowles，John，Jr.（小约翰·考尔斯），294

Cowles Media（考尔斯传媒），303－304

Crane，Robert（罗伯特·克兰），476

Croly，Herbert（赫伯特·克罗利），125，127，129

Cuban American National Foundation（古巴裔美国人全国基金会，CANF），261

Cultural philanthropy（文化慈善事业）：and Americans for the Arts（和美国艺术协会）468－469，470－471，477n3；and the Center for Arts and Culture（和艺术文化中心），469，470，472－473，476，477n2；changing assumptions about（不断变化的假设），473－474；coalitions for（联盟），468－473，476；competition for resources in（对资源的竞争），475；by corporations（企业），102－103，108，475；experimentation in（实验），477；by foundations（由基金会），462－468，474，477；by Grantmakers in the Arts（艺术资助者组织），468，469－470，476；holistic thinking in（全面的思考），475－476；long-term view of（着眼长远），476；management in（管理），477；and multiculturalism（和多元文化主义），474－475；and the National Assembly of State Arts Agencies（和州艺术机构全国大会），469，471；and the President's Committee for the

Arts and the Humanities(和总统艺术与人文顾问委员会),469,471－472;by private donations(由私人捐赠),461－462

Cummins Engine Foundation(康明斯发动机基金会),259

D

Dale,Harvey(哈维·戴尔),177,205

Daley,Richard M.(理查德·M.戴利),392

Danish Brotherhood of America(美国丹麦人兄弟会),255

Danko,William D.(威廉·D.丹科),108

Danziger,Sheldon(谢尔顿·丹齐格),353－354

Dartmouth College case(达特茅斯学院案),35－36,200

Daughters of Tabor(塔博尔之女),256

Day,Edmund E.(埃德蒙·E.戴),44－45

Dayton Hudson Corporation(戴顿·赫德森公司),294,304,305

Dees,J. Gregory(J.格雷戈里·迪斯),3

Defenders of Wildlife(野生动物保护者),429

Delancy Street(德兰西街),161

Demand for charitable donations(慈善捐款需求),74

Democracy(民主),198,504,514

Dependent Child Care Tax Credit system(受抚养子女税收抵免制度),358

DeVita,Carol(卡罗尔·德维塔),25

Devolution(权力下放),3－5,26,67,69,127－135,135n6,135n20,509,522; and child poverty(和儿童贫困),355－360; commissions on(任务),23,30n9; of environmental regulation(环境监管),428－430; foundations' role in(基金会的作用),64,66－67,405;

human service agencies' roles in(人类服务机构的作用),140,153-154,226-227; religious organizations roles in(宗教组织的作用),4-5; and social justice(和社会正义),26-27; See also Welfare reform(另见福利改革)

Diamondopoulos, Peter(彼得·迪亚蒙多普洛斯),178

Dickens, Charles(查尔斯·狄更斯),136n16

Dilulio, J. F.(迪卢利奥),361

Disney, Walt(沃尔特·迪士尼),111,116

Disposable resources(可支配资源),73,79-80

Diversity in the nonprofit sector(非营利部门的多样性),1-2,9-11,12,23,502

Dobbin, F.(多宾),145

Donations, private.(捐赠,私人),See Giving, individual charitable(见捐赠,个人慈善)

Donors: profiles of(捐赠者:概况),83-88,217-219

Donors Forum of Chicago(芝加哥捐赠者论坛),159

Douglas, T.(道格拉斯),352

Drucker, Peter F.(彼得·F.德鲁克),3

Du Pont(杜邦),104

Duncan, Gregory(格雷戈里·邓肯),350

Duran, Angela(安吉拉·杜兰),351

Durso, K. A.(K. A.杜索),368

Dwyer, Christine M.(克里斯汀·M.德怀尔),473

E

Eagan, Susan Lajoie(苏珊·拉乔伊·伊根),385

Eagle Staff Fund Collaborative(老鹰员工基金合作组织),253

Ecumenism(普世教会主义),494

Education(教育):African American education funds(非裔美国人教育基金),257,267-268; and bequest behavior(和遗赠行为),226; Carnegie

Corporation's work in（卡内基公司的工作），58；charitable giving for（慈善捐赠），82，214；corporate contributions for（企业捐赠），101-102；as a determinant of charitable giving（作为慈善捐赠的一个决定因素），88，218；liberal education（博雅教育），489-491，495；and local values（和地方价值观），132-133；Partners in Quality for Early Childhood Care and Education, Kansas City（幼儿保育和教育质量合作伙伴，堪萨斯城），315-316，318-323，324，333，334；post-Civil War philanthropy for（内战后慈善事业），36，61；vouchers for（代金券），128；See also Higher education, philanthropic contributions to（另见高等教育、慈善捐赠）

Ehrenberg, R. G.（埃伦伯格），420-422，424，426n9，426n12

Ehrlich, Thomas（托马斯·欧利希），427n18

Eisenberg, Pablo（巴勃罗·艾森伯格），70

Eisenhower administration（艾森豪威尔政府），252

Elizabeth I（伊丽莎白一世），Queen of England（英格兰女王），482

Elkus, Charles De Young（查尔斯·德·杨·埃尔库斯），276

Eller, M.（埃勒），224，225

Emerson, Jed（杰德·埃默森），133

Employee-centered philanthropy（以员工为中心的慈善事业），117-120

Employment opportunities（就业机会），26-27

Endangered Species Act（《濒危物种法案》），428，444n4

Endowments：in the Middle Ages（捐赠：在中世纪），34-35

Engineering metaphor for philanthropy（慈善事业的工程学隐喻），46

Engler, John(约翰·恩格勒), 128

Enterprise Zone program(企业区计划),151,352

Entrepreneurship(企业家精神), 133,140,159-162,308

Environment(环境): charitable giving for(慈善捐赠),214; philanthropy for in the age of devolution(权力下放时代的慈善事业),428-430,443

Environmental Protection Agency (EPA)(美国国家环境保护局),428

Environmental regulation(环境监管): decentralization of favored(权力分散倾向),428-431; desirable role for the federal government in(联邦政府在这方面的理想作用),442-443, 448n43; futility of federal regulation(联邦监管无效), 435-436; interstate externality argument for centralization of (支持集权化的州际外部性理由),436-439,446n27,447n33; public choice argument for centralization(支持集权化的公共选择理由),439-442; race-to-the-bottom argument for centralization of(支持集权化的竞次理由),431-435,445n17, 446n21,446n22

Equal Rights Amendment(《平等权利修正案》),268

Esping-Anderson, G.(G. 埃斯平-安德森),166,167

Ethnic groups in the nonprofit sector(非营利部门中的少数族裔群体),12。See also Indigenous philanthropy(另见本土慈善事业)

European immigrant philanthropy (欧洲移民慈善事业),254-255,298

European welfare states(欧洲福利国家),3,166

Executives of nonprofit organizations(非营利型组织高管): excessive salaries of(工资过

高),179; scandals among(丑闻),178-179,500

F

Faith and Families(信仰与家庭),241

Farmer-Labor Party(农工党),299-300

Fashola, Olatokunbo S.(奥拉托昆博·S.法索拉),390

Federal government(联邦政府),3,52; aid to the South by(对南方的援助),61; foundations and policymaking(基金会与政策制定),52-53,55-59; human service programs of(人类服务计划),124-127,135n3; labor policies of(劳工政策),60-61; reinventing(重塑),122,128,161; relationship with foundations(与基金会的关系),55-56,58-72; See also Congress; Devolution; Environmental regulation Fees for services(另见国会;权力下放;环境监管服务费),4,14

Female Moral Reform Society(女性道德改革协会),265

Filer Commission(法勒委员会),3,63-64,66,126,189

Filicko, Therese(特蕾丝·菲利科),473

Filipino American philanthropy(菲律宾裔美国人慈善事业),264-265

Financial Accounting Standards Board(财务会计准则委员会),205

First Amendment(《第一修正案》),200,202,504

Fishman, James J.(詹姆斯·J.菲什曼),182,201,209n3

Five Percent Club(百分之五俱乐部)Minneapolis Keystone Awards(明尼阿波利斯楔石奖),294-295,302,303-305,311

Flora, P.(弗洛拉),166

Flores, K.(弗洛里斯),352

Flynn, Patrice(帕特里斯·弗

林),25

Focke, Anne(安妮·福克),469,470

El Fondo de Nuestra Communidad of St. Paul(圣保罗我们的社区基金),284,285

For-profit entities(营利性实体):blurring of nonprofits and(模糊了非营利组织与),20-22,28,160-162,206-207,209n7,510,521-522; child poverty addressed by(解决儿童贫困问题),361; conversion of nonprofits into(非营利组织转制),124,140,202,376; growing influence of(日益增长的影响力),133-134,137n22,140; health care organizations as(医疗保健组织),365,368-369,374-378; in higher education(在高等教育中),511

Ford Foundation(福特基金会):arts and culture funding by(艺术与文化资助),458,466-468,470,478n5; child poverty addressed by(解决儿童贫困问题),354; civil rights groups supported by(对民权团体的支持),258-259,270; community foundations developed by(建立的社区基金会),158; Comprehensive School Improvement Program(综合学校改进计划),387-388; foreign policy influence of(外交政策影响),506; Gaither committee report for(盖瑟委员会报告),45; Indian-controlled schools supported by(对由印第安人控制的学校的支持),253; Latino organizations supported by(对拉丁裔组织的支持),261,277,278,280-281,282,285; local focus of(地方关注点),159; Manpower Demonstration Research Corp.(人力示范研究公司),451; outcomes evaluation by(结果评估),450-451; politically controversial programs(政治上有争议的

计划),40,136n14,270,278,505;postwar development of (战后发展),45;Public/Private Ventures,Inc.(公共/私人项目公司),405,450-451

Fosdick,Raymond(雷蒙德·福斯迪克),44

Foundation Center(基金会中心),249,279,280,469,471

Foundation for New Era Philanthropy scandal(新时代慈善基金会丑闻),4,178,204

Foundations(基金会):accountability of(问责),46;African American causes supported by(对非裔美国人事业的支持),257-259;in the ancient and medieval world(在古代与中世纪),34-35;changing role of(不断变化的作用),x,41-47,64-72,226-227;child poverty addressed by(解决儿童贫困问题),351-355,357-360;comprehensive community initiatives by(综合社区倡议),351-353;Congressional hostility toward(国会的敌意),55-56,59-63;conservative foundations(保守派基金会),41;corporate structure of(企业结构),38,53;cultural philanthropy by(文化慈善事业),462-468,477;definitions of(定义),34,49n1;early skepticism toward(早期的怀疑主义),39,54,55;educational focus of(对教育的关注),36,54,57,61;elites in(精英),57;federal government's relationship with(与联邦政府的关系),55-56,58-72;five periods of history of(历史上的五个时期),40-41;and government policymaking(和政府的政策制定),52-53,55-59;growth in assets of(资产增加),ix-x,25,157-158,179;growth in giving by(捐赠增加),ix-x,18;ideological activity by(意识形态活动),46,

69; increases in(增长),34; justifications for(理论依据),42-47; Latino organizations supported by(对拉丁裔组织的支持),261,275-283,286,290; legal traditions of(法律传统),35-36,49n2; medical research by(医学研究),43-44,58; in Minnesota(在明尼苏达州),306; Native American causes supported by(对美国原住民事业的支持),253; and neighborhood coalitions(和社区联盟),26-27; origins of in post-Civil War phi-lanthropy(内战后慈善事业的起源),34,36-39; outcomes movement in(结果运动),449-452; postwar develop-ment of(战后发展),45-46; and poverty(和贫困),56-57; private foundations(私人基金会),19-26; professionalization of(职业化),42; programs in the South(南部的计划),61,63; and the public/private distinction(和公共/私人的差别),57-60,68; public support sought by(寻求公共支持),65; scholarship on(奖学金),39,50n8; and school reform(和学校改革),385-408; scientific metaphors for the role of(基金会作用的科学隐喻),42-47; social engineering by(社会工程学),57; social justice causes supported by(对社会正义事业的支持),248-251,269-271; social science research by(社会科学研究),44,57-58,69; tax exempt status of(免税地位),54;税收政策(tax policies against),40,46,63,66,179,270,278; trustee control of(受托人控制),59-60; universities supported by(对大学的支持),54,57; viral metaphor for the role of(基金会作用的病毒隐喻),47-49; and welfare reform(和福利改革),

26-27,351-353；See also Community foundations；individual foundations by name Francis Families Foundation（另见社区基金会；以弗朗西斯家族基金会为名的个人基金会）,321

Frank, R. H.（弗兰克）,421

Frankel, Susan（苏珊·弗兰克尔）,473

Fraternal Organizations（兄弟会）,257

Free African Society, Philadelphia（自由非洲人协会，费城）,255-256

Freedmen's Bureau（自由民局）,256-257

Freedom Forum Foundation（自由论坛基金会）,178

Freeman, Orville（奥维尔·弗里曼）,300

Fremont-Smith, Marion（马里恩·弗里蒙特-史密斯）,52,177,202

Freund, Gerald（杰拉德·弗罗因德）,71

Frick, Henry Clay（亨利·克莱·弗里克）,501

Friedman, Milton（弥尔顿·弗里德曼）,177,192n11

Fukuyama, Francis（弗朗西斯·福山）,489

Fund for the Republic（共和国基金）,253

Fundamentalism（原教旨主义）,494

Funder's Collaborative for Strong Latino Communities（强大拉丁裔社区资助者合作计划）,287-288

G

Gaither, Rowan（罗恩·盖瑟）,45

Galarza, Ernesto（欧内斯托·加拉尔萨）,277

Galaskiewicz, Joseph（约瑟夫·加拉斯基耶维奇）,304-305

Gallegos, Herman（赫尔曼·加莱戈斯）,276,277,278

Galtier, Lucien(卢西恩·加尔捷),296

Gardner, John W.(约翰·W.加德纳),315

Garfinkel, I.(加芬克尔),356

Garrett, Mary Elizabeth(玛丽·伊丽莎白·加勒特),267

Gates, Bill(比尔·盖茨),119

Gates, Frederick T.(弗雷德里克·T.盖茨),37,40,43,47

General Agreement on Tariffs and Trade)(GATT)(关贸总协定),111

Gaul, Gilbert M.(吉尔伯特·M.高卢),184,204

Gelles, Erna(埃尔纳·盖利斯),23

General Education Board(一般教育理事会),54,55,257

General Electric(通用电气),104,111

General Federation of Women's Clubs(妇女俱乐部总联盟),267

General Social Survey(综合社会调查),214,215-216

Germ theory of disease(疾病细菌理论),42-43

Gerstner, Louis(路易丝·格斯特纳),104

Gilens, M.(吉伦斯),350

Gillman, Todd J.(托德·J.吉尔曼),22

Gilman, Daniel Coit(丹尼尔·科伊特·吉尔曼),37,38,39

Gingrich, Newt(纽特·金里奇),128

Gini coefficient for family income(家庭收入基尼系数),76,92,94

Girard, Stephen(斯蒂芬·吉拉德),35-36,49n3,130,200

Girl Scouts(女童子军),181

Giving, individual charitable(捐赠,个人慈善),212-215; for the arts(为艺术),82,214,461-462,464; in bequests(遗赠)213,216-217,508; in communities(在社区),238-239; declines in(下降),14,

18,24; determinants of(决定因素),217－219; and devolution(和权力下放),226－227; donor characteristics(捐赠者特征),83－88; and income levels(和收入水平),83,87,96; by Latinos(拉丁裔),281,286; market strategies for(市场战略),34; motivations for(动机),74,240; multivariate regression of(多元回归),88－96; rates of(比率),73,123,135n2; trends in(趋势),79－83; volunteer time(志愿者服务时间),213,215－216; and wealth(和财富),87,96

Globalization(全球化),110,288,475,520－521

Godfrey, Marian(玛丽安·戈弗雷),473

Goff, Frederick(弗雷德里克·戈夫),40

Goffin, Stacie(史黛西·戈芬),312－322

Goldsmith, Stephen(史蒂芬·戈德史密斯),128

Gonzalez, Henry B.(亨利·B.冈萨雷斯),278

Goody, Kenneth(肯尼斯·古迪),466

Gouizetta, Roberto(罗伯托·古伊泽塔),104

Governance(治理): by boards of directors(通过理事会),199－200,205－206,208－209; by trustees(通过受托人),200－201,209n2,209n3

Government funding of nonprofits(非营利组织的政府资助),3,14; by bonds(通过债券),151; by direct grants and contracts(通过直接拨款与合同),146－149; by fees(通过收费),149－150; human services agencies(人类服务机构),143－153,168n9; and privatiza-tion(和私有化),129,139,161; regulations accompanying(相关法规),146,

151-152; by set-asides for nonprofits(对非营利组织的附加条款),152; by tax credits and deductions(通过税收抵免和扣除),150-151

Grantmakers in the Arts(艺术资助者组织),468,469-470,476

Gray, Bradford H.(布拉德福德·格雷),23

Green, J. C.(格林),208

Great Books Program(名著选读计划),490

Great Depression(经济大萧条),44

Great Society(伟大社会),41,56,67,126,152,483,489

Greater Kansas City Community Foundation(大堪萨斯城市社区基金会),321

Greene, Jerome(杰罗姆·格林尼),44

Greenleaf, Robert(罗伯特·格林利夫),71

Greenwald, R.(格林沃尔德),421

Grønbjerg, Kirsten A.(克丽丝滕·A.克朗勃捷),14,30n4,506

Gross Domestic Product(GDP)(国内生产总值):growth in(增长),79,105;international trade as a share of(国际贸易占比),110;total contributions as a share of(捐款总额占比),79

Grossman, Allen(艾伦·格罗斯曼),133

GuideStar web page(指南星网页),184

George Gund Foundation(乔治·冈德基金会),394,402

H

Haas, Robert(罗伯特·哈斯),104

Hall, P. D.(霍尔),200,212,407

Hampton Institute(汉普顿学院),257

Handler, J. F.(汉德勒),356

Hansmann, Henry(亨利·汉斯曼), 145, 161, 365, 375, 381, 500

Hanson, Allan(艾伦·汉森), 349, 357

Hanushek, E. A.(哈努谢克), 421

Hardis, Sondra(桑德拉·哈迪斯), 388

Harkness, Stephen(史蒂分·哈克尼斯), 3

Hart, Jeffrey(杰弗里·哈特), 505-506

Harvard board of trustees(哈佛的理事会), 200

Harvey, Thomas J.(托马斯·J.哈维), 241

Hasenfeld, Y.(Y.哈森菲尔德), 356

Hassan, M.(哈桑), 378

Havens. J.(黑文斯), 213, 214, 215, 225

Head Start(先行教育计划), 147, 168n5, 350

Health and Retirement Survey(健康和退休调查), 222

Health care organizations(医疗保健组织): accountability of(问责), 378-381; charitable giving for(慈善捐赠), 82; for-profit HMOs(营利性医疗保健组织), 368-369; future of(未来), 376; government funding of(政府资助), 148; HMO ownership history compared(医院/医疗保健组织所有权的历史比较), 369-374; hybridization of for-profit and non-profit in(营利性和非营利实体的杂糅), 377-378; ownership diversity in(所有权多样性), 364-366; performance of(绩效), 374-375; public policies affecting ownership forms(影响所有权形式的公共政策), 366-374; state policies toward(州政策), 380-381; and welfare reform(和福利改革), 381

Health care reform proposal(医疗改革提案), 366, 380-381

Health insurance organizations(医疗保险组织),365

Hedges, L. V. (赫奇斯),421

Heidenheimer, A. J. (海登海默),166

Heimovics, R. D. (海姆维奇),208

Hendrie, C. (亨德里),391

Herman, R. D. (赫尔曼),208

Hero Fund(英雄基金),59

Hess, G. A. (赫斯),393,394

Hewlett-Packard(惠普公司),111,123

Higher education, philanthropic contributions to(高等教育,慈善捐赠),413; and commercialism(和商业主义),510; and competition(和竞争),414,424,426n16; decline in foundation support(基金会的支持下降),387; endowment earnings(捐赠基金收益),416,417,419 - 420,426n6; enrollment patterns affected by(对招生模式的影响),413 - 414,416,417,419,420 - 423,426n7,429n9; by private contributions(私人捐献),413,414 - 420,425n2,425n4; research supported by(对研究的支持),423 - 424,426n14; for social science research(社会科学研究),44,57 - 58,69,414,424 - 425; and undergra-duate education(和本科教育),424,426n17

Hill, Paul(保罗·希尔),387

Hill-Burton program(希尔-伯顿计划),369

Himmelstein, D. U. (D. U. 希梅尔斯坦),374

Hine, Darlene Clark(达琳·克拉克·海因),268

Hispanic Community Foundation of the Bay Area(HCF)(湾区西班牙裔社区基金会),284,285

Hispanic Federation of New York City(纽约市西班牙裔联合会),284 - 285

Hispanic Fund of Lorain County

（洛雷恩县西班牙裔基金），284,285

Hispanic populations（西班牙裔人口），278; See also Latinos Hispanics in Philanthropy（HIP）（另见拉丁裔西班牙裔慈善事业），287-288

Historic preservation（历史保护），463,464

HMO Act of 1973（1973年《医疗保健组织法案》），372

HMOs（医疗保健组织），155, 364-365; for-profit（营利性），368-369; future of（未来），376; HEDIS performance measures for（HEDIS绩效指标），379; hospital ownership histories compared to（与医院所有权的历史相比），369-374; hybridized（混合），377-378; nonprofit（非营利），368; ownership histories of（所有权历史），366-367,368; performance of（绩效），374-375; state policies toward（州政策），380-381

Hochschild, J. L.（J. L. 霍克希尔德），356

Hodgkinson, Virginia A.（弗吉尼亚·A. 霍奇金森），5,6,19,25,30n1,83,142; on patterns of charitable donations（关于慈善捐赠模式），214,219,510; on public support for nonprofits（关于公众对非营利组织的支持），192n27; on religious organizations in human services（关于人类服务领域中的宗教组织），164; on volunteering（关于志愿服务），192n6,213,215,220

Hogg, Ima（伊马·霍格），267

Hogg Foundation for Mental Health（霍格心理健康基金会），267

Holocaust（大屠杀），486-487

Home health care providers（家庭医疗保健提供者），148

Hoover, Herbert（赫伯特·胡佛），62

Hopkins, Bruce R.（布鲁斯·R.

霍普金斯),10

Hormel Foundation(荷美尔基金会),306

Hospital Corporation of America(美国医院公司),371

Hospitals(医院),364 – 365;accountability of(问责),378 – 381;for-profit(营利性),368;future of(未来),376;HMO ownership histories compared to(与医疗保健组织所有权历史相比),369 – 374;nonprofit(非营利),367;ownership histories of(所有权历史),366 – 368;performance(绩效),374 – 375;state policies toward(州政策),380 – 381

Housing assistance(住房援助),149,150,152,168n8

Howard University(霍华德大学),259

Hoy, E.(霍伊),371

Human Rights Watch(人权观察组织),114

Human service agencies(人类服务机构),123 – 124;advocacy by(倡导),139,140,162 – 163,168n12;charitable giving to(慈善捐赠),82,96;企业捐赠(corporate contributions to),157;and devolution(和权力下放),140,153 – 154,226 – 227;employment growth among(就业增长),142;entrepreneurship among(企业家精神),159 – 162;funds available to(可用资金),143;government funding of(政府资助),143 – 144,145 – 153;and managed care expansion(管理式医疗的扩展),139,140,150,154 – 155;outcomes movement in(结果运动),451;performance standards for(绩效标准),139,154,168n10;and the privatization of government services(和政府服务私有化),139,161,360 – 361;public policy role explained(理解公共政策的作用),144 – 145;religious organizations as(宗教组织),139,140,142,164－166,241－242; scope and structure of(范围和结构),1404; tax-exempt status of(免税地位),139,168n12; and welfare reform(和福利改革),139,150,162－163; women's groups(妇女团体),265－269; See also Child poverty; Social service organizations(另见儿童贫困;社会服务组织)

Humana Inc.(哈门那公司),371

Humanities: foundation support for(人文学科:基金会的支持),463,464

Humphrey,Hubert(休伯特·汉弗莱),300

Hurd,M.(赫德),223－224

I

IBM(国际商业机器公司),104,113

Ideology(意识形态),46,69

Ilchman,Warren(沃伦·伊尔希曼),503

Illinois Department of Children and Family Services(伊利诺伊州儿童和家庭服务部),152

Illinois Facilities Fund(伊利诺伊州设施基金),151

Immigrants' societies(移民协会),254,298

Income(收入): as a determinant of charitable giving(作为慈善捐赠的一个决定因素),83,87,96,218－219; disposable income(可支配收入),79－80; distribution of(分配),508; Gini coefficient for(基尼系数),76,92,94; slow growth in(缓慢增长),74－79

Income effect(收入效应),73－74

Income tax(所得税),54,55

The Independent Sector(独立部门),46,142－143,163,174,180; biennial surveys for(两年一次的调查),213－215,220; watchdog role of(监督作用),183,186,205

Indiana Center on Philanthropy（印第安纳慈善中心），ix

Indigenous philanthropy（本土慈善事业），12，248；African American（非裔美国人），255－259，267；Asian American（亚裔美国人），262－265；defined（界定），249－250；immigrant European（欧洲移民），254－255；Latino American（拉丁裔美国人），259－261，275，283－288；Native American（美国原住民），251－254；women's（妇女的），265－269

Individual philanthropy（个人慈善事业），x，212－213；See also Giving, individual charitable（另见捐赠，个人慈善）

Inequality（不平等）：growth of（增加），74－79，96，248，508，519－520

Inheritance：and charitable giving（遗产：和慈善捐赠），88

Institute for Advanced Studies（高等研究院），267

Institute for International Economics（国际经济研究所），111

Institute for Museums and Library Services（博物馆与图书馆服务研究所），465

Institutional philanthropy（机构慈善事业）；See Foundations Intel（见英特尔基金会），111

Internal Revenue Service（IRS）（美国国家税务局）：establishment of（建立），55；217；Exempt Organizations Office（免税组织办公室），181，188，189，190；Estate Study（遗产研究），89，190；filing requriements（备案要求），181－183，193n30；as foundation and non-profit regulator（作为基金会和非营利组织的监管机构），63，66，128，136n11，184，202－203，204；See also Tax-exempt organizations（另见免税组织）

International Order of Twelve Knights（国际十二骑士团），256

International philanthropy（国际慈

善事业),109-115

International Red Cross(国际红十字会),112

International Rescue Committee(国际救援委员会),112

Internet: impact on corporate philanthropy(互联网:对企业慈善事业的影响),115-117

Istook, Ernest J.(欧内斯特·J.伊斯托克),5,64,163

J

Jackson, James(詹姆斯·杰克逊),297

James, E.(詹姆斯),145,154

Japan: humanitarian assistance to(日本:人道主义援助),112

Japan Society(日本协会),111

Japanese American Citizens League(JACL)(日裔美国人公民联盟),263

Japanese American Voluntary Associations(kenjikai)(日裔美国人志愿协会)(县人会),263-264

Jeanes Fund(珍妮斯基金),257

Jefferson, Thomas(托马斯·杰斐逊),200

Martha Holden Jennings Foundation(玛莎·霍尔登·詹宁斯基金会),394,397,402

Job Training Partnership Act (JTPA)(《职业培训伙伴关系法案》),136n9,453,455,456

Johns Hopkins University(约翰斯·霍普金斯大学),267

Johnson & Johnson(美国强生公司),111

Robert Wood Johnson Foundation(罗伯特·伍德·约翰逊基金会),129-130; child poverty addressed by(解决儿童贫困问题),354; local focus of(地方关注点),159; Native American causes supported by(对美国原住民事业的支持),253

Jones, Reg(雷吉·琼斯),104

Joulfaian, D.(朱尔费安),222-223

Joyce Foundation(乔伊斯基金会),386,392-394,400,402,

406－407

Juvenile delinquency（青少年犯罪），43，44

K

Kahn, Alfred J.（阿尔弗雷德·J. 卡恩），160，361

Kamerman, Sheila（希拉·卡默曼），361

Kaminer, Wendy（温迪·卡米纳），241

Kane, Thomas（托马斯·凯恩），422

Kansas City（堪萨斯城），317；action-oriented philanthropy in（以行动为导向的慈善事业）342－343，；Block Grant Response Initiative（整体拨款响应倡议），315－316，323－329，332，334；"Child Opportunity Capital of the World" vision of（"世界儿童机会之都"愿景），335；civic entrepreneurs in（公民企业家），337－338；community challenges in（社区挑战），340－342；community information systems development in（社区信息系统开发），330－331；leadership patterns in（领导模式），331－332；Local Investment Commission（LINC）（地方投资委员会），329－330，332，333，335；mediating organizations in（中介组织），336－337；Metropolitan Council on Child Care（大都市儿童保育委员会），320－322；Mid-America Regional Council（MARC）（中美洲地区理事会），320，321，336；neighborhood redevelopment initiatives（社区重建倡议），330；Partners in Quality for Early Childhood Care and Education（PIQ）（早期儿童保育和教育质量合作伙伴），315－316，318－323，324，333，334；as the "partnership capital of the world"（作为"世界伙伴关系之都"），316；philanthropic sector in（慈善部门），318，339；resource mobilization in（资源调动），338；shared community vision in（共享的社区愿景），334－336；social capital in（社会资本），332－334

Kaplan, Ann E.（安·E.卡普兰），18，21

Karl, Barry D.（巴里·卡尔），125

Kasich, John（约翰·卡西奇），123

Katz, Michael B.（迈克尔·B.卡茨），239，357，501

Katz, Stanley N.（斯坦利·N.卡茨），125

Ewing Marion Kauffman Foundation（尤因·马里恩·考夫曼基金会），321－322

Keating, Stephen（史蒂芬·基廷），294

Kellogg Foundation（凯洛格基金会），20，158，286

Kelso, W. A.（凯尔索），349

Kemp, Jack（杰克·肯普），136nl1

Kennedy, Craig（克雷格·肯尼迪），400，407

Kennedy, Robert F.（罗伯特·F.肯尼迪），505

Kettering Foundation（凯特林基金会），514

Kinomon Gakuen Mothers' Society（基诺蒙·加昆母亲协会），263

Kittower, D.（基托威尔），361

Kline, Marvin（马文·克莱恩），301

Knight, Phil（菲尔·奈特），119

Korean American philanthropy（韩裔美国人慈善事业），264

Kosovo（科索沃），484－485

Kotz, Nick（尼克·科茨），67

Kreidler, John（约翰·克莱德勒），474

Krueger, Alan（艾伦·克鲁格），421

L

Ladd, Kate Macy（凯特·梅西·

拉德), 267

Lagnado, L. (拉格纳多), 380

Laine, R. (莱恩), 421

Langer, Gary (加里·兰格), 4

Latino American philanthropy (拉丁裔美国人慈善事业), 12, 259–261, 275–278, 283–288; need for (需要), 289–291; organizational models for (组织模式), 283–284; self-help initiatives (自助倡议), 284–285

Latinos (拉丁裔): census data on (人口普查数据), 278–279, 288–291; child poverty among (儿童贫困), 348

Emma Lazarus Fund (艾玛·拉扎勒斯基金), 289, 290

League of United Latin American Citizens (拉丁美洲公民联盟), 261

League of Women Voters (女选民联盟), 61, 511

Lederberg, Joshua (约书亚·莱德伯格), 47

Lenkowsky, Leslie (莱斯利·伦科夫斯基), 124, 136n10

Lenz, Linda (琳达·伦兹), 395

Letts, Christine W. (克里斯汀·W. 莱茨), 70–71, 133

Levi Strauss (利维·斯特劳斯), 104, 111

Levitt, K. R. (莱维特), 372

Lewis, Reginald (雷金纳德·刘易斯), 259

Liberal education (博雅教育), 489–491, 495

La Liga Protectora Latina (拉丁裔保护联盟), 260

Lilly Endowment (礼来基金会); community foundations initiative (社区基金会倡议), 132, 136n19, 158

Lipman, P. (李普曼), 388

Lipsky, M. (利普斯基), 143

Lobman, T. E. (洛布曼), 388

Local Investment Commission (LINC) (Kansas City) (地方投资委员会, 堪萨斯城), 329–330, 332, 333; civic entrepreneurs in

（公民企业家），337；guiding principles of（指导原则），335，344-345

Local values（地方价值观），129-133，232

Low-Income Housing Tax Credit program（LIHTC）（低收入住房税收抵免计划，150，153

Lowry, MacNeil（麦克尼尔·劳里），477n1

Ludlow strike of 1911（1911年勒德洛罢工），53

Lyman, Richard W.（理查德·W. 莱曼），3

M

MacArthur Foundation（麦克阿瑟基金会）：arts funding by（艺术资助），467；local focus of（地方关注点），159；school reform by（学校改革），392

Macedonia（马其顿），484-485

Macy Foundation（梅西基金会），267

Madison, James（詹姆斯·麦迪逊），483

Managed care（管理式医疗），139，140，150，154-155，365，368，376，381

Management in the nonprofit sector（非营利部门的管理），xi，477

Mandler, Crystal（克里斯特尔·曼德勒），462

Manpower Demonstration Research Corp.（人力示范研究公司），451

Marital status：charitable giving and（婚姻状况：慈善捐赠），88

Marmor, T. R.（T. R. 马默），161，365

Mashantucket Pequot Tribe（马山塔克特佩科特人部落），253-254

Massachusetts（马萨诸塞州）：managed care for child welfare services in（儿童福利服务的管理式医疗），155；private social service agencies network in（私人社会服务机构网络），152

Mather, Cotton(科顿·马瑟),212

Matthews, Jessica(杰西卡·马修斯),114-115

MAYO activists(墨西哥裔美国人青年组织积极分子),278

McCarthy, Joe(乔·麦卡锡),490

McCarthy, Kathleen(凯瑟琳·麦卡锡),12

McConnell, Brian(布莱恩·麦康奈尔),187

McDonald's(麦当劳),111

McGill case(麦吉尔案),200

McGovern, James J.(詹姆斯·J.麦戈文),181-182

McGuirk, A.(麦吉尔克),219

McKersie, W. S.(W·S·麦克西),386,388,393-394,400,408n1

McKnight Foundation(麦克奈特基金会),306,307

McLanahan, S. S.(麦克拉纳汉),356

McLean case(麦克莱恩案),200

McLoyd, Vonnie C.(冯妮·C.麦克洛伊德),348,350-351

McPherson, M. S.(M. S.麦克弗森),426n9

Meade, E. J., Jr.(小米德),388

Medicaid(联邦医疗补助计划),366; fees(费用),4,14,23,148,149,150,152; fraud and abuse of(欺诈和滥用),380; hospital care purchased by(购买的医院护理),367-368;管理式医疗(managed care in),381

Medical research(医学研究),43-44,58

Medical science philanthropy metaphor(医学科学慈善隐喻),42-44

Medicare(联邦医疗保险计划),366; fees(费用),4,14,23,148;欺诈和滥用(fraud and abuse of),380; hospital care purchased by(购买的住院治疗),367-368,369-370,371

Medtronic(美敦力公司),304

Mellon, Andrew（安德鲁·梅隆）,501

Mellon Foundation（梅隆基金会）,466,467,473,478n5

Mencken, H. L.（门肯）,180

Merck（默克公司）,111

Meriam Report（梅里亚姆报告）,252

Merrill Lynch & Co.（美林公司）,20

Metropolitan Council on Child Care(Kansas City)（大都市儿童保育委员会,堪萨斯城）,320–322

Mexican American Legal Defense and Education Fund（墨西哥裔美国人法律辩护与教育基金）,258,261,277

Mexican American organizations（墨西哥裔美国人组织）,260–261,276–278,281

Mexican American Political Association（墨西哥裔美国人政治协会）,261

Mexican American Unity Council（墨西哥裔美国人联合委员会）,278

Michael, R. T.（R. T. 迈克尔）,348

Michigan Native American Foundation（密歇根美国原住民基金会）,253

Microsoft（微软公司）,111,116,123

Mid-America Regional Council（中美洲地区理事会）,320,321,336

Middle Ages: endowments in（中世纪:捐赠）,34–35

Middleton, M.（米德尔顿）,201,208

Millionaires, growth in（百万富翁,增加）,108,158

Minneapolis（明尼阿波利斯）: Citizens Alliance（公民联盟）,299, 300; Keystone Awards (Five Percent Club)（楔石奖 （百分之五俱乐部）,294–295, 302, 303–305, 311; nonprofit sector in（非营利部

门),294 – 296;One Percent Club(百分之一俱乐部),306 – 307;Sister Kenny scandal in(修女肯尼丑闻),301

Minneapolis Foundation(明尼阿波利斯基金会),298,303,308

Minnesota Council of Nonprofits(明尼苏达州非营利组织理事会),309

Minnesota Historical Society(明尼苏达历史协会),296

Minnesota Nonprofit Assistance Fund(明尼苏达州非营利援助基金),308

Minnesota nonprofit sector(明尼苏达州非营利部门),293 – 296;Attorney General's Charities Division(总检察长办公室慈善事业部),301;Charities Review Council(慈善审查委员会),300 – 301,308;community foundations(社区基金会),298,305 – 306;corporate philanthropy(企业慈善事业),303 – 305;early nonprofit organizations(早期非营利组织),296 – 300;and the Farmer-Labor Party(和农工党),299 – 300;foundations(基金会),306;future of(未来),312 – 313;philanthropic support organizations(慈善支持组织),303 – 309;postwar development of(战后发展),300 – 302;public spirit of philanthropy in(慈善事业的公益精神),293 – 296,309 – 311;state and local government relations with(与各州和地方政府的关系),309;volunteering in(志愿服务),307;See also Minneapolis Minnesota Planned Giving Council(另见明尼阿波利斯计划捐赠委员会),306

Minnesota Public Radio:entrepreneurialism in(明尼苏达公共广播:企业家精神),308;scandal in(丑闻),178,202

Minter,Steven(史蒂文·明特),402,408

Mondale, Walter(沃尔特·蒙代尔),301

Morgan, J. P.(摩根),501

Morrisey, M. A.(莫里西),378

Morse, Stephen(史蒂芬·莫尔斯),47

Mott Foundation(莫特基金会),20

Multiculturalism(多元文化主义),474-475

Multimedia devices(多媒体设备),115-117

Murphy, T.(墨菲),224

Murray, Charles(查尔斯·默里),56

Murray, V.(默里),208

Museums: foundation support for(博物馆：基金会的支持),463

Mutual aid societies(互助会)：Chinese(华裔),262-263;European immigrant(欧洲移民),254,298

Mutualistas(互助会),260-261

Myrdal, Gunnar(冈纳·米达尔),258

N

National Association for the Advancement of Colored People(NAACP)(全国有色人种协进会),258

Naftalin, Arthur(亚瑟·纳夫塔林),302

Nagle, A.(A. 内格尔),143

A Nation at Risk (1983 report)(《国家处于危机之中》1983年报告),386-387

National Abortion and Reproductive Rights Action League(全国堕胎与生育权行动联盟),268

National American Women's Suffrage Association(NAWSA)(全美妇女选举权协会),268

National Assembly of State Arts Agencies(州艺术机构全国大会),469,471

National Association of Colored Women(全国有色人种妇女协会),267

National Association of State

Charities Officials(全国州级政府慈善监管官员协会),187

National Black United Fund(NBUF)(全国黑人联合基金),259

National Bureau of Economic Research(国家经济研究局),44

National Center for Nonprofit Boards(全国非营利理事会中心),183,186

National Center for Social Entrepreneurs(全国社会企业家中心),308

National Charities Information Bureau(全国慈善信息局),183,186,204,205

National Commission on Philanthropy and Civic Renewal(全国慈善事业与公民复兴委员会),30n9,130,136n19,227,241,342

National Committee for Planned Giving(全国计划捐赠委员会),National Committee for Responsive Philanthropy(全国慈善响应委员会),183,205,283,353

National Committee on Nonprofit Associations(全国非营利协会委员会),205

National Congress of Native Americans(美国原住民全国代表大会),252

National Council of La Raza(Southwest Council of La Raza)(拉丁裔全国委员会,拉丁裔西南委员会),261,277,278,281

National Council of Nonprofit Boards(全国非营利理事会委员会),205

National Endowment for the Arts(国家艺术基金会)(NEA),465,466,468,477n1

National Endowment for the Humanities(国家人文学科基金会),465

National Indian Youth Council(全国印第安青年理事会),253

National Medical Enterprises(全美医疗企业),371

National Museum of the American Indian(国立美国印第安人博物馆),254

National Negro Business League(全国黑人商业联盟),258

National Network of Women's Funds(全国妇女基金网络),268-269

National Organization for Women(NOW)(全国妇女组织),268

National Society for Fund Raising Executives(全国筹款经理协会),205

National Supported Work Demonstration(国家支持工作示范计划),452-453,455

National Taxonomy of Exempt Entities(NTEE)(国家免税团体分类体系),10,141,168n2

National Training School for Women and Girls(全国妇女和女孩培训学校),267-268

National Trust for Historic Preservation(国家历史保护基金会),465

National Urban League(全国城市联盟),258

National Women's Party(NWP)(全国妇女党),268

Native American philanthropy(美国原住民慈善事业),12,251-254

Native American Rights Fund(NARF)(美国原住民权利基金),253

Negro Boy Scouts(黑人童子军),258

Neighborhood coalitions(社区联盟),26-27

Nelson, S.(纳尔逊),164

Netzer, Dick(迪克·内策尔),466

New Deal(新政),126,501

New England Women's Club(新英格兰妇女俱乐部),267

New York Association for Improving the Conditions of the Poor(纽约改善穷人状况协会),

783

New York Children's Aid Society（纽约儿童援助协会），266

New York Society（纽约协会），256

New York State Council on the Arts（纽约州艺术委员会），467

Nie，N.（尼），287

Nike（耐克），119，505

Nippon Jikei Kai（日本慈善协会），263

Nongovernmental organizations(NGO)（非政府组织），112，113

Nonprofit Almanac 1996－1997（非营利组织年鉴1996—1997），6，30n2

Nonprofit organizations（非营利组织）：accountability of（问责），183－191，513－515，525－527；board governance of（理事会治理），199－200，205－206；"charitable" organizations（"慈善"组织），6；conversion to for-profit（转为营利性组织），124，140，202，376，511；entrepreneurship by（企业家精神），140，159－162，308；ethnic（族裔），12；fees for services by（服务费），4，14；market-based strategies adopted by（采用基于市场的战略），3－4；noncompliance with IRS filing requirements by（不符合国税局备案要求），181－183，193n30；origins of（起源），12；political advocacy by（政治倡导），5，26，139，140，162－163，168n12，207，505－506，511；scandals among（丑闻），4，156，177－183，202，204，500；social services focus of（社会服务关注点），4－5；"social welfare" organizations（"社会福利"组织），6；as substitutes for government programs（作为政府计划的替代），3；trustee system of governance（受托人治理体系），200－201，209n2，209n3；*See also* Cultural philanthropy；Health care organizations；Hu-

man service agen-cies；Indigenous philanthropy（另见文化慈善事业；医疗保健组织；人类服务机构；本土慈善事业）
Nonprofit sector（非营利部门），x，30n1，172－175，518－519；美国的契约（America's covenants with），xii，503－508，509－512；商业化（commercialization of），4，28；as constituting "consumption"（视为构成"消费"），176；coordination of philanthropy and（协调慈善事业与），511－512；and devolution（和权力下放），127－135，135n6，135n20，153－154，226－227；diversity in（多样性），1－2，9－11，12，23，502；in the era of big government（在大政府时代），125－127；financial health of（财务健康），18；for-profit entities in（营利性实体），21－22，28，133－134，137n22，140，160－162，206－207，209n7，511；fragmentation in（多元化），17；government funding of（政府资助），3，14；growth in（增长），24－25；identity crisis of（身份认同危机），124；innovation in（创新），506－507；and local values（地方价值观），129－133，202；misbehavior in（不当行为），173，177－183，500；as "nonprofit"（作为"非营利组织"），504－505；other-serving nature of（为他人服务的性质），175－176；participation gap faced by（面临的参与差距），27－28；political advocacy role of（政治倡导作用），5，26，140，162－163，168n12，207，505－506，511；and privatization（和私有化），129，139，161，360－361；public support for（公众支持），179，192n27；public trust in（公众信任），180，186，499－500，513－515；regional variations of（地区差异性），12－

14; regulation of（监管）, xi, 28-29, 151-152, 172, 176-177, 180-183, 187-191, 193n47, 198-199, 209n1, 202; reinventing（改造）, 133-135; resources for the future stability of（未来稳定性所需资源）, 25; roles of（作用）, 522-525; scope of（范围）, 6-9; self-regulation of（自我监管）, 205-206; size of（规模）, 174-175, 191n2, 199; social justice role of（社会正义的作用）, 26-27, 248-251, 256, 269-271; sources of revenue for（收入来源）, 14-16; strategies for the future of（未来的战略）, 527-530; value of（价值观）, 502-503; women in（妇女）, 12; See also Corporate philanthropy; Foun-dations; Nonprofit orga-niz-ations（另见企业慈善事业；基金会；非营利组织）

North American Free Trade Agree-ment（NAFTA）（北美自由贸易协定）, 110, 111, 114

North American Industrial Classifi-cation System（北美产业分类系统）, 141

Northwestern Sanitary Commission（西北卫生委员会）, 266

Norwest Bank（西北银行）, 304

Noyes, Daniel R.（丹尼尔·R.诺伊斯）, 297

Nunn, Sam（萨姆·纳恩）, 30n9

Nursing homes（养老院）, 365

O

Oates, Wallace（华莱士·奥茨）, 433-434, 435, 446n22

O'Connell, M.（奥康奈尔）, 394, 409n7

Odendahl, T.（奥登达尔）, 74

Olasky, Marvin（马文·奥拉斯基）, 134

Older Americans Act（《美国老年人法案》）, 165

Oleck, H. L.（奥利克）, 201

Olson, Floyd B.（弗洛伊德·B.奥尔森）, 299-300

Olson, L. (奥尔森), 391

One Percent Club (Minnesota) (百分之一俱乐部) (明尼苏达州), 306 - 307

O'Neill, Michael (迈克尔·奥尼尔), 12

Oppenheimer-Nicolau, Siobhan (西奥班·奥本海默-尼古劳), 276

Order of the Sons of Italy in America (美国意大利之子会), 255

Osler, William (威廉·奥斯勒), 43

Oster, Sharon M. (莎伦·M.奥斯特), 3

Ostrander, Susan (苏珊·奥斯特兰德), 240

Outcomes (结果), 449 - 452; historical context for outcomes evaluation (结果评估的历史背景), 450 - 451; impacts distinguished from (区别于影响), 451; measurement of (测量), 452 - 455; strategic rethinking of (战略反思), 459 - 460; substantive measures for achieving (实现目标的实质性措施), 455 - 458

P

Palaich, R. (帕莱奇), 388
Parker, Ellen (艾伦·帕克), 466
Parrish, Sammie Campbell (萨米·坎贝尔·帕里什), 397
Participation gap (参与差距), 27 - 28
Partners for Sacred Places (圣地伙伴), 241
Partners in Quality for Early Childhood Care and Education (PIQ) (Kansas City) (早期儿童保育和教育质量合作伙伴) (堪萨斯城), 315 - 316, 318 - 323, 324, 333, 334; civic entrepreneurs in (公民企业家), 337 - 338; guiding principles of (指导原则), 343 - 344
Partnerships. See Collaboratives (伙伴关系。见合作计划), 42

Pasteur, Louis（刘易斯·巴斯德）
Patman, Wright（赖特·帕特曼），179
Pauly, M. V.（保利），382
Payroll deduction plans（工资扣款计划），118
Payton, Robert（罗伯特·佩顿），xi, 500
Peabody, George（乔治·皮博迪），36
Peabody Fund（皮博迪基金），36, 50n4, 54, 257
Penn National Commission on Society, Culture and Community（宾州全国社会、文化和社区问题委员会），30n9
Peregrine, M. W.（佩里格林），203
Performance standards（绩效标准），139, 154, 168n10
Performing arts（表演艺术）: foundation support for（基金会的支持），463
Personal Responsibility and Work Opportunity Reconciliation Act (1996)（《个人责任与工作机会协调法案》）(1996); See Welfare reform（见福利改革）
Peterson Commission（彼得森委员会），66
Pettit, Kathryn L. S.（凯瑟琳·L. S. 佩蒂特），17, 18
Pew Charitable Trusts（皮尤慈善信托基金），467, 514
Pfeffer, J.（普费弗），208
Pfizer（辉瑞公司），111
Phelps-Stokes Fund（菲尔普斯-斯托克斯基金），257
Philadelphia summit on volunteering（费城志愿服务峰会），123
Philanthropic Advisory Service（慈善咨询服务部），183, 204, 205
Philanthropic failure（慈善失败），145
Philanthropic Research, Inc.（慈善研究公司），184
"Philanthropy in a Changing America"(conference)（"不断

发展变化中的美国慈善事业")(会议),ix

Philanthropy Roundtable(慈善圆桌会议),205

Pifer, Alan(艾伦·皮弗),188

Piper Jaffrey Companies(派珀·贾弗里公司),304

Planned Parent Federation of America(美国计划生育联合会),268

Planned Parenthood(计划生育协会),61

Plato's Academy(柏拉图学院),34

Points of Light Foundation(万千光点基金会)136n12

Political advocacy by nonprofits(非营利组织的政治倡导),5,207,511; by human service agencies(由人类服务机构),139,140,162–163,168n12; impact of devolution on(权力下放的影响),26,64; traditional prohibition on partisan advocacy(传统上禁止党派倡导),505–506

Political Association of Spanish-Speaking Organizations(PASSO)(西班牙裔组织政治协会),261

Pollak, Thomas H.(托马斯·H.波拉克),17,18

Portuguese Union of California(加州葡萄牙人联盟),255

Potapchuk, W. R.(波塔普丘克),333

Poverty(贫困): extent of(程度),89,92; growth of(增长),74–79; impact of charitable giving on(慈善捐献的影响),96; public discourse on(公共话语),357–358; See also Child poverty; Human service agencies; Social services organizations(另见儿童贫困;人类服务机构;社会服务组织)

Powell, Colin(科林·鲍威尔),241

President's Committee on the Arts and the Humanities(PCAH)

（总统艺术与人文顾问委员会），462，469，471-472

Prewitt, Kenneth（肯尼斯·普鲁伊特），50n11

Price effect（价格效应），73-74

El Primer Congreso Mexicanista（第一届墨西哥人大会），260

Prince Hall Grand Masons（普林斯·霍尔共济会），255

Printz, Tobi J.（托比·J.普林茨），5

Privatization（私有化），129，139，161，360-361

Procter & Gamble（宝洁公司），111

Professionalism（专业精神），491-496；in corporate philanthropy（企业慈善事业），105-106；in foundations（基金会），42

Program Related Investments（计划相关投资）(1969)，70

Provan, K. G.（普罗文），208

Public Education Fund Network（公共教育基金网络），402

Public/Private Ventures, Inc.（公共/私人项目公司），405，45-51

Public school reform（公立学校改革），385-386；characteristics of foundation behavior in（基金会行为特征），399-401；evaluation of（评估），404-405；foundation roles in（基金会的作用），402-405；fundamental tensions in（基本矛盾），405-408；history of foundation involvement in（基金会参与改革的历史），386-388；ideas for（想法），390-391；local context as factor in（地方背景因素），391-393；marginal gains in（边际收益），387；process emphasized in（重视过程），388-389，390；public affairs climate for（公共事务氛围），389-390；"seed and feed" strategy in（"播下种子并施肥"策略），390

Public Welfare Foundation（公益

基金会),506

Puerto Rican Community Foundation(PRCF)(波多黎各裔社区基金会),282

Puerto Rican Legal Defense and Education Fund(波多黎各裔法律辩护和教育基金),277

Putnam, Robert D.(罗伯特·D. 帕特南),123,219,225,232,332

R

Race(种族):and charitable giving(和慈善捐赠),87;and higher education enrollment(和高等教育招生),421,426n12;and school reform(和学校改革),393

Racism(种族主义),61,487,494-495

Rainwater, Lee(李·雷恩沃特),353-354

Ramos, H. A. J.(拉莫斯),289

Randolph, W.(伦道夫),219

Virginia Randolph Fund(弗吉尼亚·伦道夫基金),257

Reagan administration(里根政府):budget cutbacks in(预算削减),2-3;and conservative philanthropic organizations(和保守派慈善组织),135n6;private philanthropy advocated by(私人慈善事业倡导),64,66-67,124,127;Task Force on Private Sector Initiatives(私营部门倡议特别工作组),3,67,135n6;See also Devolution(另见权力下放)

Regional Associations of Grantmakers(资助者区域协会),17

Regulation of the nonprofit sector(非营利部门的监管);by the IRS(国税局),xi,28-29,151-152,172,176-177;as limited(作为被限制的),63,66,128,136n11,184,202-203,204;model organizations for(示范组织),205;municipal and state regulation(市级和州级监管),202;

proposed federal entity for（提议的联邦实体）,187－191,193n47;self-regulation by board members（理事会成员的自我监管）,205－206;state attorneys' role in（州总检察长的作用）,182;in the wake of nonprofit misbehavior（在非营利组织的不当行为之后）,180;See also Accountability（另见问责）

Rein, M.（赖因）,167

Reinventing（重建）;government（政府）,122,128,161;philanthropy（慈善事业）,123,33－35

Religious organizations（宗教组织）:as bequest beneficiaries（作为遗赠受益人）,217;charitable giving to（慈善捐赠）,82,214;as human service agencies（作为人类服务机构）,4－5,140,142,164－166,241－242,501－502;as the origin of many nonprofits（作为许多非营利组织的起源）,12;

participation in（参与）,27－28

Rendall, M.（伦德尔）,223,224

Renz, Loren（洛伦·伦兹）,388,462,469,470

Resolution Beneficial Society（决议受益协会）,256

Revenue sources（收入来源）,14－16

Revolving credit societies（循环信贷社）,262－263

Reynolds, A.（雷诺兹）,222,223

Richmond, Mary（玛丽·里士满）,43

Ritter, Bruce（布鲁斯·里特）,178

Rivera Policy Institute（里维拉政策研究所）,281,285

Jackie Robinson Foundation（杰基·罗宾逊基金会）,259

Rockefeller, David（大卫·洛克菲勒）,104

Rockefeller, John D.（约翰·D. 洛克菲勒）,36－40,54,59,66,501

Rockefeller, John D. III（约翰·

D. 洛克菲勒三世), 66, 71, 294, 302

Rockefeller Archive Center(洛克菲勒档案中心), 39

Rockefeller Foundation(洛克菲勒基金会): child poverty addressed by(解决儿童贫困问题), 354; civil rights groups supported by(对民权团体的支持), 258; creation of(创建), 38; Depression-era adaptability of(大萧条时期的适应性), 45; early hostility toward(早期敌意), 54; federal charter sought for(寻求联邦特许状), 40, 55, 60, 67–68; foreign policy influence of(外交政策的影响), 506; Latino causes supported by(对拉丁裔事业的支持), 280–281, 282; medical research by(医学研究), 58; social science research by(社会科学研究), 44; Twentieth Century Fund(二十世纪基金), 466

Rockefeller University(Rockefeller Institute for Medical Research)(洛克菲勒大学)(洛克菲勒医学研究所), 43, 54, 58

Roosevelt, Franklin D.(富兰克林·D. 罗斯福), 501

Root, Elihu(伊莱修·鲁特), 58

Rosenberg, Claude, Jr.(小克劳德·罗森伯格), 306

Rosenberg, Max(马克斯·罗森伯格), 275

Rosenberg Foundation(罗森伯格基金会), 275–277

Rosenwald, Julius(朱利叶斯·罗森沃尔德), 36, 132, 136n18

Rosenwald Fund(罗森沃尔德基金), 40, 257–258

Rouse, Cecilia(塞西莉亚·劳斯), 422

Rudd, Jean(琼·拉德), 406

Rudney, Gabriel(加布里埃尔·鲁德尼), 192n10

Rush, Benjamin(本杰明·拉什), 130

Russell, G.(罗素), 279

Rwanda（卢旺达）：humanitarian assistance to（人道主义援助），112

Ryan, Susan（苏珊·莱安），396

Ryan, William（威廉·莱安），133

S

Safe and Drug Free Schools Act（《安全和无毒品学校法案》），147

Safe Drinking Water Act（《安全饮用水法案》），428

Sage, Margaret（玛格丽特·塞奇），267

Sage, Olivia（奥利维亚·塞奇），53

Sage, Russell（罗素·塞奇），37

Russell Sage Foundation（罗素·塞奇基金会），37, 38, 267; early hostility toward（早期敌意），54; medical research by（医学研究），43; social science research by（社会科学研究），44, 58

Salamon, Lester M.（莱斯特·M. 萨拉蒙），30n1, 113-114, 123, 126, 127-128, 135n8, 143; on developing social capital for communities（关于为社区发展社会资本），233; on philanthropic failure（关于慈善失败），145; on third-party government（关于第三方政府），131-132

San Francisco Mothers' Society（旧金山母亲协会），263

Sanitary Commission for the Eradication of Hookworm（根除钩虫病卫生委员会），43

Scandals among nonprofits（非营利组织丑闻），4, 156, 177-183, 202, 204, 500

Schaefer, Paul Henry（保罗·亨利·谢弗），491-492

Schapiro, M. O.（夏皮罗），426n9

Schervish, P.（舍维什），213, 214, 215, 224, 225

Schlesinger, M.（施莱辛格），

161,365,375

Schlickeisen, Rodger(罗杰·施利克森),429

Schlozman, K. L.(施洛兹曼),163

Schmalbeck, R. L.(施马尔贝克),151,214 - 215

Schools. *See* Public school reform(学校。见公立学校改革)

Schuster, J. Mark Davidson(J. 马克·戴维森·舒斯特),464

Schwab, Robert(罗伯特·施瓦布),433 - 434,435,446n22

Schwann Foundation(施万基金会),306

Schwarz, Stephen(史蒂文·施瓦茨),182

"Scientific" philanthropy("科学"慈善),36,39,42 - 44

Scope of the nonprofit sector(非营利部门的范围),6 - 9

Section 8 housing subsidies(第八节住房补贴),149

Securities and Exchange Commission(证券交易委员会),190

Selvaggio, Joe(乔·塞尔瓦吉奥),306

Seneca Falls Convention (1848)(塞尼卡·福尔斯会议),266

Serb National Federation(塞尔维亚裔全国联盟),255

Set-asides for nonprofits(对非营利组织的附加条款),152

Shactman, D.(沙克特曼),374

Shapiro, Irving(欧文·夏皮罗),104

Shashaty, A. R.(沙沙蒂),153

Shils, Edward(爱德华·希尔斯),483 - 484

Shipps, Dorothy(多萝西·希普斯),387,394,409n7

Shliefer, A.(施莱佛),222

Sibley Hospital scandal(西布利医院丑闻),202

Sievers, Bruce(布鲁斯·西弗斯),70

Siliciano, J. I.(西利西亚诺),208

Sister Kenny Institute(Minneapolis)(修女肯尼研究所)(明尼阿

波利斯),301

Sklar, K. K.(斯克拉),162

Skloot, Edward(爱德华·斯克卢特),3

Skocpol, Theda(西达·斯科克波尔),12,162

Slater Fund(斯莱特基金),36,50n4,54,257

Slavin, Robert E.(罗伯特·E. 斯莱文),390

Smeedling, Timothy(蒂莫西·斯米德林),353-354

Smith, Adam(亚当·斯密),134,176,180

Smith, Barry C.(巴里·C. 史密斯),44

Smith, David H.(大卫·H. 史密斯),30n4

Smith, G.(史密斯),388

Smithey, R.(史密西),161,365

Smithsonian Institution(史密森学会),54

Social capital(社会资本),232-233,332-334

Social contract(社会契约),xii

Social engineering(社会工程学),57

Social justice(社会正义),26-27,248-251,256,258,268-271

Social science research(社会科学研究),44,57-58,69,414,424-425

Social Services Block Grant (SSBG)(社会服务整体拨款),147,148

Social services organizations(社会服务组织):government funding(政府资助),3,14;nonprofit sector's enlarged focus on(非营利部门扩大的关注点),4-5,508,512; See also Human Service agencies(另见人类服务机构)

Social survey movement(社会调查运动),44

Social welfare organizations(501 (c)(4)(社会福利组织,501 [c][4]),6

La Sociedad Benito Juarez(贝尼

托·华雷斯协会),260

La Sociedad Hispano Americano De Benfecio Mutua(西班牙裔美国人互助会),260

Society for the Relief of Poor Widows and Small Children(贫困寡妇和儿童救济协会),265

Society of American Indians(美国印第安人协会),252

Sommerfeld, M.(萨默菲尔德),388

Sons of Norway(挪威之子),255

Soros, George(乔治·索罗斯), 19, 119, 158; Open Society Institute(开放社会研究所), 289,290

Sosin, M. R.(索辛),164

Southern Christian Leadership Conference(SCLC)(南方基督教领袖会议),258,268

Southern Education Fund(南方教育基金),257

Southwest Voter Registration and Education Project(西南选民登记和教育项目),277

Spelman College(斯贝尔曼学院),54,259

Spragins, E. E.(斯普拉金斯),375

St. Paul(圣保罗): community foundations in(社区基金会), 299; Volunteer Center of(志愿者中心),307

St. Paul Foundation(圣保罗基金会),285,303

St. Paul Society for Improving the Condition of the Poor(圣保罗改善穷人状况协会),297

Stagner, Matthew(马修·斯塔格纳),351

Standard Industrial Classification system(SIC)(标准产业分类系统),141,142

Stanford University indirect costs scandal(斯坦福大学间接费用丑闻),178

Stanley, Thomas J.(托马斯·J.斯坦利),108

Statute of Charitable Uses(慈善用益法)(1601),482

Steffens, Lincoln(林肯·斯蒂芬斯), 297-298
Stehle, V.(施特勒), 202
Steinberg, R.(斯坦伯格), 219, 227, 375
Stevens, Louise(路易丝·史蒂文斯), 474
Stevenson, Adlai(阿德莱·史蒂文森), 268, 490
Stevenson, David R.(大卫·R.史蒂文森), 10, 12, 143
Stock market(股市), rise of(上涨), 105
Student Non-Violent Coordinating Committee(SNCC)(学生非暴力协调委员会), 268
Students for a Democratic Society(SDS)(学生争取民主社会组织), 268
Substance Abuse and Mental Health Reauthorization Act(《药物滥用和心理健康再授权法案》), 165
Suffrage movement(选举权运动), 266, 268

Summer Training and Education Program(暑期培训和教育计划), 453
Summers, L.(萨默斯), 222
Superfund Statute(《超级基金法案》), 428, 444n4
Supplemental Security Income(SSI)(补充保障收入), 149, 168n6
Supply and demand effects on charitable contributions(供求效应对慈善捐赠的影响), 73-74
Surdna Foundation(苏德纳基金会), 514
Survey of Consumer Finances(消费者财务状况调查), 83-88, 97n7, 214

T

Taft, William Howard(威廉·霍华德·塔夫特), 55
Task Force on Private Sector Initiatives(私营部门倡议特别工作组), 3, 67, 135n6
Tax Act of 1935(1935年《税收法

案》),62

Tax credits(税收抵免):for child care(儿童保育),358;for low-income housing(为低收入住房),150,152,153

Tax-exempt organizations (Section 501[c])(免税组织)(第501[c]条),6,128,136n11,504;classifications of(分类),11,141-142,168n2;and community benefits(和社区福利),378-379;growth in(增长),181-182;human service agencies as(人类服务机构),139,168n12;See also Charitable organizations(另见慈善组织)

Tax exemptions(免税),54

Tax rates(税率):philanthropic contributions affected by(对慈善捐赠的影响),24,29,96;trends in(趋势),77-79,90-91;volunteering affected by(对志愿服务的影响),221

Tax Reform Act(1969)(《税收改革法案》,1969),40,46,63,66,179,270,278

Tax Reform Act(1986)(《税收改革法案》,1986),78,218,219;Low-Income Housing Tax Credit(LIHTC)(低收入住房税收抵免计划),150,153

Taxpayers Bill of Rights(《纳税人权利法案》),203

Technological advances(技术进步),115-119,521

Telescopic philanthropy(望远镜里的慈善事业),136n16

Televangelist scandals(电视福音布道者丑闻),178,204

Temperance movement(禁酒运动),266

Tenet Healthcare Corp.(特内特医疗保健公司),371,372,378,380

Third-party government(第三方政府),126,129,131-132,134,135

Thompson,A(汤普森),151

Thompson,Tommy(汤米·汤普森),128

Thurmond, Strom(斯特罗姆·瑟蒙德),488-489

Tienda, M.(蒂恩达),279

Time-Warner(时代华纳),116,119

Tocqueville, Alexis de(亚历克西斯·德·托克维尔),162,176; on voluntary associations(关于志愿协会),58,60,124,198,483

Trade policy(贸易政策),110-111

Tradition of philanthropy(慈善传统),482-483; and the civil rights movement(和民权运动),487-489; indoctrination into(灌输),485-486; as jeopardized(处于危险之中),494-496; and Liberal Education(和博雅教育),489-491; professionalism in(专业精神),491-496; ste-wardship of(管理),496-497

Tran, Trinh C.(特林·C.特兰),462

Trilateral Commission(三边委员会),111

Trustees(受托人),59-60,200-201,209n2,209n3; duties of(职责),201; "prudent man" standard for("谨慎人"标准),200

Tufts University Center on Hunger and Poverty(塔夫茨大学饥饿与贫困中心),352

Turner, Ted(特德·特纳),19,119,158

Tuskegee Institute(塔斯基吉研究所),257

Twain, Mark(马克·吐温),180

Twentieth Century Fund(二十世纪基金),466

Twersky, Fay(费伊·特韦尔斯基),133

Twombly, Eric(埃里克·通布利),25

U

Underground Railroad(地下铁路组织),256

United Nations International Children's Emergency Fund(UNICEF)（联合国儿童基金会），112

Uniform Mandates Reform Act（《统一授权改革法案》），428

La Union Patriotica Benefica Mexicano Independiente（独立墨西哥爱国慈善联盟），260

Union Society of Brooklyn（布鲁克林联合会），256

United Arts Funds（联合艺术基金），477

United Farm Workers Union（联合农场工人工会），261

United Latino Fund(ULF)（拉丁裔联合基金），285

United Negro College Fund（联合黑人大学基金），257

United States Sanitary Commission（美国卫生委员会），266

United Way of America（美国联合之路），17，507；Aramony scandal in（阿拉莫尼丑闻），4，156，178，179，204，500；changes in the resource base for（资源基础的变化），156；controversial funding choices by（有争议的资助选择），159，165-166；corporate support for（企业的支持），21，156；declines in funding of human service agencies（对人类服务机构资助的下降），139-140，143-144，147，152；declining revenues for（收入下降），156-157；foundation support for（基金会的支持），159；outcomes assessment in（结果评估），449；payroll deduction programs forblock grant（工资扣款计划），118

Unity and Friendship Society(Charleston)（团结友好协会）（查尔斯顿），256

Unity League（团结联盟），261

Universities（大学）：corporate contributions for（企业捐赠），101-102；foundation support for（基金会的支持），54，57

University of California at San

Diego(加州大学圣地亚哥分校),423-424,426n15,426n16

University of Chicago(芝加哥大学),54;Great Books Program(名著选读计划),490;National Opinion Research Corporation(全国民意研究公司),214

University of Phoenix(菲尼克斯大学),510

University of St. Thomas(圣托马斯大学),308

Urban Institute(城市研究所),135n8,295

U. S. Charities Regulatory Commission(proposed)(美国慈善机构监管委员会),(提议),189

V

Verba, Sidney(西德尼·韦巴),27,163,287

Verity, William(威廉·维里蒂),67

Voluntary failure(志愿失灵),134

Volunteering(志愿服务),123-124;decline in(下降),24;determinants(决定因素),220-221;extolled by the Reagan administration(受到里根政府的赞誉),64;hours spent per year(每年花费的时间),175,192n6,213,215-216;;incentives for(激励),25,128;in Minnesota(在明尼苏达州),307;patterns in(模式),215;Philadelphia summit on(费城峰会),123

Vouchers for education(教育券),128

W

Walker, Madame C. J.(沃克夫人),267

Walker, Thomas Barlow(托马斯·巴洛·沃克),267

Wallace, George(乔治·华莱士),63

Lila Wallace-Reader's Digest Fund(莉拉·华莱士-读者文摘基

金会),158,467,474,476

Walsh, Sharon(莎伦·沃尔什),4

Walsh Commission(沃尔什委员会),39

Wealth(财富): and bequests(和遗赠),222; and charitable giving(和慈善捐赠),87,96; definition of(定义),80-81; growth in personal wealth(个人财富增长),18,24,73,108,158; inequality in the distribution of(分配的不平等),508; intergenerational transfers of(代际转移),123; state control of(州控制),55

Weber, Nathan(内森·韦伯),469

Wedig, G. J.(韦迪格),378

Wehlage, G.(韦拉格),388

Weisberger, Barbara(芭芭拉·韦斯伯格),466

Weisbrod, Burton A.(伯顿·A.韦斯布罗德),23,144,365

Weissenstein, E.(韦森斯坦),380

Weitzman, Murray(默里·韦茨曼),6,142; on patterns of charitable donations(关于慈善捐赠的模式),214,219,510; on public support for nonprofits(关于公众对非营利组织的支持),192n27; on religious organizations in human services(关于人类服务领域中的宗教组织),164; on volunteering(关于志愿服务),192n6,213,215

Welfare(福利),56,76,92,501-502

Welfare Information Network(WIN)(福利信息网络),352

Welfare reform(福利改革),3-5,26,132,153-154; and the Block Grant Response Initiative(和整体拨款响应倡议),315-316,323-329,332,334; "charitable choice" provision("慈善选择"条款),4,128,165; and child poverty(和儿童

贫困),347,355-360; foundations' role after(基金会的作用),26,351-353,359; and health care(和医疗保健),381; and human service agencies(和人类服务机构),139,150,162-163; and social justice(和社会正义),26-27; states' role after(州政府的作用),136n13; working poor increased by(穷忙族增加),348-349; See also Devolution(另见权力下放)

Welfare states(福利国家),166

Wesley, John(约翰·韦斯利),483

Phillis Wheatley Association(菲莉丝·惠特利协会),268

White, Michael(迈克尔·怀特),392,397

Whitney, John H. (Jock)(约翰·H.惠特尼)(乔克),277-278

Whitney Fellowship program(惠特尼奖学金计划),277-278

Whitney Foundation(惠特尼基金会),275,278

Wierzynski, Gregory(格雷戈里·维任斯基),293-294

Wiesel, Elie(伊利·维塞尔),486-487

Wilder Foundation(怀尔德基金会),298,331

Wilensky, H. L.(威伦斯基),166

Williams, Helen(海伦·威廉姆斯),397

Wilson, Julius(朱利叶斯·威尔逊),244

Wilson, Woodrow(伍德罗·威尔逊),59

Wolpert, Julian(朱利安·沃尔珀特),5,17,503

Wolpin, J.(沃尔平),208

Woman Suffrage Association(女性选举权协会),266

Women(妇女):philanthropic research on(慈善研究),43; philanthropy by(慈善事业),12,265-269

Women's Central Relief Association(妇女中央救济协会),266

Women's Christian Temperance Union(基督教妇女禁酒联盟),266

Women's Educational and Industrial Unions(妇女教育和产业联盟),267

Women's Era Club(妇女时代俱乐部),267

Women's Loyal Union(妇女忠诚联盟),267

Women's Trade Union League(妇女工会联盟),267

Wong,K. K.(王),409n8

Woods Fund of Chicago(芝加哥伍兹基金),393,394,402,406,407

Woodson,Robert L.,Sr(老罗伯特·L.伍德森),134

Woolhandler,S.(S.伍尔汉德勒),374

Working poor(穷忙族),348-349

World Economic Forum(世界经济论坛),111

World Trade Organization(世界贸易组织),110,111

World War Ⅱ(第二次世界大战):foundations in(基金会),40

World Wide Web(万维网):GuideStar web page(指南星网页),184;impact on corporate philanthropy(对企业慈善的影响),115

Y

Ylvisaker,Paul(保罗·伊尔维萨克),275,276-277,278

Young Men's Christian Association (YMCA)(基督教青年会),22

Young Women's Christian Association(YWCA)(基督教女青年会),267

Z

Zald,M. N.(扎尔德),208